次第春风

纪念丰子恺
诞辰125周年
论文集

杭州师范大学弘一大师 · 丰子恺研究中心
桐乡市文学艺术界联合会 编

上海三联书店

前　言

　　杭州师范大学弘一大师·丰子恺研究中心与桐乡市文化和广电旅游体育局原定于 2020 年 5 月下旬在杭州、桐乡两地举行第四届丰子恺研究国际学术会议，以缅怀这位中国现代艺术史与文学史上的杰出人物。会议获得了浙江省人民政府的批示，并得到了来自中国、日本、韩国、法国等多个国家与地区相关领域人士的支持。但是突如其来的疫情，让这场筹备已久的会议不得不取消。今年是丰子恺先生诞辰 125 周年，会务组经过审慎商议后，决定以出版纪念丰子恺诞辰 125 周年论文集的形式加以代替，也是对原会议论文递交者的一种尊重。

　　本集共收录 42 篇论文，分为"丰子恺生平考证研究""丰子恺文学研究""丰子恺美术研究"与"丰子恺艺术思想及其他研究"四大板块，内容涉及丰子恺的生平轨迹、文学创作、美术创作、美学思想、艺术理论以及文化活动等多个方面，代表了近年丰子恺研究的新成果。书名主标题"次第春风"辑自丰子恺的古诗新画《严霜烈日皆经过，次第春风到草庐》。丰先生的作品犹如春风化雨，润物无声，滋养温暖了无数人的心灵。

编　者
2023 年 5 月

目　录

丰子恺生平考证研究

丰子恺和商务印书馆

樊东伟

一、引　言

以丰子恺与出版机构之间关系为主题的研究，目前仅见《丰子恺与开明书店：中国 20 世纪初的大众艺术》一种[①]，此书主要讲述丰子恺的哲学思想与艺术以及 20 世纪初中国大众艺术的主要历史背景和不同文化圈风格，只有最后一个章节着重讲述丰子恺和开明书店的关系。

然而丰子恺作为民国时期的一位畅销作家，其在民众间乃至文化界的影响力远超一般作者。同丰子恺有过合作的出版机构数量众多，合作方式和内容类型多种多样。

商务印书馆作为中国近现代最大的出版机构，在与丰子恺长达十余年的合作中，双方互惠互利，产生了非常显著的效果和影响。对于丰子恺来讲，商务印书馆的重要性在很多方面并不亚于开明书店。

二、发表处女作

1914 年 8 月，商务印书馆出版的《少年杂志》第四卷第二号"儿童创作园地"栏目中，刊登了浙江一位小学生丰仁的作品《寓言四则》。这四则标题分别为"猎人""怀挟""藤与桂"和"捕雀"的寓言故事由文言文写成。作者在标

---

① 林素幸：《丰子恺与开明书店：中国 20 世纪初的大众艺术》，陈军译，太白文艺出版社 2008 年版，目录第 1、2 页。

题旁还标注了每个故事的寓意，如"戒贪心务寡欲""戒诈伪务正直""戒依赖务自立""戒移祸务爱群"等。不仅如此，这位细心的小作者还在故事末尾加上一段按语，如在《藤与桂》一文后，按语是"丰仁曰　人无自立之精神　惟以依赖为事　鲜有不失败者　吾辈少年　其慎思之"①。兹录此文第一则寓言如下：

猎人（戒贪心务寡欲）

秋高风厉。草木枯落。猎人欲糇粮。挟弓矢。入山觅兽踪迹。半日。苦无所获。倦坐石上。意甚懊丧。忽见草间兔睡方酣。大喜过望。将弯弓射之。俄有鹿过高原。猎人见鹿之大也。遂舍兔而逐鹿。鹿行固速。相距又远。不之及。亟还取兔。则兔已醒而逸矣。大恨而归。丰仁曰。贪心一起。每易失败。寄语少年。勿如猎人之两无所得也。斯可矣。

这位时年 16 岁的少年丰仁，便是日后名扬中华的文化大家丰子恺。这一年，丰子恺以第一名的优异成绩毕业于家乡石门镇的崇德县立第三高等小学校。同年秋天，他以第三名的成绩考入浙江省立第一师范学校。丰子恺看到这本杂志时，已经离开家乡，开始了在省城杭州的求学生涯。

《少年杂志》是商务印书馆创刊于清宣统三年二月（1911 年 3 月）②的一份月刊，一直出版到 1931 年 12 月，时间长达 22 年，共出版了 21 卷将近 300 期之多。该刊最初主编孙毓修，是清末民初著名的编译家③，也是张元济主持下的商务印书馆中的资深编辑。他于 1907 年进入商务印书馆后，便投身儿童读物的编辑工作；在编辑了两套著名的少儿丛书"童话"和"少年丛书"的基础上，孙毓修又创办了这份《少年杂志》。他在创刊号的《缘起》一文中说到了《少年杂志》相对于他编的"童话丛书"而言的区别：

内容大加扩充，如修身、文学、历史、地理、算学、格致、卫生、动物、植物、矿物、实业、手工、习字、图画、体操、音乐、歌谣、游戏、中国时事、外国

---

① 丰子恺：《寓言四则》，载《少年杂志》第 4 卷第 2 号（1914 年 8 月）。
② 柳和城：《孙毓修评传》，上海人民出版社 2011 年版，第 79 页。
③ 柳和城：《孙毓修评传》，上海人民出版社 2011 年版，第 5 页。

时事,凡二十余类。皆择其切近易知、饶有兴趣者,随时编次,互见各册。兼采古今中外之新奇故事,讽世寓言,以供谈助。插画丰富,行文浅显,凡入学三四年之生徒,以及粗解文义之人,皆能领会。庶可为教育之补助,而使社会中人,皆晓然知德育、智育、体育三者之急急焉。

可见这份刊物的内容更加丰富,立意更为深远。

发表丰子恺这篇处女作的《少年杂志》第四卷,则由商务印书馆的另一名老编辑,即张元济的海盐老乡朱元善接任主编。他主编《少年杂志》的同时,在 1914 年 7 月还创办了商务印书馆另一份重要的《学生杂志》,又兼管着《教育杂志》,可见朱元善在该馆期刊编辑方面的重要作用。[1]

文史研究者柳和城也对《少年杂志》的特点作了总结:"注重修身教育,行文寓教于乐","发扬爱国精神,拥护辛亥革命","传播最新科技,倡导文明卫生","提倡游记文学,传扬探险精神","开展悬赏活动,提高读者兴趣"。[2] 这点明了这份杂志广受青少年和家长欢迎的原因。柳和城又说:"现代著名作家、学者如赵景深、吴祖光、费孝通、魏建功等,都曾是它的小读者和小作者。"[3]这份名单中,显然遗漏了丰子恺的名字。有趣的是,丰子恺也是该杂志举办悬赏活动的积极参与者,在他发表处女作这期中,有一则公布悬赏活动答案和获奖者揭晓通知,"丰仁"也名列其中。

对于丰子恺的这篇处女作,姑且不论其文学价值。我们应该关注的是,丰子恺的学生时代,也正是商务印书馆这样的中国新兴出版企业迅速发展的时期,而《少年杂志》这类形式新颖的读物,如同为他打开了一扇认知世界的窗户,以一种全新启蒙教育的方式对他产生了重要的影响。

丰子恺天资聪慧,又是一个求知欲强的活泼少年,对于一切新生的、未知的事物充满了好奇。而他身处清末民初时的浙北偏远小镇,接受教育和阅读图书成了满足他求知欲望的最为重要的渠道。丰子恺六岁随父亲接受私塾教育,启蒙读物无非是《三字经》《千字文》《千家诗》,父亲去世后,继续在私塾读《幼学琼林》《论语》《孟子》和《芥子园画谱》之类。[4] 而到十三岁进入新学堂

[1] 柳和城:《挑战和机遇——新文化运动中的商务印书馆》,商务印书馆 2019 年版,第 59 页。
[2] 柳和城:《孙毓修评传》,上海人民出版社 2011 年版,第 79 页。
[3] 柳和城:《孙毓修评传》,上海人民出版社 2011 年版,第 88 页。
[4] 陈星:《丰子恺年谱长编》(修订版),中国社会科学出版社 2017 年版,第 47 页。

后,开始接受新式教育,大量传播新知识的读物使他耳目一新。"我在故乡浙江石门湾的新办的小学堂里所唱的歌,大都是沈心工编的《学校唱歌集》里的歌曲。"直到五十年后,丰子恺还能默写出《学校唱歌集》里他所熟悉的《扬子江》《好朋友》等几首歌曲。另有一首更具中华民族气息的《祖国歌》给他更深的记忆,因为歌曲的作者李叔同后来成为引导他终身的恩师。[1]

还有一份报纸对丰子恺的绘画创作影响良多,他说:"我小时候,《太平洋画报》上发表陈师曾的小幅简笔画《落日放船好》,《独树老人家》等,寥寥数笔,余趣无穷,给我很深的印象。我认为这算是中国漫画的始源。"[2]这份《太平洋画报》,恰好也是他的老师李叔同主持编辑,可惜的是 1912 年在上海只出版了不足一年。

丰子恺当年还在第一时间读到了中华书局出版的《中华童子界》,并且参加了创刊号上的"特别悬赏"活动。该刊在 1917 年 7 月创刊号(即第一号)刊出的"特别悬赏"题为:

> 设如父亲命我往某处,限定时刻,不许耽搁。半途见一同学,为恶童所窘。我若救助同学,必迟误父事,然则应如何处置?
>
> 答案各述己意,须合情理,不限字数。优等者赠童话二册。

丰子恺的参赛作文随即被刊登在 8 月出版的第二号上:

> 父亲命我往某处,限定时刻,不许耽搁。半途见一同学,为恶童所窘。我若救助同学,必迟误父事;若置勿顾,则失同学之情。我遂佯为不见恶童,呼同学曰:"某兄,后面草场上一罪犯,将枪毙。观者已环立,故我将往约一友,同去观看。尔胡不去看,在此与人胡闹?"言已即行。恶童性残忍,闻此等事,必置同学而往观。我既得不误父事,亦不负同学。同学固善者,非恶童类,目睹残忍事,必非所愿。异日可与言明,至恶童堕我计中,亦不得答我也。

---

[1] 丰子恺:《回忆儿时的唱歌》,见陈星总主编、刘晨分卷主编《丰子恺全集》第 15 卷,海豚出版社 2016 年版,第 312、313 页。

[2] 丰子恺:《漫画创作二十年》,见陈星总主编、陈建军分卷主编《丰子恺全集》第 2 卷,海豚出版社 2016 年版,第 263 页。

这一次他又脱颖而出,得到十位获奖人中的第二名。①

由上述可以联想到丰子恺日后在文学、音乐、绘画等各个领域取得的成就,是与他在石门湾小学堂时期的阅读经历分不开的。而出版业的巨大革新及突飞猛进的发展,在其中起到了推波助澜的作用。

处女作《寓言四则》的发表,令丰子恺登上了创作道路上的第一个舞台——商务印书馆。而对于商务印书馆来说,丰子恺则如同是他们播下的一个神奇的种子,终于在几年后结出了令人惊叹的累累硕果。

三、从崭露头角到盛名远播

丰子恺从浙江省立第一师范学校毕业,短暂从事一段教学工作后,1921年春东渡日本开始为期十个月的游学生活。而他真正以职业著作人的身份出现在公众面前,是他从日本回国后(或者可以说在归途的轮船上)。促成他走上这条创作之路的原因,一则是他的出众才华和创作热情,二则是他得卖文养家糊口。

丰子恺写作生涯最初的舞台,也是使他从初出茅庐到声名远扬的出版社,正是商务印书馆。

然而作为中国近现代史上最大的出版机构商务印书馆,同丰子恺之间的密切关系,显然尚未得到学术界的足够关注。丰子恺从创作生涯的最初期,逐渐走向成名,最终奠定在文化界的重要地位,商务印书馆所起到的作用无疑是最重要的。

让我们先用一组数据来说明丰子恺通过商务印书馆发表的所有作品的数量和类型。

1922年到1935年间,丰子恺(从25岁到38岁)为商务印书馆的《东方杂志》《教育杂志》《妇女杂志》《学生杂志》《小说月报》和《小说世界》等六大期刊供稿计142篇之多。其中译文17篇、艺术论述51篇、插画和装帧画27幅、漫画27组92幅、散文24篇。②

---

① 陈建军:《丰子恺小学时的一篇参赛作文》,载《中华读书报》2015年4月15日。
② 陈星:《丰子恺年谱长编》(修订版),中国社会科学出版社2017年,1922—1935年谱。

期刊出版向来是民国时期各大出版社争夺市场的重要阵地。不仅如商务印书馆、中华书局、世界书局、大东书局这样的大型出版机构不断推出针对各个读者阶层的刊物，连一些中小型的出版社，也会出版一些各具特色的期刊以占得市场的一席之地。丰子恺如此众多数量的作品被商务印书馆所采纳发表，可见他在读者中的受欢迎程度的不断提升。商务印书馆自清末光绪年间（1904 年）创办了《东方杂志》，以后又针对不同的读者阶层陆续创办了多种刊物，他们始终把期刊出版视为重要的业务组成，委派多位资深的编辑负责办刊，因此这些刊物大多在同业内起到了榜样的作用。

除了期刊上的作品以外，丰子恺同商务印书馆在书籍上的合作次数也有十多次。丰子恺的第一本译著《苦闷的象征》（日本厨川白村著），也是由商务印书馆出版，此书还使他与鲁迅先生之间产生联系，引出一段佳话。他还为商务印书馆出版的多种书籍创作封面、插图、环衬等，甚至还参与做序跋、校阅的工作，亦可谓无所不能。

丰子恺在人生最重要的创作阶段能与商务印书馆产生如此大量的合作，大致可归纳为以下几个原因：

一、商务印书馆在出版界的无可撼动的实力和地位，成为大部分投稿作者的首选，能给作者带来稳定的名利上的回报。

二、少年时代的阅读经历和个人处女作的发表，也使丰子恺对商务印书馆产生良好深刻的印象。

三、丰子恺与商务印书馆编译人员之间的广泛的人脉联络起到至关重要的作用。

丰子恺通过商务印书馆各种期刊发表的作品，逐步奠定了他后来的诸多文化成就的基础。以下就各刊事例作进一步阐述。

（一）与报刊的合作

1. 《东方杂志》

由商务印书馆创办于 1904 年。民国元年（1912）由杜亚泉"主编历八年，于世界大势、国家政象、社会演变、学术思潮，靡不搜集编载，研究讨论，贡献于国人"。[①]《东方杂志》持续出版了 44 年直到 1948 年底停刊，是中国现代出

---

① 蔡元培：《杜亚泉君传》，见田见业等编《杜亚泉文选》，华东师范大学出版社 1993 年版，第 3 页。

版史上连续出版时间最长、影响力最大的一份综合性期刊。

1922 年 4 月,丰子恺在上海翻译了美国作家 Nathaniel Hawthorne 的短篇小说《泉上的幻影》,发表在当年 5 月 10 日出版的《东方杂志》第 19 卷第 9 号上。[①]

这是丰子恺首次正式发表的译作,也从此开启了丰子恺同商务印书馆之间长期密切的合作。

需要补充说明的是,丰子恺最早的翻译作品是屠格涅夫的《初恋》(在日本归国途中的轮船上开始翻译),完成后也是向商务印书馆投的稿。然而这部译稿的发表却并不顺利,潘文彦这样回忆:"这是丰氏从事艺术事业的处女作。此书于一九二一年冬在由日本回国的论船上开始翻译,一九二二年初交商务印书馆,却不料被该馆认为'海淫'之作而退了回来。"[②]

丰子恺本人在 1929 年开明书店出版此书所作的译者序中,给出了不同的说法:"八年之前,我在东京购得一册《初恋》的英日对译本,英译者为 Garnett,日译并注者是藤浪由之。读了之后,对于其文章特别感到兴味,就初试翻译。1922 年春间译毕。这是我第一次从事翻译。自知译得很草率,不敢发表。曾请几位师友改改,看看。后来一直塞在书架上面。"[③]写此序时,丰子恺的大量文章和绘画正频繁发表在商务印书馆的各大刊物上,他或许是不便提及当年被商务印书馆退稿之事吧。

1924 年,丰子恺的良师益友夏丏尊在《东方杂志》上连载他的著名翻译作品《爱的教育》,而其中的插图便由丰子恺创作,这也是他最早期的插图作品。[④]

似乎是应对《东方杂志》内容的综合性,丰子恺的作品在《东方杂志》上同样呈现出他的多才多艺。就作品的类型来看,从译文、艺术论述到散文,从插图、漫画到封面设计,几乎涵盖了丰子恺所有的创作形式。从《东方杂志》历

---

① Nathaniel Hawthorne:《泉上的幻影》,丰仁译,载《东方杂志》1922 年第 19 卷第 9 号。丰子恺在文末的备注:"Hawthorne 善于精妙深刻地描写心理状态,他的杂著是在一千八百三十七年出版的,名叫 Twice-told Tales。这也是其中的一篇。"
② 潘文彦:《丰子恺年表》,见丰一吟等著《丰子恺传》,浙江人民出版社 1983 年版,第 189 页。
③ 丰子恺:《〈初恋〉译者序》,见陈星总主编、陈建军分卷主编《丰子恺全集》第 4 卷,海豚出版社 2016 年版,第 61 页。
④ 陈星:《丰子恺年谱长编》(修订版),中国社会科学出版社 2017 修订版,第 100 页。《东方杂志》第 21 卷第 2 号的实际出版时间为 1924 年,而非改年谱所订的 1923 年。

来强大的作者群来看,这也是绝无仅有的现象。

另外值得注意的是丰子恺在《东方杂志》上发表过一组他对中国画研究的文章。在 1930 年 1 月出版的两期"中国美术号"特刊上,分别刊登了《中国美术在现代艺术上的胜利》《中国的绘画思想——金原省吾的画六法论》《东洋画六法的论理的研究》和《云冈石窟》四篇文章,丰子恺成为这两期特刊中发文最多的作者。丰子恺不仅从世界绘画发展趋势的角度阐述了中国画的优势所在,而且还结合日本学者的著作,展开对中国绘画艺术的思想理论的阐述研究。他还在另一期上发表过《中国画的特色——画中有诗》。这一组文章构成了丰子恺中国画研究的思想体系,是丰子恺研究中不可忽视的一部分。

(表一) 《东方杂志》丰子恺作品列表

篇 名	期号	日期	类型
泉上的幻影	19 卷 9 号	1922/5/10	译文
使艺术伟大的真的性质	20 卷 4 号	1923/1/13	译文
从西洋音乐上考察中国的音律	20 卷 18/19 号	1923/9/25	艺术论述
爱的教育	21 卷 2 号起连载	1924/1/25	插图
画家米勒的人格及其艺术	21 卷 2 号	1924/1/25	艺术论述
歌剧与乐剧	22 卷 22 号	1925/11/25	艺术译述
新年漫画一组	23 卷 1 号	1926/1/10	漫画
苏州漫画一组四幅	23 卷 2 号	1926/1/25	漫画
中国画的特色——画中有诗	24 卷 11 号	1927/6/10	艺术论述
东洋画六法的论理的研究	27 卷 1 号中国美术号	1930/1/10	艺术论述
中国美术在现代艺术上的胜利	27 卷 1 号中国美术号	1930/1/10	艺术论述
中国的绘画思想——金原省吾的画六法论	27 卷 1 号中国美术号	1930/1/10	艺术论述
云冈石窟	27 卷 2 号	1930/1/25	艺术论述
梦耶真耶	30 卷 1 号新年特大号	1933/1/1	散文
漫画六幅含封面画	30 卷 1 号	1933/1/1	漫画

篇　　名	期号	日期	类型
胡桃云片	30 卷 2 号	1933/1/16	散文
漫画两幅	30 卷 3 号	1933/2/1	漫画
封面漫画恼人春色	30 卷 6 号	1933/3/16	漫画
怜伤	30 卷 8 号	1933/4/16	散文
陌巷	30 卷 8 号	1933/4/16	散文
漫画四幅	30 卷 13 号	1933/7/1	漫画
取名、爱子之心	30 卷 16 号	1933/8/16	散文
个人计划	31 卷 1 号三十周年纪	1934/1/1	散文
抓着鼻粪回想昼间的事	32 卷 18 号	1935/9/16	漫画

2. 《教育杂志》

创办于 1909 年,先后由陆费逵、朱元善、李石岑、周予同、何炳松等担任主编。虽然因日本侵华战争两度停办,但前后依然出版了 33 卷 382 期,在中国的教育类期刊中独占鳌头。

丰子恺在《教育杂志》上发表作品的数量是各种刊物中最多的。作品主题分西洋音乐、西洋美术、少儿艺术教育和教育题材漫画四部分。丰子恺从担任教师开始走上社会,并长期从事这一职业,他作为教育家的重要社会地位,通过在《教育杂志》所发表的这些作品也能得到反映。

1930 年和 1931 年,他应邀为《教育杂志》"儿童艺术讲话"栏目所写的两组西方艺术启蒙的文章,后来被结集成《西洋名画巡礼》和《西洋音乐楔子》两本重要的西方艺术评论著作,由开明书店在 1931 年 6 月和 1932 年 12 月分别出版,并且多次重版。

丰子恺在《教育杂志》上还翻译了美国、日本多位艺术教育研究专家如 H. Muensterberg、关宽之、阿部重等的最新艺术教育理论研究的文章,后被收入《艺术教育》《艺术丛话》等多种专著中。

《教育杂志》也是丰子恺在商务印书馆的期刊上发表漫画最多的一种。漫画基本上以儿童、教育、校园等为主题。如 1926 年和 1927 年两年间,发表了 8 组共 46 幅漫画中,有《校园生活片断》《小瞻瞻的梦》《自然之默谕》《教育界的人物》《艺术的劳动》等组画，集教育、知识、艺术、趣味于一体，令读者产生良好的阅读体验，也改进了刊物的发行效果。

（表二） 丰子恺《教育杂志》作品列表

篇　　名	期号	日期	类型
小学生底描画能力及其开发指导	16 卷 2 号	1924/2/20	艺术论述
中等学校的图画教育	17 卷 9 号	1925/9/20	艺术论述
青年的艺术教育	18 卷 1 号	1926/1/20	艺术论述
漫画六幅	18 卷 5 号	1926/5/20	漫画
漫画九幅	18 卷 6 号	1926/6/20	漫画
漫画四幅	18 卷 7 号	1926/7/20	漫画
漫画自然之默谕四幅	18 卷 8 号	1926/8/20	漫画
漫画九幅校园生活断片等	18 卷 10 号	1926/10/20	漫画
漫画一组六幅	18 卷 12 号	1926/12/20	漫画
儿童的年龄性质与玩具附序言	19 卷 5 号	1927/5/20	译文
儿童的年龄性质与玩具	19 卷 6 号	1927/6/20	译文
教育界的人物漫画四幅	19 卷 6 号	1927/6/20	漫画
无学校的教育（二十五则）、儿童的大人化（上）	19 卷 7 号	1927/7/20	艺术论述
儿童的大人化（下）	19 卷 8 号	1927/8/20	艺术论述
漫画艺术的劳动四幅	19 卷 11 号	1927/11/20	漫画
童心的培养	19 卷 12 号	1927/12/20	艺术论述
艺术教育的哲学的研究	19 卷 12 号	1927/12/20	译文
儿童的音乐教育与艺术的陶冶	20 卷 1 号	1928/1/20	译文
废止艺术科	20 卷 2 号	1928/2/20	艺术论述
图画教育的方法	20 卷 2 号	1928/2/20	译文
教育艺术论	20 卷 6 号	1928/6/20	艺术论述
教育艺术论	20 卷 7 号	1928/7/20	艺术论述
艺术教育之美学的论究	20 卷 10 号	1928/10/10	译文

(续表)

篇　　名	期　号	日　期	类型
漫画我们设身处地,想象孩子们的生活四幅	20 卷 10 号	1928/10/10	漫画
艺术教育之心理学的研究	20 卷 11 号	1928/11/20	译文
艺术教育的实际示例	20 卷 12 号	1928/12/20	译文
近代艺术教育运动	21 卷 1 号	1929/1/20	译文
教育漫画社会的背景四幅	21 卷 1 号	1929/1/20	漫画
贫乏的大画家	22 卷 1 号	1930/1/20	艺术论述
说诳的画与真实的画	22 卷 2 号	1930/2/20	艺术论述
一个铜板的画家官司	22 卷 3 号	1930/3/20	艺术论述
富贵的美术家	22 卷 4 号	1930/4/20	艺术论述
身边带镜子的画家	22 卷 5 号	1930/5/20	艺术论述
发明油画的兄弟画家	22 卷 6 号	1930/6/20	艺术论述
五年画成的笑颜	22 卷 7 号	1930/7/20	艺术论述
文艺复兴三杰的争雄	22 卷 8 号	1930/8/20	艺术论述
万人嘲骂的大画家	22 卷 9 号	1930/9/20	艺术论述
模糊的名画	22 卷 10 号	1930/10/20	艺术论述
自己割了耳朵的画家	22 卷 11 号	1930/11/20	艺术论述
新兴艺术鉴赏	22 卷 12 号	1930/12/20	艺术论述
艺术教育思想之发展	22 卷 12 号	1930/12/20	译文
拂拭灰尘的拍子——节奏的话	23 卷 1 号	1931/1/20	艺术论述
美的教育	23 卷 2 号	1931/2/20	译文
学校生活与艺术	23 卷 2 号	1931/2/20	译文
破洋琴与大演奏家——音阶的话	23 卷 2 号	1931/2/20	艺术论述
可惊的记忆力——乐谱的话	23 卷 3 号	1931/3/20	艺术论述
以唱歌救国王的乐师——声乐器乐的话	23 卷 4 号	1931/4/20	艺术论述
维多利亚女皇的害怕	23 卷 5 号	1931/5/20	艺术论述
晚餐的代价——风琴洋琴的话	23 卷 6 号	1931/6/20	艺术论述

篇　　名	期号	日期	类型
御赐的名乐器——怀娥铃的话	23 卷 7 号	1931/7/20	艺术论述
十分钟做成的名曲——乐曲的话	23 卷 9 号	1931/9/20	艺术论述
雷声的伴奏——管弦乐的话	23 卷 10 号	1931/10/20	艺术论述
屠户的发的幸运——歌剧的话	23 卷 11 号	1931/11/20	艺术论述
兔子和鬼的竞走	23 卷 12 号	1931/12/20	艺术论述
谈图画的形式与内容	24 卷 1 号	1934/9/10	艺术论述
民族教育的 FIRST STEP	24 卷 1 号	1934/9/10	漫画
谈图画的用具和材料	24 卷 2 号	1934/10/10	艺术论述
前程远大	24 卷 2 号	1934/10/10	漫画
建设的材料——此人所担者如砖亦如书	24 卷 3 号	1934/11/10	漫画
眼药——心眼需要药亦然	24 卷 4 号	1934/12/10	漫画

3. 《小说月报》

商务印书馆的重要文学期刊。1910 年由恽铁樵、王蕴章担任主编时期,以通俗文学(即鸳鸯蝴蝶派)作品为主导,到 1921 年茅盾、郑振铎、叶圣陶等接编之后全面革新,成为新文学的核心阵地。《小说月报》共出版 22 卷 258 期,1932 年初因中日淞沪战争爆发而停刊。

1926 年至 1928 年间,丰子恺应郑振铎之邀为《小说月报》作了整整三卷三十多幅扉页插画。评论家将其称为"人生的诗意表达"[①]。这组插画较为完整地体现了丰子恺的艺术思想,为他在装帧画领域的成就奠定了深厚的基础。丰子恺以散文、漫画和艺术教育闻名于世,而他的装帧画艺术水平实际上同样出色,比之他的两位以装帧艺术而知名的学生陶元庆和钱君匋,是有过之而无不及的。可见丰子恺的极高艺术修养和勤奋创作,使得他在各个领域遍地开花。在这方面,我们也可以看到他的老师李叔同带给他的影响。同时通过"文学的绘画",彰显"希望的人生",达到"美誉的启示"[②]。

《小说月报》对于丰子恺的另一个重要意义便是《缘缘堂随笔》的诞生。

---

① 王文新:《丰子恺插图艺术研究》,华中师范大学出版社 2014 年版,第 61 页。
② 王文新:《丰子恺插图艺术研究》,华中师范大学出版社 2014 年版,第 63、69 页。

从 1927 年 6 月开始,丰子恺在《小说月报》上陆续刊发《忆儿时》《华瞻的日记》等一组散文,到 1929 年总共发表了 15 篇。同年秋天,丰子恺在江湾永义里住宅内,由弘一法师引领,举行了皈依仪式并将寓所命名为"缘缘堂"。这组散文后来结集为《缘缘堂随笔》出版,成为丰子恺一生中最重要和最具影响力的文学作品。《缘缘堂随笔》在 1931 年 1 月由开明书店初版,到 1948 年就已经重印了十几次,解放后又由多家出版社编辑重版,书中作品以其"清隽美"的文笔"显示了他在生活上所具的思想情趣之重要部分——他的人生观,艺术观,宗教观",成为中国散文作品中的瑰宝。①

　　日本作家谷崎润一郎也发评论称赞此书,称丰子恺是中国最艺术的艺术家。②

(表三)　丰子恺《小说月报》作品列表

篇　　名	期　号	日　期	类　型
漫画浅说	16 卷 11 号	1925/10/9	艺术论述
饭后、惜别、First step	16 卷 11 号	1925/10/9	漫画
装帧图	17 卷 1 号	1926/1/10	装帧图
冬之趣、爸爸耳朵里一支铅笔	17 卷 1 号	1926/1/10	漫画
装帧图	17 卷 3 - 12 号	1926	装帧图
音乐与文学的握手	18 卷 1 号	1927/1/10	艺术论述
装帧图	18 卷 1 - 12 号	1927	装帧图
乐圣裴德芬底生涯及其艺术——裴德芬百年祭纪念	18 卷 3 号	1927/3/10	艺术论述
裴德芬谈话三则	18 卷 3 号	1927/3/10	艺术论述
忆儿时、华瞻的日记	18 卷 6 号	1927/6/10	散文
闲居、从孩子得到的启示、天的文学、东京某晚的事、楼板、姓	18 卷 7 号	1927/7/10	散文
艺术三昧	18 卷 8 号	1927/8/10	艺术论述

---

① 陈子展:《丰子恺的缘缘堂随笔》,载《青年界》1932 年第 2 卷第 1 期。
② 丰子恺:《致〈导报〉编者》,见陈星总主编,杨子耘、杨朝婴分卷主编《丰子恺全集》第 20 卷,海豚出版社 2016 年版,第 98 页。

（续表）

篇　　名	期号	日期	类型
阿难、晨梦	18 卷 11 号	1927/11/10	散文
装帧图十二幅	19 卷 1 - 12 号	1928/1/12	装帧图
歌曲之王修佩尔德——为他的百年纪念祭而作	19 卷 1 号	1928/1/10	艺术论述
大自然与灵魂的对话、大地与月的对话	19 卷 6 号	1928/6/10	译文
百鸟颂	19 卷 7 号	1928/7/10	译文
儿女	19 卷 10 号	1928/10/10	散文
自然颂	20 卷 1 号	1929/1/10	散文
颜面	20 卷 2 号	1929/2/10	散文
大账簿	20 卷 5 号	1929/5/10	散文
缘	20 卷 6 号	1929/6/10	散文
秋	20 卷 10 号	1929/10/10	散文
伯豪之死	20 卷 11 号	1929/11/10	散文
《自杀俱乐部》作者附言	21 卷 1 号	1930/1/10	译文
二百年来西洋乐坛之盛况	21 卷 3 号	1930/3/10	艺术论述
乐圣裴德芬的恋爱故事	22 卷 1 号	1931/1/10	艺术论述

4. 《小说世界》

《小说月报》转型为新文学刊物之后，商务印书馆为保持其在大众文学期刊市场上的地位，创办了《小说世界》。以胡寄尘担任主编的《小说世界》，在"鸳鸯蝴蝶派格局下做了一些试图打通'新'与'旧'、变'俗'为'雅'的努力，尽管并不是太明显"。①

胡寄尘邀请丰子恺为《小说世界》提供漫画，同样可以理解为他试图打通新旧文学之间隔阂的一种努力。胡寄尘同时还在《小说世界》上刊登了他的早年旧友，也是丰子恺的老师李叔同的大量诗文、书画作品，以此表达对师生两人的敬意。

---

① 董丽敏等：《商务印书馆与中国文化的"现代"转型（1902—1932）》，商务印书馆 2017 年版，第 287 页。

丰子恺在《小说世界》上的作品长期未受注意。从目前的资料可知,丰子恺在《小说世界》上发表的漫画不少于四幅,这些均未收入已出版的《丰子恺全集·美术卷》和《丰子恺年谱长编》(修订版)中。(详见表四)

(表四) 丰子恺《小说世界》作品列表

篇　　名	期号	日期	类型
梨花月底两眉攒,敲遍阑干(漫画)	15 卷 5 期	1927/5/13	漫画
丰子恺先生漫画之二	16 卷 9 期	1927/8/26	漫画
信佛者之生活丰子恺画杭州进香图	16 卷 14 期	1927/9/30	漫画

5.《妇女杂志》《学生杂志》

或许是精力所限,还要同时应付其他出版社的约稿,丰子恺在商务印书馆的另外两大期刊《妇女杂志》和《学生杂志》上发表文章数量较少。这并不代表他忽视妇女问题,在推动妇女解放方面,他始终是走在社会最前端的。在《妇女杂志》1923 年 1 月出版的"妇女运动号"上,丰子恺发表瑞典爱伦凯的《妇女运动概论》的译作,即能反映他和主编章锡琛、周予同等人在这个问题上共同的激进的思考。

这期间丰子恺有大量的关于妇女、学生问题的文章发表在《民国日报》《妇女周报》及开明书店的《中学生》等刊物上面。

(表五) 丰子恺《妇女杂志》《学生杂志》作品列表

篇　　名	期号	日期	类型
音乐会与音乐	8 卷 12 号	1922/9/11	译文
妇女运动概论	9 卷 1 号(妇女运动号)	1923/1/1	译文
为妇女们谈音乐研究的态度	17 卷 1 号	1931/1/1	艺术论述
为妇女们谈绘画的看法	17 卷 4 号	1931/4/1	艺术论述

丰子恺同商务印书馆上述六大刊物的紧密合作,有以下几个特征:

其一,合作时间长,合作内容广泛,在出版社的诸多作者中尤为特殊。

其二,对于丰子恺个人在文艺领域树立的多项成就有开创性的意义。

其三,这种合作对于商务印书馆在新文化运动影响下的期刊出版的转型起到了积极有效的帮助作用。

（二）图书出版的合作

丰子恺与商务印书馆出版图书之间的合作，较为重要的有如下几项：

1. 第一本译著《苦闷的象征》

《苦闷的象征》是日本文学理论家厨川白村（1880—1923）的遗作，此书1924 年在日本出版后不久，即受到鲁迅和丰子恺的关注，并不约而同地开始了各自的翻译工作。鲁迅的译作于 1924 年 12 月作为"未名丛刊"之一出版，后由北新书局再版。丰子恺的译著于 1925 年 3 月作为"文学研究会丛书"之一由商务印书馆出版。这也是他在商务印书馆出版的唯一著作。一部作品几乎同时由两位译者推出，这种情况是比较鲜见的，更由于译者之一是大名鼎鼎的鲁迅先生，也引发了研究者较为广泛的讨论和比较。

从翻译学角度，也有学者进行了分析对比，"鲁迅采用字字落实的直译法，翻译时过于重视原文的形式，而忽视了译文的语言表达。这导致译文不符合中文的表达习惯，导致读者难以理解或产生误解。丰子恺也是采取的直译法，但在遣词造句上不似鲁迅按部就班，能结合上下文的语境选用词语。译文不仅忠实于原文，也顺应了译入语的表达习惯"。①

在笔者看来，这里面可能还有一层直接的原因，就是当时鲁迅的日文功底是远甚于丰子恺的。

抗战时期，在桂林，重返教师岗位的丰子恺在日记中提及鲁迅翻译的厨川白村作品。《教师日记》1938 年 11 月 1 日这样记载："今天我教他们读厨川白村的 Essay……鲁迅先生译笔太过严谨，有几处难怪学生看不懂。经我在黑板上改译中国文式的，犹有人看不懂。"②不经意间也透露了自己和鲁迅先生不同的翻译风格。

鲁迅与丰子恺在 1927 年的第一次见面有日记可循。虽然两人并不一定是为《苦闷的象征》而见，但有趣的是，带丰子恺见鲁迅的陶元庆，既是鲁迅译《苦闷的象征》的封面装帧者，又是丰子恺的学生，由他穿针引线是最合适不过的。

---

① 沈聪：《浅谈描写译学的理论与实践——以〈苦闷的象征〉的两个中译本为例》，载《安徽文学》2018年第 10 期。

② 丰子恺：《日记：一九三八年》，见陈星总主编，杨子耘、杨朝婴分卷主编《丰子恺全集》第 20 卷，海豚出版社 2016 年版，第 264 页。

2. 书籍装帧

丰子恺从 1924 年开始为文学研究会的期刊《文学周报》提供漫画作品,得到了广泛的关注和好评,尤其是郑振铎、茅盾等人对其风格甚为赞赏。随后便有作者陆续邀请他为自己的著作做绘画装帧的设计。最早的两种是夏丏尊的翻译小说《棉被》的封面装帧画,郑振铎的《文学大纲》环衬设计图。

以后,丰子恺又为罗黑脂《醉里》、谢六逸《文坛逸话》、王统照《黄昏》作了封面装帧。

1930 年,丰子恺为巴金在商务印书馆出版的两种译著《草原故事》和《我的自传》分别作了封面装帧画和题字。

除此以外,丰子恺还为自己的老师姜丹书的《艺用解剖学》设计了封面,为周越然编写的英语读物《英语卅二故事》作了一组插图,为刘诚甫编的《音乐辞典》作了扉页题字和校阅。

最近发现,丰子恺还为商务印书馆 1929 年改版后的小学教科书设计了三种封面,显然出版社是想利用丰子恺漫画的社会影响力,在竞争激烈的教科书市场里占得一份先机。

3. 丰子恺还为王庆勋《最新口琴吹奏法》作序言。

（表六） 丰子恺与商务印书馆出版书籍合作列表

书 名	著译者	出版日期	类型
苦闷的象征	厨川白村	1925/3/0	译著
棉被	田山花袋著　夏丏尊译	1927/1/0	封面装帧
文学大纲	郑振铎	1927/4/0	环衬设计
醉里	罗黑芷	1928/6/0	装帧画
文坛逸话	谢六逸	1928/10/0	装帧画
黄昏	王统照	1929/4/0	封面装帧
新学制小学教科书三种		1929/12/31	封面装帧
艺用解剖学	姜丹书	1930/11/0	封面装帧
草原故事	高尔基著巴金译	1930/11/0	封面装帧
自传《我底自传》	克鲁泡特金著巴金译	1930/1/12	封面题字
英语卅二故事	周越然、桂裕编纂	1931/12/0	插图

书 名	著译者	出版日期	类型
最新口琴吹奏法	王庆勋著	1931/12/0	序言
文坛逸话	谢六逸宏徒著	1932/9/0	封面装帧
音乐辞典	刘诚甫编著,丰子恺校阅	1935/12/0	题字校阅

四、社会背景及人脉关系

丰子恺创作生涯中最为重要的时期,同商务印书馆发生如此紧密的合作关系,追本溯源,还跟当时特定的时代背景下商务印书馆的大规模人事变动有关。

五四运动以后,新文化的浪潮不断冲击社会各界。商务印书馆出版的几大期刊先后遭到陈独秀、罗家伦等新文化运动先锋干将们的抨击。

陈独秀在他主编的《新青年》上率先发难。1918 年 9 月的《新青年》第 5 卷第 3 号上发表《质问〈东方杂志〉记者——〈东方杂志〉与复辟问题》,文中一连提出 16 条质问,措辞激烈犀利。此举既打压了这份知名大刊,同时又提升了《新青年》的知名度,可谓一举双得。而另一位新文化运动的急先锋罗家伦,也紧随师长陈独秀,在北京发起成立"新潮社",在社刊《新潮》上发表《今日中国之杂志界》一文,把商务印书馆的几种主要期刊逐个批评一通。

新文化思潮在社会上的盛行,对于杂志的主要阅读群体——青年知识分子——有相当大的影响。商务印书馆的期刊发行业务在这一阶段确实受到了较大影响,刊物滞销产生了大量库存。

为此,以张元济为主导的商务印书馆领导层开始谋划对策,思考如何转型。1920 年,从《东方杂志》开始,《学生杂志》《小说月报》《妇女杂志》《教育杂志》等纷纷更换编辑团队,采用白话文,改变刊文内容,逐步开放接纳不断进步的社会思潮。[①]

1922 年,在胡适的推荐下,王云五正式入主商务印书馆编译所。他的第一件事就是在人事上推陈出新,许多新面孔在各大期刊的编辑队伍之中被委

---

① 柳和城:《挑战和机遇——新文化运动中的商务印书馆》,商务印书馆 2019 年版,第 55 页。

以重任。其中有许多是丰子恺的新朋旧友。

丰子恺在商务印书馆发表作品始于 1922 年 5 月,恰好是王云五到任后不久。此后十多年里,丰子恺利用自己在商务印书馆丰富的人脉资源,在创作道路上不断取得骄人的成绩。

丰子恺和这些朋友们的关系,同他在白马湖春晖中学和江湾立达中学的执教生涯,以及他参与创办或者加入的中华美育会、文学研究会、立达学会等组织之间,有着纵横交错的关联。这些关系最后交集到商务印书馆,形成一个牢固的"朋友圈",对丰子恺大量作品的发表出版,起到了至关重要的作用。

以商务印书馆为中心的丰子恺的朋友圈内,有郑振铎、胡愈之、叶圣陶、章锡琛、徐调孚、谢六逸、周予同、胡寄尘、金仲华等人,这些人大多在 1931 年九一八事变后陆续离开了商务印书馆,但他们同丰子恺的友谊却持续未断。他们与丰子恺的各自关系,简单梳理如下。

1. 胡寄尘(1886—1938)

字怀琛,安徽泾县人。胡朴安之弟,胡道静之父。他同丰子恺的老师李叔同同为南社社员,并在 1912 年同在《太平洋报》担任编辑。

胡寄尘同丰子恺早在 1919 年共同参与发起成立中华美育会,第二年出版了中国第一本美育学术刊物《美育》。

1924 年胡寄尘进入商务印书馆,接替叶劲风任《小说世界》主编,在此期间,他安排发表了李叔同、丰子恺师徒两人大量的书法、绘画作品。其中发表丰子恺漫画作品至少有四幅,具体数量还待进一步查考。

1930 年 5 月,丰子恺还曾为胡朴安、胡寄尘兄弟编辑的古代诗歌集《子夜歌》作插图一幅。

2. 章锡琛(1889—1969)

章锡琛 1912 年进入商务印书馆编译所,随绍兴同乡前辈杜亚泉编辑《东方杂志》达九年之久,期间结识了后来陆续入馆的胡愈之、茅盾、徐调孚、郑振铎、周予同、谢六逸、叶圣陶等好友。1921 年他出任《妇女杂志》主编,将这份"中国现代妇女报刊史上历史最长,发行面最广的刊物"[①],带入了一个"革命与激进"的新时期,因为他对出版新型妇女刊物的执着信念,1925 年底被商务印书馆解雇。次年便创办了开明书店。

---

① 毕曼:《胡夏彬主编〈妇女杂志〉的编辑思想及其当代意义》,载《中国编辑》2016 年第 4 期。

丰子恺在章锡琛接编《妇女杂志》初期，曾发表过两篇译作，其中一篇是在该刊 1923 年 1 月的"妇女运动号"上的《妇女运动概论》（瑞典爱伦凯著），同章锡琛、周予同等一起开启了接受国外妇女解放运动新思潮的序幕，这是新文化运动中的一种主流思想，带来了一场新旧思想两大阵营的激烈争论。①

章锡琛同丰子恺的关系由此愈加紧密，尤其在开办开明书店后，丰子恺不仅是该书店的最重要作者之一，更是出资成为书店股东。

1928 年 10 月，丰子恺与章锡琛等共同为钱君匋制订画例。

3. 叶圣陶（1894—1988）

叶圣陶于 1921 年 7 月应邀往吴淞中国公学中学部教国文，至 11 月离开。而这一年冬天，丰子恺从日本游学回国后，也曾到中国公学中学部短暂兼职。两人最初的交往有可能始于此时。

1922 年 5 月，丰子恺第一篇译文发表在商务印书馆的《东方杂志》上，叶圣陶的短篇小说《啼声》同时在该期发表，两篇文章前后紧挨，这种巧合也印证了两人在创作上的早期接触。

1923 年 1 月，叶圣陶进入商务印书馆国文部当编辑。而当时茅盾、郑振铎、胡愈之、章锡琛、徐调孚等均在该部工作。

1926 年 1 月，丰子恺的第一本漫画集《子恺漫画》由《文学周报》社出版，叶圣陶参与了此书的编选工作。同年 3 月 25 日，叶圣陶加入立达学会，当晚同丰子恺等好友一起聚餐。1927 年 5 月，接替郑振铎主编《小说月报》，继续发表丰子恺的扉页插画，同时开始发表丰子恺后来结集为《缘缘堂随笔》的大部分散文，叶圣陶是这部著名散文集的直接促成者。这一年的 10 月，他同周予同等人随丰子恺拜会了到上海的弘一法师，并写下《两法师》一文。

1931 年 2 月，叶圣陶离开商务印书馆编译所，入职开明书店，持续与已成为开明书店的股东的丰子恺的友谊。②

从文学研究会到立达学会，从商务印书馆到开明书店，叶圣陶长期同丰子恺保持联系，是丰子恺毕生交往最密集的朋友。

---

① 章雪峰：《中国出版家·章锡琛》，人民出版社 2016 年版，第 52 页。
② 商金林：《叶圣陶年谱长编》第 1 卷，人民教育出版社 2004 年版，第 245 页。

1975 年 10 月,叶圣陶得知丰子恺去世的消息,"不胜悲痛,感怀万端,写下了《追念子恺老友》的诗篇:'故交又复一人逝,潇洒风神永忆渠。……十载所希归怅恨,再谋一面愿终虚。'"①

4. 茅盾(1896—1981)

茅盾从 1916 年进商务印书馆,1926 年离开。其间接编《小说月报》,创办文学研究会。

1922 年,丰子恺因三姐丰满与丈夫离婚事,曾请茅盾出面调解。按此线索,两人的交往是在茅盾在商务印书馆工作期间。②

郑振铎在 1926 年出版的《子恺漫画》序言中,曾详细描述他同叶圣陶、茅盾共同商量此书出版的细节,感觉丰子恺提供的画稿"实在没有什么可弃的东西"③。

丰子恺和茅盾既同为文学研究会成员,又都是立达学会会员,两人间的更多的交往还有待继续考订。

5. 胡愈之(1896—1986)

1914 年入商务印书馆任练习生。1917 年任《东方杂志》编辑并发表文章,直至 1928 年赴欧洲游学。

1920 年胡愈之与茅盾、郑振铎、叶圣陶等共同发起成立文学研究会。

胡愈之还参加了由丰子恺等发起成立的立达学会,1927 年 3 月,有同丰子恺、郑振铎、周予同、叶圣陶等学会同仁聚餐的记录。

1928 年 12 月,丰子恺同胡仲持(胡愈之弟弟)等共同发起改组开明书店。

1932 年胡愈之应王云五邀请重回商务印书馆主持《东方杂志》复刊。在 1933 年 1 月 1 日出版的《东方杂志》新年特大号上,选用了丰子恺关于新年梦想的一组六幅漫画,包括母亲、教师、建筑家、黄包车夫、投稿者等的梦想,其中一幅儿童的梦想登上了该期的封面。胡愈之同时邀请了一百多位各界名人撰写了个人的新年梦想刊发于此期。也因此事,胡愈之与馆方就编辑理念发生冲突,不久后中止了主编的工作。

6. 周予同(1898—1981)

周予同是 1919 年五四运动的学生领袖之一,他随北高师的同学匡互生

---

① 陈辽:《叶圣陶传记》,江苏教育出版社 1986 年版,第 222 页。
② 陈星:《丰子恺年谱长编》(修订版),中国社会科学出版社 2017 年版,第 90 页。
③ 郑振铎:《〈子恺漫画〉序言》,(上海)开明书店 1929 年 10 月五版,第 5 页。

（后来与丰子恺为春晖中学同事，又共创立达中学）一起点火烧毁了曹汝霖的赵家楼。

1921 年进入商务印书馆，任《教育杂志》编辑，长达十年。直至 1932 年"一·二八"事变后离开。而丰子恺在《教育杂志》上发表文章和漫画，基本上也集中在这段时间。

同样作为立达学会的会员，丰子恺与周予同有频繁的交往。

7．谢六逸（1898—1945）

1922 年 4 月进商务印书馆编译所，在实用字典部任职，年底即离职。

丰子恺同谢六逸的交往，应当源自于文学研究会会员间的关系。

1928 年，丰子恺为谢六逸在商务印书馆出版的《文坛逸话》设计封面。

1929 年，他又为大江书铺出版的谢六逸翻译《近代日本小品文选》作封面。

8．郑振铎（1898—1958）

1921 年 11 月进商务印书馆国文部任职。1923 年主编《小说月报》，1927—1928 年赴欧旅行期间由叶圣陶代编。回国后继续工作至 1930 年离开商务印书馆。

丰子恺 1924 年为朱自清、俞平伯合编的诗文集《我们的七月》上作漫画插图《人散后，一钩新月天如水》，郑振铎见之，感觉"有说不出的美感"，"情思被带到诗的境界"，由此对丰子恺的作品非常关注，[1]并邀请丰子恺在自己主编的《文学周报》上发表系列漫画，1926 年为丰子恺策划出版了第一本漫画集《子恺漫画》。

在主编《小说月报》期间，开始发表丰子恺的漫画，并且从 1926 年《小说月报》第 17 卷起，邀请丰子恺创作每期的扉页插画，连续三年。这组插画成为丰子恺插画艺术的重要代表作品。

1927 年，郑振铎的文学理论名著《文学大纲》在商务印书馆出版，他特意邀请丰子恺作此书环衬的设计。

郑振铎是文学研究会的发起人，也是立达学会的会员之一。在这两个组织的多次聚会上，他同丰子恺经常相见。

1948 年春，丰子恺同阔别十多年的郑振铎在西湖边相逢同饮，共话旧

---

① 郑振铎:《〈子恺漫画〉序言》,（上海）开明书店 1929 年 10 月五版,第 3 页。

情。一篇《湖畔夜饮》,道出了两人二十多年前开始的个人和家庭间的深厚友情。①

9. 徐调孚(1901—1982)

就读商务印书馆补习学校,1921 年进商务,1922 年转《小说月报》社协助郑振铎担任编辑。

1928 年 6 月,丰子恺为徐调孚的《木偶奇遇记》作封面画,此书在开明书店出版。

徐调孚在商务印书馆工作直至 1933 年 4 月,离开前他任《东方杂志》文艺栏的编辑,在该刊为丰子恺编发了《怜伤》和《陋巷》两篇散文。5 月,他便转投开明书店任编辑,继续同丰子恺的长期交往。

10. 金仲华(1907—1968)

丰子恺同乡,1928 年春应聘进入上海商务印书馆编译所,任《妇女杂志》助理编辑。1930 年叶圣陶任《妇女杂志》主编,两人"一见如故,协作得很好,情谊宛如亲兄弟"②。叶圣陶离开后,接任该杂志主编。1932 年,曾协助胡愈之担任《东方杂志》"妇女与家庭"栏目的社外编辑。1933 年底,加入开明书店协助叶圣陶编辑《中学生》杂志。③

1931 年丰子恺在《妇女杂志》发表两篇关于妇女谈论音乐和绘画研究的文章,时间正处于叶圣陶与金仲华交接之间,而这两期刊物上也同时刊登了金仲华著译的文章。

这些意气相投的朋友们,有几位后来与丰子恺一起加入了开明书店再续情谊,其他人则始终与丰子恺保持良好的默契与交往。这与丰子恺的洒脱无私的性格、直爽简单的个人魅力不无关系。

关于丰子恺与商务印书馆乃至民国出版界的人际交往,一定会有更多有价值的线索可以去探究。

① 丰子恺:《湖畔夜饮》,见陈星总主编、陈建军分卷主编《丰子恺全集》第 5 卷,海豚出版社 2016 年版,第 87 页。
② 叶圣陶:《追念金仲华兄》,见张品兴编选《中国二十世纪散文精品:叶圣陶卷》,太白文艺出版社 1996 年版,第 238 页。
③ 徐丽萍、褚红斌:《金仲华年谱》,文汇出版社 2017 年版,第 8 页。

五、结　语

民国时期，在新文化运动推动下的文化界和出版界的互动，是推进中国现代社会发展的一个重要因素。我们去探索文化人物与出版界的关系，从而可以追寻社会进步的某种内因和轨迹。

以丰子恺为例，他从一个好学的少年，成长为一名在文化界举足轻重的杰出者，商务印书馆起到了非同寻常的作用，而这些作用，是其他出版社（包括开明书店在内）难以企及的。丰子恺与商务印书馆之间的精诚合作，成就了现代出版史上一段佳话，同时带给我们宝贵的启迪。

作者：上海开卷文化传播有限公司编辑

新见丰子恺与龙榆生往来史料辑考

夏春锦　唐　芳

丰子恺是我国现代史上一位著名的文化人物,集漫画家、散文家等多种身份于一身。学术界对丰子恺文学艺术成就以及生平史迹的研究应该说已经十分全面而到位,特别是以陈星为代表的专家学者,编撰出版了诸如《丰子恺评传》《丰子恺年谱长编(修订版)》《丰子恺全集》等学术成果,为学界所瞩目。但由于丰子恺颇为广阔的交游,对这方面的研究难免百密一疏,其中有关其与著名词学家龙榆生之间的交往史实至今就没有被包括以上研究成果在内的著述所涉及。本文将就两人之间的往来信札和相关史料做一些辑考。

一

笔者最先见到的是收录于《龙榆生师友书札》中的丰子恺的两通信札和一通诗札,均为毛笔字迹。此书为张瑞田所编,系笔者参与策划的"蠹鱼文丛"之一种,2019 年 8 月由浙江古籍出版社出版发行。内容分别为:

信札一①

榆生先生:

惠示奉到,信已于今日交大会秘书处送陈市长,勿念。因今日市长未到会,故未能亲交。日后见面时,当为提及。专复,即颂

---

① 本文所谓"信札一""诗札"系笔者所加,下同。

日安。

弟丰子恺叩

信札二

榆生先生：

　　昨《光明日报》载有论词文章，今剪下寄呈，词家对此必感兴趣，并有高见也。即致教礼。

弟丰子恺上
九月十三日

附剪报，不须寄还。

诗札

　　兰烬落，屏上暗红蕉。闲梦江南梅熟日，夜船吹笛雨萧萧，人语驿边桥。　　楼上寝，残月下帘旌。梦见秣陵惆怅事，桃花柳絮满江城，双鬓坐吹笙。皇甫松《梦江南》

　　读忍寒词人《唐宋名家词选》率书志兴。

子恺

　　对于这三种史料的书写时间，张瑞田在介绍中笼统地认为是"约 20 世纪 50 年代初"。此说经笔者反复辨析，发现过于含糊，以下将从写作时间、交往史实等方面加以考索与钩沉。

　　信札一没有落款时间，这为判断此信的具体写作时间增加了难度。但又并非无迹可寻，比如信中提及"陈市长"，应该是指建国初担任上海市首任市长的陈毅。查阅《陈毅年谱》①可知，陈毅是 1949 年 5 月 28 日上海市人民政府宣告成立当天出任市长的，至 1954 年 9 月 29 日被任命为国务院常务副总理，此后直至 1955 年 3 月之后才正式卸任上海市市长一职并赴北京履职。因此此信的写作时间应不出这个范围。而丰子恺自 1950 年 7 月 24 日以美术界代表身份出席上海市第一届文学艺术工作者代表大会起，因受到新政权的器重，故时常能在相关会议上见到陈毅。龙榆生为此委托丰氏带信给陈毅，应在情理之中。只是信札中的"大会"不知何指，故无法确定更为具体的时间。

---

① 刘树发主编：《陈毅年谱》，人民出版社 1995 年版。

信札二的落款中有月日而无年份。其中提及的《光明日报》所载论词文章已无从得知，但信末问候语中的"教礼"二字则透露了信息。据《龙榆生先生年谱》①，龙榆生于1956年8月起从上海博物馆调至上海音乐学院民乐系任教授，丰子恺于信尾致以"教礼"可谓相称。此信当写于1956年8月之后。

诗札的内容系丰子恺所书唐代词人皇甫松的《梦江南》词二阕，据落款可知，丰子恺是读了龙榆生选编的《唐宋名家词选》后"率书志兴"的。那么这份诗札又是写于何时的呢？笔者正在为此查考资料时，张瑞田先生应笔者之请又发来了五通从未公布过的丰子恺致龙榆生信札，均为硬笔字迹，其中一通就涉及"今抄梦江南二阕寄奉"之语：

信札三

榆生先生：

示奉到。记三年前弟迁入此屋之次日，曾蒙惠过，惜当时另有他客，未曾多领教益为憾。朱咏葵君曾来此探询尊址，后藉悉近况佳胜，至以为慰。今承赐浣溪沙，写作俱佳，甚可宝爱！惟弟已三年馀不亲画笔矣。（初因学习俄文，后因右手患疯痛不能掌握毛笔，今则忙于翻译，绘事益生疏矣。）忍寒校词之图，目下力不胜任。只得待将来重理旧业时再行报命也。（人民日报、解放日报屡来索画，均经婉谢，约以将来。）开明版尊选唐宋名家词，为弟所爱读。今抄梦江南二阕寄奉，聊答雅惠耳。顺颂时安。

丰子恺叩
十二月十六日

附下繁纸，写坏一张，另一张璧奉。又及。

此信虽未写明写作年份，但据信中"今承赐浣溪沙"一语，笔者从《龙榆生全集》②第四卷"诗词集"中（《龙榆生先生年谱》一九五三年中的"编年词"亦有著录）找到了龙榆生写给丰子恺的这阕《浣溪沙》词，如下：

① 张晖：《龙榆生先生年谱》，学林出版社2001年版。
② 张晖主编：《龙榆生全集》，上海古籍出版社2015年版。

浣溪沙

赠丰子恺。子恺晚习俄文,两年即已精通,能译各种著作,为可佩也

法乳曹溪众所依君为弘一法师弟子,除将奋迅孰知归。崭新世界析几
微。　　惯以音声为佛事,却从形象见生机君以漫画负盛名。感人才艺似
君稀。

《蔡倾集》

《龙榆生全集》第四卷中的诗词作品均有编年,按创作年份先后排列,这阕《浣溪沙》就被编在 1953 年中。由此可以断定此信及诗札即作于 1953 年 12 月 16 日,是该日一同寄给龙榆生的。

二

下面将就张瑞田先生提供的丰子恺致龙榆生的另外四通信札一一加以考释,这些信札连同上文的三通均是《丰子恺全集》所失收的佚简,故而弥足珍贵。

信札四

忍寒居士:

来示欣悉。令媛知弟将北游,想是小儿华瞻所传述。小儿近赴北京,将与图书馆同事戚女士之妹结婚,强弟北去主婚,暑中实懒于远行,正嘱其来沪结婚,故弟行止尚未定也。倘北行,定可与令媛图晤,(赐教)则不敢也。

人民文学出版社将刊古典文学,曾以目录寄来嘱题意见。尊选唐宋名家词再加校订,当更美善。市长重视此工作,邀居士专精撰述,足见国家宝爱古典遗产,发扬民族精神,至可喜也。专此奉复,即颂

文安。

弟丰子恺上

七月廿二日

按：龙榆生名沐勋，字榆生，号忍寒词人等，又曾以忍寒庐等自榜书斋，故抬头之"忍寒"即为龙榆生。此信中，丰子恺说"小儿近赴北京，将与图书馆同事戚女士之妹结婚"，说的是丰华瞻与戚志蓉的婚事。两人于1954年下半年于北京成婚，曾希望丰子恺"北去主婚"，丰子恺因"暑中实懒于远行"，后又因生病住院，终未成行。此外，信中还说"市长重视此工作，邀居士专精撰述"，这与《龙榆生先生年谱》中1954年所叙述的情况是相一致的，该条写道："七月，陈毅市长谕文管会主任委员徐平羽，转嘱上海博物馆馆长，允许先生专心撰述，不必随例上班。"①据此可确定此札当写于1954年7月22日。信中提到的"令媛"即龙榆生长女龙顺宜，当时供职于北京图书馆。

信札五

榆生先生：

驾临时弟在医院疗养，失迓甚歉！蒙赐示并佳制，小儿送到医院，医生正禁止看书，得大作减字木兰花吟哦之，慰我良多！弟于重阳前数日出院，所患乃结核性肋膜炎，肋膜已愈，而肺结核需要三个月绝对休息，故近正在作彻底之有闲者。所惜此病禁酒，"共陶陶进一觞"一句惟有心领而已！弟所迁居之屋，在旧阿尔培路（陕西南路）亨利路口（新乐路），即凡尔登花园，去尊寓不远。弟不能出门，何日有暇，盼惠临畅谈，至为欢迎。此致

敬礼。

弟丰子恺上
十月廿三日

按：此信中所说的"佳制"即是后文中所说的"大作"《减字木兰花》。这阕词亦收在《龙榆生全集》第四卷"诗词集"中，被编在1954年中（《龙榆生先生年谱》1954年中的"编年词"亦有著录），内容如下：

减字木兰花

晨起有怀丰子恺，因掇"清宵"二语别续六句寄之。子恺方卧病淞

---

① 张晖：《龙榆生先生年谱》，学林出版社2001年版，第175页。

滨,聊以此相慰解也

　　清宵梦破,词客有灵应识我。去矣离怀,霁月光风眼底来。　　　维摩丈室,花不著身何有疾。又近重阳,可共陶陶进一觞。

《葵倾集》

　　词前小序说"子恺方卧病淞滨,聊以此相慰解也",这与丰子恺在信札五中所说的"弟于重阳前数日出院,所患乃结核性肋膜炎"正相契合。据此可确定此札当写于 1954 年 10 月 23 日。另据丰子恺 1954 年 10 月 31 日致潘应人信中说:

　　我九月间已迁居此间(址见信面),同时不幸患肋膜炎及肺结核,住院一个月,最近才出院,须绝对休息三个月,再去检验。故近日生活甚是沉闷。[①]

　　此信与信札五对照,有关生病住院的内容大体相同。从中亦可知,丰子恺是 9 月入院的,而非《丰子恺年谱长编(修订版)》所说的 8 月[②]。两通信中还提及"迁居"一事,据《丰子恺年谱长编(修订版)》该年 9 月 1 日丰家从福州路 671 弄 1 号举家迁到了陕西南路 39 弄 93 号,迁入的正是后来著名的日月楼。

<h3 align="center">信札六</h3>

榆生先生:

　　示奉到。唐宋名家词选及近三百家词选将重版行世,甚可欣贺!嘱为作图,实甚难奉命。因弟搁画笔已数年,专事俄文学习及翻译,虽欲破例,无奈手不听命!谚云:拳不离手,曲不离口。盖技术一经荒疏,必须再加长期训练,方能表演,画术亦由拳曲也。因此近来各界(人民日报、解放日报,各杂志、各旧友)索画,一概惋(婉)谢。先生此选,于词道供(贡)献甚钜!弟意唐宋之词,瑰丽温雅,自身已有无量之美,不须用画附

---

①　丰子恺:《致潘应人、陆亚雄》,见陈星总主编,杨子耘、杨朝婴分卷主编《丰子恺全集》第 20 卷,海豚出版社 2016 年版,第 155 页。

②　陈星:《丰子恺年谱长编》(修订版),中国社会科学出版社 2017 年版,第 620 页。

饰；附饰以画，反失体统。不知高见以为如何？倘必欲附饰拙画，则弟之旧作倘能觅得（弟自己所藏已抗战战中□失），选其适用者附饰之，作为补白，则固无不可，乞尊裁为幸。

　　闻先生在博物馆办公，弟颇思来参观，并拜访，只因近患贫血，易晕厥，独自不敢出门。且待复健后造访。此致
敬礼。

弟丰子恺叩
三月三日

按：此信开头提到的两部书应该是龙榆生选编的《唐宋名家词选》和《近三百年名家词选》。前者于 1954 年 8 月着手修订，1955 年 1 月 6 日完成，1956 年 5 月由上海古典文学出版社出版；后者于 1956 年 3 月 31 日修订完成，并于同年 9 月亦由上海古典文学出版社出版。根据信文后半部分所议"唐宋之词"可知，龙榆生"嘱为作图"的应该是《唐宋名家词选》一书，那么此信当写于 1954 至 1955 年之间。

　　以上根据信文中的线索，对六通信札的写作时间和相关史实分别做了考析。而信札七因没有确切的史料做支撑，只能做些有限的推测，以便方家做进一步的考证。信文如下：

信札七

榆生先生：

　　弟旅游昨日始返，示奉到。前赐大著，便于青年学习，至可赞佩。毛主席词命意高雅，含义深邃，弟未敢冒昧作画，方命为歉！今寄近作一图附赠，以答雅意，请予指正。匆复，致
敬礼。

弟丰子恺具
三月十五日

按：此信开头自述"旅游昨日始返"，据落款时间"三月十五日"查考，目前所知整个五十年代中丰子恺曾于 1958 年春有过扬州和西湖之游，春游归来之后作有《扬州梦》《西湖春游》散文二篇。据此推测，此信可能写于 1958 年。

三

有关丰子恺与龙榆生的交往，两人相识于何时，又因何而识，至今不得而知。目前能够根据上述史料作出判断的是，他们的来往主要集中于 20 世纪 50 年代的上半叶和中期，他们之间的关系应该说是比较密切的。在《龙榆生全集》第四卷"诗词集"中，另外还能找到三阕龙榆生写给丰子恺的词作，亦一并移录于此：

满庭芳

春仲过丰子恺寓园，春色盎然，为拈此曲

柳线搓金，梅枝粲玉，小园骀荡春光。东君著意，总为弄妆忙。几日阴晴未准，朝雨过、满路花香。熙熙感，妙庄严相，周泽被无疆。　　寻芳，携手去，郊原绣错，尽许徜徉。庆维摩病起，浅醉何妨。定自神来腕底，收清景、韵入宫商。江南好，莺吟燕舞，助发少年狂。子恺精音理，兼工漫画，负盛名，年来以病腕不能作画，故后片及之。

《蓼倾集》

按：此作系于 1955 年。从小序可知，该年"春仲"龙榆生曾到丰子恺位于陕西南路的新家中拜访。因四周"春色盎然"，触景生情，遂有此作。脚注中说"子恺精音理，兼工漫画，负盛名"，可谓中肯之评，要知道作为词学大家的龙榆生亦精通音律，所谓"精音理"绝非客套话。而"年来以病腕不能作画"正与上文信札三中所说的"右手患疯痛不能掌握毛笔"相呼应。

定风波

丰子恺将以七月二十六日溯江西上入庐山小住，来书云："今夏炎热为上海百年来所未有，弟镇日困顿，直视此六尺之躯为赘物，词翁想亦消减雅兴，不知亦有'冰肌玉骨'之制否也？"是夕，予方往美琪电影院观南斯拉夫歌舞，座上蹀括来书中语，寄子恺发一笑

夏日炎炎不可支，何来玉骨与冰肌。顾视此身真似赘，昏睡，栩然胡蝶欲安之。　　今夜江风吹梦去，如雨，半空飞瀑湿人衣。妙舞清歌灯

影裹,争比,松间泉韵竹间棋。

按:此作系于 1956 年。据《丰子恺年谱长编(修订版)》,丰子恺偕家眷游庐山的时间是"7 月至 8 月"①,具体何日动身并未明说,而小序中的"七月二十六日"透露了这个明确的日期。更可贵的是,此阕词作是根据丰氏的信札"檃括"而来,小序中更是抄录了"来书",无意中又保留了一通丰子恺的佚信。又,小序中所引丰氏信札中问及"不知亦有'冰肌玉骨'之制否也",用的是苏轼《洞仙歌·冰肌玉骨》词中的典故,表明丰子恺是在向龙榆生索词,可见二人关系之不一般。

浪淘沙

丰子恺寄示辞缘缘堂之作,漫拈小阕博笑,兼怀马湛丈杭州

长忆石门湾,碧水回环。四时风物一般般。菱芡堆盘村酒美,长驻朱颜。　　何用惬清欢,直溯真源。龙蛇飞动静中看。结习已空花不住,闲话缘缘。

按:此作系于 1957 年。据小序,是因为"丰子恺寄示辞缘缘堂之作"才有感而作的。丰子恺曾先后写过两篇与"辞缘缘堂"有关的作品,其一是《辞缘缘堂二首》,为七言绝句;其二是《辞缘缘堂》,为散文。根据词意,应是丰子恺给龙榆生寄去了《辞缘缘堂》散文。理由有二:一、《辞缘缘堂》一文中写到了马一浮(号湛翁)从桐庐的来信,因龙榆生与马一浮亦是多年故交,所以龙氏才会很自然地在小序中顺带了一句"兼怀马湛丈杭州"。二、据《丰子恺年谱长编(修订版)》,1957 年 11 月丰子恺的《缘缘堂随笔》新版和《丰子恺文集》由人民文学出版社出版,两书书名不同但内容完全一致,都收录了《辞缘缘堂》一文。丰子恺当年或是正好在修订此文,手上有清样或手抄一份寄赠龙榆生不是没有可能的。

作者:夏春锦,桐乡市图书馆助理馆员、杭州师范大学中美木心研究中心特聘研究员;唐芳,桐乡市振东中学一级教师

---

① 陈星:《丰子恺年谱长编》(修订版),中国社会科学出版社 2017 年版,第 628 页。

丰子恺与石湾振华女校及其影响

褚万根

丰子恺先生是我国 20 世纪杰出的文艺大师，也是一位卓有成就的教育家。他自 1919 年浙江省立第一师范学校毕业开始，先后创办或任教于上海专科师范学校、宁波省立第四中学、上虞春晖中学、上海江湾立达学园、上海艺术师范大学、江苏省立松江女子中学、上海大学、澄衷中学、复旦实验中学、桂林师范学校、浙江大学和重庆国立艺术专科学校等十几所学校，担任学校音乐图画教师和艺术教导，为我国现代艺术教育的普及与实施作出了不朽的贡献。但丰子恺最早走上学校讲台、尝试他的艺术教育实践则是在由他的大姐丰瀛创办的石湾振华女校。

作为与丰家有着密切关系的石湾振华女校，虽然没有丰子恺故居"缘缘堂"为大家所熟知，但也是了解和研究我国近代女学和丰子恺生平的重要史料。本文试着从创办缘由、社会贡献和丰子恺对振华女校的影响等方面略作梳理，以供相关研究者指导和参考。

一、丰瀛创办振华女校的主要缘由

辛亥革命胜利后，广大妇女日渐觉醒，全国各地掀起了"争自由、复女权、办女学"的热潮，位于京杭大运河之畔丰子恺家乡石门湾也不例外。民国元年（1912 年），丰子恺大姐丰瀛在石门湾（现称石门镇，以前也称石湾镇或湾里）创办了全镇第一所女校——石湾振华女校。创办女学是一件开风气之先的事情，不仅要有基本的办学条件，更需要创办者具有开明思想、良好学识和较高社会影响。那么，创办女校的重任为何最后是由丰家姐妹来担负。结合丰家的家学渊源、家教传统和家庭状况等，主要缘由如下：

一是石门丰氏为传统诗书礼仪之家，家学渊源深厚，具有极高社会影响。按《浙江乡试录》所载，从丰子恺上溯到第八代祖宗丰尔成是八品官，曾迎接康熙皇帝南巡。第七代以下如丰璞、丰元勋、丰启嵩、丰峻、丰肇庆，代代都是太学生。从丰子恺上溯第二代即其父亲丰鐄，后来中了举人。[①] 1902年秋，丰鐄考中庚子辛丑恩正并科举人，这是数十年来石门湾考中的第一位举人，成为了石门湾特别稀奇的一件大事。报单传至石门，阖镇欢呼，附近各县的知事、乡绅和亲友都来丰府贺喜。本来考中举人后，就可到北京参加会试，考进士做官。但丰鐄当年即遭母丧，必须在家守孝三年，三年之后，到1905年，科举废止。因此丰鐄考取举人，始终没有做官。之后，便在自家祖屋“惇德堂”中办起私塾，自书“文魁第”匾额，开始收授学徒。丰子恺最早就是在父亲的私塾中接受启蒙，读《三字经》《千字文》和《千家诗》。因此，作为传统书香之家，由丰家长女丰瀛创办女校，不仅可以利用父亲丰鐄原有“惇德堂”办学场所和课堂设施，而且更为重要的是可以充分发挥举人这块金字招牌的影响和威望，在石门湾举人老爷丰鐄家里开办女校，具有更大的社会影响力和吸引力，后来果然有来自乌镇、洲泉、新市和练市等附近城镇学生入学。

二是丰家思想新式，倡导男女平等，具有良好的家教传统。丰子恺祖母沈氏，人称“丰八娘娘”，她不但读书识字，且性情豪放，又爱及时行乐。夏天的傍晚，经常穿着一件竹衣坐在染坊店门口的河岸边吃蟹酒。镇上演戏时，她总到场。当时演戏唱戏被视为下等人的事，可是丰八娘娘能冲破这种封建的世俗观念。她请了会吹会弹的人，在家里教子女唱戏。邻近的秀才沈四相公常在背后议论她，说：“丰八老太婆发昏了，教儿子女儿学唱徽调。”这种话传到她耳朵里，她满不在乎。[②] 丰八娘娘虽处世豪放，但教子有方。女儿丰鍼，描花、刺绣、剪纸、摘珠花、书法、画画等手艺全县闻名，雅号“丰蝴蝶”。儿子丰鐄，也是在丰八娘娘的严格教育下，后来考取了举人。丰鐄虽然是封建时代的举人，但思想新式，有较强的维新思想。首先是有志兴学，1906年与石门湾秀才包含章（包纯伯）和沈纯常（沈蕙荪）一起参与溪西两等小学堂（崇德

---

① 丰一吟：《潇洒风神——我的父亲丰子恺》，华东师范大学出版社1998年版，第4页。

② 丰一吟：《潇洒风神——我的父亲丰子恺》，华东师范大学出版社1998年版，第5页。

县立第三小学前身)的筹备工作。[1] 其次是反对缠足,三女丰满就是在他的爱护下最后没有缠足,成为了当时石门湾独一无二的天然足。再次是倡导男女平等称呼,称男的,不管是叔、伯,一律称伯。称女的,如叫姑祖母为"大伯",叫姑母的也称为"伯",如叫丰满、丰游(小名幼幼)为满伯、幼伯。[2] 丰鐄去世后,母亲钟云芳担当起家务、店事和教养子女的重任。丰子恺在小学时期就品学兼优,为同学和教师所器重。那时学校因经费不足,校长包纯伯主张增收学生的学杂费用。丰子恺知道后,写了一封信给校长。其中有这样的措辞:"人的眼珠是乌黑的,银洋钿是雪白的。"意思是讽刺校长贪财。其母知道后,就严训儿子说:"你见义勇为,为贫寒子弟请命,这是好事,但应恳切陈词,善意规劝,万万不可对老校长无礼讽刺,损其尊严。"丰子恺一生敦厚,得益于母教极深。[3] 因此,在这样的家庭环境影响下,丰家子女不仅知书达理,学有所长,而且都具有仁慈、友爱、开明和坚毅的品格。丰瀛(1886—1918)从小受其父影响,深感妇女的不幸,认为男子能办到的事情女子也能办到。她为人精敏干练,遇事善断,富有爱国热情。丰满(1891—1975)娴雅文静,外柔内刚,熟读唐宋诗词,曾进入杭州女子师范师资培训班进修,结业后回乡担任振华女校国文老师。丰氏姐妹是当时石门镇妇女界品学兼优的杰出代表,创办女校这样的重任,自然就落在她们姐妹身上。

三是创办女校,可以补贴家用,为母亲减轻家庭负担。1906 年秋,丰鐄因病去世时,留给妻子钟云芳的只有薄田数十亩、染坊店一间和一大群儿女。染坊店为百年老店,是丰子恺祖父丰肇庆(约 1843 年)创办的,总共有管账先生、朝奉和学徒各一人,还有二位绍兴师傅。染坊店生意清淡,四乡农民虽有自织土布送来染色的,但大都要到过年才算账取钱。所以平日进益极为有限,一向有"家养店"之称。[4] 丰鐄在世时,有一家油车和一家当铺聘请他"出宫"(相当于顾问之类),每年致酬一二百元,一家生活勉强能过得起。[5] 丰鐄去世后,钟云芳一个人担起了这一大户人家的一切责任,日子过得更加艰辛。她每天都要亲自处理大大小小的家事店事,安排好家人和店员的膳食,同时

---

① 丰桂:《丰子恺与崇德县立第三小校》,载《桐乡文史资料》1989 年第 8 期。
② 丰桂:《惇德堂旧事》,载《桐乡文艺》1998 年第 73 期。
③ 钱青:《丰子恺一家人》,载《名人》1997 年第 12 期。
④ 丰一吟:《爸爸丰子恺》,中国青年出版社 2014 年版,第 48 页。
⑤ 丰一吟:《潇洒风神——我的父亲丰子恺》,华东师范大学出版社 1998 年版,第 18 页。

儿子丰润（即丰子恺）和丰浚（1903—1920，丰子恺胞弟，字景伊，小名慧珠。聪明早慧，1920 年在杭州中学毕业，全省会考第一名，但同年不幸病故，丰子恺写了一篇祭文《慧弟之死》以寄托无限哀思。）正是上学年纪，还要筹措他俩的学杂费用。母亲的辛劳、生活的拮据和家庭的现状，作为家中的长女，丰瀛自然就有了要为母亲分担家庭重担的责任。辛亥革命后，她就和三妹丰满一起开始筹划女校事宜。为补贴家用，节省支出，初创时期的振华女校，校址就设在自家老屋"惇德堂"里，老师只有丰瀛和丰满姐妹二人，伙食由钟云芳自己执勺烹调。这样多少可以为母亲补贴家用，减轻家庭负担。因此，当时的家庭状况也是促成丰瀛创办女校的一个重要缘由。

二、振华女校的办学特色和社会贡献

石湾振华女校全称"崇德县石湾乡立振华女子初等高等小学校"，创办于民国元年（1912 年）12 月，学制七年。1924 年后改为学制六年，1928 年改为初小，1930 年并入石门镇的崇德县立第三小学。前后历时仅为 18 年时间，但深得学生和社会的好评，为桐乡和崇德两县妇女界培养了一大批人才。①

（一）振华女校的办学特色

1912 年初创时，振华女校以丰氏祖屋"惇德堂"三间厅堂为校舍，起初二个班，学生约有 20 余人。后因学生增加，遂即租赁丰家附近的大井头沈蕙荪新建的三大间楼房作为校舍。因办学特色明显，学校声誉远扬，崇德、桐乡、乌镇和新市等地都将女孩送来入学。如茅盾夫人孔德沚结婚后，还从乌镇来石门求学。其主要办学特色为：

一是学校环境优美，学制完备，教学内容丰富新颖。振华女校的新校舍为坐北朝南的三楼三底的楼房，进门即为一大操场，教室门窗都漆成天蓝色，安装玻璃，显得明亮而清静，环境十分优美。丰家姐妹利用新校舍，将学校办成为七年制的完全小学，初小四年，高小三年。初小一、二、三、四年级在底

---

① 丰桂：《石门振华女校》，载《桐乡文史资料》1987 年第 6 期。关于振华女校创办和并入崇德县立第三小学时间，《石门镇志》记载是"1913 年"和"1936 年"，本文采用丰桂老师的回忆时间"1912"和"1930 年"，因为丰桂是丰子恺先生堂兄丰嘉麟之女，1921 年出于石门湾，从小就和丰子恺女儿丰陈宝、丰林先等一起在"惇德堂"中长大，对她的记忆应该是可信的。

楼，高小一、二、三年级在楼上。同时，远道而来的学生还可以寄宿，高级班毕业后可以赴各地考入师范学校或高级中学。如张琴秋、钱青振华女校毕业后，就进入了杭州女子师范学校，孔德沚后来进入了上海爱国女校。同时，由于丰瀛和她的姑母丰鐄一样，善刺绣、剪纸和扎花等技艺，因此当时学校除开设了语言、算术、历史、地理、英语、体操、图画、唱歌等课程外，还开设了适合女孩子学习的女工课，教授学生刺绣、剪纸和扎珠花等技艺。因此，家长和学生对学校的教学条件、学制设置和教学内容等都非常满意。

二是学校办学认真，注重因材施教和品德培养。振华女校以提高妇女素质和倡导男女平等为宗旨，办学伊始，丰瀛把培养男女平等精神放在重要地位，教学极其认真负责，亲自教唱《女子体操课》，歌词是："娇娇这个名词我们决不要！我既要我学问好，我又要我身体好。迢迢二十世纪中，吾辈也是英豪！"。丰瀛和丰满在教学学生学习文化知识的同时，也鼓励学生关心国事。"五四"运动中，振华女校不仅推选学生代表参加崇德县里进步学生团体集会，还组织学生举行"五九"抵制日货纪念会，组织高年级学生上街游行。学生沿街向商店、行人散发传单，高唱《雪耻歌》："倭奴侮吾实堪羞，时时刻刻记心头，今朝有事五月九，同心协力吾同仇。卧薪尝胆非一日，誓不报复不甘休……"学生们还把收缴来的日货集中在堰桥塌空地上焚毁。[①] 同时，丰瀛还倡导因材施教，要求教师注意发现学生的独特才能，加以特别培养。绝不千篇一律，追求各科高分，而且特别重视品德教育，要求学生热爱祖国、孝敬父母、友爱兄弟姐妹等等。她鼓励学生要坚强、勇往直前，具有坚毅进取精神。她常常以文天祥、秦良玉等事迹教育激励学生。张琴秋、张兰等革命先烈的英勇行为是共产党的教育与培养，但与幼年时期的启蒙教育也不无关系。[②]

三是学校师资力量优越，具有较高的社会影响。初创时期的振华女校教师只有丰瀛和丰满姐妹两人。后来由于影响扩大，学生增加，又聘请了毕业于杭州女子师范学校褚明秀和上海务本女校沈蕙荪夫人陈氏等教师。褚明秀（1893—1975），是辛亥革命元老褚辅成的侄女。褚明秀系褚辅成仲兄褚赞成之女，由褚辅成抚养成人。她早年毕业于南京女子师范学校，后来嫁于江苏吴江人金国宝，金国宝为我国最早把革命导师列宁的著作译成中文之人。

---

① 徐才勋：《石门镇志》，方志出版社 2002 年版，第 353、354 页。
② 钱青：《丰子恺一家人》，载《名人》1997 年第 12 期。

在振华女校担任过教职的还有丰子恺小学同学沈元（沈蕙苏之长子的人，后来担任崇德县立第三小学校长），丰子恺夫人徐力民，丰子恺堂伯丰锦女儿丰月秋（丰锦，字浣江，曾与丰鐄同去杭州参加恩正并科乡试）和张琴秋胞妹张兰等人。张琴秋在南京美术专科学校回乡养病时，也曾在振华女校代过课。

（二）振华女校的主要社会贡献

丰子恺大姐丰瀛 1912 年创办振华女校，1918 年秋因积劳成疾，英年早逝，年仅 33 岁！丰瀛也是丰子恺艺术最初的欣赏者和启蒙老师，丰子恺少年时创作的孔子像、龙旗和彩伞等艺术初作，都是在大姐的帮助指导下完成的。丰瀛的病故，对丰家和女校都是沉重打击，丰子恺更是悲痛异常，为此专门请浙一师老师陈龗写了一篇《丰女士传》诔文，以志纪念。之后，由丰子恺三姐丰满继任校长之职。1920 年丰满在担任女校校长期间，率先剪发，给学生以很大影响（现桐乡市丰子恺纪念馆保藏有丰子恺为三姐剪发后的留影照片）。1921 年丰满结婚后，离开学校，不再担任校长，由屠景素（杭州人）接任校长，直至 1925 年。后历任校长有李仁、汪云仙、胡渭、张和等。[①] 振华女校培养了张琴秋、钱青、张兰、孔德沚和谭乐华等许多妇女界的优秀人才和杰出代表，作出了积极社会贡献：

红军女将军张琴秋。张琴秋（1904—1968），出生于石门湾的一户小康人家。张琴秋乳名凤生，名梧，别名琴秋。1912 至 1920 年，张琴秋在石门振华女校读了 8 年书。"五四"时期，曾被推荐为振华女校学生代表，参加了全县学生团体的集会游行，并带头呼口号，发表演讲。1924 年加入中国共产党，担任过彭杨学校政治部主任、河口县县委书记、红四方面军 73 师政治部主任、红四方面军总政治部主任、红江县县委书记、红四方面军总医院政治部主任、妇女独立团政委、团长、妇女独立师师长、西路军政治部组织部部长、延安抗大女生大队大队长、中国女子大学教务处处长、纺织工业部党组副书记、副部长等职，张琴秋同志为党的革命事业、国家经济建设作出了卓越的贡献。1968 年，文革期间含冤逝世。1979 年 6 月，获得平反昭雪，党中央肯定了"她的一生是革命的一生，战斗的一生，全心全意为人民服务的一生"。

教授钱青。钱青（1905—？），系张琴秋表妹，幼年就读于振华女校，与张

---

① 丰桂：《石门振华女校》，载《桐乡文史资料》1987 年第 6 期。

琴秋、孔德沚为同班同学。1920 年振华女校毕业后，与张琴秋一起进入杭州女子师范学校，1925 年考入日本国立奈良女子高等师范。1932 年，学成回国后在浙江省立杭州师范学校担任文学和日语教师，1935 年，入上海工部局女子中学，同年与宓贤弻结婚。1944 年在华东基督教联合大学任教，被授予教授职称。解放后调入同济大学。钱青为人正直，治学严谨，著作颇丰。主要作品有《妇女与文学》《世界女作家传略》《拿破仑传》《丰子恺印象记》《茅盾论鲁迅》和《日本少年文学集》等译著。[①]

革命烈士张兰。张兰（1910—1944），系张琴秋胞妹，字涧秋。幼年就和四姐张琴秋一起就读于振华女校，之后担任振华女校教职。1925 年加入中国共产党，1927 年与石门湾中共党员池耕襄一起去桐乡县濮院镇上发展党员。张兰在翔云观戏台演讲，宣传革命道理，提倡男女平等，反对封建礼教，建立了桐乡县第一个中共党组织——中共濮院小组。[②] 张兰个性坚强，追求进步和革命义无反顾。1944 年夏，张兰被汉奸杀害在石门湾。临刑时，张兰毫不畏惧，大声痛斥日本帝国主义和汉奸卖国贼，号召家乡的人民团结起来，为中华民族的自由解放而奋斗！

茅盾夫人孔德沚。孔德沚（1897—1970），和茅盾都是乌镇人，他们两家原是世交，四岁时与茅盾就定了娃娃亲。但孔德沚从小父母没有教她读书识字，1918 年与茅盾结婚时，她只识得一个"孔"字和从 1 到 10 的数字，对外面的世界更是一无所知。后来经茅盾亲戚介绍进入石湾振华女校。孔德沚聪明好学，仅一年半时间，就学会了写信和简单的文言文。后来进入上海爱国女校读书，开始从事妇女工作。1925 年加入中国共产党，并在茅盾的影响下参加革命工作。30 年代以后全责照顾茅盾的生活，相濡以沫，直至晚年。

黄埔学员谭乐华。谭乐华（1907—1995），原名谭勤先，石门镇人。1916 年进入振华女校，和张琴秋、孔德沚是同学。1925 年经张琴秋介绍加入中国共产党，1926 年考入中央军事政治学校武汉分校，她与赵一曼（李淑宁）、黄杰（徐向前元帅夫人）、张端华（聂荣臻元帅夫人）、黄静纹等都是黄埔军校武汉分校六期女生大队的学员，也是参加"八一"南昌起义的 30 位女兵之一，被誉为首批女兵的四大金刚之一。"八一"南昌起义后，她随起义部队在赣南、粤

---

① 范涛：《教授钱青》，载《丰子恺故里——石门湾》，香港天马出版有限公司 2004 年版，第 89 页。
② 朱培正：《池耕襄、张兰在濮院》，载《桐乡文史资料》1989 年第 8 期。

东、闽西等地参加革命斗争。尔后,根据党的指示,在上海、香港、重庆、成都等地长期从事党在敌统区的地下工作。解放后,主要从事妇女工作。她一生为革命事业奋斗不懈。

三、丰子恺与振华女校及其影响

1914 年秋,丰子恺考入浙江省立第一师范学校。那时中学的寒暑假时间比小学长,因此,每逢寒暑假,丰子恺便会匆匆赶回故乡石门湾。每次回家,总要先告诉母亲自己学习成绩和在杭州念书的景况,之后才去看望老师和同学,有时也去振华女校看看学生上课情况。1919 年 1 月,奉母亲和三姐丰满之命,到振华女校兼课,为学生教授图画、音乐课,做起了学生时代的"先生"。[1] 丰子恺在振华女校兼课时的主要艺术教育实践和影响有:

一是注重寓教于乐,以培育学生艺术兴趣和良好品德。丰子恺聪颖好学,读书勤奋,各门功课成绩都名列前茅,是浙一师有名的模范生。因此丰子恺在振华女校给几十个学生讲课,非常坦然从容,而且能够做到深入浅出,寓教于乐,很受学生的欢迎。丰子恺上音乐课时,结合儿童兴趣和特点,特地教大家唱儿歌。他教过两首猫儿歌,其一是:"猫儿坐在太阳里,眼睛布线细;猫儿走到暗洞里,眼睛放大亮些些,好像黑围棋。"其二是:"猫儿抱在我手里,面孔笑嘻嘻;猫儿张爪窜脱去,抓破了我新衣。"这两首儿歌,教育孩子们要观察与爱护动物,并给予形象化的美的教育,培育学生的艺术情趣。还有一首是以乌鸦反哺喻示孩子应该孝敬父母的"乌鸦歌":"乌鸦、乌鸦对我叫,乌鸦真正孝;乌鸦老了不能飞,对着小鸟啼。小鸟朝朝打食归,打食归来先喂母,母亲从前喂过我。"还教唱"长城歌",教导孩子们须热爱祖国。[2]

二是倡导情感教育,以涵养学生爱的教育和健全人格。据振华女校学生钱青回忆:

> 有位比我们大 3 岁的同学杨达,本名杨秀娟,她娴雅秀丽,十分俏美,被同乡富豪吴家看中,聘为儿媳,后知吴家儿子已先纳一女戏子为妾,杨

---

① 钟桂松:《丰子恺的青少年时代》,花城出版社 1998 年版,第 117 页。
② 钱青:《丰子恺与石湾振华女校》,载《大公报》1982 年 4 月 27 日。

达时时流泪。同学们都劝她坚强起来，拒绝这门亲事。丰子恺知道后，力劝她勇敢坚强，振作精神，起来反抗。因此就替她改名杨达，以示达观坚勇之意。还有一次，我在校园里嬉戏，同学以我的名字取笑作乐。我小名补金，她们便叫我"补钉"，我气得哭了。子恺老师闻声走来，问明原因，一面教导同学不可欺人取乐，一面安慰我说："我替你取一学名，你姓钱，古时有'青钱万选'的故事，古诗有'青青子衿'的诗句。我替你取学名'钱青'，字'子衿'好吧?"他又深入浅出地讲了二者的意义，同学拍手叫好，我也破涕为笑了。①

丰子恺先生始终热爱儿童，关爱学生，在后来的春晖中学和立达学园等学校时，反对任何形式的体罚和不尊重人的行为，以身作则，用自己言传身教，以实现对学生的人格感化，积极倡导爱的教育和情感教育。

三是重视个性发展，以培养学生的创造性和卓越的品质。丰子恺在振华女校兼课时，就重视学生艺术培育和个性发展，不仅多次为女校提供新教材，使教学内容适应新潮流，而且还通过举办音乐会、游艺会等活动，培养学生的创造性和卓越的品质。丰子恺组织活动十分认真，从排练到演出，均由他全程负责，既要指导演出人员，又要培育指挥人才。学生的嗓子哑了，他自己掏钱买鸡蛋、皮蛋及药物；小学生排练累了，他又要爱抚她们；有时学生之间吵闹，他又要教育她们。当时张兰年仅五岁，她在游娱会上演出"猫儿歌"惟妙惟肖，生动活泼，深受观众赞赏。当观众涌向舞台，祝贺演出成功时，子恺先生谦虚地笑了。当孩子们花朵似的笑脸，几十双闪亮的小眼睛望着他时，他笑得更甜蜜、更快慰，但他转而告诫小学生不可骄傲，应努力学习，更上一层楼。② 有一年崇德县里召开运动会，丰子恺指导的"织锦操"（学生手持红绿绸带，不时变换队形，织成各种图案）名列前茅获得奖赏。③ 丰子恺先生就是希望通过组织各种艺术活动，用美的教育呼唤出学生对美的向往和创造的热情。要求学生不单是记忆书本知识，而是要在课本外自由研究，独立思想，才能造就拥有独立性、自主性和创造性等品质的有个性的人。

丰子恺先生是中华美育会的发起人之一，也是我国第一本美育学术刊物

---

① 钱青：《丰子恺一家人》，载《名人》1997 年第 12 期。
② 钱青：《丰子恺一家人》，载《名人》1997 年第 12 期。
③ 丰桂：《石门振华女校》，载《桐乡文史资料》1987 年第 6 期。

《美育》杂志的主要编辑之一,认为国人最缺乏的就是"美的思想",积极倡导用"艺术教育"来建设一个"新人生观"。他在振华女校当"先生"时间虽然短暂,大概总共只有一两个寒暑假期(丰子恺来学校兼课应该是在丰满担任校长后的1918年寒假和1919年的暑假),但他以极强的艺术个性和艺术表现,积极尝试他的艺术教育实践,关爱学生,尊重学生,为培育学生艺术兴趣和健全人格,发挥了积极作用。与此同时,孩子们自然、无瑕、天真的个性,也对丰子恺先生的艺术创作产生了重要影响。丰子恺先生一生关爱儿童,亲近儿童,体察儿童生活,重视儿童个性发展,认为"只有儿童天真烂漫,人格完整,这才是真正的'人'",创作了许多深受读者喜爱的充满儿童意趣的儿童漫画和儿童文学作品,这都与他青年时期在家乡振华女校与孩子们教学生活,有着重要的关系和影响。

作者:桐乡市文联副主席

从小学同级生看丰子恺的人生选择

叶瑜荪

一

1914 年春，丰子恺毕业于家乡石门湾的崇德县立第三高等小学校。他是该所小学的首届毕业生，同时取得高小毕业文凭的共有七名学生。丰子恺以第一名的考试成绩毕业，另外六人是：沈元、蔡家骏、王赓枚、魏堂、魏和、李进。

当时尚是民国初年，像石门湾这样的小镇，高小毕业是所能取得的最高学历。如要攻读更高的学历，须离开小镇，去县城、府城和省城，才能找到升学的机会。

高小毕业生在当时被视作"秀才"，在地方上已受重视。非但就业没有困难，而且可以找到较体面的工作。但他们没有急于就业，而是根据各自不同的家庭背景和财力，都选择了继续学习和深造。最后，一人学医，成了一名中医师；六人从教，当了教师。

不过，社会是个大染缸，伴随时代风云的变幻，这七个首届毕业生遭遇了不同的人生命运。六十年后，当丰子恺先生坐在晨星闪烁的日月楼中，回忆这些小学同级生时，才发现："现在除了我一人老不死之外，其余六人都早已死去，而且都不是终天年的——一人病死，五人横死。"①丰先生在感慨之余，写下了一篇《小学同级生》的随笔散文，收在《缘缘堂续笔》中。

---

① 丰子恺:《小学同级生》，见丰陈宝、丰一吟、丰元草编《丰子恺文集》第 6 卷，浙江文艺出版社、浙江教育出版社 1992 年版，第 744 页。

二

根据丰先生的这篇回忆文章,结合其他史料,按离世次序,现将石门湾三小首届毕业生的生平际遇略作梳理,以见各人命运之异同。

魏和(1898—1937),字达三,世居石门湾。"毕业于石湾第三高小,负笈乌镇名医张艺城之门。卒业后悬壶于市,活人众多,感德之。"①

1927年春,北伐军势力抵达浙江,开始发展党员,建立国民党基层组织。在石门湾里,医生和教师都属精英阶层,也就成了发展国民党员的首选目标。魏达三即于该年加入国民党。"历任第三区党部监委及区党部执委。……又联合医界同人,组织石湾中医公会。……设立石湾施医所,施诊施药,以济贫病。……'七七'事变发生,更联合同志,组织抗日分会,宣传日寇暴行,激发民众爱国思想。"②

1937年11月6日下午2时,两架日机飞临石门上空,实施轰炸。魏达三正在东市某家出诊看病,"日本飞机来了,炸弹纷纷投下,居民东奔西窜,哭喊连天。魏达三认为屋里危险,怕房子坍下来压死,便逃出后门,走进桑地里躲避。正好一个炸弹投下来,弹片削去了他的右臂,当场毙命。"③年仅40岁。

沈元(1897—1940),字哂炎,出生于石门湾书香世家,父亲沈纯常(字蕙苏)曾与丰鐄一同筹办溪西小学堂。沈元家与丰家都住在木场桥,两家且是世交。丰子恺回忆,三小"毕业时我考第一,他考第二,我们两人一同到杭州入第一师范学校。五年毕业后,我到上海办学,到东京游学;他就回故乡当这小学的校长,一直当到死。初级师范毕业生应该当小学教师。沈元恪守这制度,为桑梓小学教育服务到底"④。沈元是1930年包含章病逝后接任校长的,1932年便请丰子恺为母校创作校歌。故沈元是丰子恺很亲近的同学。

沈元也是1927年加入国民党,但一直未离开教育岗位。1935年"改任县

---

① 《石门镇志》,方志出版社2002年版,第434页。
② 《魏公达三事略》,载《新崇德民报》1946年7月19日2版。
③ 丰子恺:《小学同级生》,见丰陈宝、丰一吟、丰元草编《丰子恺文集》第6卷,浙江文艺出版社、浙江教育出版社1992年版,第747页。
④ 丰子恺:《小学同级生》,见丰陈宝、丰一吟、丰元草编《丰子恺文集》第6卷,浙江文艺出版社、浙江教育出版社1992年版,第744页。

教育科科员,兼任县国民党党部干事,均克尽厥职"①。日军侵入,作为石湾区教育会干事长的沈元,不离故土,隐避于乡。1938 年夏,组织成立了镇联合办事处,展开反敌工作。丰子恺与沈元的最后一次见面是在 1937 年 11 月,"我于沦陷前十余天觅得一船,载了家眷亲戚共十二人逃向杭州,经过五河泾时,望见沈元在路旁的一所茶店里吃茶,彼此打一招呼,这便是永别了"②。1940 年秋,沈元积劳成疾,又缺少医药,病逝于乡,终年 44 岁。

李进(1896—1950),字愧生,钱林高家湾人。他是初小毕业后转到石湾三小的,故丰子恺说:"此人在校是插班生,我和他不熟悉。"③据桐乡档案馆民国旧档资料,李进的学历是桐乡师范讲习所毕业。先在钱林庙小学任教员,后改名为钱林乡第十保国民学校,李进任校长。1928 年 2 月加入国民党,曾任崇德县党部组织干事,石湾区署指导员,崇德县政府塘东办事处股员、崇德县候补参议员等。④ 1947 年,李进任崇德县党部监察委员,钱林乡农会理事长,成了地方权势人物。1950 年被镇压。

蔡家骏(1897—1951),字隽尹,八泉乡八泉村人。丰子恺说:"此人在学时国文很好,而别的功课不好,所以毕业时考第三名。"⑤后毕业于杭州师范讲习所,"曾任小学教员、校长十八年"。⑥ 蔡家骏于 1927 年 5 月加入国民党。1931 年任崇德县第三区助理员、石湾图书馆馆长。1939 年任崇德县民众动员委员会经济事业组主任、《崇德民报》总编辑。抗战期间,充当吴良玉大队长参谋长(军师),干过不少包揽讼事、鱼肉乡民之事。1951 年被镇压。

魏堂(1897—1950?),字颂声,系魏和胞兄。三小毕业后,去上海某体育学校深造。曾去南洋,在新加坡、印尼任体育、音乐教师数年。1930 年,沈元接任三小校长后,以月薪 36 银元重金,将魏堂从南洋请回母校执教。所教体操等,在县里屡获冠军。

---

① 《石门镇志》,方志出版社 2002 年版,第 433 页。
② 丰子恺:《小学同级生》,见丰陈宝、丰一吟、丰元草编《丰子恺文集》第 6 卷,浙江文艺出版社、浙江教育出版社 1992 年版,第 744 页。
③ 丰子恺:《小学同级生》,见丰陈宝、丰一吟、丰元草编《丰子恺文集》第 6 卷,浙江文艺出版社、浙江教育出版社 1992 年版,第 745 页。
④ 见桐乡档案馆民国档案,档号:M3—001—0032—001。
⑤ 丰子恺:《小学同级生》,见丰陈宝、丰一吟、丰元草编《丰子恺文集》第 6 卷,浙江文艺出版社、浙江教育出版社 1992 年版,第 744 页。
⑥ 见桐乡档案馆民国档案,档号:M3—016—0018—037。

1936 年 2 月,魏堂由李润、汪云仙介绍加入国民党。① 抗战期间,仍在故乡任教。胜利后,育英小学易名"桐乡县石湾镇中心国民学校",魏堂为校长,②人称"大魏先生"。1949 年后去了上海。丰子恺是在 1950 年后得到魏堂消息的:"我住在上海福州路时,有一天来了一个不相识的女人。我问她你是谁家宅眷,她说'我是魏颂声家的',说罢泣不能抑。我不胜惊诧,忙问她颂声情况,她边哭边说地答道:'死了'。'什么毛病?''是吊死的!''哎呀!'慢慢地问她,才知道她是颂声的续弦,颂声在奉贤当小学教师,薪水微薄,一家四口难于活命,他自己又要吸烟喝酒。债台高筑,告贷无门。有一天她早上起来,看见颂声吊在门框上,已经冰冷了。"③

王赓枚(1896—1958?),字羹梅,为石门湾首富王恒泰米行老板之独子。丰子恺回忆他:"在校中,衣裳穿得最漂亮,上海初有皮鞋,他就穿了,上海初有铅笔,他就用了。沪杭初通火车,他首先由父亲伴着去乘了。……是石门湾的天之骄子。"④根据 1951 年 1 月 26 日《市镇地主房产屋基调查登记表》记录,王羹梅仅石门镇上的房产还有 24 处之多。⑤ 可见他家富裕之一斑。三小毕业,王羹梅去了上海,后入学圣约翰大学。

王羹梅继承家业后,于 1920 年出资三千元,在家乡石门东漾潭建造育英小学。1926 年,又扩建校舍,设完全小学。⑥

1927 年初,王羹梅等在石湾镇"桐界"(即隶属桐乡县部分)筹组国民党,任"石湾镇第四区分部"常委。⑦

抗战暴发后,王羹梅迁崇德县城居住,性喜绘画。解放初,王响应政府号召,捐出家财,被列为开明士绅,统战对象,在崇德县中任教。1956 年前后,因历史问题被捕入狱,后瘐毙狱中。

---

① 见桐乡档案馆民国档案,档号:M1—001—0045—001。
② 《石门镇志》,方志出版社 2002 年版,第 355 页。
③ 丰子恺:《小学同级生》,见丰陈宝、丰一吟、丰元草编《丰子恺文集》第 6 卷,浙江文艺出版社、浙江教育出版社 1992 年版,第 747 页。
④ 丰子恺:《小学同级生》,见丰陈宝、丰一吟、丰元草编《丰子恺文集》第 6 卷,浙江文艺出版社、浙江教育出版社 1992 年版,第 745—746 页。
⑤ 见桐乡档案馆建国后档案,档号:J001—001—050—134。
⑥ 《石门镇志》,方志出版社 2002 年版,第 355 页。
⑦ 《石门镇志》,方志出版社 2002 年版,第 279 页。

三

丰子恺三小毕业后,根据家中财力,投考省立第一师范。毕业后,选择去上海,与两位学长一同创办专科师范学校。为夯实自己的治学根基,又去日本东京深造一年。回国后,仍以教书为业。同时发挥自己专长,开始艺术创作,成就了风格独特的"子恺漫画"和随笔散文。并为美术和音乐教育倾注了大量心力,把西洋美术和音乐引入中国,编写和出版了很多教学用书。纵观其一生,他的主要精力用在了"读书、教书、写书、编书、译书"这五件事情上。故丰子恺也恪守师范毕业生应该当教师这一遗训。

与他的六位小学同学相比,丰子恺人生之路选择的特点是:

一、他的择业与自己的爱好和专长紧相结合,并贯穿一生,从不放弃。只做自己喜爱和能胜任的工作。

二、在立身方面,他靠自己的天赋和勤奋,去实现自身的价值。从不追求和借助权势,在当时情势下,七个同学中唯他没有加入国民党。

三、在旧时代他虽与政治保持着一定距离,但爱国之心常存胸怀。日寇入侵,他"宁做流浪者,不当亡国奴",积极参与到神圣抗战之中,毫不含糊。

四、始终不忘自己作为教师的社会责任。即使是离开讲台,专事创作和著书之后,仍牢记艺术作品和书籍对读者思想的启示、熏陶和影响作用。所以丰子恺的作品都具有积极向上的正能量。

五、丰子恺亦有恋乡情结。正当功成名就之际,他突然选择了回乡建造缘缘堂,辞去上海教职,归里过起悠闲的乡居生活。因为故乡不但有父母的庐墓,且是祖辈三百多年来歌哭生聚之地,他要与父母埋骨的这片故土长相守护。

回顾石门三小首届学生的人生之路和故事,留给我们的启迪和思考是多方面的,诚可为后人之鉴。

作者:桐乡丰子恺研究会顾问

丰子恺主导修建杭州弘一大师之塔始末

陈 星

一、引 言

杭州西湖西南,钱塘江北岸之虎跑,原有定慧寺——李叔同断食修炼和出家之地。如今,定慧寺虽已不存,然虎跑景区内的弘一大师之塔(图 1)则已成为重要的弘一大师纪念之地。1988 年,该塔被列为杭州市级文物保护单位。定慧寺,俗称虎跑寺,于唐元和十四年(819)由高僧性空创建,名广福院。唐宪宗李纯曾赐"广福院"额。唐开成二年(837),钦山法师重建,名资庆寺。唐宣宗大中八年(854),改名为大慈禅寺。性空推行百丈《禅门规式》,颇具影响,慧风普及两浙。其寺建有"定慧之塔",僖宗御制塔赞,并以塔名配寺,曰"大慈定慧寺"。定慧寺在此后的岁月里,曾屡毁屡建。

图 1 杭州虎跑弘一大师之塔

20 世纪 50 年代,虎跑寺除高台的殿堂外尚完整无损,仍保留原有的三进格局,后殿藏经阁亦保留主体架构,有完整的佛像和罗汉砖雕。"大跃进"时代,佛像被除,所有殿堂改作他用。到了"文革"时期,虎跑的文物进一步遭到破坏,许多诗碑、砖雕等遗失。"文革"结束后,杭州有关部门于 1981 年、1983 年分两期对虎跑景区进行了整修改造,形成了利用寺院主体建筑、保留山林寺院风格、突出名僧事迹的人文景观——弘一大师之塔、李叔同弘一

法师纪念馆。① 关于虎跑弘一大师之塔的立塔过程,可根据史料作一历史
还原。

二、缘 起

1942 年 10 月 13 日晚 8 时,一代高僧弘一大师在泉州圆寂。10 月 20
日晚 7 时,大众在承天寺集合,诵"普贤行愿品赞偈"毕,起赞佛偈:"阿弥陀
佛身金色,相好光明无等伦,白毫宛转五须弥,绀目澄清四大海,光中化佛无
数亿,化菩萨众亦无边,四十八愿度众生,九品咸令登彼岸。"接念"南无西方
极乐世界大慈大悲、大愿大力、接引导师阿弥陀佛……"自 8 时念至 10 时
余,即火化圆满。② 10 月 21 日,晨检灵骸,装满两坛。妙莲法师遵大师遗命
将灵骸送开元寺、承天寺供养。③ 据释妙莲《妙莲法师回忆录》:"其余碎骨炭
灰等,我均将包起收藏。我即奉舍利子及碎骨炭灰回开元寺自己房中,于百
日内常念南无地藏菩萨,随于碎骨炭灰内检得舍利子一千八百余颗,舍利块
五六百块。本拟照相,并做铜版,奈铜版本省无法可制,又照相代价高贵非常
(抗战时期,大家经济困难),无人负担经费,只好作罢。对舍利子、舍利块,暂
由我保管。(至 1961 年 10 月 18 日到 1965 年 6 月 16 日建成弘一大师塔基,
我保管的弘一法师舍利子一千八百余颗,舍利块五六百块,才全部进入塔基,
由传贯、道敬、定发三瘘法师投资 9483.76 元。至文化大革命中,塔被破坏,舍
利子、舍利块都被盗走。现在就把我私人保留的壹拾几颗舍利子,在修复时
供入了)。"④妙莲法师所述之由其保管的灵骨曾于 1965 年安置于泉州的弘
一大师之塔,而早在 1948 年秋,弘一大师的另一部分灵骨已由刘胜觉护送
至杭州。刘胜觉(1910—1993),原名梅生,福建晋江人,后居菲律宾,曾在
厦门大学攻读新闻与教育,受弘一大师感化,后皈依佛教,弘一大师法侣性
愿法师为其取法名"胜觉","胜"系弘一大师皈依弟子法名的第一个字,

---

① 1984 年 9 月 10 日上午,杭州虎跑李叔同纪念室开放。1992 年 5 月,虎跑李叔同纪念室移址扩建,
并更名李叔同纪念馆。1994 年 3 月,虎跑李叔同纪念馆左侧重建"弘一精舍"。2007 年,虎跑李叔同
纪念馆进行再改建,并于 10 月 1 日开放,更名李叔同弘一法师纪念馆。
② 释妙莲:《妙莲法师回忆录》,载《莲馆弘谭》2017 年第 13 期。
③ 释妙莲:《妙莲法师回忆录》,载《莲馆弘谭》2017 年第 13 期。
④ 释妙莲:《妙莲法师回忆录》,载《莲馆弘谭》2017 年第 13 期。

"觉"系性愿法师皈依弟子的法名,故刘胜觉以为自己系弘一大师和性愿法师共同的皈依弟子。他曾任职于马尼拉华侨联合日报及中正中学,创办佛教与慈善机构及学校多所。1984 年在马尼拉出家,法号觉生,曾任马尼拉罗汉寺第二任住持。有关刘胜觉的生平事迹可参考侯秋东《弘一大师与刘梅生居士(觉生法师)》一文。此文记录刘胜觉事迹颇详,亦提及 1948 年自菲律宾回国赴泉州和上海,却未能记录护送弘一大师灵骨赴杭之事,殊为遗憾。①

　　弘一大师部分灵骨送抵杭州的时间是 1948 年秋。有关弘一大师部分灵骨迁杭之事,1948 年 11 月 1 日出刊的《学僧天地》第 1 卷第 6 期上有性慈撰写的《弘一大师灵骨过沪供养记》一文,文中写道:"……律师灵骨此次由刘胜觉居士自闽奉杭州虎跑寺供养,途经上海,我闻讯后,便邀同本市各佛教团体发起在本寺举行一个供养会……关于迎请律师灵骨来此情形,请刘胜觉居士向诸位报告。""刘居士受介绍后,继续步出致词:'这次由闽护送弘一律师灵骨去杭州虎跑寺供养,途经上海。承林居士介绍暂时供养在贵院,于心颇感欣慰!弘一律师灵骨依照他的遗嘱,本指定在闽南泉州的开元承天两寺进塔供养。因为杭州弘伞法师和杭州的居士们数次去电泉州向两寺商量,欲将律师灵骨分一部分在杭州虎跑建塔供养,虎跑是律师削发出家的常住,自然很是重要,可是泉州方面因为律师没有遗嘱,不敢答应。今年我从菲律宾回到泉州,听到这件事情,我认为这不比平常的请求,便向开元承天两寺恳求,承他们的允许,各分出一部分来,于是我奉送到杭州来,律师在世的时候,他是不喜欢铺张的,所以这次他的灵骨到了上海,我也遵从他的遗志,不敢惊动各方。今天承诸位法师诸位大居士参加举行供养纪念,在作为一个律师的皈依弟子的我,是因该感谢诸位的。'最后由来宾大醒法师致词:叙述律师生平道德,堪作后世模范,希望我们同学们能步着弘一律师的后尘前进。"其实,与刘胜觉一起护送弘一大师灵骨自泉抵沪的还有刘质平。刘质平当时正在福州的国立福建音乐专科学校任教,授音乐理论课,并一度担任过教务主任。刘质平自福州往泉州与刘胜觉一起办理了弘一大师部分灵骨送杭州之事,并与

① 侯秋东:《弘一大师与刘梅生居士(觉生法师)》,见陈慧剑编《弘一大师有关人物论文集》,台北弘一大师纪念学会 1998 年版。

图 2 1948 年秋,刘胜觉(左)、
刘质平在泉州合影

刘胜觉合摄一影(图 2)。①

　　据 1948 年 11 月 1 日出刊的《学僧天地》第 1 卷第 6 期"佛教简讯"栏目的消息,弘一大师灵骨过沪后,刘质平与林子青二位又与刘胜觉一起将灵骨护送至杭州,暂存招贤寺,由弘伞法师代为保管。该消息称:"弘一大师于民国三十一年九月圆寂泉州,遗嘱荼毗后以其遗骨分送该地承天、开元二寺入塔。本年菲律宾佛教华侨普贤学校校长刘胜觉居士(大师皈依弟子)返国至泉,以大师剃发于杭州西湖虎跑寺,不可无有纪念。乃商得二寺之同意,各分出遗骨一部分,托刘居士护送赴杭。刘居士于九月十日自厦至沪,下榻静安寺。九月十二日,上海市佛教会、静安学苑、兴慈中学、海潮音社、大雄书局、玉佛寺等团体,特假静安寺举行弘一大师灵骨过沪供养会,以表纪念。九月十三日,大师遗骨由刘胜觉、刘质平、林子青三居士护送至杭州里西湖招贤寺,当由该寺弘伞老法师招请在杭有关人士,于十四日就寺举行迎请典礼,到有弘伞、巨赞、乐观、观行诸法师,李季谷、吴梦非、潘锡九、李鸿梁、刘质平诸居士。闻俟时局稍定,即将在虎跑寺建塔纪念云。"该消息对于弘一大师圆寂时间,使用的是农历,故"于十四日就寺举行迎请典礼"也应该是农历,即 1948 年 10 月 16 日。如今可见一帧刘胜觉、刘质平、林子青等护送弘一大师部分灵骨到杭州招贤寺后与浙江诸信善的合影(图 3),照片中的人物着装,也可证系 10 月中旬。与该消息相互印证的还有载于 1984 年 6 月浙江人民出版社《浙江文史资料选辑》第 26 辑上的李鸿梁《我的老师弘一法师李叔同》一文,文曰:"一九四八年秋九月十四日迎法师灵骨于招贤寺。灵骨由菲律宾刘胜觉居士从福建方向请来⋯⋯"刘胜觉在杭州期间,还与刘质平、林子青等一起游览了灵隐寺和岳王庙等(见图 4、图 5)。

---

① 据《天津音乐学院学报(天籁)》2007 年第 2 期所载《国立福建音专史要》,"国立福建音乐专科学校前身是 1937 年办的福建省音乐师资训练班、1940 年办的福建省音乐专科学校,1942 年升为国立福建音乐专科学校,1950 年全国院校调整时合并中央音乐学院华东分院,即今天的上海音乐学院"。1940 年 2 月筹建音乐专科学校时校址在福建临时省会永安。抗战胜利后迁福州。

图3　1948年10月16日,杭州招贤寺迎请弘一大师灵骨典礼合影
　　前排左起:刘质平、刘胜觉、弘伞法师、宽愿法师;后排左起:吴嘉平、李鸿梁、吴梦非、李季谷、巨赞法师、林子青、乐观法师、潘锡九。

图4(左图)　1948年10月,刘质平(左)、刘胜觉(中)、林子青(右)在灵隐寺合影

图5(右图)　1948年10月,刘质平(右)、刘胜觉(左)在岳王庙合影

弘一大师部分灵骨抵杭后，暂存招贤寺。不久，当年弘一大师的护法之一堵申甫先生首先参与了保存弘一大师灵骨和倡建弘一大师之塔之事。据 2014 年 9 月杭州图书馆馆刊《文澜》第 13 期所载陈谅闻《造福诜诜 屹山仰之——怀念堵申甫（福诜）先生》一文："民国三十七年（1948）刘胜觉等人将弘一部分灵骨从福建泉州移至杭州，暂存葛岭南麓招贤寺。该年秋天，堵申甫约了几位佛教信徒护送弘一灵骨到虎跑定慧寺，暂时安埋于寺后的山冈上，前面立了块简易的石碑，石碑约两尺见方，请马一浮书写'弘一法师灵骨瘗处'八个大字。"1953 年春，丰子恺游虎跑，虎跑寺方丈宽愿法师告诉他："弘一大师灵骨由泉州送来的部分，已经五六年了，到今尚无碑志。这灵骨原来放在钵中，供在佛前。解放初，寺僧星散，深恐纷失，入城求堵申甫老先生设法埋葬。堵先生在戎马仓皇中去蒋庄求马一浮先生写'弘一法师灵骨瘗处'八字，勒一尺见方的石板，即将灵骨埋葬于寺后半山中，以石板覆其上，至今已四年矣。""先师在日谆嘱，不得为身后事募化。因此宽愿无法立碑。"[1] 为此，丰子恺决心由他来筹资"自动"独立立碑，不进行募化。后同游者钱君匋亦表示愿意赞助，并表示立碑还不足以纪念弘一大师，应该建塔。此乃杭州虎跑弘一大师之塔之缘起。

三、建塔过程

有关丰子恺主导在虎跑修建弘一大师之塔事，丰子恺之女丰一吟的介绍较为概括："弘一大师生西后，一部分骨灰从福建泉州送到杭州虎跑寺后山埋葬。因法师生前嘱咐不得为身后事募化，因此当时担任虎跑寺方丈的师事弘公的宽愿法师无法建立纪念碑。丰子恺到杭州闻此消息，决心自己出资独立立碑，他决定捐出《李叔同歌曲集》一书的全部编辑费。金石书画家钱君匋得悉，也自愿出资。随后又获得出版家章锡琛、教育家叶圣陶、浙一师同学黄鸣祥、厦门友人蔡吉堂等人的支持，于 1953 年合资在骨灰瘗埋处建造了一座纪念石塔，于次年 1 月落成。广洽法师闻讯后，也于 1957 年集净财捐赠，使石塔

---

[1] 二埋律师：《弘一大师杭州虎跑寺灵骨石塔落成》，载 1954 年 2 月《弘化月刊》第 153 期。宽愿法师所述"弘一法师灵骨瘗处"石板为一尺见方，前陈谅闻文中所述为两尺见方。应均系约数。二人所述此事发生的时间，当亦为约教。

周围增筑了围墙、栏杆,便于祭扫。"①按照二埋律师《弘一大师杭州虎跑寺灵骨石塔落成》中的表述,丰子恺是在1953年春在虎跑从宽愿法师口中了解到弘一大师灵骨之事并表示由自己来修建石塔,而目前可见一帧丰子恺、钱君匋、宽愿法师等于1953年在"弘一法师之塔石路奠基纪念"碑旁的合影(图6),说明随着此奠基纪念石碑的安置,弘一大师之塔的修建正式开始。丰家的文献档案,仅记录此照摄于1953年,无具体月、日。根据照片中人物的着装,当为春季或秋季,而根据二埋律师在《弘一大师杭州虎跑寺灵骨石塔落成》一文中介绍,弘一大师之塔的动工时间是1953年秋,冬暮建成,故此照的拍摄时间当为1953年秋季。在此之前,丰子恺主要在做准备工作。

图6　1953年秋,丰子恺(中坐者)与家人亲友在杭州参加虎跑弘一大师之塔石路奠基纪念仪式后合影

左一起:丰宁欣、王维贤、宋菲君、丰满;左六起:宽愿法师、钱君匋、钱君匋之妻、黄鸣祥。右前坐者为周天初。

首先,丰子恺发心立塔后,决定捐出《李叔同歌曲集》编辑费,复在众多文化人的支持下,很快筹得1500余万元(当时之货币),足以建塔。按马一浮之意见,此塔应依照永明延寿禅师塔式建造,杭州黄鸣祥自愿担任工程监理。关于捐出《李叔同歌曲集》编辑费,其实当时该书并未出版,应当看成是丰子恺预先的决定。《李叔同歌曲集》正式出版的时间是 1958 年 1 月,而在 1957 年 8 月 15 日丰子恺还有信致音乐出版社编辑部,信中说:"《李叔同歌曲集》原约八月底交稿,今已提前完成,随函挂号寄上……另封挂号一包,内《中文名歌五十曲》一册,补白画廿一幅,封面画一幅,样本一小册……歌词的字,是否要我手写,还是排铅字? 如果要我手写,我也乐愿……此书出版时,其稿酬全部用以修李先生西湖上石塔(请看序文末了),我完全尽义务。希望稿酬尽可能提高……"[①]后实际获得稿酬 1150 余元,全部捐出。

图 7　1954 年 1 月 10 日,丰子恺(前排左四)与众同仁在杭州虎跑参加弘一大师
　　　之塔落成典礼时合影

丰子恺右为马一浮,丰子恺前为钱君匋,钱君匋右为郑晓沧,马一浮左后为堵申甫,马一浮右为蒋苏盦,蒋苏盦右前为宋云彬,宋云彬右为黄鸣祥,堵申甫左为周天初,黄鸣祥右为丰一吟,前排右四为宽愿法师,前排左一为丰宁欣,丰宁欣后为王维贤。

---

① 丰子恺:《丰子恺致音乐出版社编辑部信》,见丰陈宝、丰一吟、丰元草编《丰子恺文集》第 7 卷,浙江文艺出版社、浙江教育出版社 1992 年版,第 486 页。

其次,由堵申甫负责向马一浮索取题字。"那年春天某日下午,堵申甫来到面临小南湖的蒋庄马一浮住处。马一浮知道堵的来意后,从书柜中拿出黄表纸摊开在桌上,当场写了'弘一大师之塔'六个篆字。接着,两位老友促膝长谈。太阳西斜,堵申甫把墨迹已干的黄表纸卷起来要离开时,马一浮站在旁边深情地说:'申甫,今日你为弘一事而来,我要送你下去。'真是好大的面子,即使总理或省长来访,马一浮也从不送客下楼。马一浮陪堵申甫绕过庭前巨大的广玉兰树,走过定香桥,一直到苏堤边。"①堵申甫和许多崇敬、热爱弘一大师的朋友、学生一样,希望在杭州建有弘一大师纪念馆。丰子恺就在《李叔同先生的爱国精神》一文中专门提到:"弘一法师的作品、纪念物,现在分散在他的许多朋友的私人家里,常常有人来信问我有没有纪念馆可以交送,杭州的堵申甫老先生便是其一。"②

再次,弘一大师之塔于1953年秋动工,冬暮建成,共费资1400余万元,余资数十万元,丰子恺拟再添补一些,用于铺地面水泥、造石凳两个。

最后,1954年1月10日举行落成典礼。丰子恺、钱君匋先二日抵杭。参加典礼者有:马一浮、丰子恺、钱君匋、堵申甫、黄鸣祥、宋云彬、蒋苏盦、郑晓沧、张同光、周天初等20余人。典礼程序:绕塔、行礼、照相(图7)。礼毕,丰子恺在虎跑寺设素斋二席。是日,马一浮赋有七律一首,题为《虎跑弘一律主塔成,子恺约往观礼。是日寒雨,至者甚众。苏盦有诗,予亦继作,兼示子恺》,其中有"昔年亲见披衣地,此日空余绕塔行"句。对于本次建塔,丰子恺在《中国话剧首创者李叔同先生》一文中说:"李先生的骨灰供在杭州西湖虎跑寺,十年不得安葬。前年,1954年,我和叶圣陶、章雪村、钱君匋诸君各舍净财,替他埋葬在虎跑寺后面的山坡上,又在上面建造一个石塔,由黄鸣祥君监工,宋云彬君指导,请马一浮老先生题字,借以纪念这位艺僧。并且请沪上画家画了一大幅弘一法师遗像,又请好几位画家合作两巨幅山水风景画,再由我写一副对联,挂在石塔下面的桂花厅上,借以装点湖山美景。(然而不知为什么,遗像早已被谁除去了。)为了造塔,黄鸣祥君向杭州当局奔走申请,费了

---

① 陈琼闻:《造福洗洗 屹山仰之——怀念堵申甫(福洗)先生》,载《文澜》第13期(2014年9月),第19页。
② 丰子恺:《李叔同先生的爱国精神》,载《人民日报》1957年3月29日。

不少的麻烦,好容易获得了建塔的许可。"①丰子恺还这样表示过:"我们希望,今后遇有机缘,再在塔下造一弘一大师纪念馆,将大师遗物供养馆内,由专定人员负责保管。但此乃一种希望,何时实现,能否实现,殊不可知。因我等资力有限,一时不能再捐,而我等恪守大师遗言,决不向人募化……我们准备作一篇造塔经过及以后希望,刊印后,放在虎跑寺,让大家索阅。但因收支尚未决定,故须待开春水门汀及石凳完成,收支数目确定后再印。所以现在你们倘要报道,惟请根据上述情况略写一篇可也。"②

四、建后完善

除了上述建塔细节外,事实上丰子恺在建塔之后还与广洽法师保持着联系。1955 年 6 月 6 日,他在致广洽法师的信中首次提到了建塔一事:"仆前年曾发起为弘一法师在杭州虎跑建造石塔,已于去春落成,虎跑寺近亦由政府大加修葺,焕然一新。"③同年 9 月 11 日,他又在致广洽法师的信中说:"又虎跑现已成为西湖风景区,僧人极少(有数人留住,皆卖茶为生),所以不宜立纪念馆。此事恐须将来再说。前年造塔,亦不得已而为之。因灵骨自福建请来,埋在寺后半山中,毫无碑记,我恐日久湮没,故约旧友三四人,出资修建。(共费人民币一千八百万元,合港币七八百元耳。)今附奉落成纪念照片一张,请保存留念可也。"④广洽法师收到此信,竭力敦促丰子恺努力实现纪念馆的建造,因为在此后丰子恺致广洽法师的信中,又谈到建纪念馆的种种进展情况。丰子恺在 1956 年 6 月 10 日的信中详细说到了以下几点:

> ……(一)弘一法师纪念馆,政府指定用虎跑钟楼为馆址,此钟楼建

---

① 丰子恺:《中国话剧首创者李叔同先生》,载《文汇报》1956 年 11 月 3 日。丰子恺文中的"十年不得安葬"系指弘一大师圆寂后的约十年。
② 二埋律师:《弘一大师杭州虎跑寺灵骨石塔落成》,载 1954 年 2 月《弘化月刊》第 153 期。从二埋律师的引文中可知,他撰写《弘一大师杭州虎跑寺灵骨石塔落成》一文正是遵循了丰子恺的意思,为保全建塔史料而作。
③ 丰子恺:《丰子恺致广洽法师信》,见丰陈宝、丰一吟、丰元草编《丰子恺文集》第 7 卷,浙江文艺出版社、浙江教育出版社 1992 年版,第 207—208 页。
④ 丰子恺:《丰子恺致广洽法师信》,见丰陈宝、丰一吟、丰元草编《丰子恺文集》第 7 卷,浙江文艺出版社、浙江教育出版社 1992 年版,第 208—209 页。

立在大殿旁边,分三层,下层大如普通厅堂,中层稍小,上层又稍小。建筑颇新。下层及中层可陈列书画纪念品,上层可供管理人住宿。地点并不嫌小。但其中空空如也,毫无一物。故办馆时须新买家具(陈列橱、桌椅等)约略须费两三千元。

(二)政府只表示准许办纪念馆,经费须由其生前老友募集,并无指定组织办法。现弟拟先纠合弘法学生等数人组织"筹备会",在上海有吴梦非居士(六十余岁,音乐教授,弘师学生)、朱幼兰(壮年人,佛教徒,景仰弘师者)、罗良能(壮年人,亦景仰弘师者),杭州有黄鸣祥(六十岁,弘一师学生,即造塔、修塔之监工人,前寄上之拓碑中有彼姓名)。其余尚在考虑中,不久弟拟召集诸居士,开会商讨具体办法,后再奉达。至于经常管理之人,弟拟推黄鸣祥居士,因彼过去热心监工,又家住杭州(任学校职务)。但学校退休后,学校所送养老金不够维持生活,故纪念馆必须按月赠送三四十元之薪给。此外经常开销甚省,不过茶水纸墨之费耳。

……

关于来示所询,草覆如上。再者:尊处既已与三数友人发动集款,且看成绩如何,一切随缘可也。国内亦拟征求书画纪念品。将弘一法师生前所有作品,散布在诸友人学生处者,尽行收回,加以装裱,保存在纪念馆内。此事亦须经费,但弟私人自当尽可能贡献,不成问题。至于国内集款,拟不登报,但由筹备员分头宣传,因预料能出资者甚少,登报徒招摇而无益也……①

到了 1957 年 6 月 17 日,丰子恺又在致广洽法师的信中说:"杭州虎跑弘一法师纪念室,杭州政治协商会已提出,杭州政府听说已表示同意,但如何办理,何时成立,均不可知。因国内现正'增产节约',恐政府未能多出经费。至多拨一房屋陈列遗物而已。四年前弟等三四同人私人出资所造之石塔,今幸无恙。上海话剧家及日本话剧家均去朝拜。惟塔在半山,后面山石泥沙常常被雨水冲下,最近已迫近石塔。需要开山,最好再造一亭子,设石桌石凳。现在只有一塔,别无点缀也。但国内私人经济均不太富裕,少有人能出资开山

---

① 丰子恺:《丰子恺致广洽法师信》,见丰陈宝、丰一吟、丰元草编《丰子恺文集》第 7 卷,浙江文艺出版社、浙江教育出版社 1992 年版,第 209—211 页。

护塔。海外倘有信善宏法,诚善。但弘师生前不愿为自己募捐,故此事未可勉强,但俟胜缘耳。"①果然,广洽法师很快汇款。丰子恺在同年 8 月 17 日的信中说:"来信?及港币贰千元,先后收到。法师罄钵资为弘一大师修筑塔墓,广大宏愿,至为感佩。先后共收到港币叁千元,合人民币一千二百二十七元。暂存银行,待月底弟赴杭察看,进行修筑。此款及弟所捐六百元,拟全部用以开山及筑亭。因纪念馆事暂时搁浅,且待日后政府有明令后开办。据友人等言,纪念馆不能私办,政府倘决定开办,必有房屋供给,不须私人出资买屋。所以我们所捐之款,可全部用以修筑塔墓也。实施情形,后再奉达。"②此时丰子恺已获知建纪念馆一事已无望,故又说:"所以我们所捐之款,可全部用以修筑塔墓也。"③此后广洽法师复补寄钱款,而丰子恺则亲赴杭州实地考察。从是年中秋,即 9 月 8 日给广洽法师的信(图8)中可知广洽法师又汇寄港币 1000 余元,而丰子恺也在信中附绘一图。信曰:"来信及汇款港币一千元(又四十元),均已收到。法师宏愿,功德莫大!弟自当将此款(共港币五千元,合人民币贰千壹百三十五元)善为应用。上月廿四日弟到杭州察看石塔,见塔本身无恙,惟环境的确狭窄,后山有开凿之必要。同时祭桌前面地基太窄,深恐崩落,又有筑石槛之必要。今将其地势绘图如左。现正托杭州友人黄鸣祥(亦弘师

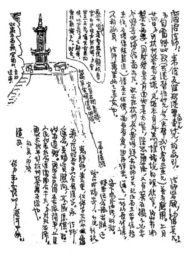

图 8 1957 年 9 月 8 日丰子恺致广洽法师信手迹

学生,现任省立女中总务主任。石塔系彼监造。)请石工估价,尚未有覆。后再详告。总之,一切从长计议,不致辜负法师万里外之美意也。"④接着在 9 月

① 丰子恺:《丰子恺致广洽法师信》,见丰陈宝、丰一吟、丰元草编《丰子恺文集》第7卷,浙江文艺出版社、浙江教育出版社 1992 年版,第 213 页。
② 丰子恺:《丰子恺致广洽法师信》,见丰陈宝、丰一吟、丰元草编《丰子恺文集》第7卷,浙江文艺出版社、浙江教育出版社 1992 年版,第 213—214 页。
③ 丰子恺:《丰子恺致广洽法师信》,见丰陈宝、丰一吟、丰元草编《丰子恺文集》第7卷,浙江文艺出版社、浙江教育出版社 1992 年版,第 213—214 页。
④ 丰子恺:《丰子恺致广洽法师信》,见丰陈宝、丰一吟、丰元草编《丰子恺文集》第7卷,浙江文艺出版社、浙江教育出版社 1992 年版,第 214—216 页。

17日致广洽法师的信中,丰子恺详细通报了工程进展情况和预算,主要是:"(一)塔后开山三公尺,筑石壁,以阻止山岩崩溃。(二)塔前峭壁上加石帮岸及石栏杆,防止崩溃并使游客安全。(三)石壁周围设摩光水泥石凳,以便游客息足。——上三项工料约计人民币三千元。再加一项:(四)石壁上嵌入小型石碑一块,上刻弘师生平事略,并标明'广洽法师增筑'字样,此石碑所费不多,可留永久纪念。近日秋晴,石工泥工正好进行。大约冬至前必可完成。"①1957年10月23日,丰子恺在致广洽法师信中又称"示港币一千元,先后收到。石塔增筑,今已完成"。此时,丰子恺测算了所有费用:"共用约贰千余(尚未结清),我们所捐之款共二千七百三十五元(尊处汇来二千一百三十五元,即港币五千,弟自捐六百元),不会超过,尚略有剩余。但弟知以后必另有人自愿出资,可供建亭。"②关于虎跑弘一大师纪念馆,1958年春夏间曾获杭州市政府批准,丰子恺亦发心募款,得到广洽法师的支持并发动信善捐款。建馆事最后未能如愿,此非本文主题,对此暂不涉及。

杭州虎跑弘一大师之塔落成后,丰子恺每至杭州,一般均会前往祭扫,同时也适时组织同仁前往祭扫(图9—11)。如1962年10月,他就在杭州组织郑晓沧、田锡安、吴梦非、黄鸣

图9 20世纪50年代,丰子恺(站立者左二)、黄鸣祥(站立者左三)、次女林先(站立者右一)、幼女一吟(站立者左一)及外孙菲君(坐者左一)、樱时(坐者中)、雪君(坐者右)在杭州虎跑弘一大师之塔前合影

---

① 丰子恺:《丰子恺致广洽法师信》,见丰陈宝、丰一吟、丰元草编《丰子恺文集》第7卷,浙江文艺出版社、浙江教育出版社1992年版,第216—217页。

② 丰子恺:《丰子恺致广洽法师信》,见丰陈宝、丰一吟、丰元草编《丰子恺文集》第7卷,浙江文艺出版社、浙江教育出版社1992年版,第218页。

图 10　1962 年丰子恺等在杭州虎跑祭扫弘一大师之塔后合影
　　前排左一为丰子恺,前排左 2 为郑晓沧,二排左一为田锡安夫人,二排左二为田锡安,二排左四为吴梦非,二排右四为吴梦非夫人,二排右二为黄鸣祥,二排右六为郑晓沧夫人,三排左一为丰一吟,三排左二为朱幼兰。

图 11　1965 年,丰子恺(右四)与家人及好友在杭州虎跑留影
右一为黄鸣祥,右五为徐力民,右六为田锡安,左二为丰满。

祥、朱幼兰等举行了一次扫墓活动。此后，每年都会有弘一大师景仰者自发前来，并且也成为了弘一大师研究和纪念活动的重要内容（图12）。

图12　1980年10月，沪杭等地为纪念弘一大师诞辰100周年在虎跑举行祭塔活动合影。照片题字者为沈本千。

作者：杭州师范大学资深教授、弘一大师·丰子恺研究中心主任

城南旧事

——《法味》的史料价值

朱显因

一、《法味》的体裁

作为现代散文家中的重要一员，丰子恺成就突出。然而，丰子恺先生1926年8月4日记于石门的《法味》一文，在立达学会编辑的1926年10月《一般》杂志中则被归于小说。[①]

小说这种文体着重通过事件来刻画人物形象，并且是以某一个或者某一类形象为主要对象。在《法味》中，人物众多，包括"我"（即丰子恺）、弘一法师、S君（夏丏尊）、弘伞法师、Y君、W君、尤惜阴居士等等。各个人物之间都有关系，然而这众多人物之间的叙述与描写，都是作为铺垫而存在的，都是围绕着重刻画弘一法师这一主要人物而展开。《法味》中，丰子恺还运用了小说中肖像描写的写作手法来勾勒人物形象。他对弘伞法师的描写，可谓神形兼备。"我第一次见他时，他穿着灰白色的长衫，黑色的马褂，靠在栏上看鱼。一见他那平扁而和蔼的颜貌，就觉得和他的名字'中和'（笔者注：他本来姓程名中和，在二次革命时曾当过团长）异常调和。他的齿的整齐，眼线的平直，面部的丰满，及脸色的暗黄，一齐显出无限的慈悲，使人见了容易联想螺蛳顶下的佛面，万万不会相信这面上是佩戴军帽的。"

《法味》中还有不少小说中常见的环境描写。弘一法师对生平经历的回顾，引起了丰子恺等人访问城南草堂即超尘精舍的兴致。如此清晰明了的脉

---

① 丰子恺：《法味》，见《一般》1926年10月号，第248页。

络,使得文章紧凑严密而富有层次感。另外,在文章结构上,作者还运用了插叙这一小说常用的技法,主要体现在弘一师对自己生平的回忆和再访城南草堂这段文字上。

小说"虚构性"的本质,通常不能被纳入史料范围,但学者们仍有将小说化倾的《法味》作为准确无误的史料。

吕伯攸在读了丰子恺的《法味》后,随即写了《再记李叔同先生》一文,呼应和补充了丰子恺的回忆:"这真是奇缘啊!不过,旧时的小浜,已填成马路了,桥也拆去了,树也砍伐了。谁料到他的故居,也和他一样地皈依净业了。"此文发表在1927年第15卷第5期的《小说世界》上。

姜丹书在《弘一律师小传》一文中写过一段与城南草堂相关的文字:"尝闻丰子恺言,民十七八间,上人暂居其沪寓,偶话旧,忽欲寻访'城南草堂',子恺随行;至则故居犹存,而主人已易,草堂改为精舍;入则大动今昔之悲,顿向佛座五体投地,叩头如捣蒜,肃穆之容,万籁为寂。凄凉之气,四壁寝寒。我佛有灵,当亦同下伤心之泪矣!"[1]

《法味》中对城南草堂的地理位置的记述"大南门金洞桥畔",以及在弘一法师陪同下一起走访城南草堂的描述,成了王维军追寻城南草堂旧址的重要依据之一。[2]

柯文辉觉得弘一师赠送立达学园《续藏经》一事有些变化,几乎成了悬案。弘一师在一则后记中写道:"上海黄涵之居士,以影印扶桑本《续藏经》施三衢佛学会,卷帙之富,仞房盈阁。见者闻者,靡不欢喜踊跃,叹为希有。"1926年4月上海《净业月刊》上刊一公致黄函:"附奉陈者,前承惠施《续藏经》,暂存上海立达学园。此次返杭之后,立达主任夏、丰二居士即来杭晤谈,谆谆恳请,以此《续藏经》永存立达学园。并谓已订制书架,注意保藏,且有同学多人发心阅览云云。音察真情意诚挚,不忍违拂,已允其请;并由彼致函与衢州汪居士,说明此意,请汪居士欢赞其事。照此情形,是经存置立达,似颇稳妥。既能注意保存,且有多人阅览,较诸转运衢州,似合宜也。"按前记似是衢州佛徒曾见经书,观后信则仍在沪。

然而,柯文辉读及丰子恺在《法味》中提及的弘一法师赠给立达学园《续

[1]《觉音》第20、21合期(1941年2月20日),第7页。
[2] 王维军:《当湖人家》,天津人民美术出版社2017年版,第106、108页。

藏经》一事,认为这点记载可以补充前文之不足。"这经原是王涵之先生赠他的。他因为自己已有一部,要转送他处,去年(1924)夏先生就为立达学园向他请得了,弘一师因为以前也曾有二人向他请求过,而久未去领,故嘱我写信给那二人,说明原委,以谢绝他们。"①

二、《法味》中的史料

(一) 关于灵山寺

引文:"暑假放了,我天天袒衣跣足,在过街楼上——所谓家里写意度日。""有一天早晨,……我下楼一看,果然是弘一弘伞两法师立在门口。""请他们坐下了,问得他们是前天到上海的,现寓大南门灵山寺,要等江西来信,然后决定动身赴庐山的日期。""这一次他来上海,因为江西的信没有到,客居无事;灵山寺地点又在小南门,离金洞桥很近;""二十岁时陪了母亲南迁上海,住在大南门金洞桥(?)畔一所许宅的房子——即所谓城南草堂。""翌晨九点钟模样,我偕 W 君,C 君同到灵山寺见弘一师","他就换上草鞋,一手夹了照例的一个灰色的小手巾包,一手拿了一顶两只角已经脱落的蝙蝠伞,陪我们看城南草堂去"。"出了弄,步行到附近的海潮寺一游。"②

灵山寺离城南草堂、海潮寺不远,后二处可以作为确定灵山寺位置的参照物。

笔者最先查到的灵山寺资料是载于《上海通志》的"寺庙、佛塔"一节中"直至民国时期,上海旧县城厢内外,在今方浜中路有广福寺、城隍庙,在大东门有地藏庵、观音阁庙、公输子庙、龙王庙,在丹凤路有雷祖殿、真武庙、灵山寺"。"丹凤路在南市区北部。北起人民路,南至方浜中路。长 423 米,宽 2.7～9.1 米,车行道宽 2.2～5.5 米。清宣统三年(1911 年)筑南段(福佑路至方浜中路),名天官坊街、天官牌楼街。民国元年(1912 年)筑北段(福佑路至丹凤楼),因路侧有丹凤楼,名丹凤路。后统称今名。沿路为住宅。"很显然该处的灵山寺不是《法味》中所述的灵山寺。

① 柯文辉:《旷世凡夫:弘一大传》,北京大学出版社 2010 年版,第 226、230 页。
② 丰陈宝、丰一吟、丰元草编:《丰子恺文集》第 5 卷,浙江文艺出版社、浙江教育出版社 1992 年版,第 26、27 页,第 29、32 页。

而后,在上海地方志办公室编纂的《上海宗教志》的"湮没寺院"章节中查见"灵山寺原名灵山禅院,又名小灵山。坐落于南市区后善堂街 236 号。清同治五年,里人陈秉天始建。陈后来出家于龙华寺,法名功圆。光绪二十年又增建殿宇。后由悦来任住持。上海解放后由了原任住持。现已废"。

在上海地方志办公室编纂的《上海地名志》查得"东江阴街在南市区中部。东起南仓街,西至跨龙路。长 483 米,宽 6.2～10.0 米,车行道宽 3.9～8.2 米。清光绪三十年(1904 年)筑。曾名校场街、复善堂街、后场稍街、校场稍街。1964 年因在江阴街东,改今名。沿路为住宅"。

上海书画出版社 2017 年 8 月出版的《上海城市地图集成》和上海社会科学院出版社 2008 年出版的《老上海百业指南》中都查到灵山寺的确切位置,原与《法味》中描述的灵山寺位置相吻合(图 1)。

2019 年 7 月中旬,笔者走访了东江阴街 236 号,但见原来的灵山寺禅房早已成为民居。令人欣慰的是,这幢由东、南、西厢房合汇的二层楼宇仍保留着寺院的结构。有一位 73 岁的居民称自己 8 岁(1954 年)起就住在这里,这似乎与灵山寺的作废时间相吻合。另一位年长的居民还记得当年进门时首先看到的是一尊弥勒佛,当时有一位小沙弥还住在寺院底楼厢房。二楼的东、西厢房原为大殿,现在的房门还是原来的,南厢房原为法师居住处;二楼左边原系供往生牌位的佛殿。据一位中年居民说,目前 236 号房产的归属不清,可能还是庙产。这些年来,房管所对这幢楼宇大修过几次,屋顶的瓦片已非当年的,但有些房檐的雕饰仍保留着,二楼走廊恢复了原来的木质地板。(图 2、3、4)

东江阴街 236 号,虽则保留着当年寺院的框架,但早已成为有 30 多户人家的民居,其中不少房客又将住房转租给外来务工人员。整个天井被底楼住户搭建得水泄不通,迄至今日整幢楼没有卫生设施,家家户户还在倒马桶。

1949 年全市有寺庙 1950 处,市区 320 处,以南市区最多,有 60 处。上海老城厢历代所建寺庙众多,随着历史的变迁,有的寺庙已湮没;有的已改作他用,其遗址虽然存在,但都已不作为宗教活动开放场所。邻居说,东江阴街,旧时寺院庙宇密布,有三味寺、三味禅院、三味净寺和关帝庙等,虽遗迹尚存,但早已面目全非了。事隔 90 多年,凭借《法味》中对灵山寺的描述竟然能找到这所有 150 多年历史的寺院原址,真是不可思议。

（二）关于城南草堂

引文:"这屋的所有主许幻园是他的义兄,他与许氏两家共居住在这屋里,朝夕相过从。这时候他很享受了些天伦之乐与俊游之趣。""他说那房子旁边有小浜,跨浜有苔痕苍古的金洞桥,桥畔立着两株两抱大的柳树。加之那时上海绝不像现在的繁华,来去只有小车子,从他家坐到大南门给十四文大钱已算很阔绰,比起现在的状况来如同隔世,所以城南草堂更足以惹他的思慕了。""去到了那地方,他一一指示我们。哪里是浜,哪里是桥、树,哪里是他当时进出惯走的路。走进超尘精舍,我看见屋是五开间的,建筑总算讲究,天井虽不大,然五间共通,尚不窄仄,可够住两份人家。他又一一指示我们,说:这是公共客堂,这是他的书房,这是他私人的会客室,这楼上是他母亲的住室,这是挂'城南草堂'的匾额的地方。"①

王维军在收录于《当湖人家》的《李叔同沪上居址行迹考》一文中,对城南草堂地址的考察引用了不少《法味》中的记述,最后的结论为"1900 年春～1905 年春,李叔同携母亲王太夫人、妻子俞氏、长子李准、次子李端以及保姆王妈居住在小南门外青龙桥南堍城南草堂,即现在的黄浦区薛家浜路与青龙桥街交汇的青龙桥街南段之青龙桥街 100 号"。

笔者从《老上海百业指南》查到青龙桥街 100 号的位置(图 5)。

城南文社的资料只留下了盟主许幻园的一部《城南草堂笔记》。藏在国家图书馆,归入普通古籍类,寻常读者难以得见。于是,丰子恺在《法味》中对城南草堂的描述也成了难能可贵的史料。

（三）关于超尘精舍

引文:"自从他母亲去世,他抛弃了城南草堂而去国以后,许家的家运不久也衰沉了,后来这房子也就换了主人。□年之前,他曾经走访这故居,屋外小浜、桥、树,依然如故,屋内除了墙门上的黄漆改为黑漆以外,装修布置亦均如旧时,不过改换了屋主而已。""哪里晓得! 城南草堂的门外,就挂着超尘精舍的匾额,而所谓超尘精舍,正设在城南草堂里面! 进内一看,装修一如旧

---

① 丰陈宝、丰一吟、丰元草编:《丰子恺文集》第 5 卷,浙江文艺出版社、浙江教育出版社 1992 年版,第 29、31 页。

时,不过换了洋式的窗户与栏杆,加了新漆,墙上添了些花墙洞。从前他母亲所居的房间,现在已供着佛像,有僧人在那里做课了。近旁的风物也变换了,浜已没有,相当于浜处一条新筑的马路,桥也没有,树也没有了。他走上转角上一家旧时早有的老药铺,药铺里的人也都已不认识。问了他们,方才晓得这浜是新近被填作马路的,桥已被拆去,柳亦被砍去。那房子的主人是一个开五金店的人,那五金店主不知是信佛还是别的原故,把它送给和尚讲经念佛了。""里面一个穿背心的和尚见我们在天井里指点张望,就走出来察看,又打宁波白招呼我们坐。"①

精舍:寺院之异名。为精行者所居,故曰精舍,非精妙之谓。

民国 7 年,兴慈法师应邀至上海弘化。他曾在爱俪园(哈同花园)讲授《天台四教仪集注》。时有沈映泉居士闻法有感,特建超尘精舍,请他主持青年僧伽教育。四方学人闻风而来,精舍难容,乃于民国 13 年春,兴建法藏讲寺。

从《法味》的这段记述提示学界应重视的几个问题:城南草堂究竟哪年易主? 主人是一个开五金店的人么? 城南草堂何时演变为超尘精舍? 沈映泉与超尘精舍是什么关系?

(四)关于世界佛教居士林

引文:"世界佛教居士林是新建的四层楼洋房,非常庄严灿烂。第一层有广大的佛堂,内有很讲究的坐椅,拜垫,设备很丰富,许多善男信女在那里拜忏念佛。问得尤居士住在三层楼,我们就上楼去。这里面很静,各处壁上挂着'缓步低声'的黄色的牌,看了使人愈增严肃。三层楼上都是房间。""舍利室是一间供舍利的,约二丈见方的房间。没有窗,四壁全用镜子砌成,天花板上悬四盏电灯,中央设一座玲珑灿烂的红漆金饰的小塔,四周地上设四个拜垫,塔底角上悬许多小电灯,其上层中央供一水晶样的球,球内的据说就是舍利。""我觉得一入室,就看见自己立刻化作千万身,环视有千万座塔,千万盏灯,又面面是自己,目眩心悸,我全被压倒在一种恐怖而又感服的情绪之下了。""在舍利室,又领略了一点佛教的憧憬。""我初看见这居士林建筑设备的

---

① 丰陈宝、丰一吟、丰元草编:《丰子恺文集》第 5 卷,浙江文艺出版社、浙江教育出版社 1992 版,第 30、32 页。

奢华，窃怪与和尚的刻苦修行相去何远。"①

清宣统三年（1911年），杨仁山与佛教界同仁商议共同创立了中国佛教研究会，民国十七年（1918年）三月在上海海宁路锡金公所成立了全国居士团体之首创上海佛教居士林，民国十一年（1922），上海佛教居士林改组分成两部分：（1）由王与楫、朱石僧、李经纬等居士组织的"世界佛教居士林"，地址设在上海海宁路锡金公所，周舜卿居士担任林长；（2）由沈辉、关同之等居士组织的"上海佛教净业社"，地址设在上海常德路418号，施省之居士担任社长。

从《申知沪志》资料表明上海有些地名原来都与移民有关。锡金公所是无锡籍移民及商贾汇聚之处；就是以籍贯命名的会馆。1947年街道行号地图上标注有海宁路1046号锡金会馆。如今此处已夷为平地。而《法味》又为后人留下当年世界佛教居士林的史料。

引文："他谈起世界佛教居士林尤惜阴居士为人如何信诚，如何乐善。我们晓得他要晚上上船，下午无事，就请他引导到世界佛教居士林去访问尤居士。""尤居士是无锡人，在上海曾做了不少的慈善事业，是相当知名的人。就是向来不关心于时事的我，也是预早闻其名的。""他是弘一师的皈依弟子（？）。"②

据柯文辉所述：1903年的史料初见叔同与尤惜阴居士的交往，1903年曾与弘一法师同任上海圣约翰大学国文教授。到底何时相识，尚不清楚。尤君（1872—1957）是江苏无锡市人，近代佛教学者，原名秉彝，字雪行，别号惜阴，又号无相道人。早年治儒家学说，研究过《易》及宅运堪舆之学。一公圆寂，他在自己编辑的《世界佛教居士林林刊》上用"皈僧"的笔名发表《弘一大师传略》。尤居士晚年在新加坡出家，尊北京法源寺德玉长老为师，法号演本。③

（五）关于弘一法师开示《在家律要》

引文："弘一师要分途独归，我们要送他回到灵山寺。他坚辞说'路我认识的，很熟，你们一定回去好了，将来我过上海时再见。'又拍拍他的手巾包笑

---

① 丰陈宝、丰一吟、丰元草编：《丰子恺文集》第5卷，浙江文艺出版社、浙江教育出版社1992版，第32、34页。

② 丰陈宝、丰一吟、丰元草编：《丰子恺文集》第5卷，浙江文艺出版社、浙江教育出版社1992版，第33页。

③ 柯文辉：《旷世凡夫：弘一大传》，北京大学出版社2010年版，第53页。

说,'坐电车钱的铜板很多!'就转身进弄而去。"[1]

柯文辉则又补充之:"再见!有坐电车的铜板!你们回去吧!"法师拍拍灰色手巾包,瘦长的身影消失在人丛里。傍晚,一公应庞契诚居士请求重来居士林尤宅,开示《在家律要》。[2]

柯文辉是根据《法味》记述的推断,还是另有佐证,那天傍晚,一公应庞契诚居士请求重来居士林尤宅,开示《在家律要》。按丰子恺在《法味》中的记述,法师应庞契诚居士请求转身进弄重回居士林尤宅,开示《在家律要》,这倒是符合弘一法师和弘伞法师已决定当晚上船去江西的实际情况。

三、《法味》中的史料之价值

(一) 弘一法师挂单灵山寺应补阙年谱

林子青所著《弘一大师新谱》1926 年谱文云:"夏与弘伞法师至江西庐山,参加金光明法会。道出沪上,与弟子丰子恺同访旧居城南草堂,并参观江湾立达学园,应请至闸北世界佛教居士林,开示《在家律要》,由尤惜阴居士笔记。"内中或缺了法师曾驻锡灵山寺的史料。

而在 1927 年谱文中,林子青则引用了叶绍钧写的一篇《两法师》:"丰氏因与夏丏尊、内山完造(日本书商)、叶绍钧(圣陶)、周予同、李石岑等,宴请大师于功德林素食馆。饭后并随师同访印光法师于太平寺。后来叶绍钧写了一篇《两法师》,就是描述这一次宴请弘一法师及同访印光法师的情况。"[3]

从《法味》的记述,可以确定弘一法师 1926 年夏驻锡灵山寺四昼三夜。

从陈星编著的最新资料表明,弘一大师在上海的行踪除了他求学的南洋公学校址今存,即上海徐家汇华山路 1954 号上海交通大学徐家汇校区。如今依然可辨的便是东江阴街 236 号院内的灵山寺痕迹。[4] 所以,弘一法师挂单灵山寺应补阙弘一大师 1926 年谱文。

---

[1] 丰陈宝、丰一吟、丰元草编:《丰子恺文集》第 5 卷,浙江文艺出版社、浙江教育出版社 1992 版,第 34 页。

[2] 柯文辉:《旷世凡夫:弘一大传》,北京大学出版社 2010 版,第 263 页。

[3] 林子青:《弘一大师新谱》,东大图书股份有限公司 1993 年版,第 233、246 页。

[4] 陈星编著:《李叔同——弘一大师行踪图典》,西泠印社出版社 2019 年版,第 11、43 页。

(二) 以法师对生母及城南草堂的余哀再究其出家的缘由

引文:"他家在天津,他父亲是有点资产的。他自己说有许多母亲,他父亲生他时,年纪已经六十八岁。五岁上父亲就死了。家主新故,门户又复杂,家庭中大概不安。故他关于母亲,曾一皱眉,摇着头说,'我的母亲——生母很苦!'他非常爱慕他母亲。""他讲起他母亲死的情形,似乎现在还有余哀。""社会对他的待遇,一般地看来也算不得薄。但在他自己,想必另有一种深的苦痛,所以说'母亲死后到出家是不断的忧患与悲哀',而在城南草堂读书奉母的'最幸福的'五六年,就成了他的永远的思慕。""他后来教音乐时,曾取一首凄惋呜咽的西洋有名歌曲《My Dear Old Sunny Home》(《我可爱的阳光明媚的老家》)来改作一曲《忆儿时》,中有'高枝啼鸟,小川游鱼,曾把闲情托'之句,恐怕就是那时的自己描写了。""我觉得今天看见城南草堂的实物,感兴远不及昨天听他讲的时候浓重,且眼见的房子、马路、药铺,也不像昨天听他讲的时候的美而诗的了。只是看见那宁波和尚打量他一下而说那句话的时候,我眼前仿佛显出二十几年前后的两幅对照图,起了人生刹那的悲哀。回出来时,我只管耽于遐想:如果他没有这母亲,如果这母亲迟几年去世,如果这母亲现在尚在,局面又怎样呢?恐怕他不会做和尚,我不会认识他,我们今天也不会来凭吊这房子了! 谁操着制定这局面的权份呢?"[①]

笔者认为 1926 年夏,丰子恺面对面地聆听弘一法师的诉说,以及亲临城南草堂旧址,这种影畅表里的情感是极其真切的。

如果母亲尚在,许幻园官运亨通城南草堂没有移主;而社会对他的待遇,一般地看来也算不得薄。恐怕他不会做和尚——这是笔者的耽于遐想。

学界对李叔同的出家说法不一而足;即便是丰子恺,过了 17 年,1943 年,他为青年说弘一法师的表述"他学道的时候很短。断食以后,不久他就学佛。他自己对我说:他的学佛是受马一浮先生指示的"[②]。又过了 5 年,1948 年 11 月 28 日,丰子恺在《我与弘一法师》一篇讲稿中说"李先生早已由艺术而升华到宗教而成正果"。"我以为人的生活,可以分作三层:一是物质生活,二是精

---

① 丰陈宝、丰一吟、丰元草编:《丰子恺文集》第 5 卷,浙江文艺出版社、浙江教育出版社 1992 年版,第 29、32 页。

② 丰陈宝、丰一吟、丰元草编:《丰子恺文集》第 5 卷,浙江文艺出版社、浙江教育出版社 1992 年版,第 150 页。

神生活,三是灵魂生活。""我对于弘一法师的由艺好升华到宗教,一向认为当然,毫不足怪的。"[1]了缘认为弘一大师的出家不可从俗情出发。[2]

李叔同本为人,而后才为大师、高僧。而世人偏以大师、高僧入目,使他的出家显得更加扑朔迷离。

(三)《送别》的填词,景源于城南草堂的景色;情源于天涯五友

如果说从丰子恺在《法味》中的记述已经对城南草堂有些感觉的话;那么再领悟一下许幻园所撰《城南草堂图记》云:"沪滨繁华,鸡犬桑麻,又是一番世界。人家多临水居,男妇皆朴重,盖犹有古风存焉。余性耽静僻,厌弃喧哗。于丁酉之春,筑草堂于此。庭植杂花,当盛开时,幽香满室,颇得佳趣。北临青龙桥,岸旁遍栽杨柳;东望黄浦,来往帆樯,历历在目。"就能体会到为什么城南草堂更足以惹弘一法师的思慕了。

《送别》是弘一法师出家前所作送别歌,也是送给挚友许幻园的歌曲。描写古人送别客人时的情景,于是古人临去常歌《骊驹》一曲,后人遂将告别之歌称之为"骊歌"。有资料说《送别》的填词是浓缩了《西厢记》第四本第三折的意境而写就的词! 笔者则不以为然。

《送别》歌词共三段,一、三两段文字相同。第一段写景,选取了"长亭""古道""芳草""晚风""夕阳"等典型的意象,笔者以为这些场景在城南草堂的鼎盛期都能感受到。第二段是全曲的高潮,表现离别的感慨,"天之涯,地之角,知交半零落"。人生不过数十年,知交能有几人? 好不容易的几个知交还散别大半。除辞世最早的蔡小香,其余四人最终都皈依了佛教,李叔同成了弘一法师,张小楼、袁希濂、许幻园均做了居士。他们和城南草堂一样最后都先后皈依净业了……此时一别,何时再见?

关于这首歌的填词确切时间,众口纷纭。据说是李叔同1914年在上海期间,许幻园赴京前上门向他告别;离别时,李叔同在百感交集中写此歌送别许幻园。古代送别诗,一般都是为送别某一个朋友而写的,是确有其人。但耐人寻味的是,根据目前已有的资料,还看不出李叔同的《送别》是写给哪一位朋友。《送别》并不是为哪个友人而写,而是一首无所明指的象征送别诗。

[1] 丰陈宝、丰一吟、丰元草编:《丰子恺文集》第5卷,浙江文艺出版社、浙江教育出版社1992年版,第399、401页。
[2] 了缘:《弘一大师出家的研究》,见《弘一大师永怀录》(重排本),上海佛学书局2005年版,第254页。

《送别》实际上是李叔同以送别朋友为缘由，用无所明指的象征，传达出感悟人生、看破红尘的觉悟。

笔者倒愿意接受这种观点，《送别》不仅仅是朋友之间挥手相送的骊歌，而是李叔同即将告别人间、弃世出家的"前奏曲"。

三、结　语

丰子恺散文的小说化倾向，在中国现代著名作家叶圣陶的散文中也有体现。他 1927 年 10 月 8 日作的《两法师》一文作为散文收入《现代名家经典》，但在内容上也有小说化倾向。他用对比法描述外形、谈吐、举止，并毫不掩饰自己对于这两位法师的感念。

"印光法师的皮肤呈褐色，肌理颇粗，一望即知是北方人；头顶几乎全秃，发着亮光；脑额很阔；浓眉底下一双眼睛这时虽不戴眼镜，却用戴了眼镜从眼镜上方射出眼光来的样子看人，嘴唇略微皱瘪，大概六十左右了。"而弘一法师是"清癯的脸，颔下有稀疏的长髯"。"带笑的容颜，细小的眼里眸子放出晶莹的光。""他的脚是赤了的，穿一双布缕缠成的行脚鞋。这是独特健康的象征啊。""弘一法师与印光法师并肩而坐，正是绝好的对比，一个是水样的秀美、飘逸，而一个是山样的浑朴、凝重。"印光法师"显然以传道者自任，故遇有机缘，不惮尽力宣传；宣传家必有所执持又有所排抵，他自也不免。弘一法师可不同，他似乎春原上一株小树，毫不愧怍地欣欣向荣，却没有凌驾旁的卉木而上之的气概。"①

林子青著《弘一大师新谱》的 1927 年谱文中引用叶圣陶写的一篇《两法师》描述弘一法师访印光法师的情况。叶圣陶在文中注明了"到新闸太平寺"去访的地点。

小说"虚构性"的本质，通常不能被纳入史料范围。丰子恺、叶圣陶两位大家的散文语言洁净，感情朴实，将自己的观察所得，真实地描述出来，冷静谦和，自然凝重，在平浅的文字下深藏着独具的睿智明见。他们的某些散文有趋小说倾向，但不刻意追求曲折情节，而致力于再现生活本身，提示出人物的内心世界。夹叙夹议，主谓分明，哪些是主要人物的叙说，哪些是作者自己的感受。

从《法味》的最后一段附记："文内关于弘一弘伞两法师的事实，凡为我所

---

① 叶圣陶：《两法师》，见《现代名家经典》第四辑，新世纪出版社 1998 年版，第 198、202 页。

传闻而未敢确定的,附有(?)记号;听了忘记的,以口代字。谨向读者声明,如有错误,并请两法师原鉴。"①可见作者对文中记述内容的严谨态度。所以无关文章的体裁归属,贵在内容,都可视为准确无误的史料。

【附图】

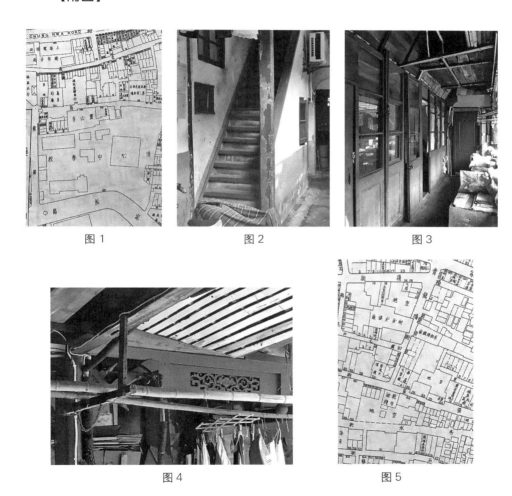

图1   图2   图3

图4   图5

作者:(上海)丰子恺研究会副会长

① 丰陈宝、丰一吟、丰元草编:《丰子恺文集》第5卷,浙江文艺出版社、浙江教育出版社1992年版,第34页。

寻找丰家婚礼上的嘉宾

马永飞

　　2018年,恰逢丰子恺先生诞生120周年,在丰子恺先生后人和社会各界人士的大力支持之下,先后在香港、杭州、北京、桐乡四地举办了五场不同主题的展览,反响热烈,盛况空前,受到社会各界的一致好评。2018年9月25日,首站《诗·韵——当丰子恺邂逅竹久梦二》在亚洲协会香港中心拉开了纪念丰子恺先生诞辰120周年的帷幕。第二站,9月29日—10月3日,香港会议展览中心嘉德学术观摩展《当时明月在——丰子恺文翰家珍》。第三站,10月10日—10月27日浙江美术馆《此境风月好——丰子恺诞辰120周年回顾展》。第四站,10月25日至11月3日中国美术馆《漫画人间——丰子恺的艺术世界》。第五站,11月9日—12月20日浙江桐乡市博物馆《我自爱桐乡——丰子恺艺术省亲展》在丰子恺先生诞辰日开幕。四地五大展览,又引发成功举办了浙江温州衍园美术馆的"春风到我庐"——纪念丰子恺诞辰120周年师友书画展和上海海派艺术馆"文心江南系列展之海上丰采——丰子恺艺术特展",再加上丰子恺纪念馆主办的有关纪念丰子恺先生诞辰120周年赴河南济源、重庆、江苏泰州等地举办的展览,共达12个之多,12展对应120周年,皆是一个"缘"字。

　　浙江温州衍园美术馆馆长沈国林先生是位超级"丰粉"！美术馆的"衍园"之名就是取自丰老《衍园课子图》,取其书斋庭院、桃李绵长之意为立馆所本。丰老展览期间沈国林先生多次和丰氏家族后人见面,表达了他想为丰老办第六个展览的美意。了解到丰子恺先生二女儿为丰林先,二女婿宋慕法就是温州平阳人,还有留下了一件非常珍贵的丰家二女儿的结婚证书和"敬请嘉宾签名"的册页。

早在 2017 年春节时,丰子恺纪念馆与丰子恺先生外孙宋雪君、杨子耘,外孙女杨朝婴就开始进行了筹备和策划丰子恺先生诞辰 120 周年的纪念展览,计划于 2018 年通过展出与丰先生有关的文献手稿,举办一个丰子恺先生文献展,并编辑出版一本丰子恺先生的小故事集,从中也体现出丰子恺先生的交友圈,于是在选题中就有了这一个有关丰家二女儿的结婚证书和"敬请嘉宾签名"的册页的小故事。其实这个丰家二女儿的结婚证书和"敬请嘉宾签名"的册页于 2007 年由丰子恺家属捐赠给桐乡市档案馆,于是我找到档案馆,要了电子稿,从 2017 年 5 月份就开始了对"敬请嘉宾签名"中的嘉宾进行了辨认和考证。此次"春风到我庐——纪念丰子恺诞辰 120 周年师友书画展"于 12 月 29 日在温州举办,展出的丰家二女儿的结婚证书和"敬请嘉宾签名"的册页真迹,是由丰子恺纪念馆向桐乡市档案馆借用后,丰子恺纪念馆作为承办单位,负责这两件珍贵文物的押送至温州展出。画展上展示的这两件实物资料——丰家二女儿的结婚证书和"敬请嘉宾签名"的册页——是一场婚礼的见证,也是一个历史的再现。

这场婚礼于 1941 年在遵义举行。丰一吟在《爸爸丰子恺》一书中称是"我家第一桩喜事":"……1941 年 9 月 7 日,先姐和慕法哥结婚了。这是我们逃难以来的一桩大喜事。"先姐名字叫丰林先,慕法哥就是宋慕法。

丰林先(1921—2007),为丰子恺先生二女儿,原名麟先,又名林仙、宛音。丰一吟曾撰文介绍,二姐丰宛音降生之时,正值爸爸在日本游学。祖母外婆都渴望生个男孩,虽很失望,但也毫无办法。外公便为二姐取名"麟先"。"麟之趾,振振公子",麟是男儿,"麟先"则是男孩的先行。丰林先语文成绩突出,执教于上海行知艺术师范学校,著有《父亲丰子恺轶事》。

宋慕法(1916—2008),浙江平阳人。1940 年毕业于浙江大学生物系,历任上海市虹口中学教导主任、上海市教育局中教处视导组长、上海教育学院外语教研室主任、《上海中小学英语教学》主编,退休前是上海教育学院外语系副教授。主要致力于英语语法学的研究,讲授英语语法、英语精读课程。翻译有《波的奇迹——电视》等作品。主编有上海市中学教师进修教材《英语》,编有《英语时态漫谈》。

宋慕法是温州人,在浙大读书时是丰子恺的学生,毕业就职后又被聘为丰家的家庭教师,常出入丰氏在贵州遵义罗庄和星汉楼的家。宋慕法有一位温州同乡陈志超常来访丰子恺。后来陈志超、郑梅英伉俪当了宋慕法和丰林先的媒人,成全了一桩美满婚姻。

婚礼在遵义的成都川菜馆举行。虽然当时新式文明结婚已很通行,但结婚登记的制度很不健全,而且又在抗战困难时期,根本买不到空白结婚证书。于是丰子恺先生在一张粉红色纸上设计手书了一份结婚证书。他用毛笔小楷端端正正写上文字,还替新人写了一张"敬请签名永志光宠"的嘉宾签到的册页。婚证书上写有介绍人、主婚人、证婚人,当然属新式婚姻,有趣的是,在写二位新人时,除名字,籍贯,年龄外,还特意写上出生年月日时,把二人的生辰八字都写上了,这也留下了中国传统婚俗的痕迹。

那时苏步青先生随浙大西迁也在遵义,早在 20 世纪 30 年代初,苏步青就从丰子恺的同窗、数学家陈建功那里听说了丰子恺的名字。他对丰子恺的为人很敬佩,对其漫画也十分喜爱,后来二人多有交往,关系一直很好。巧的是苏步青也是温州人,与宋慕法是同乡,这样由丰子恺邀请,苏步青自然非常乐意当了主婚人。

从证书上看到,当时因为介绍人陈志超、郑梅英伉俪正好已回温州老家,所以请了随丰子恺从家乡逃难出的私淑弟子周炳潮、倪兰英夫妻代表。那天遵义城里成都川菜馆热闹非常,在签到册页上留名的就有七十四位。这些嘉宾、来客大都是有来头的,苏步青大名鼎鼎,不用多介绍,我们来探寻一下其他诸位嘉宾:

赵迺康(1869—1942),名恺,字迺康,别号北生,晚号平叟,遵义人。前清举人,是一位学问深宏的遵义名儒,道德高尚的一代宗师,也是贵州遵义著名史学家、藏书家和书法家。堪称当地有名的乡贤耆宿。1941 年他参加婚礼时已是古稀长者。丰子恺曾与赵迺康、王焕镳等人结伴,到遵义新舟沙滩祭扫清代桐城派散文作家代表郑子尹、莫友芝以及曾出使国外的黎纯尊的墓。丰子恺归来作画多幅,并参与编写《子午山记游册》。

郦承铨(1904—1967),著名文史学者、诗人、书画大家。字衡叔、衡三、号愿堂、别署无愿居士。江苏南京人,书斋号写春。曾在暨南大学、厦门大学、金陵大学、浙江大学、台湾大学等校当教授。新中国成立后,任浙江省文物管理委员会副主任,一生从事古代文学艺术教学与研究工作,著有《说文解字叙讲疏》《郦承铨书画选集》等。

欧阳樛(1882—1972),字木初,别号墨颠,江西彭泽人。酷爱诗文书画。民国时期曾担任贵阳地方法院院长,抗战时期居遵义,任遵义地方法院院长,检察长。能词,善书画,擅篆隶书,间作人物。曾与肖之亮等创办萍卾书画社,有《欧阳墨颠步韵词》和《节李禹碑》书法存世。贵州省文史研究馆馆员。

舒鸿(1894—1964),签名字迹最大就是他,他的太太当主婚人,浙江慈溪人。他是中国第一批国际级裁判,早年留学美国,毕业于斯普林菲尔德学院体育系,获硕士学位。回国后,先后任之江大学、东南大学、持志大学及浙江大学等校教授。1952年起历任浙江师范学院体育专修科主任、浙江体育学院院长、浙江师范学院副院长,兼任浙江省体委副主任。舒鸿赴婚宴时还带上当时14岁儿子舒昌荣,是少年嘉宾!小小的签字,字迹清秀。

王焕镳(1900—1982),著名文史学家,字驾吾,号觉吾,江苏南通人。南京高等师范学堂毕业,曾任江苏省立国学图书馆保管、编辑两部主任,浙江大学图书馆馆长、杭州大学中文系主任,浙江省政协常委等职,并担任过浙江省文史研究馆馆长。著有《墨子集诂》《墨子校释》《先秦寓言研究》《万履安年谱》《万斯同年谱》等。

胡刚复(1892—1966),江苏省无锡县人,物理学家、教育家,中国近代物理学事业奠基人之一。1931年任中央研究院物理研究所专任研究员。1931年至1936年任交通大学教授。1936年至1949年任浙江大学教授、文理学院院长、理学院院长。1951年至1952年任天津大学教授。1952年至1960年任南开大学物理系教授。

束星北(1907—1983),江苏扬州市人。理论物理学家、教授。曾求学于杭州之江大学、济南齐鲁大学,1926年自费出国留学,先后在拜克大学、加州大学、柏林大学、爱丁堡大学、剑桥大学、麻省理工学院学习。1931年9月回国后,先后在南京中央军官学校、浙江大学、暨南大学、交通大学、山东大学任教。

陈建功(1893—1971),字业成,浙江绍兴人,数学家、数学教育家,中国函数论研究的开拓者之一。1929年在日本取得理学博士学位,这是在日本获此殊荣的第一个外国学者。1929年,陈建功回国,众多大学争相延聘。浙江大学邵裴之校长请到了这位雄才,并委以数学系主任之职。1931年在陈建功建议下校长请来了中国的第二位日本理学博士苏步青,接着又请苏步青担任数学系主任。从此两位教授密切合作二十多年,为国家培养了大批人才,形成国际上广为称道的"浙大学派"。

白正国(1916—2015),浙江平阳人。1940年毕业于浙江大学数学系。曾任浙江大学讲师、副教授。建国后历任浙江师范学院副教授，杭州大学副教授、教授、数学系主任，中国数学学会理事和浙江分会副理事长、理事长。专于微分几何。在射影微分几何、大范围微分几何黎曼几何等方面有所建树，是著名数学家苏步青培养出的"四大金刚"之一。

王国松（1903—1983），1925 年毕业于浙江公立工业专门学校（浙江大学前身）电机科并留校任助教，1930 年赴美国康奈尔大学公费留学，1931 年获电机工程硕士学位，1933 年获哲学博士学位。回国后历任浙江大学副教授、教授、电机系主任、工学院院长。1950 年至 1957 年任浙江大学副校长、代校长。

吴祖基，1915 出生，江苏南京市人，毕业于浙江大学数学系，郑州大学教授，中国现代数学家，是著名数学家苏步青培养出的"四大金刚"之一。抗日战争，著名数学家苏步青在夫子庙里办几何学讨论班，小小的条桌旁只坐着四个学生——张素诚、白正国、吴祖基及熊全治。这四个人后来都成为有名的数学家。

王琎（1888—1966），字季梁，浙江黄岩（今浙江省台州市黄岩区）人，出生于福建闽侯县。著名化学史家和分析化学家，是我国化学史研究和近代分析化学开拓者之一。留学美国柯兴学院、理海大学攻读化工，获化学工程学士学位。1915 年毕业回国，先后任湖南工业专门学校、国立南京高等师范学校、东南大学数理化学部教授、化学系主任、中央大学教授、理学院院长。20 年代末应蔡元培之邀，任中央研究院化学研究所所长。后再赴美留学，在美国明尼苏达大学研究院任访问研究员。1936 年获硕士学位，同年回国后任四川大学化学系教授。1937 年起任浙江大学化学系主任、师范学院院长、理学院代理院长等职。

嘉宾中还有值得一提的竺陈汲女士。竺陈汲是浙大竺可桢校长的第二任妻子。她生性贤惠，品貌端庄，签名时用的是竺陈汲，把丈夫的姓放在前面，表现了对丈夫的尊重，也体现了传统的妇道可风。竺校长前妻张侠魂去世后，多位亲友见他公务繁忙，子女年幼，都劝他早日续弦。其中物理学教授丁绪贤的太太陈淑想把她的堂妹陈汲介绍给竺校长。陈汲是北京女子师范大学毕业生，武汉大学文学院院长陈源的胞妹。陈汲的形象和气质，在新月派文人的笔下有记录，胡适对陈汲的印象深刻。1939 年竺可桢与陈汲在峨眉山金顶热烈相拥喜定终身，1940 年 3 月 15 日在重庆举行婚礼。此后陈汲辅佐竺可桢,关爱学生,抚育子女,直至走完生命的旅程。

缪钺(1904—1995),字彦威,江苏溧阳人,著名历史学家、文学家、教育家。抗战军兴,缪钺携家南下,经开封、武汉抵达重庆。时浙江大学内迁至广西宜山,缪钺于1938年应聘为浙大中文系副教授,两年后升任教授,后随浙大迁至贵州遵义。

张其昀(1900—1985),字晓峰,浙江宁波鄞县人,中国地理学家、历史学家。1923年张其昀毕业于南京高等师范学校,后在上海商务印书馆、"国立中央大学"地理系、"国立浙江大学"史地系等单位任职。1949年到台湾,曾任中国国民党中央委员会秘书长等职。

郭斌和(1900—1987),字洽周,江苏江阴人,语言文学家,代表作品有《柏拉图五大对话集》《英语常用短语词典》。1937年8月抗战爆发,任浙江大学教授。历任中文系系主任、外文系系主任、师范学院国文系系主任、文学院代理院长、训导长、代理校长等职。

胡楚渔,1917年生,上海崇明人。号思齐堂上人,齐白石高徒,白石老人赐名白庐,隐于乡间几十年,深居简出,淡泊名利,以书画为乐,所做花鸟功力弥漫,几可乱真,老人超然室外,布衣一生。

陈士怡,遗传学家,微生物学家,教育家。早期侧重于家蚕和果蝇的遗传研究,是酵母染色体外遗传研究的开拓者,在面包酵母呼吸缺陷突变型的研究上取得突破性成果,著有《酵母遗传学》。

黄翼,1924年毕业于北京清华学校,后赴美国在斯坦福大学、耶鲁大学专攻心理学,获哲学博士学位。在美国跟从耶鲁大学格塞尔(Arnald Gesell)研究儿童心理学,协助斯密斯学院格式塔派心理学家考夫卡(Kurt Koffka)进行心理实验工作。黄翼1930年回国任浙江大学心理学教授,讲授儿童、教育、实验和变态心理学。

诸葛麒(1901—1954?)初名梦麒,字振公,东阳附郭西门头人,地理气象学家。1919年考入南京高等师范学校,1920年1月19日被选为"南京高等师范学校地学研究会"总干事,为史地研究会第一、四届总干事,第六届副总干事,曾为史地研究会编辑、调查部副主任、出版部主任。学生时期多次在《史地学报》上发表论文。1936年竺可桢接任浙江大学校长,诸葛麒同随任校长秘书。1941年任训导委员会委员。曾任浙江大学中国文学系教授。1939年浙大西移遵义时,曾组建萍舸书画社。

曹萱龄，女，鄞县人。1940 年浙江大学物理系毕业后留校任教，历任浙江大学物理系副教授、教授、系副主任、主任，从事物理教学 40 余年。在 1940 年就与王淦昌合著《核力与重力的关系》。先后当选为浙江省物理学会第三届副理事长，浙江省第五届政协副主席，民盟浙江省委副主任委员。1983 年获"全国三八红旗手"称号，主编有《物理学》。

刘馥英，女，教授，浙江奉化人。1936 年毕业于浙江大学化工系，1939 年获德国明斯特大学化学博士学位，1940 年回国，曾任浙江大学副教授、交通大学教授，华东化工学院教授、能源化工系主任，上海石油学会第一、二届副理事长，民盟第五届中央委员。1980 年研究的"水蒸气脱附的分子筛脱蜡"工艺首获国家发明奖。撰有论文《桐油的聚合作用》《小型副产炼焦炉设计》等。

俞成孝生于 1916 年，浙江温州人。1938 年杭高毕业后考入全国知名的浙江大学化工系学习。于 2001 年 12 月 4 日病逝。

周淮水在 20 世纪 30 年代已来到杭州高级中学求学，后考入浙大，毕业后留任。周淮水曾为陈立教授的助教与陈立教授合著的心理学研究论文，发表在国外著名的心理学杂志上，引起了国际心理学界的重视。

汤翔，1940 年浙江大学任机械科讲师。

钮因美，1940 年浙江大学任机械科助教。

上面讲到的这些嘉宾大都与浙大有关系，都是当时的名流、学者、教授、科学家，后来他们都成为科技和文史研究等领域的大家。当时遵义成都饭店的一场婚礼几乎可以说是一次人才云集的群英会。丰家的这场婚礼，距今近八十年，抚今追昔，让人感怀万千。在日本帝国主义侵略战火弥漫中华半壁河山这样的特殊时期，同时发生浙大西迁和丰子恺的"艺术逃难"，一个是怀着"教育救国，科学兴邦"理想，坚持办学七年，谱写了一部伟大的"文军长征"史。一个是带着全家一边用笔控诉日军的暴行，一边过着颠沛流离的逃难的生活。教育我们要牢记历史，没有国，就没有家了。

这场婚礼不仅仅是丰家的一件大喜事，也是浙大西迁中的一段美事，更是一曲民族团结、凝聚人心、奋勇抗日的赞歌。

【附图】

图 1

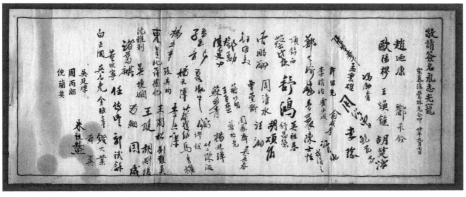

图 2

作者:桐乡市丰子恺纪念馆馆长、桐乡市丰子恺研究会秘书长

广洽法师与重建缘缘堂

李 力

记忆就像秋天的夜空,广袤而悠远,一些人和事,如这夜空中闪烁的星星。每当我想起重建缘缘堂的日子,那些人和事,总是难以忘怀。

1983年清明节,县委县政府同意在原址上按原貌重建丰子恺故居缘缘堂。拨专项资金四万三千元,供安排土地、拆迁、增筑和内部设施之用。并要求在1985年9月15日丰子恺逝世十周年之际完工,举行开幕仪式。大约半个月后,桐乡县文化局就下达了文件,成立了重建丰子恺故居筹备小组,特聘丰子恺堂侄女丰桂为顾问,小组其余三人为丰子恺外甥蒋正东、退休职工钱得志和我,并让我这担任筹备小组的负责人。经过半年时间努力,在当地政府部门和相关单位的支持下,完成了厂房拆迁和土地征用手续。1984年8月10日,县长方艾亲临现场、丰子恺先生的学生胡治均代表丰子恺家属参加了奠基仪式。

由于时间短,工程建设和文物征集工作同时进行,而且是要求在一年多时间里完成的政府重点项目,县财政批拨的四万余元专项资金,出现严重不足。我们把这一情况与丰子恺女儿丰一吟进行了沟通,她写信求助于新加坡佛教总会主席广洽法师。他得知这一消息后,慷慨助建。从遥远的新加坡寄来珍贵的丰子恺先生的遗物、书籍等,并助资三万元人民币,后增加开幕式费用一万元。真可谓是雪中送炭,让人感动。

广洽和尚,俗家姓黄,福建泉州南安县人,1900年(清光绪二十六年)生于南安县的罗东乡。二十二岁时,拜当时南普陀寺监院瑞等上人为师。在普照寺剃度,取法名照润,字广洽。广洽法师幼年失怙失恃,生活艰难,缺少学习的机会。但他没有放弃钻研学问的机会,同时他尊师爱才,极重情义。通过弘一法师介绍相识后,与丰子恺成为挚友。

而我有缘结识广洽法师,是在 1985 年 9 月 15 日纪念丰子恺逝世十周年暨缘缘堂的开馆仪式上,广洽法师专程从新加坡远道赶来参加开幕仪式。我们发函邀请了国内外一百多位文化界名人,以及热爱丰子恺文化和艺术作品的普通群众三千多人,也自发前来参加纪念活动。当时石门镇上可以说是万人空巷,热闹非凡。这也许是我冥冥中的因缘,开幕日十分荣幸担任讲解员,向广洽法师介绍缘缘堂的重建过程和陈列内容。参观结束后,广洽法师双手合十说:"感谢大家了,今天来去匆匆、过几年我想还会再来石门镇,走走看看丰子恺先生家乡的风土人情。"

1987 年 5 月下旬,我上班就接到了来自上海丰一吟老师的电话。说下周广洽法师将重访缘缘堂。让我打扫下石门的"暂止楼",供广洽法师和林子青居士下榻之用。我接到这个电话后,向当时的文化局长张菊炎、石门镇党委书记姚海波做了专题汇报。1987 年 5 月 29 日下午,广洽法师在丰一吟和林子青居士陪同下到达了缘缘堂。稍事休息后就在缘缘堂进行了参观。晚餐安排在缘缘堂的正厅。素宴由丰子恺的外甥蒋正东购买蔬菜,缘缘堂工作人员钱得志负责烧制。晚宴上陪同的有文化局长张菊炎、石门镇党委书记姚海波、丰子恺堂侄女丰桂、丰子恺幼女丰一吟、林子青居士和我。晚餐后入住"暂止楼"公租房。

5 月 30 日上午游览石门镇,从缘缘堂后河到西竺庵(丰子恺就读小学遗址)。因我小学也在此就读,所以比较熟悉,向广洽法师较为详细地介绍了遗址的情况。经马家桥到大运河畔,古吴越分界处石门湾,80 年代时期运河边上早市十分热闹,四周农民把新鲜蔬菜拿到集市上卖。在古运河转弯的地方,广洽法师驻足停留观看。他指着大运河转弯处说:这地方风水好,人杰地灵,所以滋养出大艺术家丰子恺先生。我随后在讲解过程中结合了 30 年代丰子恺在故乡石门创作漫画的场景,向广洽法师介绍江南水乡的小镇集市。

上午结束游览返回缘缘堂后,广洽法师提出要捐献珍贵文物。广洽法师捐赠了拎袋(此拎袋面料系当年弘一法师诵经念佛时候的坐垫),弘一法师圆寂后此物一直由广洽法师收藏。广洽法师为便于随身携带、陪伴左右,故而改制成拎袋。一直到 1987 年这次访问之际,捐献给了缘缘堂陈列收藏。说它是缘缘堂的镇馆之宝也不为过。

1990 年中秋节的前夕,丰一吟老师和丈夫崔锦均带着上海福慧基金会的同事来参观缘缘堂,并告知广洽法师近日将率团回大陆探视访问,期间还想再来访问缘缘堂。经过商量,我们安排在缘缘堂过中秋节。丰一吟老师与我说："广洽法师时年九十一岁了，也许这是他最后一次访问缘缘堂，他就想一个人静静地感受爸爸当初在缘缘堂这六年中和家人生活、写文章画漫画的心境和氛围。希望这次一天访问不要麻烦领导陪同和新闻采访，就让我和缘缘堂工作人员陪同讲解和交流座谈。"中秋节这天早晨，下着蒙蒙细雨。上午是十时左右，我和缘缘堂顾问丰桂、同事褚万根拿着雨伞站在大门前等候，广洽法师在丰一吟老师和林子青居士陪同下再次来到缘缘堂。大家一起进入缘缘堂接待室沏茶稍息后，我把缘缘堂对外开放五年来国内外参观者的情况做了汇报，广洽法师听后频频点头，表示满意。这时已经到吃午饭时间，据说出家人午时后不进食，叫人把事先准备好的素月饼、面条、水果摆上来，大家一起围坐作为午宴，饭后广洽法师打坐 15 分钟后，我陪着再一次参观缘缘堂陈列室中丰子恺书画和遗物。广洽法师走走、停停、看看、坐坐，十分细致，足足观赏了两个多小时。临别时，向丰子恺先生铜像上香拜祭，随后逐个给所有工作人员告别，并分发祈福吉祥的小红包，以此表示对我们工作的肯定和谢意，乘车返回上海。

1991 年，我从丰一吟老师寄来的新加坡《星洲晚报》上获悉，广洽法师因脑血管栓塞症住院，曾接受开刀手术治疗，唯后遗症久治不愈。时任中国佛教协会会长赵朴初听闻后，派出国内三位脑科专家到新加坡协助治疗，取得圆满效果。是年，国内各地发生严重水灾，亟待救援。在康复中的广洽法师，发动龙山寺信众及居士林的林友捐款救灾，罄其所有，首先捐出其钵资六万元以为倡导。这一次其募集得三十万元新币，折合人民币百余万元，汇往国内灾区。慈善之心，令人敬佩。1994 年农历正月后，我出差去上海丰一吟老师家里收集资料，惊悉广洽法师于 1994 年 2 月 24 日（甲戌年正月十五日）安详舍报。世寿九十五岁，治丧期间，新加坡总统王鼎昌伉俪、各部首长、国会议员亲临献花吊唁。3 月 2 日公祭来宾及四众弟子数千人。火化后留下彩色斑斓舍利百余颗，分别供养龙山寺、檐卜院和厦门普照寺。广洽法师一生事迹可谓是：鹭岛随弘师督养正院学律南山德风可垂范三界，星洲兴龙山创学弥陀扶贫济世培植桃李普四海。

1994 年底，我收到丰一吟来信，叫我为广洽法师圆寂一周年书画展创作作品。我回忆了自己三次接待广洽法师的情景，又参考了当年的照片。用白描人物画像的手法，创作了广洽法师在缘缘堂坐姿像寄往了新加坡，以作对他的纪念。

缘缘堂开放至今，已经过去三十五个年头了，其影响力已名扬海内外，一批批不同年龄、不同国籍的参观者涌入瞻仰学习,成为今日桐乡响亮的文化名片。当年为了重建缘缘堂而尽心尽力的广洽法师已经离我们西去,但是丰子恺的艺术却永存在人民心中!

【附图】

图 1　一九八五年九月十五日,广洽法师参观丰子恺故居,李力陪同讲解

图 2　一九八五年九月十五日,广洽法师参观丰子恺故居,李力陪同讲解

图3　一九八七年五月二十九日,广洽法师与丰桂、丰一吟、张菊炎、姚海波、李力在缘缘堂正厅共进晚餐。

作者：桐乡市文化和广电旅游体育局公务员

丰子恺文学研究

《护生画集》里护生诗之叙述策略

吴元嘉

一、前　言

　　《护生画集》乃弘一大师和弟子丰子恺为净化当时社会杀伐风气,传达仁爱思想而作。深体文艺效用的两人,熟谙《华严》所谓的"心如工画师,能出一切象";知心犹画,以般若智慧,假艺术之善巧作度众之方便,"凭兹慈力,消彼犷心",醒觉读者戒杀、护生意识。弘一大师甚至亲书"我依画意,为白话诗。意在导俗,不尚文词。普愿众生,承斯功德;同发菩提,往生乐园"二偈而为回向。

　　全套六册《护生画集》采图、文对照面貌呈现,总共收录 450 篇作品;[①]以人道主义为宗趣,以图说法,希冀读是书、赏此图之读者能善护自心,弘扬仁爱护生的思想。其中,弘一大师亲自参与了第一册、第二册的编纂,剩下的四册则由弟子丰子恺在颠沛流离的烽火年代,信守对师长的承诺,历时 40 余年艰辛筹办完成。六册护生画集的选材,在比例上也略有出入。第一、二册的诗、文创作与书法,由弘一大师执笔;第三册大幅收录了诗歌作品;第四、五、六册,笔记体小说可谓画集选文之大宗。本文仅先就画册里的护生诗作为讨论范围。

　　关于诗,孔子说"诗可以兴、可以观、可以群、可以怨",又说"诗三百,一言以蔽之,曰:思无邪",《礼记·经解》则认为诗教是"温柔敦厚"。盖诗之吟咏,

---

① 夏丏尊《护生画集》序:"和尚近与子恺约,护生画当续绘。七十岁绘七十幅,刊第三集。八十岁绘八十幅,刊第四集。乃至百岁绘百幅,刊第六集。"上海译文出版社 2012 年版,第Ⅷ页。

情切而感深,加以富于节奏韵律,讽诵有声,反复玩味,所以容易为人受行,变化情性,其教化人心之功效特殊。本文即拟聚焦于画集中传递仁爱、护生思想的护生诗作为研究对象,探究其叙述策略。

二、文艺与修心

弘一大师与丰子恺师徒二人欲以文艺净化杀伐的社会风气,传达仁爱思想,依据的正是《华严经》所谓"心如工画师,能画诸世间。五蕴悉从生,无法而不造"的观点。《护生画集》首册马一浮序言中,针对文艺活动与人心变化可见详述阐述:

> 华严家言心如工画师,能出一切象。此谓心犹画也。古佛偈云:"身从无相中受生,犹如幻出诸形相。此谓生亦画也。是故心生法生,文采彰矣。各正性命,变化见矣。智者观世间,如观画然。心有通蔽,画有胜劣,忧喜仁暴,惟其所取。今天下交言艺术思进乎美善,而杀机方炽,人怀怨言,何其与美善远也。①

《华严经》将人的心以能彩画世间的大画师为喻;心为主宰,诸相乃缘心幻出,同时也随每颗心之通蔽不同,幻化现实诸相之胜劣、仁暴等种种差异。智者观察世间亦如观画,欲求变改现实诸相,圣者不会被纷纭的万象所迷惑,而能追溯根源,从各正性命着手。而这也是弘一大师发心绘制《护生画集》,以此作为度化有情众生的方便,是大师的菩提悲愿,故马氏序文接着又说:

> 月臂大师与丰君子恺、李君圆净并深解艺术,知画是心,固有《护生画集》之制。子恺制画,圆净撰集,而月臂为之书。三人者盖凤同誓愿,假善巧以寄其恻怛,将凭兹慈力,消彼犷心,可谓缘起无碍,以画说法者矣。②

---

① 《护生画集》马一浮序言,上海译文出版社 2012 年版,第 V 页。
② 《护生画集》马一浮序言,上海译文出版社 2012 年版,第 V 页。

弘一大师、丰子恺师徒二人，从各自相应的题诗、作画、书法等缘起，发大菩提饶益有情；借文艺平易可亲的面貌，唤醒人本具慈悲心怀，进行说法、劝善的心灵改造工程。

马一浮甚至将此仁心推而广之，以佛教思想里"依正不二"的概念进一步阐述道：

> 圣人无己，靡所不己。情与无情，犹共一体。况同类之生乎？夫依正果报，悉由心作，其犹埏埴为器，和采在人。故品物流形，莫非生也。爱恶相攻，莫非惑也。蠕动飞沉，莫非己也。山川草木，莫非身也。以言艺术之原，敦大于此？[①]

正指正报，是个人善恶业因所招感个人受用的别业。一个人只要通过个人德行的努力，能提升改善正报。依为依报，是众生共通的业因所招感自他共同受用的山河大地等器世间，此为共业所感，所以想要转变依报，需要的是整个群体人民的齐心努力才行。弘、丰所撰《护生画集》正是依循佛教"依正不二"的基本概念，为大众善巧提供修心的方便途径。山川草木、情与无情，实共此心所变现，而一切文艺活动亦奠基此心灵基础之上；明此理者，便可谓把握了艺术的本质。观察万象人生，实如画卷一样丰富多彩；见画之缤纷，知晓人心萌动之变化万端。而人人希冀身处大同理想境界，何劳远求，各护自心而已。故序文又载：

> 故知生则知画矣，知画则知心矣，知护心则知护生矣！吾愿读是画者善护其心。水草之念空，斯人羊之报泯，然后鹊巢可俯而窥，沤鸟可狎而至，兵无所容其刃，兕无所投其角，何复有递相吞啖之患乎！月臂书来，属缀一言，遂不辞葛藤而为之识。[②]

小至案头上的书画，大至世间万象，无非人一念心的如实呈现。那么"能

---

① 《护生画集》马一浮序言，上海译文出版社 2012 年版，第 V 页。
② 《护生画集》马一浮序言，上海译文出版社 2012 年版，第 V 页。

画诸世间"的这颗心,要将人生彩画成什么样貌呢? 是风和日丽、洋溢幸福的人间天堂,抑或损人以利己、残虐相杀的地狱画卷?

依据上文论述,整部《护生画集》展现的便是时空中,人与有情万物的互动观察,并从围绕着人心一念萌动之善或恶,开展出正(护生)、反(戒杀)两种叙述策略,而最终强调把握存在于变化中的微妙自然伦理秩序。夏丏尊第二册画集序言便云:

> 初集取境,多有令人触目惊心不忍卒睹者。续集则一扫凄惨罪过之场面。所表现者,皆万物自得之趣与彼我之感应同情。开卷诗趣盎然,几使阅者不信此乃劝善之书。盖初集多着眼于斥妄即戒杀,续集多着眼于显正即护生。戒杀与护生,乃一善行之两面。戒杀是方便,护生始为究竟也。[1]

下文便由二元对立的构章模式、对立与解构"冲突显示荒谬的反向叙述""互为缘起,歌颂'生'机的正向叙述",探论护生诗破邪、显正的叙述策略。

三、护生诗的二元结构模式

结构指作品内部的组织构造和总体安排,反映了作者观照世界的方式,以及如何明晰地建构所注意到的各种现象之间的不同联系。观察《护生画集》里收录的护生诗,呈现鲜明而大量的二元对立元素,如生与杀、旧与新、大与小、动与静、善与恶、人与禽兽、个体与群体、和谐与暴力、厚恩与寡情、痛苦与快乐等。如唐人白居易《慈乌夜啼》将人与禽鸟作对比,诗云:

> 慈乌失其母,哑哑吐哀音。昼夜不飞去,经年守故林。夜夜夜半啼,闻者为沾襟。声中如告诉,未尽反哺心。百鸟岂无母,尔独哀怨深。应是母慈重,使尔悲不任。昔有吴起者,母殁丧不临。嗟哉斯徒辈,其心不如禽。慈乌复慈乌,鸟中之曾参。[2]

---

① 《护生画集》夏丏尊序言,上海译文出版社 2012 年版,第 Ⅶ 页。
② 《护生画集》第 3 册,上海译文出版社 2012 年版,第 136 页。

慈乌失母,经年悲伤,徘徊旧林,不忍远去;一代名将吴起却为追求功名,轻易弃亲离家。这样的护生诗,白居易便是从人为万物之灵,但是反哺之心却远远不如禽鸟的对立冲突开始!

画集第五册,标题为"黄口无饱期"的白居易另一首《燕诗示刘叟》,则将双亲对子女无限慈爱与殷殷思念,对比为人子女者的轻弃高飞。透由双燕遭遇,讽劝不念父母恩的人,而欲得孝子围绕身旁,自己先当对父母尽孝开始。[1] 诗云:

> 梁上有双燕,翩翩雄与雌。衔泥两椽间,一巢生四儿。四儿日夜长,索食声孜孜。青虫不易捕,黄口无饱期。嘴爪虽欲弊,心力不知疲。须臾十来往,犹恐巢中饥。辛勤三十日,母瘦雏渐肥。喃喃教言语,一一刷毛衣。一旦羽翼成,引上庭树枝。举翅不回顾,随风四散飞。雌雄空中鸣,声尽呼不归。却入空巢里,啁啾终夜悲。燕燕尔勿悲,尔当返自思。思尔为雏日,高飞背母时。当时慈母念,今日尔应知。[2]

这首诗写双燕的筑巢、孵卵、哺雏、教飞等过程,既生动又简洁,笔端饱富感情。而儿女高飞背母,声尽却呼不归,关爱与漠视的鲜明对照,将矛盾情感交织推进。《唐宋诗醇》因此评此诗:

> 极寻常语,却有关风化,足以警世。老妪皆知,或谓此也。[3]

宋代欧阳修的《画眉》,在《护生画集》中,丰子恺题以"天地为室庐,园林是鸟笼",扼要道出画眉鸟之自由或禁脔,正与人心之偏正、眼界之广狭密切相关。诗曰:

> 百啭千声随意移,山花红紫自高低。始知锁向金笼听,不及园林自

---

① 题下注云:"叟有爱子,背叟逃去,叟甚悲念之。叟少年时,亦尝如是。故作《燕诗》以谕之矣。"
② 《护生画集》第5册,上海译文出版社2012年版,第290页。
③ 谢思炜选注:《白居易诗选》,中华书局2005年版,第14—15页。

在啼。①

诗篇前半幅写画眉鸟千啼百啭于山花烂漫、叶木葱茏之间，无限欣喜快慰，与后半两句虽然紫袍金带，却身陷囚笼，前后画风截然相异，凸显欲挣脱羁绊、向往自由的普遍心理。

宋代陆游《赠猫》诗：

> 裹盐迎得小狸奴，尽护山房万卷书。惭愧家贫资俸薄，寒无毡坐食无鱼。②

诗人生动地描绘了拿盐换来的小猫，从此家里主人宝贝的万卷书册便再没遭受鼠患损伤。然而对比小猫之于主人的"尽护"，清贫如洗的主人，天寒却没毛毯可供小猫取暖，连猫最喜欢吃的鱼也没钱买。家猫与主人相互对待之厚与薄，两相对照，发人深省。而主人对猫的感念之情，字里行间，溢于言表。

苏轼《戒杀》诗则从日常生活最基本的饮馔事，跳脱惯常思维，血淋淋剖析生与杀的矛盾。诗曰：

> 每馔必烹鲜，未见长肌肉，今朝血溅地，明日仍枵腹。彼命纵微贱，痛苦不能哭，杀我待如何，将人试比畜。③

全诗亦为人、畜对照的二元结构。两句一转，将冲突递增，最终引导读者思考"杀"之必要与合理性。首四句先从人的立场，说明人之所以选择杀害禽畜，无非为求饱腹，强壮体魄，然而没料到鲜血四溅、残忍杀戮后，人依然处于饥馁、瘦弱的状态，徒劳一场而已，微小的希愿也无从得偿！后四句转由牲畜立场描述，纵然禽畜性命微贱，遭受痛苦时也不能像人一般为自身争取权益，表达委屈。然而诗末"将人试比畜"一句，诗人有力地翻转了先前所有加诸于

---

① 《护生画集》第 3 册，上海译文出版社 2012 年版，第 159 页。
② 《护生画集》第 3 册，上海译文出版社 2012 年版，第 128 页。
③ 《护生画集》第 3 册，上海译文出版社 2012 年版，第 124 页。

牲畜看似正当的一切作为,轻巧地转换立场,反问若同样惨烈、暴力血腥的杀戮加诸于己身,将如之何?

其他如,唐代戎昱诗:

> 好去春风湖上亭,柳条藤蔓系离情。黄莺久住浑相识,欲别频啼四五声。①

将人轻言离别的淡漠与大自然中黄莺、柳条离情依依,深情与寡情对比。陈朝·沈炯《老马》诗:

> 昔日从戎阵,流汗几东西。一日驰千里,三丈拔深泥。渡水频伤骨,翻霜屡损蹄。勿言年齿暮,寻途尚不迷。②

从老马昨日之劳苦功高与主人今日之忘恩弃捐,多层次进行深刻对照比较。又古诗有:

> 篱角梅初发,一枝轻折来。可怜心未死,犹向胆瓶开。③

鲜明凸显人与花木、致死与求生的矛盾冲突。寒梅初放,欲开未开最是娇娆时。但也因这一分春色多么吸引人目光,贪执留住无限春色的人儿,生起想要占有带回的念头,轻易将原本该在自然里绽放的花木折下。离开了天地滋养,被断根插在瓶中的寒梅,犹倔强地吐露最后一丝生气。风雅人看似爱物、惜春的折花行为,至此两相对照,反而变得浅陋又俗气。

透由以上数首诗篇的分析,可知二元对立冲突的构章模式,其最鲜明的特征便是向读者展现了两种截然不同的视域。无论读者是否留意,抑或能否接纳,对立视域的存在,至低限度地突破了单一视角偏狭的缺陷,提醒了读者自己所知的有限,从而能呈现一个相对更为宽广的全知视野,使诗歌所欲呈现的画面成为一个内容交错、丰富含意的有机整体,吸引读者投入其间阅读

---

① 《护生画集》第5册,上海译文出版社2012年版,第273页。
② 《护生画集》第3册,上海译文出版社2012年版,第120页。
③ 《护生画集》第3册,上海译文出版社2012年版,第182页。

思考。

四、叙述策略(一)破邪:对立与解构

二元对立并置的构章方式,凸显了两种泾渭分明的视域空间,在不断来回碰撞、冲突否定的过程中,愈益凸显单一视角的局限性,及伴随此偏狭观点引发的种种障碍。"破邪"于是成为护生诗的一种叙述策略,以凸显二元对立的荒谬。清人赵翼所写《观喂鸡》便是一首讽刺意味浓厚的诗。表面看似施予厚恩的人却是暗藏杀机,而表面上受人恩惠,正欢畅饱餐的小鸡,在愈幸福的同时,实际是愈加快赴死!施与受、生与杀,对立并置;读者穿梭两者之间,反复地否定、消解,形成强烈冲突。诗云:

> 簸春余粒撒篱间,咿咿呼鸡恣饱餐。只道主人恩意厚,谁知要汝肉登盘。[1]

诗由前后两幅构章。前半正是一般农家常见的和平景象;主人唤来鸡群,竹篱间有刚刚施撒的美味口粮,但是诗的后半部语气一转,原来对鸡的无限呵护,竟是笑里藏刀,只为早日把鸡养肥,好成为桌上一道佳肴。表面看似无限慈悲的施恩行为里,却暗藏生杀凶险,个中深意,令人思索。

又如唐代陆龟蒙《雁诗》以第三人称,转换从大雁视角,写雁鸟南飞过冬,却成为捕鸟人沿路张网捕捉的最佳时机,引人深省。诗云:

> 南北路何长,中间万弋张。不知烟雾里,几只到衡阳。[2]

写雁群南飞过冬,但在这南北漫漫长路,不知隐藏多少凶险!"万弋张"三字将人险恶贪婪的心念,鲜活生动地形象化。紧接在后马上反诘"几只能到"?将雁群无妨于人,仅求避寒的小小心愿尚且不得实现,而人为满足私欲,杀心炽盛,其贪婪凶残与雁鸟的无辜弱小两相对照,更令人难堪!

---

[1]《护生画集》第 3 册,上海译文出版社 2012 年版,第 138 页。
[2]《护生画集》第 3 册,上海译文出版社 2012 年版,第 156 页。

再如清·彭际清《除夕有感》：

邻鸡夜夜竞先鸣，到此萧然度五更。血染千刀流不尽，佐他杯酒话春生。[1]

吉祥喜庆的除夕团圆夜，邻居家里夜夜竞鸣、精神抖擞的公鸡，今夜却反常地一点声响也没有，原来已遭逢厄难，被人血染千刀，成为年夜饭里的桌上佳肴。诗人毫不避讳地将冲突矛盾，呈现眼前，引导读者思索：当合家举杯，共话来年新希望时，可曾想过眼前欢乐背后，竟有无数家禽牲口生命陷落于万端恐怖中，而这一切只是为了满足口腹之欲与人类过节所需！

清代蓉湖愚者《代老牛乞命》诗之二：

耕烟犁雨几经年，颈破皮穿未敢眠。老命自知无足惜，前功还望主人怜。[2]

耕牛自年轻便风雨无阻，日日辛勤耕犁；如今岁数大了，颈破皮穿一身老病，没力气再为主人效劳奉献时，却不得安享晚年，等在眼前的只有残忍屠杀。如此下场，何其讽刺！

苏轼以下两首诗则从"蔬食亦能饱腹""饕餮无穷终成空"，启发读者思考。执持狭隘的观点行事，难免衍生荒谬结局，从而愿意松动先前偏执，开阔视域，解构对立冲突。诗云：

秋来霜露满东园，芦菔生儿芥有孙。我与何曾同一饱，不知何苦食鸡豚。——《撷菜》[3]

口腹贪饕岂有穷，咽喉一过总成空。何如惜福留余地，养得清虚乐在中。——《戒贪饕》[4]

① 《护生画集》第1册，上海译文出版社2012年版，第25页。
② 《护生画集》第3册，上海译文出版社2012年版，第118页。
③ 《护生画集》第3册，上海译文出版社2012年版，第178页。
④ 《护生画集》第3册，上海译文出版社2012年版，第178页。

人心贪饕永无穷尽,而美食带来的短暂愉悦感,只存在于舌上咀嚼的几分钟,当食物落入咽喉,纵使滋味无穷也转眼成空。而荤食求饱的愿望,蔬食亦能满足,人类又何苦非将短暂的口腹快乐,建立在为其他有情带来无穷的惊恐和万般痛苦中!以更开阔完整的全局观察,唤醒读者当此情境,转动贪执心念为对方设想,不再无限制扩张自身的欲望,就是多为他有情留出一条生路,清虚惜福,其中亦有无穷欢乐。

在《护生画集》收录的许多护生诗作中,便屡见提醒读者觉察、开阔视域,提供另一种更全面看待事件的观点。白居易讽谕劝化诗篇可见此鲜明特征,他的《庆生》诗云:

> 好生之德本乎天,物物贪生乐自全。我要长年千岁祝,不教物命一朝延。①

《戒杀诗》:

> 世间水陆与灵空,总属皇天怀抱中。试今设身游釜甑,方知弱骨受惊忡。②

认为飞禽走兽和人类的形性虽然殊异,然而畏死恋生,实无二致。居处于同一个空间底下,有一样生存的权利,人类实应推己及他,设身处地为其他生物着想。他又以无比怜惜的情感对比自己因喜爱鱼群,投食于湖,但是儿童蒙昧无知,一样爱鱼却是勾食垂钓的两种不同态度。《观游鱼》诗:

> 绕池闲步看鱼游,正值儿童弄钓舟。一种爱鱼心各异,我来施食尔垂钓。③

又其《鸟》诗:

---

① 《护生画集》第 3 册,上海译文出版社 2012 年版,第 185 页。
② 《护生画集》第 3 册,上海译文出版社 2012 年版,第 167 页。
③ 《护生画集》第 2 册,上海译文出版社 2012 年版,第 57 页。

谁道群生性命微，一般骨肉一般皮。劝君莫打枝头鸟，子在巢中望母归。①

从巢中雏鸟期盼母鸟回巢喂食的殷切情感，劝诫世人莫打枝头鸟，怜悯它们也和人一样需要照料和关爱。又如唐人杜甫《又观打鱼》诗：

干戈兵革斗未止，凤凰麒麟安在哉？吾徒胡为纵此乐，暴殄天物圣所哀。②

诗人从凤凰、麒麟等圣兽不会无端出现，而必定是在太平盛世现身，不纠结讨论眼前是非，一下子将视野拉高至永恒的天地间，以更为宽广的格局，劝诫世人停止干戈争斗，不要再残杀生灵。

宋代苏轼《篮中鱼蛤》，一样将目光拉长远，援引唐·卢怀慎、晋·王武子两位历史人物，从时间长河里，重新审视一般人习以为常的两种生活态度：饱食杀生或寡欲淡薄。诗云：

我哀篮中蛤，闭口护残汁。又哀网中鱼，开口吐微湿。刳肠彼交病，过分我何得。相逢未寒温，相劝此最急。不见卢怀慎，蒸壶似蒸鸭。坐客皆忍笑，髡然发其幂。不见王武子，每食刀几赤。琉璃载蒸豚，中有人乳白。卢公信寒陋，衰发得满帻。武子虽豪华，未死神已泣。先生万金璧，护此一蚁缺。一年如一梦，百岁真过客。君无废此篇，严诗编杜集。③

在这首诗中，苏轼先细致描写篮网中被捕获的蛤和鱼，劝人将心比心，体谅其苦痛而放生。后再以清俭的唐宰相卢怀慎与豪侈的武帝之婿王武子相比，说明最终还是好人有好报，恶人遭恶报。告诫大众，浮生若梦，多行善行方不枉此生。

从接受心理的角度来说，通过两个意象的并置对接，宽广的视域能有效

---

① 《护生画集》第 1 册，上海译文出版社 2012 年版，第 15 页。
② 《护生画集》第 1 册，上海译文出版社 2012 年版，第 11 页。
③ 《护生画集》第 5 册，上海译文出版社 2012 年版，第 289 页。

解除以管窥天的局限性,发现执取一端的荒谬。再从多个角度反复刺激接受者的视听感官,连续引发读者不随意注意,达成作者与读者的感情共鸣,进而转动内心,挖掘、思考隐藏其中为人忽略的部分,进而解构紧绷的对立状态,这便是护生诗"破邪"常用的叙述策略。

五、叙述策略(二)显正——互为缘起,歌颂"生"机

佛教思想里的缘起观,影响佛教徒对宇宙万有的认识;他们认为现象界里没有任何事物是永恒不灭,或者不需依赖其他条件孤立存在。事物的生起、存有,都是彼此关涉、对待而生。因是引生结果的直接、内在原因,缘则是间接辅助的外在条件。当因缘聚合而有,当因缘坏散则无。因缘变化,事物因之而有消长、生灭的过程。缘起观的世界清楚揭示了事物存在的相对性、相依性、条件性和过程性,万法无常无我,但同时又是互为存在和发展的条件。

《护生画集》里的许多护生诗,便是符顺佛教缘起说、依正不二的观念。其终极目标,无非引导读者觉察,生命存在与其所依存的环境是不可分割的有机整体。时时向内反观、端正当下萌生的这一念心,把握缘起世界"整体、动态、有机关联"的特质进行观照,破除对事物和自我的偏狭执着,歌颂"生"机。如唐代陆甫皇诗云:

> 万峰回绕一峰深,到此常修苦行心。自扫雪中归鹿迹,天明恐有猎人寻。[①]

远离尘俗的深山修行人,其专致诚意修改者,无非此一念心。然而此心隐微难见,何处可寻?面壁修行之余,修行的隐者在天尚未明时即已起身,在冰雪寒风中默默拿起扫帚,扫去夜里归鹿的足迹,以免天明后猎人寻踪迹而来。仁为五常之首,慈居万德之先;一点悲心,世界就大不同。而这首诗欲彰显、唤醒读者的,便是那颗守护动物的仁恕之心吧。

唐代吉师老《放猿》则提醒被放生的猿猴,林野遨游自适之际,别忘了体贴千里远游的孤舟旅人,克制自己远离潇湘水岸啼唱,因为你欢乐的高唱会

---

① 《护生画集》第 2 册,上海译文出版社 2012 年版,第 69 页。

引起游子无限思乡的悲伤！诗云：

> 放尔千山万里身，野泉晴树好为邻。啼时莫近潇湘岸，明月孤舟有旅人。①

宋代范成大《秋日田园杂兴》：

> 静看檐蛛结网低，无端妨碍小虫飞。蜻蜓倒挂蜂儿窘，催唤山童为解围。②

恻隐之心人皆有之，诗人看到小生物无端被蛛网困住，命在旦夕，想出手相救，无奈蛛网高悬，手长难及，只能疾呼山童取竿来解围。其实，这也只是生活中微不足道的小事，然而贤、愚、圣、凡的差别也就从这微不足道的日常小事、心头一念开端发展。《孟子·告子》不是说：

> 仁，人心也；义，人路也。舍其路而弗由，放其心而不知求，哀哉！人有鸡犬放，则知求之；有放心而不知求。学问之道无他，求其放心而已矣。③

教人凡事反求己心。良心的自觉是一切工夫的开端，必须在良心自觉这一基础上，一切修养工夫才用得上，才能表显其意义与价值。而良心的自觉又势必落实在生活大小事上展现，因此良心自觉的工夫于生活中是无所不在的。人若无视于眼前小生物的即将死亡，此一念之泯灭不觉，将来也可能对大灾难无动于衷。

清代王淑《采莲词》写姊妹游赏采莲的日常情境。行者眼中无时无刻不是修行好时机。这首诗提醒读者，欢乐采莲的当下，莫忘将心量扩大，关顾池塘里其他有情生物，遮住以自我为中心的种种自私作为。诗云：

---

① 《护生画集》第 3 册，上海译文出版社 2012 年版，第 132 页。
② 《护生画集》第 2 册，上海译文出版社 2012 年版，第 58 页。
③ 《十三经注疏·孟子》卷 11 下，艺文印书馆 1955 年版，第 202 页。

莲花莲叶满池塘，不但花香水亦香。姐妹折时休折尽，留花几朵护鸳鸯。①

留花几朵，既是向内约束自身，同时也维护了万有本来的秩序。《论语·颜渊》便云：

子曰："克己复礼为仁。一日克己复礼，天下归仁焉。为仁由己，而由人乎哉！"②

从自身一念萌动开始约束，而不是向外疾呼，要求对方合于规范，能这样与万有互动，天下自然归于仁厚，一片祥和。

看似对立的纷纭万物，实本同体，存在着相互依存也相互影响的关系。虞愚《雨后即事》充分描写了大自然这样生息与共的美好。诗云：

雨过花添色，风来竹作声。小窗无个事，一鹊噪新晴。③

全诗呈现动静协调的美感；恬静中藏着生气、灵动中又不失静谧的感受。新雨洒落，花色更显鲜明。雨过天晴的窗外，清风吹拂，传来沙沙的竹韵声。小窗前，没有闲杂人事打扰，倒是听见一只喜鹊正叽叽喳喳地鼓噪着，就要放晴啦！没有杂事挂心，身边的景物显得可亲可爱，悠闲地享受家屋窗外的小小自然界，从中得到感动和体悟，是最幸福快乐的，这才是美好的生活。鲜花与细雨、微风与竹韵、小窗区隔的屋内、屋外，在清幽寂静与盎然生机之间，既是独立存在，却又相互依存，作用于彼此，相得益彰。

清代熊澹仙《见蝶》则写大自然无声说法，感动有情众生的美好画面。诗云：

晓露零香粉，春风拂画衣。轻纨原在手，未忍扑双飞。④

---

① 《护生画集》第 3 册，上海译文出版社 2012 年版，第 163 页。
② 《十三经注疏·论语》卷 12，艺文印书馆 1955 年版，第 106 页。
③ 《护生画集》第 5 册，上海译文出版社 2012 年版，第 297 页。
④ 《护生画集》第 5 册，上海译文出版社 2012 年版，第 271 页。

拂晓时刻,蝴蝶花丛里翩翩飞舞。清新的早晨,天真烂漫的少女手持纨扇,来到红花绿野之间。春风轻柔地拂弄着这片美丽花园,和如画般的蝴蝶双翅;大地缤纷灿烂,草木欣欣向荣;徜徉其中,少女不知不觉也被这美景感动了,她轻轻放下了原本打算戏蝶的纨扇。她的心变得跟春风一样温柔,因为看似有趣的戏蝶,会惊吓到蝴蝶,也容易让蝴蝶受伤。将自身快乐建立在其他有情的痛苦上,于心何忍?诗歌称扬自然的美好,更赞许少女转向善良的柔软心。"轻纨原在手,未忍扑双飞",让读者心中也因此生起一种温柔和慈悲的情意。

如上所述,对立的事物,存在相互依附的关系上,外物与我原是一体不分的。但是当人类发现,自己所追求的幸福快乐,竟然是建立于血腥残杀对方的基础,带给彼方身心极大痛楚时,强烈的矛盾冲撞内心,迫使人们开始思考这种追求的合理性,进而重新定义幸福,及获得此幸福的正确途径。

《护生画集》里除了凸显对立冲突,积极"破邪",另一种叙述策略便是"显正"——歌颂二元融合的大同世界。以下举诗例以说明。苏轼《拾遗》描述的便是身处同一时空,人类缩小自我,一念同理、体贴对方的美好心念。诗云:

钩帘归乳燕,穴牖出痴蝇。爱鼠常留饭,怜蛾不点灯。①

黄昏卷起竹帘,早出觅食的乳燕翩翩归来。他们的窝巢就筑在窗檐前,每日的啁啾声,让主人家熟悉而感到亲切无比,那可是与人类最亲近的家燕。窗户夹缝的小洞中,经常会有虫蝇飞进飞出。但主人家似乎见怪不怪,它们也是生命一条,寄居此间,跟人一样汲汲营营于生活,相当忙碌,心中难免也感到十分怜悯,更不忍心伤害他们。夜里用完膳,厨房都收拾干净妥当了,主人知道夜深人静时,躲藏暗处的老鼠,会饿着肚子出来找东西吃,因此特意留些饭菜给它们享用。都是生命啊!要用慈悲心来对待!家人都回来,也睡下了,赶紧把灯给吹熄,免得那爱扑火的飞蛾,白白地来送死,叫人心中万分地不忍。这是一首满怀怜悯和爱的护生诗,读来如沐春风,让人心中法喜

① 《护生画集》第1册,上海译文出版社2012年版,第44页。

充满。①

明代叶唐夫《江村》：

> 家住夕阳江上村，一弯流水绕柴门。种来松树高于屋，借与春禽养子孙。②

家住在大自然的夕阳流水之间，连门前种植的挺拔松树都成为鸟儿安居的处所。人类与自然万物和谐共处的光景，真是温馨美丽。

同时，《护生画集》也收录了许多描写一念仁心泯灭之后，和谐遭受破坏的惊恐心理。宋代戴复古《江村晚眺》云：

> 江头落日照平沙，潮退渔舟搁岸斜。白鸟一双临水立，见人惊起入芦花。③

短短四句诗，前后呈现迥异画风，两相对照，更可见人不害物，物不惊扰之仁心的可贵。前半幅写夕阳笼罩的江边沙滩；潮水退去，渔船斜搁岸边。一对白色水鸟正亭亭玉立于水岸边，尊贵美丽的身躯迎着夕阳、迎着江风，多么和谐美好的画面啊！后两句写正当诗人想趋前探个仔细时，见人靠近，水鸟惊飞而起，一下子没入芦花丛中再不得见。

苏轼《鱼》：

> 湖上移鱼子，初生不畏人。自从识钩饵，欲见更无因。④

将鱼子放归池塘，初生的小鱼一点儿也不怕人，见到人影靠近便会群集过来觅食。直到一天同伴误食垂钓的鱼饵，上钩的刹那，嘴被划破刺穿。再咻地一声，鱼线被拉起，同伴从水塘中抛飞到半空，这个时候再怎么痛苦地死命挣扎，也无济于事；自从知道钩饵的厉害后，鱼见钩即逃，见人影靠近也畏

---

① 林少雯：《护生画集图文赏析》第 1 册，（台北）香海文化事业有限公司 2013 年版，第 190—191 页。
② 《护生画集》第 1 册，上海译文出版社 2012 年版，第 32 页。
③ 《护生画集》第 5 册，上海译文出版社 2012 年版，第 279 页。
④ 《护生画集》第 3 册，上海译文出版社 2012 年版，第 148 页。

惧地躲得远远的,人们想再看见簇簇鱼群张口求食,怕是难得再见了!

唐代王仁裕《放猿》:

放尔丁宁复故林,旧来行处好追寻。月明巫峡堪邻静,路隔巴山莫厌深。栖宿免劳青嶂梦,跻攀应惬白云心。三秋松子累累熟,任抱高枝采不禁。①

此诗在《护生画集》中,丰子恺题以"猿的归宁",就像送女儿回娘家一样的爱护心情,反复叮咛着猿猴,莫嫌此处山高水深。栖宿于此,夜晚好眠无忧虑,因为远近山峦都能屏障、护佑你。白日攀爬高岭,山顶上景致绝美,多么惬意舒畅。山上古松处处,你只需任意抱着长在树顶的松枝,到了秋天,树上的松果怎么也采不尽呢!表面看似歌颂重获自由的无尽欢欣,实际却隐隐暗示只有藏身深山林壑,方得全生!人间处处杀机,让你终日惶忧,实不可留。

因为视野被开拓,松解了原本倾向一边形成的矛盾冲突,以及加之于对方的压迫。愿意主动地调整视野,从对方的角度体贴同理对方;护生者护心也,当心念转动,形之在外的护生行为也变得可能。

六、结　语

护生诗二元对立并置的构章方式,泾渭分明地向读者展示了两种截然不同的视域空间。对立视域存在的意义,有效地提醒了读者单一视角的偏狭与所知局限,进而能呈现一个相对更为全面的视野。在对立的两个视角中不断来回碰撞,冲突否定的过程中,发现执取一端的荒谬,暴露隐藏其中为人忽略的部分,并在此过程中逐渐达成作者与读者的感情共鸣,进而转动内心,解构先前紧绷的对立状态,这是护生诗"破邪"常用的叙述策略。

佛教缘起观揭示了事物的生起、存有,都是彼此关涉、对待而生。"依正不二"的思想则进一步阐述了个体与其所依存的环境为不可分割的一个有机整体。在此认识下,护生诗"显正"的叙述策略,第一步便是先向内反观,警觉、端正临境当下萌生的这一念心开始;把握缘起世界"整体、动态、有机关

---

① 《护生画集》第2册,上海译文出版社2012年版,第89页。

联"的特质进行观照，破除自我偏执，歌颂心念朝向长养忠厚之情、驱遣残忍之性。由于视野被开阔，平衡了原本倾斜于一边的矛盾冲突，松动原先可能加诸于对方的压迫，进而调整视野，主动从对方的角度体贴、同理对方。护生者护心也，当心念转动，以见导行，落实于现实生活的种种护生行为变得可能。鹊巢可俯而窥、鸥鸟可狎而至的大同世界又何远哉。

作者：吴凤科技大学通识教育中心助理教授

只恐繁华随逝水，拟将彩笔驻秾春：
丰子恺《红楼杂咏》试论

陈炜舜

一、引　言

　　丰子恺（1898—1975），浙江石门人，文学家、美术家、翻译家与教育家，系将漫画概念引进中国之第一人。师从弘一法师李叔同及夏丏尊，以漫画及散文而驰名于世。1918 年，首度发表诗词。次年自浙江第一师范毕业，前往东京短期留学。1925 年起，郑振铎主编之《文学周报》开始连续刊载丰氏的画作。1932 年，于家乡石门建造缘缘堂，不时往返于石门和杭州之间。抗战爆发，追随浙江大学辗转西迁，先后执教于广西宜山、贵州遵义，负责艺术教育、艺术欣赏等课程。胜利后回杭州定居。1948 年底，在厦门作《护生画集》。1954 年，中国日语学院于上海成立，担任院长。1960 年，上海市中国画院成立，担任首任院长。1961 年起，以五年时间翻译《源氏物语》。"文化大革命"爆发后，颇受冲击。1975 年于上海逝世，享年七十八岁。著有《艺术概论》《音乐入门》《西洋名画巡礼》《缘缘堂随笔》《子恺漫画全集》等，译著有《初恋》《猎人笔记》《苦闷的象征》《源氏物语》等。据说丰氏翻译《源氏物语》的动机，是因为"发现这部著作很像中国的《红楼梦》，里面不仅人物众多，而且故事情节也非常离奇，读起来令人爱不释手"。于是发奋学习日文，现实愿望。[①] 由此可见其对于《红楼梦》之喜爱。丰氏去世后，丰陈宝、丰一吟编成《丰子恺文集》七卷。至千禧年后，海豚出版社发心立志，邀请专家学者大规模整理、编

---

① 姚秦川：《丰子恺译书》，《人民政协报》2017 年 08 月 03 日。

纂丰氏作品，初步编成《缘缘堂书丛》，分两辑出版，共计十六册。《子恺诗词》（下称《诗词》）为其中一种，系目前最齐备之丰氏诗集。2020 年，丰氏之孙丰羽编辑出版《丰子恺家书》（下称《家书》），收录书信近二百件，其中致幼子新枚函数量上最多，每每论及诗歌创作，并关涉《红楼杂咏》的撰构过程，值得注意。

丰子恺因其父丰鐄长于诗文，自幼深受熏陶。年方弱冠便正式发表诗词，创作至晚年不辍。观丰氏于 1918 年发表在浙一师《校友会志》第 16 期上的八首诗词，格律工稳，风格典雅婉约，虽是初次啼声，不无"为赋新词"之意，却足见其功力。此后可见之诗作，已是 1931 年的《仿陶渊明〈责子〉诗》。这十余年间的诗作，目前虽未发现，但可以肯定的是，期间的学习及工作经历，令丰氏的诗词风格更为成熟，也奠定了自身的特色。笔者以为，丰氏诗词大抵可归纳为几点特色。第一为语言平易近人，如《仿陶渊明〈责子〉诗》中，小儿女的稚憨之态、为人父的爱怜之意，跃然纸上。第二为富于言外哲思，如《护生画集》中配图诸诗即是。第三点特色为多用古体，第四为多用宽韵。究此两点特色产生之原因，皆缘丰氏诗作每有叙事说理之旨，若采用古体、宽韵，可用之字数量自然倍增，弹性更大。就宽韵而言，尤其值得注意的是平水韵中前鼻音之真、文、元、侵与后鼻音之庚、青、蒸诸韵通押，所对应之上去声韵亦然。这种情况虽在唐宋时期已有发现，但就诗词而言，例证不多，未足为训。但近代之戏曲则渐渐采用，兼以吴语于此数韵不分前后鼻音，故丰氏诗词亦受影响尔。此外，由于 1949 年后政治风气的波及，丰氏的诗词内容也更为浅白。不过，由于自身之气质才性与文学造诣，其作品纵或牵涉政治内容，却不至于成为漫喊口号之"老干体"，实属难能可贵。值得注意的是，1970 年，丰氏尚处于十年浩劫阴影之下，却撰构了组诗《红楼杂咏》，共计诗作三十四首。其创作动机，或因排遣抑郁，或因观世有悟，却无疑反映出丰氏对《红楼梦》一书的理解。丰氏虽负盛名，这组现代之红楼题咏却至今不为人知。有见及此，本文乃以《红楼杂咏》为考察中心，望能于丰子恺研究与红学研究聊尽绵薄。

二、《红楼杂咏》的创作概况

《红楼梦》自面世后，便一直传抄不绝。五四以后，学者将新的研究方法应用于红学,令红学成为一门显学。毛泽东本人也十分爱读此书,1949 年后,经常鼓励高级干部和身边工作人员阅读。毛氏对于此书的评论很多,如曾在 1967 年时说:"《红楼梦》是认识封建社会的一面镜子。麻雀虽小,五脏俱全。"他甚至以辩证法来研究《红楼梦》,并将之用于阶级斗争。正因如此,《红楼梦》并未由于"四旧"的性质而遭禁。十年浩劫期间,丰子恺被加上莫须有罪名,身心备受摧残。1969 年秋,高龄七二的丰氏被下放到农村,参加劳动改造。不久因感染风寒,高烧不退,才被送回上海。面对无休止的欺辱,丰氏尝试以乐观洒脱的心态面对,视关"牛棚"如参禅,当被斗为演戏。1970 年,丰氏患重病,卧病半年。病愈后仍坚持作画,并从事翻译。丰氏之女丰一吟写道:"到一九七〇年二月初,丰子恺患了那场中毒性肺炎,继而又得了肺结核病,加上腿部疼痛,才算摆脱了'牛棚'生活,凭医生请假单长休在家。他怕失去了这好不容易才得来的机会,并不热心吃药以求病情好转,甚至故意暗中不吃,乐于向'新丰折臂翁'学习。① 本节分为两目,分别讨论《红楼杂咏》的创作背景,及丰氏对诗作文字的修改概况。

(一)《红楼杂咏》的创作背景

据近年整理出版之《丰子恺家书》记载,丰氏于 1970 年 7 至 9 日自上海致函幼子新枚所言:"作《〈红楼梦〉百咏》,有得消遣。"②可见这组诗歌乃是卧病之际或病愈工作之余消闲所作,原计划题为《〈红楼梦〉百咏》。又据《子恺诗词》,同样标示创作于 1970 年。同年 7 月 16 日,丰氏再次致函新枚,信中附有七绝组诗十二首,仍题为《〈红楼梦〉百咏》。各诗并未明确列出所咏人物,据笔者玩索内容及前后文,得悉其目如下:

表一

1	贾宝玉	5	焦大	9	袭人
2	林黛玉	6	王熙凤	10	贾元春
3	薛宝钗	7	妙玉	11	鸳鸯
4	贾母	8	刘姥姥	12	石狮③

① 丰一吟:《我的父亲丰子恺》,(香港)中和出版有限公司 2014 年版,第 378 页。
② 丰羽编:《丰子恺家书》,(香港)天地图书有限公司 2022 年版,第 101 页。
③ 丰羽编:《丰子恺家书》,(香港)天地图书有限公司 2022 年版,第 102—104 页。

其一咏宝玉云：

> 温柔乡里作神仙。唇上胭脂味最鲜。不与蕙儿同隐迹，坚贞还让柳
> 湘莲。①

认为宝玉后来另娶宝钗，视柳湘莲因尤三姐之死而断发出家，颇有愧恶。
但数日后，这种看法便大有改变。7 月 22 日致新枚函末附有一语："前咏宝玉
一首作废，今另改如别纸。彼时推重柳湘莲，今知其不可，柳实可诛。"②其看
法之改变，后文更详。至 7 月 27 日函，又云：

> 近看《水浒》（胡治均借给，他最近常来），《〈红楼梦〉百咏》停止了。
> 唯前日（笔者按：即 7 月 25 日）又写一首：
> 花阴石畔两相怜，亲上加亲宿世缘。
> 可叹尘寰生路绝，双棺同穴大团圆。
> 前寄诸首中，最后一首是指两只石狮子，太晦不好。删了（后改成：
> 朝朝相守对朱门，木石心肠也动情。谁道我辈干净体，近来也想配婚
> 姻。——也不好。）
> 来信中附诗："丈夫气魄"是指尤三姐，"性儿"是指尤二姐，"妍容"指
> 晴雯，第四首"繁华"看不出，"候门"应作侯门。③

这段文字提供了几点重要讯息：第一，由于丰氏近日开始阅读《水浒
传》，因此放缓了《〈红楼梦〉百咏》的写作速度，乃至最后决定将之停止。第
二，对于 7 月 16 日所寄十二首七绝的文字，丰氏颇有修订。不仅废弃了原
来的宝玉一首，也对石狮一首的文字改动不少。第三，在 16 日至 25 日的十
天之间，丰氏在十二首的基础上仍有续写，咏司棋的"花阴石畔两相怜"一绝
当是最后完成的一首。第四，新枚此际大概也随父创作咏红诗，故丰氏在信
中就其文字提出了意见。至同年 8 月 30 日函中，丰氏云："'红楼杂咏'颇有

---

① 丰羽编：《丰子恺家书》，（香港）天地图书有限公司 2022 年版，第 102 页。
② 丰羽编：《丰子恺家书》，（香港）天地图书有限公司 2022 年版，第 107 页。
③ 丰羽编：《丰子恺家书》，（香港）天地图书有限公司 2022 年版，第 108 页。

兴，不久汇集寄你。"①这是首次以《红楼杂咏》之题目取代《〈红楼梦〉百咏》，究其原因当是无法完成百首之数。再者，吾人可知在 16 日至 25 日间，丰氏在原有十二首之外又增益了若干首，所增益的绝非咏司棋一首而已，否则不必打算再行汇集寄出。而《诗词》所录《红楼杂咏》当为汇集后之定稿，可分作两部分：第一部分为《调笑转踏》三首，第二部分为《七绝三十一首》。虽然体裁不同，方式却皆为吟咏人物。仅根据《诗词》和《家书》，难以确认这组包含三十四首作品的《红楼杂咏》究竟定稿于何时。但丰氏于 1970 年 8 月 30 日函中已声称要将之汇集，若推测定稿时间在该年年底以前，当最合宜。

所谓《调笑转踏》乃是一种曲词，由一首七言八句诗和一首《调笑令》组成。如北宋秦观和毛滂便分别以西厢故事为题材，创作了《调笑转踏》歌舞曲。由于这种曲词容量较小，秦观只写到张生、崔莺莺月下私期，毛滂则写道莺莺答书寄怀。内容上皆未超出元稹《莺莺传》。而《诗词》编者注云："以上三首《调笑转踏》在 1970 年 7 月 16 日致新枚信中为七绝。"②查此三首《调笑转踏》之内容，系依次吟咏宝玉、黛玉、宝钗三位主角，文字乃是由 7 月 16 日信件中所录最前三首七绝修订增益而来。盖丰氏起初创作时计划以七绝形式逐一吟咏红楼人物，稍后却因宝玉及钗黛三人之相关讨论较多，兼以对咏宝玉之七绝原作不满，遂将七绝黏合发展为《调笑转踏》，欲仿效秦观、毛滂的方式来吟咏红楼故事。不过，这三首《调笑转踏》乃是以人物而非情节内容为主题，而其他人物之吟咏又不足采用《调笑转踏》之篇幅，故仍以七言绝句方式撰写。唯因宝玉与钗黛为全书主角，故《调笑转踏》三首也未尝不具有提纲挈领的功能。

如此一来，7 月 16 日信件中之十二首七绝中，减去咏宝玉及钗黛的三首，计有九首。换言之，在此后十日内，丰氏又新作了七绝二十二首，最后一首即 25 日咏司棋者。这三十一首七绝每首分吟一位人物，据《诗词》版本，除了第三十一首七绝标有"石狮"字样外，③其余各首仍旧皆无标题，若非较熟悉《红楼》故事者，一时也未必容易依次猜出所咏何人。兹表列如下：

---

① 丰羽编：《丰子恺家书》，（香港）天地图书有限公司 2022 年版，第 110 页。
② 丰子恺：《子恺诗词》，海豚出版社 2014 年版，第 277 页。
③ 丰子恺：《子恺诗词》，海豚出版社 2014 年版，第 283 页。

表二

1	贾母	12	尤二姐	23	甄英莲
2	王熙凤	13	金钏	24	智能
3	秦可卿	14	藕官	25	柳湘莲
4	妙玉	15	赵姨娘	26	史湘云
5	袭人	16	贾政	27	贾惜春
6	贾元春	17	秦钟	28	邢岫烟
7	鸳鸯	18	贾瑞	29	薛蟠
8	尤三姐	19	刘姥姥	30	薛蝌
9	平儿	20	焦大	31	石狮
10	晴雯	21	司棋		
11	夏金桂	22	贾敬		

＊表一已出现之人物以斜体标示之。

　　表一中的九位人物，除了刘姥姥、焦大移后，以及石狮依旧居末之外，其余六位依然按照原有次序排列，且置于最前。唯新补之秦可卿因有关键作用，故插入王熙凤之后。三十位人物中，男性共八人，女性二十二人。观其排列次序，其一为贾母，自有从家族中最年长者开始之意；其三十一以石狮压轴，不无诙谐。原本之刘姥姥、焦大二诗移后，似有先内后外、先主后仆之意；但此后又有贾敬、湘云、惜春等人，可见其排列仍不易看出规律，殆多半依照创作先后次序而已。

　　整体而言，这些人物尚可分为几类，兹复列为表三如下：

表三

身份	人　　物	总计
长辈	贾母、贾敬、贾政、赵姨娘	4
公子	贾瑞、薛蟠、薛蝌、秦钟	4
少夫人	王熙凤、尤二姐、秦可卿、夏金桂、甄英莲	5
小姐	贾元春、贾惜春、史湘云、妙玉、尤三姐、邢岫烟	6
奴仆	焦大、袭人、晴雯、平儿、鸳鸯、司棋、金钏、藕官	8
其他	刘姥姥、柳湘莲、智能、石狮	4

由表三观之,丰氏于人物取舍之通盘原则仍难以知晓。如有贾敬、贾政而无贾赦,有赵姨娘而无王夫人、薛姨妈,有贾瑞而无贾琏、贾珍、贾蓉,有元春、惜春而无迎春、探春,有袭人、晴雯而无紫鹃,有藕官而无芳官、龄官,有秦钟、柳湘莲而无蒋玉菡、北静王等,不一而足。故笔者窃思,此为丰氏随兴写成,尚未进一步考虑取舍与排序问题,然对于个别人物之属意,仍可窥测其写作动机于一斑。无论如何,这三十位人物的故事,也覆盖了《红楼梦》的泰半情节内容。通盘考察诸诗,当可管窥丰氏之红学思想。

(二)《红楼杂咏》的文字修订

前目已言,丰氏对《红楼杂咏》的文字是颇有修订的。如原本咏宝玉七绝一首,将宝玉与柳湘莲相比较;旋即又认为柳湘莲"可诛",因而将宝玉此首作废。稍后,丰氏将宝玉一首增益成《调笑转踏》,并另作咏柳湘莲七绝一首。而原本咏黛玉七绝与相应之《调笑转踏》,在文字上也有调整之处。唯咏宝钗之作几乎没有变化。为便比照,兹将相关文字表列于下:

表四

题咏对象	原本七绝	《调笑转踏》前四句
贾宝玉	温柔乡里作神仙, 唇上胭脂味最鲜。 不与鲲儿同隐迹, 坚贞还让柳湘莲。	温柔乡里献殷勤, 唇上胭脂醉杀人。 怕见荼蘼花事了, 芳年十九谢红尘。
林黛玉	多愁多病更多心, 欲说还休欲语謇。 绝代佳人憎命薄, 千秋争说葬花人。	工愁善病一情痴, 欲说还休欲语迟。 绝代佳人怜命薄, 千秋争诵葬花诗。
薛宝钗	芬芳人似冷香丸, 举止端详气宇宽。 恩爱夫妻冬不到, 枉叫金玉配姻缘。	芬芳人似冷香丸, 举止端详气宇宽。 恩爱夫妻冬不到, 枉教金玉配姻缘。

由表四可知,咏宝玉的文字主要有两处改动:其一是不再将之与柳湘莲比较,而是改为强调宝玉在十九岁那年出家,乃是不忍目睹一众姊妹的风流云散。这是整体基调的改变。其二是将"作神仙"改为"献殷勤",强调宝玉在众芳群中并非坐享温柔,而是乐其所乐、忧其所忧,如是更能呈现宝玉性格之

纯洁,非"皮肤蠢滥"之物可比。咏黛玉七绝方面,"多愁多病更多心"一句就文字而言出现三个"多"字,清畅回旋,诵读时唇吻流便;"多愁多病"更是王实甫《西厢记》曲文,宝玉曾用以调侃黛玉。然而,丰氏诗中的"多心"一词毕竟略带贬义,且未能展现黛玉之"多心",乃是长时处于"风刀霜剑严相逼"的环境。一旦将"更多心"改为"一情痴",则黛玉多愁、多病乃至多心之缘故,就跃然纸上了。而前文之"多愁多病",则顺势改为"工愁善病"。至于后文改"欲语罃"为"欲语迟"、改"葬花人"为"葬花诗",当无甚深意,要因韵脚之故。而"憎命薄"盖出自杜甫《天末怀李白》之"文章憎命达",唯用于黛玉身上,"憎"字感觉过于强烈,改为"怜"字无疑更能切合黛玉娇柔无助之特质与处境。

再如其三十一咏石狮一首,虽看似富于幽默感的戏作,但丰氏却十分注重,甚至一再修改。如前文提及丰氏 1970 年 7 月 16 日、7 月 27 日二函,已有两种版本;至《诗词》所收,文字又有所不同。兹表列以比对之:

表五

7 月 16 日函	7 月 27 日函	《子恺诗词》
满园春色不关门, 木石心肠也动情。 谁道我辈干净物, 近来也想配婚姻。	朝朝相守对朱门, 木石心肠也动情。 谁道我辈干净体, 近来也想配婚姻。	双双对坐守园门, 木石心肠也动情。 谁道我辈清白甚, 近来也想配婚姻。

比对三个版本,第二、四句皆相同,而第一、三句有所修改,先谈第三句。此句于 7 月 16 日函之原本作"干净物":石狮本为死物,称之为"物"本无问题;但丰氏有意将石狮当成书中角色,并在诗中倩其口吻发表议论,若以"物"自居固不无自嘲之意。虽然"物"字可以指人,如浊物、厌物、尤物等,但毕竟以指物为多,故于行文上究有不协调处。7 月 27 日函改作"干净体",无疑更佳:万物皆有其体,如此一来就避免了活物死物的纠结。到《诗词》的定本又改为"清白甚",则将"体"字也一并弃去,文字更为活范。"干净"一词,出自柳湘莲之语:"你们东府里除了那两个石头狮子干净,只怕连猫儿狗儿都不干净。"①但"干净"一词除了指涉精神、操守外,也可直指物理上之清洁。七绝篇幅有限,沿用"干净"一词,也许会产生歧义。而"清白"一词的内涵更偏向于精神、操守之清洁,替换之后也并不影响读者理解。附带一提的是,此诗一、

---

① 〔清〕曹雪芹、高鹗著,冯其庸等校注:《红楼梦校注》,(台北)里仁书局 1984 年版,第 1040 页。

二、四句黏对皆称工稳，唯第三句"辈"字出律。若将"我辈"改为"吾侪""吾人"，也许更为妥贴。

首句于 7 月 16 日函之原本作"满园春色不关门"，出自南宋叶绍翁《游园不值》："春色满园关不住，一枝红杏出墙来。"而宋代话本《西山一窟鬼》"如捻青梅窥少俊，似骑红杏出墙头"之语，已用来比喻女子偷情而不守妇道。丰诗谓贾府（尤其是宁府）多有桃色丑闻，声扬于外，乃至冥顽之体的石狮也深受濡染而动情。如此造意固然慧巧，但次句"也动情"已点出个中端倪，因而首句似毋须更费唇舌，否则语气失之轻佻，且出现不必要的歆羡之感。再者，"不关门"一语自然是因韵脚而为，与"关不住"相比却略显滞拙。至 7 月 27 日函改作"朝朝相守对朱门"，不仅一洗轻佻歆羡之感，且信息更为丰富。首先，"相守"谓一对石狮不仅守护宁府，且有两两厮守之意。"朝朝"谓时间之延绵，暗示贾府风气逐渐影响石狮，以致石狮之间日久生情。而"朱门"固指巨室高门，但也容易令读者联想起杜甫《自京赴奉先县咏怀五百字》中的名句"朱门酒肉臭，路有冻死骨"。语典而兼具事典之用，隐隐指斥宁府的豪奢无度。如是一来，此句的深层涵义就更堪咀嚼了。至《诗词》的定本，改"朝朝"为"双双"，点出了石狮数目的事实；改"相守"为"对坐"，点出了石狮的姿态。但笔者仍以为不及"朝朝"与"相守"为妙：石狮配置必为雌雄一对，传统之造型设计一般都是一戏球、一携子，正乃雌雄相配之状。且后文"动情""配婚姻"等语，更于者有所提示。石狮形态为坐姿亦属常识，且坐为休息的姿势，配合上下文阅读，似乎削减了殷切期盼之情。再者，一旦将"朝朝""相守"改为"双双""对坐"，不仅费词，还抹去了时间之延绵感与一对石狮"相望不相亲"的情态，甚为可惜。纵然定本后文尚有"守园门"之语，但此一"守"字已难以展现原来的"相守"之意。笔者以为，若将此句调整为"朝朝相守对园门"，或许可以两全其美。

至于改"朱门"为"园门"，不仅适宜，更可谓神来之笔。在一般读者看来，所谓"园"自然是指大观园了。但柳湘莲口中的石狮原是宁府大门所见，丰氏此处却移置大观园门口，其意安在？笔者以为，咏石狮一首作为压轴之作，大抵也有总括前文之用。宁府虽然地位重要而具有"典范"作用，却并非书中的焦点。何况各处府邸、园林大门皆有石狮，可连类而及。而大观园乃是书中浓墨重彩描摹之处，因此濡染园内清洁氛围的园门石狮自然比宁府石狮更有代表性。但是，婚配本为正常举动，存此念头也非逾矩，既然迥异于偷情，怎可目为"不清白"？原因就在于宝黛乃至司棋等人追求自由恋爱，但在传统礼教之视角下，青年男女婚配必须奉行父母之命、媒妁之言，否则便与偷情无异。园门石狮濡染的既是宝黛之自由精神，也可视作宝黛之化身。石狮自称"不清白"，不仅是自嘲，似乎更隐然有控诉礼教误人之意。见缝插针地罗织罪名、加以构陷，甚至石狮对坐也难以幸免，令人啼笑皆非。如此一来，这首七绝作为《红楼杂咏》的压轴之作，兼有针对性与概括性，并具严肃性与幽默性，其意义不待多言。丰氏特别看重这首，除因归纳组诗的功能，大约还为了缓和悲剧气氛。悲欣交集，何如以不解解之？这也许正是丰氏在笑声背后想要传递给读者的讯息吧！

至于《诗词》中的其余各首，编者皆已将定本于原本一一比对，并指出其异文。兹亦表列于下：

表六

篇次	题咏人物	句次	《家书》原本	《诗词》定本
2	王熙凤	次句	笑里藏刀毒害人。	笑里藏刀爱里憎。
3	秦可卿	末句	——	应随警幻证无生。 编者注："应随警幻证无生，又作'烧残蜡炬见灰心'。"
4	妙玉	末句	悔不当年学智能。	悔不当初学智能。
6	贾元春	次句	暂释还家号"省亲"。	暂释还家号省亲。
7	鸳鸯	首句	三尺红绫一命休。	三尺红罗一命休。
7	鸳鸯	末句	空费人间一计谋。	空费人间设计谋。
21	司棋	次句	亲上加亲是宿缘。	亲上加亲宿世缘。
24	智能	三句	——	莫怪情郎轻薄甚， 编者注：原稿"情"字旁有"秦"字，发音近似，有双关意。

表六所显示者皆为细部修订。如其六咏元春之"省亲"二字原本加上引号，乃是对皇宫制度的不以为然。但读者从上下文中不难理解作者的态度，因此定本删去引号也无妨。其廿一咏司棋，次句改"是宿缘"为"宿世缘"，文义并无变化，唯使用"宿世缘"三字，节奏更为紧密。又如其四，妙玉入住大观园在时间上与秦钟、智能偷欢相去未几。原本使用"当年"一语可能令读者误

以为相隔已久，故改为"当初"，差可缓解此矛盾。其二咏王熙凤首句，"笑里藏刀"四字已经语意分明，"毒害人"可谓冗词。定本改"毒害人"为"爱里憎"，进一步诠释了何谓"笑里藏刀"，也在文字上造成了当句对，效果较好。其七咏鸳鸯，原本首句使用"红绫"，指的是上吊所用之物。查第一百一十回描写鸳鸯之死："急忙关上屋门，然后端了一个脚凳自己站上，把汗巾拴上扣儿套在咽喉，便把脚凳蹬开。"①可见鸳鸯所用乃是汗巾。丰诗所谓"红绫"，只是泛指而已。但"红绫"往往令读者联想起"红绫被"而产生不必要的歧义，因此定本改为"红罗"，语意更为清晰。同诗末句改"一计谋"为"设计谋"，盖因前文有"一命休"字样，前后两句第五字皆为"一"字，观感不佳。但丰氏如此修订却未必熨贴："设计""计谋"皆有谋划算计之意，置于一处亦难免冗赘。而其三咏秦可卿、廿四咏智能两首，并不见于《家书》，《诗词》编者却注出了异文，可见丰氏对于这些稍后写成的作品仍有修改，只是不复于《家书》齿及而已。其廿四原稿"情"字旁有"秦"字，具双关意，可见丰氏于"情""秦"二字有两可之意，最后选用"情"字固然更有概括性，但亦不忍就此舍去"秦"字尔。至若其三末句，《诗词》编者谓"又作'烧残蜡炬见灰心'"，情况大抵与其廿四相同，乃丰氏将异文标示于文稿之上，以示两可。但相比之下，"烧残蜡炬见灰心"仅谓可卿油尽灯枯，而"应随警幻证无生"则有更深一层涵义（下文另详），高下分明。

三、从《红楼杂咏》看丰子恺的红学思想

据民初出版之《红楼梦人物谱》统计，红楼全书共有七百二十一位人物。丰氏《红楼杂咏》仅咏及三十余人，虽在数量上只占极小部分，却也囊括了多数相对重要的人物。如篇幅较长的《调笑转踏》三首，分别吟咏宝玉、黛玉、宝钗，不仅突出三位主角的关键性，也由此透露了丰氏对《红楼梦》之主题及主线之认知。至于其余三十位人物，如贾母、王熙凤、史湘云、袭人等，固然耳熟能详，然如贾敬、薛蝌、邢岫烟等，一般读者则未必了解太多。《红楼杂咏》特地拈出这些冷门人物加以吟咏，由此可见丰氏之苦心。再者，曹雪芹原书也未必一一详细交待来龙去脉，而往往是在某些肯綮上方才着力描绘。因此，《红楼杂咏》的七绝部分，从叙述之内容来看，既有道及人物之整体命运者，也

---

① ［清］曹雪芹、高鹗著，冯其庸等校注：《红楼梦校注》，第 1674 页。

有以特写镜头来聚焦人物者。有见及此,下文拟从五方面对《红楼杂咏》加以探讨。

(一) 对宝黛主线之强调

一部小说中,情节与人物的关系极为密切,几乎不可分割,《红楼梦》也不例外。由于《红楼杂咏》诸诗以人物为主,因此必须透过丰子恺对人物的吟咏来了解他对红楼情节的洞见。《红楼梦》一书的情节脉络众多,但从宏观角度来看,无疑以宝黛爱情为主线。因此,《调笑转踏》三首虽然只是以吟咏宝玉、黛玉、宝钗三位人物为旨,却也由此透露了丰氏对《红楼梦》之主题及主线之认知。三首之中,又以其一吟咏宝玉者至为重要:

> 温柔乡里献殷勤,唇上胭脂醉杀人。怕见荼蘼花事了,芳年十九谢红尘。前尘影事知多少,应有深情忘不了。青春少妇守红房,怅望王孙怜芳草。芳草,王孙香。应有深情忘不了。怡红院里春光好,个个花容月貌。青峰埂下关山道,归去今趁早。(其一)①

如前节所论,丰氏原本题咏宝玉的只是一首七绝,诗中将他与柳湘莲相比较。但未几丰氏发现柳湘莲其人"可诛",遂废弃咏宝玉七绝,另外撰成《调笑转踏》。由此可知丰氏并非专精于红学,故其稍后发现红学界对于柳湘莲之负面评价,遂从善如流,并另撰一绝批评柳湘莲。不过,丰氏之学问与识见毕竟甚佳,即使以寻常读者的身份来阅读《红楼》,亦不乏慧眼独到之处。如这首题咏宝玉之《调笑转踏》中所谓"温柔乡里献殷勤",即宝玉在大观园中与一众姊妹共同生活之状。"唇上胭脂醉杀人",实是宝玉爱吃女人嘴上胭脂的毛病。然而,宝玉对于这些姊妹,大抵都是发自内心的爱惜与尊重,所谓"闺阁中本自历历有人"也。而大观园只是一座暂时坐落在人间的"太虚幻境",一如小红所言:"俗语说的好,'千里搭长棚,没有个不散的筵席',谁守谁一辈子呢? 不过三年五载,各人干各人的去了。那时谁还管谁呢?"②姊妹们的风流云散、大观园归于冷落寂寥是必然之事。宝玉十九岁时出家,固然是悟道

---

① [清]曹雪芹、高鹗著,冯其庸等校注:《红楼梦校注》,第 276 页。
② [清]曹雪芹、高鹗著,冯其庸等校注:《红楼梦校注》,第 406 页。

之举；而其悟道的契机，正是因为姐妹星散，尤其是对其一往情深之黛玉的殒逝。故此，即使家族安排他迎娶了宝钗，他也依然置之不理，一心出家。而篇末"青峰埂下关山道，归去来兮趁早"两句，正呼应着末回贾政之语："我心里便有些诧异，只道宝玉果真有造化，高僧仙道来护佑他的。岂知宝玉是下凡历劫的，竟哄了老太太十九年！"①宝玉毅然出家，不耽恋娇妻美妾，从人物摹画来说，益能证成冷子兴所断言"色鬼无疑"之谬。进一步说，这也点出了丰氏是如何认知《红楼梦》一书之主旨的：丰氏师从弘一法师，精熟佛法，故而对于这层"缘起性空"之理有深刻的领悟。尤其在 1949 年后，《红楼梦》一书被当成阶级斗争的教科书，学者们因应时代精神，把书中大肆渲染之"昌明隆盛之邦，诗礼簪缨之族，花柳繁华地，温柔富贵乡"的衰落倾颓视为不可逆转的历史发展趋势。加上后四十回早已迷失，学界纵对于宝玉的归宿各执一词，出家这个选项显然与时代精神未必相合。而丰氏却依然强调宝玉"历劫"之重要性，足见其不周容于时势的治学精神。

至于吟咏黛玉和宝钗的后两首《调笑转踏》，则可视为其一的延伸与补充，其诗云：

> 工愁善病一情痴，欲说还休欲语迟。绝代佳人怜命薄，千秋争诵葬花诗。花谢花飞春欲暮，燕燕莺莺留不住。潇湘馆外雨丝丝，不见绿窗谢鹦鹉。鹦鹉，向谁诉。燕燕莺莺留不住。如花美眷归黄土，似水流年空度。红楼梦断无寻处，长忆双眉频锁。（其二）
> 芬芳人似冷香丸，举止端详气宇宽。恩爱夫妻冬不到，枉教金玉配姻缘。空房独抱孤衾宿，且喜妾身有遗腹。怀胎十月弄璋时，只恐口中也衔玉。衔玉，因缘恶。空房独抱孤衾宿。红楼梦断应难续，泪与灯花同落。小园芳草经年绿，静锁一庭寂寞。（其三）②

无论是嗟叹黛玉之"如花美眷归黄土，似水流年空度"，还是感慨宝钗之"恩爱夫妻冬不到，枉教金玉配姻缘"，皆可蔽之以"燕燕莺莺留不住"一语，与其一之"荼蘼花事了"相呼应。且众生平等，黛玉、宝钗何尝不是暂寄凡尘历

① ［清］曹雪芹、高鹗著，冯其庸等校注：《红楼梦校注》，第 1789 页。
② 丰子恺：《子恺诗词》，第 276—277 页。

劫，最终归宿仍在太虚幻境？进而言之，自俞平伯首倡后，红学界向有"钗黛合一"之论。查脂砚斋于四十二回批语道："钗玉名虽两个，人却一身，此幻笔也。今书至三十八回时已过三分之一有余，故写是回使二人合而为一。请看黛玉逝后宝钗之文字便知余言不谬矣。"复观红楼梦判词，黛、钗判词乃是合写："可叹停机德，堪怜咏絮才。玉带林中挂，金簪雪里埋。"《十二曲》之《终身误》《枉凝眉》亦复如是，可见二人合一之说不无道理。尤其是《终身误》中"山中高士晶莹雪""世外仙姝寂寞林"两句，足见原作者对于宝钗乃是与黛玉等量齐观，并无贬责之意。参《调笑转踏》其三，谓宝钗"举止端详气宇宽"等语，终无恶词。盖丰氏亦受"钗黛合一论"之影响乎！

（二）对人物情节之新论

《调笑转踏》以外的七绝三十一首，对于人物情节的论述或采成说，或具新见。前者如其二咏王熙凤："揽权倚势爱黄金，笑里藏刀爱里憎。不信侯门深闺女，贪赃枉法杀良民。"[1]其廿三咏香菱："身世飘零逐柳花，狂夫轻薄不思家。学诗也有惊人句，咏絮才高自可夸。"[2]整体而言，多沿袭旧说。值得注意的是丰氏的新见。如其咏秦可卿：

> 阿翁荡产治丧殡，爱媳哀荣殊可惊。云雨巫山香梦断，应随警幻证无生。（其三）[3]

此诗首联谓秦可卿的丧礼由其家翁贾珍主持，极其奢华，就身份、规格而言，皆属不伦不类，由此暗示了贾珍的"扒灰"之举。尾联出句则谓可卿乃是警幻仙子之妹，贾宝玉在可卿的卧房午睡，梦入太虚幻境，警幻仙子将可卿许配于宝玉，意欲让他领略第一等美色后看破男女之情。值得注意的是，《诗词》编者于此诗下注云："应随警幻证无生，又作'烧残蜡炬见灰心'。"[4]换言之，丰氏于此句有所修改，最后以"应随警幻证无生"为准。两个版本透露了丰氏对秦可卿这个人物不同角度的认知。"烧残蜡炬见灰心"出自李商隐《无

---

① 丰子恺：《子恺诗词》，第 278 页。
② 丰子恺：《子恺诗词》，第 282 页。
③ 丰子恺：《子恺诗词》，第 278 页。
④ 丰子恺：《子恺诗词》，第 278 页。

题》"蜡炬成灰泪始干",自然是嗟叹可卿的美丽与早逝。丰氏对于可卿之肯定,大约一来由于她是贾珍荒淫的牺牲品,二来由于她直接或间接是宝玉的性启蒙者,三来由于她临终前对王熙凤有所忠告,又在鸳鸯死后加以接引。然而,在丰氏的时代,对秦可卿的评价却未必全属正面。如王昆仑所言:"在上帝伊甸园中教人吃智慧果子的,是蛇!"①自然是基于可卿与宝玉发生关系一节,对可卿的品格褒贬互见。相形之下,丰氏"云雨巫山香梦断"一句,显然更富于人性化。不仅如此,此诗末句定本为"应随警幻证无生",即认为可卿死后当回归至警幻身边,成为仙佛,不再堕入凡间。这当然与丰氏的佛教修养相应和,同时也反映出在政治运动相寻之际,诗人仍能不苟同于时见,敢于表达自身观念的勇气。

再如丰氏对藕官"假凤泣虚凰"的吟咏:

> 迷离扑朔不分明,情到深处假亦真。一陌纸钱和泪化,幽明不隔两痴人。(其十四)②

藕官是贾府买来的十二优伶之一,与菂官是同性恋人。菂官去世后,藕官异常伤心,有一年清明节在大观园烧纸祭奠被抓,幸得宝玉相救。对于藕官的恋情,在 20 世纪中叶是难以获得肯定的——纵然其"抗争精神"依然受到赞许。如沈旭元于 1983 年撰文道:"不论现实的或艺术的感召,都在促使女伶们对幸福与爱情的热烈追求。这就是藕官进行同性恋的根本原因所在。森严的封建等级制度、吃人的封建礼教,象魔棍一样,硬是把这些女孩子正当的性爱要求给扭曲成了畸形。"③然而《红楼》原书中,当宝玉得知实情,不禁感慨说:"天既生这样人,又何用我这须眉浊物玷辱世界。"④丰氏显然也并未将同性恋爱视为"畸形",所谓"情到深处假亦真""幽明不隔两痴人",足知在他看来,只要用情真挚,是否异性都毫无关系。这在当时可谓超前之见。

其次,丰氏也有一些新见受到时贤之论的影响。如分论尤三姐和柳湘莲二首:

---

① 王昆仑:《红楼梦人物论》,(上海)上海书局 1945 年,第 45 页。
② 丰子恺:《子恺诗词》,第 80 页。
③ 沈旭元:《红牙檀板奏哀声:论〈红楼梦〉中的十二女伶》,载《红楼梦学刊》1983 年第 4 期,第 110 页。
④ 〔清〕曹雪芹、高鹗著,冯其庸等校注:《红楼梦校注》,第 912 页。

娇娘枉自夸英明,慧眼原来不识人。可恨狂童无信义,鸳鸯剑下走芳魂。(其八)

反复无常一小人,时人错认作豪英。双刀逼得红颜死,畏罪潜逃没处寻。(其廿五)①

心地善良、言行泼辣的尤三姐把居心不良的贾珍父子和贾琏耍弄于股掌,却钟情于柳湘莲。当贾琏问她是否对宝玉有意,她回答道:"我们有姊妹十个,也嫁你弟兄十个不成。难道除了你家,天下就没了好男子了不成!"②足见其对终身大事的自由意志。她钟情柳湘莲,正如尤二姐所说:"五年前我们老娘家里做生日,妈和我们到那里与老娘拜寿。他家请了一起串客,里头有个作小生的叫作柳湘莲,他看上了,如今要是他才嫁。"③除了相貌之外,当然也因为柳湘莲有行侠仗义的声名。然而,她对于柳湘莲的认知太过粗浅,是导致自己悲剧的主因之一。柳湘莲虽赠鸳鸯剑以为聘礼,但听闻三姐的背景后,随即怀疑其贞操而悔婚。故丰氏叹息三姐没有知人之明。不过,在青年男女无法自由交往的时代,三姐对异性的认知与见识,已高出其姊许多了。王昆仑论道:"她和他中间距离得太遥远了,两个人的心灵不能越过宁府那种浊水蒸腾起来的浓雾而沟通。柳湘莲只知道'东府里除了那两个石狮子干净罢了',却不够理解到美而洁的莲花偏是从污泥中挺拔出来的。"④而丰氏在幡然醒悟后,批评柳湘莲是反复无常的小人,不仅是因为他在婚事上的行径。一如王昆仑所说:"主义者常不免浅薄和冲动,柳湘莲并不真是'冷面冷心'的人。他只因为薛蟠调弄他,伤了他的自尊,便一怒而施以苦打。以后路遇薛蟠遭劫而施救。实际上薛蟠仍是薛蟠,他却又和他结为兄弟;这多么浅薄!一个女子出于贾琏之保荐,柳湘莲就可以匆匆置信而给了定礼;及到眼看可以直接见面了,他偏忽又想起贾府的淫风而怀疑,便不再加深考察而要退婚。这又多么冒失?多么反复?比起尤三姐之起初含垢忍辱,继以坚决抗拒,然后正面宣布宗旨,终于以身殉志那种风度,柳湘莲哪能匹配得上?等到眼见

① 丰子恺:《子恺诗词》,第 79、282 页。
② [清]曹雪芹、高鹗著,冯其庸等校注:《红楼梦校注》,第 29 页。
③ [清]曹雪芹、高鹗著,冯其庸等校注:《红楼梦校注》,第 1036 页。
④ 王昆仑:《红楼梦人物论》,第 101 页。

尤三姐拔剑自刎而死，才说'并不知是这等刚烈的人，真真可敬！'平时也被一般读者所重视的柳湘莲原来竟是这样一个大草包！作者于无可安排之下，只好使这一个本质上多情而勇敢的青年从此一切幻灭，走上出家之路，这也许是为了太不甘心于这一可敬可爱的少女之毫无代价而牺牲吧？"①所言极是。丰氏所咏的主旨，大抵皆从王昆仑之说而来。至若柳湘莲畏罪潜逃，本指打过薛蟠而逃遁，事在定亲之前。但丰氏于末句提起此事，无疑指出他导致三姐自刎才是最大的罪过，而削发出家只是回避责任罢了。如此评论，可谓巧妙而严厉。

再如对司棋的吟咏，也当受到王昆仑的影响：

> 花阴石畔两相怜，亲上加亲宿世缘。可叹尘寰生路绝，双棺同穴大团圆。（其廿一）②

司棋与当小厮的表弟潘又安恋爱，甚至在大观园的花丛中幽会偷情，这在贾府是不可容忍的。不仅抄检大观园之事由此而起，也直接导致了司棋与潘又安的殉情。司棋被逐回家后，潘又安上门提亲，被司棋之母亲拒于门外。司棋遭到母亲一顿谩骂，撞墙自尽。潘又安见状后，抬来两口棺材，收拾司棋遗体后便持刀抹颈而死。因此连凤姐都感叹道："哪有这样的傻丫头，偏偏的就碰见了这个傻小子。"③在红楼男性中，潘又安可谓唯一以死殉情者。王昆仑云："作者为司棋并没有费很多的笔墨，只以一段简短的故事提出了另一种为爱牺牲的形式，使读者感到突然的吃惊而悲叹。迎春小姐是那么懦弱，无能，她的丫鬟竟会和情人壮烈地双死！奴婢层的青年们没有丰富的礼教修养，也不会'妙词通戏语'那一类的'意淫'把戏；但他们也要求人欲的满足，便只好私赠低级象征的绣春囊。所可奇怪的是潘又安和司棋这两个无知的下人却都是恋爱至上主义者。作者告诉人说，恋爱本不限于才子佳人，也不是非纯粹的灵魂交往不算高尚；在奴婢群中照样存在着真挚贞固的情操。世间除了节烈牌坊所旌表的以外，还有许多可称道的事迹留在低层社会里。……在'刑不上大夫，礼不下庶人'的社会中，壮烈可惊的事偏发生在身居卑下头

---

① 王昆仑：《红楼梦人物论》，第 105—107 页。
② 丰子恺：《子恺诗词》，第 281 页。
③ ［清］曹雪芹、高鹗著，冯其庸等校注：《红楼梦校注》，第 1438 页。

脑简单的青年们的身上！我们的作者对于真实的爱情是一律平等加以尊重的。"①盖因如此,丰氏将司棋、潘又安二人的爱情称为"亲上加亲宿世缘",又将他们的殉情称为"大团圆"。由此可见,丰氏对于传统礼教桎梏的批判,以及对不分阶层之自由恋爱的歌颂。

(三) 对冷门人物之重视

《红楼梦》除了三位主角之外,还有众多的人物和情节脉络,如此无疑令全书之广度与深度大为增加。如袭人、晴雯、湘云、探春等主要二线人物,《红楼杂咏》之七绝部分自有着墨;且如某些比较冷门之人物,丰氏也颇为注意,难能可贵。如其咏贾敬曰:

> 不爱人间富贵全,炼丹服食慕神仙。误吞药石捐躯壳,升入玄穹第几天。(其廿二)②

贾敬其人为宁国公贾演之孙、代化次子。虽是进士,却一味好道,住在都外玄真观修炼,把官爵留给儿子贾珍,最后服食丹药而死。关于他的篇幅非常少,且多为侧写,只有五十三回宁国府祭宗祠活动中才正式出场,主持祭祖仪式。然而,这个看似可有可无的人物,却关系甚大。《十二曲·好事终》云:"箕裘颓堕皆从敬,家事消亡首罪宁。"③贾敬在平辈中最为聪慧,是唯一考中进士者,本是贾家的希望。可他纵然世袭宁国公,作为贾府的大家长,肩负着家族繁衍兴盛的重大责任,却为了自身的宗教取向而推卸重担,不把中兴家业的使命放在心上,将官爵留给纨绔子弟贾珍,这不仅是没有知子之明,更为贾府日后的衰亡埋下了祸根。因此,丰氏"升入玄穹第几天"一语,颇有反讽之意。

再如薛蝌④、邢岫烟,乃是一对璧人。薛蝌为薛蟠、宝钗之堂兄弟,因父亲去世、母亲染病,遂带着妹妹薛宝琴进京,投奔薛姨妈。薛蝌相貌端正,秉性忠厚,尽力协助薛姨妈料理各项事务。故此宝玉才会说:"谁知宝姐姐的亲哥

---

① 王昆仑:《红楼梦人物论》,第 79—80 页。
② 丰子恺:《子恺诗词》,第 281 页。
③ 〔清〕曹雪芹、高鹗著,冯其庸等校注:《红楼梦校注》,第 92 页。
④ 按:周汝昌以为薛蝌之蝌字为虬字之讹,其说当可从。

哥是那个样子,他这叔伯兄弟形容举止另是一样了,倒象是宝姐姐的同胞弟兄似的。"①而丰氏以七绝咏薛蝌曰:

> 阿嫂何须枉费心,小生决不效陈平。钟情自有邢家妹,不解人间别有春。(其三十)②

在九十至九十一回中,写到薛蟠被悍妻夏金桂逼得离家躲避,金桂与丫鬟宝蟾又百般勾引薛蝌,终被拒绝。故丰氏以薛蝌的口吻下笔,反用陈平盗嫂的典故,映衬薛蝌之品行端方。薛蝌与邢夫人侄女邢岫烟在四十九回方才出场,五十七回中,两人在贾母说媒之下订婚。该回且道:"蝌岫二人前次途中皆曾有一面之遇,大约二人心中也皆如意。"③故丰氏诗云"钟情自有邢家妹",不为无据。至于对岫烟的描写,《红楼杂咏》则主要着眼于其清寒:

> 母子相依物力穷,罗衫单薄怯西风。妾身未嫁衣先去,质入夫家典当中。(其廿八)④

岫烟是邢夫人兄长邢忠之女,因家道贫寒,于是上京投靠邢夫人,凤姐将她安排住在迎春的紫菱洲。岫烟知书达理,连凤姐都认为她温厚可疼,不像邢夫人及他的父母一样,因此"怜他家贫命苦,比别的姊妹多疼他些"。而薛姨妈也觉得岫烟端雅稳重,于是盘算撮合她和薛蝌。岫烟在迎春处,每月有二两银子生活费,邢夫人竟要分一两给她爹妈用,剩下的还要打点下人,乃至于初春之际,岫烟就不得不把冬天的棉衣拿出去当了。所幸此事被宝钗发现,大家才知道岫烟所受的委屈。⑤ 所谓"质入夫家典当中",不仅指岫烟典衣打点下人,也有感叹她初到贾府、仿佛为质之意,语气中不无怜惜。不过,正因其闲云野鹤的超然大度,令岫烟最终得到了一个好归宿。如此郎才女貌、两情相投的结合,在整部小说中是极为罕见的。《红楼杂咏》特意分咏这对夫

---

① [清]曹雪芹、高鹗著,冯其庸等校注:《红楼梦校注》,第746页。
② 丰子恺:《子恺诗词》,第283页。
③ [清]曹雪芹、高鹗著,冯其庸等校注:《红楼梦校注》,第894页。
④ 丰子恺:《子恺诗词》,第283页。
⑤ [清]曹雪芹、高鹗著,冯其庸等校注:《红楼梦校注》,第894页。

妻，盖亦有为这组诗歌增添一丝明亮色调之故也。

对于书中另一对恋人——秦钟与智能儿，丰氏也有作诗分咏。秦钟为秦邦业之子、秦可卿之弟，面貌秀美，与宝玉为同窗好友。智能儿是水月庵的小尼姑、净虚的徒弟，自幼在贾府走动，和宝玉、秦钟相熟。长大后渐知风情，与秦钟情投意合，两人曾数次幽会。秦钟回家后，智能儿从水月庵私逃到秦府找秦钟，被秦邦业发现，将她逐出。秦邦业痛打秦钟，急火攻心而死，秦钟不久也病故。《红楼杂咏》写智能儿云：

> 青灯黄卷度芳龄，手上糖多逗引人。莫怪情郎轻薄甚，春风一度了前因。（其廿四）

注云："原稿'情'字旁有'秦'字，发音近似，有双关意。"[1]十五回中，秦钟和宝玉争着要智能儿倒茶，智能儿抿嘴笑道："一碗茶也争，我难道手里有蜜！"[2]此即"手上糖多"之典所出。稍后，秦钟潜入馒头庵向智能儿求欢，智能儿说："你要怎么样，除非我出了这牢坑，离了这些人，才好呢。"秦钟回答道："这也容易，只是远水解不得近渴！"[3]由此可见，时值妙龄的智能儿对于自己出家身份是颇不甘心的，希望秦钟可以解救自己。而此时的秦钟却只是贪图一时之快，胡乱答允。然而，正是秦钟的轻诺，为智能儿日后到秦府寻人，乃至秦府最终家破人亡埋下了伏线。所谓"春风一度了前因"，乃是丰氏欲提醒读者，不要耽于那"得趣"之叙述，而要理解作者以此事为"风月宝鉴"又一例证的苦心。至于咏秦钟一首，仅言及秦钟与宝玉之关系，不及于智能儿，故此处不赘。

（四）对人物情态之特写

如前文所言，曹雪芹笔下的人物，既有详细交待始末者，也有偶然出场、片鳞只爪而令人印象深刻者。这固然有故事情节及艺术审美等方面的考虑。同样，《红楼杂咏》之绝句部分，在书写时也采用了这两种手法。那些戏份较多的人物，也可能只把握其一处或数处情态、事件加以特写，这些特写固有历

---

[1] 丰子恺：《子恺诗词》，第 282 页。
[2] ［清］曹雪芹、高鹗著，冯其庸等校注：《红楼梦校注》，第 229 页
[3] ［清］曹雪芹、高鹗著，冯其庸等校注：《红楼梦校注》，第 231 页。

来喜闻乐道者,也有丰氏特别注意者,由此反映出丰氏对于这些人物之形象与美感的认知。如其吟咏晴雯:

> 芙蓉仙子谪红尘,貌比嫦娥胜几分。抱病补裘情万丈,含嗔撕扇笑千金。(其十)[①]

晴雯"病补雀金裘""撕扇子作千金一笑"二事最为著名。前者不仅体现其心灵手巧,更可见其不惜病体而勇于任事的精神。后者既刻画了她天真率性的特征,也令人联想起妹喜好裂帛之声的典故,由此更指向晴雯作为一位绝代佳人的形象。丰氏罕见地将此二事以工整的对仗叙述之,出句言其用,对句言其体,一联可谓体用合一。与此相似,湘云醉眠芍药裀也是《红楼梦》中一个脍炙人口的场景。书中虽然一直将湘云塑造成心直口快、诗才横溢的形象,却很少对她的容貌作正面描写。正因如此,醉眠芍药裀的情态才更富于震撼之感,纵然出乎意料,却又理所当然。《红楼杂咏》题曰:

> 口没遮拦笑语和,入门高唤爱哥哥。醉眠石药花深处,花比红颜胜几多。(其廿六)[②]

论者指出,《红楼梦》作者取杨贵妃酒后醉态之形似,取寿阳公主在梅花树下醋睡花瓣飘身之美感,又吸收了唐寅《海棠美人图》诗画"褪尽东风满面妆,可怜蝶粉与蜂狂"的诗情画意,综合塑造了史湘云醉眠芍药裀的美丽形象。看到这段场景就会令人想起杨贵妃和寿阳公主的娇憨美态,也从而对史湘云的美产生无边的遐想。虽然书中并未直接描述史湘云的容貌,却用这种让人联想的手法做了最绝妙的描写。[③] 所言甚是在理。而丰氏诗云"花比红颜胜几多",正好作出了补充说明:因为湘云的个性"英雄阔大宽宏量,从未将儿女私情略萦心上;好一似,霁月光风耀玉堂",[④]故能不拘小节地醉眠芍

---

① 丰子恺:《子恺诗词》,第 279—280 页。
② 丰子恺:《子恺诗词》,第 282 页。
③ 之乎者也:《史湘云醉眠芍药裀的取材典故及寓意》,https://www.douban.com/group/topic/87130976/。
④ [清]曹雪芹、高鹗著,冯其庸等校注:《红楼梦校注》,第 91 页。

药。故湘云似花，不仅由于容色美好，更由于其个性浑然天成，一如花朵毫无雕饰那般。

再以秦钟为例。此人貌如妇人好女，与宝玉同窗，被疑有断袖之情。其后又与小尼姑智能儿暗通款曲，最后少年夭折。而《红楼杂咏》云：

> 倾盖遂成知己亲，只因笑貌似伊人。勾魂鬼卒匆匆到，泪眼相看诀别情。（其十七）

查第十六回写到秦钟弥留之际，宝玉前来探视。当时鬼差们正要把秦钟的魂魄勾走，却因宝玉运旺时盛，只得暂避须臾。而秦钟临死前对宝玉说："以前你我见识自为高过世人，我今日才知自误了。以后还该立志功名，以荣耀显达为是。"说毕便萧然长逝。[①] 秦钟和宝玉相得，正因为两人都自视甚高，恃才妄为。如今濒危，却对宝玉以经济仕途相劝。这也许显示了秦钟之根器到底不如宝玉，却也反映了时代叛逆者在走投无路之后，最终无奈地在心灵上回归建制的悲剧。如果说，与智能儿偷情的秦钟多少彰示着无赖子弟的浮浅恶习，那么与宝玉诀别的秦钟则折射出传统礼法无孔不入的境地。丰氏于此诗之中绝口不谈智能儿，却全篇强调秦钟与宝玉之相得，盖在其看来，二人的友谊不仅只限于可疑的断袖之癖，更有着精神追求相契合的层次也。故丰氏不避冗赘之嫌，咏毕智能儿后，又花篇幅另咏秦钟，其因殆此。

另一位丰氏慧眼独钟的是惜春。黛玉初到贾府时，惜春"身量未足，形容尚小"，因而在书中不太起眼。然而，惜春是贾敬幼女、贾珍胞妹，若论血统甚至比元春还高一等。她最后出家，固然因为加上天性孤冷，自幼多与尼姑过从；但另一方面，未尝不是继承了乃父好道的基因，且有鉴于乃兄之胡作非为。一般读者对惜春的印象是善画，丰氏正是以这一点入诗。但是丰氏显然看到，惜春虽位列十二钗，却能以抽离的方式来观照贾府的一切，因此她的画也别具意味：

> 纤纤玉手善丹青，敷粉调朱点染勤。只恐繁华随逝水，拟将彩笔驻

---

① ［清］曹雪芹、高鹗著，冯其庸等校注：《红楼梦校注》，第 248 页。

秾春。（其廿七）①

刘姥姥进大观园后，对于景致赞不绝口，希望有幅画带回去让乡邻观赏。于是贾母让惜春画一幅"大观园行乐图"："原说只画这园子的，昨儿老太太又说，单画了园子成个房样子了，叫连人都画上，就象'行乐'似的才好。我又不会这工细楼台，又不会画人物，又不好驳回，正为这个为难呢。"②进而言之，惜春的画具远不及宝钗的多样，颜料只有赭石、广花、藤黄、胭脂四样，画艺恐怕也不如宝钗，只是随兴消遣而已。但正如刘心武所论，贾母派惜春画大观园全景图，有她内心的一种需求：这位自称以重孙媳妇身份嫁进贾家，历经五十四年，深知整个家族实际上已经进入了黄昏期，但她仍执拗地要精细地享受眼下的每一时刻，要把"夕阳无限好"通过孙女儿惜春的画笔，永驻自己和家族心中。③ 然而在前八十回中，这幅画一直没有画成。先则是因为季节不对，后则是总有姊妹离开，不得不一遍遍重画。由此可见，直到贾府败落时，此画也未必能够完成。然而毋庸置疑，不断重画的举动，恰如藏地僧人之沙画艺术，精心构造，画毕却随即扫去，以示万法皆空。即使是亲身经历的繁华秾春，也只能留在记忆中，无法形诸惜春的笔墨。这对于有慧根的惜春而言，正是一种悟道的过程。可以说在《红楼杂咏》中，这是最具有概括力的一首，如此当也与丰氏的佛教因缘大有关系。

（五）对后四十回之重视

《红楼梦》一百二十回的版本，始于清代程伟元、高鹗所刊。至民国初年，胡适在《红楼梦考证》中断言前八十回为曹雪芹原著，后四十回则是高鹗"伪作"。此说后来得到其弟子俞平伯、周汝昌的继承，至今颇有影响力。另一方面，舒芜则认为后四十回与前八十回的伏笔明显矛盾或赘余处，乃是因为受到了曹雪芹残稿的限制和影响。无论后四十回是曹氏未定稿、高鹗补作还是无名氏所为，毕竟是众多续书中最好的，因此才能自清代中叶与前八十回一同流传至今。今人白先勇则认为："《红楼梦》后四十回，因为宝玉出家、黛玉

---

① 丰子恺：《子恺诗词》，第282页。
② ［清］曹雪芹、高鹗著，冯其庸等校注：《红楼梦校注》，第652页。
③ 刘心武：《惜春懒画大观图》，见所著《刘心武揭秘红楼梦》第3册，江苏人民出版社2011年版，第285页。

之死这两则关键章节写得辽阔苍茫，哀婉凄怆，双峰并起，把整本小说提高升华，感动了世世代代的读者。其实后四十回还有许多其他亮点，例如第八十七回'感秋声抚琴悲往事'，妙玉、宝玉听琴，第一百〇五回'锦衣军查抄宁国府'贾府抄家，第一百〇六回'贾太君祷天消祸患'，贾母祈天，第一百〇八回'死缠绵潇湘闻鬼哭'，宝玉泪洒潇湘馆——在在都是好文章。程伟元有幸，搜集到曹雪芹《红楼梦》后四十回遗稿，与高鹗共同修补，于乾隆五十六年（一七九一年）及乾隆五十七年（一七九二年）刻印了《红楼梦》一百二十回全本，中国最伟大的小说得以保存全貌，程伟元与高鹗对中国文学、中国文化，做出了莫大的贡献，功不可没。"①观乎《红楼杂咏》，对于后四十回的内容也经常涉及。仅就前文来看，如三首《调笑转踏》中谈到黛玉病故、宝玉出家、宝钗怀着身孕而独守空闺，以及七绝描写薛蟠受金桂勾引、潘又安殉情等，无不来自后四十回的内容。本节再举几例，以见丰氏对于续书不仅不排斥，更理所当然地将之与前四十回视为一体。如吟咏刘姥姥：

> 不宠无惊一老刘，何妨食量大如牛。朱门舞歇歌休后，娇小遗孤赖我收。（其十九）②

由于刘姥姥到贾府打秋风，得到凤姐善待，因此贾府败落后，当凤姐的独女巧姐被兄舅拐卖时，获得刘姥姥报恩解救。固然，巧姐的命运在前八十回已有暗示。如《十二曲·留余庆》云："劝人生，济困扶穷，休似那爱银钱忘骨肉的狠舅奸兄！正是乘除加减，上有苍穹。"而四十一回则写到，巧姐原来抱着一个大柚子玩，忽然看见刘姥姥的孙子板儿抱着一个佛手，就要那佛手。脂砚斋批语云："小儿常情，遂成千里伏线。"又云："柚子，即今香圆之属也，应与缘通；佛手者，正指迷津者也。以小儿之戏，暗透前后通部脉络。"虽然后四十回未将情节安排成巧姐下嫁板儿，但写她得到刘姥姥的佛心佛手的打救，则并无抵触。

再如四十六回中，贾母的大丫环鸳鸯被贾赦看中，想纳为二房，遭到鸳鸯的拼死抵抗。她在贾母面前哭诉道："就是老太太逼着我，我一刀抹死了，也

---

① 白先勇：《白先勇谈〈红楼梦〉后四十回，"理想国"幻灭升华出中国最伟大的小说》，https://kknews. cc/culture/4epvek3. html。
② 丰子恺：《子恺诗词》，第 281 页。

不能从命！若有造化，我死在老太太之先，若没造化，该讨吃的命，服侍老太太归了西，我也不跟着我老子娘哥哥去，我或是寻死，或是剪了头发当尼姑去！"①这无疑也预示了鸳鸯日后的命运。《红楼杂咏》则吟咏道：

　　三尺红罗一命休，贞魂还债可卿收。青鸾有意随王母，空费人间设计谋。（其七）②

此诗内容正是依据一一一回中贾母去世后鸳鸯殉死的情节："谁知此时鸳鸯哭了一场，想到'自己跟着老太太一辈子，身子也没有着落。如今大老爷虽不在家，大太太的这样行为我也瞧不上。老爷是不管事的人，以后便乱世为王起来了，我们这些人不是要叫他们掇弄了么。谁收在屋子里，谁配小子，我是受不得这样折磨的，倒不如死了干净。但是一时怎么样的个死法呢？'"正在此时，她看到秦可卿的幻影，于是鸳鸯解下汗巾，上吊而死，亡魂随可卿而去，掌管太虚幻境痴情司。③ 所谓"贞魂还债可卿收"，正指此事。

最值得注意的是《红楼杂咏》对于贾政的吟咏：

　　为官清正也抄家，教子严明未足夸。肠断荒江停泊处，潸潸别泪洒江花。（其十六）

此诗尾联所言，正是一百二十回的大结局。当时贾政扶送贾母的灵柩到金陵安葬，然后返回京城："一日，行到毗陵驿地方，那天乍寒，下雪，泊在一个清静去处。贾政打发众人上岸投帖，辞谢亲友，总说即刻开船不敢劳动。船上只留一个小厮伺候，自己在船中写家书，先要打发人起早到家。写到宝玉的事，便停笔。抬头忽见船头上微微雪影里面一个人，光着头，赤着脚，身上披着一领大红猩猩毡的斗篷，向贾政倒身下拜。贾政尚未认清，急忙出船，欲待扶住问他是谁。那人已拜了四拜，站起来打了个问讯。贾政才要还揖，迎面一看，不是别人，却是宝玉。贾政吃一大惊，忙问道：'可是宝玉么？'那人不言语，似喜似悲。贾政又问道：'你若是宝玉，如何这样打扮，跑到这里来？'宝

---

① ［清］曹雪芹、高鹗著，冯其庸等校注：《红楼梦校注》，第 713 页。
② 丰子恺：《子恺诗词》，第 279 页。
③ ［清］曹雪芹、高鹗著，冯其庸等校注：《红楼梦校注》，第 1674 页。

玉未及回言,只见船头上来了两人,一僧一道,夹住宝玉道:'俗缘已毕,还不快走?'说着,三个人飘然登岸而去。贾政不顾地滑,疾忙来赶,见那三人在前,那里赶得上?只听得他们三人口中不知那个作歌曰:'我所居兮,青埂之峰,我所游兮,鸿蒙太空。谁与我逝兮,吾谁与从?渺渺茫茫兮,归彼大荒。'贾政一面听着,一面赶去,转过一小坡倏然不见。贾政已赶得心虚气喘,惊疑不定……贾政还欲前走,只见白茫茫一片旷野,并无一人。"①白先勇将这段视为全书的"最高峰",并就而指出:"(《红楼梦》)那几个片断的描写是中国文学中的一座峨峨高峰。宝玉光头赤足,身披大红斗篷,在雪地里向父亲贾政辞别,合十四拜,然后随着一僧一道飘然而去,一声禅唱,归彼大荒,'落了片白茫茫大地真干净。'《红楼梦》这个画龙点睛式的结尾,其意境之高、其意象之美,是中国抒情文字的极致。"②

四、余 论

如前所言,《红楼杂咏》这组诗歌当是丰子恺1970年卧病之际或病愈工作之余所作。丰一吟写道:"幼子丰新枚爱好古诗词,又会陪父亲喝一点酒,对父亲的遭遇无比同情,所以丰子恺很喜欢他。"又云丰氏与新枚的来往书信中会作诗词嵌字游戏。③ 因此,丰氏在给新枚的信中会抄录《红楼杂咏》的初稿,不足为奇。不难想象,《红楼杂咏》乃丰氏饱经患难后的解忧之作。丰一吟又指出十年浩劫中,丰子恺遭到批斗的罪名,往往是根据其诗作断章取义而成,"如此这般,不胜枚举"。④ 而丰氏依然敢于创作《红楼杂咏》,盖其本无发表之念。前节诸目从"对宝黛主线之强调""对人物情节之新论""对冷门人物之重视""对人物情态之特写""对后四十回之重视"等方面论述了《红楼杂咏》的特色。笔者以为,除了纯粹学术评论外,丰氏也偶有寄意,以表达自身的情感。如咏贾母:

满眼儿孙奉太君,大观园里乐天伦。何当早赴西方去,家破人亡两

---

① [清]曹雪芹、高鹗著,冯其庸等校注:《红楼梦校注》,第1788页。
② 白先勇:《白先勇细说红楼梦》上册,广西师范大学出版社2017年版,第17页。
③ 丰一吟:《我的父亲丰子恺》,第373、377页。
④ 同前注,第364—366页。

不闻。（其一）①

此诗置于第一，当然是贾母被称为"老祖宗"、辈分最高之故。前八十回中，贾母给读者的形象就是养尊处优、不问俗务的老太太。但后四十回查抄贾府后，贾母却能"祷天消祸患"，取出体己钱分发给众人，足见其精明。实际上，贾母早年经历了贾府的荣景，其败落也早就预见了。丰氏看重后四十回，显然不可能不了解这一点。然而，此诗尾联却作假设之语，发出这样的感慨：如果不是长寿，就不会寿多则辱，目睹家破人亡的惨剧了。结合丰氏当时的经历，如斯感慨似乎有弦外之音。再如咏妙玉：

尘世何来槛外人，天生丽质在空门。早知纯洁终难保，悔不当初学智能。（其四）②

妙玉判词曰："欲洁何曾洁，云空未必空。可怜金玉质，终陷淖泥中。"③盖妙玉出家并非本愿，故其修行不力，也在意料之中。续书谓妙玉遭盗贼所劫，是否曹雪芹本意，至今尚有争论；但其不得修行以终，学界当无异议。有趣的是，此诗尾联中，丰氏又作假设之语，且此语更似晴雯临终所言："早知担个虚名，也就打个正经主意了。"④然而，妙玉即使学智能，也无法逃过礼法的制裁。与晴雯相比，她除了继续心不甘情不愿地修行，并无别途可走。参丰一吟所言，此诗似乎也有弦外之音："如果丰子恺不热爱新社会，他又何必在一九四九年四月上海解放前夕匆匆坐飞机从香港赶来呢？他又何必在年过半百之后重新学习俄文，为读者介绍苏联的文学艺术呢？……起初，丰子恺认真地对待批判，怕开群众大会。但后来，他横下了一条心，把批斗看做演戏。"⑤由此可见，如果仅从学术角度看丰氏如何评论妙玉的形象，是未必足够的。不过，尽管丰氏身处文革患难之中，却仍保持着幽默的心境。再如七绝最末一首咏石狮，颇有可圈可点之处，前文已论，兹不饶舌。

---

① 丰子恺：《子恺诗词》，第 278 页。
② 丰子恺：《子恺诗词》，第 278 页。
③ ［清］曹雪芹、高鹗著，冯其庸等校注：《红楼梦校注》，第 87 页。
④ ［清］曹雪芹、高鹗著，冯其庸等校注：《红楼梦校注》，第 1649 页。
⑤ 丰一吟：《我的父亲丰子恺》，第 367—368 页。

　　《红楼梦》第一回列举此书诸名，可见此书的多元解读传统，早在作者动笔之时便已逆料到了。尽管《红楼杂咏》成于 20 世纪 70 年代初，吸收时贤的研究成果的同时，却也仍旧体现出丰氏的个人思想。何莫邪指出，在丰氏看来，艺术和宗教是不可分的。因为两者都能使他以直接的方式与事物发生关系，而不是从利己主义来考虑它是否有用，或无休止地为此寻求科学的解释。通过艺术和文学，丰氏自由无碍地移情和同情世间万物，他觉得这正是佛教的真谛所在。① 丰氏师承弘一法师，长年浸淫于佛法，这在《红楼杂咏》不时有所呈现。如《调笑转踏》咏宝玉，即云"青峰埂下关山道，归去来兮趁早"；至七绝其十六咏贾政，又特意拈出宝玉出家。可见丰氏以为《红楼梦》一书的主脉络可用佛法思想来贯串，而遁入空门并非对现实的消极逃避，而是一种积极的对治方法。循此脉络，他仍将秦可卿视为正面人物，甚至相信她回到了警唤仙子身边"证无生"，却把柳湘莲的出家斥作"畏罪潜逃"，也就不难理解了。再者，他对于惜春作画之举非常重视，称许她"拟将彩笔驻秋春"。作大观园全景图，虽然是为了满足贾母的念想，却也是成住坏空的隐喻。如果说，丰氏对宝玉的吟咏是点出全书的情节脉络，对惜春的吟咏则透露了他对这部书核心思想的认知。而大观园成住坏空的轮回，又何尝不与丰氏自身生老病的轮回死相对应乎！

作者：香港中文大学中国语言及文学系副教授、博士生导师

---

① ［挪威］何莫邪：《丰子恺：一个有菩萨心肠的现实主义者》，张斌译，山东画报出版社 2005 年版，第 15 页。

"深入民间的艺术"

——从丰子恺笔下的"花纸儿"说起

黄江平

丰子恺是从江南繁华市镇走出来的艺术家。丰子恺的故乡石门镇,古称石门市,形成于春秋时期,距今已有两千五百多年历史。相传越国为抵抗吴国,在此垒石为门,故称"石门"。随着时间的推移,原先仅有军事功能的石门逐渐发展成为具有政治、经济、文化等多种功能的江南市镇。石门镇为嘉兴桐乡市下辖市镇,地处江南核心区域,为典型的蚕桑业市镇。这里交通便利,物产丰饶,民风淳朴,温良恭谨,尊师重教,生活安定。丰子恺曾自豪地说:"走了五省,经过大小百数十个码头,才知道我的故乡石门湾,真是一个好地方。"①除了环境优美、生活富足以外,石门镇还是一个民间艺术异常发达、民俗文化活动尤为丰富的地方。在这里,花灯制作、二胡弹唱、泥塑玩具、年画戏文,深入民间;在这里,新年迎会、清明踏青、中秋赏月、初冬浴日,四时递嬗。对此加以关注,将有助于进一步拓展丰子恺研究领域。

一、关于"花纸儿"

在丰子恺关于民间艺术的书写中,"花纸儿"是其重点关注的民间美术之一。"花纸儿"(亦称"花纸")是什么? 丰子恺在上世纪 30 年代所写的文章中,并没有给予解释,这是因为在当时的石门湾一带,"花纸儿"是家喻户晓的"年

---

① 丰子恺:《辞缘缘堂——避难五记之一》,见丰陈宝、丰一吟、丰元草编《丰子恺文集》第 6 卷,浙江文艺出版社、浙江教育出版社 1992 年版,第 119 页。

画"代名词或者"俗称"。而在 70 年代所写的《缘缘堂续笔》中，丰子恺在写到"花纸儿"时，便细心地给予了说明："我看见墙上贴着几张花纸，即新年里买来的年画。"①大年初一男女老幼，"熙熙攘攘，吃烧卖，上酒馆，买花纸（即年画），看戏法"②，等等。表明了随着时代的变迁，"花纸儿"一词已渐被遗忘，而"年画"一词已经成为全国城乡上至学界，下至黎民百姓的统一称呼。

（一）"花纸儿"辨析

众所周知，我国年画虽然历史悠久，但"年画"这一名称的使用历史却并不长，而被全国广泛使用，时间则更短。我国年画起源于具有驱鬼压邪作用的桃符，其前身是门神画。东汉人在大门上贴门神"神荼"和"郁垒"驱凶辟邪。唐代流行将战将秦叔宝、胡敬德形象绘于门上，民间传言二人画像能镇邪驱鬼，相习至今。宋代，随着雕版印刷术的兴起，年画得以快速发展，其功能也从镇宅消灾的心理逐渐演变为迎福纳祥的美好愿望，后来进一步丰富为祈求人寿年丰、招财进宝、吉祥如意的习俗。

但是宋代还没有"年画"一词。孟元老《东京梦华录》中称之为"纸画"或"纸画儿"。③此后对年画还有过多种称谓。"年画"之称，始于清道光年间的李光庭，他在《乡言解颐》中将门神、春联、扫舍、年画等列为"新年十事"，其中年画一事谓："扫舍之后，便贴年画，稚子之戏耳。然如《孝顺图》《庄稼忙》，令小儿看之，为之解说，未尝非养正之一端也"。④但"年画"一词在很长时间里未能被人们普遍接受，后来随着报纸上开始刊登年画作品和上海石印月份牌年画的出现，"年画"一词才被普遍使用。⑤但在全国许多地区，仍然在较长时间里沿袭着早已习惯的称呼。例如，北京叫"画片""卫画"，福建叫"神符"，四川叫"斗方"⑥等，在江浙沪一带则习惯地称作"花纸"或"花纸儿"。郑振铎在《中国古代木刻画史略》一书中曾引用过一则珍贵的史料，该史料描写苏州人

---

① 丰子恺：《癩六伯》，见丰陈宝、丰一吟、丰元草编《丰子恺文集》第 6 卷，浙江文艺出版社、浙江教育出版社 1992 年版，第 672 页。

② 丰子恺：《过年》，见丰陈宝、丰一吟、丰元草编《丰子恺文集》第 6 卷，浙江文艺出版社、浙江教育出版社 1992 年版，第 702 页。

③ ［宋］孟元老：《东京梦华录》卷之二"东角楼街巷"、卷之三"天晓诸人入市"。

④ ［清］李光庭：《乡言解颐》卷四《物部上》"新年十事"。

⑤ 王树村：《中国年画史》，北京工艺美术出版社 2002 年版，第 10 页。

⑥ 李淑锦：《年画——灿烂的中国文明》，载《美术大观》2009 年第 10 期。

到扬州贩卖年画的情形,非常生动有趣:"走往前边,只见一处之人,共来里一处,唔道做舍事务,原来苏州人,来里卖花纸。打开画箱,献过两张,水墨丹青老渔翁,老渔翁朵哈哈笑,赤脚蓬头戴笠帽,手里拿之大白条,麟眼勿动还为跳,笔法玲珑手段高,苏杭城里算头挑,扬州城里算好老。只卖八个钱,两张只卖十六钱。……"①很显然,其所说"花纸",即今之年画。不仅苏州人将年画称作"花纸",扬州人也将之称作"花纸"。

鲁迅非常重视中国民间文化,他在《我怎么做起小说来》一文中说:"中国旧戏上,没有背景,新年卖给孩子看的花纸上,只有主要的几个人(但现在的花纸却多有背景了),我深信对于我的目的,这方法是适宜的,所以我不去描写风月,对话也绝不说到一大篇。"②鲁迅是浙江绍兴人,说明旧时浙江民间普遍称年画为"花纸"。鲁迅在上海生活多年后仍称年画为花纸。他在《论"旧形式的采用"》一文中说:"古代的东西,因为无人保护,除小说的插画以外,我们几乎什么也看不见了。至于现在,却还有市上新年的花纸,和猛克先生所指出的连环图画。"③该文发表于 1934 年 5 月 4 日上海出版的《中华日报·动向》上。说明在 20 世纪 30 年代,江浙沪一带还是普遍地称年画为"花纸"或"花纸儿",而今天的年轻人也许已经不能确定鲁迅、丰子恺笔下的"花纸儿"为何物了。

(二)"花纸儿"种类

何谓"花纸儿"?亦即何谓年画?《辞海》"年画"条:"中国的一种绘画体裁,新年时张贴,故名。"有这种看法的人不少:"年画,顾名思义,就是过年时张贴的画。"④但年画泰斗王树村认为,年画艺术并不限于新年用品,新年时民间装饰于居室门、窗、墙壁等年画,包括门神、灶君、天地众神牌位及新年之际家庭必备的祈福货色等,只是年画的一部分;另外还有过去画店和作坊常年必备的喜画、福寿屏、祖师纸马、扇面画、西湖景及丈画、灯屏画、博戏玩具、岁时杂画等。他这样定义年画:"狭义上,专指新年时城乡民众张贴于居室内外

---

① 乾隆时期《仙庄会弹词》(抄本),转引自郑振铎《中国古代木刻画史略》,上海书店出版社 2011 年版,第 209 页。
② 鲁迅:《我怎么做起小说来》,见《鲁迅全集》第 4 卷,人民文学出版社 1982 年版,第 512 页。
③ 鲁迅:《论"旧形式的采用"》,见《鲁迅全集》第 6 卷,人民文学出版社 1982 年版,第 23 页。
④ 马芳、肖丽编著:《民间传统年画》,湖南美术出版社 2016 年版,第 4 页。

门、窗、墙、灶等处的,由各地作坊刻绘的绘画作品;广义上,凡民间艺人创作并经由作坊行业刻绘和经营的、以描写和反映民间世俗生活为特征的绘画作品,均可归为年画类。"①在题材内容上,王树村将年画归纳为九类:历史故事类、神话传说类、世俗生活类、风景名胜类、时事新闻类、讽喻劝诫类、仕女娃娃类、花鸟虫鱼类和吉祥喜庆类。分别如"精忠报国""白蛇传""渔家乐""金陵胜景""辛亥革命图""戒食鸦片""百子嬉春""花开四季""三阳开泰"等。另一位年画泰斗级专家薄松年根据自己多年来搜集的年画及其研究,将年画分为风俗年画、小说戏曲题材年画、美女娃娃年画、风景花卉装饰性年画、吉祥喜庆题材年画、幽默讽刺内容年画、门神和门画、神马等八类。② 前六种从题材内容上进行了分类,后两种从品种上进行了分类,大体囊括了从年画产生以来的年画种类。

（三）丰子恺笔下的"花纸儿"种类

丰子恺是非常关注民间的艺术家,在他的笔下总是流淌着对民间生活和民间艺术的深切情怀。他在《视觉的粮食》中说:"玩具,花纸,吹大糖担,新年里的龙灯,迎会,戏法,戏文,以及难得见到的花灯……曾经给我的视觉以何等的慰藉,给我的心情以何等热烈的兴奋!"③据初步统计,丰子恺至少在十二篇文章里写到了"花纸儿",其中一篇还以《花纸儿》为题。当然,由于这些文章多为随笔性质,并非学术论文或考证性文章,有些仅仅是提及或只言片语而已,比如他在《视觉的粮食》中重点描述了玩具和花灯,而对花纸、戏文等艺术和民俗事象仅仅是一笔带过,但我们还是能够从他的一些描写中,归纳出其所涉及到的一些年画类型。让我们来看看丰子恺笔下的"花纸儿":

> 所谓"花纸儿",原是一种复制的绘画,大小近乎半张报纸,用五彩印刷,鲜艳夺目。其内容,老式的有三百六十行,马浪荡,二十四孝,十希奇,以及各种戏文的某一幕的光景等。新出的有淞沪战争,新生活运动等。

---

① 王树村:《中国年画史》,北京工艺美术出版社 2002 年版,第 11—16 页。
② 薄松年:《中国年画艺术史》,湖南美术出版社 2008 年版,第 92—127 页。
③ 丰子恺:《视觉的粮食》,见丰陈宝、丰一吟、丰元草编《丰子恺文集》第 3 卷,浙江文艺出版社、浙江教育出版社 1990 年版,第 340 页。

——《深入民间的艺术》①

他所买的花纸儿很多。有《三百六十行》、《吸鸦片》、《杀子报》、《马浪荡》等,都是连续画,把一个故事分作数幕,每幕画一幅,顺次展进,好像电影一般。还有满幅画一出戏剧的,什么《水战芦花荡》、《会审玉堂春》等,统是戏台上的光景。

——《花纸儿》②

"花纸"就是旧历元旦市上摆摊,卖给大众带回家去,贴在壁上点缀新年的一种石印彩色画。所画的大概是旧戏,三百六十行,马浪荡,孟姜女,最近有淞沪战争等。

——《劳者自歌》③

我看见墙上贴着几张花纸,即新年里买来的年画,有《马浪荡》、《大闹天宫》、《水没金山》等,倒很好看。

——《癫六伯》④

只有你的画友来了,才会陪你到街上的纸马店里去,选购乡人们祀神用的财神马,蚕花马,灶君马等神像来当作木版画欣赏。

——《画友——对一青年习画者的谈话》⑤

其他提及到"花纸儿"的文章,除了《视觉的粮食》外,还有《学画回忆》《七巧板》《新年怀旧》《过年》《琐记》《关于儿童教育》等。

1. 民俗生活类

"三百六十行"是一个传统题材,在民间艺术领域经久不衰。当代著名连环画家贺友直的《贺友直画三百六十行》就是汇集了他所创作的以老上海老行当为题材的作品。"三百六十行"不仅是年画、漫画、连环画等绘画领域的

---

① 丰子恺:《深入民间的艺术》,见丰陈宝、丰一吟、丰元草编《丰子恺文集》第3卷,浙江文艺出版社、浙江教育出版社1990年版,第381页。

② 丰子恺:《花纸儿》,见丰陈宝、丰一吟、丰元草编《丰子恺文集》第3卷,浙江文艺出版社、浙江教育出版社1990年版,第527页。

③ 丰子恺:《劳者自歌》,见丰陈宝、丰一吟、丰元草编《丰子恺文集》第5卷,浙江文艺出版社、浙江教育出版社1992年版,第438页。

④ 丰子恺:《癫六伯》,见丰陈宝、丰一吟、丰元草编《丰子恺文集》第6卷,浙江文艺出版社、浙江教育出版社1992年版,第672页。

⑤ 丰子恺:《画友——对一青年习画者的谈话》,见丰陈宝、丰一吟、丰元草编《丰子恺文集》第5卷,浙江文艺出版社、浙江教育出版社1992年版,第345页。

经典题材,而且在剪纸、雕刻、瓷器等艺术门类中也有广泛影响。清代,广州通草画三百六十行曾经是外销画中数量庞大的种类。相比而言,在年画领域,"三百六十行"流传更广,民众接受度更高。"三百六十行"年画在全国很多地方都有生产。郑振铎在将年画分类时写道:"第三类是都市生活画。像《三百六十行》、《万年桥》、《普济桥》、《阊门》、《庆春楼》等,皆以都市繁华,人物众多,熙往攘来,行业各别为主题,足以使宁静的乡村中人见了为之神往。"①清代中期苏州桃花坞年画《姑苏阊门图》(即《三百六十行》)为巨幅年画,表现了苏州阊门内外街市及运河两岸的繁华景象。清代后期扬州年画《三百六十行》则充满了生活情趣,算命、拉洋片、卖鱼、挑卖水果小贩等人物跃然纸上,十分生动传神。②

2. 历史题材类

《二十四孝图》取材于历史人物故事,最早由元代郭居敬辑录古代二十四个孝子的故事,编成《二十四孝》,后来的印本都配上图画,通称《二十四孝图》。主要是用来宣扬儒家"孝道",在我国民间艺术领域流传甚广,被各种艺术形式所吸收,更是年画中经久不衰的题材。清代李光庭《乡言解颐》就有《孝顺图》的记载。著名的有清代天津杨柳青的《二十四孝图》、苏州桃花坞的《二十四孝图》、清代上海申披(上海旧校场年画铺出品的故事年画,四开大小,为横长方形构图的横披)《二十四孝图全图》中《第一孝感虞舜氏》、清代河北武强年画《二十四孝图》之《孝感动天》以及山东潍坊年画《大舜耕田在历山》等。

3. 民间故事类

民间故事是年画的重要题材。中国四大民间故事《白蛇传》《牛郎织女传说》《梁山伯与祝英台》《孟姜女哭长城》在年画中都有广泛的描绘。孟姜女故事在江南一带非常流行,传说上海松江一带是孟姜女故事的发源地。丰子恺散文中提到的年画孟姜女在江南一带城乡的销售,说明了孟姜女故事在江南民间深入人心。孟姜女故事年画大多为连环画形式,如漳州年画《孟姜女》,还有各种《孟姜女》戏剧版本的年画也很多。除此之外,民间传说中的英雄豪杰匡扶正义的故事大多在年画中也都有表现,如《水浒传》《包公案》等。

---

① 郑振铎:《中国古代木刻画史略》,上海书店出版社 2011 年版,第 204 页。

② 薄松年:《中国年画艺术史》,湖南美术出版社 2008 年版,第 35 页。

4. 戏曲类

戏曲年画，又称戏出年画，是年画艺术中的一大类型。丰子恺笔下所记述的《马浪荡》《十希奇》《杀子报》《大闹天宫》《水没金山》《会审玉堂春》等皆为戏曲年画。戏曲年画在清末民初颇为盛行，也是丰子恺笔下"花纸儿"描写的主要类型。正如丰子恺在《花纸儿》一文中写道，华明所买年画"统是戏台上的光景"。早在清代中期，杭州一带便已流行戏曲年画。清顾光《杭俗新年百咏》记载："欢乐图，花纸铺所卖，四张为一堂，皆彩印戏出，全本团圆。马如龙《杭州府志》谓之合家欢乐图。"[①]反映了乾隆时期江浙一带已经出现了全本的戏曲年画画样。晚清，民间戏曲艺术的普及，使其受到更多群众的喜爱。民间年画为满足穷乡僻壤看不到戏曲演出的民众的需要，创作了数百种当时流行于大城市的戏出新样，[②]从而形成了民间戏曲年画的洋洋大观。戏曲借助年画的形式实现了让百姓足不出户便可每日看戏的愿望，从而为戏曲赢得了更多的民间受众。如水浒戏、三国戏、杨家将戏、隋唐演义戏、呼家将戏等。苏州桃花坞年画《景阳冈武松打虎》、上海小校场年画《水浒梁山忠义堂》、天津杨柳青年画《回荆州》等都比较典型。

5. 纸马类

纸马或作神马，亦作神码，是刻印或绘制在纸上祭祀神佛时用以供奉或焚化的神像。清代赵翼《陔余丛考》曰："昔时画神像于纸，皆有马以为乘骑之用，故曰纸马也。"[③]丰子恺在记述新年、清明、中元节风俗时曾多次写到纸马类年画，如"财神马，蚕花马，灶君马"等。神马种类繁多，如玉皇、天地、地藏菩萨、观音、龙王、城隍、财神、先师孔子等各类佛道儒诸神，灶神、床神、路神、桥神、井神等各类俗神。神马类年画一般画幅较小，用于年节张贴祭祀或焚烧。有些地区的纸马并非只在春节时使用，如云南大理地区神马用途更加广泛。[④] 这在丰子恺笔下也有所体现。财神马、灶君马主要是春节期间祭祀灶王爷、财神爷张贴的神像，而蚕花马则是在清明节期间祭祀蚕花娘娘的神像。清光绪《石门县志》记载了清明节桐乡双庙渚蚕花胜会的盛况："农船装设旗帜，鸣金击鼓，齐集双庙渚，谓之蚕花胜会，亦击鼓祈蚕之意。"在丝绸之乡湖

---

① 转引自王树村：《年画史》，上海文艺出版社 1997 年版，第 5 页。

② 王树村：《中国年画史》，北京工艺美术出版社 2002 年版，第 195 页。

③ ［清］赵翼：《陔余丛考》卷三十"纸马"。

④ 王辉编著：《中国古代年画》，中国商业出版社 2015 年版，第 23 页。

州、嘉兴、杭州，每当清明，祭蚕花五圣、轧蚕花、迎龙蚕会等民间祈福活动千年不衰，延续至今。

6. 时事新闻类

年画有着鲜明的时代特征。从汉唐时代的门神到宋代以后的风俗画，伴随着元明清时期的各种题材年画的出现，中国年画发展趋于成熟。近代以来，中国年画发展并没有停止脚步，而是显示出了与时俱进的独特风貌。这就是为什么在丰子恺笔下出现了《吸鸦片》《水战芦花荡》以及反映"淞沪战争""新生活运动"等年画的原因。近代以来，反帝反封建斗争风起云涌，鸦片战争、中法战争、义和团运动、辛亥革命、淞沪战争等此起彼伏。同时，这一时期的城市生活和城市景观也发生了极大变化。这一切在年画里都有所反映，例如：有劝诚同胞勿吸鸦片的河北武强年画《新排洋烟阵阵捉拿樱徐（罂粟）花》、天津杨柳青年画《戒食鸦片图》等；有反映中法战争的桃花坞年画《法人求和》，有反映义和团运动的杨柳青年画《北仓义和团大破洋兵》，有反映辛亥革命的武强年画《南北军大战天安门》等。在城市生活方面，上海月份牌年画表现得尤为突出，如年画《女自行车手》《时装美女》等。

从以上分析中可以看出，丰子恺笔下的"花纸儿"描写虽然大多只有寥寥数语，但涉及的年画题材却是异常丰富的，值得我们深入挖掘。

二、"花纸儿"的价值和功能

在中国人的民俗生活中，"花纸儿"是一种与人们日常生活关系最为密切的艺术，也是最为普及的民间艺术，丰子恺称之为"深入民间的艺术"。他认为，"最深入民间的只有两种艺术，一是新年里到处市镇上贩卖着的'花纸儿'，一是春间到处乡村开演着的'戏文'。一切艺术之中，没有比这两种风行得更普遍了"。[①] 中国木版年画分布广泛，明中叶以后，刻印年画的作坊几乎遍及全国，据搜集到的作品表明，除黑龙江、吉林、新疆、宁夏、西藏、内蒙古等地外，其他各地在过去都有印刻年画的作坊，而全国除了西藏外，在过年时都要张贴年画。

---

① 丰子恺：《深入民间的艺术》，见丰陈宝、丰一吟、丰元草编《丰子恺文集》第 3 卷，浙江文艺出版社、浙江教育出版社 1990 年版，第 381 页。

（一）"花纸儿"的价值

"花纸儿"作为民间美术,之所以能够经久不衰,是由其强大的内在价值和外在价值所决定的。所谓内在价值,主要是指其自身的技艺价值、审美价值等;所谓外在价值,主要是指由内在价值衍生出来的历史价值、经济价值等。

1. 技艺价值

虽然各地年画大多拥有自己的技艺特色,比如,朱仙镇年画、武强年画的技艺都是套印完成;杨柳青年画、杨家埠年画的技艺则是印绘结合;山东高密扑灰年画则采用手工扑拓和绘制相结合,等等。从手绘年画,到木版年画,再到石印年画、胶印年画,可以说,中国年画的发展,直接反映了中国印刷工艺的发展进程。因此,保护年画技艺,尤其是传统木版年画技艺,对保护和传承木版雕刻技艺具有重要价值。我国古代绘画以人物画为主,绘画用笔主要为线描,讲究气韵生动、骨法用笔、应物象形、随类赋彩、经营位置、传移模写等绘画六法。北宋初年,新兴的木版年画技艺在继承传统线描和六法技艺的基础上,闯出了一条防止传统技艺失传而又适合生存的路子。古代传统人物画到了元明之际渐趋衰落,而年画的兴盛却能够在技法上承上启下,使正统绘画技艺不至于中断。因此,年画上承古代"指鉴贤愚、发明治乱"的绘画要旨,下传六法和线描人物画之技艺,"从年画艺术的绘画要旨及技法两方面对民族绘画传统的传承来看,称年画艺术为我国民族绘画传统之正宗,并不过分"。[①] 正如桃花坞木版年画国家级非遗传承人房志达所说,桃花坞木刻年画不但是一件美术品,更带工艺,有手工雕版、印刷这种手艺,每一幅画里面的内涵很深,都有一个故事,它每根线条,每个眼神的转向都体现了一种手艺。[②] 保护和传承木版年画技艺,对传统工艺振兴具有极大意义。

2. 审美价值

年画的审美价值是显而易见的。首先是形象美。年画人物形象刻画要求生动传神,符合人物的气质和身份,达到强烈鲜明的艺术效果。例如,武将要威风煞气,文官要舒展大气,美女要窈窕秀气,童子要活泼稚气等。为达到这样的艺术效果,年画常采取夸张手法加以突出,门神画虎背熊腰的身躯和

---

① 王树村:《中国年画史》,北京工艺美术出版社 2002 年版,第 21—22 页。
② 百度公益:《桃花坞年画(匠心篇)》,http://www.iqiyi.com/w_19s63ti48h.html,2019. 12. 28 访问。

凤眼美髯的头脸，娃娃画的粗胳膊粗腿大脑袋以及粉雕玉琢的笑脸都给人以强烈的视觉冲击力，留下深刻印象。其次是色彩美。色彩鲜艳明快是年画的重要特点之一，这也是由年画本身的特殊功能所决定的，为烘托节日气氛和欢乐情绪，年画的色彩大多比较鲜明亮眼。"在明代后期，套色水印未发展前主要是手工着色，或人工绘画，水印套色发展后则有印绘结合和全部套印两种。"①印绘结合的年画由于有相当的人工设色晕染，色彩更加丰富，如杨柳青年画；全部套印的年画由于色彩搭配得当巧妙，同样也能产生灿烂的效果，带有浓郁的装饰性，如朱仙镇年画。再次是构图美。年画的构图讲究和谐匀称，主体突出，画面和谐。中国木版年画的构图基本以对称的形式为主。不仅门神年画成双成对，单幅年画构图也讲究对称。"年画的对称形式蕴涵着中国人深层次的崇尚中庸和谐的审美观。对称是人类审美中最基础最原始的理想形式，最容易接受，也最符合审美心理。"②对称双方呼应变化，构图饱满、疏密有致、虚实结合，具有很强的观赏性。主体突出也是年画构图的特点之一。年画具有深刻的寓意和鲜明的主题，画面上主要形象居主要位置，形象舒展，周围加陪衬物，形成众星捧月的形态，从而使画面产生直观明确之美，正如丰子恺所说，"这些花纸儿一年四季贴在壁上，其形象、色彩、意义，在农家的人的脑际打着极深的印象"③。

　　3. 历史价值

　　年画作为寓意性和叙事性的特殊画种，在其发展过程中，留下了许多值得珍视的作品，记录下了早已失传的文化景观和生活场景。随着历史的更迭，很多场景和景观已经消失不见，但是年画却为我们保留了很多逝去了的时代画面。比如，清代中期苏州桃花坞年画《阊门》生动描绘了苏州繁华的城市景观：阊门内外，楼台商肆分布其间，近处人烟熙攘，远处佛塔青山。场面非常宏大。同时期的《姑苏万年桥》为鸟瞰式构图，以胥门内房屋店铺为近景，胥门城楼宏伟壮丽，街上人来人往，处于画面中心位置的万年桥上热闹非常，再现了"康乾盛世"之景象，为后人研究当时苏州的社会状况和人文风貌提供了宝贵资料。又如，戏出年画则保存了大量戏曲资料，包括曲种曲目、舞

---

① 薄松年：《中国年画艺术史》，湖南美术出版社 2008 年版，第 137 页。
② 罗亮：《门神年画的民俗性特征》，载《文史杂志》2007 年第 2 期。
③ 丰子恺：《深入民间的艺术》，见丰陈宝、丰一吟、丰元草编《丰子恺文集》第 3 卷，浙江文艺出版社、浙江教育出版社 1990 年版，第 381 页。

台布置、人物装扮、服装道具等,尤其是对于那些已经消失的戏曲剧种,更是保留了十分珍贵的历史资料。还有风俗年画,则保留了大量风俗史资料,为我们今天研究风俗史,包括节庆习俗、神话传说、民间信仰等,留下了不可多得的资料,如丰子恺写到的"老式的有三百六十行",随着时代的变迁和社会的发展,大都已经消失不见了。

4. 经济价值

毫无疑问,年画是具有艺术和经济双重价值的民间艺术。宋代以后,随着雕版印刷术的发明,促进了年画行业的勃兴,使年画向着商业化、产业化方向发展。不仅形成了四大年画产地,而且年画生产和销售更是遍及全国,每年的年画产量十分惊人。相关资料显示,河北武强旧城村仅贾氏年画一家在清代道光、咸丰年间,最兴盛时年产量就超过二百万张。杨家埠也仅是山东潍县的一个村,但却凭着年画生产成为我国四大年画产地之一。杨家埠年画距今已有 600 年以上历史,在清初至乾嘉年间逐渐繁荣,出现了画店百家,画种上千,高手辈出的盛况,把杨家埠年画推向了大半个中国。印制年画期间,杨家埠的百家画店,家家灯火通明,通宵达旦,不仅每天有很多客商往来,而且还有一些远道而来的农民,农忙时在杨家埠农田里帮工,印年画时则在画店里跟着学印年画,年画印完,再用工钱买上年画,回原地当起了画商。[①] 由此可见当时全国年画生产的基本状况。

(二)"花纸儿"的功能

艺术之所以能被大众接受,是由其自身所具有的功能所决定的,年画也是如此。年画借助印刷技术的翅膀,从门神画一路发展而来,成为最"深入民间的艺术",它所起到的作用是其他艺术形式所无法取代的,而它所具有的功能也是其他绘画艺术所无法达到的。这一点尤其值得我们深思,也深感年画保护传承的重要性。

1. 抚慰人心

丰子恺在《深入民间的艺术》中写道:"无论哪个农工人家,只要过年不挨冻饿,年初一出街总要买一二张回去,贴在壁上,作为新年的装饰。"可见,年

---

① 李宗明:《潍坊杨家埠木版年画的起源、发展与保护》,见文化部艺术服务中心编著《中国民间文化艺术之乡建设与发展初探》,中国民族摄影艺术出版社 2010 年版,第 593 页。

画在一般老百姓心里，完全不像其他艺术品那样可有可无，而是一种新年里的必需品。它虽然有装点美化环境的作用，但更多的是一种心灵的慰藉。其民俗心理的形成最早要推至年画的萌芽时期。年画最早起源于门神画，门神的功能是驱凶避祸，随着人们对生活多样性追求，年画的题材逐渐丰富，年画也从早期驱邪避灾的门神画，发展成同时具有吉祥意味的年画。如"天官赐福""连年有余""加官进禄""富贵满堂"等。但无论是驱邪避灾还是祈福求祥，都是为了在心理上求得慰藉，而年画正好满足了这一需求。如今社会已经发展到了高科技时代，生活瞬息万变，但人们趋吉避祸的心理仍然未变，而这也正是年画至今仍有存在价值的理由。此外，以欢快和吉祥为主题的年画还能够起到愉悦心情、调和家庭气氛的作用。丰子恺回忆说："我记得，似乎每年有几张新鲜的花纸儿给我到手。拿回家来摊在八仙桌上，引得老幼人人笑口皆开。"①正是这个原因。

2. 道德教化

年画中有大量的道德教化内容，蕴涵着教人感恩、忠孝、敬畏、惩恶扬善等道德内涵。如《二十四孝图》，主要为宣扬儒家思想及孝道，具有童蒙养正的功能。当然，在启蒙思想者看来，"二十四孝"里含有许多愚昧和落后的思想内容，但在古代社会，《二十四孝图》却是民间普及面非常广的道德教化读物。类似的年画还有《寿星图》《沉香救母》等，都是以孝道为核心内容的年画。与"孝"紧密相关的是"忠"。因此，忠君爱国也是年画表现的主要内容。如表现忠君思想的以秦琼和敬德为主要形象的门神画、以抗击外敌入侵效忠皇权的《杨家女将征西》、以表现忠孝两全的《木兰从军》等，都起到了一定的道德教化作用，正如丰子恺所说，"每逢休日，工毕，或饭余酒后，几个老者会对着某张花纸儿手指口讲，把其中的故事讲给少年们听，叙述中还夹着议论，借此表示他的人生观"②。这正是年画道德教化功能的体现。

3. 美育启蒙

在中国古代广大的民间社会，特别是乡村社会，教育资源是极其匮乏的，而美术教育资源或音乐教育资源更是上层社会享有的专利。乡村孩子的美

---

① 丰子恺：《新年怀旧》，见丰陈宝、丰一吟、丰元草编《丰子恺文集》第 5 卷，浙江文艺出版社、浙江教育出版社 1992 年版，第 624 页。

② 丰子恺：《深入民间的艺术》，见丰陈宝、丰一吟、丰元草编《丰子恺文集》第 3 卷，浙江文艺出版社、浙江教育出版社 1990 年版，第 381 页。

育启蒙更多地来自于民间艺术,比如年画、花灯、泥塑、二胡等。在这一点上,丰子恺在《深入民间的艺术》《学画回忆》《视觉的粮食》等散文中都有详细的描写和回忆。而年画研究专家薄松年更是在他所著的《中国年画艺术史》一书的"余论"中现身说法。他说:"我对年画有一种特殊的、深厚的感情,还因为它对我知识的启蒙和美术爱好的培养曾起过作用。"小时候过年,市面上"画棚里挂满五颜六色的年画,琳琅满目,使我流连终日,直到画棚关门还不忍离去。"家里炕头上一张《草船借箭》的年画开始引起了对文学和历史的兴趣,"对年画的欣赏也使我对绘画逐渐产生强烈的爱好。儿时美好的记忆常常深刻在脑子里,难以忘却,也可以说它是引导我从事美术这一行的最早的契机。由此可见,这种大众的美术形式所产生的作用是不可低估的"。① 丰子恺也说:"这些花纸儿一年四季贴在壁上,其形象、色彩、意义,在农家的人的脑际打着极深的印象。农家子的教育、修养、娱乐的工具,都包括在这几张花纸儿里头了。"②大师们的回忆充分说明了年画所具有的美育功能。

4. 文化传承

在底层农村和基层社会,很多人没有受教育的机会,他们很多知识和技能来源于人们的口口相传,或者家族、师徒之间的传承。而年画拥有的观赏性、可视性和通俗性特征则能够很好地通过直观的图像将历史知识、生产技能、价值判断等传达给普通民众,起到文化传承的作用。如戏曲年画、小说年画中的历史叙事;吉祥年画、讽刺年画中的传说故事;农事年画、风俗年画中的生产生活习俗等都蕴含着大量的文化知识和技艺内容。比较典型的如取材于小说《三国演义》的杨家埠年画《三顾茅庐》、桃花坞年画《铜雀台》等;取材于神话传说题材的武强年画《五路进财》、杨家埠年画《老鼠嫁女》等;表现男耕女织题材的山东、山西、河北、陕西等地年画《男十忙》《女十忙》等,都对文化传承起到了非常大的作用。《男十忙》系在一幅画上表现农民犁地、下种、锄地、收割、运粮等农活;《女十忙》则描绘农家妇女弹花、搓条、纺线、拐线、浆线、打筒、接线、引线、缠纬纱、织布等手工棉纺织技艺的十个操作程序。这些生动形象的年画无疑是一部浓缩的农村生产生活教科书。有关耕作知识、纺织技艺通过年画作为媒介潜移默化,代代相传。

---

① 薄松年:《中国年画艺术史》,湖南美术出版社 2008 年版,第 204—205 页。
② 丰子恺:《深入民间的艺术》,见丰陈宝、丰一吟、丰元草编《丰子恺文集》第 3 卷,浙江文艺出版社、浙江教育出版社 1990 年版,第 381 页。

年画的功能是多方面的，除了以上列举的几大功能外，还有娱乐功能、警示功能、批判功能、装饰功能等，值得我们深入研究和探讨。

三、"花纸儿"的继承与创新

传统民间艺术"花纸儿"，起源于汉代，发展于唐宋，盛行于明清。鸦片战争之后，太平天国、义和团运动等此起彼伏。辛亥革命推翻帝制，封建社会解体，军阀割据，战乱不断，民生凋敝，满目疮痍。在此形势下，传统木版年画也遭到破坏，虽然还有印制和销售，但精美者少，粗劣者多，甚至出现内容低级、博眼球的作品。在此情况下，一些有识之士提出年画的改良和创新的建议，引起了大家的关注。

（一）丰子恺笔下"花纸儿"的状况

在丰子恺笔下，曾多次提到 20 世纪 30 年代年画的发展状况。他在《劳者自歌》中写道："'花纸'就是旧历元旦市上摆摊，卖给大众带回家去，贴在壁上点缀新年的一种石印彩色画。……有饭吃的农家，每逢新年，墙壁上总新添一两张'花纸'。……可惜这种'花纸'的画，形式和内容都贫乏。"①他在《花纸儿》一文中评价年画《水战芦花荡》和《会审玉堂春》时说道："我看了前者觉得可笑。因为人物的姿态，大都描得奇形怪状。看了后者觉得奇怪。许多人手拿桨儿跟着一个大将站在地上，算是'水战'，完全是舞台上的光景的照样描写。这到底算戏剧，还是算绘画？总之这些画全靠有着红红绿绿的颜色，使人一见似觉华丽。倘没有了颜色，我看比我们的练习画还不如呢。"②可见，丰子恺对当时的年画总体评价不高。

鲁迅自幼对年画同样情有独钟，他在《狗·猫·鼠》一文中说："我的床前就贴着两张花纸，一是'八戒招赘'，满纸长嘴大耳，我以为不甚雅观；别的一张'老鼠成亲'却可爱，自新郎新妇以至傧相、宾客、执事，没有一个不是尖腮

---

① 丰子恺：《劳者自歌》，见丰陈宝、丰一吟、丰元草编《丰子恺文集》第 5 卷，浙江文艺出版社、浙江教育出版社 1992 年版，第 438 页。
② 丰子恺：《花纸儿》，见丰陈宝、丰一吟、丰元草编《丰子恺文集》第 3 卷，浙江文艺出版社、浙江教育出版社 1990 年版，第 527 页。

细腿,像煞读书人的,但穿的都是红衫绿裤。"①鲁迅对年画非常重视,并做过专门研究。如今上海鲁迅纪念馆还珍藏着不少他所收藏的年画。鲁迅曾高度评价朱仙镇年画:"年画、门画在绍兴称之谓花纸,朱仙镇的木版年画很好,雕刻的线条粗健有力,和其他地方印制的不同,不是细巧雕琢。这些木刻很朴实,不涂脂粉,人物也没有媚态,颜色很浓重,有乡土味,具有北方木版年画的独有特色。"②但鲁迅对当时年画总体的生存状态却表现出忧虑,他在《〈北平笺谱〉序》中写道:"及近年,则印绘花纸,且并为西法与俗工所夺,老鼠嫁女与静女拈花之图,皆渺不复见;信笺亦渐失旧型,复无新意,惟日趋于鄙倍。"③反映了年画生产的衰落状况。

年画在近现代之所以会出现如此状况,是有其历史原因的。外族入侵、新旧交替、战争的烽火燃遍全国,许多年画产地遭到毁灭性破坏。据相关文献记载,清咸丰时期,苏州的年画作坊有 50 家左右,都开设在冯桥、山塘、虎丘和桃花坞一带地方。太平天国革命时,清兵围攻苏州,冯桥、山塘一带,大火连烧七日,各年画作坊所保存的年画雕版,几乎全部烧光。此后年画作坊全都迁到桃花坞,但昔日繁荣已不复再现。又如杨家埠年画,抗日战争爆发后,日军多次到杨家埠烧杀抢掠,集市被封,百余家画店停业。到解放前夕,杨家埠木版年画已被破坏殆尽。苏州年画、杨家埠年画的遭遇只是中华大地上成千上万家年画作坊店铺被破坏的缩影。战争的破坏使"此一时期的年画艺术整个说来显示出不景气的状态,木版年画迅速衰落,逐渐为石印年画所代替,宣传商品的月份牌广告画勃然而兴"。但石印年画在薄松年看来"绘稿水平大都不高,粗制滥造的现象很普遍,印工也很少有精美者,因而失去了木版年画中所具有的刚健清新的民间美术光彩,石印年画几乎没有出现什么艺术性较高的作品"④。这个评价与鲁迅、丰子恺等人的评价基本是一致的。丰子恺说:"顾细部而忽略大体的,才是劣品。像我国现在流行的某种月份牌,阴历新年里到处发卖的花纸儿,以及多数香烟里的画片,皆属其例。"⑤

---

① 鲁迅:《狗·猫·鼠》,见《鲁迅全集》第 2 卷,人民文学出版社 1982 年版,第 237 页。
② 余望杰、任鹤林:《鲁迅、刘岘与朱仙镇年画》,载《鲁迅研究月刊》1990 年第 12 期。
③ 鲁迅:《〈北平笺谱〉序》,见《鲁迅全集》第 7 卷,人民文学出版社 1982 年版,第 405 页。
④ 薄松年:《中国年画艺术史》,湖南美术出版社 2008 年版,第 158、166 页。
⑤ 丰子恺:《七巧板》,见丰陈宝、丰一吟、丰元草编《丰子恺文集》第 5 卷,浙江文艺出版社、浙江教育出版社 1992 年版,第 505 页。

(二)"花纸儿"的改良

面对当时年画的状况,丰子恺提出改良年画。他认为,无论是内容还是形式都"应该加以改良。提倡大众美术,应该走出杂志,到'花纸'上来提倡"。① 对此,他在《深入民间的艺术》中作了比较详细的阐述:

第一,利用"花纸儿"普及文化知识。丰子恺认为,花纸和戏文(戏曲)是民间最普遍流行的两种艺术,是最深入民间的艺术,就硬件而言,"都会里有戏馆,有公园,有影戏场,有博物馆,有教育馆";就软件而言,"有讲演会,有展览会,有音乐会,有博览会,有收音机,还有种种出版物",但全国"农村占有大半,小市镇占有小半,都市只有数的几个。故都市里的种种艺术建设,仅为极小部分人的福利,与极大多数人没有关系。"他们"所得知的艺术,仍还是历代传沿下来的花纸儿和戏文两种"。因此,"倘能因势利导,借这两种现成的民间艺术为宣传文化的进路,把目前中国民众所应有的精神由此灌输进去,或者能收速效亦未可知"。丰子恺提出:"灌输知识,宣传教化,改良生活,鼓励民族精神,皆可利用艺术为推进的助力。"

第二,重视"花纸儿"的思想内容。丰子恺认为,改良"花纸儿"最重要的是要"改革旧有的花纸儿的内容题材,删除马浪荡、十希奇之类的无聊的东西,易以灌输时事知识,鼓励民族精神的题材。检点旧有的戏文,删除或修改《火烧红莲寺》《狸猫换太子》等神怪荒唐的东西,奖励或新编含有教化性质的戏剧"。如果能这样做的话,"一张花纸儿或一出戏文的效果,可比一册出版物伟大得多呢"。因为,"他们所欣赏的主要物是花纸儿所表出的内容意味——忠、孝、节、义等情节。花纸儿的灿烂的形象和色彩,只是使这种情节容易被欣赏的一种助力"。

第三,提高"花纸儿"的制作质量。在改良年画内容的同时,也要注意形式的美观和制作工艺的提高。丰子恺认为,在民间艺术中,"美虽然是一种附饰,一种手段,一种加味,但其效用很大。设想除去了这种加味,花纸儿缺了绘画的表现,戏文缺了唱工做工的表现,就都变成枯燥的故事,不足以惹起人们的注意与兴味了"②。品种单一、形式雷同、制作粗糙,会降低民众对年画的

---

① 丰子恺:《劳者自歌》,见丰陈宝、丰一吟、丰元草编《丰子恺文集》第 5 卷,浙江文艺出版社、浙江教育出版社 1992 年版,第 438 页。

② 丰子恺:《深入民间的艺术》,见丰陈宝、丰一吟、丰元草编《丰子恺文集》第 3 卷,浙江文艺(转下页)

关注和兴趣，而美观的形式、精美的技艺可使年画能够更好地被民众所接受，成为助推文化传播和文化建设的民间艺术。

晚清八国联军侵华战争之后，一些主张变革的知识分子发起了一场以普通民众为主要对象的下层社会启蒙运动，他们不仅将年画视为亟需改造的对象，还进一步将其用作改良社会、启蒙民众的工具。如赵炳麟于1903年在《移风易俗议》中提及年画的改良办法："另续印新纸画，以开国民之知识，使之观感，并将年底各处所卖的纸画，细小考察。某种摇惑人心，某种锢蔽智慧，一律禁售，并购其废版而毁之。"①清末知识分子对木版年画改良主张得到了很多画店、画师的响应，天津杨柳青、河北武强、山东潍县等地很快生产了一批改良年画。民国时期，北京政府和国民政府不仅将改良年画纳入社会教育和新生活运动的范畴，还特意建立起年画审查制度，派人指导杨柳青的画店印制改良年画作品。一些新式知识分子也大力提倡改良年画，希望借年画来启蒙民众。②丰子恺改良年画的思想反映了时代潮流和年画自身发展的要求。民国时期，经过数十年改良，在政府、学界、工匠的共同努力下，改良年画还是取得一定成就的，这从1949年丰子恺致应人的信中我们可以看到："美展仆已于昨晨看过，材料丰富，技法精美。其中'年画'尤可赞佩。"③

（三）"花纸儿"的继承与创新

光阴荏苒，岁月如梭，转眼进入新世纪，"花纸儿"一词早已被人们所淡忘，年画似乎也不那么盛行了。在本世纪以来的非物质文化遗产保护运动的推动下，全国各大年画先后被列入各级非物质文化遗产项目名录，受到重点保护。截至2014年11月，已有杨柳青木版年画、武强木版年画、桃花坞木版年画、漳州木版年画、杨家埠木版年画、高密扑灰年画、朱仙镇木版年画、潍头木版年画、佛山木版年画、梁平木版年画、绵竹木版年画、凤翔木版年画、纳西族东巴画、平阳木版年画、东昌府木版年画、张秋木版年画、夹江年画、滑县木版年画等18个年画项目列入了国家级非物质文化遗产项目名录，此外，还有

（接上页）出版社、浙江教育出版社1990年版，第382—384页。

① 转引自王树村：《年画史》，上海文艺出版社1997年版，第7页。

② 侯杰、常春波：《改良年画与近代中国的视觉启蒙》，载《安徽史学》2017年第1期。

③ 丰子恺：《致应人、陆亚雄》，见丰陈宝、丰一吟、丰元草编《丰子恺文集》第7卷，浙江文艺出版社、浙江教育出版社1992年版，第468页。

为数众多的年画项目进入了各省市县级非物质文化遗产项目名录。其实,从年画诞生之日起,其创新步伐就没有停止过,从门神画发展到各种题材年画并举,从传统年画到改良年画、新年画,年画始终是伴随着时代的步伐,以社会需求为导向,不断创新和发展。尽管传统木版年画在近几十年发展过程中,遇到不少沟沟坎坎,受到不少冲击,但仍顽强生存着。在非物质文化遗产保护和传统工艺振兴的背景下,木版年画再次迎来了宝贵的发展机遇,年画应该积极克服各种不利因素,大力发挥自身优势,在继承的基础上提升创新能力,促进年画更好地传承发展。

总体而言,目前我国木版年画的生存状况不是很乐观。据木版年画研究专家沈泓 20 多年来持续不断地在全国范围内的调查,[1]他对年画的印象是:"古代史料记载的年画产地,大多数已经消失,如桂林、南宁、泉州、杭州、南京、丽江、大同、九江、上海、北京等地",甚至在"这些清朝、民国时期年画生产鼎盛一时的地区,已经找不到一个年画艺人了!"如今,"只有极少数几个年画产地有艺人仍坚持以年画为生,如杨家埠年画、杨柳青年画,大多数年画产地艺人都只是业余"兼职"做年画,不能再以此为生"。[2] 笔者虽未对中国木版年画做过深入调查,但从有限的经验来看,确信沈泓所言非虚。丰子恺所说的"深入民间的艺术"的年画,由于年画市场的衰落,即使一些已经被列入国家级非物质文化遗产名录的年画项目,其生存状况也不容乐观。由此看来,鲁迅、郑振铎、丰子恺等前辈大师对中国木刻画,包括木版年画的搜集、整理、研究和提倡是多么具有预见性。目前,对列入非物质文化遗产名录的年画项目,政府大多能采取一定的保护措施,从政策和资金方面对年画传承人及相关年画作坊予以扶持,收到一定的成效,如天津杨柳青年画、山东杨家埠年画、江苏苏州桃花坞年画、四川绵竹年画、陕西凤翔年画、河南开封朱仙镇年画等,木版年画保存相对较好,年画生产仍有一定规模。但仍然有一些项目陷入困境,尤其是更多古老年画产地举步维艰,如沈泓调查过的山东红船口年画、河北内黄年画、河南濮阳年画、河南汤阴年画等。因此,如何保护传承古老木版年画成为政府、社会和年画手工艺人共同面临的问题。

---

[1] 沈泓因对民间木版年画的痴迷,从 20 世纪 90 年代开始了"寻找逝去的年画"之旅。20 多年来,利用休假时间,自费行走了中国 33 个省份、600 多个城市(含县城)、2000 多个乡镇、4000 多个村庄,采访、调查年画的生存状态。
[2] 沈泓:《中国年画产地生存现状调查(上)》,载《民艺》2018 年第 1 期。

正确处理传统年画的继承与创新问题，是促进年画传承发展的关键。从年画题材内容来看，目前各地年画大多仍以传统内容为主，如四川绵竹年画近年来发展较好，内容上仍以传统题材为主，主要包括避邪迎祥、历史人物、戏曲故事、民俗民风、名人字画、花鸟虫鱼等，如门神画、中堂画、观音、财神、赵公、福禄寿三星以及仕女图等。朱仙镇年画的众多作坊，也恢复和刻制了不少传统年画雕版，如《五子登科》《福禄寿》《马上鞭》《柴王推车》等。当然，也有不少年画工作者在思考年画题材的创新，如绵竹年画出现了突破传统题材与内容的木版年画《飞天神韵》就是一个尝试。从年画形式技艺来看，大多数年画从业者主张坚守传统技艺，轻易不会更改。但也有一些年画工作者在尝试创新，如杨柳青年画在继承与创新方面出现了两种观点，一是坚持传统，二是改良传统，前者在制作上遵循"勾、刻、刷、画、裱"五个步骤，体现的是对传统完全的传承；后者则有人将木板刻版创新为丝板刻版，画面更加富有美感，提高了制作效率。即使在朱仙镇，也出现了个别年画艺人利用现代科技进行年画创作的尝试。同时，各地年画从业者还积极探索木版年画创意产品的设计和研发，寻求年画与其他艺术的跨界融合，均取得了一定的成效。

继承与创新是永恒的主题。在非物质文化遗产保护的语境下，传统木版年画将会在继承的基础上不断开拓创新，创作出既能体现民族精神和传统，又符合当代人审美观念的年画作品，使古老的年画再度成为"深入民间的艺术"，受到市场的欢迎和人们的喜爱，焕发出新的生机和活力。

作者：上海社会科学院文学研究所研究员

于无声处听惊雷

——趣谈丰子恺散文《吃瓜子》中的"小"和"大"

臧志攀

丰子恺在《〈丰子恺漫画〉代自序》中言:"最喜小中能见大,还求弦外有余音。"这两句诗不仅是丰子恺一生漫画创作的经验之谈,也是他散文创作中的孜孜追求。几十年的文艺生涯,丰子恺已经醉心于从平凡琐碎的现实生活中取材,从普通细微的身边小事情着手。丰文虽从小处着笔,却能以小见大,见微知著,《吃瓜子》一文就体现得淋漓尽致。

一、小事情　大道理

人生一世,"吃"可谓很神圣的事情。丰子恺不写日常生活中最重要的一日三餐,却拿人们"东扯葫芦西扯瓢"时闲磕牙的瓜子来说事,这也算是他另辟蹊径吧!细读全文后不难发现,他原来是在拿"吃瓜子"这件小事给我们讲大道理。

吃瓜子"殃"及全国。文章开门见山就说中国人人人具有三种博士的资格之一就是吃瓜子博士,又说:"近来瓜子大王的畅销,便是其老大的证据……各种产品陆续出产,现在差不多无论哪个穷乡僻壤的糖食摊上,都有瓜子陈列而倾销着了。"在作者看来,吃瓜子在全中国已经"泛滥"了,如洪水猛兽一发而不可收拾。

吃瓜子之瘾难戒。丰子恺认为,在考验人的意志上,戒瓜子简直和戒鸦片烟一样令人难以企及,这也是作者十分恐惧和担忧的:"我就下个决心,从此戒绝瓜子……以示不再对它发生关系。然而过了几分钟,与别人谈了几句话,不知不觉之间,会跟了别人而伸手向盆中摸瓜子来咬。等到自己觉察破戒的时候,往往是已经咬过好几粒了。这样,吃了非戒不可,戒了非吃不可;吃而复戒,戒而复吃,我为它受尽苦痛。这使我现在想起了瓜子觉得害怕……它能引逗人不断地要吃……不由你不再伸手向盆中或纸包里去摸……由此可知瓜子这样东西,对中国人有非常的吸引力,不管三七二十一,见了瓜子就吃。"

吃瓜子消磨国民时间。在作者看来,人生是有限的,时间尤其宝贵,但吃瓜子实在消磨了国民太多的时间。它像一把无形的凿子,不知不觉在人的脸上雕刻了无数的皱纹。它令男儿岁月蹉跎,碌碌无为;它令女子年老色衰,容光不再。它确实是慢性自杀的一剂良方,"要'消磨岁月',除了抽鸦片以外,没有比吃瓜子更好的方法了……倘分量大了,一吃就饱,时间就无法消磨……最好越吃越饿,像罗马亡国之前所流行的'吐剂'一样,则开筵大嚼,醉饱之后,咬一下瓜子可以再来开筵大嚼。一直把时间消磨下去……倘没有壳,吃起来太便当,容易饱,时间就不能多多消磨了。一定要剥,而且剥的技术要有声有色,使它不像一种苦工,而像一种游戏,方才适合于有闲阶级的生活,可让他们愉快地把时间消磨下去"。鉴于全国上下的"大好形势",作者终于讲出了这样一个大道理——消闲误国:中国人在"格,呸""的,的"的声音中消磨去的时间,每年统计起来为数一定可惊。将来此道发展起来,恐怕是全中国也可消灭在"格,呸""的,的"的声音中呢。

二、小幽默　大讽刺

丰子恺是幽默大师,其幽默艺术不仅仅体现在他的漫画作品中,他的散文和随笔也始终洋溢着"丰子恺式"的幽默滑稽,读后常令人捧腹;丰子恺的幽默也使他散文增强了讽刺力度,说理入木三分。

丰子恺散文中的幽默不少充满了父亲般慈爱、母亲般的疼爱、师长般的教诲,令人心和气爽,如沐春风。《送阿宝出黄金时代》中写阿宝小时候:"吃蛋要吃蛋黄,不要吃蛋白,母亲偶然夹一筷蛋白在你的饭碗里,你便把饭粒和蛋白乱拨在桌子上,同时大喊'要黄! 要黄!'你以为凡物较好者就做'黄'。

所以有一次你要小椅子玩耍，母亲搬一个小凳子给你，你也大喊'要黄！要黄！'你要长竹竿玩，母亲拿一根'史的克'给你，你也大喊'要黄！要黄！'"这种富有儿童逻辑的"思维幽默"的效果十分明显，父亲对子女的挚爱之情跃然纸上。

有时他的幽默也带有揶揄的意味，针砭时弊，惩前毖后。在众多的幽默散文中，讽刺力度较大的当属《吃瓜子》。在本文中，丰子恺语言的幽默，主要体现在巧妙反语、适当夸张、反复咏叹。中国人是世界上最善于拿筷子、吹煤头纸和吃瓜子的民族，但这三种能力都是再普通不过的能力了，严格说来称不上技术的，而作者却偏偏要说中国人具备了这三种博士的资格。"吃瓜子博士"这个博士真的能令国人自豪？这门技术好像是唯独"中国人独得的技术，其纯熟深造，想起可以使人吃惊……中国人对于吹煤头纸技术造诣之深"。"独得""纯熟深造""吃惊""造诣之深"这些词的讽刺力度真谓一针见血。煤头纸这种落后的东西，作者认为"这种国粹，将来也有人起来提倡，使之复兴"。行文中适度夸张，了无痕迹，"一天到晚捧水烟筒的老先生和老太太，他们'要有火'比上帝还容易。只消向煤头纸上轻轻一吹，火便来了"。写那些闲散的少爷们吃瓜子时嘴巴像一具精巧的机器，"不绝地塞进瓜子去，不绝地'格'、'呸'、'格'、'呸'……全不费力，可以永无罢休"。对中国人的"吃瓜子"这种技术，作者反复"赞扬"，吃瓜子是"三种技术中最发达的"，这种技术"最可叹佩"，甚至说"发明吃瓜子的人，真是一个了不起的天才"。

类似的写法在其他文章中也不乏其例，《寄宿生活的回忆》回忆了自己当年可怜的学校寄宿生活。甚至竟然盼望自己能生症状很严重但实际并不严重的病，这样就可以去调养室，享受既自由又美味丰盛的"私菜"。更令人叫绝的是，作者为了显示对调养室的留恋，突发奇想，说下次再得疟疾，决不肯服金鸡纳霜了。

三、小架子　大品格

丰子恺为文不摆大架子，所以文风就显得朴素自然。读其文，就好像是与他促膝谈心，距离感早就逃到九霄云外去了。丰子恺长子丰华瞻曾说："父亲文章的风格，一向明白晓畅，讲得娓娓动听，犹似与知心朋友谈心一样。"

《吃瓜子》一文中所选取的三个话题——"拿筷子""吹煤头纸""吃瓜子"是一些鸡毛蒜皮小事,丰先生有意于诸类事情上发点感慨,似乎是在征询大家的意见,读者自然会额外关注。再者,丰子恺为文忌獭祭,为了和不同的读者进行有效的沟通,他还有意识地使用一些方言俗语以增强文章的趣味性和可读性。《吃瓜子》中,写瓜子无论如何也吃不饱时,就引用了一句俗语叫做"吃三日三夜,长个屎尖头",这个俗语可谓传神至极,虽不甚雅,倒也是把抽象的东西写得活灵活现。

丰子恺文风的朴实是与其老师夏丏尊分不开的。夏丏尊力戒矫揉造作而提倡朴实文风,他的要求也很简单,学生要写自己亲身经历的事情,即"不准讲空话,要老实写"。陈星在《艺术人生——走进大师·丰子恺》一书中写道这样一个故事。有一回,夏丏尊布置学生写作文。一位同学写父亲客死他乡,文中说自己"星夜匍匐奔丧"。夏丏尊看后就去问这位同学:"你那天晚上真的是在地上爬去的?"一句话问得这学生惭愧得满脸通红。

文品即人品,自古皆然。只有一个在品质上具有朴素美德的人,才能创造出具有朴素美的作品。文章朴素自然,朴实无华,无疑是他高贵人品的写照。丰子恺做人与艺术的准则还要得益于李叔同,在浙江省立第一师范求学时,李叔同常用明代刘宗周所著的《人谱》中的关于古圣先贤嘉言懿行来教导丰子恺,把其中"士先器识而后文艺"的意思讲给丰子恺听,要求他首先重视人格修养,其次是文学艺术,也即要做一个好的文艺家,先做一个好人。李叔同认为一个文艺家若没有"器识",无论技艺何等精通熟练,亦不足道。所以告诫丰子恺:"应使文艺以人传,不可人以文艺传。"丰子恺对恩师李叔同的告诫可谓言听计从,以后几十年的身体力行使他在做人和做艺术家二者上达到了近乎完美的融合,赢得了众多社会名流的钦佩,著名美学家朱光潜先生对丰子恺的人品赞叹不已:"我从丰子恺的人品谈起……一个人须是艺术家才能创造出真正的艺术作品。子恺从顶至踵,浑身都是一个艺术家。他的胸襟,他的言谈笑貌,待人接物,无一不是艺术的,无一不是至爱深沉的流露。"

四、小文章　大情趣

日本学者吉川幸次郎称赞丰子恺是"现代中国最像艺术家的艺术家",这样的评价绝非夸大其词。无论丰子恺所画的漫画,还是他所作的文章,无不洋溢着艺术家的直率和真性情,真可谓妙味无穷,情趣横生。

丰子恺的散文善于使用符号化的语言,读者阅读时容易转换成具体的物象,通过丰富的想象来重组画面,在形象的画面中体味人物动作细节,这样的构建无疑独具匠心。《吃瓜子》中就把女人们、小姐们咬瓜子的姿态描写得十分细致美妙:"她们用兰花似的手指摘住瓜子的圆端,把瓜子垂直地塞在门牙中间,而用门牙去咬它的尖端。'的,的'两响,两瓣壳的尖头便向左右绽裂。然后那手敏捷地转个方向,同时头也帮着了微微地一侧,使瓜子水平地放在门牙口,用上下两门牙把两瓣壳分别拨开,咬住了瓜子肉的尖端而抽它出来吃。这吃法不但'的,的'的声音清脆可听,那手和头的转侧的姿势窈窕得很,有些儿妩媚动人。"这些动作连贯自然,把她们吃瓜子时的窈窕姿势、妩媚动作淋漓尽致地表现了出来。

在丰子恺看来,艺术家必须具有深广的同情心,才能处处发现"诗情画意"和"情趣"。所谓的同情心,就是儿童般的"赤子之心"的天性,抑或说是"童心"的天性。丰子恺认为那些天真无邪的儿童就是天生的艺术家,或者说也只有那些童心未泯的人才能成为真正的艺术家。丰子恺散文的情趣美最集中体现于文章中的童趣。丰子恺曾自称是"儿童的崇拜者",在《给我们的孩子们》一文中,他"憧憬于你们的生活,每天不止一次",他尤其佩服瞻瞻,说他"是身心全部公开的真人,什么事情都像拼命地用全副精力去对付",吵闹着要买香蕉,可买回去之后熟睡在肩头的孩子早已经把香蕉丢得无影无踪,他却认为"这是何等可佩服的真率,自然,与热情。"

丰子恺常常换位为孩童的思维视角来关照这个世界,《华瞻的日记》索性用儿子的口吻来畅叙他们所理解的世界,童稚心十足的孩子一味凭借着自己的率性和情趣而为,孩子的一言一行无不展示着他们特有的"痴"相。为了能和郑德菱在一块玩,瞻瞻想来"像我们这样的同志,天天在一块吃饭,在一块睡觉,何必分作两家……真是无礼之极了"。穿黑长衫的麻脸陌生人给爸爸剃头,瞻瞻却感叹"大人们的所为,真是越看越稀奇了! 爸爸何以甘心被这麻脸的陌生人割呢? 痛不痛呢? ……更可怪的是妈妈也看见爸爸被割的骇人的现状,然而她毫不介意,同没有看见一样。宝姐姐向那可怕的麻子一看,就全不经意地到房间里去挂书包了"。在丰子恺看来,儿童绝不会伪饰自己的天真,自然就会真率地表露其眼中的世界。

在丰子恺那些充满童趣的散文中，我们常会感到成人世界与儿童世界的冲突，一个是真率的、有情的世界；一个是虚伪的、势利的世界。在《华瞻的日记》中，作者慨叹道，与孩子的作为相比，"大人们……的美德，比起你们来，全是不自然的，病的，伪的……大人们……在你们面前真是出丑得很了……艺术家、创作家，对你们更要愧死"。在文章的结尾，丰子恺对孩子更是钦佩有加："我在世间，永没有逢到像你们这样出肺肝相示的人。世间的人群结合，永没有像你们样的彻底的真实而纯洁。"我想这可能是丰子恺对儿童天真眸子里所折射出的情趣的最高礼赞了！

作者：嘉兴市作家协会会员

丰子恺散文创作的乡土情怀

俞尚曦

"未老莫还乡，还乡须肠断。"这是丰子恺平时吟咏不绝的两句诗。作为一个感情世界极其丰富的艺术家，他对故乡怀着一个儿子对慈母般的深情。

他在故乡亲手为缘缘堂赋形，建造高楼三楹，给它穿上最合理的中国装，使与环境调和，并在这里度过了五年的乡居岁月。

抗战胜利后，丰子恺从数千里外的大后方赶回来，第一件事便是回到故乡，和已变成一片焦土的缘缘堂作最后的告别。

1975 年，丰子恺不顾年迈体弱，回到石门湾来最后看一眼生他养他的故乡。垂暮归来，他"老是谈儿时，甚至背出下西弄的一家家商店，木场桥一带邻居的家庭情况。儿时的情景，一生是忘不了的"。对着许多叫不出名字来的晚辈，老人抚髯长吟："去日儿童皆长大，昔年亲友半凋零。"就在他重回故乡喝过一勺运河水以后，不及半年，便在上海溘然长逝。

人往风微，但他的作品却常留人间。作者数量众多的乡土题材的散文小品，写乡愁、抒乡思、寄乡情，文字朴实，却激起了一代代读者心灵的共鸣。从他早期的《缘缘堂随笔》，到晚年的《缘缘堂续笔》，描摹故乡风土人情的作品，可以说是贯穿了作者整个创作历程，尤其是写于 1972 年的《续笔》，专写故土风情，回忆儿时人物的就有《癫六伯》《塘栖》《王囡囡》《清明》《歪鲈婆阿三》《四轩柱》《阿庆》《元帅菩萨》《中举人》《五爹爹》《老汁锅》《过年》《菊林》《放焰口》等二十余篇。"老人一如四十年前创作一样，寄感情于遥远的记忆，向故乡风情中追寻一点温馨。……作家从自己心灵深处觅求抗争的勇气，故乡风情又给予他无穷的温暖。这批散文是丰子恺创作一生的最后产品，是他的'绝笔'，通过这些作品，不正可以看出一个正直、善良的知识分子所怀的一颗赤子之心,是如何跳动不止吗?"①

在中国现代散文史上,像丰子恺这样集中了许多的笔墨来描摹故园风情、乡居情趣,浓浓的乡土情怀凝结其中,贯穿始终,成为其散文创作的一个重要特色的作家无疑是十分突出的。

一

"艺术品的产生取决于时代精神和周围的风俗。"法国史学家兼批评家丹纳在《艺术哲学》里如是说。他在同书中谈到荷兰画派时还说:"这派绘画的主要优点之一,是色彩的美妙与细腻。……这里的自然界使人对色彩特别敏感。——你们该注意到,事物的外形往往随地域变化。"丹纳此说具有普遍性的意义。绘画如此,其他文艺作品亦如此。在考察文艺创作的某种现象时,我们不应当是机械的地理环境决定论者,但同时又必须承认,地理环境毕竟是一个民族的文化形成某种形态,甚至一个艺术家的文艺创作产生某种倾向的一个重要的前提性因素。以此观点来探究丰子恺乡土题材的散文创作,读者则发现,杭嘉湖一带平原水乡特殊的地理环境和文化氛围,竟是如此深地影响了作家的创作个性和创作风貌。

丰子恺的故乡石门湾(今称石门镇),是一个历史悠久的古镇,其地名肇始于春秋吴越争战时。"石门,在县北二十里。春秋时,吴越垒石为门,以为限隔,故市名石门,巷名垒石。今改名玉溪镇。"②"离海边约四五十里,四周是大平原,气候当然是海洋性的。……不知不觉之间寒来暑往,循环成岁。而每一回首,又觉得两月之前,气象大异,情景悬殊。盖春夏秋冬四季的个性的表现,非常明显。故自然之美,最为丰富;诗趣画意,俯拾皆是。"③"郊外的大平原中没有一块荒地,全是作物。稻麦之外,四时蔬菜不绝,风味各殊。……乡村人家,无论贫富,春天都养蚕,称为看'宝宝',他们的食仰给于田地,衣仰

---

① 高洪波:《朴实而真诚的自白》,载《新文学论丛》1984 年第 2 期。

② 清光绪《石门县志》点校本卷一《舆地志》,中华书局 2016 年版,第 50 页

③ 丰子恺:《辞缘缘堂》,见丰陈宝、丰一吟、丰元草编《丰子恺文集》第 6 卷,浙江文艺出版社、浙江教育出版社 1992 年版,第 121 页。

给于宝宝。所以丝绵在我乡是极普通的衣料。"①闻名于世的京杭古运河就从它的身边缓缓淌过。"运河两旁支流繁多,港汊错综。倘从飞机上俯瞰,这些水道正像一个渔网。这个渔网的线旁密密地撒布无数城市乡镇,……我们石门镇就是位在这网的中央的一个镇。所以水路四通八达,交通运输异常便利。我们不需要用脚走路。下乡,出市,送客,归宁,求神,拜佛,即使三五里的距离,也乐得坐船。"②石门湾镇区,也被数不清的港汊分割包围,人家尽枕河。由于地理位置优越,交通便捷,故古镇虽然人口不逾一万,但历代以来这里都是物产富饶、商贾辐辏,是个十分富庶繁荣的地方。宋室南渡以后,全国的文化中心也随之移至江浙一带。旧时镇上有东西两张园、行幄殿、南巡大营、接待寺、元帅庙等名胜去处,文人墨客,多会于此,留下了不少吟咏石门湾的诗作题咏。无论是宋高宗赵构,还是清高宗弘历,在巡行途中都以石门湾为驻跸之所。

南朝以还,江南佛事尤甚。丰子恺幼年,镇上之接待寺,去镇数里之福严寺,都是当时远近有名的寺院。人们求神拜佛,还有清明赛会、出花灯等数不清的风俗习惯,寺院成了人们各种社会活动的一个重要场所。而所有这一切,都融汇成了一种具有浓郁地方色彩的江南水乡文化的氛围。丰氏祖居惇德堂,后来新构的缘缘堂,就建在这富有诗情画趣而又得天独厚的环境中。只要一踏上这块土地,你就会活脱脱地感受到清新芬芳的平原水乡的气息。丰子恺生于斯长于斯,在一个传统的艺术文学环境中成长受教育,从孩童时起,他敏感的心灵就接受了这种具有特殊情味的地域文化的陶冶。它深刻地影响了作家的脾气秉性和创作风格,读他的作品,分明感受到一种江南水乡特有的清幽灵秀之气在向你阵阵袭来。"浙西人的细腻深沉的风致,在他的散文里处处可以体会得出。"③

丰子恺喝着运河水长大,古运河不舍昼夜的流水浇灌了艺术家的创作心田,杭嘉湖平原水乡秀丽的自然风光和风土人情孕育了艺术家一颗敏感的心

---

① 丰子恺:《辞缘缘堂》,见丰陈宝、丰一吟、丰元草编《丰子恺文集》第 6 卷,浙江文艺出版社、浙江教育出版社 1992 年版,第 121—122 页。

② 丰子恺:《辞缘缘堂》,见丰陈宝、丰一吟、丰元草编《丰子恺文集》第 6 卷,浙江文艺出版社、浙江教育出版社 1992 年版,第 120 页。

③ 郁达夫:《良友版新文学大系散文选集导言》,见《郁达夫文论集》,浙江文艺出版社 1985 年版,第 669 页。

灵,赋予了他丰富细腻的情感,激发了他对故土和父老乡亲的深情挚爱,同时也为他乡土题材的散文创作提供了取之不竭、用之不尽的素材,而丰子恺也就在他众多的散文小品里不可遏制地宣泄了对故乡的绵绵深情。

早在 1927 年写的《忆儿时》一文中,作者忆及养蚕、吃蟹、钓鱼这三件不能忘却的往事,他是何等的神往,心头充满了对已经逝去的儿时生活的"甜美的回忆"! 这种乡情至爱,始终萦绕在丰子恺的心头,它一以贯之,历久弥深。到他步入中年的时候,在亲身经历了人生的坎坷和社会的巨变以后,他更深情地怀念着乡居恬淡的情趣:"廊下堆着许多晒干的芋头,屋角里摆着两三坛新米酒,菜橱里还有自制的臭豆腐干和霉千张。星期六的晚上,孩子们陪我写作到深夜,常在火炉里煨些年糕,洋灶上煮些鸡蛋来充冬夜的饥肠。这一种温暖安逸的趣味,使我永远不忘。"这是他在《告缘缘堂在天之灵》等篇什中不止一次写到的文字。这些常常夹杂着石门湾方言土白的质朴平淡的文字,寄托着作者美好的感情,令人读来尤感亲切。1938 年,丰子恺率家逃难途中得知缘缘堂被毁,接连写下了《还我缘缘堂》《告缘缘堂在天之灵》《焦土抗战的烈士》《劳者自歌十二则》之一)《辞缘缘堂——避难五记之一》诸篇,因了敌人的兽行,更平添了对家乡的思念和挚爱。"丰先生对缘缘堂的情深痴迷,早在他 1931 年出版的《缘缘堂随笔》,1937 年出版的《缘缘堂再笔》已略窥一二,由于抗战以后,丰先生所过的流离颠沛生活,他写的《辞缘缘堂》更赤裸裸地呈现了他眷恋乡土的情怀,那缠绵幽深的文字,可说是子恺散文中的极品。"[1]

60 年代中期,风暴骤至,丰子恺在劫难逃,受尽折磨,但刚从"牛棚"里放出来,便不顾当时恶劣的政治环境,以一个艺术家对人生的执着,搦管写作了《缘缘堂续笔》。《续笔》中所描写的遥远的往昔,饶有兴味的故土风物,令人神往的童年时代,与当时现实生活,形成了鲜明的对照!

二

对于丰子恺乡土题材的散文创作,我们还应当更深一层从民族文化心理的特点作具体的考察。

---

[1] 施友朋:《丰子恺缘缘堂及其他》,载《星岛日报》1983 年 4 月 18 日。

　　每个民族的文化都深藏着并从各个方面显示出自己的特征。中国的传统文化是一种从"农业——宗法"社会的土壤中生长出来的伦理型文化。儒家文化在中国传统文化中则是一线贯穿的精神主宰。它的一个显著的特点，就是许多儒家学者一直强调的"安土"。"安土"则"重迁"。由此派生的，便是对乡土人物的无限眷恋，并产生一种"与乡人处由由然不忍去也"（《孟子·万章下》）的乡土情怀。这种乡土情怀被深深地灌注到了民族文化的各种载体之中，甚至在一定程度上影响了它的发展道路。以文学言，便是乡土题材文学作品的产生与繁荣。《论语·乡党》称："孔子于乡党，恂恂如也，似不能言者。"寥寥数语，活画出了儒家祖师对家乡父老诚信笃实、谦卑恭顺的态度。此节文字，简直可以看作中国乡土文学的源头。自兹以往，歌颂田园，表达对乡土的关切眷恋之作，在数千年的文学史上，如薪传火，绵延不绝，成了文学创作的一个不朽的主题。东晋时杰出诗人陶渊明的《归去来兮辞》《归园田居》等作，充满了田园乡土气息，引起了许多士大夫知识分子的心灵共鸣。唐代李白那妇孺皆知的名句"举头望明月，低头思故乡"，更是道出了不同时代、不同阶层的人们共同的乡土情怀。明朝归有光的《项脊轩志》为历来传诵的名篇，他以项脊轩为篇名，其实是借题发挥，怀念故居，怀念亲人。文中把故居的各个不相连贯的琐事缀合起来，以极平淡的文字，抒发作者内心的深挚情感，唱出了一曲深沉的人生哀歌。丰子恺的乡土题材的散文创作，应该说是直承了这种历数千年而不衰的文学传统。他的散文（当然同时也包括他的许多漫画），满溢着中国历史风土、中国传统文化的芬芳，体现了作者深沉缠绵的乡土情怀，因而具有独特的魅力。

　　中国历来的思想文化传统是儒、道、释互补。"儒治世，道治身，佛治心。"早在南朝时，梁武帝就倡三教同源说。唐宋之际，由于三教之间的相互影响日益加深，更进一步形成"三教合一"的思潮。而且，在儒、道、释诸家的多元融汇和各家思想的多向演化洪流中，佛教也日益民族化、中国化，成为中国文化的一个重要组成部分。在这样的历史文化背景下，中国近现代的知识群，从章太炎到李叔同，他们的一个共同特点，就是从革命斗士到和尚沙门的两极渗透和互补。这一点，在丰子恺身上也表现得甚为突出。丰子恺出生于一个旧知识分子家庭。他的父亲丰鐄，是清朝最后一科的举人。丰子恺六岁时，便从父亲学习儒家经典。从小就接受的正统儒家学说，对丰子恺一生的思想道路的发展有着重大的影响。一代儒学大师马一浮，便是丰子恺终生景仰的人物之一。他在《陋巷》《辞缘缘堂》《桐庐负暄》诸文中,曾不止一次地表达出自己对这位大师的崇敬心情。他甚至将马一浮先生比作孔子。他曾多次将《崔子玉座右铭》书赠给自己的子女和亲近的学生,并告以要身体力行。而贯穿于"崔铭"字里行间的,正是传统的儒家伦理观念。但是另一方面,丰子恺又是一个信奉佛教的居士。幼年时,便从祖母那里接受了佛教的"启蒙教育"。十七岁负笈浙江师范以后,更是深受其师李叔同的影响,以后茹素护生,终其一生为弘一法师精神上不二的信徒。

正因为在丰子恺的思想深处是儒、释兼容和互补,而且,"形成他的人品和画品的,主要还是中国的民族文化传统。"①(当然我们还应当看到,这一代的知识者,包括丰子恺,他们都经历了"五·四"新文化运动的洗礼,一方面承袭着故国的文化,一方面又接受了西来思想的启蒙。)因此他虽然皈依佛门,但终未披剃出家;他处处都在热切地关注着人生、社会,以出世的精神做着入世的事业,终生从事着"为人生而艺术"的事业。长达六十年的创作生涯,始终没有停止过笔墨的耕耘。在他的作品中,我们经常看到的是一个入世的、热烈的艺术家的形象。他平时热爱人生,热爱儿童,热爱乡土,表现了一个蔼然仁者的丰富情怀。而当异族入侵,民族危机空前的时候,他又是大义凛然,激情慷慨:"我们是为公理而抗战,为正义而抗战,为人道而抗战。我们为欲歼灭暴敌,以维持世界人类的和平幸福,我们不惜焦土。你做了焦土抗战的先锋,这真是何等光荣的事。"②同时,中国传统的伦理道德,孝悌亲情,又让他常常深情地怀念自己的父母和其他的亲友。《我的母亲》将真实细致的人事景物娓娓道来,令读者如见其人,如闻其声。母亲抚育儿子的苦心,儿子追怀母亲的哀思,都表现得至微至深,着实拨动了读者情感的心弦。缘缘堂的建造和命名,虽然涂抹着一层宗教的色彩,但深一层追究,何尝不是丰子恺承继祖业,孝悌亲情这种传统观念的具体体现。"缘缘堂落成后,我常常想:倘得像缘缘堂的柴间或磨子间那样的一个房间来供养我的父亲,也许他不致中年病肺而早逝。然而我却不能供养他!"③

---

① 朱光潜:《缅怀丰子恺老友》,录自丰一吟藏丰子恺研究资料。
② 丰子恺:《告缘缘堂在天之灵》,见丰陈宝、丰一吟、丰元草编《丰子恺文集》第6卷,浙江文艺出版社、浙江教育出版社1992年版,第63页。
③ 丰子恺:《辞缘缘堂》,见丰陈宝、丰一吟、丰元草编《丰子恺文集》第6卷,浙江文艺出版社、浙江教育出版社1992年版,第122页。

　　丰子恺的这种积极入世的人生态度不仅见之于他的散文小品,而且也见之于他的漫画。丰子恺漫画的一个重要题材,就是"古诗新题"。如作于 1962 年的一组漫画,《浊酒一杯家万里》《慈母手中线,游子身上衣》《我欲渡河河无梁,愿化黄鹄归故乡》《陇头流水鸣声呜咽,遥望秦川肝肠断绝》等等,靡不思绪绵邈,饱含着对整个人生的品位、怅惘和眷恋,寄托着作者对故乡、对人生的一腔深情。

　　在中国文学发展史上,这种现象屡见不鲜:每当异族入侵,国难临头或统治者施行暴政、民不聊生、社会板荡之际,乡土题材的文学创作也一改它原来的面目,柔婉轻灵之音无由再闻,应时而起的则多为感事伤时的沉郁苍凉之声;作品从平时诗情画意的描绘,升华为弘扬民族精神的爱国主义绝唱。从《诗经》读到《国风·黍离》篇时,总不免因其一往情深、低徊无限的诗句而"中心摇摇"。"安史之乱"时,诗圣杜甫的诸多作品,真实地反映了这个动乱的时代。他的《哀江头》《春望》诸篇,沉郁顿挫,写出了诗人对国破家亡的深哀巨恸。北宋亡后,南宋小朝廷偏安江南一隅,令多少民族志士扼腕长叹息。反映在文学创作中,即使词风婉约如姜白石者,亦往往于《白石道人歌曲集》中抒写故国之思。《暗香》《疏影》二词,咏石湖雪后之梅,从梅香、梅影,进而抒写梅魂、梅恨,家国兴亡之感勃郁其中。而悲歌慷慨如辛弃疾、胡铨诸人,在他们的词作、文稿中,更是寄寓着对国事的忧惧和对故国江山的无限思念。丰子恺又如何呢? 平时他的散文随笔,以轻灵委婉见长,读他的文章,仿佛就像驾一叶扁舟,在风景如画的古运河上任意东西,多富于诗情画趣,而当日军的炸弹落到了石门湾,他不得不流徙千里,仓皇南奔,写于此时的《还我缘缘堂》《告缘缘堂在天之灵》《辞缘缘堂》诸文,已不再是以往的潇洒自如,菩萨低眉了,字里行间,喷涌着作者对民族前途忧心如焚,对敌人的暴行无比仇恨,甘愿毁家纾难的爱国爱乡的炽烈情感。当他在船中忍痛将《日本军国主义侵华史》和根据此书作的《漫画日本侵华史》抛之河中以后,艺术家的心似乎被重重地击了一掌。他写道:"这曾经我几番的考证,几番的构图,几番的推敲,不知堆积着多少心血,如今尽付东流了! 但愿它顺流而东,流到我的故乡,生根在缘缘堂畔的木场桥边,一部分化作无数鱼雷,驱逐一切妖魔;一部分开作无数自由花,重新妆点江南的佳丽。"①当他获知缘缘堂被焚的消息后,曾对友人表示,

① 丰子恺:《桐庐负暄》,见丰陈宝、丰一吟、丰元草编《丰子恺文集》第 6 卷,浙江文艺出版社、浙江教育出版社 1992 年版,第 10—11 页。

虽未能真的投笔从戎,但相信以笔代枪,凭其三寸不烂之舌,努力从事文画宣传,可使民众加深对暴寇的痛恨。军民一心,同仇敌忾,抗战必能胜利。南奔途中,泊舟醴陵,曾填《高阳台》词一曲。词中,千里跋涉、去国怀乡的离愁与"誓扫匈奴"的豪情融为一体,酣畅淋漓地抒发了一个爱国艺术家的壮烈情怀:

> 千里故乡,六年华屋,匆匆一别俱休。黄发垂髫,飘零常在中流。渌江风物春来好,有垂杨时拂行舟。惹离愁,碧水青山,错认杭州。　　而今虽报空前捷,只江南佳丽,已变荒丘。春到西湖,空闻鬼哭啾啾。河山自有重光日,奈离魂欲返无由。恨悠悠,誓扫匈奴,雪此冤仇。

这些作品,表现了一个始终关注现实,爱憎分明的艺术家的良知。读这些作品,一个正直善良、爱国爱家的艺术家的崇高形象宛然眼前。同时,人们也因此清晰地看到了丰子恺乡土题材散文创作中传统文化深深的烙印。

三

丰子恺极重人品的修养,他率真诚恳,对人生,对社会,对世间万物,有着一颗纯洁无瑕的赤子之心,有着一颗无限扩充的爱心。他在《劳者自歌》中这样写道:"我自己明明觉得,我是一个二重性格的人。一方面是一个已近知命之年的、三男四女俱已长大的、虚伪的、冷酷的、实利的老人(我敢说,凡成人,没有一个不虚伪、冷酷、实利);另一方面,又是一个天真的、热情的、好奇的、不通世故的孩子。"在丰子恺眼前,天下万物,莫非一体。"我们的爱,始于家族,推及朋友,扩大而至于一乡,一邑,一国,一族,以及全人类,再进一步可以恩及禽兽草木,因为我们同是天生之物。故宗教家有'无我'之称。儒者也说:'圣人无己,靡所不已'。"丰子恺的此类内心独白,无不体现了他的那种赤子情结。即使是在抗战期间,不得已而远离乡国,故园已成焦土,在六千里外的荒山中,重温当年仓皇辞家的旧梦,心绪黯然之际,丰先生的这份赤子之心依然与往昔一般灼热。而他在《野外理发处》里写的那位河边的理发匠,那位"在物质生活上不幸"的船娘;在《肉腿》里写的"从石门湾到崇德之间,十八里运河的两岸"那无数的水车上赤裸着双腿踏水的农夫;作者晚年时出现在他笔下的癞六伯、王囝囝、阿庆等儿时人物的音容笑貌，以及在《塘栖》《清明》等篇里对江南佳丽地的美好回忆，对家乡清明扫墓的诸种风俗、趣事的温馨的追思，也无一不是这种无限扩充的爱心的一个生动的诠释。

钱穆曾言，文学最高境界，在能表现人之内心情感，更贵能表达到细致深处。如是则人生即文学，文学即人生。二者融凝，成为文学中最上佳作。而随笔作为文学作品的一种特殊样式，它更是真情的直接流露和倾吐，来不得半点矫饰或做作。丰子恺，这位"现代中国最像艺术家的艺术家"，他着力抒写内心的真情实感，创造出了真正的艺术作品。"在在处处，都出于本心真诚的流露。"①这种弥足珍贵的情感，在人类社会的任何时候，都是共通的，不可或缺的。如果没有了这种人类社会共通的情感，人与人之间没有了一点起码的人情味，老是尔虞我诈，虚伪做作的人生作态充斥于社会生活的每一个角落，这样的状景，我们不都是在现实生活当中屡屡见识，甚至亲身经历过吗！正是从这个意义上，可以断言，丰子恺的散文随笔，将文学与人生完美地融凝，"成为文学中最上佳作"。

丰子恺温文尔雅，他经常在欣然微笑。"我常用'清'、'和'两个字来概括子恺的人品，但是他胸有城府，'和而不流'。"②他晚年时，遭逢了人生道路上的多重磨难，而丰子恺却不苟且，不偷生，风骨峻嶒，一如既往，秉笔直书他心中的真情实感，表现了一个正直的艺术家良好的风仪。他曾经称颂梅兰芳威武不屈、贫贱不移的精神，其实他自己又何尝不是同一种人品！作者连篇累牍，用大量的笔墨去追忆故园那熟谙的风情，儿时那熟悉的人物，这正是作者人品的一个生动诠释。这类作品，看似远离现实，其实与现实息息相关，作者心中判若泾渭的爱与憎，终于找到了一个泄泻的孔道。看似洒脱，其实凝重；看似随手拈来，其实是作者对整个生命历程的咀嚼和回味。

丰先生少小离家，除缘缘堂新构后在家乡小住数载外，其余时间都远离故园。但他人在异地，却只管说石门湾的土白，吃石门湾的小菜，度石门湾的生活。他说："我住在大后方各省各地的时候，天天嘴上所说的是家乡的土白，若要怀乡，这已尽够。"③写于 1935 年的《杨柳》尤可作为丰子恺这种怀乡

---

① 释广洽：《方外之音何处寻》，载《联合早报》1983 年 7 月 4 日。

② 朱光潜：《缅怀丰子恺老友》，录自丰一吟藏丰子恺研究资料。

③ 丰子恺：《沙坪的酒》，见丰陈宝、丰一吟、丰元草编《丰子恺文集》第 6 卷，浙江文艺出版社、浙江教育出版社 1992 年版，第 180 页。

情结的佐证。他这样说:"杨柳的主要的美点,是其下垂。""它不是不会向上生长,它长得很快,而且很高;但是越长越高,越垂越低,千万条陌头细柳,条条不忘记根本,常常俯首顾看下面,时时借了春风之力,向处在泥土中的根本拜舞,或者和它亲吻,好像一群活泼的孩子环绕着他们的慈母而游戏……"这一段话,实在是丰子恺不管处于何种境遇,总是不忘根本这种高尚人品的形象写照。作者如此痴情地怀恋着他的故乡,他的乡土题材的散文随笔之大量创作,其思想渊源,均在于此。

除了上述几个方面,我们还应当注意到,丰子恺文学创作的独特形式——与晚明时期小品文有明显的承传渊源的随笔的形式——常常描摹环境,抒写怀抱,寄托感情;常常从平凡的现实生活中取材,将生活与散文混融成一片,小中见大。这种轻便灵活的文学样式也使作者在他的作品里倾吐对故园风土人情的绵邈深情时获得了极大的自由。

概而言之,丰子恺乡土题材的散文创作,尽管没有深广的社会内容,也似乎缺乏重大的主题,但它们常常从一些琐碎常见的题材中阐释深刻的人生哲理,体现了作者一贯的"探究人生"的积极态度。这类作品,承继了传统文化的优良传统,具有鲜明的江南水乡的地域特色,凝结着作者念兹在兹的乡土情怀,读上去分外亲切,乃是作者用心最苦,寄情最深,最能显示其创作特色的精华之作。

作者:桐乡市党史地方志研究室副研究员

丰子恺文学作品中的儿童观

——以音乐故事为例

陈亭伊

丰子恺 1898 年 11 月 9 日出生在浙江崇德县石门湾①的一个书香门第，是中国现代著名艺术教育家、文学家、艺术家、漫画家，在文学、绘画、音乐等领域均有着非常高的造诣，且被日本学者吉川幸次郎誉为"现代中国最像艺术家的艺术家"②。当然，丰子恺的贡献不仅仅局限在教育和艺术的领域，他更是一位拥有独特儿童观的文学家。不难发现，在丰子恺诸多文学作品中有关于儿童的文学作品不在少数，他虽然没有出过儿童的专著，但他却翻译过大量关于儿童教育的文论，并在儿童教育上有着独到的见解和方法。1921年，郭沫若《儿童文学之管见》在讨论有关儿童文学的定义时指出，儿童文学是现代文学门类之一，儿童文学创作是以少年儿童为读者的文学作品，旨在帮助儿童认识世界、理解生活，并为他们形成健全的人格和正确的三观奠定基础。如此来看，丰子恺的儿童文学一方面是为儿童而写的文章，另一方面是属于儿童题材的文章。

丰子恺在缘缘堂随笔《儿女》中曾谈到儿童与艺术："近来我的心为四事所占据了：天上的神明与星辰，人间的艺术与儿童，这小燕子似的一群儿女，是在人世间与我因缘最深的儿童，他们在我心中占有与神明、星辰、艺术同等

---

① 注：该地为今浙江省桐乡市石门镇。
② 丰子恺：《〈读《缘缘堂随笔》〉读后感》，见陈星总主编、陈建军分卷主编《丰子恺全集》第 2 卷，海豚出版社 2016 年版，第 183 页。

的地位。"①丰子恺一生从事艺术教育事业,他将天上的神明、星辰、艺术和儿童这四者放在同等位置,表现了艺术和儿童在丰子恺心中有着至高无上、不可替代的高度。

一、丰子恺文学作品中的音乐故事

作为现代我国著名的艺术教育家、作家、艺术家,丰子恺以其丰厚的文学作品、绘画作品、艺术教育著述、翻译和艺术理论等享誉世间。其中文学作品500 余篇,包含缘缘堂系列随笔、再笔、新笔、续笔,以及小说、诗词、外文集等。

音乐故事是丰子恺于 1937 年 1 月 10 日起至 1937 年 6 月 10 日期间在《新少年》半月刊上刊登的 11 篇文章②。《新少年》于 1936 年 1 月在上海创刊,开明书店发行。《新少年》这一刊物属于综合性少年刊物,主要是"以引导少年认识社会、欣赏文艺、了解自然为主旨,主要刊登时事述评、科学常识、社会风情,以及历史、地理、美术、音乐和卫生等方面的知识、小实验等。此外,还刊载诗歌、散文、童话、小说、报告文学、文学译作和名篇赏析,以及少年学生的一些杂感习作等"③。由此可以看出,丰子恺在刊中所刊登的 11 则音乐故事也是青少年儿童兴趣学习的读物。但《新少年》仅存 18 个月,于 1937 年7 月停刊。1945 年 7 月在重庆复刊,后改名为《开明少年》。

按《新少年》的报刊性质来看,丰子恺在《新少年》刊登的 11 则音乐故事是面向青少年儿童的音乐兴趣读物。不同的是,在这 11 则音乐故事中涉及较多乐理基础知识,如:音阶、音程、和弦、调式等。给初学者展示了由浅入深的乐理知识结构体系。此外,在这 11 则音乐故事中丰子恺给孩子们展示了 6 种乐器,它们分别为:口琴、风琴、竹笛、钢琴、小提琴和胡琴。其中《理法与情趣》这一音乐故事中附口琴吹奏法以及清晰的演奏图纸,在《律中夹钟》中附风琴键盘上的大字组音阶(CDEFGAB)。丰子恺将每一个乐器的演奏特点以及演奏中涉及到的乐理基础知识插入音乐故事的创作中,让读者不仅可以阅读故

---

① 丰子恺:《儿女》,见陈星总主编、陈建军分卷主编《丰子恺全集》第 1 卷,海豚出版社 2016 年版,第 18 页。

② 11 则音乐故事分别为:《独揽梅花扫腊雪》《晚餐的转调》《松柏凌霜竹耐寒》《理法与情趣》《铁马与风筝》《律中夹钟》《翡翠笛》《巷中美音》《外国姨母》《芒种的歌》《蛙鼓》。

③ 根据《晚清民国期刊全文数据库(1833~1949)》的介绍。

事还可以学到乐理基础知识。此外，丰子恺分别在音乐故事《外国姨母》中提到《音乐入门》，在《铁马与风筝》《律中夹钟》中提到《开明音乐教本》，在《翡翠笛》中提到《开明音乐讲义》，这三本书是丰子恺编写的音乐入门教材。

上述 11 则音乐故事不仅是对爱好音乐的青少年儿童的音乐启蒙，更是丰子恺进行儿童艺术教育的独特方式。儿童通过故事中音乐基础知识学习，提高其艺术修养、审美素质和艺术鉴赏的水平等，让每一个儿童有接受艺术教育的可能，使儿童得到美的享受和精神的净化。虽然音乐故事中这种"浸润式"的教育方式是当时无法实现的，但却给一百年后今天的艺术教育发展以启迪。

二、丰子恺音乐故事中的儿童形象

在我国传统社会意识中，儿童和妇女一样不被重视。恰如儒家"三纲五常"理论中的三纲思想，他们完全不能具备独立的人格，却要践行兴盛门楣的期望。近代，由于外来文化的冲击致使国内的知识分子意识到开发民智迫在眉睫。由此，儿童问题便进入了他们的视野。在"五四"时期宣扬思想的启蒙和解放之时，知识分子开始关注到妇女和个人的问题。法国自然主义教育家卢梭（Jean-Jacques Rousseau，1712—1778）所提出的"必须把人当人看待，把儿童当儿童看待"[1]之思想被广泛接受。

丰子恺对儿童的关注恰恰与"五四"时期的知识分子相反，他对于儿童的关注正是从自己成为一名父亲之时起。成为父亲后，丰子恺开始留意儿童、观察儿童并理解儿童，在与孩子朝夕相处的过程中他的儿童观也悄然建立。同时，这些观念也深深地影响了他的文学创作。

在丰子恺的文学作品中不难发现，他在与儿童的交流中给予了儿童充分的尊重，将他们视为独立的个体。如《给我的孩子们》将儿童与大人作对比道："这是何等可佩服的真率、自然与热情！大人间的所谓'沉默''含蓄''深刻'的美德，比起你来，全是不自然的，病的，伪的！"[2]在丰子恺看来，孩子无论是在游戏中还是在苦闷时，都是专注的、自然的、真挚的。而成人的专注与孩

---

① 薛正斌：《卢梭自然教育思想》，山西人民出版社 2018 年版，第 88 页。
② 丰子恺：《给我的孩子们》，见陈星总主编、陈建军分卷主编《丰子恺全集》第 1 卷，海豚出版社 2016 年版，第 127 页。

子是有着千差万别的,如在音乐故事《外国姨母》中的弟弟看到演奏小提琴的姨丈心想:"这奏法真别致啊,乐器夹在下巴底下,奏起来同木匠使锯子一般;而发出来的声音异常柔和,异常委婉,活像一个女子在那里歌唱。"①故事中弟弟对小提琴的音色和演奏出的婉转曲调进行赞美可以看出,儿童对喜欢的、新鲜的事物流露出自然、真挚的情感和对此展开了无限想象的空间("活像一个女子在那里唱歌")。我们能感受到丰子恺笔下儿童的自由,他给予儿童充分发挥自我的空间,不拘泥于社会固有的教条主义,更抛弃社会固有的价值体系,为中国儿童文学的发展做出了积极的努力。

丰子恺在他的文学作品中将"把儿童当儿童看待"这一思想表达得淋漓尽致。丰子恺在《〈儿童的年龄性质与玩具〉译者序言——儿童苦》中对儿童有清楚的认识:"其实小孩子们也自有感情,也自有其人生观、世界观及其活动、欲求、烦闷、苦衷,大人们都难得理解。我以前不曾注意于此,近来家里的孩子们都长到三四岁以上,我同他们天天接近,方才感到,不禁对他们发生了深切的同情。"②丰子恺较早地认识到儿童有其自己的情感、三观和独立的人格,更认识到儿童对社会的重要性及合理性。在音乐故事《理法与情趣》的开篇之处他写道:"昨夜我抱着了两个疑问而睡觉:第一,吹口琴时,就用某音左面的几个音作为某音的伴奏,为什么都很调和? 第二,《松柏凌霜竹耐寒》的乐曲这样短小,这样简单,这样缓慢,这样平易,为什么反比那种长大、复杂、急速、困难的乐曲更加好听?"③故事中的弟弟不仅对所学的知识能完全掌握,并且还能在此基础上产生新的疑惑、提出新的问题。在问题没有解决时也会感到苦闷,甚至吃不好睡不着;当问题解决时,又能感到无上的愉快。

在《巷中美音》中的弟弟听到巷中发出的一种美音,在优美的旋律中走近的却是一位衣衫褴褛的老头在吹竹笛:

> 终于走到了我的窗下,我喊下去:
> "喂,你的笛卖不卖?"
> "卖的,"老头子仰起头来回答,美音戛然中止了。

---

① 丰子恺:《外国姨母》,见《丰子恺儿童文学全集·儿童故事卷》,海豚出版社 2014 年版,第 241 页。
② 丰子恺:《〈儿童的年龄性质与玩具〉译者序言——儿童苦》,见陈星总主编、陈建军分卷主编《丰子恺全集》第 4 卷,海豚出版社 2016 年版,第 19 页。
③ 丰子恺:《理法与情趣》,见《丰子恺儿童文学全集·儿童故事卷》,海豚出版社 2014 年版,第 200 页。

> "多少钱一只？"
>
> "一毛小洋。"
>
> "你等一等，我走下来同你买。"①

音乐故事充分体现了丰子恺对儿童的了解，不管在年龄层次上、兴趣特点上、性格特征上还是儿童心理等方面，创作以现实生活为源，儿童生活为本，儿童能够理解和感兴趣的故事。

综上，在丰子恺的文学作品中儿童形象已经发生了翻天覆地的变化。儿童不再是附庸、不再是被家长严加管教的拙笨群体，而是天真烂漫、具有自己思想、富有真情实感、勇于表现自我的新儿童形象。如此的新儿童形象不仅是丰子恺文学作品中所塑造的，更是丰子恺在社会环境的影响下想要实现的。

三、丰子恺音乐故事中的儿童表现

丰子恺的 11 则音乐故事采用单篇连缀的写法，主要讲述姐弟俩童年趣事和音乐知识的学习。为了便于读者学习，丰子恺特意将故事转化为弟弟的视角。以一个小孩子的眼光和思维来学习相对抽象的音乐，使读者更易于理解和学习。

音乐故事从"独揽梅花扫腊雪"②讲起，以王公公扫雪为背景从而引出 C 大调音阶，为音乐爱好者展开一幅生动有趣的画面。在艺术课中，音乐与其他艺术形式不同，它的门槛相对较高，除了天赋外，不仅需要学习和掌握相当程度的乐理知识，还需要勤奋练习才有可能真正迈进音乐世界的大门。故事中的姐弟二人亦是在父亲的影响之下对音乐抱有较高的热情。且在正确的教授和勤于练习之下才达到演奏水平。既是儿童故事，也就属于入门级别了。在音乐故事《松柏凌霜竹耐寒》中，丰子恺将口琴作为音乐入门的乐器。随着学习难度加深，在《律中夹钟》中，父亲为了让弟弟感受到口琴中不能够奏出的♯F，花费重金买回一架风琴。随后又在《巷中美音》中写到弟弟买竹笛的经过，在《蛙鼓》中看到演奏胡琴的王老伯伯和阿四，在《外国姨母》中见

---

① 丰子恺：《巷中美音》，见《丰子恺儿童文学全集·儿童故事卷》，海豚出版社 2014 年版，第 231 页。

② "独揽梅花扫腊雪"即 C 大调式音阶唱名：do re mi fa sol la si 。

到真正的小提琴，并在姨丈的指导下奏出音阶。显然，丰子恺由浅入深、循序渐进地将音乐知识写进音乐故事中，且通常是根据孩子们对某个乐器的兴趣为主。待新鲜劲儿过后，枯燥的练习和缓慢的进步常常使孩子对此心生厌倦，甚至产生强烈的厌学情绪。在《芒种的歌》这一音乐故事中，枯燥的练习使弟弟对小提琴学习产生厌烦，因而不自觉地被又一新鲜的乐器胡琴所吸引。当父亲发现后并没有把孩子叫来训斥，而是自我检讨当时没有把学习乐器的苦提前跟孩子讲清楚。父亲说："第一，音乐并不完全是享乐的东西，并非时时伴着兴味的。在未学成以前的练习期，比练习英文数学更加艰苦，需要更多的努力和忍耐。第二，人生的事，苦乐必定相伴，而且成正比例。吃苦愈多，享乐愈大；反之，不吃苦就不得享乐。这是丝毫不爽的定理，你切不可忘记。你所学的提琴，是技术最难的一种乐器。须得下大决心，准备吃大苦头，然后可以从事学习的。从今天起，你可用另一副精神来对付它，暂时不要找求享乐，且当它是一个难关……通过了这难关，就来到享乐的大花园了。"①在音乐故事《蛙鼓》中讲到父子俩的一次夜游。在父子俩准备出门时，在门房听到演奏声，父子俩驻足欣赏，站在窗前窥探。只见王伯伯在竹椅上拉胡琴，阿四扯长了嘴唇吹笛，大家尽情地演奏着，样子可爱又可敬。在音乐故事《翡翠笛》中由父亲对翡翠笛兴味可以看出父亲的那颗童心被燃起，和孩子们一起研究起翡翠笛上的音阶和音准问题。由此，"大人们原来也有孩子们的兴味，不过平时为别的东西所压迫，不容易显露罢了"②。音乐故事中亦父、亦师、亦友的写作风格正是丰子恺儿童观的体现，他弱化儿童身上的社会意识形态，强调回归儿童的本位，将自己塑造为一个观者的角色，观察儿童的生活，记录儿童的言行，赞美儿童的纯真，表达对儿童世界的向往，将儿童作为真正意义上的社会群体。

音乐科目是丰子恺大力倡导的课程。丰子恺受恩师李叔同影响寄希望于艺术课程，希望通过艺术教育让青少年儿童提升精神品质和教养。因此，丰子恺花费大量心血，为青少年儿童撰写音乐故事。这类关于儿童的散文和专门为儿童创作的故事都遵循着他将儿童视为独立的个体，尊重儿童和理解儿童独特性理念。又因丰子恺的创作准则是在具有现代性的儿童观影响下

① 丰子恺：《芒种的歌》，见《丰子恺儿童文学全集·儿童故事卷》，海豚出版社2014年版，第250页。
② 丰子恺：《翡翠笛》，见《丰子恺儿童文学全集·儿童故事卷》，海豚出版社2014年版，第227页。

进行的，因此，这类儿童故事在今天仍然有教育意义。

四、丰子恺音乐故事中的音乐教育思想

丰子恺的一生是艺术的一生，在长达近半个世纪的艺术生活中，无论是在理论层面还是实践层面，音乐上的成就都是丰厚的。丰子恺的音乐教育思想与其几十年的音乐的实践有着紧密的联系，且这些联系都是建立在他所经历的社会百态以及平民百姓的精神生活之上。不论是早期的学校音乐教育还是后期的社会音乐事业，丰子恺始终将提高国民的艺术修养，提升国民的综合素质为己任，同时对把音乐普及给广大人民群众抱有热情。丰子恺认为，音乐教育是培养健全的人格的教育之一。恰如丰子恺在《关于学校中的艺术科》这篇文章中所谈及："教育是教人以真善美的理想，使窥见崇高广大的人世的。再从人的心理上说，真、善、美就是知、意、情。知意情，三面一齐发育，造成崇高的人格，就是教育的完全的奏效。倘有一面偏废，就不是健全的教育。"[1]丰子恺认为，健全的人格的教育是真、善、美三方面的协调统一，三者缺一不可。又如在《艺术与艺术家》一文中开篇丰子恺再一次强调了真、善、美的辩证统一关系："圆满的人格好比是一个鼎，真善美好比鼎的三足。缺了一足，鼎就站不住，而三者之中，相互的关系如下：真、善为美的基础，美是真、善的完成。"[2]文中再一次强调了真善美三者之间相辅相成的关系。丰子恺进一步谈道真善美三者的辩证统一："真善生美，美生艺术。故艺术必具足真善美，而真善必须受美的调节。一张纸上漫无伦次地画出许多山，真是真的，善是善的，但是不美，故不能成为画……真和善，必须用美来调节，方成为艺术。"[3]可见，在对艺术的讨论中真善美三者不可或缺，丰子恺认为光有真和善是不可取的，他更加偏袒"美"的作用。因为美和艺术，二者相通。这也就成为他倍加推崇用艺术教育来养成真善美的健全人格的缘由。此外，1939

① 丰子恺：《关于学校中的艺术科》，见丰陈宝、丰一吟、丰元草编《丰子恺文集》第 2 卷，浙江教育出版社 1990 年版，第 225 页。
② 丰子恺：《艺术与艺术家》，见陈星总主编、陈建军分卷主编《丰子恺全集》第 2 卷，海豚出版社 2016 年版，第 273 页。
③ 丰子恺：《艺术与艺术家》，见陈星总主编、陈建军分卷主编《丰子恺全集》第 2 卷，海豚出版社 2016 年版，第 273 页。

年 6 月 22 日丰子恺在《教师日记》中对艺术教育的总结中写道:"今天上午结束艺术教育课。选读《乐记》三节。并为结论曰:半年来授课共十六讲。要之,不外三语:艺术心——广大同情心(万物一体)、艺术——心为主,技为从(善巧兼备)、艺术教育——艺术精神的应用(温柔敦厚)(文质彬彬),今日以《乐记》结束者,意是表明此要旨之意。"①综上可以看出丰子恺对于艺术教育课程的远见卓识。对于艺术,丰子恺认为首先要抱有一颗艺术心;其次对于艺术秉持心为主、技为从的评判标准;而对于艺术教育,他不仅仅满足于艺术本身的掌握,而更崇尚艺术精神的培养。

丰子恺在《新少年》刊登的音乐故事中塑造的父亲这一角色是无私而伟大的。故事中父亲为了满足孩子对音乐的求知欲不惜花费重金购买风琴、小提琴等昂贵的西洋乐器,这正是丰子恺对于音乐教育的态度以及丰子恺本人音乐教育思想的缩影。丰子恺认为艺术教育归根到底就是美的教育,而音乐教育正是丰子恺的教育方略之一。

在音乐故事《独揽梅花扫腊雪》中音乐基础知识的学习上,父亲对不认五线谱的弟弟采用趣味法教学。他将每一个音比喻成家庭的七个成员,并说明它的性质,就像文中故事所说:"do 字是音阶中的主脑,最重要,最多用,好比家庭里的主人,故称为'主音'。sol 字与主音最协和,常常辅佐主音奏和声,好比家庭里的主妇,从属于主人,故称为'属音'……我们先生说它好比是这家人的门房。"②丰子恺以生动有趣的形式帮助孩子掌握音乐中最基础的音阶知识,不仅让孩子兴趣倍增,更能帮助孩子牢记知识。紧接着丰子恺将知识点从前面的音阶,过渡到《晚餐的转调》中的长调(大调)、短调(小调)和音程,还分别讲到长调与短调的区别、长调中音与音的关系、短调中音与音的关系等。音乐故事都是延续以上的趣味方法传授给青少年儿童,让他们容易理解、易于掌握,并逐渐喜欢上音乐。在音乐故事《律中夹钟》中,父亲用自己的新设备"铁马"来给弟弟介绍中国音乐的调式特点并与西洋音乐调式进行对比,让孩子更多地了解和认识中西方的音乐文化。

在音乐不能普及到每一个儿童生活中的当下,丰子恺以文学体裁讲述音乐故事,用文字给音乐披上神秘的面纱,给儿童带来无限想象空间,让每一个

---

① 丰子恺:《教师日记》,教育科学出版社 2008 年版,第 202 页。
② 丰子恺:《丰子恺儿童文学全集·儿童故事卷》,海豚出版社 2014 年版,第 183 页。

儿童有了解和喜爱音乐的权利，这正是丰子恺儿童观的内涵。

结　语

丰子恺自 1919 年从浙江省立师范学院毕业后就执着于艺术教育事业，他对儿童的关注是多维度的，是集教育家、文学家、漫画家等诸多身份于一身的，不仅仅是父亲这一角色。由于多重身份的相互渗透结合，大大丰富了其儿童观的思想厚度。丰子恺的音乐故事可以说是一本普及音乐常识的作品，他用讲故事的形式进行音乐知识的普及和传播。在音乐故事中，丰子恺将音乐基础知识融入到故事中，让孩子们在读故事、讲故事时，学习音乐知识、建立情感的桥梁、实现身心的和谐统一，逐渐培养孩子的健康心理及健全的人格，正如他在散文《漫画创作二十年》中曾谈及对儿童生活的怀念那样："我向来憧憬于儿童生活。尤其是那时，我初尝世味，看见了所谓'社会'里的虚伪矜伪之状，觉得成人大都已失本性，只有儿童天真烂漫，人格完整，这才是真正的'人'。"①

作者：中国传媒大学博士研究生

---

① 丰子恺：《漫画创作二十年》，见陈星总主编、陈建军分卷主编《丰子恺全集》第 2 卷，海豚出版社 2016 年版，第 264 页。

游戏中的诗与画：
丰子恺《竹影》一文中的美学思想刍议

李中诚

《竹影》一文是现代艺术家丰子恺的散文代表作,写作于 1936 年 5 月,收录于《少年美术故事》,通过描写"我"、弟弟与华明三个小伙伴"描摹竹影"的游戏,表现他们的天真与童趣,同时运用"父亲"的一些言语表达了作者对于中国画审美的思考,揭示了一些美学的基本规律,是一篇文笔轻松优美且引人深思的哲理散文,也是深入浅出地谈论文艺的典范,文本中蕴含了丰子恺丰富的美学思想,是他美学理论的有机组成部分。

一、模仿与游戏:审美体验的来源

"描摹竹影"从行为层面来看是对于"竹影"这一客观自然物象的模仿,而"父亲"的一些言语所表现出的肯定态度实质上是丰子恺对于这一种模仿式的儿童游戏的认可,也是他在文本中试图传达出的对于美之本质和起源的思考。在丰子恺看来,美即蕴藏于儿童的游戏之中,模仿式的游戏是产生审美体验的途径,在美学范畴内带有一定的"游戏说"与"模仿说"的特点。丰子恺在文本中选取描摹竹影外形的游戏行为作为叙述主体,展开并加以描写,强调儿童通过这一种描摹式的游戏获得愉悦的情感体验,不禁让人联想到亚里士多德等古希腊学者所认可的"艺术源于模仿"之说。他们认为模仿是人的天性,是人认识世界的方式,也是人获得快感的渠道。通过勾勒"竹影"获得线条与形式的组合,是一种"既要与自然相似,又要求超出自然"①的创造,而丰子恺肯定这一种创造,认为孩童纯粹而自然的模仿能够传达出美感,并且带有中国画的意味。在体现了一定的"模仿说"的因素外,儿童"描摹竹影"的游戏从目的层面看不是出于认知"竹影"或是其他的一些客观事物的需要,而是一种抛却现实利害与伦理道德考虑的行为;其收获的不是道德层面的认可,而是儿童在主观感情层面自由的愉悦。这种行为本身与康德在《判断力批判》中提出的"自由游戏"的概念有一定的相似之处,"自由游戏"是一种建立在"审美无利害"说基础上的自由而活跃的游戏,这种自由游戏的状态即为审美体验的状态,席勒则以康德的美学思想为基础,提出了"游戏内在驱动力"②,认为这一种游戏"是感性冲动与理性冲动的有机统一"③并最终能够"既在物质上、也在精神上把人解放出来"④,所以在《竹影》一文描写"描摹竹影"游戏,是丰子恺在感怀童年趣事之余,阐述游戏与审美活动的关系,认为游戏是美和愉悦的来源,认可模仿是孩童的天性,认可游戏中孩童的创造力,这也是丰子恺在其文学及漫画作品中频繁使用儿童与游戏作为主题之缘由,例如他的漫画作品《建筑的起源》,同样也是通过描绘孩童搭积木的行为,歌颂这一种模仿式的游戏,体现了他对于美之来源的思考。

　　丰子恺认可孩童模仿式的游戏行为,也肯定这是一种创造力的表达,从中能获得愉悦的审美体验,但是并不认为这就是真正的(中国画)艺术,认为这"不过是好玩罢了",因而不难看出孩童的游戏行为在他的美学思想中处于一种特殊的位置。文本中与竹影有关的意象有三:一是水门汀上自然客观的竹影,二是孩童通过游戏描摹的竹影图案,三是言语对白提及和堂中悬挂着的一些竹题材的中国画,这三者带有明显的递进的关系,即从客观向主观的转变。这与丰子恺在《艺术三昧》一文中以三只苹果论证的"艺术三昧境"有异曲同工之妙。文中提到的三只苹果首先是规矩排列的三只苹果,其次是经

① 方珊:《美学的开端》,上海人民出版社 2001 年版,第 194 页。

② 席勒说:"感性的内在驱动力要求有变化,要求时间有一个内容;形式的内在驱动力要求取消时间,要求不发生变化。在另外一个内在驱动力里,二者相互结合起来发挥作用。在我为这种命名找到充分理由之前,容我姑且称它为游戏内在驱动力吧。也就是说,这种游戏内在驱动力所针对的方向是取消时间中的时间,并使变化与绝对存在、变化与同一性协调一致。"席勒:《人的美学教育书简》,张佳钰译,见张书玉主编《席勒文集》第 6 卷,人民文学出版社 2005 年版,第 215 页。

③ 蒋孔阳、朱立元主编,张玉能、陆扬、张德兴等著《西方美学通史》第 5 卷,上海文艺出版社 1999 年版,第 112 页。

④ 席勒:《人的美学教育书简》,张佳钰译,见张书玉编《席勒文集》第 6 卷,人民文学出版社 2005 年版,第 215 页。

过孩童触碰之后散漫而"自由"的三只苹果，而后是画面中经过画家经营位置后"多样而统一"的三只苹果，可以发现他将儿童的游戏行为视作艺术创作来源于客观自然的中间步骤，即从客观物象到主观创造的过渡。

二、不像：中国画的形式与内容

文本通过将"描摹竹影"游戏与真正的中国画相联系引申出丰子恺关于中国画审美标准的讨论。父亲解答孩童提出的"竹为什么不用绿颜料来画"等问题时，将西洋画与中国画相比较，强调中国画的审美不同于多数西洋画，不注重像不像，并非是物象单纯的描摹，而是"须经过选择和布置"后"像符号"似的传达物象的神韵，有象征意味与独特的美感，可见他注重画面的纯粹性与直观性，认为太像实物的画作缺少神韵，反而是与"朱竹"类似的主观性与抒情感极强的画法，其距离真实的客观物象较远，才具有中国画的独特美感，因而在丰子恺看来，优秀的中国画能够较好地处理画面中主观创造与客观物象的关系，中国画的美似乎来源于这一种"不像"。在与丰子恺同时期的美学家中，也有不少人认同美产生于"距离"，最具代表性的就是他的好友朱光潜，他在英国心理学家布洛的理论基础上，提出了美来源于"心理的距离"这一说法，认为艺术"创作和欣赏的成功与否，就看能否把"距离的矛盾"安排妥当"①，这和丰子恺关于中国画的美学思想是一致的。

丰子恺的《中国画的特色》一文则更加详尽地阐述了他的中国画美学理论，在一定程度上可视为对《竹影》的补充与扩展。他在题材上将绘画分为注重内容与注重画面两大种类，认为大多数西洋画、中国画中的山水、人物等注重内容，西洋画中的静物与中国画中的花卉、翎毛等注重画面，同时他又认为"从绘画艺术的境界上讲，其实后者确系绘画的正格，前者倒是非正式的、不纯粹的绘画"②。可见他认为对于客观事物或文本进行具象描写的绘画是不纯粹的，构图、笔法、色彩、形象等画面语言更为单纯的作品则更高级。为了讨论这一观点的合理性，他提出了"绝对的绘画"和"纯粹的形与色"③等概念，

---

① 朱光潜：《文艺心理学》，见叶至善等编《朱光潜全集》第 1 卷，安徽教育出版社 1987 年版，第 221 页。
② 丰子恺：《中国画的特色》，见丰子恺著、张文心编《向善的艺术》，上海人民美术出版社 2013 年版，第 133 页。
③ "不必有自然界的事象的描写，无意义的形状、线条、色彩的配合，像图案画，或老画家的调色（转下页）

这些说法细化了《竹影》中有关中国画美感的论述,解答了"为何距离真实客观物象较远,强调画面主观创造与抒情的中国画更具美感"的问题,实质上是对于绘画形式与内容之关系的讨论,且带有一定的形式主义美学的特点。例如克莱夫·贝尔提出的"有意味的形式"这一命题,这个观点贬低叙述性的绘画,认为它们没有绘画的"意味",而是通过画面引起观者联系现实生活,暗示日常感情,正如丰子恺认为注重内容的绘画是非正式的一般,唯有"线条、色彩以某种特殊方式组成某种形式或形式间的关系"①能够唤起人纯粹的审美情感。可见两者美学思想的相似性,抑或是丰子恺受到贝尔等人的理论影响。也许在他看来正是画面中形象、色彩与构图等元素直观且纯粹的作品才是"有意味的",比意图表达文本内容的作品更具美感。《竹影》中的讨论也是为了论证这一个观点,所以他认为中国画要讲究"方向、疏密、浓淡、肥瘦,以及集合的形体",中国画的美正是来源于画面中笔墨形式的组合。

三、形式的诗化:中国诗画美学思想指引下的艺术创造

在中国诗画美学思想指引下,丰子恺的艺术创造善于处理绘画中形式与内容的关系,从中国画的角度来讲包含"诗"与"画"及"形"与"神"等不同层面。

以文人画为主体的中国画自古以来就包含"诗与画"两个方面,且在历代画论中常被讨论。丰子恺在《中国画的特色》中将诗画关系分为表面与内面两种不同的结合,表面的结合注重画面对于诗文内容与意境的传达,仍是叙述性的体现,内面的结合注重画面形式的诗化,是通过主观处理甚至是夸张与怪诞的画法来表现距离客观自然较远的神韵与妙趣,显然丰子恺更认同内面的结合,并在他的艺术创作中融入这一理念。在丰子恺看来,好的诗也是表达感受与兴趣的艺术,正如康德所说:"既表现精神又表现趣味的作品,一般可称诗,这就是美的艺术作品,不管它是由眼睛还是直接耳朵提供我们的,也可以把它叫作艺术创作:它可以是绘画、园林、建筑、音乐和诗歌。"②因此好

(接上页)板,漆匠司务的工作裙,有的也能由纯粹的形与色惹起眼的美感。这才是绝对的绘画。"丰子恺:《中国画的特色》,见丰子恺著、张文心编《向善的艺术》,上海人民美术出版社 2013 年版,第 133 页。

① 克莱夫·贝尔:《艺术》,马钟元、周金环译,中国文联出版社 2015 版,第 4 页。

② 康德:《实用观点的人类学》,见蒋孔阳、朱立元主编,曹俊峰、朱立元、张玉能著《西方美学通史》第 4 卷,上海文艺出版社 1999 年版,第 57 页。

的绘画更应注重画面中趣味与感受的表达,这与好的诗歌是一致的,也就是两者在形式上传达的趣味与感受相契合,即内面的结合。在此美学思想下丰子恺的绘画多选择儿童、生活情趣、动物与植物等田园牧歌式的题材作为主题,因为这类题材能够更好地传达人生的意象和自然的趣味,本身即是一种诗意的表达,也正是他漫画艺术的精髓。丰子恺的漫画创作虽然在表面图示上也是画面与书法等的组合,但与大多数传统的中国文人画不同,它们的画面旨在描写诗文的意境,使"诗意与画义、书法与画法成为有机的结合"①。而丰子恺所表达的更是一种诗意的人文关怀,选择富有象征意味的物象作为主题,运用简化的构图,富有张力的线与色、夸张的物象造型处理传达内心的感受,再配以诗文点缀,使之形成精神层面的诗化,似乎整件画作就是吟咏物象的诗歌。比如他的漫画名作《红了樱桃绿了芭蕉》,这是他对于宋词意蕴的解读,对于时光逝去的感叹,他选取了日常生活中普通的红樱桃果盆作为画面主体,选择了在江南随处可见的绿芭蕉作为窗外的风景,蜻蜓与点燃的烟也是极普通甚至有些无聊的物象。但正是这种经过主观处理的物象相组合,以及动静结合的意象表达,恰到好处地体现了它的诗意:如不断变绿以至于泛黄而枯萎的芭蕉叶,正在燃烧的香烟,烟的主人是否因事而匆匆离去,以及正处于飞舞运动瞬间的蜻蜓。这些意象传达出时间与空间的变化,而时光就在事物的运动与季节的变迁中流失,这就是他对生活本质的感悟。

　　日本美学中有"物哀"的说法,"物哀"是独特岛国文化语境下的产物,指人的主观情感接触自然事物时,自发产生的共情,在一些情境中带有哀伤与感叹的意味。对丰子恺产生较大影响的日本画家竹久梦二的画作便是唯美与"物哀"的结合,他敏感于生活中的各种事物,多以淡雅的笔墨勾勒出深情哀婉的女子,有淡淡的忧伤之感,通过静谧的画面氛围的塑造,让观者产生情感的共鸣,感受到转瞬即逝的易碎之美,正如丰子恺所言,"(梦二的作品)是诗趣的丰富……使人看了如同读一首绝诗一样,余味无穷"②。丰子恺的漫画创作在吸收竹久梦二简洁夸张的人物形象处理与线条、色彩语言的同时,更加注重画作的人文关切与普世价值,画面反映出的不仅仅只是自我的"物哀"了。作品在

①　丰子恺:《中国画的特色》,见丰子恺著、张文心编《向善的艺术》,上海人民美术出版社2013年版,第135页。
②　丰子恺:《漫画的技法》,见丰子恺著、张正编《丰子恺精品漫画集》,中国青年出版社2009年版,第11页。

歌咏个体生命的情感状态的同时,抒发对自然宇宙万物的同情与怜惜,将它们都看作有生命有情感的个体,这是一种从"小我之境"到"大我之境"的转变。

为了传达画面中的诗意与趣味,丰子恺十分重视运用带有韵味的绘画形式语言,如质朴而富有趣味的线条、夸张的体态与主观处理的色彩等。他大量的人物画作品均以简练生动的笔触塑造人物形象,实质上是在处理人物画中"形"与"神"的关系。"形"与"神"是中国画论史上重要的另一对辩证关系,历代画者多有论述,顾恺之在《魏晋胜流画赞》明确提出了"以形写神"的说法,强调以人物的形体动势传达神态;而至宋代,欧阳修认为,绘画的"形似"还不是绘画艺术高下的标准,他提出"笔简而意足"的"意",才是绘画艺术之所以为"艺术"的重要因素之一。① 又如苏轼的"论画以形似,见与儿童邻"等说法,可见主流的中国画论思想贬低单纯表现"形似",认为追求"形似"是一种相对低级的绘画手法,重要的在于用形态表现人物的精神,传达画面的韵味与意趣。丰子恺的人物画正是如此,作品《小乞丐》仅用几根简洁的线条就将乞丐佝偻的外形表现出来,衣服上密集而细碎的线条和头部破碎的轮廓线的勾勒表现了他的落魄,伸手乞讨的动势让人联想到他的瘦弱与无助,而在他身旁则用挺拔粗壮而有力线条塑造了富人的形象,他们在财富上是绝对的强者,是所谓的上层社会的人,寥寥几笔勾勒出的手势与表情表达了强烈的不满与厌恶,正是这种线条与形态上的强烈反差强化了作品的悲剧意味,也传达出画家的悲天悯人之感。

所以《竹影》一文所体现的丰子恺的美学思想,首先是对于孩童游戏行为与创造力的认同,认为从游戏中能够获得愉悦的审美体验,并将孩童的游戏行为看作从客观自然到主观创造进程中不可或缺的环节,这种对童真近乎崇拜的重视使得他在大量的画作中反复歌咏童真与童趣。其次,他认为好的中国画是美在其形式语言,美在富含内面的诗意,美在较好地处理了画面与真实客观物象的距离,因而他在创作中重视画作的形式,追求画面形式语言的诗化,试图用画面中富于意趣与韵味的形式引起观者直观的情感共鸣,如同从游戏中获得愉悦一般,这一种美学追求贯穿丰子恺的艺术生涯,亦是他笔耕不辍的动力。

以漫画为代表的文艺作品时至今日仍是进行社会美育的重要载体,而丰子恺的美学思想和艺术创造则恰到好处地回答了在社会主义新时期"如何创

---

① 刘广道:《中国艺术思想史纲》,江苏美术出版社 2009 年版。第 193 页。

作优秀的作品以陶冶社会大众的审美情趣"的问题,即关注生活与人民,体味生活中的情感与意趣,注重画面中对至善与至美的表达。

【附图】

图1

图2

图3

作者:中央美术学院博士研究生

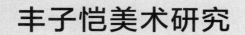

丰子恺美术研究

丰子恺的漫画在东亚近代漫画史上的意义

［韩］尹起宪

一、东亚近代漫画的诞生

1. "近代"的概念。

在东亚，"近代"的概念和"近代化"时期的划分，与西方有所不同。18 世纪以后，欧洲的社会变化和结果是"近代"概念的主要依据，如市民革命引发的市民社会和产业革命导致资本主义的形成、国民国家的形成等。在东亚，"近代"的概念在学术研究上略有差异，但核心要义包括了从欧美列强掠夺的殖民化开始到第二次世界大战期间的文明史变化和内在变革。东亚三个国家近代的概念，以日本为例，其条件是自由理念的确立、大众媒体发达而产生的批判性公共权利（市民势力的成长）、民族主义的形成和个人的自觉，以及国民国家和市场经济的发展。在中国，从鸦片战争到新中国的建立有所谓"近代"与"现代"之分，因此一般其他国家的"近代"用语用汉语称之为"近现代"比较妥当，其本质都是中国的资本主义化时期。① 韩国的近代化概念可以解释为，在大韩帝国成立后的殖民地体制下，短期经验导致"近代性和殖民地近代等各种形态混在一起的压缩近代"②。因此，笔者将"近代化"时期限定在 18—20 世纪的大众文化萌动期到太平洋战争结束，即 1945 年。笔者也赞成"活字术的发展促进活字媒体广泛普及，媒体大众化推动了印刷普及，知识信

---

① 付斌：《"中国近代性（modernity）"谈论研究-中国现代思想界的王侯论争中心》，西江大学院硕士学位论文，2007 年，第 12 页。
② 尹建车：《现代韓國의思想流：知識人及其思想 1980—90 年代》，（首尔）当代，2000 年，第 9—10 页。

息不仅服务于贵族，还服务于普通大众读者"的说法。

2."漫画"引入到东亚

漫画家出现于近代的历史背景中最重要的因素就是印刷媒体在大众杂志上取得了飞跃的发展。像近代化发展的顺序一样，漫画依次被引入到日本、中国、韩国。源自西方的带有讽刺画属性的卡通形式开始在东亚三国扎根。各国最早的近代漫画如下。

	日本	中国	韩国
年度	1862	1898	1909
媒体	Japan Punch	香港辅仁文社发行报《时局图》	《大韩民报》漫评
作者	Charles Wirgman	谢缵泰	李道荣

日本杂志社驻日本特派员查尔斯·沃格曼（Charles Wirgman，1832—1891）在横滨外国人居住地创刊《日本笨拙》（*Japan Punch*），被公认为日本漫画的先河和出发点。这是根据世界最早的漫画杂志《笨拙》（*PUNCH*）制作而成，可以说是西方的卡通形式传入东方的开始。被称为西方现代漫画的开端英国的《笨拙》杂志创刊才 20 多年，《日本笨拙》比美国的《黄孩子》（*The Yellow Kid*，1895）还要早。

图 1　日本 *The Japan Punch*　　图 2　中国《时局图》　　图 3　韩国《大韩民报》

沃格曼在日本创办了第一本漫画杂志，并且将西方讽刺漫画画风传入日本,被认为是培养了众多日本近代讽刺漫画家的人。1861 年任《伦敦新闻画报》(*The Ilustrat-ed London News*)报社特派记者,忠实地记录了政治历史事件,以及许多日本的风俗和日常生活,是明治时代早期的珍贵史料。《日本笨拙》创刊初期是不定期刊物,1874 年起以月刊形式发行,随着沃格曼回国,1887 年 3 月停刊。当时《日本评趣》在日本国内的影响非常大,类似的漫画被称为"ポンチ絵",也通用为漫画用语。

中国经历了两次鸦片战争(1840,1856)和清日战争(1894)等在混乱时期接触到了新文明,民众的政治欲望开始迸发。特别是到了清朝末期,大众媒体诞生,为讽刺漫画的诞生创造了条件,最早的漫画《时局图》刊登于 1898 年,香港报纸的《漫画改绘》一栏。《笨拙》杂志的代表作家约翰·坦尼尔①把英国比喻为"狮子(lion)",把美国比喻为"秃鹫或山姆",把俄罗斯比喻为"北极熊(pola bear)"。该作品表现了 19 世纪末被帝国主义列强们置于危机状况中的中国,具有强烈的警告信息性质②。用熊和青蛙、狗和鹰等来讽刺占领中国的外在势力。作家谢缵泰在 1887 年与杨致远(1861—1901)一起成立了辅仁文社,成立了兴中会③等,在初期致力于振兴中国漫画。

韩国漫画从 1909 年民族主义系列报纸《大韩民报》让李道荣在报纸上刊登的漫评开始。李道荣从民族主义观点出发,一方面批评亲日派和卖国媒体,另一方面带头倡导民众的启迪和新文化。随着 1910 年,韩日强制合并后,言论自由消失也在历史当中。

二、丰子恺的业绩

1. 生平

丰子恺(1898—1975)被誉为现代中国具有代表性的美术家和"中国漫画的

---

① 坦尼尔(John Tenniel,1820—1914),英国插图画家。他曾是《笨拙》杂志的资深漫画家,以《伊索寓言》《爱丽丝梦游仙境》的插画家而闻名。
② 在许多资料中,1899 年 7 月 19 日的《香港报仁文社》,1903 年的上海《俄罗斯经文》等都是最早的,但 1898 年的资料陆续被证明是最早的。《时局图》后来被其他作家改名发表,上海的《时局图》版《时局图》被制作成木刻。将《时局全图》改为《时局图》后发表,1903 年 12 月 15 日创刊号再次发表,当时也发表在日本。另外,《中国笨拙》(*China Punch*)杂志是像英国的《笨拙》杂志一样,外国人在中国发行的讽刺画集。因此,不能称之为最初的中国漫画。
③ 香港兴中会:杨致远于 1895 年与孙雯组成聚会,成为首任会长。

鼻祖"。建立了中国的漫画基础，留下了美术、文学、翻译、教育、音乐等众多业绩。他出生于浙江，对绘画感兴趣，1914 年考入浙江省第一师范学校，后向老师李叔同学习绘画和音乐。李叔同（1880—1942）是音乐、绘画方面造诣颇深的新文化运动的倡导者。受老师的影响，丰子恺一度皈依佛教，1921 年留学日本，学习美术。当时，亚洲的学生纷纷涌向成功实现近代化的日本。东京美术学校是随着西方文化制度的引进，为进行先进的美术教育而于 1887 年设立，为了仿效日本，大量视察团和留学生从中国涌来。仅 1906 年就有 7021 人赴日考察学习，自此中国也正式开始建立近代大学，并聘请了日本教师任教。1905 年，第一名中国留学生黄辅周入学，之后李叔同和曾延年入学，随后陆续有 103 人入学。1921 年丰子恺赴日留学（因身体不适中途回国），中国美术生留学成为这段时期的普遍现象。①

　　在日本留学时对日本插图的漫画形式印象深刻并受到了影响，接着又深深陶醉于中国所谓的"诗画"的形式和内容中。特别是他模仿日本著名画家竹久梦二（1881—1934）的画，从中获得了很多灵感。竹久梦二是代表日本大正时代的画家，主要在儿童杂志和报纸上画插图，并制作只属于自己的独特画风，从而广受欢迎。他的特点就是用东方式的笔画，表现出西洋插画一样精致的画风。之后丰子恺的画就以类似的形式进化。因此，尽管在日本留学的时间只有短短的 10 个月，但可以知道，他对当时的日本漫画，艺术以及媒体的功能有了充分的了解和体会。

图 4　竹久梦二的美术明信片（1910）/图 5　《人散后，一钩新月天如水》（1924）/图 6　丰子恺

---

① 韩国近现代美术记录研究会编著：《帝国美术学校和朝鲜留学生们 1929—1945》，（首尔）目光 2004 年版，第 268 页。

2. 漫画用语在中国首次传播

丰子恺是中国最早传播漫画用语的功臣。其契机是 1924 年在《我们的七月》中首次使用《人散后，一钩新月天如水》。近代混杂着各种用语，而且即便使用同样的漫画用语，也混用着完全不同的体裁。在这种情况下，特别是在日本充分学习漫画的丰子恺首次使用漫画术语，这很有意义。

3. 近代漫画的风格定位：独特的漫画风格

在漫画中加入东方禅教风格的他于 1925 年出版了《子恺漫画》。吴浩然对这本漫画集的意义作了如下说明：风格界于中西绘画之间，笔墨方式为东方风格，人物造型和远近透视为西式；画材具有民间乡土气息，画材取自乡土民间，每幅画都附有题目和诗歌，是诗歌画的组合形式；丰子恺率直的作品，突出了作家宽容、童心与和平的价值观，构筑了与其他中国漫画家不同的风格，奠定了他在中国漫画界的地位。[①] 韩国人文学者张成旭用形象的语言分析了他的作品：他的作品暗含的幽默和深刻的省察，让人感受到艺术家的品格和从容。在抗日战争、解放战争、社会主义改造和"文化大革命"时期的漩涡中，他努力地想尽一切积极的态度看待这一切，并将极端情况描述成寓言……年纪虽大，但讽刺的内心却有着玲珑的童心。在表达中，他没有夸张或不必要的因素，恰当地表达了许多情况和复杂的心情。因为对宇宙有很深的爱和理解，所以这是可能的。[②]

更何况，连抗战漫画，他的线条都十分流畅。1933 年在故乡名为"缘缘堂"的居所过着悠闲的画画生活，专注于诗画的他在抗日战争爆发后，积极投身抗日漫画战线。故乡和村庄被战争的火魔笼罩后，丰子恺一家开始避难，开始了 8 年艰苦的流浪生活。恰巧在桂林师范学校找到了教学岗位，作为艺术教师培养学生，同时开展抗日运动。当时，他决心"与其做亡国的奴隶，不如做流浪者"，并主张"抵抗战争先行"。

当时的抗战漫画主要刊登在壁报形式的宣传物以及报纸杂志上，常常是煽动人民的抗日情绪，但丰子恺用自己特有的柔和线条和幽默告诉人们战争的惨状。他当时的画有的像左图（图 7）一样直白，有的像右图（图 8）一样的黑色幽默。

---

① 参见吴浩然《论抗战时期丰子恺的儿童教育思想》，2014 年富川国际漫画节学术大会《富川国际漫画会议资料集》，第 122 页。
② 张成旭：《丰子恺的画世界》，(首尔)李敬，2011 年，第 192 页。

左图描述了空袭炸弹夺去了母亲头部,而孩子却对此一无所知,并吮吸奶水的作者所经历的令人震惊的情况。虽然可以直接表达战争的伤痕,但右图却完全不同。因为下雨,空袭飞机没有起飞,画出了人们反而喜欢雨天的"今天天气好!"

图 7 《空袭也》(1938)　　　　图 8 《今天天气好!》(1939)

4. 漫画教育的先驱

以供学生参考的书籍宣扬民族意识,讲述战争与和平的书是 1938 年出版的《兴华大力士》和《大同大姊姊》。这本漫画书旨在通过高中生用转写方式给学生带来启示。

小学三、四年级用的战士画《兴华大力士》意为"兴化大力士",意为中国的兴化少年是建国的中坚力量。这是一本包含战争胜利愿望的书,具有典型的"宣传鼓吹"(propaganda)性质。《大同大姊姊》是设定为大姊姊的主人公讲述大同世界的故事。作者在书中表示:"日本侵略中国虽然是天人共愤,但不要因此就讨厌日本平民,要为世界和平而努力。"

5. 近代漫画理论的确立

丰子恺出版了漫画理论书《漫画的描法》(1943),从漫画的基础到漫画的效用进行了总体的阐述。特别是他在这本书中主张漫画的创作有 4 个阶段,将漫画分为构思和作法两种,在构思中确定主题,选择素材,在作法中选择构图。

图 9 《兴华大力士》(1938)　　　图 10 《大同大姊姊》(1939)

三、结　论

　　作为一贯以抗日精神武装起来的作家,其另一面却是温柔的画风,是对世界的温暖目光,这是丰子恺所具有的绘画魅力。他更在东亚近代漫画史具有重大意义,他把漫画移植到中国,进而在教育普及方面走在了前列,并致力于理论研究。因此,除了"中国漫画之父"的称号外,他在东亚近代漫画史上也占有重要地位,与活跃在当代韩国和日本的作家们进行比较研究也是有必要的。希望对丰子恺的研究能在中国更繁荣地发展起来,且在世界范围内扩大影响。

作者:韩国釜山大学教授

一位令丰子恺钦佩的日本画家

——梦二其人、其画

[日]大桥茂　大桥志华

一、生活与艺术

　　我用幼稚的谦逊态度描绘自然的一角,用未经学习不受拘束的艺术发表真切的感伤。倘若有人说这是半成品的话,我宁肯永远都是半成品。[①]

　　上面这段话是 1910(明治 43)年时年二十六岁的日本著名艺术家竹久梦二(图 1)发表在《中学世界》第 13 卷第 7 号上的随笔《我的投稿家时代》的开场白。

　　我们对竹久梦二感兴趣,是从 2012 年 5 月参加在杭州举行的第二届丰子恺研究国际学术会议,了解到丰子恺年轻时游学日本看到竹久梦二的画集受到极大影响后开始的。回东京后我们走访了位于文京区的竹久梦二美术馆,又去图书馆查找了竹久梦二的画集、诗集、随笔、童谣等资料。在之后的几年里我们一路寻访梦二,2019 年专程走访了梦二的故乡冈山县,参观了冈山市的梦二乡土美术馆,去了该分馆的位于邑久町的梦二故居和"少年山庄"。数月后又去了群马县榛名山麓的竹久梦二伊香保纪念馆。在寻访梦二的过程中,我们发现本文开头介绍的那小小的一段话中就有好几个可以解释甚至概

_____

[①]　石川桂子编:《竹久梦二诗画集》,(东京)岩波书店 2016 年版,第 213 页。

括梦二的人生和文学艺术作品的关键词,譬如"幼稚的""未经学习""不受拘束""真切的感伤"……

梦二的这篇随笔叙述的是他初到东京尚未成名时的往事,当时他和另一位文学青年在大塚借了间房,过着同吃同住的生活。梦二接下来写到:

> 有句话叫"人生和自然都是艺术的模仿",我们也经历过这样的事。

"人生模仿艺术"这一观点好像出自 19 世纪的英国艺术家奥斯卡·王尔德(Oscar Wilde,1854—1900),原文是"Life imitates art far more than art imitates Life"(生活模仿艺术远胜于艺术模仿生活)。究竟是艺术模仿人生,还是人生模仿艺术? 这个话题太大,太深奥,也不适合在这里展开。尼采①、丰子恺②、张爱玲③等对类似观点都曾有过一些评论或引用,但从梦二的人生和艺术作品中看,似乎二者皆有,毕竟这二者是相辅相成的。

接下来,梦二用画一般的词句和诗一般的情感描绘了这样几段往事:

> 适逢春意盎然,房子周围樱花盛开,在薄雾蒙蒙的晨曦中走到井边淘米,只见片片花瓣从天窗飘然而落。

> 窗外是一片油菜地,金黄的菜花尽端有一道篱笆,篱笆旁的邻舍是户官宦人家,家中有位妙龄少女。黄昏时分,隐约可见邻家柳树下那姑娘白皙的脸庞。那画面对年轻的我们来说,别提有多眷恋了。不经意地隔窗看上一眼,轻声自语:"天使啊!"

> 房前是一片绿色的草原。那时我们经常逃学,不止一次地夹杂在前来摘草的人群中,贪婪地呼吸着沁人肺腑的春天气息,彷徨在草原上。我们叫来住在附近的男孩女孩,给他们讲童话故事,有时也听他们讲,有时唱唱歌。我曾把这些事写成文章,投稿给读卖新闻的星期天附录栏。

---

① 尼采:《悲剧的诞生》,杨恒达译,译林出版社 2007 年版,第 142 页。其中提到艺术不仅仅是对自然现实的模仿,而且恰恰是对自然现实的一种形而上的补充。

② 丰子恺著、丰陈宝校订:《艺术与人生》,湖南文艺出版社 2002 年版,第 164 页。丰子恺《艺术的展望》1943 年中提到:"我一向抱着一种信念'艺术是生活的反映。'我确信时代无论如何变化,这道理一定不易。"

③ 张爱玲:《重访边城》,北京十月文艺出版社 2012 年版,第 161 页。其中提到:"记得王尔德说过:'艺术并不模仿人生,只有人生模仿艺术。'"

文章以二号铅字《可爱的朋友》标题见报时,我那颗年轻的心跳动了。

离我们家五六个门面,有个小豆腐店,我们常去那里买豆腐、油豆腐、葱什么的。回家途中打开店家用来包油豆腐的旧报纸,逐字逐句仔细阅读,乐此不疲。从豆腐店往家走的路上,有家木格子拉门的人家,住着母女俩和一个二十三四岁的男子。女儿就读女子大学。春雨纷纷的早晨,男子出门上班,女儿送至门口,从身后为男子穿上外套,或是递上一把雨伞。这一凤协鸾和的光景,让我们眷恋不已。就为看早晨的这一幕,我们还自告奋勇地抢着去豆腐店。

春雨蒙蒙的傍晚,我们合打一把雨伞去澡堂。柔和的细雨抚摸着我们温暖松弛的肌肤,这种触觉给了我们妙不可言的快感。回家途中总要去一家点心铺买樱叶糕吃,樱叶糕有白色的,也有粉红色的,我们更喜欢粉红色的。后来点心铺的老板娘看到我们来,就多挑些粉红的给我们。樱花叶的色彩和那粉红,加上糕团的甘甜,使我们所有的感官都得到了满足。

……

这样的往事不胜枚举,我们就是这样经常不断地追求那种梦一般的美好现实。那时候的青年和现在不同,不会动辄就说"累了"什么的。我们把身边的一切,诸如甜蜜的家,甘美的恋情等等,都拿来加以美化和叙述。身边这美丽的一切,终于使我萌发了不让它们仅仅停留在美的刹那,要将它们永远保存下来的想法。

正巧我那个朋友喜欢文学,经常写个小说什么的给各类杂志社投稿。我也试着用笔描绘自己身边的事物。但我的诗和文章总不能恰如其分地表达自己的心境。一个偶然的机会,我试图以画代诗描述自己的内心,意外地发现线条比文字更能贴切地描绘自己的心情。这就是我弃文取画的契机。

……

1906 年,我的《童发》被《中学世界》的夏季增刊选上了。那时我已不是城里人了。我回到了故乡,在乡下空虚地仰望大概今生都不会回去的都市的天空,可不久又从故乡逃回到都市来了。但我没钱。身无分文的我不得不自食其力,为挣买面包的钱而奋斗。我忽然想起《童发》的赏金还未领取,于是上博文馆领钱去了。上那儿一看,发现不像自己阅读《中学世界》时想象的地方。我进到会客室,深深地坐进一把虾褐色的椅子。不一会儿,西村渚山先生走了进来。我说明来意,马上就领到钱了。西村先生让我再多画几幅作品送来。后来我又邮寄了几幅画,终于被刊登在主栏上了。

我的投稿谋生时代就这样画上了休止符,这段生活实在太短了。回想当年,就像个没做完的梦。当时的内心世界和灵感,绝未达到合二为一的境界。今天做的事明天看来觉得没做周全,今天画的画日后发现意犹未尽,但那里有新鲜纯朴之美。

不完整的梦也好,意犹未尽的艺术品也罢,想起当年的往事,我就会憧憬这些意犹未尽的艺术品。

宁肯它们永远都是半成品。

二、淘气时娘哄我

在梦二故居有一块诗碑(图2),上面刻着"泣く時はよき母ありき,遊ぶ時はよき姉ありき,七つのころよ"。中文大意是"淘气时娘哄我,玩耍时姐陪伴,七岁时的我哟"。

1884(明治17)年9月16日,竹久梦二出生在冈山县邑久郡(今邑久町),原名茂次郎。他们家的第一个男孩在梦二出生的前一年夭折了,因此梦二是实际上的长子。梦二有个比他年长六岁的姐姐,一个小七岁的妹妹,从小受到母亲和姐姐的呵护,尤其对姐姐松香的感情特别深厚。这在他日后的人生和作品中也显示了出来。

这是一幅挂在梦二故居的书桌上方的照片(图3)。据说梦二的姐姐出嫁时十一岁的梦二依依不舍,伤心地在家中的柱子上刻下了"竹久松香"的镜面文字。

下面这幅以《童子》命名的画(图4,69.0×55.2 cm,梦二乡土美术馆收藏)作于大正初期。作品中可爱的孩子登场,孩子是梦二作品中不可缺少的主体。高大的茶花树下孩子们手拉着手,模特也许是孩童时代的梦二和姐妹们吧。离梦二出生地不远的母亲娘家就有这样高大的野茶花树。姐姐日后说,他们曾在这树下玩耍。又圆又大的茶花,就像孩童时代眼中的那种印象,大得像孩子们的脸。栩栩如生的红色花朵,像是和孩子们一起在做游戏。

1899(明治 32)年,梦二毕业于邑久高等小学,一度寄宿神户的叔叔家,就读神户中学。但好景不长,因父亲在故乡的家业遭受挫折,仅八个月就退学了。不久一家都搬到了九州的八幡。梦二成了家中的劳动力,在八幡制铁所的制图室当制图工。一年后梦二不顾父亲的反对,离开九州来到东京,进了早稻田实业学校。这是在母亲和离婚后回到娘家的姐姐的援助下才得以实现的。梦二那年十八岁。

三、自学成才的画家

梦二是一位没拜过师、没上过美校的画家,不过他也曾经想过拜师上美校。1908(明治 41)年,他通过熟人认识了东京美术学校教授冈田三郎助,请教授看了自己的水彩画"BROKEN MILL AND BROKEN HEART"(图 5,46.7×52.3 cm,竹久梦二伊香保纪念馆收藏)。教授启发梦二:"美校是教绘画 ABC 的,用千篇一律的方法教学生,这种地方不但不适合你,而且会毁了你的天赋。"教授让梦二自己培养自己,多画点素描。打那以后梦二拼命地练习绘画,画素描一幅接着一幅。对未曾拜过师的梦二来说,《みづゑ》《白樺》《中央美術》[1]和来自海外的美术杂志介绍的西洋画最新作品,以及浮世绘[2]的复制品就是他实际上的,也是最好的老师。梦二没有受过正统的美术教育,甚至和画坛都是无缘的,他那无拘无束创作姿态和自由奔放的画风,始终贯穿了他的艺术人生。

不过后来,梦二在《我走过的道路》(《中学生》1923 年 1 月号)一文中还是吐露了真言:

> 我走过的道路是艰苦的,现在都觉得苦。
> 将来如想学画,绝不可走我的路。

---

① 《みづゑ》读作 mizue,和《白樺》《中央美術》一样,均为上世纪初在日本创刊的美术杂志。

② "浮世"二字指的是"现实"。浮世绘始于 17 世纪的日本,原是描绘庶民生活的一个绘画流派。随着木版画技术的提高,大众读物开始在民间流行,浮世绘作为大众文化开始盛行了起来。

要想成名,还是走世人公认的阳关道为好。独木桥并不适合所有的人。①

四、梦二的异性伴侣们

年轻时的梦二像他自己说所说的那样,不但"经常不断地追求梦一般的美好现实,……把身边的一切,诸如甜蜜的家,甘美的恋情都拿来加以美化和叙述",而且在现实生活中也模仿那梦一般的艺术,追求诗一般美好的爱情,进而从爱情中发现美好的现实,并把它们用艺术的形式永久地保存了下来。

梦二遇到的第一个异性伴侣姓岸名他万喜,是位画家的遗孀,和前夫生过两个孩子。1906 年他万喜把孩子过继给别人,孑然一身离开故乡富山县来东京投靠她哥,在早稻田的鹤卷町开了家明信片店谋生。"明信片店'鹤屋'的老板娘是位年轻美貌、肌肤洁白的大眼美人!"这一消息立刻在早稻田大学的学生中炸开了锅。不久,梦二造访"鹤屋",对他万喜一见钟情。他万喜比梦二年长两岁,且有过一段婚姻,但这些丝毫没影响梦二对她的追求,由此可见他万喜的美貌和魅力非同一般。梦二几乎每天都来店里,带来自己绘制的明信片让他万喜销售,还在"鹤屋"的经营上为他万喜出谋划策。梦二又拿着自己的户籍誊本来找他万喜的哥,让他把妹子嫁给自己。第二年新年伊始他们就结婚了。梦二是认真的,在他交往的异性伴侣中,他万喜是唯一正式办理了结婚登记的。时年梦二二十四岁,他万喜二十六岁。

新婚生活还算顺利,这年梦二进了读卖新闻社,负责时事写生。又过了一年,1908 年长子虹之助诞生。

但是,他们的婚姻在长子诞生的第二年,即 1909 年 5 月就出现了裂痕,并解除了婚约。有趣的是,他们离婚后又同居一阵分居一阵,还和和美美去外地旅游,这种令人不可思议的生活持续了七八年。此间,1911 年次子不二彦,1916 年三子草一相继诞生。但梦二和他万喜终未办理复婚登记。图 6 是梦二夫妇和虹之助、不二彦的合影,图 7 是草一。

---

① 竹内清乃编:《竹久夢二的世界》,平凡社 2014 年版,第 158 页。

梦二的第二个异性伴侣名叫笠井彦乃,原是一位学画的女学生。

1914 年,梦二在东京的吴服町为离了婚的妻子他万喜开了一家名叫"港屋"(全称:港屋绘草纸店)的杂货铺,销售的商品有信封、信笺、木版画、石版画、明信片、人偶、绘画旱伞、画册、浴衣等,大多是经梦二艺术加工过的原创商品。港屋一开张就生意兴隆,吸引了不少作家、诗人、画家,还有女演员和学画的女学生,彦乃就是其中的一位。有关和这位被人称为"梦二的永久恋人"的彦乃的相遇,在梦二的自传小说《出帆》①中有如下的一段描写:

> 放学回家途中顺路来黑船屋的学生中,有个对三太郎特别感兴趣的女生,她一笑就露出讨人喜欢的虎牙,手也很漂亮。
>
> "瞧这手长得! 这可是艺术家的手啊!"
>
> "我想当画家。……老师,您能经常指点指点我的画作吗?"
>
> "不嫌我水平低,那就给你看看吧。"
>
> 三太郎和妻子对这性格开朗的女生顿时产生了好感。

小说里的黑船屋说的是港屋,三太郎的模特就是现实生活中的梦二。

彦乃在女子美术学校学画,经营纸张批发的是位古板的严父,他不赞成女儿和年长十一岁的梦二交往(图8)。加之他万喜的异常言行,父亲对女儿的监视越来越严。据说他万喜曾闹到笠井家,对彦乃的父亲说"请把您家千金嫁给我丈夫!"(出帆)②

忍无可忍的梦二 1916 年逃到京都的朋友家去了。在和彦乃分别的日子里梦二用暗号和彦乃保持着通信联系,梦二称彦乃"山",彦乃称梦二"川"。梦二日后的诗集中有一集《献给山》,就是为彦乃赋的。

1917 年,梦二把彦乃和次子不二彦接来京都,开始了新的生活(图9,左起彦乃,不二彦,梦二)。不二彦日后称这段日子是"心情愉快的幸福生活"。秋天,三人来石川县旅游。梦二在旅途中仍保持着旺盛的创作意欲,在写生、水彩画和油画的构思上均有巨大收获。

同年9月,在金泽县举办的"梦二抒情小品展览会"上,彦乃也发表了几幅

---

① 日本报刊《都新闻》1927 年 5 月 2 日～9 月 12 日连载,全篇共 134 回。
② 竹内清乃编:《竹久梦二的世界》,平凡社 2014 年版,第 160 页。

用梦二为她起的笔名"山路しの"①署名的画作。在梦二的指点和推荐下,她在杂志和画报上发表了多幅作品,开始了画家生涯。但好景不长,1918 年 3 月彦乃的父亲突然来到京都棒打鸳鸯,将彦乃接回到了东京。几经周折,彦乃又回到了梦二身边,并参加了 4 月在京都举行的"竹久梦二抒情画展览会"。同年秋,原本体弱的彦乃加上旅途劳累病倒了,住进了京都的医院,后来转至东京的顺天堂医院。由于彦乃的父亲和其他一些人的阻挠,梦二和被人称为"永久恋人"的彦乃此后竟未能见上一面。

梦二的第三个恋人名叫佐佐木兼代,是位职业模特(图 10)。

当年东京有家名叫"菊富士"的旅馆,深受文人、艺术家、学者青睐。梦二在菊富士旅馆租了两间房,一间用作寝室一间用作画室。1919 年,这位曾做过东京美术学校教授藤岛武二的模特,在美校的学生中也相当出名的年仅十六岁的兼代出现在了梦二的面前。梦二比兼代年长二十岁,管兼代叫"小叶子"。此时的梦二和住进顺天堂医院的彦乃虽在同一城市,相隔咫尺却不能相见,显得意志消沉,干什么都提不起精神。自从小叶子出现,他又振作了起来,创作了一幅又一幅的新作。这一年,梦二和小叶子一起去榛名、伊香保旅游。也就是这一年,梦二创作了著名的美人画"黑船屋",还发表了思念彦乃的诗集《献给山》,一刻也没有忘记彦乃。1920 年 1 月彦乃病逝。红颜薄命,享年二十五岁。

1921 年 6 月,梦二和小叶子搬出菊富士旅馆,在涉谷的宇田川成了家(图 11)。此后,梦二在艺术上有了重大的突破,他的艺术作品还向诗歌、俳句、小说等领域发展,在海报、图书装帧等图案设计上也取得了成就。

1923 年 5 月,梦二和朋友一起成立了"どんたく图案社"②,按计划这是个对外宣称任何图案和文案,任何美术装潢都能接单制作的图案设计公司,但因 9 月 1 日的关东大地震导致这个计划流产了。地震发生后,梦二在震灾的残垣断壁上仍坚持写生,在《都新闻》上作了题为"东京灾难画信"(图 12)的十二回连载,还发表了多部绘画小说,如《秘药紫雪》《像风一样》《出帆》等。

但这段时间梦二的生活却不是一帆风顺的。小叶子离家出走,过些时又回来,这样的事屡屡发生。小叶子是个模特,但梦二要求她在生活中也充当

---

① しの读作"shino",是梦二对彦乃的爱称。

② どんたく:读作 dontaku,来自荷兰语 zondag,意为周日、假日。

一个"梦二式的美人",也许这一点引起了小叶子的不满。大文豪也是日后的诺贝尔文学奖得主川端康成对此有如下一段描写:

> 梦二不在家。一个女子坐在镜子前。那姿态和梦二的画中人一模一样。我开始怀疑自己的眼睛了。过了一会儿她站起身来,手扶玄关的隔扇,送走客人。所谓坐相站姿举手投足好似从梦二画中走出来的一般,指的就是这个。所以我不知道该用不可思议还是用其他的什么措辞好了。[①]

1924 年 12 月,梦二自行设计在东京府荏原郡(今东京都世田谷区)建造了画室兼居所"少年山庄"。梦二把长子虹之助、次子不二彦也接了过来,加上几度离家出走又回家来的小叶子,一家四口在这又被称作"山归来庄"的新居开始了新的生活。少年山庄也成了俳句"春草会"成员、文学青年和学画的学生聚会的场所。几乎所有的房间都能直接从户外进出,来客言论自由,各抒己见,来去自如(图 13,梦二站在"少年山庄"的露台上)。

然而,梦二一家的新生活开始后不久,一位名叫山田顺子的女子来到了少年山庄。顺子是个喜爱文学的有夫之妇,她原本是想让梦二替她装帧一本自己创作的小说,两人却坠入了爱河。于是小叶子下决心离开共同生活了六年的梦二,而顺子也在几个月后离开了梦二。

五、不断追求美和爱情的画家

梦二是位多愁善感,不断追求美和爱情的画家。如前所述他一生中曾和多位异性伴侣交往,多次获得爱情的同时也多次尝到失恋的苦涩,其中最大的一次失恋是在 1910(明治 43)年。那年八月,梦二带着离了婚又重归于好的他万喜和两岁的长子虹之助,一家三口和和美美地来到千叶县铫子町避暑,住在海鹿岛的宫下旅馆。这家旅馆面朝太平洋,景色诱人,受到明治时期众多文人的青睐。旅馆的邻舍住着一位年轻美貌的女子,名叫长谷川贤。梦二

[①] 川端康成:《末期的眼》,见《川端康成全集第十三卷》,新潮社 1970 年版,第 66 页。原载《文艺》1933 年 12 月号。

对贤一见钟情,随即发展成了恋情。邻居曾多次目击两人亲热地外出游玩,梦二的日记中也有一段从贤手中接过月见草①在海边散步的记载。时年梦二二十七岁,贤十九岁。

结束避暑旅行回到东京的梦二和贤一度保持过通信联系,但俗话说男大当婚女大当嫁,贤在两年后嫁给了一位名叫须川政太郎的音乐家。梦二失恋后,久久不能从这段恋情中摆脱出来,他把对贤的思念倾注在一首题为《宵待草》的诗中,发表在杂志《少女》上。后来梦二又对这首诗做了修改,收入了他1912(明治45)年出版的处女作诗集《どんたく》②。离冈山市的梦二乡土美术馆不远处的后乐园③入口处有一块梦二的诗碑,碑上刻着作了修改后的这首诗(图14)。

梦二对美,对爱情是真诚的,露骨的,不带丝毫的虚伪,就像他所说的那样,要把身边的一切,诸如甜蜜的家,甘美的恋情,都拿来加以美化和叙述,不让身边美丽的一切仅停留在美的刹那,要将它们永远保存下来。这就是画家、诗人竹久梦二!

> まてど暮せど　来ぬひとを
> 宵待草の　やるせなさ
> こよひは　月も出ぬさうな

中文大意为:

> 等又等　盼又盼　明知相见难
> 宵待草　相思草　痴情谁知晓
> 今宵思月月无影

1916(大正5)年,小提琴演奏家多忠亮为这首诗谱了曲(图15)④。这首歌在日本迅速地流行起来,不知有多少妙龄女生为那浪漫的旋律和情感真挚

① 月见草是待宵草的俗称,多于黄昏开放天明凋谢,只开一晚。梦二把待宵草改称为"宵待草"。
② どんたく＝读作 dontaku,来自荷兰语 zondag,意为周日,假日。
③ 日本三大名园(金泽市的兼六园,冈山市的后乐园,水户市的偕乐园)之一,建于18世纪。
④ 《日本唱歌童谣集》,饭冢书店1977年版,第210页。

的歌词潸然落泪,它和梦二的抒情画一样,也丰富了大正时代男青年的梦。在过去的一个世纪里,有多位日本知名女歌唱家①演唱过这首充满恋情和哀愁的歌曲。

笔者多年来一路寻访梦二,总想实际看一看当年梦二和贤散过步的海滩,感受一下这对恋人当年的浪漫。2015 年春,我们终于忙里偷闲去了千叶县铫子海岸,并以犬吠崎②的灯塔为背景摄影留念(图 16)。当年梦二和贤在海边散步的时候,肯定和我们一样,为身后这壮观的太平洋美景,和英国人 1874(明治 7)年设计建造的,那高达 32 米的西洋式灯塔感慨不已吧。

六、从插画到美人画

梦二是以画美人画著称的,梦二式美人画被誉为大正的浪漫,引领了大正的女子服饰潮流。但在画美人画之前的明治末年,包括他的投稿谋生时代,一直是为书报杂志画插画的。丰子恺 1921 年游学日本 10 个月,在旧书摊上邂逅梦二的画集就是那个年代。

1909 年底,25 岁的梦二以他的处女作《梦二画集·春之卷》(图 17,春之卷扉页)崭露头角,翌年又相继发表了《梦二画集·夏之卷》《梦二画集·花之卷》《梦二画集·旅之卷》《梦二画集·秋之卷》《梦二画集·冬之卷》。

从插画向美人画的转型,是从梦二遇到异性伴侣他万喜、彦乃和小叶子等人后开始的。这是一幅收藏在梦二乡土美术馆的写生手稿(图 18,17.5×11.0 cm),据推测这幅手稿作于明治末或大正初,画中模特看来就是梦二的妻子他万喜(图 19)。梦二的美人画初露端倪就是在这个时期。据梦二的好友、画家恩地孝四郎说,梦二的写生有个特点,就是相同的风景或人物造型会反复出现多次。

进入大正时期(1912—1926)梦二的美人画达到了炉火纯青的境界。这幅名为《黑船屋》的画作于 1919 年,现收藏在群马县的竹久梦二伊香保纪念馆(图 20,130×50.6 cm),被誉为梦二的最高杰作,每年仅在梦二诞生日前后的两周对外公开展出。一对水汪汪的大眼,白皙的肌肤,双手搂着一只大黑猫,

---

① 如关屋敏子、高峰三枝子、李香兰、由纪さおり、倍赏千惠子等。
② 位于日本关东地区最东端向太平洋凸出的海角。

身穿黄八丈，①系一条绿色腰带，坐在一只有"黑船屋"字样的红色箱子上。作品的魅力在于它能给人一种强烈的色彩对比和难以忘却的高雅印象。梦二的这幅作品是在和彦乃相隔咫尺却不能相见的悲伤之中创作的，而此时小叶子已经出现在了他的面前。笔者认为这幅作品的模特包含了彦乃和小叶子的双重成分。尤其是那只红色大箱子上的"黑船屋"，不正是自传小说《出帆》中三太郎和学画女生邂逅的地方吗？

关于这幅画的构图，据说是模仿了凯斯·凡·东根②的作品《抱黑猫的女人》(图 21)。当时的梦二潜心研究西洋美术，大胆吸收西洋画的长处，他的画风熔东西画法于一炉。对此丰子恺曾有过这样评论，"其构图是西洋的，画趣是东洋的"③。

听梦二乡土美术馆的学艺员④说，梦二的美人画有几大特点。首先是眼大手大，手大得能遮住脸。而且人物一般都不直立，强调的是曲线美。还有一点，梦二画的美人大多带着忧郁的神情。笔者认为，这些特点和梦二"不受拘束的艺术"的审美观和几度失恋的经历有关，用梦二自己的话说，就是"用不受拘束的艺术发表真切的感伤"。梦二的美人画还有一个重要成分，就是母亲也须能和姐姐松香的身影。梦二长年离乡背井，一直思念着这两位对他的人生起到过决定性作用的善良的理解者。当谈到松香时，梦二会说："姐的头发真美！"梦二对母亲和姐姐的憧憬也自然而然地表现在了他的画中。

在接下来介绍的几幅作品中也始终贯穿了上述特点。下面这幅被命名为《加茂川》的画(图 22,110.2×42.1 cm)是梦二乡土美术馆创始人松田基馆长的第一号收藏品，创作于 1914 年前后。远眺京都加茂川的舞伎，从白皙的颈项、肩膀，到和服的下摆，那柔和的曲线成功表现了日本女性的优美姿态。

《秋日小憩》(图 23,150.8×163.0 cm，梦二乡土美术馆收藏)，创作于 1920 年。画中女子坐在树叶被秋风染成鲜黄色的梧桐树下的长椅上，像是在沉思。手中拿着一把蓝色的洋伞，身旁放着个大大的信玄袋，⑤显示了梦二擅

① 伊豆八丈岛特产的一种黄质地茶褐色条纹或格子花纹的丝织品。
② Kess Van Dongen(1877—1968)，野兽派画家，出生在荷兰后移居法国。
③ 丰子恺著，丰陈宝校订:《艺术与人生》，湖南文艺出版社 2002 年版，第 126 页。
④ 日本的美术馆、博物馆等设施的专职工作人员。
⑤ 能将随身物品一股脑地放入其中，用带子收口的平底布袋。明治时期的女子出外旅行时经常用它装东西。

长的和洋合一的表现手法，展现了大正年代女子的华丽和优美。这幅作品还有另外一个背景：当时正处于爆发抢米运动，老百姓生活极度艰难的年代。仔细看一下，女子赤脚穿着木屐，身着一身木棉质地的朴素和服，像是来自农村，为明天的生活在发愁。

《立田姬》（图 24，121.2×97.5 cm）创作于 1931 年，是梦二晚年的大作，也是梦二乡土美术馆具有代表性的收藏品。立田姬是祈祷秋收的女神，右上的题词"去年米贵缺常食，今年米贱太伤农"是借鉴用了杜甫《岁晏行》的诗句，梦二把"军食"改成了"常食"。体现了梦二关心社会底层的劳苦大众，怜悯农民的心情。

和《立田姬》同年创作的《榛名山赋》（图 25，107.0×137.0 cm，竹久梦二伊香保纪念馆收藏）无论是在构图还是人物姿态上都和"立田姬"有相当大的相似之处。展开金色的折扇站立在画中的是春天的女神"佐保姬"。梦二在画女神背后的榛名山风景时用了枯笔和湿画并用的技法，让人感到一种水灵灵的春天气息。这幅画寄托了梦二对榛名春色的赞美。当时梦二刚发表了"关于建设榛名山美术研究所"的计划[①]，曾设想用这幅画装点建成后的榛名山美术研究所。1931 年是"永久恋人"彦乃去世后的第 11 个年头，梦二用春天的女神佐保姬作为这幅画的命题，知情者会联想到梦二对彦乃的执着和思念之情。

梦二的粉丝绝大多数是年轻人，尤其是年轻女子。其根本原因是梦二通过日新月异的印刷技术发挥了自己的擅长，让他（她）们体验了传统的纯美术与之无法比拟的，与生活紧密结合的现实美。这些现实美遍及到日常生活中的图书装帧、杂志附录、彩绘明信片、信封、半领服饰[②]和类似绘画旱伞等日常用品的图案设计。

到了上世纪 20 年代，消费型经济体系渗透到了日本民众的生活之中，商业广告以城市为中心迅猛发展，专门制作商业广告的图案设计家和商业美术家大量出现。原本就追求和生活密切相关的现实美的梦二如鱼得水，迈开了吸引大众眼球的美术商业化的步伐。请看下面这幅照片（图 26）。恋人小叶子身上穿的这件浴衣图案就是梦二设计的。

---

① 当时曾设想过多个选项的命名，如"榛名山产业美术学校""产业美术研究所"等。因梦二访美和资金等原因，这一计划最终未能如愿以偿。

② 缝在和服衬衣上的装饰领。

梦二的图案设计深受大众喜爱,用这些图案制作的浴衣和饰品在 21 世纪的今天仍非常流行,消费者可通过网购轻而易举地得到它们。福井县一家名叫"月香"的温泉旅馆为女性浴客准备了多种梦二图案的浴衣(图 27)。浴衣左侧的镜框内有两大醒目的红色标题:"充满魅力的梦二世界""美人画的巨匠,竹久梦二的图案设计"。

从 1924(大正 13)年 8 月号起,梦二为杂志《妇人俱乐部》绘制了 18 期封面。这些封面有的是机械印刷的木版画,有的使用了胶版印刷技法,封面可从杂志上取下单独欣赏。下图展示的就是其中的一部分(图 28,①—④)。

梦二的艺术作品代表了大正的浪漫和昭和的摩登。图 29 和图 30 是一组分别展现大正年代和昭和初期走在东京街头的日本妇女的照片。有人说梦二的美人画引领了大正乃至昭和初期女性服饰潮流,通过这组照片和梦二美人画(图 31,①—④)的对比,也能明白几分其中的道理。

七、不同国度的两位综合艺术家

在冈山市的梦二乡土美术馆,笔者向学艺员提了个问题:"梦二是位了不起的艺术家,如果只用一句话该如何评价他呢?"这位学艺员略加思索后答道:"综合艺术家"[①]。在日本的图书馆,往查找资料的电脑里输入一个关键词"竹久梦二",立刻会出现上百部有关梦二的图书。下面这幅照片(图 32)展示了笔者一次外借回家的部分图书,有画集、诗集、散文集、童话集,还有写真集等等。梦二的艺术作品涉及多个领域,难怪人们提到梦二时,会在他的名字前加上各种各样的定语,如画家、诗人、装帧师、图案设计师……看来他自己说的"弃文取画"还真是一种"幼稚的谦逊"。

和梦二一样,丰子恺也是一位名副其实的、跨领域的综合艺术家,两人之间有许多相同的领域,比如绘画、诗歌、散文和图书装帧(图 33)。[②] 当然和梦二相比,丰子恺还有在翻译和音乐等方面的建树。

梦二比丰子恺年长十四岁,丰子恺游学日本时梦二已转型画美人画,并

---

① 原话为:マルチアーティスト = multi artist
② 2018 年 10 月 25 日—11 月 4 日"漫画人生——丰子恺的艺术世界"展览会现场展出的丰子恺的书籍装帧艺术作品。

达到了炉火纯青的境界。据说丰子恺游学期间执着于收集梦二的画册，回国后又托在日本的朋友帮他继续寻找。丰子恺十分钦佩梦二的画风，说"这寥寥数笔的一幅小画，不仅以造形的美感动我的眼，又以诗的意味感动我的心。后来我模仿他，曾作一幅同题异材的画"①。

我们来看看下列的几组作品。图 34，左面是丰子恺为卢冀野的诗集《春雨》绘制的封面，右面是《梦二画集·春之卷》中一幅题为《一侧肩膀不会湿》的画。这两幅画无论是构图还是寓意，都有绝对的相似之处。

丰子恺的《小学时代的同学》（图 35）《水光山色与人亲》（图 36），和梦二的《CLASSMATE》（图 37）《ALONE》（图 38）也有异曲同工之妙。

丰子恺也有过多幅展现女性优美姿态的画作。值得一提的是，出于性格、经历和文化背景不同等原因，同样是美人画，两人的画风却不尽相同。从下面这组绘画（图 39—图 42）中可以看出，梦二强调曲线美，但画中人大多神情忧郁；丰子恺在刻画曲线美的同时，展现了妇女勤劳勇敢、健康智慧的一面。

在现实美和美术商业化方面也能找到两位综合艺术家的共同点。下面的两幅照片（图 43、图 44）分别是梦二设计的包袱布图案和丰子恺设计的邮票图案。丰子恺的漫画《努力惜春华》还点缀了日常生活中不可缺少的脸盆（图 45）。

八、梦二的影集

笔者在图书馆找到一本名为《竹久梦二写真馆⌊女⌉》的图书（图 46，封面和封底）。此书重新整理了梦二留下的影集，编著过程中得到了梦二乡土美术馆、梦二的次子不二彦和多位梦二作品收藏家的协助。

梦二手持的是一架柯达 VPK（Vest Pocket Kodak）型相机（图 47，左侧）。该型号相机具有袖珍、柔焦等优点，大正时期日本的许多摄影爱好者都喜欢用它。梦二喜欢旅游，上哪都带着这台相机。用梦二自己的话说，他"把身边美好的一切，诸如甜蜜的家，甘美的恋情，都拿来加以美化和叙述，不让它们仅仅停留在美的刹那"，用这台相机将它们永远保存了下来（图 48）。

把这些照片连起来看，有一种看电影的感觉。毋庸置疑，这些珍贵的照

---

① 丰子恺：《绘画与文学》，岳麓书社 2012 年版，第 32 页。（1933 年作，曾载《文学》，后改作。）

片(如图 46、49)也曾充当过梦二创作时的好帮手。和它们作一比对则一目了然:下面两幅画(图 50、51)把恋人小叶子的动作和表情刻画得惟妙惟肖(图50,昭和初期,136.0×131.0 cm 竹久梦二美术馆收藏)。

九、漂泊的抒情画家

人们又称梦二是位漂泊的抒情画家。笔者认为"漂泊"可以从情感和生活两个层面来理解。在情感层面上,梦二毕生憧憬美和爱,飘泊在多位异性伴侣之间,讴歌爱情人生。他多次组织家庭,又多次离异。在生活层面上,他出生在冈山,去兵库上中学,然后合家搬到福冈,又不顾父亲反对离家出走来到东京。为了创作,为了爱情,为办画展,京都、千叶、石川、群马、长崎、福岛、山形、秋田、金泽……梦二几乎踏遍了日本的山山水水,晚年他还周游美国、欧洲。

1931(昭和 6)年,梦二为筹措外游资金,从 3 月起相继举办了多个画展。5 月 7 日梦二登上邮轮"秩父丸",从横滨港出发途经夏威夷,6 月 3 日抵达旧金山。周游列国是梦二多年的夙愿,但主要目的是想到国外闯一闯,试试本领,展示才华。

同年 9 月,梦二在人文荟萃艺术家云集的旧金山南部小镇卡梅尔举办为期一周的个人画展,展出的绘画有 28 幅,还有一些人偶,但画不逢时。当时正处于全球性的经济大衰退时期,大型绘画在美国根本卖不动。尽管如此,梦二在美国还是滞留了一年零三个月,滞美期间也未间断新画创作。1932(昭和 7)年 9 月,梦二乘船离开美国赴欧洲。梦二在柏林下了船,游览了布拉格、维也纳、巴黎、里昂等城市。在此期间,梦二总是铅笔和画本不离身,沿途一路写生,并给日本的杂志社投稿。最后回到维也纳,1933(昭和 8)年再度来到柏林。梦二在旅欧期间又创作了多幅优秀作品。8 月 19 日,梦二登船从拿坡里出发,9 月 18 日回到神户。

据说梦二在纳粹统治下的柏林,还积极参加了对犹太人的国际援助活动[①],实属难能可贵。回到日本的一个月后,梦二又赴台湾讲演,举办了"竹久梦二画伯滞欧作品展览会"。11 月 11 日,梦二从台湾归来,患肺结核住院。

---

① 关谷定夫:《竹久梦二——精神的遍历》,东洋书林 2000 年版,第 ⅰ — ⅲ 页。

1934(昭和 9)年 1 月 19 日，经好友安排住进长野县的富士见高原疗养所（今长野县厚生富士见高原病院），9 月 1 日，清晨留下了他四十九岁零十一个月人生的最后一句话"ありがとう"（谢谢）离开了人世。后被安葬在东京池袋的杂司谷灵园。

下面介绍几幅梦二旅美旅欧途中创作的作品。

《五月之朝》（图 52，127.6×51.8 cm，竹久梦二伊香保纪念馆收藏）是梦二滞美期间创作的。作品色彩鲜艳，画中女子毫无做作的表情和动作给人留下深刻的印象。《柏林的公园》（图 53，27.0×24.0 cm，梦二乡土美术馆收藏）画的是柏林西郊的公园一角，只露半身的人物和宠物、奔跑中的小女孩和坐着休闲的人物，还有远处的教堂，使画面富有纵深感。《水竹居》（图 54，79.0×50.0 cm，竹久梦二美术馆收藏）是梦二滞留柏林期间以当地女性为模特创作的。水竹居让人联想起中国文人墨客的理想寓所，墨绘的竹子、画中人身穿的和服和女子的日本发饰，给人一种优雅的东方情趣。再加上欧洲女子的美貌，梦二巧妙地将东西文化融入了一幅画中。

十、梦二的社会影响

竹久梦二的知名度在日本可以用"家喻户晓"这个词来形容。除这篇文章中出现过的几处梦二专题美术馆、纪念馆外，在日本各地还有许多规模不等的纪念场馆。外出旅游途中还经常会和梦二的诗碑、纪念碑不期而遇。大量的图书资料和画册、网购的生活用品、明信片和纪念邮票等等，可以说梦二触手可及。尤其在梦二的故乡，连孩子都对梦二深感兴趣。冈山县的梦二乡土美术馆还活跃着多名儿童学艺员，孩子们也为参观者讲解梦二的生平和作品。每年还举行任命仪式呢！（图 55）每年还发行"梦二新闻"之类的宣传资料（图 56）。这是 2017 年 9 月发行的"冈山子梦二新闻"，上面有多则有趣的短文。

笔者参观完梦二乡土美术馆即将离开时，适逢一辆公交中巴从梦二美术馆旁的车站驶出（图 57）。这辆从 2018 年 3 月开始运行的冈山市民的代步工具以"梦二黑之助巴士"命名，白色车厢的外体前后左右画着无数只黑猫，它们姿态各异形象可爱（图 58），令人联想起梦二的作品《黑船屋》中的那只黑猫。

在日本各地经常会举行各种型式的有关梦二的展览会。为纪念梦二诞辰 135 周年,梦二乡土美术馆从 2019(令和元)年 8 月 27 日起举办了专题画展,展期长达 100 多天。大红海报的左侧画着一个金发碧眼的裸妇,右侧画着一个身着艳丽和服的女子(图 59)。两幅画分别被命名为《西海岸的裸妇》和《花衣》。这两幅梦二访美期间创作的油画,前者收藏于梦二乡土美术馆,后者则收藏于全美日系人博物馆,据说它俩在日本还是首次相逢呢。在冈山的展出结束后,展览会的展品还拿到京都、横滨、大阪和东京作巡回展览。

梦二还被搬上了银幕和舞台,甚至我们还能看到多部以他为背景的推理小说。下面是一张 2000(平成 12)年 9 月在东京新桥演舞场公演的话剧《宵待草梦二恋歌》的海报(图 60)。

喜爱艺术,尊重知识,这一点在日本蔚然成风。我们从上述的琐事点滴中可以看到梦二的社会影响之大,以及日本国民对这位象征大正浪漫的艺术家的崇敬和怀念之情。

十一、尾　声

这篇文章已接近尾声,笔者觉得在结束之前有几个人物应该交代一下。

首先是梦二的第一位异性伴侣,也是法律上唯一的妻子他万喜。梦二病逝一个月后的一天,一个五十来岁的女子突然来到富士见高原疗养所,对众人说了声,"梦二多亏你们照料"。接下来就为梦二整理遗物,脏活重活,默默地一干就是三个多月。她就是和梦二离异但始终爱着梦二,坚信唯有自己才能尽到妻子义务的他万喜。当年他万喜回故乡后把和第一个丈夫所生的两个孩子又接回自己身边,1945(昭和 20)年 7 月,患脑溢血病逝,享年六十四岁。

其次是小叶子。小叶子离开梦二后嫁给一位比她年长三岁的医生,成了家庭主妇,生活稳定,1980 年逝世,享年七十六岁。

接下来是梦二的三个儿子。长子虹之助,父母的离异无疑对他的成长带来很多负面影响,自己日后的婚姻也出现曲折,不得不将女儿寄养在弟弟(不二彦)家中,但子承父业,据说在绘画和染织方面有很深的造诣,1971 年逝世。次子不二彦,是三个孩子中和梦二一起生活日子最长,并先后受过他万喜、彦乃、小叶子三位母亲照顾的最幸运的一个,日后也成长为艺术家,当过美术教师。1990 年任竹久梦二美术馆(文京区)名誉馆长,1994 年患肺炎病逝。三子草一,从小过继给了歌舞伎旦角名伶河合武雄,受到河合家的善待和精心培养,登台演过小旦。可惜二战期间应征入伍,1942 年战死在新几内亚。

寻访梦二,到此暂时告一段落。梦二的艺术生涯是辉煌的,他在世上虽只度过 50 个春秋,但给世人留下的精神财富是不朽的,与世长存。同时,梦二的人生尤其在婚姻方面,又让人为他和与他共同生活过,曾经是"梦二式美人画"创作源泉的人们感到一丝惋惜。梦二的婚姻有时是幼稚的,甚至是令人啼笑皆非的。不过有句古话,"人非圣贤,孰能无过",何况对一位伟大的艺术家来说,这一切的一切也未必是过。

十二、竹久梦二年表[①]

1884 年	9 月 16 日生于日本冈山县邑久郡本庄村大字本庄 119 番地,父亲菊藏和母亲也须能的次子,原名茂次郎。
1895 年	11 岁,进邑久高等小学。
1899 年	15 岁,进神户中学,8 个月后退学。
1900 年	2 月,梦二和全家一同搬迁至福冈县远贺郡八幡村大字枝光 931 番地。
1901 年	17 岁,离家出走,到东京苦学。
1902 年	9 月,进早稻田实业学校本科。
1905 年	升至早稻田实业学校专攻科,4 个月后退学,开始和平民社的荒畑寒村等人过集体生活。同年末得到博文馆的西村渚山认可,告别投稿谋生的生活。
1907 年	23 岁,和岸姓女子他万喜结婚。4 月进读卖新闻社。
1908 年	2 月长子虹之助出生。
1909 年	5 月,和他万喜协议离婚。8 月,和他万喜一同登富士山。12 月,《梦二画集·春之卷》初版。
1910 年	1 月,和他万喜再次同居。8 月,和他万喜去铫子町海鹿岛避暑。
1911 年	5 月,次子不二彦出生。和他万喜再次分居。《梦二美术明信片月刊》发行。
1912 年	6 月,在《少女》杂志上用笔名"三弦草"发表《宵待草》原诗。11～12 月在京都冈崎府立图书馆举办"第一期梦二作品展览会"。

---

① 参照石川桂子编:《竹久梦二恋的言叶》,2004 年初版发行,第 140—141 页。

(续表)

1913 年	11 月,《宵待草》在梦二的诗集《どんたく》(假日)上以现今的形式发表。
1914 年	10 月,"港屋绘草纸店"在日本桥区吴服町开张。开始了和笠井彦乃的交往。
1915 年	和他万喜分手,和彦乃结合。
1916 年	2 月,三子草一出生。11 月,移居京都。着手妹尾乐谱《江户日本桥》的编辑工作,进行了该系列长达 280 集的装帧工作。
1917 年	6 月,彦乃来京都,和梦二一起住在高台寺边上的宅子里。8~9 月和彦乃携次子不二彦去粟津温泉,汤涌温泉等地旅游。在金泽市西町的金谷馆举办"梦二抒情小品展览会"。
1918 年	4 月,在京都府立图书馆举办"第二期梦二抒情画展览会"。8~9 月去长崎旅游,住在永见德太郎家。彦乃病卧,住进别府的医院。随后彦乃被其父强行带回。11 月,梦二回东京,暂住恩地孝四郎家,后住菊富士旅馆。年底,彦乃住进顺天堂医院。
1919 年	小叶子(佐佐木兼代,又名永井兼代)成为梦二的模特。6 月,在三越百货店举办"献给妇女和儿童的展览会"。
1920 年	1 月,彦乃在顺天堂医院病故,享年 25 岁(足岁 23 岁零 9 个月)。
1921 年	和小叶子在涩谷宇田川町组建家庭。8~11 月去福岛县会津等地作长期旅行。
1922 年	3 月,旅居酒田市。
1923 年	和恩地孝四郎等人一起创建"假日图案社",但毁于关东大地震。
1924 年	在东京府荏原郡松泽村建造画室兼居所"少年山庄"。
1925 年	5 月和作家山田顺子相好,7 月去秋田旅行后分手。
1927 年	在《都新闻》上连载自传绘画小说"出帆"。
1930 年	5 月发表"关于建设榛名山美术研究所"的计划。6~8 月赴会津东山温泉,山形县五色温泉等。
1931 年	3~4 月,在新宿三越百货店等举办访美告别展。5 月 7 日从横滨港出发赴美,途经夏威夷,6 月 3 日抵达旧金山。9 月在卡梅尔小镇的 Seven Arts Gallery 举办画展,结果萧萧瑟瑟。
1932 年	2~3 月在加州大学教育学部和奥林匹克大饭店举行画展。9 月 10 日离开旧金山经巴拿马运河,10 月 10 日抵达汉堡,在欧洲旅游。
1933 年	49 岁,9 月 18 日回到神户。11 月赴台湾,病情恶化回国病卧。
1934 年	1 月,住进信州富士见高原疗养所。9 月 1 日病故。10 月 19 日在东京杂司谷墓地举行葬礼,享年 49 岁零 11 个月。

【附图】

图 1   图 2   图 3

图 4   图 5   图 6

图 7   图 8   图 9

图 10   图 11   图 12

图 13 图 14 图 15

图 16 图 17 图 18

图 19 图 20 图 21

图 22 图 23 图 24

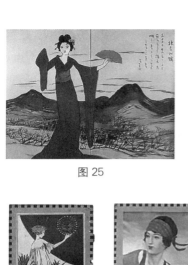

图 25　　　　　　　　　　图 26　　　　　　　　　　图 27

图 28(1)　　　　　　　　　图 28(2)　　　　　　　　　图 28(3)

图 28(4)　　　　　　　　　图 29　　　　　　　　　　图 30

图 31(1)　　　　　　　　　图 31(2)　　　　　　　　　图 31(3)

图 31(4)　　　　　　图 32　　　　　　　　　　图 33

图 34　　　　　　　图 35　　　　　　　图 36

图 37　　　　　　图 38　　　　　　　图 39

图 40　　　　　　图 41　　　　　　图 42

图 43　　　　　　　　　　图 44　　　　　　　　　　图 45

图 46　　　　　　　　　　　　　　图 47

图 48　　　　　　　　　　图 49

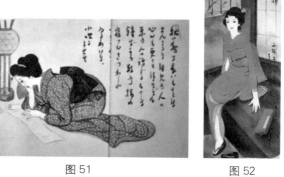

图 50　　　　　　　　图 51　　　　　　　图 52

图 53

图 54

图 55

图 56

图 57

图 58

图 59

图 60

作者：日本三菱电机美泰斯株式会社退休职员

东京大东文化大学退休教师

试述子恺漫画在广告宣传中的应用

吴浩然

丰子恺是一位多才多艺、成就卓著的文艺大师,涉及领域甚广,尤以漫画闻名于世。目前,关于丰子恺漫画研究的书籍林林总总,但鲜有研究者针对其漫画广告这一专题有过介绍。丰子恺不仅画过广告,新中国成立之初其作品还被多次用作广告宣传,特别是 2013 年被中宣部和中央文明办选作"讲文明·树新风"的公益宣传海报以来,其漫画借国家媒体之力铺天盖地地走进了普通老百姓的视野,再次被大家所熟知。如此说来,子恺漫画与广告宣传之间可谓有着千丝万缕的关联。

一、漫画与广告的关系

"漫画广告"隶属漫画,"是一种介绍、推销商品的漫画。为了简要地绘制出商品的性质、效用和引人注目,漫画广告要求画面主题突出,色彩鲜明强烈,构思新颖夺目,以达到高效地介绍、推销商品的目的"。[①] 其主要形式可分为商标贴头、报贴和路牌。

漫画广告亦称广告漫画,最早诞生于十九世纪的英国肥皂行业,后逐渐风行于各资本主义国家和全世界。如德国某公司为宣传皮鞋质地优良,形容健步如飞,请漫画家为皮鞋画上车轮,类比汽车,让观者过目难忘。丹麦为发展旅游业,也特意请漫画家为其创意:画中一位警察的肩上站着一对男女旅客,他们手提皮箱,刚刚走下飞机准备到哥本哈根度蜜月,一踏上这座城市,

---

① 徐凡、冯化:《简明漫画艺术辞典》,四川美术出版社 1989 年版,第 45 页。

就遇到了热情可亲的警察向他们致敬。此漫画一出，人们纷纷感叹当地政府的热情好客和安全措施，同时也引发了丹麦的旅游热潮。由此可见漫画在广告中重要性和所发挥的巨大威力。

在摄影尚未普及之前，漫画通常是产品宣传的主要载体，究其根源：一是漫画一目了然，简洁生动，无需长篇累牍的说教；二是漫画具有一定的智慧和力量，"能以最短的时间，最经济的色彩或简单的线条表现丰富的思想，能够深刻而永远地印入人们的脑海之中。它的妙处是暗比（metapor）的流露，描写滑稽会使人笑，描写悲痛会叫人哭，描写恐怖会使人惊愕……而且它的功能远在文艺作品之上，不需要文字的翻译，没有地域森严的阻碍，是教育大众化的锋锐的工具"。[①] 而广告尤其注重视觉冲击力，追求形式新颖别致，内容打动人心，这恰恰与漫画的功能不谋而合。

漫画广告在我国 20 世纪二三十年代就已开始起步，而且不乏精品。当时的牙刷广告题作"一毛不拔"，皮鞋广告题为"天下第一厚皮"等，充分展示了我国漫画家的幽默诙谐和聪明才智。1985 年 5 月，中国美术家协会上海分会、上海科艺美术公司和《中国广告》杂志在上海美术馆联合主办了《上海广告漫画展览》，这是中国漫画史上第一个广告专题的画展。

二、子恺漫画的特点

丰子恺的漫画自诞生之日起即广受世人瞩目，其画中所蕴含的思想和精神至今仍被读者津津乐道。

1921 年丰子恺在日本游学时，发现了日本画家竹久梦二的画作："回想过去所见的绘画，给我印象最深而使我不能忘怀的，是一种小小的毛笔画。记得二十余岁的时候，我在东京的旧书摊上碰到一册《梦二画集·春之卷》……我当时便在旧书摊上出神……这寥寥数笔的一幅小画，不仅以造型的美感动我的眼，又以诗的意味感动我的心……"[②]梦二的画人物造型采用西洋速写技法，画趣是十足的东洋本土味，笔墨简单却饶有诗趣，被誉为"抒情画家"。丰子恺喜欢画中的诗趣，在浙江上虞春晖中学教书时，他常玩味似地进行创作，

---

① 刘枕青：《漫画概论》，(上海)商务印书馆 1938 年版，第 10—11 页。
② 丰子恺：《谈日本的漫画》，载《宇宙风》第 26 期(1936 年 10 月 1 日)。

得到了老师夏丏尊及朋友们的赞赏。其漫画集《子恺漫画》出版后，俞平伯、朱自清、郑振铎、朱光潜等大家也皆推崇不已。

丰子恺的漫画打破了中国传统绘画几千年的束缚和陈规，以崭新的面貌和特殊的视角描绘着现实和思想，给阅者一种比美梦更要舒适轻松的感觉，如一股自然清新的春风拂动着人心。俞平伯在 1925 年《子恺漫画》的序中这样写道："中国的画与诗通，而在西洋似不尽然。自元以来，贵重士夫之画，其敝不浅，无可讳言。但从另一方面看，元明的画确在宋院画以外别开蹊径。他们的特长，就是融诗入画。画中有诗是否画的正规，我不得知，但在我自己，却喜欢有诗情的画。它们更能使我邈然意远，悠然神往。"丁衍镛也写道："子恺君的漫画，充满了'诗'和'歌'的趣味。'诗歌'是子恺君的生命，就是子恺君漫画的生命。"漫画家方成也曾这样说："看是人所习见的中国传统绘画，画的是人所习见的社会风情。笔墨精简，题含深意，表现的是画家对世间之善与美、恶与不平的由衷爱憎之情。既有漫画的语言特性和幽默感，又有我国传统文人借景抒情的风韵，很感动人。作品显示出来画家深厚的文学艺术修养。虽属于中国现代漫画艺术发展初期的作品，却是影响深远令人难忘的。"

子恺漫画在题材上包罗万象，不拘一格。他曾把自己的创作时代划分四个时期："第一是描写古诗句的时代；第二是描写儿童的时代；第三是描写社会的时代；第四是描写自然相的时代。但又交互错综，不能判然划界，只是我的漫画中含有这四种相的表现而已。"在出版《子恺漫画全集》时他又进行了细分，分为《古诗新画》《儿童相》《学生相》《社会相》《都市相》《战时相》六册。尽管内容上没有宏大的历史事件、复杂的世界风云，画的都是世态万象，画家只撷取生活中极其平常、司空见惯的片段，然题上精心锤炼的词句，使画面要表达的思想远远超过了画面内容本身，情趣盎然，耐人寻味，叩开了一代又一代人的心扉。

子恺漫画以其强烈的艺术感染力和绘画特色，独步画坛，其绘画特质和内容也兼备了广告宣传的多种功能：一是题材来源于市井街头，最贴近生活，和老百姓距离最近；二是画面赏心悦目，极具中国气派；三是传播真善美，宣扬大爱精神，具有正能量。正因如此，很多媒体都利用丰子恺漫画作为广告的原始素材。

三、子恺漫画在广告宣传中的应用

民国时期,上海的广告业最为发达,平面设计种类繁多、画法丰富、艺术造诣深厚,不少作品都是出自知名的大画家之手,从事过广告绘画的漫画家亦为数不少。当时的上海滩汇集了众多大型的中外企业,企业宣传孕育了广告公司。而广告公司又为画家们提供了展示才艺的舞台,彼此成人达己。因绘画长篇连环漫画《王先生》闻名的漫画家叶浅予初入三友社,曾上午在门市部柜台卖布,下午则在店堂后面画广告。"三毛之父"张乐平也曾在广告公司绘制广告画,加工来稿,还用简洁的漫画笔调设计过服装。丰子恺也不例外,其漫画亦做产品广告与思想宣传之用。

(一) 产品宣传

1924 年 7 月,丰子恺的古诗新画《人散后,一钩新月天如水》发表。之后各方约稿络绎不绝。1925 年 12 月第一本漫画集《子恺漫画》问世,广受读者青睐。丰子恺从此因漫画之名而享誉上海,其作品被用作商品宣传,其商用功能也被大家所认可。

丰子恺漫画广告作品,最早发表在上海的报纸上。1935 年 5 月 29 日《天津益世报》的题为《丰子恺的广告画》短文曾写道:"昨晚我偶然翻上海报纸,无意中在占满篇幅的广告当中发现一家卖汽水的广告,一看便相识,知道是丰君的作品。丰君的画儿之于市面的广告上,据我所见的当以此为第一次。"此文所说即为丰子恺的漫画广告《国产老德记汽水》,如(图 1)所示。

《国产老德记汽水》广告画为丰子恺一贯的画风,寥寥数墨,笔法简约。画中一年轻男子坐在椅子上,跷起二郎腿,边看书边伸手取汽水瓶。其姿态悠闲,神情自若。所缀文字也出自画家手笔,"国产老德记汽水"7 个大字尤其醒目,"国产"二字排在首位,着重说明所售为完全国货。另配有"牌子最老,货色最好"的广告词。还附有地址和联系方式。

丰子恺所绘"老德记汽水"广告画目前共发现两幅,图画文字内容基本相同,只是男子的动作略有改变。另一幅画上的男子作捅腰站立仰头畅饮的姿势,不难看出汽水自"国产"后,国人腰杆迅速挺拔起来,倍感自豪(图 2)。

汽水约同治年间传入我国,被称作"荷兰水",对年长的上海人来说,"老德记汽水"并不陌生。1853 年,英国商人在上海开设了"老德记"药房,率先生产汽水、冰淇淋,成为旧中国上层人物酬宾待客的时髦饮料。十几年以后,"老德记"转由国人经营,才有了"国产老德记汽水"。

"国产老德记汽水"不仅以"国产"的噱头招揽生意,还力邀丰子恺用漫画来吸引顾客,真可谓用心良苦。

丰子恺的另有一幅漫画广告《新衣》是专门绘制用于促销《中学生》杂志的。谢其章在《丰子恺漫画新年》一文中说:"丰子恺画过不少幅新年的漫画,其中一幅刊登在 1948 年上海出版的《中学生》杂志上。画名叫《新衣》,是较大的一幅,宽 25 厘米、长 48 厘米,用中国纸彩印,是作为 1948 年的新年赠品送给《中学生》订户的,零售的《中学生》则没有。《新衣》的上款是叶圣陶的题诗:深知天下犹饥溺,试著新衣色赧然,安得家家俱温饱,眉梢喜溢过新年。"①《中学生》杂志请丰子恺绘制新年漫画,其实也是一种独特的广告促销形式,借丰子恺的盛名和读者对子恺漫画的喜爱,以达到宣传杂志的目的(图3)。1948 年,益丰搪瓷厂所产"金钱牌"面盆也曾选用丰子恺的漫画作宣传,丰子恺专门创作了友人谈笑风生,欢宴一堂这一场面的漫画,并配句曰:"家酿家厨胜于沽酒市脯,国货国产胜于洋品劣货。"另外,被用作以广告宣传的漫画作品还有上海工大机电厂于 1954 年专门印制过一批产品宣传画。这批产品宣传画选用的均为子恺漫画,也是应景之作,目前仅存 7 幅。画的内容均与劳动有关,就连丰子恺经常酬酢亲友的《满山红叶女郎樵》也改变了所题诗句,另题为:满山红叶可为薪,劳动女郎永不贫。宣传画约 16 开大小,漫画被置于中央,四周环绕着喷雾机、抽气风扇、倒顺开关和感应电动机的图案。下面附有工厂地址和联系方式。

(二)思想宣传

新中国成立之初,不少出版社印制笔记本,采用了子恺漫画作为插页。不但打破了老笔记本单调枯燥的装饰,还丰富与美化了其中的内容,同时也起到了宣传说教的作用。此类本子种类较多,以《前进日记》《学习》等笔记本中的漫画为代表。

---

① 谢其章:《丰子恺漫画新年》,载《人民日报》(海外版)2001 年 12 月 27 日。

1949 年，上海合群簿记印制厂出品精装笔记本《前进日记》。该簿由丰子恺题签，共选用了《一日千里》《前面好青山，舟人不肯住》《莫向离亭争折取，浓荫留覆往来人》《中庭树老阅人多》《幸有我来山未孤》等 5 幅作品。此簿前附有四段广告词，其一为："《前进日记》它能帮助你明了过去生活上的优劣，又能帮助你学习写作，更能勉励你事业上的前进……"

《学习》，精装笔记本，1951 年上海祥兴文具社出品，选用了一幅题为《希望在前，努力加鞭》的子恺漫画。另外，中原书店出版的精装笔记本，具体印制时间不详。簿中选用了 10 幅漫画和 10 帧书法。书法的内容均为画题的延伸。如漫画《多情也恨无人赏，故遣低枝拂面来》，书法则为宋杨万里《明发房溪》之一首，全诗为：山路婷婷小树梅，为谁零落为谁开。多情也恨无人赏，故遣低枝拂面来。另外 9 幅作品分别题为：《游子寻春》《闲看儿童捉柳花》《小荷才露尖尖角，早有蜻蜓立上头》《折得荷花浑忘却，空将荷叶盖头归》《织女明星来枕上，了知身不在人间》《今夜月明人尽望》《田翁烂醉身如舞，两个儿童策上船》《莫愁前路无知己，天下谁人不识君》。以上笔记本中所选漫画以古诗新画为主，《希望在前，努力加鞭》和《一日千里》则是与时俱进的应景之作。

新中国成立初期，中国的综合国力比较落后，各项事业百废待兴。大力发扬艰苦朴素的精神，倡导热爱劳动，节约资源的传统美德便成了这一时期的重要任务，上海工大机电厂印制的《满山红叶可为薪，劳动女郎永不贫》产品宣传画兼具产品宣传与思想宣传的功能。除此之外，现存的其余 6 幅漫画的标题分别为：《天天扫地，天天洗脸。身体清洁，思想健全》《竹头木屑皆有用》《儿童也解劳动好，放学回来学种瓜》《协力同心，大道必成》《土产交流，物质富厚》《种瓜得瓜，种豆得豆。天天劳动，年年丰收》。而其中的《土产交流，物质富厚》还被《解放日报》印成了彩色的宣传画（画面稍有改变）。这些产品宣传画的中央部分是丰子恺漫画，进行思想宣传，周边部分则为产品宣传（图 4）。

新媒体时期的公益广告也选用了丰子恺的作品作为宣传画。2013 年，中宣部和中央文明办为进一步提升"讲文明·树新风"公益广告质量，推动宣传活动持续健康发展，积极培育和践行社会主义核心价值观，把"讲文明·树新风"主题更加生活化、具体化、大众化，提出了四个主题，即"勤俭""敬业""诚信""友爱"，此次活动共选用了子恺漫画约 130 余幅。此举意在运用传统的文化资源，引导人们尊重、热爱、传承源远流长的中华优秀文化。如《雀巢可俯而窥》被引申题为"中国少年仁心大"，通过儿童与鸟雀的温馨画面，描绘了人与自然的和谐相处，深刻诠释万物共生的理念，旨在传播人类善良的本性（图 5）。

总之，广告漫画的技法和一般漫画的技法是基本相通的，相比之下，广告漫画的形式和主题则更加注重宣传效果。这就要求漫画家对商品信息有强烈的敏感，对生活经验有丰富的联想，也要求画家具备深厚的艺术修养和高超的画技。丰子恺的漫画广告集宣传、说教及美化功能于一体，它不仅在中国漫画史上别具一格，在广告史上同样也闪烁着非凡的光芒。

【附图】

图 1

图 2

图 3

图 4

图 5

作者：浙江省漫画家协会副主席

细品丰子恺绘画的江南味道

朱惜珍

　　江南,人杰地灵,江南文化的特质是灵秀。唐代大诗人白居易曾写下三首脍炙人口的《忆江南》词,其第一首便以"江南好"起句,词曰:"江南好,风景旧曾谙。日出江花红胜火,春来江水绿如蓝。能不忆江南?"短短的几句,勾勒出江南美景。江花红,江水绿,明艳的色彩充满着江南独有的色彩。

　　所谓的江南味道,应当是江南景色与江南风俗人情的相互映衬。俗话说:"一方水土养一方人。"也许,只有在那方土地上孕育出来的人才能从骨子里浸润和领略这种味道,丰子恺先生是浙江桐乡人,他不但身上有着江南的风神灵秀,而且还能在他的画中自然而然地流露出来。

　　丰子恺的画富有诗意,那是江南文化熏陶出来的。对此,朱自清就说过这样一段话:"我们都爱你的漫画有诗意;一幅幅的漫画,就如一首首的小诗——带核儿的小诗。你将诗的世界东一鳞西一爪地揭露出来,我们就像吃橄榄似的,老咂着那味儿。"[①]这味儿中就有江南的味道吧! 丰子恺先生为人淡泊恬静,有着江南文人的风范。"吾爱童子身,莲花不染尘。"说明先生内心深处的纯净无瑕,丰子恺先生为人的淡泊恬静,自然融入他的画境和画趣。他出生于江南,长期生活在江南,他的画传达出很多江南的风俗和情趣。但他不喜欢画纯粹的风景画和静物画,也不单纯画那些小桥流水,烟村泛家,他的绘画中有浓浓的江南味道,那是他文学方式的另一种表现,也是他身为江南文人自然流露出来的特质。

　　丰先生的绘画是在一定程度上把江南保留了下来,画中传达出很多江南

---

① 载《语丝》第 54 期(1926 年 11 月 23 日)。

的情趣和风俗。

一、划船采莲、荷叶盖头和炮弹花瓶

划船采莲,是江南一带流传已久的风情。江南是水乡,水乡多荷塘,夏日荷塘里遍植荷花,又称莲花。站在荷塘边,就有了一片眼里的清丽和心中的清凉。莲花生在水里,出污泥而不染,其楚楚风姿氤氲了江南的脉脉风情,莲花江南,是一派浸润在诗词歌赋里的文采风流,渗透了文人的情感情绪。古往今来,不知道有多少抒写莲花的诗。李白《古风》中写的"碧荷生幽泉,朝日艳且鲜",宋代徐玑在《夏日怀友》一诗中有"远忆荷花浦,谁吟杜若洲"之佳句。南宋杨万里在《晓出净慈寺送林子方》中则写道:"毕竟西湖六月中,风光不与四时同。接天莲叶无穷碧,映日荷花别样红。"西湖美景历来是文人墨客描绘的对象,杨万里的这首以其独特的手法流传千古,"接天莲叶无穷碧,映日荷花别样红"更是脍炙人口。诗人用一"碧"一"红"突出了莲叶和荷花给人视觉带来的强烈的冲击力,绚烂生动,令人回味无穷。

同样,在古人诗词中,也经常可以看见"采莲"场面的描写。"采莲"题材最早源于汉乐府民歌《江南》,诗云:"江南可采莲,莲叶何田田。鱼戏莲叶间,鱼戏莲叶东,鱼戏莲叶西,鱼戏莲叶南,鱼戏莲叶北。"此诗以简洁明快的语言,回旋反复的音调,优美隽永的意境,清新明快的格调,勾勒出一幅江南水乡青年男女采莲时欢乐甜蜜的画面,洋溢着唯江南才有的风情。关于"采莲"场面的描写历来不乏名篇佳句。如"若耶溪傍采莲女,笑隔荷花共人语"(李白《采莲曲》)、"日日采莲去,洲长多暮归。弄篙莫溅水,畏湿红莲衣"(王维《莲花坞》)、"菡萏香连十顷陂,小姑贪戏采莲迟。晚来弄水船头湿,更脱红裙裹鸭儿"(孙光宪《采莲》)、"十里寒塘初过雨,采莲舟上谁家女? 秋水接云迷远树。天光暮,船头忘了回家路"(丁羲叟《渔家傲》)等。

身为江南文人,丰子恺的画自然也少不了画荷花,画荷叶,画采莲。

丰子恺的漫画《相逢畏相失,并着采莲舟》,出自于崔国辅的乐府旧题《采莲曲》,是《江南弄》七曲之一,内容描写江南一带的水国风光。原诗为:"玉溆花争发,金塘水乱流。相逢畏相失,并着木兰舟。"在画中,丰先生把"木兰舟"改为"采莲舟",是因为从崔诗的名字就知道采莲,而漫画只选取其中一句诗,改用"采莲舟"就容易让读者知道其背景。画中两位采莲女，一个身着桃红衣衫，一个身着浅蓝衣衫，并肩划着两艘小船，船上放着莲花和莲蓬，画的右边是莲塘一角。画面极美，仿佛听得见小船上女子说着吴侬软语，咿咿呀呀地唱着小曲，江南风情跃然画上。再细看画的最右边，那是长满荷花的荷塘一角，一大片的荷叶荷花在随风摆动，可以想象那是一个颇大的荷塘，里面该有无数小船穿行其中，船上的采莲人钻入荷叶丛中彼此是看不见的。这两个各自在莲塘中划船采莲的女孩也许是在小船偶然拐弯时，突然遇见了，她们高兴得一边大声叫着对方的名字，一边把船儿用力向对方划过去。因为怕彼此的小船一旦钻入荷叶密密的荷塘中，又会彼此散开找不见。于是，她俩便把彼此的小船紧紧靠在一起并着划行，两个女孩肩并肩坐着，两人边划船边讲着闺蜜之间的悄悄话，只有荷塘听得见她们在说些什么。从画中两人的欢乐表情中看得出她们正有说有笑，手上握着的船桨仿佛连在一起，连划船动作都是一致的。荷塘、无波的水纹，两艘并排的小船，船舱里放着刚刚采摘下来的荷花和莲藕，两个相依相偎边划船边说话的女孩子，那是一种多么甜蜜温馨的江南采莲场面啊！丰子恺把自己对江南的感情以及对江南风情的熟谙融入画中，整个画面充满了动感。

再看丰子恺的《折荷图》，这幅画仿佛是采莲图的续篇。画面是两个头戴荷叶的小女孩，背景是江南的山水，有桥有塔。画的左上角题字为"折得荷花浑忘却，空将荷叶盖头归"，两个小女孩划着小舟采摘荷叶，荷叶是可以用来做菜的，江南的粉蒸肉、荷叶包鸡都是脍炙人口的美食。两个女孩摘荷叶摘得开心，边采摘边唱歌，突然天上乌云密布，顷刻之间，雨水落入荷塘，荷塘里一片片硕大的荷叶上滚动着点点水珠，衬得荷叶更绿，那江南夏日的雨来得虽急，雨点也密集，但却是温柔的，如花洒般散开来，合着荷叶的清香飘散在荷塘周围。见雨越下越大，女孩干脆把折下的一大张荷叶盖在头上，就像是一把张开的绿色雨伞，那天然的雨伞还带着荷叶的清香，好玩又好看，雨滴在荷叶上，有刷刷的声音，就像在唱歌，溅在上面的雨水使荷叶的绿色越加青翠欲滴，衬得两个女孩子红扑扑的脸犹如盛开的荷花般娇俏可爱。整个画境童趣盎然，江南水乡特有的味道跃然纸上。

在《炮弹作花瓶，万世乐太平》的画中，一枚炮弹里插的是两支莲花，一支荷叶。只见一大片卷曲着的荷叶中伸出一枝盛开的粉色莲花，后面还有一支正含苞欲放，炮弹花瓶下是两个无锡泥人，一男一女，各自穿着红绿衣裳，一片喜庆吉祥,表现出画家热爱和平的心境。丰子恺人生阅历丰富,观察独到细腻。他生于上世纪初,饱尝战祸离乱之苦。这幅画的创作背景是源于一次他到一位做医生的朋友家去,在医生的书房里,看见书桌上放着一瓶荷花,仔细一看,那花瓶居然是一个炮弹壳做的。丰先生顿时来了灵感,他想与其用慷慨激昂的言说来拥护和平,不如就以此作画,画题就叫做:炮弹作花瓶。炮弹壳代表战争,莲花代表圣洁与和平,而下面是两个可爱的笑容可掬的大阿福。大阿福是无锡惠山泥人中非常传统的造型,她原本是个女孩的外形,后来在清末民初出现了男孩造型的阿福,组成了一对男女阿福。作品形象生动,充满浓郁的生活气息。这幅画创作于抗战胜利的 1945 年,表达了丰子恺先生期盼和平,重建家园的美好愿望。荷花是江南的特色,大阿福是江南的吉祥摆设。当时丰子恺的缘缘堂毁于战火,这幅画寓意着丰子恺对于胜利的喜悦和重建家园的美好愿望。

二、杨柳双燕子是最江南的画面

杨柳,在江南是有灵性的,柳树多栽在水边,傍水而生,垂柳依依,枝条伸向水里,又不入水,只是迎风摇曳,说不出的万种风情。柳树也是最早让人们感知春天到来的。当春寒料峭,万物未发时,柳条在初春寒风的摇曳里渐渐返绿,先是点点鹅黄,逐渐变成嫩绿,几场春雨催得柳枝的绿色越来越浓,终成翠绿一片。柳树又是极易栽种的,清明前后,摘下一根柳枝,随意一插,不久就会生根,第二年就会长成一棵柳树,故有“无心插柳柳成荫”之说。丰子恺在他的散文《杨柳》中写道:“昔年我住在白马湖边,看见人们在湖边种柳,我向他们讨了一小株,种在寓屋的墙角里……因此常取见惯的杨柳为画材,所以就有人说我喜欢杨柳。”烟雨杨柳是江南特有的风景。杨柳绽芽,燕子归来,是最江南的画面,也是丰子恺最爱画的。燕子是吉祥之鸟。民间认为如有燕子飞到谁家,说明这家人将会财源滚滚,鸿运当头,所以,燕子常常象征着欢乐的新生活。燕子属候鸟,随季节变化而迁徙,春天北来,秋日南归,燕子归来象征着春光的美好,传达人们的惜春之情。燕子素以雌雄颉颃,飞则相随,双双出入在人家屋内或屋檐下,正是因为燕子的这种成双作对,才引起了有情人寄情于燕、渴望比翼双飞的思念。

　　丰子恺是江南人,平生看惯了杨柳和双燕子,他喜欢家乡的这些场景,常常把它们画入自己的作品。以此为题的画作就有《柳下相逢握手手》《堤边杨柳已堪攀,塞外征人殊未还》《月上柳梢头》《翠拂行人首》《柳暗花明春事深》《杨柳岸晓风残月》《相逢意气为君饮,系马高楼垂柳边》等。此外,还有《思为双飞燕,衔泥巢君屋》《绿杨芳草》《借问过墙双蛱蝶,春光今在阿谁家》《春在卖花声里》《垂鬟村女依依说,今朝燕子又作巢》《江春不肯留行客,草色青青送马蹄》《绿酒一卮红上面》《看花携酒去,酒醉插花归》《主人醉倒不相劝,客反持杯劝主人》《好花时节不闲身》等,丰先生的这些画无不以柳树为背景,还经常添上飞翔的燕子,寥寥数笔,就画出江南特有的风情。

　　《月上柳梢头》是丰子恺先生以欧阳修的名篇《生查子·元夕》中的一句词作的画。全词如下:"去年元夜时,花市灯如昼。月上柳梢头,人约黄昏后。今夜元夜时,月与灯依旧。不见去年人,泪湿春衫袖。"这首词讲述的是主人公无奈地等待着一份求而不得恋情的凄美故事,"月上柳梢头,人约黄昏后"成为千古名句。丰子恺所绘的《月上柳梢头》在画出原词意象之美的同时,还营造出一份浪漫的希望。画中,一株碧绿的垂柳下,一位身着浅红旗袍的短发女子斜斜地依偎在墙边,翘首等待着自己的意中人。女子面向的山峦间有一轮正在升起的圆月,身边的草丛里有一对正在并肩嬉闹的小兔子,欢快地跳跃向前,墙头一只小猫咪翘起尾巴仰身远望,似乎暗示着周围的动静,也许红衣女子正在等待的意中人即将出现,相约黄昏的浪漫时刻就要来临。整幅画面一扫欧阳修词的忧伤,充满着一种美好的希冀之情。

　　"思为双飞燕,衔泥巢君屋",这两句诗出自《古诗十九首·东城高且长》,燕子素以雌雄颉颃,永结伉俪。双宿双飞比翼交颈的恩爱形象羡煞世上有情人。丰子恺在《思为双飞燕,衔泥巢君屋》的画中,画了一株老柳树,柳树枝叶垂下,牵扯出万种风情,柳树下的露台上,伫立一位红衣女子,她呆呆地看着桃花丛中飞出一对燕子,羡慕杨柳双燕子的惆怅跃然纸上,那是江南女子才能体会到的离情别愁。在《垂鬟村女依依说,燕子今朝又作巢》里,丰先生画了一对母女在自家草房门前柳树下的石块上,母亲在缝补衣服,女儿手指屋前,一对燕子正缓缓飞来作巢,这些都是唯江南才有的风景。

　　丰子恺热爱杨柳双燕子的江南意境,他甚至把它们画入自己家的钟里。在《缘缘堂随笔·闲居》中,丰先生写道:"有一次我闲居在自己的房间里,曾经对自鸣钟寻了一回开心。自鸣钟这个东西,在都会里差不多可说是无处不有,无人不备的了。然而它这张脸皮,我看惯了真讨厌得很。罗马字的还算好看;我房间里的一只,又是粗大的数学码子的。数学的九个字,我见了最头痛,谁愿意每天做数学呢!有一天,大概是闲日月中的闲日,我就从墙壁上请它下来,拿油画颜料把它的脸皮涂成天蓝色,在上面画几根绿的杨柳枝,又用硬的黑纸剪成两只飞燕,用浆糊黏住在两只针的尖头上。这样一来,就变成了两只燕子飞逐在杨柳中间的一幅圆额的油画了。"这只自鸣钟经过丰子恺先生的创意绘画,成为独一无二的江南风味浓郁的钟了。

三、画遍江南风情风俗

丰先生住在杭州及故乡石门湾,江南特有的民俗风情吸引着他,他注意观察这里市民的日常生活,把他们作为自己画画的题材。丰先生所画的《市井小景》《踏青挑菜》《话桑麻》《柳荫》等,全是江南的民俗民风。《踏青挑菜》画的是三个短衣短衫女子在田头挑野菜的场景,垂柳依依,绿油油的青草地,几只竹篮放在一边,用于盛放挑出来的野菜,这是江南春日常见的场景。画面右边两个年轻男子正悠闲地款款走来,像是出来踏青的,衣着打扮表明其是有身份的人。踏青者和挑菜者都同样沐浴在江南春日的阳光下,一派勃勃生机。

又如《春日游,杏花吹满头》画的是一家人在山间行走,青山盈盈,柳丝拂面,杏花片片吹落,这是唯江南独有的风光。《春在卖花声》里画的是一卖花女手挽竹篮在街头叫卖,让人想起陆游的诗"小楼一夜听春雨,深巷明朝卖杏花"。陆游的这两句听雨在用词上清新自然,脍炙人口,写尽江南生活的韵味。在丰先生的画笔下,梳着两根小辫子的女孩臂弯里钩住一只花篮,花篮里整整齐齐地平铺着一串串花。女孩穿着粉色的上衣对应着脚上粉色的鞋,似乎在边走边用吴侬软语细声细气地喊着"卖花呀!""卖新鲜的花呀!"画面背景是枝叶软软垂下的杨柳树和一对翻飞的燕子,寥寥几笔,勾勒出了江南春天特有的场景。

在《过尽千帆皆不是,斜晖脉脉水悠悠》中,丰子恺画一水边小楼,一少妇推窗而望,期盼夫君归来。这临窗见水的小楼是江南古镇特有的民居,江南多河,旅人多坐船外出,归来也是坐船,所以,在水边小楼依窗而望是江南女子特有的寄托相思之情的方式。《贫贱江头自绽纱》画中，一江南小屋门前一株柳树下有数级台阶引入河边，河畔一女子在江边绽纱洗衣，这也是江南水乡独有的风景。《五月西湖绿，山山杜鹃哭》画的是窗前卷起的竹帘下，一女子面朝窗外，旁边放着一张茶几，茶几上置一花瓶，瓶中插着三枝玫瑰，花瓶旁有一只玻璃杯，窗外是断桥和孤山。此种画面意境只有深谙江南的人才画得出来。这里的杜鹃是指子规，子规鸟又叫杜鹃。它发出的声音极其哀切，子规声声犹如呼唤离人归来。"兴尽晚回舟，误入藕花深处"画的是开满荷花的河里的一艘小船，船家在用浆划船，船身上坐着两位客人，小舟在藕花深处穿行，如诗如画，满是江南风情。

丰子恺在散文《忆儿时》中写过："在书中常常读到赞咏钓鱼的文句，例如什么'独钓寒江雪'，什么'渔樵度此身'，才知道钓鱼原来是很风雅的事。后来又晓得有所谓'游钓之地'的美名称，是形容人的故乡的。我大受其煽惑，为之大发牢骚：我想'钓鱼确是雅的，我的故乡，确是我的游钓之地，确是可怀的故乡'。"

江南多水，天气温和，是适合游钓之地，江边钓鱼的场景充满闲情逸致，是生性淡泊的丰子恺先生所欣赏的。因此，他喜欢画钓鱼的画。如《钓鱼需钓一尺半，三十六鳞如抹朱》画的便是江南钓鱼之乐。在《钓得金鳌又脱钩》画中，河边的竹篓、跃起的鱼、飞舞的钓竿、懊丧的钓鱼者呼之欲出，令人看后忍俊不禁。

四、在重画的旧作中寄托乡愁

我曾经多次去过上海陕西南路长乐邨的丰子恺故居，到了那里，最喜欢坐在日月楼窗前的藤椅上，两只藤椅中间置一张方几，透过卷起的竹帘可看到窗外繁华的陕西南路。即便是在白天，我眼前依然会出现丰先生的画《人散后，一钩新月天如水》，那意境恍若眼前场景。

《人散后，一钩新月天如水》是丰子恺公开发表的第一幅漫画，画题出自宋词人谢逸所作《千秋岁·夏景》。这幅画是丰子恺的成名作，画中临窗一张小方桌，桌上置一茶壶、几个茶杯，桌旁分列两张藤椅，窗外一轮新月。画面上没有人，"人散后"三字，却让人想象无穷，此时无人胜有人。画家用写实手法描写了人去楼空的场景，寥寥几笔就把我们带进古典的诗情画意之中，引起无限遐思。此画于 1924 年发表于《我们的七月》杂志上。当时丰子恺在白马湖春晖中学任教，与叶圣陶、夏丏尊、朱自清等共事。这幅画表达了当初在小杨柳屋友人相聚后的心境，朱自清看后极为欣赏，将其收录进自己主编的《我们的七月》刊物中。关于这幅画，郑振铎先生如是说："我先与子恺的作品认识，以后才认识他自己。第一次的见面，是在《我们的七月》上。他的一幅漫画《人散后，一钩新月天如水》，立刻引起我的注意。虽然是疏朗的几笔墨痕，画着一道卷上的芦帘，一个放在廊边的小桌，桌上是一把壶，几个杯，天上是一钩新月，我的情思却被他带到一个诗的仙境，我的心上感到一种说不出的美感。"①

以《人散后，一钩新月天如水》为题的作品，丰子恺在晚年又画了一幅。不过，原先画中简陋的茶桌已经换成了茶几，壶、盅已被瓷壶和瓷杯所替代，茶几两旁各有了一张藤椅，卷起的竹帘依旧。小桌旁所加的两张藤椅增强了画面的江南元素，而且原先的黑白画已画成彩色：咖啡色的木柱子，呼应着咖啡色的小桌子，浅墨绿色的竹帘子高高卷起，和下面同样颜色的两把竹藤椅相互对应。天空中鹅黄色的一轮弯弯的月牙，窗前暗绿色的树梢似在迎风摇摆。那时，先生应该已定居上海，重画这幅画是否寄托着丰先生浓浓的乡愁和对故人的思念？

与《人散后，一钩新月天如水》一样被人喜爱的是《红了樱桃，绿了芭蕉》。这幅画最早见于 1926 年 1 月，上海开明书店出版的《子恺漫画》作品集中。和《一钩新月天如水》一样，这幅画也是用毛笔墨线画的黑白画。画上题词出自南宋词人蒋捷的《一剪梅·舟过吴江》，全词如下："一片春愁待酒浇。江上舟摇，楼上帘招。秋娘渡与泰娘桥，风又飘飘，雨又萧萧。何日归家洗客袍？银字笙调，心字香烧。流光容易把人抛，红了樱桃，绿了芭蕉。"丰子恺特别喜欢最后三句，他在自己江南的宅院缘缘堂的庭院里种了樱桃与芭蕉，并选用了其中一句作画。丰子恺曾说："古人的诗词，全篇都可爱的极少，我所爱的，往往只是一篇中的一段，甚至一句。这一句我讽咏之不足，往往把它译作小画，粘在座右，随时欣赏。"后来，我们所见到的彩色的《红了樱桃，绿了芭蕉》，是丰先生于 1946 年画的，但底稿还是 1921 年出版的那幅。这是一幅缘缘堂生

---

① 郑振铎：《〈子恺漫画〉序》，载《语丝》第 54 期（1926 年 11 月 23 日）。

活场景的特写。画中,三两片肥硕的芭蕉叶在窗前轻拂着木格子窗,桌上的高级盆子里装着满满一盘樱桃,一只蜻蜓在桌子周围徘徊不去。桌子一侧的火柴盒上,斜放着一支燃着的香烟,烟头上有烟雾袅袅,暗喻主人就在旁边,只是因画画写字累了,暂时起身走走。

抗战爆发后的 1937 年,丰子恺被迫离开桐乡的缘缘堂,举家逃难至重庆。次年,缘缘堂毁于日寇炮火之中。丰子恺很熟悉古典文学,也常自作诗。逃难时以读诗作诗消遣寂寞,晚年更是把阅读诗词当做乐趣,每遇佳句,遂画成漫画。

1938 年 8 月 21 日,丰子恺写下《望江南》六首:

逃难也,逃到桂江西。独秀峰前谈艺术,七星岩下躲飞机,何日更东归。(在桂林也)

闻警报,逃到酒楼中。击落敌机三十架,花雕美酒饮千盅,谈话有威风。(在汉口也)

逃难也,万事不周全。袍子脱来权作枕,洋火用后当牙签,剩有半枝烟。(在浙江舟中也)

空袭也,炸弹向谁投?怀里娇儿犹索乳,眼前慈母已无头,血乳相和流。

逃难也,行路最艰难。粽子心中藏法币,棉鞋底里填存单,度日如经年。(在江西舟中也)

防空也,日夜暗惊魂。明月清风非美景,倾盆大雨是良辰,苦煞战时民。

与此同时,丰子恺又写下一首《望江南》:"青春伴,一旦忽分离。隔着云烟三千里,东西两地各思惟。何日更重携?"

这几首诗,写尽离乱之苦,寄托了对故乡江南的无限怀恋之情。丰子恺颠沛流离在外,他思念自己的故乡,思念被毁的缘缘堂。始建于 1933 年春的缘缘堂是朴素的江南民居风格,是丰子恺先生亲自设计的,那种朴素之美正是丰先生的审美境界。缘缘堂的庭院里墙角植有芭蕉树和樱桃树,这两种植物正是丰先生所爱。加以山墙另一边的竹子和满墙攀援的爬山虎,营造出一种江南庭院特有的清雅幽静。

1938 年,丰子恺在他的散文《告缘缘堂在天之灵》中回忆故乡的缘缘堂时,专门写了樱桃与芭蕉:

> 夏天,红了的樱桃与绿了的芭蕉在堂前作成强烈的对比,向人暗示"无常"的至理。葡萄棚上的新叶把室中的人物映成青色,添上了一层画意。垂帘外时见参差的人影,秋千架上常有和乐的笑语。门前刚才挑过一担"新市水蜜桃"。又挑来一担"桐乡醉李"。堂前喊一声"开西瓜了!"霎时间楼上楼下走出来许多兄弟姊妹。傍晚来一个客人,芭蕉荫下立刻摆起小酌的座位。这一种欢喜畅快的生活,使我永远不忘。①

芭蕉听雨是江南文人的最爱,而蕉叶题诗也是文人的情趣,樱桃挂果时,红艳艳的,配着芭蕉恣意的绿,红绿相映,是生活的美,也是蕴涵着诗意的。丰先生在布置缘缘堂庭院植物时一定是有自己的"红了樱桃,绿了芭蕉"一画的意境在,在这样的环境里画画写文,自然是十分惬意的。在缘缘堂的日子可说是丰先生最自在的一段时光,夏天,一家人团团围坐在芭蕉树荫下共享天伦之乐,桌上有一盆刚采摘下来的熟透的红樱桃,那是多美的画面?

丰子恺再度画这幅画时,正是抗战胜利之时。1946 年 4 月 20 日,丰子恺卖去重庆沙坪坝的小屋,迁居重庆凯旋路特 7 号开明书店,等候舟车回到江南故乡。由于北归的人太多,舟车艰难,归乡心切的丰子恺为了寄托自己难以排遣的乡愁,便画了一幅画寄与上海的学生钱君匋,以寄托自己"一片春愁待酒浇……何日归家洗客袍"的无奈。这幅画就是重画的昔日旧作"红了樱桃,绿了芭蕉",丰子恺画的是缘缘堂内曾经朝夕相伴的书房:格子窗,窗外的芭蕉,还有桌上盆子里的樱桃,樱桃红,芭蕉绿,他把一腔思恋江南家乡之情寄托在这幅重画的旧作上。与原先画的不同,这幅画是彩色的,浓绿的芭蕉叶探进糊着嫩黄色窗纸的褐色木格子窗内,桌上浅紫色的高级盆子里装着满满一盘鲜红欲滴的樱桃,原先黑白画中的一只在旁边徘徊的蜻蜓已不见,斜搁在火柴盒上的红色烟头有青烟袅袅。

《人散后,一钩新月天如水》和《红了樱桃,绿了芭蕉》两幅画因其浓浓的感情和有着江南意蕴的唯美画风,赢得了人们的普遍喜爱,成了丰子恺脍炙

---

① 载《宇宙风》第 67 期(1938 年 5 月 1 日)。

人口的佳作。

　　丰先生的画犹如无字的散文和无声的诗歌,带领观者畅游在江南的诗情画意里,美丽而温暖。江南的风情在丰子恺先生的画中鲜活地存在,那里面藏着他对生养他的江南故乡的深情和赤子之爱。

作者:上海丰子恺研究会会员

丰子恺漫画中的破框图式研究

蔡克幹

　　一件绘画作品物理边界的确立往往在于画框或画面基底自身界域的存在,但无论是有形的框还是无形的"框"都常常处于一种"不可见"状态。正如保罗·杜洛所述的那样:"我们看艺术品,但不看画框。不仅对有形画框轻描淡写的艺术品(如现代主义艺术)有这种'画框效果',而且坚定使用有形画框的艺术品(如文艺复兴时期的艺术)也有。"①画框"不可见"的现象往往在于个体对画框装饰性的认知定位,画框的装饰功能在一定程度上掩盖了其在观者对作品感知的过程中所起的作用,往往画框对于画面意义就像汉斯·贝尔廷所主张的那样:"画框作为文化生产形式,与嵌在画框中的艺术一样有着重要的意义。画框使得框中的所有东西成为画,正如艺术史使得流传下来的艺术成为'画',成为人们可以学会观看的东西。"②而与物质形态画框相对应的图像化的边框,由于其和所框图像在呈现形态上的同源性,在画面上存在更多表现的可能性,其中画面边框的打破就是这类可能性的一种体现。若以此类边框探讨的视角去审视丰子恺漫画中的边框,我们可以发现其漫画中的边框除了具有"随意涂抹"的个人风格外,还存在以"开放"的形式将其从界限标记的边沿转化为建构图像的空间要素的现象。

---

① 保罗·杜洛:《画框的修辞:对艺术品边界的考察》,周韵译,见周宪、丛丛主编《历史情境与文化空间》,生活·读书·新知三联书店 2015 年版,第 122 页。
② 汉斯·贝尔廷:《现代主义之后的艺术史》,苏伟译,金城出版社 2014 年版,第 17—18 页。

一、丰子恺漫画中的破框图式

格林伯格曾说道:"旧石器时代的画工或雕刻工可以全然不顾画框这一规范,以字面意义上的雕塑性来处理外表,这只是因为他制作的是像而非画。他们是在某种支撑物上创作——一段岩墙、一块骨骼、一个兽角或一块石头——这些限制和外表自然是任意地给定的。然而,画的制作就意味着在其他东西中有意创造出或选择一个平面,就意味着有意把这个平面框起来和加以限定。"①格林伯格以旧石器时期艺术作品没有边界概念的特点,来强调绘画作品载面所该具有的限度,而这种具有限度标记的载体介质是一画作空间内在视觉逻辑成立的一种标准。无论史前壁画是叙事性记录还是功能性的巫术表现,在缺乏某种边界的框制下,都会让观者在对其的知觉活动中无法明确把握形象的构成关系以及依附于形象呈现的空间序列。丰子恺也曾以类似的视角对画框进行过相关论述:"油画布上所描绘的风景,由画框的四边打断其与外界的关系。风景画中所描的道路,与画框外的地方绝不相通,所描的小丘的后面,也没有村落或住民。倘把它当作与外界有关系的,而想起这路通何方,这山背后是何处,这风景画就堕落而变为地理的插图,即变成科学的一部分了。"②丰子恺以风景油画为例来阐述画框的绝缘性,这里的绝缘不是其"绝缘说"中的一种审美状态,而是画框所框之物与之所对照的自然对象间相隔离的一种表征。丰子恺在《美术照相习作集》题卷首中论述艺术与自然的相接性与隔离性时,将画框对所框物象位置经营的规范称为隔离,而绘画对自然物象的表现则为相接性。丰子恺认为此两者虽互相矛盾,但并列于艺术与自然的关系中。③ 在前文所引丰子恺对画框的言论中,丰子恺只是将画框作为隔离图像外界的媒介来阐述,而《美术照相习作集》题卷首中的表述则将画框与画面构图联系在一起,此语境中的画框更多的不仅只是装饰意

---

① 格林伯格:《现代主义绘画》,周宪译,见周宪主编《艺术理论基本文献·西方当代卷》,生活·读书·新知三联书店 2014 年版,第 97 页。
② 丰子恺:《艺术教育 ABC》,见陈星主编、刘晨分卷主编《丰子恺全集》第 16 卷,海豚出版社 2016 年版,第 15—16 页。
③ 丰子恺:《美术照相习作集》题卷首,见陈星总主编、刘晨分卷主编《丰子恺全集》第 10 卷,海豚出版社 2016 年版,第 147 页。

义上外框,而是可以参与画面空间建构的一构成要素。

但各边封闭的边框并非适用于所有绘画作品,诸如壁画、漫画、书籍扉页、报刊插图等类型的作品中就均存在画面边框被视觉形象所"打破"的例子。正如迈耶·夏皮罗所述的那样:"我们认为边框乃是从再现场域四周的表面上孤立出来的有规则封闭圈的观念,并不适用于所有边框。有些绘画和浮雕,其图像的某些要素穿过了边框,就好像边框只是背景的一部分,只存在于形象背后的模拟空间中似的。这种穿过边框的做法常常是一种表现性手法;一个被再现为正在运动中的形象,当其穿过边框时,看上去更逼真,其运动仿佛是没有限制似的。因此,边框更多地属于图像的虚拟空间,而不是属于其物质表面;惯例被自然化为图画空间的一个要素,而不是观者空间或载体空间的一个要素。"①夏皮罗认为图像中的破框现象是图像视觉空间建构的一种层次拓展表现,并且"打破"边框的视觉要素若是运动中的形象则此形象的运动感会在观者的知觉体验中被放大。所以他主张"边框更多地属于图像的虚拟空间",无论是实体的画框还是图像化的边框都会在破框的形式呈现中从物质成分往"图像的虚拟空间"方向发展。而丰子恺漫画中具有破框现象的作品,恰恰是对夏皮罗所述观点的一种实例回应。虽然此类作品中的边框往往以图像化的样式出现,但边框外显现的是以空白形式呈现的图像底面,也就意味着边框外所存在的空白是现实中的物质形态,而框内视觉形象对边框界限的"破坏"就会将框外的物质表面纳入到了"图像的虚拟空间"中。

丰子恺在《漫画创作二十年》一文中对其创作的漫画进行了分类:"我作漫画,断断续续,至今已有二十多年了。今日回顾这二十年的历史,自己觉得,约略可分为四个时期:第一是描写古诗的时代,第二是描写儿童相的时代,第三是描写社会相的时代,第四是描写自然相的时代。但又交互错综,不能判然划界,只是我漫画中含有这四种相的表现而已。"②丰子恺在《漫画创作二十年》中将自己所创作的漫画分为四种相,而这四种相不仅存在于其所归纳的二十多年漫画生涯中,也出现在其后的创作中,并且在每种相的漫画中都有一定数量的破框作品存在。《燕归人未归》(见图 1)《红了樱桃绿了芭蕉》

---

① 迈耶·夏皮罗:《艺术的理论与哲学:风格、艺术家和社会》,沈语冰、玉冬译,江苏凤凰美术出版社 2016 年版,第 8 页。
② 丰子恺:《漫画创作二十年》,见陈星总主编、陈建军分卷主编《丰子恺全集》第 2 卷,海豚出版社 2016 年版,第 264 页。

《帘卷西风，人比黄花瘦》《明月窥人人未寝，倚枕钗横鬓乱》《绣帘一点月窥人》《野渡无人舟自横》等画是"描写古诗的时代"中存在破框现象的漫画代表，这些作品中常常从古诗中引入相关形象来对边框进行"打破"，而这种边框的"打破"又在文学作品图像化的转变中服务于图像文学性的表达。在丰子恺的漫画中，儿童题材的作品尤其深入人心，其笔下的儿童相往往是对孩童纯真流露瞬间的捕捉，此类作品也存在不少具有破框图式的作品，比如《小人挑大担》《注意力集中》《新刊》《"明天会"》《劳动者》《满载而归》《FIRST STEP》(见图 2)《两失》《告诉先生》《！！！》等画。这类儿童漫画中的破框，往往是通过画中关键要素对边框的打破来拓展瞬间定格的因果关系。《买粽子》《病车》《修烟囱的人，窥见室家之好》《"我"与"我们"》《公众阅报处》《PAINTER》《浣纱》等画是丰子恺对当时社会世相的一种体察，这种体察或是感想或是讽刺，但都经由画中某物的破框来对形式意味以及内在意旨进行拓展。丰子恺描绘自然相的漫画中，像《生机》《野渡无人舟自横》等具有破框形式的作品较少，且《野渡无人舟自横》这样的作品从内容母题的角度去考量可以归为自然相，但它的形式表现又属于古诗新画。

图 1 《燕归人未归》　　　　图 2 《FIERST STEP》

　　许多学者从丰子恺漫画中的绘画语言以及其内在的艺术理念与古代传统文人画相似的视角进行考量，将丰子恺漫画与古代传统文人画进行关联研究，却基本没有人将丰子恺漫画中的破框图式放在相关图像纵向发展的维度上来进行探讨，而这种破框图式在魏晋、唐代等时期的许多壁画作品中都存在，若把丰子恺破框漫画和这些作品进行比较分析，我们可以从中发现丰子恺漫画中破框图式所具有的某些创作逻辑。将丰子恺破框漫画和出土于甘肃骆驼城壁画墓魏晋时期的《牧鹿图》(见图 3)《牵马图》(见图 4)《出行图》(见图 5)等画进行比较分析，我们可以发现丰子恺漫画中具有破框样式的作品与《牧鹿图》《牵马图》《出行图》等画在边框与破框要素之间的形式关系存在较大差异。《牧鹿图》《牵马图》《出行图》等壁画中的破框体现在相关形象对已有边框的覆盖，而丰子恺漫画中破框图式的建构更多的是一种有意的画面布局，画面边框被纳入到了画面整体构成的"互动"中。边框在丰子恺破框漫画中不是一固定画幅的限度标记，而是可以与所框物象产生"互动"的空间构营要素。河北张匡正墓出土的辽代《散乐图》(见图 6)与《牧鹿图》《牵马图》《出行图》等画中的破框现象虽然在具体的表现形式上有所差异，但都受到画面

图 3 《牧鹿图》

图 4 《牵马图》

图 5 《出行图》

基底的画幅影响。从图6中可知作为破框要素的琵琶头部处于墙壁的拐角处，在没有多余空间绘制边框以及又想保留琵琶完整性的基础上出现了破框现象。虽然我们无法判断丰子恺创作破框漫画时的步骤，是先绘制"破裂"的边框还是先描绘所框物象，但我们可以从边框和所框物象间的建构中发现，这是其艺术理念和具体形式语言相结合的结果，而不是对物质材料和艺术表达间"博弈"的妥协。出土于陕西朱家道村唐墓的《昆仑奴青牛图》以屏风的样式来建构边框，而边框的完整性却在框外一毛笔笔尖的干涉中被打破，丰子恺破框漫画中也有边框被来自框外形象打破的例子，比如《燕归人未归》。但在《昆仑奴青牛图》的破框形式与其旁侍女持笔动作的照应中，我们可以发现此壁画中的破框图式是对某一绘画过程以及某绘画者的表现，在这样的行为叙事视角下去看，那《昆仑奴青牛图》就是此侍女绘画活动的产物（见图7）。在丰子恺同类破框形式的漫画中，破框要素和图像之间的关系不是附属与被附属的关系，而是统一于画面的建构中，并且破框要素嵌入到了具体的内容表征中。

图6 《散乐图》局部　　图7 《昆仑奴青牛图》旁的侍女

二、丰子恺对竹久梦二、陈师曾画作中破框图式的接受

在探析丰子恺漫画风格来源问题时，竹久梦二对其的影响是一个绕不开的话题。无论是从两者某些绘画语言相似的角度还是依据丰子恺自己相关的言语来分析，竹久梦二对其漫画创作的影响都是显而易见的。丰子恺曾在

《文学与绘画》一文中回忆其在东京街头发现《梦二画集·春之卷》时的兴奋之情，并且记述了其在友人的帮助下收齐了《夏》《秋》《冬》三册。无论是竹久梦二作品中的形式语言还是其画面内容的表现，都触动到了当时还在绘画道路上有所困惑的丰子恺。[①] 落实到具体的作品来探讨丰子恺漫画对竹久梦二绘画风格的接受问题时，许多学者常常仅是从竹久梦二的《classmate》与丰子恺的《小学同学》、竹久梦二的《接爸爸》与丰子恺的《爸爸回来了》、竹久梦二的《呵护》与丰子恺为《春雨》画的封面图等图像组合的对比来分析研究两者在画面内容、构图等层面上的联系。基本上没有学者关注到竹久梦二《春》《夏》《秋》《冬》四册画集中所存在的破框现象作品与丰子恺破框漫画间的关联。

丰子恺对《梦二画集》的表述以及两者作品形式上的相关性可以为两位画家在破框表现上的关联探析提供一定的依据，以竹久梦二和丰子恺画作中具体的破框要素作为参照，可将两者相关的画作分为三大类：其一，画中具体形象以某种"巧合"的方式，在框内框外空间的交互中打破了其在框架下的悬置。图 8 是收录于《梦二画集·春之卷》的一幅作品，画中相似的场景也出现在丰子恺的《"我"与"我们"》（见图 9）中，并且两幅画中的破框现象皆由座椅形象对画面边框的打破来实现。在图一中竹久梦二以人物形象的脚进行破框的艺术表现亦存在于在丰子恺的《新刊》（见图 10）中，破框让两幅画中人物坐的行为多了一种趋向于移动的知觉导向，而《FIRST STEP》《满载而归》等画将迈步的导向转化为直接的动作呈现。《童话世界》则是借由童话的母题把这种行为赋予天鹅，以边框的破来立天鹅行为的叙事。《客养千金体》一画

图 8　收录于《梦二画集·春之卷》　　图 9　《"我"与"我们"》　　图 10　《新刊》

---

① 丰子恺：《绘画与文学》，见陈星总主编、刘晨分卷主编《丰子恺全集》第 8 卷，海豚出版社 2016 年版，第 135 页。

又回到了《新刊》中的破框样式，其中男子手中所持的香烟散发出的烟以曲线状向边框外"弥漫"，丰子恺在此画中运用烟元素对画面界限进行突破的方式在竹久梦二的《两年之后》(收录于《梦二画集·春之卷》)中也有类似的运用，除《新刊》外此类现象在丰子恺的《船的内外》《自然之默谕——蒸汽力》等画中同样存在。其二，画中文字以方框的形式对画面原有的边框界限进行延伸，而作为破框要素的文字方框与画面边框间的关系是在彼此造型的相近或相对中建立的。竹久梦二在《快乐的负担》(收录于《梦二画集·冬之卷》)画面上半部的侧边位置以带有文字的方框对圆形边框进行打破的形式在丰子恺的《缺席》《火炉之旁》中皆能得到"回应"，其中《快乐的负担》和《火炉之旁》两幅画在画面整体构架上具有高度的相似性。丰子恺的《船的内外》《窗内的战与窗外的战》《女墙之月》与收录于《梦二画集·春之卷》的《归省前》《小吏日记》《市川照吉》之间的联系在于方形画面边框与带有文字的方框间构架关系上的呼应，二人的这几幅作品在题材上并没有太多共通之处，但作为破框要素的方框和画面边框间的破框呈现是相同的。其三，边框的打破不以物象或文字方框的参与来进行，而是在画面框架结构一定清晰的基础上，以截取的方式来完成画面空间的布局。图 11 是收录于《梦二画集·春之卷》中的一幅画，而图 12、图 13 分别是丰子恺为《开明第三英语读本》《开明第一英语读本》所作的插图漫画。若从画面题材的角度进行比较研究，这三幅作品之间的相关性不大，但三幅作品边框以其局部构件的消失来构建画面的破框方式却是一致的，都在画面原始基底的介入中以边角诠释整体。

图 11　收录于《梦儿画集·春之卷》

图 12　《开明第三英语读本》插图

图 13　《开明第一英语读本》插图

正如丰子恺对竹久梦二作品中破框图式接受的问题一样,丰子恺漫画中此类现象与陈师曾作品中相关样式的探讨也基本上是没有人去关注,但陈师曾作品对丰子恺漫画创作的启发是明显的。正如丰一吟在《我的父亲丰子恺》一书中说的那样:"丰子恺的画确实受了中国画家陈师曾的启发,再加上日本画家竹久梦二画风的影响,形成了自己独特的风格。"①丰子恺曾说过:"我小时候,《太平洋画报》上发表陈师曾的小幅简笔画《落日放船好》,《独树老人家》等,寥寥数笔,余趣无穷,给我很深的印象。"②在丰子恺提到的《落日放船好》这幅画中,陈师曾把"师曾"两字的落款以小方框的形式对画面原有边框进行打破。类似的现象还出现在陈师曾发表于 1912 年 4 月 3 日《太平洋报》文艺副刊上的《观者》和《无题》上,两幅画分别以带有画作名称的长形方框和带有署名落款的正方框进行破框。这种以带有文字的方框对画面边框进行打破的表现方式,在丰子恺与竹久梦二的比较分析中就有一定数量的作品列举过,其中丰子恺的《女墙之月》与陈师曾的《观者》在破框要素的造型以及破框的具体表现上都较为相近,两者画面边框的破都是以大小框间的联结来实现。《乞食(三)》(见图 15)是陈师曾发表在 1912 年 5 月 17 日《太平洋报》文艺副刊上的一幅作品,毕克官对此画进行过评价:"那乞食之犬嘴里的盘已伸出画框之外,更是传统绘画中所不见者,太有漫画的味道了。"③毕克官把《乞食(三)》中的破框表现视为此画漫画味道的体现以及与传统绘画相区分的一种标记。相似的破框也在出现丰子恺的《"ㄛㄌㄨ ㄌㄨ……"》(见图14)中,虽然两幅画中破框要素所发出的破框动作各异,但两幅画都以狗的形象作为破框要素,并且经由破框产生的时间性与运动导向是高度吻合的。《小楼一夜听春风,深巷明朝卖杏花》和《清湘遗景》两画分别刊于 1912 年 4 月 4 和 1912 年 6 月 22 日《太平洋报》文艺副刊上,两幅画都以"折枝"式的植物形象作为画面的破框要素,其中的《清湘遗景》与丰子恺的《红了樱桃绿了芭蕉》都以芭蕉叶来进行破框。两画中芭蕉叶所处的具体环境相异,但两者在造型与结构的表现上都极为相像。

---

① 丰一吟:《我的父亲丰子恺》,团结出版社 2007 年版,第 120 页。
② 丰子恺:《漫画创作二十年》,见陈星总主编、陈建军分卷主编《丰子恺全集》第 2 卷,海豚出版社 2016 年版,第 263 页。
③ 毕克官、毕宛婴:《走近丰子恺》,西泠印社出版社 2011 年版,第 15 页。

图 14 《"ㄅㄆㄇ ㄈㄨ……"》　　　图 15 《乞食(三)》陈师曾

三、丰子恺破框漫画中的空间建构与运动张力

　　丰子恺在对达·芬奇《最后的午餐》的构图进行分析时,列出了六条构图规则,且在最后强调这些规则的无用性,"因为构图是神出不穷的,没有一定的答案。故立规则非但不能详尽,且在实际上常有矛盾发现"。其中对"凡近于画的边上的人物或动物,须面向画内,作向画内进行之势,不可面向画外或作向画外奔出之势"和"凡活动之物,有机巧之物,不可位在画的边上。因为活动之物及有机巧之物大都是重的位在边上,往往打破画的均衡"两条规的批判式论述,恰恰是对破框图式存在的一种理论说明。丰子恺漫画中破框现象的产生往往在于靠边的形象进行向外趋向的边框打破,且破框形象经常伴随着一定的行为活动①。丰子恺从《最后的午餐》中总结获得的构图规则,在某种程度上也是对西方古典绘画构图传统所的一种总结,而其破框漫画的构图模式无疑是对这种构图传统的一种打破,丰子恺用自己的行动验证了"构图是神出不穷,没有一定的答案"。构图往往意味着在一平面内的图像经营,而这平面在艺术家的构营中会成为一虚拟的图像空间。正如约翰·伯格说的那样:"虽然构图的法则随着时代变化,但是构图始终是在包含或分离它的

---

① 丰子恺:《构图与日常生活》,见陈星总主编、刘晨分卷主编《丰子恺全集》第 7 卷,海豚出版社 2016 年版,第 122 页。

空间里放置形式的行为。构图就是安排内部。"①丰子恺漫画中的破框现象就是"分离它的空间里放置形式"的一种体现，但这种"分离"同时将框外无图像的物质基底纳入到了图像中。框外或框内破框要素的"逃离"使得画面基底自身的所具有的界限取代了原有的图像化边框，边框从限度标记成为了图像的一部分。边框外的空白基底原本凸显的是现实空间中的物质材料，而破框现象则将其纳入到了观者知觉感知下的艺术空间中。

　　丰子恺许多漫画作品与大众的见面方式，不是以现场展览或画册的形式而是刊于杂志。其中由郑振铎主编的《文学周报》是丰子恺漫画发表的一个重要平台，"子恺漫画"的名称就是通过《文学周报》慢慢被大众所熟悉。白杰明在《艺术的逃难：丰子恺传》一书中对丰子恺在《文学周报》上发表作品的情况有过论述："丰氏的画作从古诗中萌生主题，画面经常和杂志的整个基调不甚协调，但这也许正是郑振铎所热衷制造的一混搭风格。最早发表的'子恺漫画'题为《燕归人未归》，恰如其分地配在由郑振铎从英文转译的希腊诗人菲洛德的情歌旁。……不过，丰子恺的插图与周报的文字内容并非总能关联得如此恰当。仅仅几周后，非常著名的早期作品《翠拂行人首》就作为插图发表在连载的茅盾论文——严肃的《论无产阶级的艺术》第三部分旁边。"②白杰

图 16　1925 年 6 月 7 号第 176 期《文学周报》的局部版面

明主要从作品画面与文字内容间是否相符的视角出发来探讨两者的关系，而图像和文字各自形成的版面空间则在特定的边框表现中存在一定的相互关系。《燕归人未归》《粽子》《浣纱》等刊于《文学周报》的作品都是具有破框形式的漫画，如果不把这些画从杂志版面上单独"拎"出来讨论，我们会发现这些破框漫画中的空间问题不仅在于框内框外空间关系的探讨，还有版面排版中图像空间与文字空间的关系。比如发表在 1925 年 6 月 7 号第 176 期上的《粽子》（见图 16），此幅所处的位置以及由画中延伸出来的竹篾会让观者在对其所在版面进行整体审度时产生由谢六逸的《万

① 约翰·伯格：《讲故事的人》，翁海贞译，广西师范大学出版社 2015 年版，第 310 页。
② 白杰明：《艺术的逃难：丰子恺传》，贺宏亮译，浙江人民出版社 2015 年版，第 102—103 页。

叶集》到叶圣陶的《太平之歌》的指向。若从这个角度分析,此画的空间构成是整个版面有机组成的一部分,而不是附属性质的"消遣物"。绘画作品对物象或事件的表现是对其某一瞬间的定格,无法像电影那样能以连续动态的形式在影像空间中较以完整的呈现。但丰子恺的破框漫画给予观者以不同于传统绘画的电影式观看体验,破框形式会让产生破框现象的形象行为产生连续性的指示或导向,同时画面空间也会随着这种指示或导向给予观者相应的空间趋向。

鲁道夫·阿恩海姆在探析绘画和雕塑中所存在的运动问题时,曾说道:"在绘画和雕塑中见到的运动,与我们观看一场舞蹈和一场电影时见到的运动,是极不相同的。在画和雕塑中既看不到由物理力驱动的动作,又看不到这些物理动作造成的幻觉。我们从中看到的,仅仅是视觉形状向某些方向上的集聚或倾斜,它们传递的是一种事件,而不是一种存在。正如康定斯基所说,它们包含的是一种'具有倾向性的张力'。"①阿恩海姆在绘画、雕塑与舞蹈、电影进行比较的基础上,提出绘画和雕塑中的运动不是物理力驱动的动作,而是静态视觉形象在某个方向上的集聚或倾斜。绘画和雕塑中所存在的静态的动,往往在于视觉形象对观者认知经验进行"唤醒"而获得。在文章开头引用的迈耶·夏皮罗对破框现象进行论述的语句中,就有其对由视觉形象破框而强化其运动感的表述,而这种运动感加强现象的前提在于作为破框要素的视觉形象的活动状态。在夏皮罗论述的语境中,边框的存在是一加强视觉形象向某方向集聚或倾斜的参考媒介。丰子恺中的《燕归人未归》就是此类观点的一种体现,叶圣陶曾对此画进行过评价:"《燕归人未归》这燕子画得有从外边来的感觉。栏杆下边没有框,是有讲究的。有了框,就差一点。"②叶圣陶口中"燕子画得有从外边来的感觉"是画面破框形式对燕子运动张力的凸显,同时也是具有界限属性的边框与打破边框界限的形象间的矛盾"产物"。图17是《燕归人未归》名称相同的一幅作品,它和《燕

图 17 《燕归人未归》

---

① 鲁道夫·阿恩海姆:《艺术与视知觉》,滕守尧、朱疆源译,四川人民出版社 1998 年版,第 563 页。

② 毕克官、毕宛婴:《走近丰子恺》,西泠印社出版社 2011 年版,第 76 页。

归人未归》在画面内容和形式构成上也都极为相似，两幅画中燕子形象运动感的体现在于阿恩海姆所说的"视觉形状向某些方向上的集聚或倾斜"，但《燕归人未归》中的破框表现让"燕归"行为得到强调的同时亦使观者对其产生运动轨迹的心理导向。

《FIRST STEP》中破框形象的运动呈现不同于《燕归人未归》中的外向介入，而是形象的内向驱动。丰陈宝曾在《爸爸的画》一书中对《FIRST STEP》进行阐述："19 世纪法国画家米勒的一幅名画也叫《初步》，画的是一位母亲正在让儿子自己走路，这边有父亲蹲着伸开双臂在接。我父亲特别喜爱米勒的画，尤其喜欢他的这幅《初步》。如今父亲自己也画了一幅《初步》，只是与米勒的那幅题目相同，画面不同。"①米勒画中孩童的初步是迈向其父亲，而《FIRST STEP》中孩童迈出的初步为何，在于观者自身认知经验对其知觉生成机制的反馈。画中孩童迈步的动作在破框形式的作用下，会有一种趋向于连续运动的导向。破框会放大画中孩童运动瞬间的因果关系，其中迈步就是因，而果在于观者对框外空白基底进行接受后的知觉展开。W. J. T. 米歇尔曾说过："画通过身体间接地表现时间行为"②这里的身体是已成为画面对象的身体，而身体在画面空间中的瞬间定格意味着直接呈现时间行为可能性的消失。不管是《燕归人未归》还是《FIRST STEP》，当我们在讨论破框现象对破框物象运动张力的影响时，都不可避免地会涉及到连续运动导向下的时间问题。画面中时间性的显现意味着物象定格瞬间的连续，而这种连续性往往发生于观者中的感受中，所以画面中呈现出的时间性也在于观者的接受。

结　语

丰子恺漫画中所具有破框图式的作品不应该是一个可以忽视的"个别"，此图式在其各题材种类的漫画中都有所存在。丰子恺漫画中的破框图式既是其艺术理念的体现，也是其对竹久梦二、陈师曾等人绘画作品风格接受的结果。在相关文献中丰子恺将画框定为所框图像与外界之间隔离的限度符号，而其漫画中的破框图式则将起隔离作品的界限由图像的化边框转化为画

---

① 丰陈宝、丰一吟：《爸爸的画》第 1 集，华东师范大学出版社 2001 年版，第 41 页。
② W. J. T. 米歇尔：《图像学：形象、文本、意识形态》，陈永国译，北京大学出版社 2012 年版，第 127 页。

面基底自身的物理边沿。在具有此类图式的作品中,艺术和自然物象之间的相接性在某种程度上会因破框对某一形象行为的强调而在观者对其的知觉活动中加强。

作者:杭州医学院教师

从《论语》杂志看丰子恺的"漫画"

徐　园

　　丰子恺（1898—1975）作为民国时期尤其是上世纪 20、30 年代十分活跃的画家、作家而家喻户晓。他的绘画作品和文章具有独特的清新风格，也因此在国内被男女老少所熟知，获得了巨大的、持久的人气。

　　笔者自幼喜欢看丰子恺的漫画，可以从中获得许多乐趣。然而说起研究，还只是个门外汉。对于丰子恺研究，除了喜爱他的漫画作品之外，还存有几个疑问。首先，众所周知，自从丰子恺在 1925 年出版了漫画集《子恺漫画》之后，"漫画"这一词语开始在国内普及，丰子恺也作为漫画家被人熟知。然而，在 20 世纪前叶的漫画杂志中却很少发现丰子恺的作品。他是在哪里刊登漫画作品的呢？其次，尽管丰子恺是中国漫画的先锋人物，但是在后世中继承了他的画风的作者却不多，这又是为什么呢？最后，丰子恺的漫画深深地受到了日本画家竹久梦二的影响，那么丰子恺和日本之间又有哪些关联呢？本文将在众多前人的研究基础上，尝试分析丰子恺的画作在中国漫画史中的地位，并梳理其与日本之间的关系。

一、文学杂志中的漫画

　　中国近代的漫画是从上世纪 20 年代开始发展起来的。当时《申报》《新闻报》等报纸上会刊载漫画，同时，《上海漫画》（1928 年创刊）《时代漫画》（1934 年创刊）这类漫画杂志也纷纷创刊。丰子恺在 1925 年已经出版了《子恺漫画》，但在这些报纸和杂志上却很少发现他的作品。更甚，在 1927 年中国成立了最初的漫画家协会"漫画会",成员共有 11 人,丰子恺也并未在其列。根据陈星的说法,在上世纪 20、30 年代,丰子恺并未积极地参与到中国现代漫画"主流派"的活动中来,既没有主持漫画组织,也没有创刊漫画杂志。尽管如此,丰子恺还是凭借独特的风格获得了数十年的人气。①

那么,未进入漫画"主流"的丰子恺是在哪里发表他的漫画作品的呢。在1924 年 7 月,以谢逸词《千秋岁·咏夏景》为题材的一幅《人散后,一钩新月天如水》在《我们的七月》上刊登。这被视为丰子恺最初刊登的漫画作品。② 当时《文学周报》的主编郑振铎看到了这幅作品,十分欣赏,因此委托丰子恺为自己的杂志绘制插画。在《文学周报》上刊登的作品被命名为《子恺漫画》,1925 年 12 月画集《子恺漫画》出版,"漫画"这一词语在全中国普及开来。

在那之后,丰子恺的漫画也散见于《论语》《宇宙风》等杂志中,他也陆续出版了许多漫画集。《我们的七月》《论语》《宇宙风》这些刊登了丰子恺漫画的杂志都不是专门的漫画杂志,均为文学杂志。

关于"诗"(文字)和"画"(漫画)的关系,丰子恺更看重文字方面,"漫画的表现力是比不上诗的,(中略)当漫画的表现力不够的时候,通常借用诗歌的力量,在文字上下功夫是很有必要的。诗无需绘画,仅仅通过文字就可以传达,但是漫画仅有形象的话是很难成立的"。③

综上,可以看出丰子恺认为漫画的表现力是有限的,因此比起漫画应该更重视文字方面。他的作品虽然被命名为"漫画",但并未刊登在漫画杂志上,而是更多地刊登在了文学的杂志上。

二、《论语》杂志中的漫画

在 20 世纪初期的日本,漫画家北泽乐天等人一改之前"ポンチ"的说法,将"漫画"这一名称发扬光大。与此类似,在 20 世纪 20 年代的中国,丰子恺使用"漫画"一词代替了以往的"卡吞"(cartoon 的音译汉字表记)。但这一说法

① 陈星:《丰子恺漫画研究》,西泠印社 2004 年版,第 127 页。
② 李兆忠:《"子恺漫画"是怎样诞生的》,载《群言》2018 年 9 月 15 日。诸多研究成果中均有此表述。
③ 潘建伟:《论丰子恺的诗画关系观》,载《第三届丰子恺研究国际学术会议论文集》,上海三联书店 2017 年版,第 359—360 页。丰子恺的文字引自丰陈宝、丰一吟、丰元草编《丰子恺文集》第 3 卷,浙江文艺出版社、浙江教育出版社 1990 年版,第 360 页。

并非是丰子恺自己提出的，而是《文学周刊》的主编郑振铎给他的作品命名的。

对于丰子恺的绘画能否被称为漫画这一问题，持有怀疑态度的研究者不在少数。丰子恺自己也持有相同的疑问。他在《漫画创作二十年》中这样写道："其实，我的画究竟是不是'漫画'，还是一个问题。因为这二字在中国向来没有。日本人始用汉文漫画二字。日本人所谓'漫画'，定义为何，也没有确说。但据我知道，日本的'漫画'，乃兼称中国的急就画，即兴画及西洋的 cartoon 和 caricature 的。……所以在东洋，漫画两字的定义很难下。"①龙瑜宬在对丰子恺和"漫画"的概念进行分析时指出，"在将'漫画'概念引入近代中国时，被推为中国'漫画之父'的丰子恺充分调动自己的主体性，赋予了其新的意义，也获得了更多的创作可能。然而，在日益狭隘的接受语境中，'漫画'不断向西方的'标准定义'靠拢，失去了最初的弹性。丰子恺的漫画观念渐渐由'正宗'变成'异类'，他的漫画创作也受到了压抑"。②

那么，偏离了"正统"的丰子恺的"异类"的漫画究竟是怎样的呢？本文将刊登了丰子恺众多漫画作品的杂志《论语》作为研究对象，期待从中一窥当时"漫画"的传播与接受情况以及丰子恺漫画作品的特点。

《论语》是 1932 年 9 月创刊的半月刊，是一本提倡幽默的文学杂志。因日本侵华战争在 1937 年停刊，又在 1946 年复刊并持续至 1949 年 5 月。林语堂、陶亢德、郁达夫、邵洵美等人接连担任主编一职。本文采取 CADAL（China Academic Digital Associative Library）文献库中所收录的 115 册《论语》作为研究资料。

《论语》中不但有包含幽默的文学作品，也可以看到一些漫画作品。在创刊之初就转载刊登了英国漫画杂志《PUNCH》和美国漫画杂志《THE NEW YORKER》中的漫画作品。例如明确记录着转载自《笨拙》的 21 格漫画作品"英国绅士的帽子"，转载自《纽约客》的 4 格漫画"军缩会议"。③ 这些转载作品在当时并不被称作"漫画"，而是"卡吞"，在杂志的目录页和刊登页面上明确地使用"卡吞"来进行表记。

就连中国人创作的作品，在 1936 年 7 月的第 90 期以前也都采用"卡吞"

---

① 丰子恺：《漫画创作二十年》，载《率真集》，万叶书店 1946 年版，第 118、119 页。此文后改名为《我的漫画》收录于《缘缘堂随笔》，人民文学出版社 1957 年版。

② 龙瑜宬：《丰子恺与"漫画"概念》，载《清华大学学报（哲学社会科学版）》2012 年第 3 期。

③ 《笨拙》与《纽约客》是《PUNCH》和《THE NEW YORKER》的中文译名。

这一音译的名称来刊登。这类作品数量在 50 幅左右。例如,1932 年 11 月 1 日第 4 期上刊登的《任重道远》描写的是两位大腹便便的男人坐在人力车上,一位瘦骨嶙峋的男人大汗淋漓地推着人力车。坐在车上的人是"政客"或"军人",而消瘦的男人的身旁写着"国民",这幅作品讽刺了政客和军人,反映了人民群众凄惨的生活。1936 年 5 月 16 日第 88 期上刊登的《弗先生的手段》描绘了八种只要有钱就可以立刻达到的事情,讽刺了当时的社会现象。这些作品中既有一格的,也有多格的,从内容来看大多重视讽刺的功能。这类作品尽管在当时被命名为"卡吞",实际上与现在所说的讽刺类"漫画"并无太大差别。

从 1936 年 7 月 1 日第 91 期开始,"漫画"的名称开始出现。第 91 期上刊登了三幅漫画,在目录上两个写作"卡吞",一个写作"漫画"。被称为"漫画"的是黄尧的作品《牛鼻子》,在当时是十分风靡的作品。它之所以被称为"漫画",与另外两幅"卡吞"相比,是因为画风采用了非写实的简笔画式画法,且由多格构成。然而从 1936 年 7 月 16 日第 92 期开始,"卡吞"这一说法已然被"漫画"所取代。而且从那之后每一期杂志上都有一篇漫画刊登。例如第 92 期刊登的《X 光之幕后》(陈浩雄作),一只白骨手将舞台的帷幕掀开,里面是数不清的骷髅。最深处是一面日本国旗,作品露骨地揭露了日本军队侵略的暴行。再比如,1936 年 10 月 16 日第 98 期刊登的《过分的工作》(桃叶作),描述了雕塑家过度雕刻而无法完成作品,运动员过分拉伸而导致胸部拉伤,园艺师将树木过分修剪以至于树木全被砍光等带有戏谑风格的 9 格漫画。

如上所述,在《论语》上,"漫画"一词在 1936 年终于固定下来,然而次年战争爆发,《论语》被迫停刊。直到 1946 年 12 月 1 日第 118 期复刊之后,"漫画"几乎不再出现,但丰子恺的"封面画"开始定期地出现在杂志的封面上。

三、《论语》杂志中丰子恺的"漫画"

如果将视线放在《论语》中丰子恺的"漫画"上,那么可以将其分为战前和战后两个时期。战前是"卡吞"的时代,在众多的"卡吞"中,只有丰子恺的作品被表记为"画",刊登在一整页的版面上。例如 1934 年 10 月 16 日第 51 期上刊登的《阿大去借米,乞得提灯笼》描绘了因家贫而苦恼抱头的父亲,面带愁容缝补衣服的母亲,以及孩子阿大出去借米,但是无功而返,米袋仍空空如也,只能手里拿着玩具灯笼悻悻而归的场景。从悲惨生活中选择幼小的孩子作为事件的切入点,强调了家家无余粮的严峻社会形势。

其次,1936 年 1 月 1 日第 79 期新年号上刊登的《病入新年感物华》,描绘了一位坐在椅子上的病人看向窗外的朝阳和栖息在梅花枝头的小鸟的情景。尽管看似是在单纯描绘一位病人迎接新年的日常生活,但如果仔细看的话,会发现在床边放着两瓶小小的药瓶,一个写着"团结",一个写着"抵抗"。原来这幅作品的主人公代表的是面对列强侵略的中国国民,为了使疾病痊愈,必须服用"团结"和"抵抗"之药,只有这样才能恢复元气迎接光明的未来。

由此可见,在战争时期,丰子恺通过漫画作品来反映民众的生活状况,呼吁大众抵抗的意志。而他的画作与当时偏写实的讽刺画不同,用毛笔寥寥几笔勾勒出轮廓,清新简洁却寓意深刻。也正因如此,在漫画被称为"卡吞"的年代,丰子恺的作品被特别看待,称作"画"。比如上述第 51 期的《论语》中,在"卡吞(十二幅)"之外,丰子恺的作品被单列了出来。

战争结束之后,1946 年 12 月 1 日《论语》复刊。复刊号的封面使用了丰子恺的漫画《酒酣耳热》,描绘了在树下悠然自得饮酒的四个人。从 1947 年 4 月 1 日第 126 期开始,每一期的封面都开始使用丰子恺的作品。尽管在那时"漫画"这一名称已经普及,但是丰子恺的作品特别被称为"封面画"。当然一个原因是其刊登在封面,但是"封面画"并不是绘画的种类,这种命名方式或许也是为了将之与其他的漫画区别开来。那么,《论语》中丰子恺的"封面画"有哪些特点呢?

首先,从形式来看,不使用西方的绘画工具,而使用中国传统的毛笔创作是最显著的特征。画面采取单格而非多格连续的形式,也并不使用对话框。取而代之的是标题及大多采用富有诗趣的文字,令画与文字巧妙结合。

其次,从内容来看,复刊后的"封面画"可以分为两个时期。前一时期的作品是从 1946 年 12 月 1 日第 118 期到 1948 年 11 月 1 日第 164 期之间所刊登的 34 幅,大多反映了当时的社会情势。特别是其中描绘人民贫困生活的作品有 15 幅,占了一半左右。例如,1948 年 3 月 16 日第 149 期上刊登的《入狱大喜　不愁柴米》描绘了被警察抓捕的二人大笑着进入监狱的场景。从题目即可了解二人大笑的理由,即监狱管饭,坐牢后二人就不会吃不上饭饿肚子了。在第 150 期还有一幅与此正相反的版本,描写的是从监狱出来的人们因担心出狱之后的衣食住行而愁眉苦脸的样子。

　　第 165 期和第 166 期的这两期杂志上丰子恺没有刊登作品,从 1948 年 12 月 16 日第 167 期至 1949 年 5 月 16 日第 177 期丰子恺又连续发表了十期 "封面画"。然而这十幅作品几乎没有反映社会现实的内容,而是解说成语或谚语的作品。

　　由此可见,丰子恺的漫画采用毛笔绘制,由一格组成,画面与富有文学性的标题相互呼应,品味格调高雅,引发了许多读者的共鸣。尽管丰子恺的《子恺漫画》中的"漫画"一词在中国已经普及,但是在杂志《论语》上,丰子恺的作品既区别于战前的"卡吞"被看作"画",也区别于战后的"漫画"被称作"封面画",实际上他的作品几乎没有被称为"漫画"。唯一被标记为"漫画"的是 1947 年 4 月 16 日第 127 期上刊登的一幅描绘着两个饥肠辘辘的儿童向母亲乞求食物的作品。在目录上明确地标注着并非"封面",而是"漫画"。但是这幅作品和丰子恺其他的"封面画"作品并无太大差别。虽然丰子恺是在中国普及"漫画"一词的第一人,但他的画作却游离于"漫画"范畴之外。这也许是丰子恺的文学地位及其独特画风而带来的一种特殊现象吧。

四、丰子恺与日本

　　丰子恺的漫画的画风是如何形成的呢?就像丰子恺的自传和许多前人的研究所写的那样,丰子恺在日本留学期间,在一家二手书店看到了竹久梦二的画集,被其深深吸引,并模仿其创造了自己的漫画。但是竹久梦二的画充满着"大正浪漫",与日本所说的"漫画"并不属于同一范畴。在日本,若说竹久梦二既是画家也是诗人并不奇怪,但若是说他是漫画家,总会觉得有些不太确切。丰子恺在日本看到了竹久梦二的画册,进而形成了他的独特画风也并非偶然。在此分为"日本留学前""日本留学中""回国后"三个时期说明丰子恺与日本的关系。

　　首先,在去日本留学之前丰子恺已经和日本产生了无法切断的联系。1914 年丰子恺进入浙江省立第一师范学校学习,在李叔同(1880—1942)门下学习美术。李叔同于 1905 年前往日本留学,并在翌年进入东京美术学校(现东京艺术大学)学习,1911 年毕业回国。李叔同在思想、情操、艺术教养等都给予了丰子恺极大的影响。①

在绘画方面丰子恺受到了陈师曾（1876—1923）的影响。陈师曾在 1902 年前往日本留学，1909 年回国。丰子恺曾这样评价陈师曾的漫画："国人皆以为漫画在中国由吾创始，实则陈师曾在《太平洋》报所载毛笔略画，题意潇洒，用笔简劲，实为中国漫画之始。"②他也高度赞扬陈师曾的漫画"寥寥数笔，余趣无穷"③。这种"寥寥数笔，余趣无穷"的特征与他之后留学日本时所看到的竹久梦二的绘画是相似的。丰子恺评价竹久梦二的作品时也感动地说过他的作品是"寥寥数笔的毛笔素描"④。由此可见，丰子恺在日本与梦二的画相遇之前，这种画风已经深深埋藏在他的心中了。

丰子恺在师范学校上学时，"晚上请校内的先生教些日本文，自己向师范学校的藏书楼中借得一部日本明治年间出版的《正则洋画讲义》，从其中窥得一些陈腐的绘画知识"⑤。在当时，西洋美术作品刚开始在国内风靡，丰子恺这般说道，"我想窥见西洋画的全豹，我也想到东西洋去留学，做了美术家而归国。但是我的境遇不许我留学。况且我这时候已经有了妻子。做教师所得的钱，赡养家庭尚且不够，哪里来留学的钱？经过了许久烦恼的日月，终于决定非赴日本不可"。⑥

就这样，丰子恺跟随有日本留学经历的老师学习，掌握了一定的日语能力，也看过一些日本的绘画书籍。他认为中国当时只有"陈腐的绘画知识"，为了学习新的西洋美术，寄希望于留学日本，四处筹备经费，克服种种困难，终于达成了去日本留学的梦想。

丰子恺自 1912 年春天起在日本留学了十个月。关于留学生活，他自己如此形容说，"我在这十个月内，前五个月是上午到洋画研究会中去习画，下午读日本文。后五个月废止了日本文，而每日下午到音乐研究会中去学提琴，晚上又去学英文。然而各科都常常请假，拿请假的时间来参观展览会，听音

---

① 陈星：《丰子恺漫画研究》，西泠印社 2004 年版，第 15—16 页。
② 陈星：《丰子恺漫画研究》，西泠印社 2004 年版，第 20 页。原文发表于《教师日记》，万光书局 1944 年版。
③ 丰子恺：《漫画创作二十年》，载《率真集》，万叶书店 1946 年版。
④ 丰子恺：《绘画与文学》，见所著《认识绘画：丰子恺绘画十六讲》，北京日报出版社 2017 年版，第 107 页。原文作于 1933 年 12 月，发表于《文学》第 2 卷第 1 号（1934 年 1 月 1 日）。
⑤ 丰子恺：《我的苦学经验》，载《中学生》第 11 期（1931 年 1 月 1 日）。
⑥ 丰子恺：《我的苦学经验》，载《中学生》第 11 期（1931 年 1 月 1 日）。

乐会,访图书馆,看 opera,以及游玩名胜,钻旧书店,跑夜摊(Yomise)"①尽管丰子恺在日时间不长,他仍然大量接触西洋画、小提琴、英语等西方的文化艺术。在日本大正时期的西学浪漫风潮中尽情呼吸西洋的空气。

关于漫画,除了竹久梦二的作品以外,丰子恺也看了北泽乐天、蕗谷虹儿、柳濑正梦等人的作品,并深受冲击。丰子恺在《漫画》一文中,提到了日本明治以后以漫画家为职业的河锅晓斋、竹久梦二、北沢乐天、冈本一平、柳濑正梦等人,并给予了赞扬。他还将漫画分为战斗漫画、讽刺漫画、描写漫画和游戏漫画四类,将柳濑正梦的作品作为战斗漫画的例子,将竹久梦二的作品作为描写漫画的例子,将某一未提及名字的日本漫画家的作品作为讽刺漫画的例子,分别进行了举例说明。② 丰子恺在参考了日本当时的漫画发展情况的基础上确立了自己对于漫画的理解。这种理解在他回国后进而传达给了中国的民众,促进了中国近代漫画的发展。

丰子恺于 1922 年回国,回国后开始使用毛笔创作漫画,1925 年出版的《子恺漫画》备受好评。在那之后尽管丰子恺经历了战争以及国内的政治斗争等许多大型历史事件,他仍持续创作漫画,发表的作品数不胜数。

在上个世纪 60 年代丰子恺遭遇了人生滑铁卢,作为抵抗挫折的方法,已近晚年的丰子恺将自己全部的心力集中到了翻译日本文学作品上,出版了《源氏物语》《伊氏物语》等中文译本。

尽管丰子恺实际的日本留学只有短短十个月,但是他自学生时代就受到有留日经历的老师的影响,接触到了日本画家的作品,留学回国后也仍大量接受日本画家的影响,创作自己的作品,以及晚年翻译日本文学作品等,都可以看出日本对丰子恺的影响是如影随形的。

五、结　论

本文通过整理分析杂志《论语》中刊登的丰子恺的"漫画",明晰了丰子恺作品的特质,及其与日本的关系。在"漫画"这一名称尚未统一的 20 世纪初

---

① 丰子恺:《我的苦学经验》,载《中学生》第 11 期(1931 年 1 月 1 日)。
② 丰子恺:《漫画》,见所著《认识绘画:丰子恺绘画十六讲》,北京日报出版社 2017 年版,第 124—127 页。

期,丰子恺的作品被杂志的编辑命名为"漫画",瞬间风靡。但是尽管被称作中国现代漫画的先驱者,丰子恺的漫画作品却很少出现在漫画杂志中,而是在文学杂志上,他用毛笔绘制的简笔画式的画风与饱含诗意的题目具有独特的风格。

丰子恺不但具备深厚的国画素养,也习得了大量的西洋美术知识。在日本留学期间他在日本"大正浪漫"的风潮中充分吸收了西洋的文化。他在具备了西方美术知识构造的同时又结合了注重情趣的东方风格,在完美融合东西艺术的基础上,在文学与漫画之间创造了新的艺术。

丰子恺作为一代艺术家,在文学、绘画、翻译等多个方面为后人留下了巨大的功绩。本文仅探讨了丰子恺作品的一小部分,若想探究他全面的功绩则需要更深入的研究。

作者:中国人民大学外国语学院副教授

"子恺漫画"的历史地位与审美现代性

徐秀明

　　漫画艺术之于中国,关系颇为复杂。据说此门艺术中国古已有之,然而国内漫画史上发掘所列的古人遗墨,与时下坊间的流行读物判然有别——前者至多算是后者的"史前形态"。学界认可的中国"现代漫画"的出现,还是清末西风东渐之后的事情。考诸文献,1898 年首刊于香港《辅仁文社社刊》的《时局全图》,算是"公认的中国第一幅严格意义上的现代漫画"①。此作秉承了原汁原味的西方政治讽喻漫画传统,在近现代中国影响深远,几乎直接影响了国人对漫画的基本认知——直到现在,国内权威辞书《辞海》对"漫画"一词的界定,仍不脱时政漫画的范畴②。然而,《时局图》作者谢缵泰是海外华侨出身,其布局构图、创意运笔等等,与中国艺术传统关系不大,尚且达不到近年来国内学界"构建中国美学学科体系、学术体系和话语体系,形成中国特色、中国风格、中国气派"③的衡量标准。

　　真正能在各方面满足以上标准的"中国现代漫画"的出现,要数 1925 年 5 月经郑振铎之手在《文学周报》定名面世的"子恺漫画",丰子恺由此声名鹊起。不过如前所述,丰氏漫画创作出现较晚,"中国现代漫画之父"④"中国漫画始祖"⑤

---

① 甘险峰:《中国漫画史》,山东画报出版社 2008 年版,第 39 页。
② "一种具有强烈的讽刺性或幽默性的绘画。画家从政治事件和生活现象中取材,通过夸张、比喻、象征、寓意等手法,表现为幽默、诙谐的画面,借以讽刺、批评或歌颂某些人和事。"详请参见夏征农、陈至立主编《辞海(第 6 版彩图本).1》,上海辞书出版社 2009 年版,第 1527 页。
③ 李永杰:《构建美学研究的中国学派》,《中国社会科学报》2021 年 11 月 19 日第 2 版。
④ 洪丕谟:《古今书法名作鉴赏大成》,上海文化出版社 1994 年版,第 643 页。
⑤ 郑彭年:《漫画大师丰子恺》,新华出版社 2001 年版,第 101 页。

"中国漫画的创始人"①之类美誉多是偏爱者过甚其词，唯有在现代漫画"中国化"的角度才算名副其实。

然而"中国化"这一术语，以往更多应用于文化、政治等社会科学领域；活用于现代漫画艺术领域后，究竟有何表现？ 这个潮流何以发端于丰氏而非其他画家，具体情形如何？ 要解决这些问题，最好先弄清楚"现代漫画"的确切涵义。

一、何为"漫画"？

漫画是一门古老而现代的艺术，萌芽极早而成熟甚晚，中国尤其如此。长期以来，人们对漫画误解重重，严重桎梏了漫画的发展。一、将其视为特殊的简笔画。如果漫画只指一种画风，那么中国自古有之：汉代石刻画像《夏桀》、五代贯休《十六罗汉图》、清代八大山人《孔雀图》、罗聘《鬼趣图》②……甚至连"春秋战国时期的青铜器图案、魏晋时期佛教石窟壁画和唐宋宫廷市井风俗画"③，都被推崇为后世漫画艺术的雏形。但若只把漫画视为简笔画，绘画的初级阶段，先天性地低人一等，自然难以获得独立地位。陈星详细考证后认为："漫画"一词至迟在宋人文章中就已出现，但当时只是一种水鸟的名称，"中国古代毕竟没有形成漫画这样的独立画种，'漫画'一词也没有被用在某一类的画种上"④；二、将其等同于幽默讽刺画。此类画作大多针对一时一事的时政漫画，多见于近现代西方社会。中国最早的现代漫画便是直接模仿西方时政漫画而来——1904 年蔡元培主编的《警钟日报》曾专门辟有"时事漫画"一栏，连载以讽刺清廷为主题的漫画，还特意转载过前文所述《时局全图》，足见此类漫画影响之大。⑤

然而，德国学者爱德华·福克斯早在百余年前出版的《欧洲漫画史》中就告诉人们：漫画是一种对喜剧因素及其媒介的哲学分析，漫画是意识上的幽

---

① 刘英编著：《丰子恺的缘缘情愫》，东方出版社 2009 年版，第 9 页。
② 甘险峰：《中国漫画史》，山东画报出版社 2008 年版，第 13—16 页。
③ 陈维东主编：《中国漫画史》，现代出版社 2014 年版，第 11 页。
④ 陈星：《丰子恺评传》，山东画报出版社 2016 年版，第 120 页。
⑤ 王庸声主编：《世界漫画史》，海洋出版社 2008 年版，第 13 页。

默诙谐,而不是幼稚的可笑。① 而且,幽默讽刺画虽然至今依然活跃在报纸杂志上,但后来在绘本、连环画、故事漫画等新的漫画形式连番冲击之下,早已让出原来的漫画艺术的主流地位。因此,幽默讽刺漫画也不能代表现代漫画,至多算是分支之一。

作为"世界上最流行、最重要、然而也是一种被误解最深的艺术形式"②,"漫画"至今没有公认的定义,读者经常把许多古往今来、相去悬殊的画作一股脑归于其中。不过"现代漫画"成熟于西方,西方学者对此虽有分歧,但也不乏共识,足资借鉴:(一)美国漫画家、漫画理论家斯科特·麦克劳德,这位"漫画界麦克卢汉"在其名著《理解漫画》一书中,将瑞士漫画家罗多尔夫·托普弗称为"现代漫画之父",理由是"他于19世纪初创作的轻讽刺连环画使用了卡通绘画和画面边框,是欧洲第一个将文字和图画结合起来的人"③。(二)德国学者安德烈亚斯·普拉特豪斯认为:美国漫画家理查德·奥特考特才是"现代漫画创造者"——因为他19世纪90年代末创作的连环画《黄孩子》,摒弃了单张图片的用图原则,尝试使用按顺序排列的多幅图片来讲故事,"终于将漫画从卡通图片中剥离了出来";又在《布斯特·布朗》中尝试使用了多色画板和文字气球——"尽管在这两个技巧上他都不是第一个使用者,但正是他的运用确定了漫画的评价标准"④。再结合斯科特·麦克劳德、威尔·艾斯纳等人关于"漫画是连续的艺术"的定义⑤,可知西方学界公认的现代漫画出现的标准有二:一是连续性的图画艺术,二是文字和图画有机结合的现代图文叙事形式。⑥

由此视之,1925年首度面世的"子恺漫画",尚不算严格意义上的现代漫

① 转引自伯罕·林奇:《西方漫画史》,中央编译出版社2011年版,第15页。
② 蒂姆·皮尔彻,布拉德·布鲁克斯:《世界漫画指南·自序》,田蕾等译,生活·读书·新知三联书店2009年版,第12页。
③ 斯科特·麦克劳德:《理解漫画》,万曼译,人民邮电出版社2010年版,第17页。
④ 安德烈亚斯·普拉特豪斯:《动漫问题如数家珍》,韩平译,吉林出版集团有限责任公司2011年版,第14页。
⑤ 美国漫画大师威尔·艾斯纳的漫画定义是:"漫画是一种自创语法的具有连续性的艺术形式。"(见威尔·艾斯纳:《威尔·艾斯纳漫画教程——漫画和分镜头艺术》,虞璐琳译,上海人民美术出版社2011年版,第2页。)麦克劳德赞同艾斯纳的定义,只是为与动画区别开来,强调漫画"是经过有意识排列的并置图画及其他图像,用来传达信息和/或激发观者的接受美学"。(见斯科特·麦克劳德著《理解漫画》,万曼译,人民邮电出版社2010年版,第9页。)
⑥ 事实也的确如此:时至今日,只有极少数实验性漫画没有文字,纯以图画叙事。但此类艺术探索到底属于漫画还是图画书,还存在一定争议。

画。因为它以单幅图画为主①，而且最大特色在于抒情而非叙事——"它们只是记录一种感想，暗示一种真理，而并无其他作用"②。事实上，1943 年丰子恺成为海内闻名的漫画名家后，给漫画下定义时也只是说："漫画是简笔而注重意义的一种绘画"，从下文"随意取材，画幅短小，而内容精粹"等补充说明，以及将"感想漫画"推崇为"最艺术的一种漫画"的做法来看——他强调的自始至终都是立意，而非西方学者所看重的图文叙事形态。③ 翻翻当时的《国语日报辞典》《王云五小辞典》，其中对"漫画"的定义与丰子恺的界定大同小异。故而民国读者虽然极为推崇丰氏画作，但他们对漫画艺术缺乏认知，对"子恺漫画"的具体感觉、看法，与时下以叙事为主的现代漫画明显有所不同。

二、如何"现代"？

"五四"前后，中国知识界普遍将晚清政府丧权辱国的症结归结为文化落后，形成的共识是"要振兴腐败没落的中国，只能从彻底转变中国人的世界观和完全重建中国人的思想意识着手。如果没有能适应现代化的新的世界观和新的思想意识，以前所实行的全部改革终将徒劳无益，无济于事"④。具体做法大致是与传统割裂而向西方现代文化学习。"现代"几与"西方"同义。但事实上，国人真能接受"全盘西化"主张的并不多，大多数人在理智与情感上矛盾重重，实际行事时更倾向于"中体西用"。具体到艺术领域，中西结合、以"中"为主，才是当时人们的文化理想。

丰子恺画作的出现，恰好契合了此种审美期待：一方面，丰氏擅以现代笔触表现中国古代意境，如其成名作《人散后，一钩新月天如水》：宋元小令般诗意文字，与现代都市生活场景的浑然一体，营造出一派悠远恬然的诗情画意，

---

① 丰子恺后期也创作过长篇连续性叙事漫画，只是跟常见的连环画相似，社会影响平平，算不上代表作。如《小钞票历险记》（1936 年，《新少年》第 1 卷第 1 至 3 期，配图 24 副）、《赤心国》（1950 年 7 月 1 日起，载于上海《亦报》，绘图 31 副）。

② 丰子恺：《漫画的描法》，见丰陈宝、丰一吟、丰元草编《丰子恺文集》第 4 卷，浙江文艺出版社、浙江教育出版社 1990 年版，第 276—277 页。

③ 丰子恺：《漫画的描法》，见丰陈宝、丰一吟、丰元草编《丰子恺文集》第 4 卷，浙江文艺出版社、浙江教育出版社 1990 年版，第 277 页。

④ 林毓生：《中国意识的危机——五四时期激烈的反传统主义》，贵州人民出版社 1986 年版，第 45 页。

所以引得郑振铎、朱自清等文学界同仁的一致赞赏,才有了后来《子恺漫画》的结集出版与风行天下。1925 年《子恺漫画》正式出版之际,俞平伯欣然提笔作跋:"所谓'漫画',在中国实是一创格,既有中国画风的萧疏淡远,又不失西洋画法的活泼酣恣。这绝不是我一人的私见……诗题作画料,自古有之;然而借西洋画的笔调写中国诗境的,以我所知尚未曾有。有之,自足下始。"①这段话至少包含三重意思:一是热情推荐,二是坦承自己对绘画艺术不甚了然,三是道出推荐主要因为丰氏中西绘画合璧的艺术探索令人惊喜。俞平伯当时与丰子恺素未谋面,评价较为客观,折射出了国人直面"现代"文化转型关键拐点时的复杂心态。

关于"现代"的讨论,有"现代化"与"现代性"之别。一般说来,"现代化"主要是"一个多层面的进程,它涉及到人类思想和行为所有领域里的变革"②。"现代性"则是"对'现代化'了的社会物质、精神等方面综合特质的描绘"。③ 中国要实现"现代化",必须追求社会等各方面的"现代性"。"现代性"的追求可说是 20 世纪以来整个中国社会梦寐以求的统摄性主题。百余年来中国文艺上的许多问题都可归结到这一范畴之内。要充分评估丰子恺及其"漫画"的历史地位与价值意义,也必须在此种理论背景之下进行。

不过现代性内部亦非铁板一块。卡林奈斯库说:"有两种彼此冲突却又互相依存的现代性——一种从社会上讲是进步的、理性的、竞争的、技术的;另一种从文化上讲是批判与自我批判的,它致力于对前一种现代性的基本价值观念进行非神秘化。"④故而他将现代性分为彼此对立的"社会现代性/文化现代性",韦伯、维尔默等学者还曾从不同角度,以"目的理性/价值理性""启蒙现代性/浪漫现代性"等概念论述这一冲突。⑤ 而在中国文化语境中,研究者们使用较多的是"启蒙现代性/审美现代性"这对概念:"启蒙现代性"通常指代理性精神、民主自由、科学主义等现代文化的正面特性;"审美现代性"则用来表示对工具理性、物化异化、技术崇拜等现代化进程中的负面问题的批判、反思与超越。

---

① 俞平伯:《〈子恺漫画〉跋》,见赵柱家主编《子恺遗墨:丰子恺〈宇宙风〉插图原稿》,人民美术出版社 2017 年版,第 103 页。
② 塞缪尔·亨廷顿:《变化社会中的政治秩序》,生活·读书·新知三联书店 1989 年版,第 30 页。
③ 寇鹏程:《中国审美现代性研究》,上海三联书店 2009 年版,第 7 页。
④ 马泰·卡林内斯库:《现代性的五副面孔》,顾爱彬等译,商务印书馆,2002 年版,第 284 页。
⑤ 详请参见周宪著《审美现代性批判·导言》,商务印书馆,2005 年版,第 5 页。

　　耐人寻味的是，丰子恺的绘画艺术探索，明显有个从"启蒙现代性"到"审美现代性"的转变过程。"在 19 世纪末 20 世纪初，中国艺术界在教学、创作中引进、推崇西洋美术，本身即含有推崇艺术'科学化'的意味。"①丰子恺少年时在浙一师读书，师从李叔同这位"将西方现代美术和音乐介绍到中国的先驱"②，痴迷于写生等西方美术的现实主义技法理念，认为"中国艺术在这方面的失败证明了它在现代世界中必然是过时的，处于劣等地位"③。因为痛感当时国内无法接受正规的西方美术训练，1921 年，丰子恺毅然借钱赴日留学。不过，这条"启蒙现代性"的路子未能走通。由于资金有限，丰子恺只在日本学习了 10 个月就被迫回国了。这段"游学"生涯在使他大开眼界的同时，痛切地意识到了自己跟西方美术家之间的巨大差距。后来他追忆儿时学画经历时，曾不无遗憾地说："假如我早得学木炭写生画，早得受美术论著的指导，我的学画不会走这条崎岖的小径。"④这木炭写生、美术论著云云，指的显然是西洋绘画教育。

　　不过，失之东隅，收之桑榆。东京时期的迷惘失落、险被击碎学画信心，正是丰子恺反思既往启蒙现代性的艺术理念，转向审美现代性的重要机缘。日本画家竹久梦二的画集《春之卷》使其意识到：在西方美术之外，还存在着其他的现代美术道路。梦二的艺术探索深深打动了他，使他意识到：原以为"落伍"的东方水墨画同样可以表现当下的社会现实，同样可以具有现代意识。而且，梦二的现代艺术探索并非偶然，那是日本大正时代（1912—1926）"和洋兼备"、激烈碰撞的文化基调的一部分。丰子恺游学时间不长，但潜移默化以及各方面因素综合作用之下，受此思潮影响不浅。⑤ 是以他 1921 年赴日进修美术之前，连发《画家之生命》（1920）、《忠实之写生》（1920）等文强调西方绘画的"科学"性；而进修结束回国沉潜数年后，再度撰文讨论中西美术时，讨论重点已变成《中国画的特色——画中有诗》（作于 1926，刊于 1927）、

---

① 朱晓江：《有情世界——丰子恺艺术思想解读》，北岳文艺出版社 2006 年版，第 6 页。
② 白杰明：《艺术的逃难：丰子恺传》，贺宏亮译，浙江人民出版社 2015 年版，第 29 页。
③ 白杰明：《艺术的逃难：丰子恺传》，贺宏亮译，浙江人民出版社 2015 年版，第 34 页。
④ 丰子恺：《学画回忆》，见丰陈宝、丰一吟、丰元草编《丰子恺文集》第 5 卷，浙江文艺出版社、浙江教育出版社 1992 年版，第 419 页。
⑤ 具体影响请参见西槇伟《丰子恺的中国美术优位论与日本——民国时期对西洋美术的接受》，收于中村忠行、西槇伟《新艺术的发轫：日本学者论李叔同与丰子恺》，曹布拉译，西泠印社出版社 2000 年版，第 99 页。

《中国美术的优胜》(作于 1926—1927,刊于 1930)等。简言之,他一方面屡屡撰文批评中国画的技法技巧存在错误,另一方面认为印象派、后印象派受中国画影响,才出现了注重心灵的"表现主义"……朱晓江敏锐地察觉到:"从学院派的观点出发,丰子恺认为西洋美术是'绘画艺术的正格'。但在谈到最根本的'什么是艺术'一类问题时,他的思想却从学院派的科学体系中摆脱出来,而将眼光转向了中国传统的艺术精神。"①丰子恺的具体论断未必全部客观公允,但他不再动辄否定、赞美中西美术的整体传统,而是从绘画艺术的本体出发,理性分析两大传统各自的艺术特长、表现偏好及双向影响的思考方式,明显超越了当时流行的非此即彼的二元思维模式。

英国学者戴维·弗里斯比点评德国社会学家格奥尔格·西美尔时,说他"将审美视角当作获得社会现实洞见的一个合法角度"②。丰子恺庶几近之:梦二为他打开了一扇观察社会、人心的艺术之窗,而他经过长时间的思考摸索,最终登堂入室时,选择的则是"西方技巧 + 中国气韵"的艺术路径。后来闻名遐迩的"子恺漫画"的关键创作思路,是注重绘画题材的现实性与画家自身现代意识相结合,对西方绘画技巧的借鉴,大致以不失中国气韵为限。故而"子恺漫画"的艺术探索,虽然最初来自梦二画作的灵感触动,甚至有不少学习性的仿作,但后来的风格、方向的区别还是比较显豁的:梦二给人印象最深的是风格多变,对油画、水彩画、木版画、水墨画都有多方尝试,色彩从黑白到绚烂、构图从简洁明快到繁复华美在在皆有。丰子恺虽然极口称颂梦二的简笔水墨画,但纵观后者的整个艺术生涯,实际上还是采用西方现代甚至后现代风格的技艺较多。梦二的风俗画精彩绝伦、童画堪称纯美无邪,但名声正如周作人所言,主要是因为他"飘逸的笔致,又特别加上艳冶的情调,所以自成一路,那种大眼睛软腰肢的少女恐怕至今还蛊惑住许多人心"③。这些"梦二式美人",是画家极为个人化的"美"的理想化身。相形之下,丰子恺的风格在亮相伊始时就已大体定型,多数是简笔水墨画,极少彩色工笔之作。其特点是题材多变,擅长以艺术家兼佛门居士善感之心体察世间万象众生之情,除一开始摹写古诗意境的"古诗新画"外,随后陆续绘

① 朱晓江:《有情世界——丰子恺艺术思想解读》,北岳文艺出版社 2006 年版,第 6 页。
② 赵岚:《西美尔审美现代性思想研究》,社会科学文献出版社 2015 年版,第 15 页。
③ 岂明:《〈忆〉的装订》,载《京报副刊》第 415 号(1926 年 2 月 19 日)。转引自陈子善《竹久梦二的中国之旅》,陈子善编《竹久梦二:画与诗》,林少华译,天津人民出版社 2011 年版,第 9 页。

有"儿童相""人间相"和"自然相"等等，其中有不少是表现社会风俗、讽喻时事之作，而画家自己的心胸思绪，在画笔勾勒间自然表露无遗。后期《护生画集》以悲悯之心静观外物、思考世态人心，正如大儒马一浮所言：护生即护心。① 丰子恺的真正用意，在于使读者善护其心，并非一般佛家的迂腐说教。

如果借鉴荣格"心理类型学"理论来分析，梦二属于内倾严重的"感觉型"艺术家，我行我素的精神气质较浓，全身心地投入事业与生活当中，努力把生活方式与艺术理想合而为一，像王尔德一样把本人生活变成了艺术；丰氏则近于内外均衡的"思维型"，即擅长收集外界信息激发自身思维、验证校正自身思想，通过艺术创作来理性处理内心矛盾与周遭剧变。② 他根据自身修养、外界条件、学习难度等各方面因素综合考虑，最终大幅修改了以往一味导向西方美术的艺术观念，对两大艺术传统都有所批判借鉴，努力建构最适合自身发展前景的艺术理论，并数十年不变地付诸实践，终于铸就了一种中西合璧的艺术风格。③ 20 世纪以来中国社会内忧外患、天灾人祸不断，现代化进程的推进异常艰难曲折，在对传统的社会面貌和文化样态形成强烈冲撞的同时，也对国人心灵形成巨大冲击。而中国各界精英领袖，多数受占据社会思潮主流的"启蒙现代性"的影响，往往对普通百姓的心灵创痛置若罔闻，甚至干脆视之为必要的牺牲。子恺漫画中也有寻常"感时忧国"那种犀利辛辣之作，但他更倾向于采撷生活世界中意味深长的小细节，来艺术地表现世态人心的细微变化，而致力于"从社会文化、社会心理和美学的角度分析现代文化"④，本身就是"审美现代性"的分析思路。

三、为何是丰子恺？

不过清末民初，有过类似艺术尝试的画家其实不少，最著名的是老一辈

---

① 马一浮原话为："知画则知心矣，知护心则知护生矣！吾愿读是画者善护其心。"详见马一浮《序言一》，丰子恺《护生画集》，上海译文出版社 2012 年版，第 1 页。

② 详请参见荣格《心理类型学》第十章"类型学总论"中的相关内容，吴康等译，华岳文艺出版社 1989年版。

③ 丰子恺的美术理论文章中，具体观点立场偶尔在中西美术传统之间游移不定，原因即在于此。

④ 赵岚：《西美尔审美现代性思想研究》，社会科学文献出版社 2015 年版，第 14 页。

的陈师曾、同时代的张光宇。他们开始漫画创作的时间较早,艺术水准亦不逊于丰氏,为什么偏偏是丰子恺被称为"中国现代漫画之父"?

这是中国漫画发展史上的一桩公案。陈师曾某种程度上是为自身名声与时运所累。他的漫画尝试,在时人看来只是国画大师游戏笔墨之作,并未给予足够重视。虽然他早在1909年,就模仿"日本漫画鼻祖"①葛饰北斋,创作过近于漫画风格的《北京风俗》册页。② 但当时中国读者对漫画缺乏认识,几乎置若罔闻。1912年,陈氏又在《太平洋报》发表简笔水墨画作《终日放船好》《独树老人家》,探索之意甚浓。但当时政局动荡,少人关注,1923年画家英年早逝、后继乏人,很快湮没无闻。丰子恺虽曾特意撰文隆重推介其为"中国漫画的真正开创者"③,但毕竟"单燕不成春",陈氏终未获得"漫画之父"的殊荣。

张光宇则是因为过于"前卫/现代",太接近其时洋人画报上的时政讽刺漫画,缺乏"中国漫画"的韵味。作为老上海漫画界的"老大哥",张光宇的漫画创作还在丰子恺之前。如前所述,子恺漫画1925年才正式于《文学周报》面世,张光宇1920年就已有漫画公开发表④,还曾创办、主编颇具影响的漫画期刊《三日画报》(1925)、组建上海"漫画会"(1926)⑤……对中国现代漫画的贡献甚大。"漫画会"其他成员,如丁悚、黄文农等漫画创作亦不晚于丰子恺。因此漫画会成员及其同情者,对横插进来"抢地盘"、轻轻巧巧夺去"漫画之

---

① 关于"日本漫画鼻祖"是谁,存在一定争议。日本漫画界一直把12世纪的鸟羽僧正觉猷(1053—1140)当祖师爷,其名作《鸟兽戏画》被日本政府列为四大国宝绘卷。但葛饰北斋1814年刊行的《北斋漫画》才是震撼欧洲绘画界、闻名世界之作。他也是"漫画"一词用在画作上的第一人。综合考虑之下,葛饰北斋作为"日本漫画鼻祖"更合适。

② 陈师曾还特意在名为《逾墙》的那一页题道:"有所谓漫画者,笔既简拙,而托意俶诡,涵法颇著。日本则北斋而外,无其人。吾国瘿瓢子、八大山人近似之,而非专家也。"转引自包立民《被丰子恺称为中国现代漫画创始人的陈师曾》,《文汇读书周报》2018年6月25日。

③ 丰子恺:《漫画创作二十年》,见陈星总主编、陈建军分卷主编《丰子恺全集》第2卷,海豚出版社2016年版,第263页。

④ 考诸《张光宇年谱》中"1920年"第一条:"本年起,为《小申报》绘制报头图案,又在报纸、刊物发表漫画。"下有几行注解文字:"张光宇旧存'1921年漫画'剪报册,有:《雄鸡孵蛋》、《一致行动》……等漫画及题花报头图案。"见唐薇、黄大刚《张光宇年谱》,生活·读书·新知三联书店2015年版,第19页。

⑤ "漫画会"系张光宇与丁悚召集筹备,1926年12月21日发表宣言,25日正式成立。成员有丁悚、张光宇、张正宇、叶浅予、黄文农、王敦庆、胡旭光(后又有季小波、张梅荪、蔡翰丹三人加入)。活动内容主要有:讨论漫画的社会功能、学习探讨绘画知识、作品观摩、学习研究国外漫画作品、出版漫画图书杂志等。见唐薇、黄大刚《张光宇年谱》,生活·读书·新知三联书店2015年版,第19页。

父"桂冠的丰子恺,多少有些情绪。近代漫画评论家黄茅在专著《漫画艺术讲话》中提及"子恺漫画"时,很有几分不屑:"单纯以轻快的线条趣味的造型和构图的日本漫画也开始从东洋贩过来了。中国作家不少受了这种作风的影响……'子恺漫画'可以作为代表。它的主要特点是以墨线融合中国的情调组织成人或物的形像,描写家庭间的琐事和社会的某一面影与小孩子真稚底感情,颇得学生和少年知识分子的欢迎。'子恺漫画'往后就以一贯的风格发展下去……"①并借漫画会成员王敦庆之言,把"正式地把漫画这名称介绍到中国来,在理论与技巧上从事探讨,以资提高漫画艺术的标准"②等漫画发展史贡献,悉数归于"漫画会"名下,几乎把郑振铎、丰子恺之功一笔抹杀。这不是简单的画家相轻,而是创作理念分歧使然。"漫画会"同仁秉承锐意进取的"启蒙现代性",热衷于战斗型的社会讽刺漫画。③ 在他们看来,丰子恺低吟浅唱为主的"审美现代性"作品旨趣不高、技艺保守,暴得大名只是媚俗投机使然。

这当然并非事实。正如黄茅所言,清末民初中国漫画一度处于"不健全混乱不安的状态",充满"嬉皮笑脸无关痛痒韵文式的作风",因此"漫画艺术的幼年曾给人轻视为不入正宗,误解为一种怎样随便的'不是艺术',生存于狭小的个人圈子里的东西……"④简言之,老上海漫画洋场市侩习气严重,曾被大众视为拿各种黑幕色情插科打诨赚钱的恶俗之物。而"子恺漫画"之清新脱俗,让人眼前一亮,这是充分理解为什么郑振铎为选画亲自登门拜谒,而朱自清、俞平伯等人惊喜莫名、不遗余力地推荐的重要历史语境,也是此后漫画艺术在中国能够彻底摆脱下九流式的社会地位、大幅提升艺术品位的重要原因。毫无疑问,"子恺漫画"的横空出世,丰富了中国漫画艺术的发展路径,开创了"国风漫画"这一难得的漫画艺术品种,也激发了一代又一代中国漫画家的创作灵感。"子恺漫画"出现后,同时代的张光宇等人的漫画创作中,"中西合璧"式的作品明显增多,当代香港的蔡志忠、台湾的郑问、杭州的夏达等人更是拓展了国风漫画的表现范畴,有些已经远远超越了丰氏当年的探索。

---

① 黄茅:《漫画艺术讲话》,(上海)商务印书馆 1947 年版,第 24—25 页。
② 黄茅:《漫画艺术讲话》,(上海)商务印书馆 1947 年版,第 26 页。
③ 如黄文农,漫画会主要成员之一,擅长政治漫画,曾被萧伯纳赞为"敢于坐在英帝的枪口上骂帝国主义者"。见卢甫圣《海派绘画史》,上海书画出版社 2018 年版,第 262 页。
④ 黄茅:《漫画艺术讲话》,(上海)商务印书馆 1947 年版,第 1 页。

然而,正如五四时期胡适最爱说的那两句话:"自古成功在尝试"①"但开风气不为师"②,没有当年丰子恺对梦二画作的创造性借鉴,没有"子恺漫画"的绝佳示范,中国漫画很可能会按照"漫画会"原来那种匕首投枪式的路子延续下去,不仅干瘪乏味得多,也缺乏足够的情致美感,未必能有今天在艺术界自立门户的地位。因此,相较于"中国现代漫画之父"等说法,对丰子恺更准确的评价应该是"中国国风漫画的开拓者"。此后数十年来,直接间接学习丰氏画风的漫画家络绎不绝③,但因时代思潮、社会运动的波折转向,误解甚至批判"子恺漫画"的风气亦时时有之④。而丰子恺本人的择善固执与崇高声望,使得"子恺漫画"这杆大旗久历风雨而不倒,至今犹能重新焕发活力,对国风漫画的薪火相传起到了至关重要的作用。

不过黄茅、王敦庆等人所言亦非全无道理:丰子恺为调和西方技艺与中国诗境,提升以往下里巴人般的"漫画"的艺术品格,牺牲了某些现代意识。单论思想现代性、技艺先锋性,"子恺漫画"确实略显保守,在拥有成熟的艺术程式之后,也的确前后期变化不大。凡事都有两面性,对漫画家而言,艺术得失难以一语论断。但就中国社会的现代性历史进程来说,百余年来进退踟蹰,对现代艺术的容忍度、接受度一直不高,"传统"与"现代"的拉锯战草蛇灰线般时隐时现,难免让人失望。"子恺漫画"时下依然为人喜闻乐见,而且作为示范性公益广告遍布全国各地,无疑是丰子恺本人的极大成功,但对已经继续前行了将近一个世纪的中国漫画艺术来说,多少有点悲哀。当然,这与时下中国大众的艺术修养、社会整体的保守性文化有关。

---

① 胡适修改自陆游《能仁院前有石像丈余盖作大像时样也》,原诗为"江阁欲开千尺像,云龛先定此规模。斜阳徙倚空三叹,尝试成功自古无"。见钱仲联《剑南诗稿校注》第 1 册,上海古籍出版社 1985 年版,第 311 页。

② 取自龚自珍《己亥杂诗》第 104 首,全诗为:"河汾房杜有人疑,名位千秋处士卑。一事平生无龂龁,但开风气不为师。"见郭延礼选注《龚自珍诗选》,齐鲁书社 1981 年版,第 177 页。

③ 陈星在专著《丰子恺漫画研究》的"第八章 丰子恺漫画的恒久生命力",对此有相当细致的考证梳理,详见陈星《丰子恺漫画研究》,西泠印社 2004 年版,第 142—149 页。

④ 关于对丰子恺漫画的批评,最集中与影响最坏的,多是基于左倾思想立场而发的错误言论。除了十年浩劫中的恶性批判外,最有名的,莫过于 20 世纪 30 年代左联作家魏猛克、柔石等人的报刊文章,以及 20 世纪 50 年代上海美术界集会上黎冰鸿、张文元等人的会议发言。详请参见毕克官《〈子恺漫画〉研究》一文(收于毕克官《漫画的话与画:百年漫画见闻录》,中国文史出版社 2002 年。)。

【附图】

图 1　理查德·奥特考特《黄孩子》

图 2　丰子恺《人散后，一钩新月天如水》

图 3　竹久梦二《同级生》

图 4　丰子恺《小学时代的同学》

图 5　"梦二式美人"三种

图6　丰子恺《茶店一角》　　　　图7　郑问《三国志》

图8　夏达《长歌行》

作者:杭州师范大学弘一大师·丰子恺研究中心教授

"语图共相"与鲁迅小说的图像演绎
——以《丰子恺绘画鲁迅小说》为讨论重点

任浩浩

鲁迅小说经过丰子恺等艺术家的图像演绎,得到了更进一步的传播。但是在将鲁迅小说转译成绘画的过程中,有成功的案例,也有失败的情况。鲁迅小说中的人物形象与空间环境都有着相当程度的现实指涉,要将之转化成绘画而又要忠实于小说,就需要画家对小说所指涉的现实内容有所把握,也即图像要与语言具备某种"共相"。本文以《丰子恺绘画鲁迅小说》为讨论重点,通过与其他绘本的比较,分析绘画与小说中的人物形象与空间状态,考察"语图共相"对于用图像演绎像鲁迅小说这类具有较强现实指涉的文学文本的借鉴意义。

一

莱辛在《拉奥孔》中断言:"诗中的画不能产生画中的画,画中的画也不能产生诗中的画。"①钱锺书读完《拉奥孔》后说:"诗中有画而又非画所能表达。"②可见,文学和图像在形象表现方式上的差异,给两者之间的沟通和转换带来了障碍。白璧德(Irving Babbitt)在《新拉奥孔》中提到了吉卜林(Joseph Kipling)的诗句:"好望角的卷浪涌起,闻到烤焦了的南非草地的味道。"白璧德说这两句诗使熟悉大海的人都会联想到一幅画面,但是,南非草地的味道

---

① 〔德〕莱辛:《拉奥孔》,朱光潜译,见《朱光潜全集》第 17 卷,安徽教育出版社 1989 年版,第 84 页。
② 钱锺书:《七缀集》,生活·读书·新知三联书店 2002 年版,第 37 页。

尽管让吉卜林留下了深刻的印象,"而对于没去过南非的人来讲,就暗示不出任何的东西"①。白璧德还质疑道:一位艺术家再怎么优秀,如果他从未到过中国或看过有关中国的绘画,罗蒂(Pierre Loti)的小说《北京的最后日子》(*The Last Days of Peking*)中关于颐和园的描述文字,"难道就能使他绘出类似于现实中颐和园的画么?"②

　　显然,作为一种语言符号,文学作品有自己的能指和所指,而且这种能指和所指之间有着相当大的距离和很强的约定俗成性。文学的特殊性就在于其所创造的"逼真的幻觉"(Täuschung)③只是诉诸人的意识、观念或想象,这与图像符号诉诸视觉形象有着很大的差异。前者只能是暗示"在场"(presence),后者仿佛是直接显现"在场";前者属于间接"观念性的",后者属于直接"呈现性的"。如果一位画家要将语言符号所提示的现实形象转换成图像符号,那么不清楚语言符号的能指与所指之间的关系是办不到的。前面白璧德所举吉卜林与罗蒂的例子能够说明这一点,鲁迅的小说也同样能说明这个问题。他的《阿Q正传》《祝福》《孔乙己》《故乡》等小说都是以S城(绍兴)为地理空间展开故事,虽然不必绝对坐实,但是毕竟有着相当强烈的现实元素,如果完全不了解这种地域所指,仅凭小说中语言符号的能指,要将之转换成"物质的画",就往往会发生"期待错位"。这在河南籍画家刘岘、山东籍画家刘建庵的绘画中就出现了这种"错位",下面会有详说。

　　阅读、想象鲁迅小说对于没有任何江南生活经验或者没有观看过任何有关江南的图像作品的人来说,仍然是可以做到的,但是倘若要将之转换成绘画就不容易了。诚然,让一千位画家来为鲁迅小说作画,或许会产生一千种各不相同的绘画作品。鲁迅笔下的阿Q形象,就有丰子恺、赵延年、陈铁耕、丁聪、刘建庵、刘岘、顾炳鑫、叶浅予等许多画家为之作画,这些图像因画家的创作经验与艺术手法不同而产生了相当大的差异,但是总会有一些比较接近于作者心中或小说中描写的关于这个人物形象的标准,而有一些就显得"不像"这个人物形象。因为文学所描写的人物形象或空间环境是暗示性或观念

---

① Irving Babbitt, *The New Laokoon*, Boston and New York:Houghton Mifflin Company,1910, p. 153.

② Irving Babbitt, *The New Laokoon*, Boston and New York:Houghton Mifflin Company,1910, p. 151.

③ 莱辛《拉奥孔》中的术语,朱光潜译为"逼真的幻觉"。见《朱光潜全集》第17卷,安徽教育出版社1989年版,第5页。

性的,通过语言符号反映于人的意识或想象中,要将之转换成视觉作品,既与画家的理解、技法有着密切关系,也与其对语言符号的所指之认识程度有着相当大的关联。朱光潜曾说:"你从来没有见过寒鸦,别人描写给你听,说它像什么样,你也可以凑合已有意象推知大概。"①这话讲得不错,可还是得借助已有的意象来进行推知,如果一个人从来没见过鸟类,再怎么为他描述"寒鸦",他也无法推知寒鸦的形象,更无法将之转化成关于寒鸦的图像符号。作家、诗人或批评家对语言文字的这一特点都有着不同程度的论述,斯蒂芬·斯彭德(Stephen Spender)在介绍他的诗《海景》(Seascape)时提到:"诗就像一张脸,一个人似乎能够在脑海中清晰地看到它,但当人在内心里一个特征一个特征地审视它或试图把它想出来时,它似乎就消失了。"②白璧德也举过一个类似的例子:六位女子依次进入舞厅,尽管龚古尔兄弟(Goncourts)竭力去描写女子们的头部,使之更加清晰,但是圣·伯埃夫(Sainte-Beuve)还是抱怨不能看清她们,说除非让她们出现在他眼前,否则"这显然就是混淆了一种艺术和另一种艺术的表达方式"③。更早的,莱辛也曾讽刺过道尔奇将阿里奥斯托细致描绘的阿尔契娜推荐给画家,让他们根据这些文字来作画的错误做法。④

悖论性的问题就在于,即便文字描写的形象只是暗示性的、观念性的,中西艺术史上都一直有大量的艺术家在将这种在意识、观念或想象中的形象转换成视觉形象或图像符号,创造一种身临其境的"在场"效果,仿佛这就是一个"显现的世界"。从《荷马史诗》《圣经》中的故事到但丁、莎士比亚等的诗歌,从楚辞至魏晋时期的各类辞赋作品到明清小说以及大量的现代小说,将文字转换成视觉图像的情况一直都普遍存在。这些艺术创作,用克里格(Murray Krieger)的话来说,是一种"反向的艺格敷词"(reverse ekphrasis)。⑤ 丰子恺用连环画的形式诠释鲁迅小说,也是同样的情况。并且,丰子恺在作品中还附

---

① 朱光潜:《谈美》,见《朱光潜全集》第 2 卷,安徽教育出版社 1987 年版,第 61 页。
② 引自 C Day Lewis, *The Poetic Image*, London: Alden Press, 1947, p. 136.
③ Irving Babbitt, *The New Laokoon*, Boston and New York: Houghton Mifflin Company, 1910, p. 152.
④ 莱辛:《拉奥孔》,朱光潜译,见《朱光潜全集》第 17 卷,安徽教育出版社 1989 年版,第 127、128 页。
⑤ Murray Krieger, *Ekphrasis: The Illusion of the Natural Sign*, Baltimore: The Johns Hopkins University Press, 1992, p. xiii. 按,"ekphrasis"是指用文学方式来描述绘画、雕塑等造型艺术。学界对该词的译法不一,有"艺格敷词""语象叙事""读画诗""图画诗",还有"仿型""说图""图说""符象化"和"造型描述"等,较为通行的译法是"艺格敷词",近来有学者翻译成"艺格符换"。用图像来表现文字,正与"艺格敷词"相反,故克里格称之为"反向的艺格敷词"。

上小说大段原文节录,使图文之间形成对照、呼应的关系。有学者称这种既有语言符号,又有图像符号,一段文字对应着一幅图画的文本形式为"复合符号文学文本",即"语言符号统领并发挥'定调'功能、由从表层到深层多种符号复合运作并建构'复合性文学意象'、共同进行文学意义生产的审美性文本形态"①。何为"定调"功能? 赵毅衡认为,在多媒介符号文本中,"经常有一个媒介在意义上定调,否则当几种媒介传达的信息之间发生冲突,解释者就会失去解读的依据"②。显然,将文学文本转换为图像文本的过程中,语言符号发挥了定调功能,那么,在围绕鲁迅小说进行图像创作时就必然要忠实于小说原文。

例如丰子恺为鲁迅小说《风波》创作的第 1 幅绘画,原文节录为:"老人男人坐在矮凳上,摇着大芭蕉扇闲谈。孩子飞也似的跑,或者蹲在乌桕树下赌玩石子。女人端出乌黑的蒸干菜和松花黄的米饭,热蓬蓬冒烟。河里驶过文人的酒船,文豪见了,大发诗兴,说,'无思无虑,这真是田家乐呵!'"③在丰子恺的画中(见图 1),低矮错落的农舍下面,坐着三三两两纳凉的人们,手中的芭蕉扇呼呼地摇着,一位妇人正往桌子上端着饭菜。高大的乌桕树下,孩子们正在嬉戏。平静的河面上,一只乌篷船经过,透过舷窗,可以看到船舱里面坐着一男一女,船尾摇橹的船家,上身着短襟,下身将裤腿挽了起来。这幅图中的人和物都与小说描述形成对应,乌篷船、乌桕树以及人物的装扮都符合小说创造的空间属性。又如《祝福》的第 5 幅绘画(见图 2),小说原文是:"新年才过,她从河边淘米回来时,忽而失了色。说刚才远远地看见一个男人在对岸徘徊,很像夫家的堂伯,恐怕是正为寻她而来的。四婶很惊疑,打听底细,她又不说。四叔一知道,就皱一皱眉,道:'这不好,恐怕她是逃出来的。'她诚然是逃出来的。不多久,这推想就证实了。"④丰子恺描绘的是祥林嫂在河边淘米,夫家堂伯在河对岸徘徊的场景。图中祥林嫂蹲在河边的石阶上一边淘米一边警觉地望着对岸,旁边是棵柳树,远处一座石拱桥横跨小河,岸边的房屋是江南常见的式样,夫家堂伯弓身背手也好像在暗中观察祥林嫂。这幅图画不仅将人物之间紧张的气氛表现了出来,环境面貌和人物穿着也符合小说中早春的节令特点。

---

① 单小曦:《复合符号文学文本及其存在层次》,载《文艺理论研究》2014 年第 4 期。

② 赵毅衡:《符号学》,南京大学出版社 2012 年版,第 132 页。

③ 鲁迅文、丰子恺图:《丰子恺绘画鲁迅小说》,浙江人民出版社 1982 年版,第 256 页。

④ 鲁迅文、丰子恺图:《丰子恺绘画鲁迅小说》,浙江人民出版社 1982 年版,第 120 页。

图 1　丰子恺《风波》第 1 幅

图 2　丰子恺《祝福》第 5 幅

　　但是，忠实小说原文并不等于墨守成规，将小说里的描写完全照搬到绘画当中。比如《风波》第 1 幅画中，女人端出的"乌黑的蒸干菜和松花黄的米饭"在绘画中就没有表现——其实也无法表现出来，只能够大概地描绘出一个女人端着碗的姿态。同理，艺术家也可以用原文中没有、却符合小说空间特点的某些事物来加以发挥创作。一般来说，小说重在叙述故事，不必凡事都去描写空间；①而绘画是造型艺术，就需要将小说内在的空间属性表现出来，这样才能丰富绘画的内容。比如《祝福》第 5 幅画中，横跨小河的石拱桥、岸边的垂柳以及祥林嫂淘米时水面荡开的一圈圈波纹都是小说没有写到的，却不碍于画家根据小说的场景进行想象性的添加。如果缺少这些事物，仅是根据小说的叙述，整幅画面就会显得过于单调。丰子恺还会经常选取某些小说中并没有写到却符合小说空间的标志性事物，比如芭蕉。在《漫画阿 Q 正传》的第 39 幅（见图 3）中，阿 Q 正拿着一块砖用力砸静修庵的大门，旁边一棵芭蕉树从墙内冒了出来。还有《祝福》的第 13 幅（见图 4），描绘的是祥林嫂时隔两年又来到四叔家的场景，图中角落里也有一株芭蕉。另外，《药》的第 11 幅（见图 5）和《白光》的第 6 幅（见图 6）都有芭蕉出现。据笔者统计，包括以上 4 处在内，芭蕉在《丰

① 传统小说一般都是如此，但如乔伊斯的《尤利西斯》、普鲁斯特的《追忆似水年华》、福克纳的《喧哗与骚动》以及阿兰·罗伯-格里耶的《去年在马里安巴德》等现代主义小说却与传统小说不同。按照约瑟夫·弗兰克的说法，与传统小说不同，"空间形态"是现代主义小说的主要表现内容。参见 Joseph Frank, "Spatial Form in Modern Literature", *The Sewanee Review*，Vol. 53，No. 2（Spring, 1945）。

图 3　丰子恺《漫画阿 Q 正传》第 39 幅

图 4　丰子恺《祝福》第 13 幅

图 5　丰子恺《药》第 11 幅

图 6　丰子恺《白光》第 6 幅

子恺绘画鲁迅小说》中共出现有 7 处之多。无独有偶,在丰子恺的其他漫画中,如《落红不是无情物,化作春泥更护花》(见图 7)和《归来报明主,恢复旧神州》(见图 8)两图中,同样都是一株芭蕉从墙内冒了出来。芭蕉是江南的常见树种,可在一定程度上用来标志江南的地域属性,与小说故事发生的地点较为吻合。莱辛曾就标志的运用,发表过自己的看法:"诗人就抽象概念加以人格化时,通过他们的名字和所作所为,就足以显出他们的特征。艺术家却没有这种手段可利用,所以就得替人格化的抽象概念找出一些象征符号,使它们成为可以

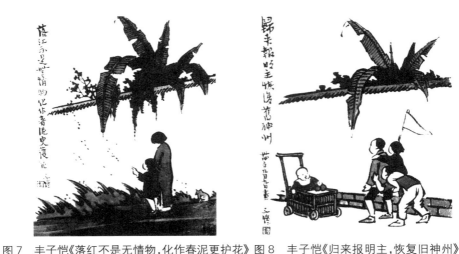

图 7　丰子恺《落红不是无情物,化作春泥更护花》图 8　丰子恺《归来报明主,恢复旧神州》

辨认的。"①芭蕉就可充当江南的"象征符号",丰子恺借助芭蕉这一标志突破了图像与文学在表现方式上的界限,清晰地点明了这些绘画的空间属性。

二

丰子恺的绘画对鲁迅小说的空间属性为何能表现得较为到位,笔者认为这涉及语言与图像之间存在的所谓"共相"(Universal),这在具有现实或地域指涉的文本中体现得尤其明显。前文已经指出过,一般事物与具有特定空间特征的事物之间是有区别的。一般事物具备相对的普遍性特征,比如前面白璧德所说的"海浪",即便没见过好望角的"海浪",但只要见过大海的人就能从吉卜林的诗"好望角的卷浪涌起"联想到一幅画面,也容易将之转化成图像符号。而属于特定空间的事物,如果这位艺术家对语言符号的所指缺乏了解,就难以通过能指想象出与现实中事物相关的画面,也就往往难以转换成图像符号,比如白璧德所举的南非烤焦了的草地、北京的颐和园,也包括鲁迅小说的空间环境以及带着特定地域色彩的人物与风物。故而,图像文本要演绎具有特定空间指涉的语言文本,如果仅仅是根据语言的能指来进行描绘,往往会与语言文本的所指大相径庭。所以在呈现语言叙述中的空间以及特定空间

①［德］莱辛:《拉奥孔》,朱光潜译,见《朱光潜全集》第 17 卷,安徽教育出版社 1989 年版,第 69 页。

中的人物与风物时,在一定程度上也就要了解语言与图像存在所谓的"共相"。

"共相"这个词的源流比较复杂,需分中西两方面来说。中文语境里的"共相"原为佛学术语,大致有两层意思:一是与"自相"对称,指"共通之相",即不囿于"自相"而与其他诸法有共通之义者;二是与"不共相"对称,即众人共同所感、共同所用之相。① 西方语境里的"共相"则是一个源自希腊哲学的概念。柏拉图提出的"理念论",有学者就认为应当翻译成"相论"。② 这里的"相"(理念)本质上就是"共相"。冯友兰在谈到柏拉图时,就将"相"分为"共相"与"殊相",前者相当于柏拉图的"相"(理念),后者是指具体世界中的具体事物。③ "共相"也即指独立于人们可感知的万事万物而存在的共同性或普遍性,而作为"殊相"的万事万物则是对"共相"的摹仿。柏拉图的"相"(理念)先于事物而存在,而亚里士多德则对此有所修正,他认为"相"是存在于个别事物中的共性,不能脱离个别事物而存在。④ 柏拉图与亚里士多德对于"相"(共相)与"事"(殊相)的关系的看法,颇似宋明理学对理与事关系的认识:柏拉图的看法类似"理在事先",亚里士多德看法类似"理在事中"。但一般认为,西方真正提出"共相问题"的是罗马哲学家波尔菲里(Porphyry of Tyre),他在《范畴篇导论》(*Introduction to the Categories*)中提出三大问题:第一,"共相"是否为真正的实体,还是仅存在于人的内心;第二,如果是真实的实体,那么它们是物质的,还是非物质的;第三,它们是脱离具体可感的事物而存在,还是存在于其中。⑤ 这些问题成为 12 世纪以后诸如洛色林(Roscelin)、阿贝拉(Peter Ablard)、阿奎那(Thomas Aquinas)、司各脱(John D. Scotus)、奥卡姆(William of Occam)等经院哲学家争论的焦点,也是康德、黑格尔等启蒙哲学家所关注的重心。在当代,"共相"这一术语已经被广泛应用于人类学、语言学、认知学、艺术学、文化学、文学等领域,但其意义已与原来的哲学内涵有所区别。比如在人类学领域,从唐纳德・布朗(Donald Brown)于 1991 年提出"人类共相"(human universals)以来,理查德森(Alan Richardson)、平克

① 参见慈怡主编《佛光大辞典》第 3 册,(高雄)佛光出版社 1988 年版,第 2195 页。
② 汪子嵩等:《希腊哲学史》第 2 卷,人民出版社 2014 年版,第 548 页。
③ 冯友兰:《三松堂全集》第 1 卷,河南人民出版社 2001 年版,第 211 页。
④ [希腊]亚里士多德:《形而上学》,苗力田译,见《亚里士多德全集》第 7 卷,中国人民出版社 1993 年版,第 300 页。
⑤ 引自 Frank Thilly, *A History of Philosophy*, New York: Henry Holt and Company, 1924, p. 167。

(Steven Pinker)、沙兹基(Theodore R. Schatzki),以及中国学者赵毅衡都讨论过这个概念。在艺术学领域,石守谦《移动的桃花源:东亚世界中的山水画》提到"文化共相"的问题:"中国、日本、韩国所在的这个区域之中,却也确实存在过一些文化共相。这些文化共相在某些有利之情境下,得以形塑出一些清晰可感的'意象',而为不同地区之人士所共享,甚至在他们之间促生某种'同体感'。这种具有高度共享性的意象,其存在的情况可以见到若干不同的类型。"①本文所提到的"语图共相"是指语言符号与图像符号共享着某一种意象、形象或某种空间形态,或某一个神话、传说、故事,反映在人们头脑中而形成的一种"共同意识"(common consciousness)。语图的"共相"可以分为多种类型,比如张飞,人们印象中就是身材魁梧、络腮胡子、眼如铜铃、脾气暴躁的形象。这一形象早在《三国志》、宋元话本笔记以及各种图像中就已经逐渐形成了,这可称之为"人物共相"(figure universal)。再如盘古开天地神话、精卫填海的传说、大禹治水的故事以及武王伐纣的故事、杨贵妃与唐明皇的故事等,都属于"叙事共相"(narration universal),用文字符号去表现这些神话、传说、故事,自然受到这类共相的影响,而图像符号在将文字符号进行一番"视觉化"的过程中,也会受到这类共相的影响。还有一种就是本文在着重讨论的"空间共相"(space universal)。

图 9 丰子恺《社戏》第 9 幅

应该说,以绘画演绎鲁迅小说时,空间共相有着较为突出的影响。丰子恺和鲁迅同是浙北人,两人故乡相去不远,有着相似的空间环境,前者的绘画与后者的小说存在某种空间共相。例如《丰子恺绘画鲁迅小说》中《社戏》的第 9 幅(见图 9),表现的是一群人在看社戏的场景。图中高高的戏台耸立在河边的空地上,戏台前面是一座小房子,河面上挤满了乌篷船,船头和船尾都站着人,还有的人坐在了船蓬和船檐上面,所有人都朝戏台望去,欣赏着表演,船与船之间竖立着笔直的船篙,戏台远处是连绵起伏

---

① 石守谦:《移动的桃花源:东亚世界中的山水画》,生活·读书·新知三联书店 2015 年版,第 8 页。

的山丘,一轮圆月悬挂在天空之上。再看此图对应的部分原文节录:"这时船慢了,不久就到,果然近不得台旁。大家只能下了篙,比那正对戏台的神棚还要远。"①与之相似的场景,丰子恺在自己的散文《看灯》中也有描述:"市里的岸边停着许多客船,我们的船不能摇进市中,只得泊在市梢。"②通过对照就会发现,丰子恺看灯的场景与鲁迅看社戏十分接近,在某种程度上实现了"视野融合",如姚斯所说的,"一部新作品的读者能够在较为狭窄的文学期待视野中感知它,也能在更为广阔的生活的期待视野中感知它"③。丰子恺便是在实际生活中感知到了鲁迅小说中的地理空间。

除了丰子恺,同为浙江人士的冯雪峰和邵克萍也分别为小说《社戏》的同一场景作过插画(见图10,图11)。两图中人们在船头船尾或站或坐,目光不约而同地投向了远处的戏台。与丰子恺的绘画相比,两图除了没有小山,视角不同和一些细节上的差异之外,均把小说中看社戏的场景描绘得淋漓尽致。

图10　冯雪峰编著《鲁迅和他少年时候的朋友》插画

图11　邵克萍《月夜看社戏》版画

刘岘、刘建庵也用图像演绎过鲁迅小说,但却缺少了"空间共相"的优势。刘岘是河南兰考人,长期在北方生活,在他为鲁迅小说创作的木刻中,孔乙己居住的鲁镇俨然成了一副北方村庄的模样。例如木刻《孔乙己》的第12幅(见图12),图中一群人正在拿孔乙己说笑,众人的背后一辆骡车正在经过。而在

---

① 鲁迅文、丰子恺图:《丰子恺绘画鲁迅小说》,浙江人民出版社1982年版,第350页。

② 丰子恺:《看灯》,载《论语》1934年第45期。

③ 〔德〕姚斯、〔美〕霍拉勃:《接受美学与接受理论》,周宁、金元浦译,辽宁人民出版社1987年版,第31页。

图 12　刘岘《孔乙己》第 12 幅

丰子恺的绘画中（见图 13），鲁镇酒店的格局符合小说的描述，很有江南市镇的感觉，其中人物的样子也更"南方"一些。鲁迅看过刘岘的这些木刻后说道："《孔乙己》的图，我看是好的，尤其是许多颜面的表情，刻得不坏，和本文略有出入，也不成问题，不过这孔乙己是北方的孔乙己，例如骡车，我们那里就没有，但这也只能如此，而且使我知道假如孔乙己生在北方，也应该是这样的一个环境。"①虽然鲁迅总体上肯定了刘岘的创作，但是也明确指出了木刻中孔乙己的生活环境存在"嫁接"的问题，即强行将北方的风物嫁接在生活在南方的孔乙己身上。除此以外，刘岘《孔乙己》的第 24 幅木刻（见图 14）也存在同样问题。从木刻旁边的文字可以得知，这幅木刻表现的应该是中秋后鲁镇的景象，其中的房屋错落分布，人们三三两两地坐在房屋前面，房屋后面是两棵粗壮的大树，画面冷峻萧索，完全失去了江南的色彩。

图 13　丰子恺《孔乙己》第 2 幅

图 14　刘岘《孔乙己》第 24 幅

　　刘岘还为小说《阿 Q 正传》创作过木刻。刘岘原本打算为《阿 Q 正传》刻 200 幅连环画，但后来由于种种原因，缩减到了 55 幅，最后又调整到了如今看到的 20 幅。显然，这些木刻对细节的表现和空间环境的营造过于粗糙。例如在刻画阿 Q 去静修庵"求食"的场景时（见图 15），只能看到阿 Q 一个模糊的

---

① 鲁迅：《鲁迅全集》第 14 卷，人民文学出版社 2005 年版，第 407 页。

背影,隐约能辨认出静修庵的大门和两边的围墙,至于周围的杂草和树木都是用一些粗犷的线条来表现。又如阿Q在土谷祠内做着与革命党同去革命、未庄男女跪地求饶的美梦(见图16),只见图中阿Q一副臃肿的身躯倚着土谷祠的墙面,眼睛紧闭,呼呼大睡,头部似乎与身体产生了脱节,显得很不自然。再如阿Q被押上刑场这幅画(见图17),人物的表情有些呆板,肢体也略显僵硬。这些木刻正像有学者评价的那样,"在整体上,刘岘由于缺乏绍兴的生活,对于《阿Q正传》的插图仍然存在如《孔乙己》插图一样的缺憾,环境与人物衣饰均呈现北方化,屋舍、酒店、尼姑庵、戏台、衙门等,都缺乏南方的特点,人物的帽子、背心、腰带、鞋等,也都带有北方的因素"①。

图 15　刘岘《阿Q正传》木刻　　图 16　刘岘《阿Q正传》木刻　　图 17　刘岘《阿Q正传》木刻

　　再来看同样用图像演绎这几幅场景的丰子恺绘画,在细节处理和空间营造上就显得更为到位。比如《漫画阿Q正传》第26幅(见图18),天上飞着排成"人字形"的大雁,房屋周围是长着秧苗的水田,阿Q半爬在静修庵的矮墙上,一只手扯着何首乌的藤,往院内张望。还有第38幅(见图19),阿Q厚厚的嘴唇微张,一副很享受的表情,似乎正沉醉在自己威风凛凛的美梦当中,辫子则躺在一边,残破的墙上摆放着发出微弱光芒的蜡烛。阿Q的这些动作与形象,很符合鲁迅所谓阿Q"没有流氓样,也不像瘪三样""有农民式的质朴,愚蠢,但也很沾了些游手之徒的狡猾"的标准。② 此外,在描绘阿Q被押上刑场时,丰子恺往画面中安排了大量的人物(见图20),处于人群中央的阿Q身穿

---

① 杨剑龙:《论刘岘对〈阿Q正传〉的图像阐释》,载《中国现代文学研究丛刊》2018年第8期。
② 鲁迅:《寄〈戏〉周刊编者信》,见《鲁迅全集》第6卷,人民文学出版社2005年版,第154页。

囚服,一脸错愕,同两旁凶神恶煞的看护一起坐在大车里。车夫用力拉车,前面并排两个扛着枪的军人,后面一个人正在推车,周围满是不计其数的看客,从表情上来看,他们正在拿阿 Q 说笑,世间百态在这幅画中得到展现。

图 18　丰子恺《漫画阿 Q 正传》第 26 幅　　图 19　丰子恺《漫画阿 Q 正传》第 38 幅　　图 20　丰子恺《漫画阿 Q 正传》第 52 幅

为《阿 Q 正传》造像的还有山东籍木刻家刘建庵,在他的作品中亦能发现北方的痕迹。例如《阿 Q 的造像》第 35 幅(见图 21),表现的是举人老爷乘乌篷船到乡下避难的场景,木刻中只见狂风大作,波涛滚滚,岸上的树光秃秃的,被吹得倒向了一边。据小说原文可知,此时应是宣统三年九月十四日,①正是南方暑去秋来的季节,树木虽不及盛夏时繁茂,却也不至于凋零至此,这显然与小说的地理环境相违背。反观丰子恺为该场景创作的绘画(见图 22),一只乌篷船停在平静的河面上,船头一人在撑篙,船尾一人在掌舵,船篷上的纹路清晰可

图 21　刘建庵《阿 Q 的造像》第 35 幅　　　图 22　丰子恺《漫画阿 Q 正传》第 35 幅

---

① 鲁迅:《阿 Q 正传》,见《鲁迅全集》第 1 卷,人民文学出版社 2005 年版,第 537 页。

见,岸边有几级石阶,岸上的树木郁郁葱葱,与小说中的节令相对应,这些细节刻画非常写实,整幅画面生动灵秀,也非常符合江南的空间特点。

三

丰子恺是一位非常重视反映现实世界的画家,他的绘画题材中诸如"儿童相""学生相""社会相"以及"战时相"大多取材于现实,即便很多"古诗新画",他也赋予了许多现实内涵,其绘画思想基本可以用"新写实主义"来概括。[①] 他在用绘画来演绎鲁迅小说时也特别注重语言符号所指向的现实内容,他在《绘画鲁迅小说》的"序言"中说道:"这些小说所描写的,大都是清末的社会状况。男人都拖着辫子,女人都裹小脚,而且服装也和现今大不相同。这种状况,我是亲眼见过的。辛亥革命时,我十五岁。我曾做过十四五年的清朝人,现在闭了眼睛,颇能回想出清末的社会形相来。"[②]《漫画阿Q正传》成稿之后,为了使绘画最大程度上符合小说的空间环境,丰子恺还特意请绍兴籍的朋友张梓生、章雪山帮忙提修改意见,并提到:"此画之背景应是绍兴,离吾乡崇德二三百里。我只经行其地一二次,全未熟悉绍兴风物。故画中背景,或据幼时在崇德所见(因为崇德也有阿Q),或但凭主观猜拟,并未加以考据。此次稿成,特请绍兴籍诸友检查。幸蒙指教,改正数处。"[③]由此可见,丰子恺将鲁迅小说转译成绘画时正是在努力追求一种"语图共相"。并不说如刘岘、刘建庵等因其生活在北方就一定画不好鲁迅小说,而是说他们因为缺少对"语图共相"的正确认识,导致了他们的失败。如前文所说,鲁迅小说发挥的是定调功能,那么以小说为题材进行创作时必然就要考虑到其中的方方面面,既包括人物形象、叙事结构,同时也包括地域空间。鲁迅小说是有着浓厚地域色彩的文学作品,文中不仅塑造了众多像孔乙己、阿Q和祥林嫂这样鲜活的江南人物形象,还以毡帽、乌篷船和鲁镇的格局构建出一个独有的空间形态。绘画只有在与小说之间存在"语图共相"的前提下,创作出来的作品

---

① 参见潘建伟《超越写实:丰子恺与写实主义关系析论》,载《美育学刊》2018年第3期。

② 鲁迅文、丰子恺图:《丰子恺绘画鲁迅小说》,浙江人民出版社1982年版,"《绘画鲁迅小说》序言",无页码。

③ 鲁迅文、丰子恺图:《丰子恺绘画鲁迅小说》,浙江人民出版社1982年版,"《漫画阿Q正传》初版序言",无页码。

才会与小说文本符契，这与语言与图像这两种符号的基本特点有着密切的关系。事实上，在将具有现实指涉的语言作品改编为视觉作品时，即便艺术家缺少"语图共相"的天然优势，也要去努力创造这种共相。很多画家或电影导演，在改编以小说为题材的视觉作品时，往往也要通过阅读各种图文资料，甚至亲临现场，去感受小说本身所反映的现实空间，也正是这个道理。

在此，笔者想顺便谈一下关于"艺术地理学"的问题。"艺术地理学"的概念虽然出现较晚，但是关于艺术与地理之间关系的讨论在古今中外并不鲜见。温克尔曼曾将古希腊的艺术成就归功于其优越的自然环境。[①] 丹纳在《艺术哲学》中也提到尼德兰的地理特征影响了佛兰德斯人的气质，进而连城市的面貌也受到了影响，艺术则是将这种特征显著地表现出来。[②] 到了 20 世纪，雨果·哈辛格尔（Hugo Hassinger）提出了"艺术地理学"（Kunstgeographie）的概念。[③] 在《走向艺术地理学》一书中，考夫曼（Thomas Dacosta Kaufmann）追溯了"历史地理学"的历史，考察了欧美日早期现代艺术史中地理维度的复杂性问题[④]。中国关于艺术与地理关系之论述亦颇为悠久，尤其是在文学和绘画领域。南朝刘勰就说过："然屈平所以能洞监《风》、《骚》之情者，抑亦江山之助乎！"[⑤]宋人郭茂倩以为："艳曲兴于南朝，胡音生于北俗。"[⑥]黄伯思则称："盖屈，宋诸骚，皆书楚语，作楚声，纪楚地，名楚物，故可谓之楚辞。"[⑦]清代沈宗骞指出："天地之气，各以方殊，而人亦因之。南方山水蕴藉而萦纡，人生其间，得气之正者，为温润和雅，其偏者则轻佻浮薄。北方山水奇杰而雄厚，人生其间，得气之正者，为刚健爽直，其偏者则粗厉强横。此自然之理也。于是率其性而发为笔墨，遂亦有南北之殊焉。"[⑧]明清之际，有些绘画流派以画家的地缘关系来命名，如金陵画派、新安画派、吴门画派和浙江画派等。近代以来，刘师培在《南北文学不同论》中认为中国南北文学的差异就是由两个不

① ［德］温克尔曼：《希腊人的艺术》，邵大箴译，广西师范大学出版社 2001 年版，第 5、6 页。

② ［法］丹纳：《艺术哲学》，傅雷译，广西师范大学出版社 2000 年版，第 55—58 页。

③ Hugo Hassinger, "Über Aufgaben der Städtekunde", see *Dr. A. Petermanns Mitteilungen aus Justus Perthes' Geographischer Anstalt*, Herausgegeben von Paul Langhans, 1910, p. 289.

④ Thomas Dacosta Kaufmann, *Toward a Geography of Art*, Chicago and London: The University of Chicago Press, 2004, p. 2 - 13.

⑤ ［南朝梁］刘勰著、范文澜注：《文心雕龙注》，人民文学出版社 1962 年版，第 695 页。

⑥ ［宋］郭茂倩编：《乐府诗集》第 3 册，文学古籍刊行社 1955 年版，第 1520 页。

⑦ ［宋］黄伯思：《校定〈楚辞〉序》，见所著《东观余论》，人民美术出版社 2010 年版，第 179 页。

⑧ ［清］沈宗骞：《芥舟学画论》，见于安澜编《画论丛刊》，人民美术出版社 1989 年版，第 324 页。

同区域的地理环境造成的。另外,王国维的《屈子文学之精神》和汪辟疆的《近代诗派与地域》也都有谈到地理环境对文学创作的影响。在绘画上,潘天寿认为江南画家董源的画作"峰峦出没,云雾显晦,不装巧趣,皆得天真,岚色郁苍,枝干劲挺,咸有生意,溪桥渔浦,洲渚掩映,一片江南也"①。

地理环境影响艺术创作的观点自然有其合理性,但也不是放之四海而皆准。因为艺术与地理之关系若即若离,不同的艺术流派对此都有自己的见解:现实主义强调艺术要反映现实世界,那么,地理环境就会对艺术创作产生较大影响;而浪漫主义则认为艺术要表达内心情感,那么,地理环境对艺术创作的影响就相对较小。此外,纵使艺术创作或多或少会受到地理环境的影响,但是艺术家可以发挥自己的主观能动作用来突破地理环境的限制。所谓的主观能动作用,并不是说艺术家可以完全不顾外在世界,而是说对外在世界的把握可以突破个人的经历来实现,可以通过阅读各种图文资料来获得一种类似的体验。比如刘岘等人虽然缺少"语图共相"的天然优势,却可以通过大量阅读各种图文资料来弥补这种缺失。但他们缺乏这个认识,只是从自己的"前理解"出发来演绎鲁迅小说,就好像比较文学研究学者经常举到的例子那样:水中的鱼,在借助青蛙的陈述进行想象时,就会根据它自身经验的模子来构思人类世界的模样。② 当然反过来说,这种情况也正好说明了艺术地理学的观点:艺术家很难摆脱与生俱来的现实环境对其产生的影响,如果他缺少独立的精神与正确的认识的话。

相对来说,丰子恺就要比刘岘等人更具优势,这不仅体现于他原本就生活在江南,熟悉江南的地域特征与人物特色,更体现在他对语言与图像这两种符号基本特性的正确认识。对鲁迅小说的图像演绎不仅是对原文本的摹仿,也是对江南地域空间的摹仿。丰子恺把握住了"语图共相",既使得他的绘画对鲁迅小说的传播很好地发挥了"麦克风"的作用,③也为艺术家用图像演绎类似鲁迅小说这种颇具地域色彩、现实指涉的语言文本提供了某种借鉴。

作者:杭州师范大学材料与化学化工学院教师

---

① 潘天寿:《中国绘画史》,人民美术出版社 1983 年版,第 137 页。

② 叶维廉:《东西比较文学中模子的应用》,见所著《叶维廉文集》第 1 卷,合肥安徽教育出版社 2002 年版,第 26、27 页。

③ 鲁迅文、丰子恺图:《丰子恺绘画鲁迅小说》,浙江人民出版社 1982 年版,"《绘画鲁迅小说》序言",无页码。

丰子恺漫画中的瞬间性动作捕捉研究

何晓怡

一、漫画与丰子恺漫画

最早的"漫画"一词出现在北宋晁以道的文中。晁以道在其《景迁生集》中曰："黄河多淘河之属,有曰漫画者,常以嘴画水求鱼;有信天缘者,常开口待鱼。"稍后,宋人洪迈在其《容斋随笔》中也出现有"漫画"二字。① 那时的"漫画"与现在的含义不同,是一种鸟类的名称。1904 年,蔡元培在上海主编的《警钟日报》将发表的画作称为"时事漫画",此时,中国的"漫画"一词仍然处于萌芽阶段。

1924 年,从日本留学归国的丰子恺在郑振铎主编的《文学周刊》公开发表《茶》和《人散后,一钩新月天如水》两幅漫画,自此"子恺漫画"便开始普及起来。他曾在自述中提到,虽然自己并不是中国漫画的创始者,却承认漫画是他在中国推广出来的,"漫画"二字也是在他的画上开始用起来的。他在《漫画艺术的欣赏》一文中指出,有人认为,"漫画"要有规定的范围和定义,但是他却觉得"漫画"本就是"漫"的"画",规定了才叫不自然,只要不是为了无聊的笔墨游戏,有一点"人生"的意味,存在价值的画,都可称为"漫画"。② 俞平伯曾称:丰子恺是用西洋画的笔调描绘中国诗境的第一人,可谓"片片的落英,都含蓄着人间的情味"。

《辞海》中"漫画"一词的解释是:抓住人物特点,用夸张或歪曲的手法呈

---

① 陈星:《丰子恺评传》,山东画报出版社 2011 年版,第 121 页。
② 丰子恺:《智者的童话:丰子恺的漫画人生》,团结出版社 2008 年版,第 79 页。

现,以产生滑稽讽刺的绘画。笔法简单,不拘形式;题材自由变换,或出于想象,或掇拾时事,或描绘片段人生,而以趣味为主。

丰子恺一生创作的漫画数量庞大,被称为"中国漫画之父"。他曾将他的漫画分为:古诗词相、儿童相、社会相和自然相四个时期,画作都取材自平常生活,主要以焦墨作为黑白画面,构成简约洗练的中国水墨画的风骨。丰子恺拥有一双擅于观察社会的眼睛,一个热爱思考的大脑,一颗悲悯仁爱的心和一双化腐朽为神奇的手。他的画作,方寸之间,意蕴无限。他的漫画风格诙谐率真、儒雅恬静,蕴含了他豁达善良、仁爱平和的性格。邵琦说:"至高的技巧可能恰恰是无技巧。"丰子恺的漫画以其"意到笔不到"的意蕴追求、书法笔意的运用技巧以及充满诗意诗趣的文学性,使得漫画艺术实现了内容美与形式美的高度结合。这正决定了丰子恺漫画的不可替代性,它们是全人类艺术和精神的财富。

朱光潜品读子恺的漫画,"每一幅都有一点令人永远不忘的东西。他的画里有诗意,有谐趣,有悲天悯人的意味。他的画极家常,造境着笔都不求奇特古怪,却于平实中寓深永之致",称他的作品是"现实主义和浪漫主义的妥帖结合"。叶圣陶也称"子恺的画开辟了一个新的境界,给了我一种不曾有过的乐趣,这种乐趣超越了形似和神似的鉴赏,而达到相与会心的感受"。这些文学大家都对丰子恺的人格魅力和漫画作品给予了极高的评价。

二、捕捉瞬间性动作的准备

(一)瞬间性的本质

"瞬间性"的本质是一个时间概念,它充满了动感和流动性。漫画中的瞬间性动作能让画面活过来,能让观者介入画面中去感知接下来要发生的情节,产生无限遐想。虽然瞬间性在我们看来只是最简单的一个动作,但饱含了作画者无数的观察经验和思考总结,只有这样才能对这些动作十分敏感。贡布里希引用康斯坦布尔的观点,认为"瞬间性"就是"从飞逝的时间中截取片刻,赋予它永久而清晰的存在"①。

---

① 贡布里希:《图像与眼睛——图画再现心理学的再研究》,范景中、杨思梁、徐一维、劳诚烈译,广西美术出版社 2013 年版,第 38 页。

宗白华的《看完罗丹雕像之后》一文曾提到,罗丹认为,为了让创作的雕塑更具有动感,首先要确定"动"是从一个现状转变到第二个现状。画家与雕刻家之所以能表现"动象",就在于能表现出这个现状中间的过程。他要能在雕刻或图画中,使我们观者能同时看见第一现状过去的痕迹和第二现状初生的影子,然后"动象"就俨然在我们的眼前了。①

丰子恺漫画中的瞬间动作就是在表现这个现状中间的过程,读画者能在这一动作中看出前一个动作的痕迹又可以预想第二个动作的初生。虽然画面是静止的,但是故事是流动的,在凝固的图画上加入时间性的要素就能让画面活跃起来,这些瞬间性的动作能让读者在自己的意识里,自动完成对故事的构建。

同时,每个艺术家作品中的瞬间性表现都能呈现不同的主体特色,它不仅涵括创作者脑海中的故事,还带有创作者自己对该事的观察角度与思考痕迹,将绘画作为媒介,呈现给观众。丰子恺的漫画中,我们能从"古诗词相"中体悟到画者别出心裁的设计,能从"儿童相"时期作品中的孩子们笨拙可爱的动作中感受到他们的天真无邪,能从"社会相"作品的不同人物动作中感受到 19 世纪二三十年代中国社会的黑暗,能从"自然相"时期感受到他对山川风景的热爱。

(二)瞬间性动作捕捉的前提

观察是创作的基础,艺术创作都需要前期大量的积累,才能厚积而薄发,丰子恺的漫画作品因其高度的概括性和代表性,更是对这些准备工作提出了要求。他认为,漫画是思想美与造型美的综合艺术,想要学习漫画,就要从两个方面练习入手,一方面是修炼写生的技术,另一方面是修炼见闻、经验、眼光等思想。他在《我的画具》一文中就指出,为了创作漫画,他经常端着小板凳外出速写,为了转瞬即逝发生的事件不被遗漏,更是几次改良升级了"速写簿"的纸质和装订,为的就是能够更快捷地将瞬间发生的动作做一记录。观察是艺术家创作的起点,帕特里克·弗兰克在《艺术形式》中表示:"我们是通过研究来判断一幅艺术作品是具象派、抽象派、还是非具象艺术的。因此我们需要考虑如何利用我们的眼睛。"②丰子恺虽然也是观察平凡生活,但他观察到的瞬间是细致入微的。他作品中的形象生动活泼,让人惊奇,引人遐想。

---

① 宗白华:《艺境》,商务印书馆 2011 年版,第 31 页。
② 帕特里克·弗兰克:《艺术的形式》,俞鹰、张妗娣译,中国人民大学出版社 2016 年版,第 17 页。

"三分画,七分想",正是因为他在普通的事件中,甚至是难以察觉到的琐碎间,加入了自己的思考布局,才能传达他的意蕴,才让人们收获到新的表现形式。

绘画的创作具有即时性和现在性,在结束了对表现对象的观察和思考后,要将脑海中的"画面"表现在画纸上,还需要画家从记忆宫殿中选择一串连贯动作中最具有叙事性和表现能力的瞬间,并赋予这一动作思想与内涵而定格这一画面。在丰子恺的漫画中,能感受到他对动作的精练筛选。他是在记忆的基础上,加以想象和创造。想象能够帮助画面更具有戏剧性和表现力,而创造就是"平常的旧材料之不平常的新综合"①,是艺术传达过程中最重要的步骤。有人曾见子恺的画寥寥几笔成章,以为简单,谁也能模仿,其实,缺少高度凝练能力、艺术修养与我国传统书法用笔的功底,是画不出他的漫画的。丰子恺漫画中的瞬间性不受形式或客观存在的限制,凝聚了对平凡生活的感知,凝聚了对所接受信息的筛选与思考,凝聚了对生活的一腔热情,凝聚了丰富的联想与创造。

(三)丰子恺文学作品中人物形象的"瞬间性"描写

丰子恺的漫画充满文学性,他的小说和散文也充满了画面感。在这些作品中,都能发现他对人物姿态神态的细腻描绘,他塑造的这些艺术典型既有对社会现状的概括性又有角色各式的特殊性,是个性与共性的统一。

在丰子恺平生唯一一部小说《六千元》中,他以幽默诙谐的文笔描画出了一幅尔虞我诈的世态作品,以老练生动的刻画,成功塑造了小伯伯、丁大囡以及 S 等人物的形象。在这部小说中的细节处理上,丰子恺仍然是以一个漫画家的角色对主人公们进行"想象观察",从而将人物性格表现得淋漓尽致。比如对 S 挖耳屎的细节描写:"S 正在用一根火柴杆子来挖耳朵,侧着头,歪着嘴,闭着一只眼睛,没有注意到小伯伯的行动。"又或是对老鸦片鬼丁大囡抽鸦片的动作描写:"吸完一筒鸦片之后,必须屏息静气,不使烟气泄漏一点;同时翻一个筋斗,使烟的效力由于这'旋转乾坤'的动作而普及于全身。"短短几行字的凝练,就表现出了 S 的悠然和丁大囡的萎靡,传神有力而不拖泥带水,他们是旧社会时期中国市民的缩影。

丰子恺的散文大多以抒发随感、阐释哲理和记录日常为主,着墨于人物

---

① 朱光潜:《谈美》,开明出版社 2018 年版,第 75 页。

的散文不多,大多集中在《缘缘堂续笔》中。但即使留下的角色并不多,也都是有血有肉的生动形象。

癞六伯"约有五十多岁,身材瘦小,头上有许多癞疮疤",和丰子恺的母亲做生意不肯讨价,找别人代为定价,无不同意。癞六伯爱喝酒,酒后"他头上的癞疮疤变成通红,走步有些摇摇晃晃"。他与丰子恺的对话:"小阿官!明天再来玩!"仅这一句,质朴敦厚的村民形象就被塑造了出来。五爹爹 30 多岁考取秀才,设私塾授徒,日子清贫,青黄不接时,向丰子恺的母亲掇一借二,但从不失信。他"每天散课后,在镇上闲步,东看西望,回家与妻子评东说西,自得其乐"。爱吃茶,常常叫茶博士"摆一摆",吃好后又把茶叶倒入壶中,回家去吃。来杭州时每天在杭州城里和西湖边上巡游。五爹爹是一个穷秀才,喜爱吃茶闲逛,生活虽然清贫却达观,极力维持着读书人的生活态度。王囡囡"项颈里戴一个银项圈,手里拿一枝长枪",钓鱼、摆擂台、放纸鸢、缘树,一天到晚精神勃勃,兴高采烈。作者将他与闰土做前后对比,塑造了亲近的顽皮孩童形象。"柴主人"阿庆,上午称柴,所得佣钱,下午空下来拉胡琴。和别人一样旁听戏,他就能用胡琴拉出来。阿庆孑然一身,将乐趣完全寄托在胡琴上,作者感慨他的精神生活替代了物质生活。[①] 这些人物都是丰子恺家乡石门湾的普通人,读者读起来却饶有趣味,寥寥几句,人物却是气韵生动。这些都是因为丰子恺平时长期细心的积累与观察,才能用最凝练的笔墨塑造出人物形象。

除了存在于《缘缘堂续笔》中的人物,《陋巷》中坚毅宽厚的 M 先生,《我的母亲》中慈爱而严肃的母亲形象,《怀念李叔同先生》中"温而厉"的师尊形象,作者都多着墨于神态与精神。

鲁迅曾在《漫谈"漫画"》中提出:"漫画的第一紧要事是诚实,要确切地显示了事件或人物的姿态,也就是精神。"[②]鲁迅所强调的是漫画要抓住人物的精神,虽然可以夸张但是不可以是"胡扯",不能脱离现实,也不能过于夸大。

丰子恺文学作品里的人物都来是自于日常生活的普通民众,以反映人情世态为主,但已经表现出了作者注重人物的精神描绘,特色鲜明,具有强烈的社会生活气息。中国自古以来在文化和艺术领域都有将"文心"与"绘心"结合起来的说法,遵循"诗中有画,画中有诗"。丰子恺的散文就已充满了画面

---

① 丰子恺:《缘缘堂续笔》,海豚出版社 2016 年版,第 18—52 页。
② 鲁迅:《鲁迅全集》第 6 卷,人民文学出版社 2015 年版,第 241 页。

感,他擅于抓住要表现的特定形象最显著的特色,用最精炼的线条廓而大之,达到一种具有艺术性的真实。

三、丰子恺漫画中的瞬间性动作的类型及特色

莱辛在《拉奥孔》中提出,绘画要选择最富于孕育性的那一顷刻,使得前前后后都可以从这一顷刻中得到最清楚的理解。具有孕育性的瞬间能在漫画中得以充分体现,首先是因为生活中的瞬间性动作可以作为被捕捉到的视觉形式和思想寓意在漫画中得以传达。其次瞬间性成就了漫画的律动与张力,将简单的画面注入了创作者无限的思考与哲理,启发观者。最后,瞬间性的动作能够将发生的事件在空间中集合,并在画面中凝聚,将时间轴扩大到曾经、现在与过去,增加画面的时空感,让观者得以形而上的感受力。

丰子恺一生创作的漫画数量颇丰,这些作品中包含了各色人物和各式动作姿态,这些漫画中的瞬间性动作通常具有三大功能:塑造人物、讲述故事和表达心境。

(一)用瞬间性动作塑造人物

丰子恺的许多漫画作品总是能抓住人物的瞬间动作,传神略形的寥寥几笔,就将它们定格成为隽永。他通过对人物的动作、神态和精神的描绘,将天真烂漫的孩童、窈窕温柔的女子、辛劳疾苦的穷人、装模作样的假读书人和贪得无厌的剥削者等形象刻画得入木三分,让观者觉得画面中的人物即使已近百年之久,却亲切得似乎能触手可及。

漫画《拉黄包车》(图1)表现的是两个顽童试图模仿拉黄包车的情形,其中一个孩子做车夫,另一个拉着椅子做车把,谁知用力过猛,拟做"车"的孩子疼得张口大哭,前面一个孩子还未知情,仍然认真地向前用力,让人忍俊不禁。前者卖力地"劳作",后者痛苦地嚎啕大哭,两个孩子的瞬间性动作都在一个画面上被捕捉,成功塑造出了两个富有创造力又调皮的孩子形象。漫画《负伤》(图2)

图1

301

描绘的是玩闹中的一个孩子受了伤,跌跌撞撞地走着路,疼痛使得他扭曲着身子,紧锁着眉头,咧着嘴,又着步,仿佛都能听到他的呻吟,左边三个搀扶着他的孩子也皱着眉,投去关切的眼神,弯着腰,安慰他,右边还有一个年纪稍小的孩童似乎是没有目睹这个"负伤"过程,疑惑懵懂地看着伤员,直直地站在身旁。三组孩子不同的瞬间动作,掌握得恰到好处,虽然受伤的孩子很是痛苦,却让读画人会心一笑,朋友的情谊与童心童趣被定格得妙趣横生。漫画《毕业生》(图 3)表现的是一个刚刚毕业的学生屈膝抱腿地坐在椅子上,弓着背探着头,毕业证书高挂在墙上,却在家"歇业"。这一肢体语言搭配着短衫长裤和眼镜,成功塑造出了以为"满肚墨水",实则无半点讨生活的技能,在家"啃老"的待业毕业生的角色。

图 2   图 3

(二)用瞬间性动作叙述故事

虽然相较于连环漫画,单幅漫画似乎在叙事能力上没有优势,但是真正考验功力的就是要将一个完整生动的故事能在一个画面中完成。丰子恺巧妙地运用瞬间性,延长了故事的时间感,加深了画面空间的纵深感,这种带有"顷刻性"的叙事方式,能让观者介入故事之中,在意识里完成故事的建构,体悟丰子恺的人间情味。

漫画《背纤》(图 4)表现的是一次聚会中大人们在喝茶,一个孩子似乎是想模仿一些劳动者的干活动作,拉着桌布的一角,向前吃着力,身子大幅度前倾,昂着头很是得意。桌面上的茶杯、茶壶被桌布连带着东倒西歪,水也撒了。远处的成年人,有的惊吓地站了起来,双手前伸,大声制止,还有一个是最远景的成年人,张着嘴,坐在椅子上,看来是还未来得及站起来。两组成年人的对比,可以看出这个"背纤"事件发生得太快。我们可以在自己观者的意识里完成这个故事,亲友来访,主人热情地沏茶招待,刚刚备好茶水,请客人入座,这个孩子就跑到桌角下,拽着桌布,转身来了个背纤,铆足了劲,仰着头,向前迈进,觉得自己是一个骄傲的劳动者。这时桌面上的器具倒的倒,掉的掉,发出声响,两个刚准备就座的成年人赶紧回身,看见危险,一边大声呵止一边就要上前拉扶,而坐在沙发上的成年人,才看见动静,惊叫了一声,准备起身。丰子恺将一站一坐,一前一后的几个瞬间一并提取出来,就将这个小闹剧讲述得有趣又完整。漫画《埋伏》(图 5)讲述的是一个转角发生的故事,远处两个孩子悠悠地往前走,一个孩子躲在转角处,背后藏着比他个头还高的长杆,双腿岔开,弯着腰在听伙伴的脚步动静,伺机行动;恶作剧还未成功,嘴角就已经藏不住笑脸。我们甚至可以在脑海里预想到画面里将来要发生的故事:两个孩子快走近时,躲在墙角的"小恶魔"就跳出来,举着"武器"大喊,两个孩子被吓得或是尖叫大哭或是摔坐在地上。虽然只是单幅漫画,但是画面被加注了时空的纵深感,让读画者自己就组织完了故事。漫画《参观者》(图 6)讲述的是三个男子正在参观,中间穿着洋装手拿着礼帽想必就是来参观的贵客,两侧陪同参观的穿着长袍,右边二人低声交谈。这时楼上伸出一只手,端着盆,头都没探出来,顺手就将盆里的水往下倒。左边的人察觉到异常,抬头张望,而右边忙于交流的二人全然不知即将要发生的一切。读到此画,我们不禁为他俩捏了把汗,真不知道有了这样的插曲,这次的参观活动会不会受到影响。丰子恺的画笔就像一个高速摄像机,水还未落到脑袋上,就按下了快门,记录下来"暴风雨来临前的一刻"。

图 4　　　　　　　　图 5　　　　　　　　图 6

(三)用瞬间性动作表达情感

朱光潜认为,丰子恺善于从纷纷世态中挑出人所熟知而且不能注意的一麟一爪来加以点染。这些"一麟一爪"的积累,正形成了子恺漫画的独有魅力。欣赏丰子恺的画,好像我们都有了两个角色,一个是画中的参与者,一个是画外的观者,我们似乎都能受移情作用,体会到漫画里的情感。

漫画《背诵》(图7)捕捉的是课堂上的瞬间,老师背着手站在讲台上抽查学生的背诵作业质量,一个"倒霉蛋"被选出来背诵课文,但他早就有了一手准备,将手抄版的课文粘在了前座的后背上,假装背诵实则朗读,慌忙准备的小抄的字似乎是写小了,他瞪着双眼,眼球都快蹦出来,前方的老师还在盯着。这一刻,画面外的我们就像是坐在他后排的同学,眼睁睁地看着他"作弊",感同身受着他的紧张与害怕。漫画《今宵不忍圆》(图8)描绘的是一个寂静夜晚,一女子倚靠在门框边,"举头见明月"的时刻。天色漆黑,唯有月光皎洁,女子双手交叉于身前,微微昂着头,注视着天上的一钩明月。虽然我们看不见她的神情,但她的心境似乎转移给了这月亮,月亮都"愁眉苦脸"了起来,画外我们的心情也跟随着这个女孩,揣测到了她的相思孤寂之苦。漫画《凯旋》(图9)表现的是从战场凯旋归来的年轻士兵,与妻儿见面的欢喜情形。他兴奋地将小儿抛向空中,妻子与女儿站在一旁也是难掩激动,就连家里的猫都出来迎接,呈现出一派祥和之景。小儿奋力张开的四肢将愉悦之情感染了观者,我们似乎也已经陪着战士的家人们感受到了胜利的雀跃和家人归来的感动。

图7

图8

图9

四、结 语

丰子恺被称为"中国漫画之父",所开创的"子恺漫画"闻名于世,他将创作漫画划分为四个步骤:拈题、选材、构图、着墨,他的漫画追求着"意到笔不到"的创作意蕴,拥有着诗意诗趣的文学性,也保持着书法笔意的特色。他的漫画来源于生活又高于生活,达到了"以出世的精神做入世的事业"的境界。丰子恺身边的"一鳞一爪"都化作了他创作的灵感,他将艺术与大众紧密靠近,又保持着高超的绘画技艺,真正做到了"曲高和众"。

狄德罗指出:"画家的笔只有一个顷刻,他不能同时画两个顷刻,也不能同时画两个动作。"漫画是思想美与造形美的综合艺术,它虽不像舞蹈、音乐等艺术类型在时空中流动,但它能呈现的却是世间万物不断运动发展中如流星般短暂的截面,它能创造的是集典型的、突出的、特有的为一体的杰作。聪明的绘者会运用这一瞬激发观者的审美想象力、审美感觉力和审美情感力等,让观众也加入进画面创作之中。

在《历代名画记》中,张彦远提出,精良的绘画能使"千载寂寥,披图可见"。丰子恺在生活中汲取能量,在收获中分析思考,在记忆中加工创造,在传达时注入激情。他似有着超能力般能将这些瞬间抓住,不断提炼深化,定格于画布之上,使它们绵延,让我们深深感悟瞬间的永恒性所带来的魅力。无论是他的文学作品抑或是漫画作品所呈现的一个个精彩的瞬间性动作背后都饱含了他充沛的内涵和饱满的情感。他的漫画作品中凝集了多种瞬间动态,它们保证了鲜明生动的个性和特殊的细节,有的凝集了形象,有的凝集了事件,有的凝集了心境。丰子恺的漫画就像是一道道精致的菜肴,他"精心准备"的这些具有孕育性的瞬间动作给我们带来了生动的人物、饱满的故事和丰富的情感,给我们展现了瞬间的永恒性和永恒的瞬间性。

作者:常州市文艺评论家协会职员

论丰子恺古诗新画之"新"意

——以《古诗新画》画集为中心

陆静一

    丰子恺的漫画数量众多,题材广泛,实难进行绝对的划界。丰子恺自己将其漫画创作在大体上分为四个时期:古诗句时期、儿童相时代、社会相时代、自然相时代。古诗句时期的作品最早完整收录于 1945 年开明书店出版的《子恺漫画全集》之《古诗新画》部分①,共有"古诗新画"84 幅。其中,1937 年及以前的画作有 20 幅,创作时间大多集中于 1925 年和 1926 年,少量是 1936年、1937 年的作品;1937 年至 1945 年的画作有 64 幅,大部分集中创作于1939—1941 年间,尤其是 1941 年。实际上,丰子恺用古诗词作画的作品并不限于《古诗新画》部分,比如,《儿童相》中就有以诗句"儿童不知青,问草何故绿"为画题的作品。晚年的《敝帚自珍》画集中,也收录了许多以古诗句为题的漫画作品,这部画集可以被看作是丰子恺晚年对于生平以古诗词作画作品的一个重新审视,收漫画 100 幅,与 1945 年出版的内容有所重复,但此集在丰子恺生前并未出版。

    《古诗新画》画集中所收录作品,是丰子恺用漫画手法诠释古诗词的早期尝试,以此画集为中心,通过分析图文之间的关系,我们能够更为清晰地了解丰子恺对古诗词的图像诠释,总结丰子恺所使用的诗画转化的方法。

    "诗中有画""画中有诗",不同艺术体裁之间的换位和挪用,相参互照,古已有之。比如,苏轼就曾在《书摩诘蓝田烟雨图》中评价王维"味摩诘之诗,诗

---

① 本文所引丰子恺的画作皆来源于陈星总主编《丰子恺全集》,海豚出版社 2016 年版。

中有画;观摩诘之画,画中有诗"①。历来诗与画的结合主要有两种方式:一是依诗作画,"依"就是依靠、凭借的意思,也即是用画直观地描绘出诗歌的物像或意境;二是为画题诗,即诗人在画中看到了诗意,所以把画中的题材、意境写入诗中。前者为"诗中有画"理论的实践,后者为"画中有诗"理论的实践。当然,有时二者并没有那么明确的界限。依诗作画的历史最早可追溯至东汉刘褒。张彦远在《历代名画记》后汉部分介绍刘褒时说,"曾画《云汉图》,人见之觉热;又画《北风图》,人见之觉凉".②《云汉图》与《北风图》依据《诗经》之《大雅·云汉》和《邶风·北风》中的描写而作。至唐代,又有"以诗求画"的形式。"以诗求画"是指诗人用自己的诗请求画家画其诗意的意思,体现了文人间的雅趣。到了北宋徽宗时期,设立了宋代培养绘画人才的教育机构——画学。画学学生进入画学的考试方式是以古诗为题作画,准确地画出诗意,且构思超拔者为魁。自北宋开始,与诗画关系相关的理论与实践就屡见不鲜。但是,依诗作画所作之画大多为文人画,是文人心性的艺术展现。而丰子恺的依诗作画,却采用了漫画的笔调,形成自成一系的绘画风格,给读者以耳目一"新"的感官印象和心灵体验。通过对古诗词原有含义的转变,对主题意象的简化与对内在意蕴的增殖,丰子恺为古诗词的图画诠释提供了一种新的思考角度。本文将以《古诗新画》画集为中心,用美学的语汇分析丰子恺古诗词绘画的图文关系,以探讨丰子恺古诗词漫画内在生发的勃勃生机。

一、绘画素材的时代感

所谓"诗中有画""画中有诗",与诗相"匹配"的画作,是有特殊指向的,即文人画。文人画能够在山水之间,在花鸟鱼虫草木果实之间呈现一个文人内心所沉醉的整全世界,蕴涵诗意也就理所当然。

而丰子恺不同,他是用漫画的方式阐释古诗词。丰子恺给漫画的定义是"漫画是注重意义而有象征,讽刺,记述之用的,用略笔而夸张地描写的一

---

① 苏轼:《东坡题跋》,浙江人民美术出版社 2016 年版,第 166 页。
② 张彦远著、朱和平译注、章宏伟主编:《历代名画记》,中州古籍出版社 2016 年版,第 140 页。

种绘画"。①丰子恺的定义中包含了漫画的三个特点:一、注重意义;二、有象征,讽刺,记述之用;三、用笔简略而描写夸张。其一,所谓的注重意义,是指相比善于经营布局的文人画来说,漫画并不那么注重画面形式,而是更强调所要表现的画面和意义;其二,由于漫画的重意义,所以画的内容难免包含象征、讽刺和记述,更进一步,也可在画上加上文字的说明,借用画与画题的呼应,达到传达讯息的作用。其三,漫画的用笔为简笔,所以只直观地表现物象的特点,而不作详尽描绘。同时,简笔也常和夸张手法的使用结合起来,达到讽刺的意味,引得人发笑。与漫画相近的还有几个概念:"(1)重形式而用工笔者为图案,(2)重形式而用简笔者为速写(sketch),(3)重意义而用工笔者为插画。"②前两种绘画形式并不强制与时代接壤,因为形式不具有时代性。而插画与漫画之区别在于一为工笔,一为简笔。工笔是针对物象的具体描摹,讲求再现、美观;简笔是对物象特点的简要概括,而物象形象简要了,其容纳性也就更强了。比如若用工笔的形式画"无言独上西楼"一句,那么人物就该是李后主的模样,这幅画也就可以说是"无言独上西楼"一句的插图了,并没有今日之感。

所以,漫画是一种极具时代色彩的绘画形式。它用笔简练,主题突出,便于印刷和传播,与版画、宣传画、招贴画有异曲同工之妙。更进一步而言,漫画所反映的首先是一种市民社会乃至底层民间,对于信息接收的迫切需要和渴望。丰子恺以漫画来画古诗,这本身就是一种时空穿越的尝试,带有强烈的时代印迹。丰子恺也公开承认,他是在借新瓶装旧酒。比如,在《敝帚自珍》的序言中,他说:"予少壮时喜为讽刺漫画,写目睹之现状,揭人间之丑相;然亦作古诗新画,以今日之形相,写古诗之情景。"③"以今日之形相"意思就是在古诗词中增添时代的印记。所以说,"古诗新画"其实就是"古诗今画",这是他自觉追求的时代叙事的结果。

可以发现,丰子恺在以古诗作画的漫画画作里,大量使用了各种契合于当时的绘画素材。首先,最为明显的是人物穿着。据华梅《中国服装史》④记

---

① 丰子恺:《艺术修养基础》,见丰陈宝、丰一吟、丰元草编《丰子恺文集》第 4 卷,浙江文艺出版社、浙江教育出版社 1992 年版,第 203 页。

② 丰子恺:《艺术修养基础》,见丰陈宝、丰一吟、丰元草编《丰子恺文集》第 4 卷,浙江文艺出版社、浙江教育出版社 1992 年版,第 202 页。

③ 丰子恺:《〈敝帚自珍〉序言》,见丰陈宝、丰一吟、丰元草编《丰子恺文集》第 4 卷,浙江文艺出版社、浙江教育出版社 1992 年版,第 583 页。

④ 本文中所引民国时期人物的穿着图示都来源于此书,下文不再标注。

载,民国时期"男子服装主要为长袍、马褂、中山装及西装等,虽然取消封建社
会的服装禁例,但各阶层人士的装束仍有明显不同"。①中年人及公务人员交
际时装束为"长袍、马褂,头戴瓜皮小帽或罗宋帽,下身穿中式裤子,登布鞋或
棉靴"②(图1和图3)。丰子恺在《年丰便觉村居好,竹里新添买酒家》(1941)
中所绘左边人物即穿着长袍马褂(图2),另有《触目横斜千万朵,赏心只有两
三枝》(1940)(图4)、《无言独上西楼,月如钩》(1925)(图9)、《门前溪一发,我
作五湖看》(1941)、《今夜故人来不来,教人立尽梧桐影》(1926)等画作中,男
子也皆着长衫。青年或从事洋务者的装束为西服、革履和礼帽(图5)。《中庭
树老阅人多》(图6)与《栏杆私倚处,遥见月华生》中,就出现了西服革履的青
年。而"长袍、西服裤、礼帽、皮鞋,是民国中后期较为时兴的一种装束,也是
中西结合较为典型的一套服饰"。③作于1940年的《触目横斜千万朵,赏心只
有两三枝》中的主人公,即是这般典型穿着。而在民间,很多农村人到解放初
期依然着大襟袄、中式裤、白布袜、黑布鞋,佩烟袋、荷包、钱袋、打火石等,头
上蒙白毛巾或戴毡帽,出门戴草帽、风帽等(图7)。丰子恺的《田翁烂醉身如
舞,两个儿童策上船》(1940)(图8)中划船的,就是一位身穿大襟袄老人。

图1 穿长袍马褂的男子　图2 《年丰便觉村居好,竹里新添买酒家》　图3 穿长衫的男子

① 华梅:《中国服装史》,天津人民美术出版社1989年版,第88页。
② 华梅:《中国服装史》,天津人民美术出版社1989年版,第88页。
③ 华梅:《中国服装史》,天津人民美术出版社1989年版,第89页。

图 4 《触目横斜千万朵,赏心只　图 5 穿着西装戴　图 6 《中庭树老阅人多》
有两三枝》　　　　　　礼帽的男子

图 7 穿着对襟　图 8 《田翁烂醉身如舞,两个儿　图 9 《无言独上西楼,月如钩》
的男子　　　童策上船》

　　再来看女子的服饰。民国时期女子的服饰"主要有各式袄裙与处于改革
之中的旗袍"①。丰子恺画作中呈现的女子即大多穿着各式旗袍,最为典型的
有《手弄生绡白纨扇,扇手一时如玉》(1925)、《我见青山多妩媚,料青山见我
应如是》(1941)等。

　　其次,丰子恺古诗新画中的人物皆作现代发型。如最为人所知晓的《无

---

① 华梅:《中国服装史》,天津人民美术出版社 1989 年版,第 91 页。

言独上西楼,月如钩》(1925)(图 9)。我们都知道,这句诗选自李煜的《相见欢》,但是诗中的人物却变作一个留着短发,穿着长衫的现代人,也难怪当他的《无言独上西楼》发表在《文学周报》上时,有人批评丰子恺画的并不是李后主。而丰子恺回答说:"我不是作历史画,也不为李后主词作插图,我是描写读李词后所得体感的。我是现代人,我的体感当然作现代相。这才足证李词是千古不朽之作,而我的欣赏是被动的创作。"①

此外,还有一些现代的场景和物品。如《六朝旧时明月》(图 10)的诗题取自宋代仲殊《诉衷情·建康》的"六朝旧时明月,清夜满秦淮"。但显然画中的建筑样式既非仲殊所处的宋代所有,也非六朝时都城的面貌,而是上海的高楼。《抱得琴筝不忍弹》中的拱门也是西洋的样式。物品如《阿婆三五少年时》(1941)中的藤椅、《好是晚来香雨里,担簦亲送绮罗人》(1941)中的雨伞、《红了樱桃,绿了芭蕉》中的香烟,以及《置酒庆岁丰,醉倒妪与翁》中的电灯等等,都是现代的产物。

图 10 《六朝旧时明月》

丰子恺古诗新画中,从人物服饰到场景和物品,尽作现代样子。这也正呼应了他在《画中有诗》自序中说的话:"余读古人诗,常觉其中佳句,似为现代人生写照,或竟为我代言。盖诗言情,人情千古不变;故为诗千古常新。此即所谓不朽之作也。"②

二、自然意象的简约风格

诗歌是由意象,尤其是自然意象构成的。所谓"诗中有画"和诗是"无形画"的说法,其实凸显的是诗歌中的意象之美。诗歌中的意象使得诉诸于文字和听觉的诗歌也具有绘画一般的直观效果。汉代刘褒所作《云汉图》与《北

① 丰子恺:《漫画创作二十年》,见丰陈宝、丰一吟、丰元草编《丰子恺文集》第 4 卷,浙江文艺出版社、浙江教育出版社 1992 年版,第 389 页。
② 丰子恺:《〈画中有诗〉自序》,见丰陈宝、丰一吟、丰元草编《丰子恺文集》第 4 卷,浙江文艺出版社、浙江教育出版社 1992 年版,第 258 页。

风图》就是详尽地描绘了烈日与狂风,通过自然意象本身传达出情感。包括唐代的以诗求画,所求也大多是景物画。至宋代,因为有特定的选拔目的,所以所选诗句多不重自然景物而讲求如何用画面表现诗句中难以表达的字词。

在丰子恺的古诗新画中,自然物的占比巨大。首先,从诗句选择上来看,丰子恺所选择的诗句大多本身就含有丰富的自然意象。如古诗新画时期的"柳树""月""梧桐""西风""黄花""星""燕""黄蜂""浮云""霜""春""酒""梅花""山""茶""溪""树""柳""落花""荷"等。晚期作品中,也有大量的自然界意象。此外,丰子恺也选择了许多仅描写自然景象的诗,如《严霜烈日皆经过,次第春风到草庐》《中庭树老阅人多》《月上柳梢头》《衔泥带得落花归》《一枝红杏出墙来》《海棠轩外石栏边,有风筝吹落》《小亭闲可坐,不必问谁家》《松间明月长如此》《唯有君家老松树,春风来似未曾来》等。但是,这些诗歌本身并没有对自然物进行细致的描绘,区别于《诗经》、楚辞和汉赋中对于意象的详尽描写。其次,从丰子恺再创作的画面安排上来看,这些自然意象也占据了画面的大部分空间。这是丰子恺借鉴了中国传统山水画"经营位置"的方法,使用全景山水的构图方式,将主人公缩小为"点景人物"。

但是,传统的山水画主要还是需要借助对自然景观的描绘体现意境,而漫画是需要简化的,简化才易于复制,便于传播。丰子恺画作中的自然正是一种被简化的自然,因而显得十分抽象,留给读者了一个丰富的想象空间。所谓的"简化"是指,丰子恺并没有强调对自然物本身的刻画,而是绘就其形态,表示其概念。比如,举晚明宛陵汪氏所辑《诗馀画谱》①中《如梦令·春景》(图 11)一例与丰子恺的漫画作对比,能够明显看出,尽管二者的构图方式一致,但对自然意象的处理却不同。《诗馀画谱》是一种以绘刻版画为形式的特殊的诗意绘画集锦,是晚明诗意绘画的典范之作,虽为通俗画谱,却借鉴了文人画"经营位置"的绘画方法,对自然的描写细致、具体,而丰子恺却仅是寥寥数笔。

这种简化的山水就成为了人物的背景,甚至于,在那些仅写景的诗句中,丰子恺也并未从景物上着手描写,反而加入了人物。比如,"夕阳无限好"一句本是形容夕阳的美好,但丰子恺却不在夕阳上下功夫,而是画了一个看夕阳的人(图 12)。这种简化自然意象的做法并不是对自然景物的忽视,而是交代了人所处的环境,同时也就暗示了人可能具有的情感。这种对于自然的简

---

① 汪氏辑:《诗馀画谱》,上海古籍出版社 1988 年版。

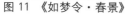

图 11 《如梦令·春景》

图 12 《夕阳无限好》

化方式,是丰子恺受到竹久梦二画风影响的结果。他的《绘画与文学》一文介绍了竹久梦二的几幅画作,其中,他回忆起梦二对自然意象的描绘:"路的远处有一间小小的茅屋,其下半部已沉没在地平线底下,只有屋顶露出。屋旁有一株被野风吹得半仆了的树,屋与树一共只费数笔。"①梦二的这幅画题为《可爱的家》,但却只用寥寥数笔描绘"家",并且只将屋顶露出。相反,画题中没有提到的人物,却被描绘得十分生动。丰子恺复述道:"画的主位里描着一个中年以上的男子的背影,他穿着一身工人的衣服,肩头上打着一个大补丁,手里提一个包,伛偻着身体,急急忙忙地在路上向远处走去。"②

　　如何在画面中表达意象,是依诗作画始终要追寻的命题。从汉代的依诗作画开始,画家往往倾向于将意象生动、细致地描绘出来。而意象本就是写景、状物、抒情诗的组成部分,所以,这是画忠实于诗的做法,其实强调的是"诗中有画",相比之下,画仅是呈现诗中意象的方式。苏轼当时所说的"诗中有画"和"画中有诗"中的诗并非依画而作,画也并非依诗而作。换句话说,苏轼所说的诗画关系,并不是针对依诗作画中的诗画相互关系而言的。所以,依诗作画的画若要做到"画中有诗",其实是对画家的一种考验。而丰子恺漫画中简化自然景物,凸显人物的做法,恰是为画中之诗提供了生发的空间。

---

① 丰子恺:《绘画与文学》,见丰陈宝、丰一吟、丰元草编《丰子恺文集》第 2 卷,浙江文艺出版社、浙江教育出版社 1992 年版,第 488 页。

② 丰子恺:《绘画与文学》,见丰陈宝、丰一吟、丰元草编《丰子恺文集》第 2 卷,浙江文艺出版社、浙江教育出版社 1992 年版,第 488 页。

这种种自然物并不是与人世间漠然无关的荒野,而是人所处的环境,是人化的自然。这种人化的自然可以反映出各种时代主题,比如乡愁,比如战乱,比如革命,为画作主题的生发和转换提供了重要依据。

三、情感内蕴的哲理化

钱锺书在《读〈拉奥孔〉》一文中,为论证诗中有画所不能表达之处时,引张岱《与包严介》中的例子:"王摩诘《山路》诗:'蓝田白石出,玉川红叶稀',尚可入画;'山路原无雨,空翠湿人衣',则如何画?"①另有"其他像嗅觉('香')、触觉('湿'、'冷')、听觉('声咽'、'鸣钟作磬')的事物,以及不同于悲、喜、怒、愁等有显明表情的内心状态('思乡'),也都是'难画'、'画不出'的。"②"蓝田""白石""玉川""红叶"都可以化为具体的物象,但是,人的感觉是抽象的、非叙事的,这是绘画很难直接画出来的。

但是,丰子恺却并不避讳这类含有自我内心情绪的诗句。比如,"门前溪一发,我作五湖看"一句选自宋人罗公升的《溪上》,前两句为:"往岁贪奇览,今年遂考槃。""考槃"意指避世隐居,《国风·卫风·考槃》中有:"考槃在涧,硕人之宽。"③是一首隐士的赞歌。所以,这两句诗的前两句呈现了一种对比,交代心绪的转变:以前总贪恋壮观的奇景,而今却愿意在这偏僻一域长居。诗的后两句其实是对前句"遂考槃"的进一步解释:现今隐居的地方门口仅有一条小溪,我却能将其看作宽广的江河湖海。但其实,"看"表示具体的动作,而"作五湖看"却不是描写动作的词语,而是一种心态,"心态"是抽象的,也就是钱锺书所说的"不同于悲、喜、怒、愁等有显明表情的内心状态"。是画所不能表达的。而丰子恺的处理方式是画了一个背着手,凝视着小溪的男子。"背着

图 13 《门前溪一发,我作五湖看》

---

① 钱锺书:《七缀集》,上海古籍出版社 1985 年版,第 37 页。
② 钱锺书:《七缀集》,上海古籍出版社 1985 年版,第 38 页。
③ 程俊英译注:《诗经译注》上册,上海古籍出版社 2006 年版,第 82 页。

手"与"凝视"都显示出一种思考的状态(图13),就有别于单纯的"看",或者说"游玩"。又如《触目横斜千万朵,赏心只有两三枝》(图4),画题取自清代诗人李方膺的《梅花》,此两句是作者对梅花的描绘与抒发的情感,其中,"触目横斜千万朵"和"两三枝"都可以画出,李方膺本人也作有《梅花图》。但是,如何能够画出"赏心只有两三枝"?"只有"其实暗含了文人的清高之气,如果仅是画出主人公对梅花的喜爱,那就完全没有了这句诗的意味。丰子恺在画面中安排了一个挂着拐杖的男子,静静地抬头凝望着梅花,梅花开得正盛,而男子却因疾病或年事已高,已经挂着拐杖。在这样的语境下,男子所赏心的两三枝梅花,也许是已经过了最盛的时候,花瓣微垂的样子,男子看着眼前的梅花,也感慨着自己的年华逝去,但却依然乐观地面对生命。诸如此类的作品还有《我见青山都妩媚,料青山见我应如是》《几人相忆在江楼》《儿童不解春何在,只向游人多处行》《湛湛江水兮上有枫,极目千里兮伤春心》《日暮客愁新》《一肩担尽古今愁》等。

当然,如果说这些不能直接画出的感觉,仍旧可以通过人物的表情、动作等间接展现出来,那么,诗歌中的议论的成分,抒发人生哲理的部分,却全然是绘画限度之外的事了。因此,从古至今,依诗作画所依之诗,极少见带有哲理性质。

但是,丰子恺却大胆选用这些带有哲理性质的古诗词,将古诗的情绪逻辑改换为叙事逻辑,心性涵养更替为现实事件。比如,《松间明月长如此》(图14)一画,画题取自唐朝宋之问的《下山歌》,全诗如下:"下嵩山兮多所思,携佳人兮步迟迟。松间明月长如此,君再游兮复何时。"[1]整首诗写的是下嵩山时的状态和内心的感想,"松间明月长如此"一句抒发的是对于嵩山之景色的留恋之情。而在丰子恺的笔下,"松间明月长如此"就少了游览的不舍之情,转而变为了一句抒发人生感慨的诗句。诗歌中的意象"松"与"明月"占据了画面的大部分空间,右下角有一位女子牵着一个小孩,想来应该是一对母子,两人站立在松树前,凝神

图 14 《松间明月长如此》

---

① 沈佺期、宋之问著,陶敏、易淑琼校注:《沈佺期宋之问集校注》下册,中华书局 2001 年版,第 589 页。

望向天上的一轮圆月，或许是在想念远方的某个亲人，或许是看到月亮之圆，也期望人生多一些圆满之事，不禁让人联想到苏轼的《水调歌头》："人有悲欢离合，月有阴晴圆缺，此事古难全，但愿人长久，千里共婵娟。"再如《中庭树老阅人多》(图 6)中，"阅人"是一种拟人化的表述，实难画出，所以，丰子恺以"人阅树"来写"树阅人"，做到了情感与叙事的转化。

从上述的例子中，我们可以发现，丰子恺并不避讳这些钱锺书所谓难以入画的古诗，反而将画中难以表现的部分作留白处理，着重于刻画"最富孕育性的顷刻"，比如说人物的凝视等蕴藉性的动作，让读者的想象力参与进来，强化了其画作的抽象性。又将文人画的心性表达转化为现实呈现，将情感内蕴转变为叙事逻辑，拓展了画的限度。

四、结　语

丰子恺以漫画画古诗的做法，本就是一次突破性的尝试，他不拘泥于原本的诗意，而在画作中增加时代印记，使得普通百姓也能体会到其中的诗意；又通过漫画的简笔方式简化了自然意象，突出画面的内容，更是便于漫画的复制与宣传；最后，他通过运用中国书画中留白的思想，将古诗中难以用绘画表达出来的情感和哲理进行转化、化情感内蕴为叙事逻辑。因此，丰子恺的古诗新画显示出一种独特的美学风格，为古诗词向绘画的转化提供了一个新的思路。当然，丰子恺这样的诗画转化的方法也体现在许多其他绘画作品中，本文所举大多为《古诗新画》画集中的作品，这一方面因为此画集为丰子恺以古诗词作画的初步尝试，另一方面也因为在后期，虽然丰子恺的古诗词绘画对于物象的描摹较于前期来说更为细致，用他自己的话来说就是"虽甚草率，而笔力反胜于昔"①。但是仅从古诗词向画转化的新意上来说，除人物服饰仍旧有强烈的时代印记外，意象的简化和情感内蕴的转化都没有前期那么明显，这或许就是简笔漫画的魅力所在。

作者：苏州工业园区景城学校教师

---

① 丰子恺：《〈敝帚自珍〉序言》，见丰陈宝、丰一吟、丰元草编《丰子恺文集》第 4 卷，浙江文艺出版社、浙江教育出版社 1992 年版，第 583 页。

丰子恺都市相漫画的现代性
反思及教育意义

孟凤娟

现代性问题自西方启蒙运动时期开始出现,19 世纪末中国以辛亥革命为标志,开启了追求现代性的道路。关于"现代性"的讨论在中国学界一直长盛不衰,然而,对于现代性概念的界定,无论是中国还是西方,对于学者们来说都是一项未竟的事业。首先,彼德莱尔从艺术美学的角度设立了现代性理论,成为了现代性研究的奠基者。之后马克思·韦伯以现代学提问的方式揭示了"现代人类最终拥有的将是一个机械、僵化和麻木的世界"①。查尔斯·泰勒认为韦伯这种看法是将现代性理解为一种单一化的模式,由此他提出了现代性的另一种模式,即"多重现代性"模式。在此基础上,尤尔根·哈贝马斯提出"现代性是一项尚未完成的事业"这一真理性的判断。他提出导致现代性问题的根本所在是人与现实社会的存在方式发生了重大变化,主张统治与自由之间应该建立主体之间的交流,提倡人的个体精神,并以豁达的科学思想来批判技术对人感性的限制。弗里德里希·席勒(Johann Christoph Friedrich von Schiller)也曾在《美育书简》中对现代性问题进行总结,在书中席勒提出以艺术和审美弥合分裂的人性,塑造完整的人,解决现代性危机。丰子恺对现代性问题的反思,同席勒对于现代性的反思相似,是通过他自身的都市生活体验与其自身的艺术思想结合,试图在艺术的领域,来塑造完整的人。

---

① [德]马克斯·韦伯:《新教伦理与资本主义精神》,江西教育出版社 2014 年版,第 32 页。

一、丰子恺的艺术教育思想

"教育与社会""教育与人"是我国教育基本理论研究的两条主线。教育在适应社会发展的同时，也要适应人的身心发展。在"教育与人"这条教育基本理论研究主线上，王道俊指出："主体教育论强调教育要为人的全面发展服务，要尊重人的价值和人的主体地位，不是把人单纯训练为工具或手段，而是把人培养成社会历史活动的主体。"①因此，相比"教育与社会"，"教育与人"这条道路更加强调人是教育的主体，在教育中不可忽视人的价值、忽视人格的培养。丰子恺的艺术教育思想也更偏重于研究教育与人的关系。

丰子恺的艺术教育思想是在美学基础之上形成的。丰子恺认为，人们在认识世界的时候，往往是从实用的目的出发，只关注事物之间各种各样复杂的关系，而忽略事物本身，使事物本身失去存在的意义。遮蔽了世界本体的"相"，永远看不清世界的真相。丰子恺将"绝缘"定义为："对一种事物的时候，解除事物在世间的一切关系、因果，而孤零地观看，看见事物孤独的、纯粹的事物的本体的'相'。"②因此，丰子恺以"绝缘说"为逻辑起点开启了他的艺术教育思想，将此渗透于整个艺术教育思想体系中。

艺术与科学都可以认识世界的真理，但两者的方式却不相同。科学是关系的，艺术是绝缘的。科学是认识事物之间各种复杂的关系，艺术是了解事物本体的"相"。丰子恺在《艺术教育的原理》一文中指出："科学所示不是真相，艺术所示，确是真相，又生出一个美字来，因此我们就分了知的和美的两个世界。科学和艺术非但不相附属，而且是各一世界的，有关系的是知的世界，绝缘的是美的世界。"③这在极度崇尚科学的时代背景下，具有极大的意义。这不仅使人更加全面地了解了科学，还探讨了艺术自身的独立性，因此，也为艺术教育开辟了自身的独立性。

人生便是追求真、善、美三个真理。科学求真，道德求善，艺术求美。因

---

① 王道俊：《关于教育的主体性问题》，载《教育研究与实验》1996 年第 2 期。
② 丰子恺：《关于儿童的教育》，见陈星总主编、刘晨分卷主编《丰子恺全集》第 18 卷，海豚出版社 2016 年版，第 222 页。
③ 丰子恺：《艺术教育的原理》，见陈星总主编、刘晨分卷主编《丰子恺全集》第 18 卷，海豚出版社 2016 年版，第 161 页。

此,提倡艺术教育,便是为求人格的圆满。分析丰子恺的都市相漫画发现,在人类极度崇尚科技文明的背景下,对个体认知的消散,都市化所带来的精神生活浅表化,物质欲望追求过程中贫富差距的扩大等等的反思,无不展示着我们的艺术教育须塑造一个完整的人,拥有健全的人格。

现代教育的根本目的就是促进学生的全面发展。根据马斯洛需要层次理论来说,在满足了基本的生理需求、安全需求、归属与爱的需求的同时,学生也需要得到尊重,以此来达到自我实现的目标。丰子恺通过他的艺术教育思想,建议我们在现实基础教育中重视学生个体的认知,以人为本,使学生得到相应的尊重,求得人格的圆满,促进学生的全面发展。

二、都市相漫画中的现代性反思

科学技术的发展是社会现代性的标志,新文化运动后我们便高举"科学"救国的旗帜。科学的发展促进社会的发展,使得城市化进一步加快。马克思曾指出:"现代的历史是乡村的城市化,而不像古代那样,是城市的乡村化。"[①]即在经济催生下的现代化导致城市的进一步扩大,使之都市面貌焕然一新,与此同时,乡村进一步被吞噬,农民背井离乡。现代性反思的一个重要的方面就是关注人性的异化。人类极度崇尚科技文明,使得个体认知的消散,都市化所带来的精神生活浅表化,资本主义对物质欲望追求过程中的贫富差距的扩大等等的一系列问题。

(一) 个体认知的消散

现代社会以科学技术至上,但它同时也正如席勒所说,隔离了人的理性与感性,限制了人的自由。1925 年冬,丰子恺在江湾立达学园举办漫画展,展出《病车》一画(图 1),画中有一辆出故障的汽车,子恺为它命名为"病车"。1925 年,无论是在国内还是国外,大家都在极力推崇现代科技,汽车便是在此之下的产物。它逐渐霸占都市中的道路,此时它代表的不是没有生命的机械,而是压迫民众背后的强权。但它一旦损坏、失势,依靠的也是民众,用人

---

① 中共中央马克思恩格斯列宁斯大林编译局编译:《马克思恩格斯全集》第 46 卷,人民出版社 1979 年版,第 480 页。

力为它服务。汽车为我们带来速度,带来便利,我们便越来越对它产生依赖,依赖科技,慢慢忽视作为个体"人"的作用,拉远我们内心的距离。在基础教育过程中,我们若只重视科学知识的培养,而忽视对人的情感的培养以及个体的认知,反而是让我们离了解世界的真相远了一步。因此,在教育中,我们应调节好两者之间的关系,达到人理性与感性的一种平衡的状态。

图 1 《病车》

同时代其他的知识分子对于科技发展下随之而来的机械文明却持有不同的态度。梁启超一辈的知识分子崇尚科学救国,将科学和科学精神放在一个很高的位置。1902 年梁启超撰写专文《格致学沿革考略》,介绍西方的自然科学精神。1904 年他续写《论西方学术思想变迁之大势》将科学与科学精神引入中西思想的研究中,并对"科学精神"首次进行全面的诠释,批评中国传统的学术精神缺乏科学精神。之后又进行《科学精神与东西文化》的演讲,把科学放在一个很高的位置,倡导"科学救国""科学万能"等主张。虽后来梁启超在欧洲游学回来后发表了《欧游心影录》一文,对"科学万能之梦"进行了反思,但依旧是把科学放在救国的位置上。梁启超对"科学万能之梦"的反思部分同丰子恺对科学的现代性反思又有相似之处,认为"科学万能"的思想极易导致"纯物质的纯机械的人生观"。

丰子恺的对于科学的态度是从都市生活经验中出发的,从平民百姓的角度,反思科学技术对于个体的蔑视、心灵的粗暴抹杀以及群体都市生活的隔离等影响,以及在此时代背景下对我国基础教育的影响。在教育过程中只追求知识的培养,忽视个体的认知,反而不能了解事物的真相。因此,他并未像梁启超等知识分子一样把科学放在救国的位置上,而是站在个体的位置上反思科学所带来的另一面。

（二）情感的缺失

1925 年他发表漫画《都市之春》(图 2)，画中一都市人站在高楼处望向远方的风筝，慰藉着自己的内心，寻得心中的一片安宁，寄托于"乡村乌托邦"。而下方矗立在城市之中一根根的电线杆和烟囱彰显出城市的样态，试图打破都市人此时对美好的向往。此正是克劳斯·谢尔普所说的"城市梦魇"。丰子恺在《漫画的描法》中解释了此画的创作心境："这是我往年住在上海时，春日所见的景象……而目前都是钢铁，水泥，玻璃，与电线，毫无半点绿色

图 2 《都市之春》

与生趣。"①此时，人的情感缺失，心灵得不到慰藉，忽视艺术教育中对美的追求。

丰子恺用"钢铁""水泥""玻璃""电线"来描述现代都市，这些词语本身即表示着城市的冷冰与无情，与乡间生活相差甚远。他在漫画《都市之音》(图3)中描述了山间生活的一面，一派安宁与平静的景象。丰子恺在《山水间的生活》中将这种状态描述为"清净的热闹"。都市的高楼林立、繁华热闹，这是现代化经济高速发展的表现，但同时人们的心灵与精神却得不到满足，更甚之将乡间"远亲不如近邻"演变成"邻邻敌对"。漫画《邻人》(图 4)画的是两个邻居分别站在自家阳台，毫无交流，实属冷漠。但刺目的是两家之间"铁扇骨"，具有极强讽刺意味。与此相对应的还有一幅描写邻居之间充满温情的漫画《肯与邻翁相对饮，隔篱呼取尽余杯》(图 5)，此画的标题取自杜诗《客至》，画中两家人隔着竹篱笆对饮交谈，房子后面树木丛生，这便是丰子恺向往的"清净的热闹"。丰一吟在《爸爸的画》一书中讲到："住在上海的房子里，邻居之间往往是'老死不相往来'，所以他羡慕'隔篱呼取'的情景。在实际生活中做不到，画一幅画也可以聊以自慰。"②丰子恺漫画的现代性意义在当代仍具有价值。居住在城市楼房之中，楼层四周都被楼板所隔。现代人回家便

---

① 丰子恺：《漫画的描法》，见陈星总主编、刘晨分卷主编《丰子恺全集》第 9 卷，海豚出版社 2016 年版，第 192 页。

② 丰陈宝，丰一吟：《爸爸的画》第 2 集，华东师范大学出版社 1999 年版，第 119 页。

关门,隔离周围一切,信息来源变为虚拟的网络,在现实中的交流甚少,依旧是精神上自我封闭,心灵上自我隔绝。面对这一异化现象,教育者应该很敏锐地感知到情感的缺失、精神的匮乏对人感性与理性的隔离。

图 3　《都市之音》

图 4　《邻人》

图 5　《肯与邻翁相对饮,隔篱呼取尽余杯》

（三）贫富差距的扩大

图 6　《瓜车翻覆,助我者少,啖瓜者多》

《都市相》中还收入一幅《瓜车翻覆,助我者少,啖瓜者多》(图 6)。画中有一个瓜农老汉的瓜车翻倒在地,只有瓜农爷孙两人慌忙捡瓜,而旁边过路的一家三口人不但没有帮忙捡瓜,反而趁瓜农慌乱时拾起瓜来在一旁啃食。与此同时,现代性的感性层面是追求欲望的解放,此时的欲望既包括人性的生理欲望也包括财富上的物质欲望。贫富差距的扩大是现代性带来的问题,丰子恺也敏锐地察觉了,在《都市相》收录的 64 幅作品中,其中有 6 幅关于乞讨,15 幅描写因贫富差距的扩大对于底层人民的磨难,这已然成为都市生活中常见的一面。

1932 年,丰子恺发表漫画《兼母之父(其二)》(图 7)。画中一位身穿破烂衣服,面带愁苦的父亲背着孩子,拿着一个空空的饭碗去要饭,期待着能够得到路人施舍,度过此时的饥饿。父亲背后的小孩看似什么也不知,一脸天真,与前方父亲的面容形成鲜明的对比。但丰子恺却十分心疼此时的孩童,他曾在《穷小孩的跷跷板》一文中提到过小孩的苦:"穷的大人苦了,自己能知道其

苦,因而能设法免除其苦。穷的小孩苦了,自己还不知道,一味茫茫然地追求
生的欢喜,这才是天下之至惨!"①丰子恺认为正是由于孩子不知这是什么苦,
才是真正的惨,而此时的上海都市中却有那么多的乞讨家庭,这正是贫富差
距的扩大所导致的。同年他还发表了关于乞讨题材的《施粥》一画(图 8),
1934 年发表《向后转》(图 9)、《"今天天气好"》(图 10)、《饱狗》(图 11),1941
年发表《盲丐》(图 12)等。这些作品表现的都是都市中各色各样的乞讨者,当
乞讨成为都市中常见的一种状态,我们理应为这个时代进行反思。贫富差距
的扩大,会给社会带来一系列的问题。对教育而言,贫富差距的扩大也会带
来教育的不公。

图 7　《兼母之父(其二)》　　图 8　《施粥》　　图 9　《向后转》

图 10　《今天天气好》　　图 11　《饱狗》　　图 12　《盲丐》

① 丰子恺:《穷小孩的跷跷板》,见陈星总主编、陈建军分卷主编《丰子恺全集》第 1 卷,海豚出版社
　 2016 年版,第 194 页。

三、都市相漫画中的教育意义

丰子恺在都市相漫画中表现对现代性反思的同时，也将自身的都市生活体验与其艺术思想结合。面对都市中人们对个体认知的消散，情感缺失进而产生信任危机，贫困差距的扩大等等问题，他以漫画的形式在潜移默化的过程中弥合分裂的人性，以人为本，塑造完整的人，极具教育意义。

（一）艺术教育的作用：潜移默化

艺术教育是一种潜移默化的教育，正如丰子恺在《艺术教育》中所认为的，"艺术教育之宗旨，在于潜移默化。所谓不赏而劝，不怒而威，不言而信。无谓而成者，即潜移默化之最大效能也"[1]。

马一浮曾说："智者观世间，如观画然。"[2]在漫画的背后我们看到的是人世。丰子恺的《都市相》一卷漫画体现了诸多社会问题，比如，崇尚科学至上所导致个体认知的消散，都市化所带来的贫富差距的扩大，导致人们物质匮乏、精神空虚等等。面对都市化所带来的一系列问题，丰子恺用漫画的形式将这些问题展示出来，引起反思，但同时也在潜移默化的过程中教育大众。当我们在看到像《"今天天气好"》《饱狗》《盲丐》等漫画时，不仅是反思贫富差距的扩大，同时也能够认识到对世间之人应怀有慈悲心，施舍能够救助悲苦之人。又如《接婴处》（图 13）一画，画中一女子要将自己的孩子扔在接婴处，在接婴处下，有一条狗在蜷缩着喂养两只小狗，连狗都知喂养孩子，人却会因自身的种种原因随意丢掉自己的骨肉，对生命如此不尊重。但此画并未从道德角度去

图 13 《接婴处》

---

① 丰子恺：《艺术教育》，见陈星总主编、刘晨分卷主编《丰子恺全集》第 17 卷，海豚出版社 2016 年版，第 116 页。

② 参见马一浮《护生画集》序言，（上海）开明书店 1929 年版。

指责画中的女子,而是以艺术的形式来提醒人们尊重生命,提升读者的慈悲意识,正如丰子恺所言,"艺术除内容思想外,又有形式的效果。其所以异于道德者,即在于此。道德用露骨的教训,难以入人,或使人起反感。艺术用暗示的手段,易于入人,使人乐受。故道德如良药苦口,艺术则犹似糖面金鸡纳霜"①。在形式上,艺术用暗示的手法,在潜移默化中使人们接受教育,让自身变得更好;道德则是直白地、毫不掩饰地来教训人们,这样则更易引起受教育者的反感,起到相反的作用。

又如上文所提到的《都市之春》,用"钢铁、水泥、玻璃、电线"来描述现代都市,凸显都市的冷冰与无情。但同时丰子恺在画中加上"风筝"这一元素——都市人在楼上望着风筝思春,慰藉自己的内心,这又是在提示人与自然之间和谐相处,会弥合都市人分裂的人性,塑造完整的人。《邻人》一画亦如此,画中展示了都市人之间的冷漠,观者看到此画后很容易领悟作者的意图,从而反思人与人之间的关系,内心深处便会向往"远亲不如近邻"的生活状态。丰子恺利用艺术的形式来化解人与人、人与自然的关系,在潜移默化中感染观者,使之都能够和谐相处,塑造完整的人。

丰子恺在都市相漫画中描述了底层人民的悲苦之状,其目的就是要通过悲惨之状来警示观者,通过直白的表现手法,使得观者反思,在潜移默化中提升观者的慈悲意识,起到劝善的作用。丰子恺曾在《艺术教育》一文中提到:"教育不可偏重功利,更不可全由强迫,而以潜移默化为贵。"②这种教育的意义是高尚的,没有功利性的,也并未强迫受教者,而是以潜移默化的形式来感化受教者,这便是艺术教育的作用。

(二)艺术教育的宗旨:以人为本

教育最大的目的是培养人的真、善、美,使三者均衡发展,塑造健全的人格。丰子恺曾在《艺术教育的本意》一文中探讨了三者的关系,认为:"真、善、美,是人性的三要件。三位一体,缺一不可。凡健全之人格,必具足此三要件。"③科

---

① 丰子恺:《艺术教育》,见陈星总主编、刘晨分卷主编《丰子恺全集》第 17 卷,海豚出版社 2016 年版,第 116 页。
② 丰子恺:《艺术教育》,见陈星总主编、刘晨分卷主编《丰子恺全集》第 17 卷,海豚出版社 2016 年版,第 111 页。
③ 丰子恺:《艺术教育的本意》,见陈星总主编、刘晨分卷主编《丰子恺全集》第 18 卷,海豚出版社 2016 年版,第 300 页。

学教育寻求真，道德教育寻求善，艺术教育寻求美。只有这三种教育均衡发展，才得以塑造一个完整的人，以及健全的人格。

《都市相》一卷漫画中反映了我们对真的极度追求，导致人情感的缺失，忽视了人的作用。以人为本，才能塑造一个完整的人。我们追求科学至上，忽视艺术的作用，这将会导致人们在情感上处于一种失衡的状态。科学固然重要，但我们也不可失去对"情"的教育，只重视成绩，求真而不求善美，是不可取的。艺术教育便是告诫我们教育要以人为本，培养人的情感教育。人本身处于世界之中，查明真相的方式有很多种。丰子恺曾说："然则学校中的艺术教育，是重大的社会问题。使人们能发现比科学的知识的真更为完全的艺术的真，事物的实性的真，是社会的重大的急务。"①因此，我们需通过艺术教育，使社会重视个体的发展，弥合分裂的人性。

教育者应以人为本，重视学生的个体教育。《病车》一画，虽是在对科学技术进行反思，但同时也在告诫观者应注重个体的认知，重视个性的差异。

图 14 《教育》

因为无论机器多高级，科技多发达，坏掉依旧要依靠人力去修补。丰子恺也曾创作漫画《教育》(图 14)，此画用笔简练，但表达出的教育思想却触目惊心。丰子恺在《漫画的描法》一书中对此漫画的创作由来进行了说明："因为在某时代某地方，厉行刻板的教育。蔑视青年的个性，束缚人性的自由，而用高压力实行专制的教育法。于是毕业出来的人，个个都一样，没有趣味，呆板的，机械的，全不像一个'人'。我觉得这种教育法可恶，这班青年可怜。"②丰子恺在此画中运用了比喻法，画中毫无思想的模具正是丰子恺文中所说的"专制的教育法"，

画中的人则是刻板教育的厉行者，只从模具里出来的"泥偶"则意喻着呆板、机械的"学生"。"一块模子印泥巴，以为自己是女娲？千个人儿一个样，这种

---

① 丰子恺：《艺术教育 ABC》，见陈星总主编、刘晨分卷主编《丰子恺全集》第 16 卷，海豚出版社 2016 年版，第 16 页。

② 丰子恺：《漫画的描法》，见陈星总主编、刘晨分卷主编《丰子恺全集》第 9 卷，海豚出版社 2016 年版，第 205 页。

教育太可怕。"也正如打油诗所描述的那样,揭示了此教育可怕的一面。教育应该增进人的知识和技能、发展人的智力、培养完善的人格,而此时仿佛是在机械化地生产毫无思想的提线木偶一样。

孩童教育最重要的是尊重他们的个性,这样培养出的人才会给社会带来活力与激情,具有独立思考和创新的意识。但《教育》一画中反应的却是社会上大部分学校所采用的教育模式,束缚人性的自由。丰子恺先生用《病车》一画批判机械的同时,也看到了漫画的另一面,强调个体的认知。同时,也通过《教育》一画来使社会接受学生之间的差异性。教育者应尊重学生之间的差异性,强调个体的认知,以人为本,才能培养人的健全之人格。

(三) 对现代教育的启示与建议

首先,重视艺术教育。学校中的艺术教育是当今一个重大的社会问题。由于了解世界真相的方式不同,用艺术视角能让学生看到比科学知识的真更加完全的真,是事物实性的真,因此,要重视对学生艺术教育的培养。但反观我们现代教育,对艺术教育方面依旧是有很大的疏忽。对艺术教育的疏忽看似是一个很小的问题,因为在实际教育过程中艺术教育的缺失并不影响学生们的学习成绩和升学率,但从长远来看,这却是一大危害。丰子恺曾以美国的教育为例,说明了其中的危害。美国偏重于实际的框架,讲求事物的原因结果,并在这一框架内教育青年,最终导致了人民的生活变得机械枯燥。这也是工业革命与科学技术发展的结果,人民更加重视物质的追求,对社会造成了很大的影响。之后某些先觉者感受到了其中的弊端,才开始提倡艺术教育。中国在当时的社会环境,还远不如美国稳固,但对于艺术教育的漠视远大于美国,这将会给社会造成一个很大的危害,造成人理性与感性之间的极度失衡。因此,重视艺术教育,是当务之急。

其次,拓展艺术教育的途径。丰子恺认为,学习艺术,"门径"十分重要。艺术教育应该更关注实践,重过程,不可奢望以说教的方式去提高学生的美育素养。正如上文所述,艺术教育是在一个潜移默化的过程中去教育大众,不是在一个强迫的状态下去实施一些方案,因此,实施艺术教育的途径就显得尤为重要。

普及性工作是拓展艺术教育途径的基础。丰子恺在教学期间曾多次受邀到各个学校为学生做演讲,还为普通民众编写了大量的艺术普及书籍等。

我们现在依旧要开展此项活动,演讲、撰写书籍与文章能够快速地向各个学校普及艺术教育,从而引起重视。例如丰子恺在《图画与人生》《绘画的欣赏》等文章详细地教授人们如何有效地提高审美鉴赏力,从而普及了艺术教育。我们可以此为例开展工作坊,将传统中国画以通俗易懂的形式教授给青少年儿童。

要想拓展艺术教育的途径,课堂创新也是必不可少的。丰子恺的散文和漫画等作品大多是从生活中取材,例如漫画《阿宝两只脚,凳子四只脚》(图 15),漫画将孩童的天真和想象力刻画得活灵活现,引发读者联想到与之相似的生活中的儿童,我们便可在课堂上情节再现。给学生足够的空间,发挥各自的想象力,模仿以及在此基础上进行创作,让同学想象一下凳子包括我们平时使用的物品和我们人体构造还有哪些方面是相似并将此画出来等等。而不是单纯的通过电子课件将此画展示出来,让学生对此画进行临摹。又如李永正在《丰子恺漫画创意课》一书中对艺术课程进行创新的那

图 15 《阿宝两只脚,凳子四只脚》

样,以丰子恺单幅漫画为例,将课程分为赏画与说话、画中有话、大同小异、创新实验室、自说自画和举一反三。"赏画与说话"是对作品进行欣赏与解读,"画中有话"对画进行局部形式分析,"创新实验室"为创作思路的建议与实践,并在此基础上让学生自己点评自己创作的作品。[1] 培养了学生的观察力、想象力及创新力,并为艺术课程的教学提供了一个完善的案例。

丰子恺起初虽并未以教育之心进入师范院校,但他后来的教育思想在中国却独树一帜,他认为受过教育的孩童的心是充满爱、懂得美、具有独立的人格的。都市相中的漫画即便是在百年后的今天,依旧充满讽刺意义,对我们今天的教育仍有很大的启示。

作者:首都师范大学文艺学专业 2023 级博士研究生

① 李永正:《丰子恺漫画创意课》,浙江大学出版社 2021 年版,第 2—6 页。

丰子恺漫画中的建筑

陈小光

建筑是最古老的艺术形式之一。可居、可卧及可游不仅是中国古代造园的指导思想，也是中国传统建筑的重要营造目标。绘画也能依靠画面的塑造和观者的想象力，从精神层面上达到可居、可卧和可游。画家们刻画建筑题材和内容并不稀奇，但很少频繁、大量地出现。翻开中国近代漫画家们的作品，人们会发现他们的漫画各有千秋：叶浅予笔下的人物姿态各异；张乐平的连环漫画，笔下人物诙谐有趣；廖冰兄的漫画十分深刻，引人警醒。如果把丰子恺的漫画和他们的漫画放在一起，就很容易发现丰子恺漫画中的重要特征：他的漫画中充满了丰富多彩的建筑元素。丰子恺对建筑元素的使用，与其他漫画家的差异主要体现在两个方面：质的方面与量的方面。

首先，在量的方面，翻开《丰子恺漫画全集》，约有半数的漫画都带有建筑元素，如屋顶、门窗、柱子、台阶和围墙等等。如果将风景园林囊括进去，则以建筑元素和风景作为背景的漫画占了大半。其次，在质的方面（包括比例形式和风格运用），以《风云变幻》（如图 1 所示）为例，画中的建筑虽然在一条水平线上，但错落有致。一般来说，右边的塔和寺院建筑要比左边的民居的体量更大。但在这幅画中，右边的民居显然要比左边的寺院建筑画得更大。这样一

图 1 《风云变幻》①

---

① 丰陈宝、丰一吟编：《丰子恺漫画全集》第 9 卷，京华出版社 2001 年版，第 6 页。

来左边的民居在空间上就显得比右边的寺院建筑更近一些，从而产生了空间感。这种丰富的比例关系的处理，营造出非常好的画面空间感。左边民居充分利用了两坡顶的风格特征，营造出一种错落关系。右侧的佛塔，共计七层檐口，非常符合中国古代佛塔的形制（多是奇数层，如 1，3，5，7，9。在中国古代奇数为天数，偶数为地数；佛塔一般为单数）。最右边的寺院建筑仍然以简洁的两坡顶，但屋顶两端勾以鸱尾。此外，丰子恺受日本漫画家竹久梦二①的影响较深。竹久梦二早期的诗意漫画中的建筑元素的轮廓性更强，而丰子恺的漫画中的建筑元素的造型更加细腻。二者在漫画中对建筑元素的不同塑造，营造出不同的艺术效果。

如果说丰子恺绘画中的建筑是图像案例，那么他的《认识建筑：丰子恺建筑六讲》就是明确的文本思想，可以作为其曾深入了解建筑的佐证。《建筑六讲》里的内容相对较为宏观概括，不足以深入了解丰子恺的建筑世界，但丰子恺留存下来的漫画，以丰富的建筑形式，足以让人了解他那深入细致的建筑世界，进而更加完整地了解他的艺术世界。细细品鉴丰子恺的漫画，会发现丰子恺漫画之所以能够形成自己的特色，离不开他在漫画中生动运用建筑元素。他对建筑造型的深入把握必须建立在深入了解建筑的基础之上。只有对丰子恺漫画中的建筑元素进行系统的类型分析，才能更加深入地认识丰子恺的漫画，进而真正认识丰子恺建筑理念，更加全面地理解丰子恺漫画中的艺术思想。

一、类型分析

如果把建筑的范围稍微泛化一下，除了建筑外在的造型本身和建筑室内部分，人们也可将风景园林囊括到建筑领域。因为，即使当今出现了风景园林方面的专业设计，但风景园林仍是建筑设计过程中需要加以规划设计和考量的，所以在分析漫画中的建筑的时候，也需要兼顾风景园林的部分。那么，丰子恺漫画中的建筑类型考察可以分为三个方面，分别为：建筑外形、建筑室内和风景园林。

1. 建筑外形

建筑中的外在造型相对于建筑的其他部分（例如布局、做法和设备等）总

---

① 竹久梦二（1884—1934），日本著名漫画家，以其事业后期的"美人画"而出名。丰子恺受其早期"诗意漫画"的影响较深。

是显得更加引人注目。绘画中的建筑主要是造型的描绘,而丰子恺的漫画也同样如此,他漫画中的建筑造型丰富多彩,按照屋顶形式可分为:两坡顶、歇山顶、攒尖顶、平屋顶以及穹顶(如图 2 所示)。其中,平屋顶和穹顶不多见,两坡顶最为常见,歇山顶多用于阁楼,攒尖顶多见于亭子或塔楼。如果按照材质,屋顶也可分为茅草顶和瓦顶。按照建筑层数可分为:单层、多层和高层。其中,单层最为常见,多层其次,高层最为少见。按照建筑功能可分为:居住和公共建筑。公共建筑又可分为商业性公共建筑和非商业性公共建筑。居住建筑多是民居;商业性公共建筑有酒肆,茶楼和商铺等;非商业性公共建筑以亭子和塔为代表。

图 2　图中从左到右屋顶依次为:两坡顶(茅草顶)、歇山顶(瓦顶)、攒尖顶和穹顶

此外,丰子恺漫画中建筑的门窗同样造型多变,(如图 3 和图 4 所示)有拱形门、圆形门、方形门、平推窗、上悬窗、下悬窗、无扇窗、格子窗、百叶窗和雨棚等等。除了建筑主体形式的丰富多样,丰子恺还在漫画中刻画了台阶、栏杆、围墙、城墙、门房等附属建筑。在建筑小品①方面有石桌、石凳、观景台、商

———————————

① 建筑小品:具有使用功能或观赏装饰功能的室外小建筑单体。

业招牌、路灯以及栈道等。

图 3   图中从左到右的门依次为:拱形门、圆形门和方形门

图 4   图中从左到右窗户依次为:平推窗、上悬窗、下悬窗、格子窗、无扇窗、百叶窗

如此丰富的建筑形式,必须建立在对建筑的深入了解和细致入微的观察之上,然后加以提炼,最终以凝练的形式表现出来。因为背景作为衬托前景的重要部分,所以必须要用凝练的方式表现出来,否则就会容易产生喧宾夺

主的效果。

建筑形制的用法多取决于绘画内容题材的变化。茅草屋顶和两坡顶一般用于农舍和民居,歇山顶和攒尖多用于风景园林和城市公共风景中的建筑,平顶和穹顶用于描写城市题材的漫画中的建筑。至于建筑外部的门窗、廊柱等其他建筑元素的运用就显得没有像屋顶的形制那样比较有章可循。

室外建筑相对于室内建筑更能营造氛围,主要是因为室外建筑在丰子恺的漫画中更加形式多样,而不同的建筑形式能给予漫画不同的背景效果和氛围;其次是因为室内建筑的空间相对于室外建筑所能营造的空间更加封闭。但室内建筑在漫画构图方面的作用要比室外建筑起到的构图作用更加丰富多彩。

2. 建筑室内

首先,需要界定室内建筑所涉及的范围。对于不直接固定在建筑主体之上的器物(如座椅板凳、案几和床等家具陈设),这里不作为考量对象。室内建筑主要包含内帘、内百叶、内柱和内窗等。

需要强调的是,建筑有内柱、内门、内窗、内帘和外柱,外门、外窗、外帘的区分。那么,为什么这里需要将内外分开,给与特殊的说明呢?主要是因为,在建筑外侧,建筑的体量和画面等其他内容弱化了外柱、外门、外窗和外帘;内部空间较为整齐和促狭,内柱、内门、内窗和内帘的出现能起到更为有力的构图效果。

对于具体的室内建筑元素来说,丰子恺在漫画中非常喜欢使用窗户。他经常将侧高窗置于画面的角落作为点景。例如,在漫画《小母亲》中用高窗的一角和帘子来平衡画面,而在《欲上青天揽明月》中则使用侧窗等等。

此外,丰子恺也经常使用柱子来分割幅面,这种分割技巧和造园中的分景手法有异曲同工之妙。例如,《茶店一角》中的柱子被置于左侧,从而形成了黄金比例的左右空间的幅面分割,并让整个画面空间生动起来,充满生活气息。

丰子恺的漫画中对于门的使用多置于幅面的左侧或右侧,起到很好的幅面调节作用。《兼母之父》是一个将门与柱子结合使用的佳例。父亲在照顾儿子和母亲提包离去的两个画面被中间的门框分开。因为门框的左右都是底色,所以这个门框就像个方柱,但根据门扇以及离去的母亲,又可以推定中间的分割不是方柱而是门框。

相对于室外建筑元素,丰子恺对的室内建筑元素的运用,受到日本漫画家竹久梦二的影响更深。丰子恺的漫画《兼母之父》(如图 5 所示)中的构图手法与竹久梦二的《出租的房间》(Room to Let)(如图 6 所示)之间的有着明显的相似关系。虽然可以说丰子恺受到竹久梦二的漫画的影响,但却不能说他抄袭了竹久梦二的漫画。首先,应该看到的是丰子恺的漫画中的建筑元素要比竹久梦二的漫画中的建筑元素凝练得更好。其次,也应该注意到,室内建筑元素是画家们公共用创作资源和素材。最后,漫画对室内建筑元素的提炼,让不同画家绘画中的建筑元素之间差别显得不那么明显。因为室内建筑元素的差别更多的是装饰上的差别,而这种差别在漫画这种凝练的艺术题材中在一定程度上被弱化了,甚至剔除了。室外建筑元素在形体轮廓上比室内建筑的差异要更为明显。因此,丰子恺的漫画中的室内建筑相对于室外建筑显得受日本漫画家的影响更深。如果更进一步来说,相对于室外建筑,丰子恺在构图上对于室内建筑元素的运用更加丰富多彩。客观原因主要是室外建筑体量较大,可变化性相对较小,而室内建筑元素可以更加灵活自由地布置。此外,室内建筑元素还可以与室内陈设(桌椅板凳、台灯餐具等等)灵活搭配,让整个漫画更加精彩生动。

图5　《兼母之父》①　　　　　　图6　竹久梦二《出租的房间》②

　　如果说对建筑的室外造型和室内造型的考量是对建筑本体的探讨,那么

---

① 丰陈宝、丰一吟编:《丰子恺漫画全集》第 9 卷,京华出版社 2001 年版,第 91 页。
② 陈子善编:《竹久梦二:画与诗》,林少华译,山东画报出版社 2001 年版,第 6 页。

风景园林则是和建筑紧密联系的外围空间,因为建筑大都需要对外围空间给出相应的回答(无论是有机建筑,还是应对地形日照等因素的大部分建筑都对外围空间给予了自身的应对。即使是那些刻意不考虑外围空间的建筑设计,也是谋求从外围空间束缚中的解放,因此同样也是对外围空间提出了自己的应对方法)。所以风景园林可以,并且应该被纳入对丰子恺漫画中建筑元素的探讨之中。

3. 风景园林

在对丰子恺漫画中的风景园林部分进行分析之前,这里需要稍微陈述一下中国传统绘画与造园(风景园林)之间的关系,作为铺垫。中国早期园林可以推究到商周时期的"囿",汉代有上林苑,唐代有芙蓉园,到了宋代有艮岳等。北宋李格非著有《洛阳名园记》,可见汉唐以后私家园林的兴盛。明清私家园林更加兴盛,但城市公共风景园林同样兴盛。汉代以前的早期园林多是自然园林。唐代以后,随着私家园林的兴起,出现了更多的人工园林(多是在自然基础上加以大量的人工修整,而自然园林的人工修葺的部分较少,更加强调野趣)。人工园林的发展也借鉴了绘画的手法。许多叠山造园艺术家都以画理筑园。例如,明末清初的造园艺术家张南垣曾言:世之聚危石作洞壑者,气象蹙促,由于不通画理。[①] 绘画也经常以园林内容作为取景素材,进行创作。所以说明清时期,园林与绘画之间的联系非常紧密,二者之间相互影响。

丰子恺的漫画中有相当丰富的山水田园和城市景观。由于中国传统绘画和园林之间的紧密联系,所以在分析丰子恺漫画中的园林的时候,不仅要注意到他漫画中的园林背景,还要注意到各种风景园林的处理手法在其漫画中的运用。明代计成的《园冶》将借景分为:近借、远借、邻借、互借、仰借、俯借以及应时借 7 类。造景方式又不局限于以上借景手法,也有人将造景方式分为:抑景、透景、添景、夹景、对景、障景、框景、漏景、借景和分景等。有学者就曾在《框中生景:丰子恺绘画作品中的框景表现与审美追求》[②]一文中着重介绍了框景手法在丰子恺的绘画中的生动运用。

---

① 这几句话传为张南垣所言。张南垣并无著作,虽不能用文字佐证这几句话是他说的。但张南垣早年学画,与董其昌和陈继儒等都有交往,并且多以山水画意造园叠山,至少可以从侧面推断张南垣说这句话或有类似"以画入园"的观点。

② 蔡克翰、陈星:《框中生景:丰子恺绘画作品中的框景表现与审美追求》,载《艺术百家》2018 年第 5 期。

图 7 《六朝旧时明月夜》①

当然在丰子恺的漫画构图中，多种造景手法的综合运用也不乏案例。《六朝旧时明月夜》（如图 7 所示）中，虽然很明显地运用了框景的造景手法，但同时也运用了借景的造景手法。将远处建筑纳入到这幅漫画中，属于远借的借景手法；将天空中的明月纳入到这幅漫画中，属于应时借的借景手法；将拱门内所框的两栋建筑分别置于左右，从而形成对景；或者说将人和月分置左右，形成对景。

丰子恺的漫画中，涉及风景园林的漫画都十分契合中国古代造园中所使用的各种造景手法。对于各种造景手法的精彩运用，使得丰子恺的漫画趣意横生。如果说对于各种造景手法的恰当运用，让丰子恺的漫画充满诗意，那么对于室内陈设的精彩捕捉则让其漫画充满了浓郁的生活气息。这些生活气息体现着丰子恺的深深的人文关怀。

二、人文关怀

在《丰子恺漫画中的人文关怀》②一文中，王九成从丰子恺漫画中的题材内容来探讨其中蕴含的人文关怀。人文关怀是一个相对宽泛的表述，它所蕴含的内容十分复杂，因此需要从多方面进行探讨，特别是从漫画本身来进行探讨。而丰子恺漫画中的建筑就是一个很好的出发点。

建筑是出于人们的需求而设计建造的，因此建筑中充满了人文关怀。丰子恺的漫画充满了建筑元素；人们就不难在他的漫画中体会到人文关怀。然而，并不是说有建筑元素就一定能体现出人文关怀，因此，必须充分分析建筑在丰子恺漫画中的具体表现，才能真正认识到他那深切的人文关怀。

1. 建筑之于丰子恺

建筑是人类活动的空间场所。那么建筑的出现，是首先为了生前使用还

---

① 丰陈宝、丰一吟编：《丰子恺漫画全集》第 9 卷，京华出版社 2001 年版，第 86 页。
② 王九成：《丰子恺漫画中的人文关怀》，载《光明日报》2012 年 2 月 13 日。

是死后使用的呢？按照日常经验来说,建筑是生前使用的。然而,现存的考古遗迹所追溯的建筑是丧葬建筑,即所谓的坟墓。

丰子恺对建筑的理解建立在实证的基础上,和一般大众对建筑的第一印象所产生的理解不同。丰子恺在《认识建筑:丰子恺建筑六讲》中提到:人世间的建筑艺术的最初的题材,不是活人住的房屋,而是死人躺的坟墓。① 现存的最早的建筑遗迹是丧葬坟墓,因为地面建筑相对于地下建筑更难保存。这里且不去争论丰子恺这句话的对错,因为关于建筑最初的题材是难以定论的。

如果一个人认为最早的建筑是丧葬建筑,那么在他的认知体系里就应该有这样的一个概念:建筑不仅是生前的活动空间,也是身后的居所。建筑不仅仅是日常的活动场所,也是人们打造的"生命空间"。

丰子恺在他的《认识建筑:丰子恺建筑六讲》中明确说到:建筑这种美术品,形体最庞大。② 时至今日,即使当代建筑的技术如何复杂,人们还是承认建筑是艺术。丰子恺所作的建筑六讲,是从艺术或者从思想文化层面对建筑给与了全面的介绍。然而,建筑并非只有艺术,它还有结构、工艺、采光、通风、隔热、防洪防潮和隔音等等非常复杂的需求。也就是说,丰子恺并没有涉及建筑中复杂的营造层面,也没有从建筑史的层面对建筑的发展和功能给与细致的陈述,而是从美术从艺术的层面对建筑的发展给与了非常生动的阐述。

建筑是人们生前和身后的寄寓空间。这个空间不仅要为人们提供物质上的活动空间,还要提供精神上的关怀和慰藉。此外,在丰子恺看来,建筑是美术品,是艺术。或许在丰子恺眼里,建筑本身在某种程度上就可以被视为"绘画",或者"漫画"。

2. 漫画中的建筑之于丰子恺

出于类型分析的需要,前面的内容中把丰子恺漫画中的建筑的各个部分分开来考量,然而,建筑的目的不是为了各个部分的单独建造,而是为了整个建筑空间的营造。所以需要从建筑的整体角度,来揣度和分析漫画中的建筑对于丰子恺的漫画的作用和意义。想要最大程度地认识漫画中的建筑对于丰子恺的价值和意义,就必须以丰子恺的漫画本身,并结合丰子恺对于建筑的观点才能达到这种认识。

① 丰子恺:《认识建筑:丰子恺建筑六讲》,北京日报出版社 2017 版,第 38 页。
② 丰子恺:《认识建筑:丰子恺建筑六讲》,北京日报出版社 2017 版,第 5 页。

在获取了这种整体观之后，文章将从形式和两个方面来进行分析。需要强调的是：出于分析的需要，在这里将丰子恺漫画中的建筑的形式和内容分开进行详细讨论。实际上，二者之间的关系是紧密的，人们难以用割裂的方法来看待它们之间的关系。

从形式方面来说，建筑是丰子恺漫画中不可或缺的一部分。从前文分析的作品《风云变幻》可以看出，丰子恺对于建筑的精彩运用，极大地丰富了漫画的层次。丰子恺不仅用建筑丰富了空间中的层次，还巧妙地构建了同一水平线上的建筑层次，从而提升了整个画面的空间性。此外，丰子恺的经典构图是将建筑置于漫画的左侧或者右侧来平衡整个画面的活动中心。在室内建筑方面，丰子恺充分运用了室内建筑元素进行构图和切分画面。在风景园林方面，他不仅绘制了许多带有城市公共风景的漫画，还充分运用了园林中的各种造景手法（虽然很难考究丰子恺学习这些造景手法，是通过传统绘画，还是风景园林。但传统上，绘画和造园之间是相互影响的）。

实际上，在中国传统绘画中，也有亭台楼阁、风景园林方面的内容。同时，西方也有大量以建筑作为背景的绘画。丰子恺在此基础上，充分运用了中国传统造型手法的多样性以及西方的透视关系，在绘画中创造了一个丰富多彩的建筑世界。此外，丰子恺曾说过，建筑就是美术品。在他看来，建筑是现实空间场景中的美术品，那么在绘画中将建筑形式与漫画形式结合也就合乎情理，并不突兀。

从内容方面来说，漫画中的建筑又可分为漫画内容和思想内容。事实上二者是交融的，难分彼此。建筑作为漫画内容来说，首先，它为漫画中的人物建构了活动空间。一般来说，漫画多是用简单而又夸张的手法来描绘。所以，在空间背景方面，许多漫画并不给予细致的刻画。丰子恺对漫画中的建筑空间的营造，再加上丰子恺大量运用中国传统的建筑元素，构成了丰子恺漫画的特色之一。也就是说，在漫画内容方面，丰子恺对建筑空间的使用，让他的漫画内容更加立体饱满。

其次，作为漫画的内容，漫画中的建筑也体现了中国处于社会变革期的建筑特色。总的来说，这个时期有三种建筑风格倾向：第一种是沿用中国传统建筑风格的造型；第二种是中西结合的建筑风格，即在西方建筑屋顶加上中式的屋顶，或在局部采用中国固有建筑元素的混合式；第三种风格是纯粹的西方建筑。其中，第一种和第二种建筑风格在丰子恺的漫画建筑中出现得最多。通过这种一定程度上反映社会建筑风格的建筑内容，就可以推定丰子恺漫画中的建筑是基于中国本土视角而构建的。

至于思想内容方面，在前面"建筑之于丰子恺"部分的内容中，可以看到丰子恺对于建筑的认识：建筑是人们生前和身后的寄寓空间，既要为人们提供物质上的活动空间，还要提供精神上的关怀和慰藉。通过认识丰子恺漫画中的建筑，再结合丰子恺漫画中的内容，人们可以深深地感受到丰子恺漫画中对理想中栖居家园的构建以及深厚的人文关怀。在生存空间之外，丰子恺用漫画的形式，以批判、劝诫、讽刺、警示以及抒情等各种手法，某种程度上表达了他理想中的生活方式和态度，以及深切的人文关怀。他的人文关怀和中国传统艺术文化是一脉相承的，是在特定的社会背景下给予相应的符合时代形势的表达。在动荡不安的社会背景下，这种人文关怀的坚持是难能可贵的。

三、栖居家园

把丰子恺的漫画置于中国传统绘画的脉络中，显得既合理又突兀。合理的部分源于丰子恺漫画中的深厚的人文关怀，突兀的部分源自于丰子恺对于现代漫画等其他绘画形式和题材的充分吸收。突兀的部分通过比较丰子恺漫画和中国传统绘画的不同（例如笔墨、色彩和内容题材等），比较容易察觉到，而合理的部分却显得影影绰绰，因此需要更加细致、深入地分析。

1. 一脉相承

中国传统绘画的种类很多，其中，山水画和风俗画充满了生活气息和人文关怀。从表面上看，山水画主要描绘的是山水田园，亭台楼阁等等景观，而实际上充满着对于理想居住空间的向往。风俗画主要以描绘社会生活为主的绘画，是人们生活方式的表达。这两类，一种是居住空间的表达，另一种是生活方式的表达。这两种表达在丰子恺的漫画中均有丰富的体现。

对于居住空间的表达，除了以上看到的丰子恺在漫画背景中大量运用各种建筑元素，最能触动人们的是他漫画中那诗意空间的描绘。而关于生活方式的表达就更为常见了，除了日常生活的生动描绘，丰子恺在《护生画集》里以佛学思想劝人向善，从而影响人们的生活方式。这两种表达，经常在同一幅漫画中交织共存，引导着人们去营造自己的栖居家园。从这个角度来说，丰子恺的漫画继承了中国传统绘画众多传统中的一个传统：表达理想中的栖居方式。

在明晰了丰子恺绘画与中国传统绘画相契合的部分之后，人们还应该看到二者之间的区别。丰子恺将漫画与中国传统绘画结合，创造出不同于中国传统绘画和一般漫画的绘画。丰子恺所处的时代是中国社会处于剧烈变革的时代，所以丰子恺的漫画在传统的基础上进行了符合他所处的时代的演绎。

2. 时代演绎

关于丰子恺对中国传统绘画的时代演绎，可以将丰子恺的漫画大致分为对中国传统山水画的时代演绎和对风俗画的时代演绎这两个部分。事实上这种划分也不是绝对的，因为丰子恺也有将诗意画（类似山水画）和风俗画相结合的漫画。将二者进行区分是出于分析的需要。

图8　王蒙《夏山高隐图》

首先，丰子恺根据漫画的特点对传统山水画的进行了演绎。从北宋画家李成的《晴峦萧寺图》，北宋范宽的《溪山行旅图》和元代王蒙的《夏山高隐图》（如图8所示）等带有建筑和人物的绘画中，可以看出，自然风景的部分远大于建筑和人物的部分。丰子恺在许多漫画中将建筑和人的部分加以扩大，占据整个绘画的主体部分。这种处理手法不仅很好地迎合了漫画的特点，保留了传统山水画的韵味，还增添漫画中的生活气息和人文关怀。总体上，丰子恺的绘画是山水描绘向建筑描绘的转变，也显示了传统山水人文向社会人文的转变。

其次，在风俗画的演绎方面，丰子恺的漫画显得更像是一本百科全书式漫画。由于丰子恺漫画的复杂性，很难确切说这方面丰子恺在前人的基础上有哪些突破和创新。但丰子恺在漫画中通过教育、警示、劝诫、叙事和抒情等手法，期望引导人们走向更美好的生活方式。这种宏大的社会理想，是传统风俗画所不具备的，至少是传统风俗画难以完全囊括的。这种生活方式的引导和远大的社会理想，和丰子恺漫画中的建筑内容一起构建出理想中的家园。

如果丰子恺的漫画中没有建筑元素，那么这种对生活方式和社会理想的表达就会逊色很多;如果没有生活方式和社会理想的表达,那么丰子恺漫画中的建筑就会缺少生机。丰子恺希望用漫画来更加直观地表达和引导人们构建理想中的栖居家园。那么人们现在应该思考的是,如何打造未来的栖居家园。

3. 未来栖居

建筑在基础层面关注的是活动空间,但优秀的建筑同样关注人们的精神家园。无论是美国建筑师赖特(Frank Lloyd Wright)提倡的"有机建筑"[①],还是意大利建筑师伦佐·皮亚诺(Renzo Piano)的"诗意的栖居"[②],都是构建人们精神家园的尝试和实践。国外有许多对理想居住环境的构想和实践;有着深厚文化传统的中国同样如此。

1990年7月31日,钱学森院士写给清华大学吴良镛院士的信中说到:"我近年来一直在想一个问题:能不能把中国的山水诗词、中国古典园林建筑和中国的山水画融合在一起,创造'山水城市'的概念。"[③]老一辈的科学家有这样的构想,建筑师同样如此。无论是建筑师马岩松的城市森林的提案,还是王澍的中国美院象山校区都是对如何营造中国理想中生活空间的探讨和实践。

当人们看当今中国社会有这么多的关注居住空间的构想和实践,并在现实生活中向他们越走越近的时候,应该回溯过往,回溯传统,才能走得更远。无论是历史上两晋的动乱,五代十国到宋初的战乱,还是元末的纷乱,人们往往采取的方式都是追忆往昔,消极避世,或者寄情山水。如果把丰子恺的绘画思想与古代相比的时候,会发现丰子恺的绘画具有了更多的建筑元素和社会人文关怀,并且具有更多的积极因素。这些因素推动着人们迈向理想中的栖居家园。

丰子恺的漫画深深植根于中国古代绘画的精髓之中。他在漫画中所构筑的理想中的栖居家园,即使在今天看来形式上或许有些不合时宜了,但人

---

① "有机建筑"是现代建筑大师赖特(Frank Lloyd Wright)所提倡的建筑思想,注重建筑与自然的融合。赖特的建筑理念和老子的思想颇有相似之处,且受老子思想的影响很深。他的代表建筑有《流水别墅》和《罗比住宅》等。

② "诗意地栖居"原为德国诗人荷尔德林(Friedrich Hölderlin)在其诗文中所提,后经海德格尔阐发为人们熟知。这种理念在建筑实践方面相对应的是伦佐·皮亚诺(Renzo Piano),其代表作有新喀里多尼亚努美阿的《吉恩·玛丽·吉巴澳文化中心》(*Jean-Marie Tjibaou Cultural Centre*)。

③ 鲍世行:《钱学森论山水城市》,中国建筑工业出版社2010版,第43页。

们依旧用审美用艺术的眼光来欣赏它，并去理解他漫画中所表达的深刻内涵。也就是说，丰子恺的漫画所延续的中国传统文化思想，在中国古代和当代之间构筑了一座沟通桥梁。如果没有丰子恺以及丰子恺同时代的人们所构筑的桥梁，那么中国的艺术文化的延续性就要经受巨大的考验了。

从远古时代至今，人们一直都致力于营造更美好的生存空间。只不过不同的职业和不同的人所使用的方法和方式不同罢了。丰子恺通过各种艺术形式表达了他理想中的栖居家园，但在漫画形式中，透过建筑的丰富表现显得更为直观。然而，人们无法预测未来具体的栖居方式，但可以预见的是：随着物质和思想层面的高度发展，人们的栖居方式必定是多元化的。如同丰子恺的漫画一样，博采众长，丰富多彩，最终达到"我自为我"的境界。

在了解丰子恺的漫画和漫画中的建筑之后，如何展望未来的栖居方式呢？地球是人类的摇篮，但人类不可能永远局限在地球上。随着中国空间站的建成，以及在可预见的未来中国要在月球上建立基地，移民宇宙也不再是幻想，而是化为可追寻的目标。如此，人类的栖居空间就可划分为地球居住空间和地外居住空间。当人类将要在宇宙中重新开始的时候，生存空间的营造成为了更为基础的保障和关怀。也就是说，地外建筑空间的营造变得要比丰子恺所处的时代的建筑空间又更加重要了。丰子恺从社会的角度用漫画来强调了建筑所能带给人们的关怀；相对于中国古代，他更加强调了建筑空间的重要性。在未来，建筑所营造的栖居空间对人类的重要性将会更加明显。丰子恺对建筑空间的强调，是建筑在古代和未来之间的重要性的过渡。漫画是美术品；丰子恺认为建筑同样是美术品。虽然这两种艺术形式的出发的角度不同，但在人类打造理想中的栖居家园的过程中都贡献着自身的价值作用。

四、结　语

在西方文化艺术涌入中国的年代，在那个自我文化艺术认同动摇的时代，中国许多画家都受到了西方的强烈影响。他们的艺术实践为中国艺术文化的发展做出了巨大贡献。丰子恺作为中国现代的一个绘画大家，他继承了中国传统绘画的精髓，吸收了中国以外的绘画语言，进而融会贯通，创造出属于他自己的独特风格。

丰子恺在漫画中对建筑元素的大量运用,不仅仅为漫画主体内容创造了一个生动的背景空间,而且通过对建筑元素的巧妙运用,将建筑元素作为画面造型构图的构成元素。在整体上,丰子恺将建筑背景与漫画内容融为一体。正如丰子恺在他的《认识建筑:丰子恺建筑六讲》中说到:"建筑是这种美术品,对人生社会的关系最为密切,凡有建筑,总是为某种社会事业的实用而造的。"①丰子恺对建筑的理解,再加上他那百科全书式的漫画,可以让人们体会到丰子恺对理想中栖居空间的理解。

林语堂曾形容丰子恺的漫画为"人生漫画"。这种观点是从内容的角度来看待丰子恺的漫画。他更加关注丰子恺漫画中所描绘的关于人物的内容,然而这种认识虽然蕴含着人文关怀,却不是真正深入的认识。如果人们只能从丰子恺的漫画中读出他漫画中的具体的方方面面,而不能理解丰子恺在漫画中想要表达的深刻的内涵,那么这样的理解就会失于平庸。丰子恺在漫画中的追求,也是全人类永恒的追求:打造理想的栖居家园。从某种程度上来说,与其说丰子恺是漫画家,不如说丰子恺是一位建筑师。因为,丰子恺在他的漫画中不仅关注人们现实中的寄寓空间,更加关注的是人们精神上的栖居家园。在丰子恺这里,漫画可以成为人们精神上的栖居家园。

作者:杭州师范大学弘一大师·丰子恺研究中心 2020 级硕士研究生

---

① 丰子恺:《认识建筑:丰子恺建筑六讲》,北京日报出版社 2017 版,第 5 页。

丰子恺连环漫画补遗及相关问题研究

宋启元

　　目前学界关于丰子恺漫画的研究已较为深入,但其中关于丰氏连环漫画的研究仍相对有限,一方面是由于现存的丰氏连环漫画数量较少,另一方面是相关图像材料的整理与出版工作还尚待推进。本文将在梳理丰子恺研究现状的基础之上,对学界关注甚少的《儿童知识》画报中刊载的丰子恺连环漫画作品加以介绍,并尝试对相关问题进行一定的讨论。

　　在对丰子恺的连环漫画加以讨论之前,有必要对其概念与涵盖范围进行一定的说明。依据内容与画面组合方式,可大致将现存的丰子恺的多幅漫画分为四类:第一类具有故事性,画面随叙事内容渐次排列;第二类虽没有故事性,但存在着时间上的递进关系;第三类的各画面之间本没有固定顺序,但主题相同,并归于同一画题之下,被画家冠以"其一""其二"等序号连缀成组;第四类与第三类相似,画面仍以相同的主题联系在一起,但无共同的画题与序号。上述四类多幅漫画中,前两类或可统称为"连环漫画",是本文讨论的对象;而后两类则可依据其成组出现的特征,称之为"组画",本文暂不对其进行讨论。①

---

① 实际上,类似的区分方式早已有之,1943 年,黄茅在其《漫画艺术讲话》一书中将漫画分为 8 类,其中便包括"连环漫画"与"连系漫画"。他指出,老百姓看连环漫画就如同"看旧剧一样,一件故事既有开头就一定要追究它的结局才算满足……连环漫画的特点是故事性,它所反映的就是一件事情……一定要具体的叙述,说明,由引导而说服"。随后,黄茅讨论了另一种漫画类型,即"连系漫画",认为这是"最接近连环漫画的一种形式",将之"和连环漫画混为一谈其实是不对的","连系漫画"是非故事性的,"将若干内容统一的题材分别作独立性的表现,但结合起来则是一部有系统的图说,画幅单独固可成立,合并起来是互相连系着的",见黄茅《漫画艺术讲话》,(重庆)商务印书馆1943 年版,第 89—92 页。陈星在其选编的《丰子恺连环漫画》中将丰子恺的多幅漫画分为"连环漫画"与"组画"两类,其区别在于有无连贯的情节,所谓"组画"便可与黄茅的"连系漫画"相对应,参见陈星《丰子恺连环漫画》,宁夏人民出版社 1995 年版,第 1—2 页。

一、丰子恺连环漫画的研究现状及展望

　　关于丰子恺连环漫画的整理出版工作在近半个世纪前就开始了,1979 年 10 月,香港明窗出版社出版了《丰子恺连环漫画集》,其中收录丰子恺连环漫画 34 组;①这批画作后又被丰一吟选编入四川少年儿童书版社 1988 年初出版的《丰子恺儿童漫画集》中;②1989 年 4 月,台湾地区的林海音女士在她创办的纯文学出版社以《丰子恺连环·儿童漫画集》之名出版了这 34 组连环漫画;③1995 年末,陈星选编的《丰子恺连环漫画》在宁夏人民出版社出版,增补了 6 组连环漫画,另收入 24 组"组画",共计 64 组漫画,④此书后被收入 2016 年海豚出版社出版的《丰子恺全集·美术卷》中。⑤

　　上述出版物中,除陈星《丰子恺连环漫画》进行了一定的增补外,其余三种都收录着同样的 34 组丰子恺连环漫画。关于这批画作的来源,香港明窗版《丰子恺连环漫画集》的两位编辑在书中略有提及,但二人的说法并不一致。据编辑莫一点所述,这批连环漫画系丰子恺 1949 年 4 月在香港举办画展时所画,原为私人所藏,此前从未出版。而另一位编辑黄俊东则提到,他小学时曾在"一家日报的周刊副刊上"看到过丰子恺的儿童连环漫画,这批画"每周刊出一次,每次四帧一题",他曾将这些漫画做成剪贴簿,可惜已经遗失。后来"副刊内容改动了,丰子恺的漫画也不见了",当时他以为这批漫画已经刊完,直至十多年后才得知,未刊完的漫画辗转到了一位郑姓收藏家手中,即《丰子恺连环漫画集》中所收录的部分。⑥ 黄俊东生于 1934 年,祖籍广东潮州,长期生活于香港,他上小学的时间应当在 40 年代⑦,他的叙述提示研究者,或许尚有一批曾于 40 年代在内地或香港刊物中发表的丰子恺连环漫画尚未被发现、

---

① 莫一点,黄俊东:《丰子恺连环漫画集》,(香港)明窗出版社 1979 年版。
② 丰一吟:《丰子恺儿童漫画集》,四川少年儿童书版社 1988 年版。
③ 丰子恺:《丰子恺连环·儿童漫画集》,(台北)纯文学出版社 1989 年版。
④ 陈星:《丰子恺连环漫画》,宁夏人民出版社 1995 年版。
⑤ 陈星总主编、吴浩然分卷主编:《丰子恺全集》第 29 卷,海豚出版社 2016 年版,第 173—238 页。
⑥ 转引自林海音:《一点说明》,收录于丰子恺《丰子恺连环·儿童漫画集》,(台北)纯文学出版社 1989 年版,第 4—6 页。
⑦ 参见谢其章:《书呆温梦录》,花城出版社 2011 年版,第 89 页。

整理与研究。①

二、《儿童知识》中的丰子恺连环漫画及其相关问题

（一）一批被忽视的丰子恺连环漫画

儿童书局是民国时期的童书出版机构，由张一渠于 20 世纪 30 年代初创办，社址位于上海福州路 424 号，该书局旨在推进儿童教育，出版了数量可观的儿童读物，并为家长和教师提供各类教育参考书籍，张一渠曾向不少文化教育界名人如周作人、陶行知等邀约稿件。② 丰子恺与儿童书局有长期合作，他曾在该书局出版的刊物《儿童故事》上发表漫画和文学作品，这些作品后来编成漫画集《幼幼画集》③和故事集《博士见鬼》④出版，另外他还参与了儿童书局图书的装帧设计，据统计，该书局出版的书刊中由丰子恺进行装帧设计的至少有 11 种。⑤

自 1946 年至 1949 年，儿童书局出版发行了《儿童知识》画报（图 1），其中刊载童话故事、谜语、游戏、漫画等，每月一期。笔者注意到，《儿童知识》的第 5 期（1946 年 11 月）至第 25 期（1948 年 7 月）均刊载有丰子恺的连环漫画作品。1948 年 12 月，儿童书局将当时已有的《儿童知识》的内容分类汇编为"儿童知识丛书"出版。该丛书共 40 册，涵盖漫画、故事、诗歌、常识等类别。丛书的前两册是丰子恺的漫画集，分别为《连环画》⑥和《油漆未干》（图 2）⑦，均借用其中收录的一组漫画之标题作为书名。⑧ 全本的漫画集《油漆未干》中共收

---

① 笔者在民国后期《中央日报》的副刊《儿童周刊》上就发现了一些丰子恺绘制的漫画作品，它们夹杂于文章之间，其中不乏成组的多幅漫画，这些画作大多并未署名，见《研究》，《中央日报·儿童周刊》1946 年 4 月 20 日，第 5 版。
② 朱利民：《文化浙商与中国现代出版文化构建》，浙江工商大学出版社 2018 年版，第 116—120 页。
③ 丰子恺：《幼幼画集》，（上海）儿童书局 1947 年版。
④ 丰子恺：《博士见鬼》，（上海）儿童书局 1948 年版。
⑤ 王双：《丰子恺书籍装帧艺术研究》，北京林业大学硕士学位论文，2013 年，第 62—63 页。
⑥ 丰子恺：《连环画》，（上海）儿童书局 1948 年版。
⑦ 丰子恺：《油漆未干》，（上海）儿童书局 1948 年版。
⑧ 其中，《连环画》的名称具有双关性，在这组漫画中，四个画格分别描绘了"人杀鸡""鸡杀蜘蛛""蜘蛛杀苍蝇""苍蝇杀人"，由此形成了一个"连环"，因而《连环画》这一画题并非简单地反映漫画集中作品的体例，而是暗指佛教中的因果轮回，体现着丰子恺的"护生"思想，有着强烈的劝诫意味。

录丰子恺连环漫画 9 组,依次为《拿面包》《油漆未干:美国人的幽默》《喜怒哀乐》《养小鸡》《小弟弟种痘》《春笋》《人少好吃食,人多好做事》《倘使》和《妈妈点钞票》,其中已然包含了丰子恺在《儿童知识》发表的最后一组漫画《倘使》。① 因而就此推测,《连环画》中应当收录了剩余的全部 12 组漫画,但可惜的是,《连环画》的全本目前尚未找到。

图 1 《儿童知识》第 24 期封面

图 2 《油漆未干》封面

　　这批作品长期以来并未受到充分关注。据笔者掌握的资料,目前仅有海豚出版社出版的《丰子恺全集》中收录了漫画集《连环画》的残本,其中仅存 6 组漫画,分别为《读书去》《买柿子》《破坏与建设》《失而复得》《雪人自来》和《连环画》。② 陈星在其撰著的《丰子恺年谱长编》中记载了丰子恺在《儿童知识》发表的大部分连环漫画作品,但限于体例,仅收录画题,并无画稿,且均只标注为"漫画",读者从中无法得知其为连环漫画。经笔者核对,《丰子恺年谱长编》中遗漏《儿童知识》第 5 期(1946 年 11 月)刊载的《狂童的故事》,另有第 13 期(1947 年 7 月)中的《油漆未干:美国人的幽默》遗漏副标题,第 25 期(1948 年 7 月)中的《倘使》误作《题目模糊》,或为文献整理录入时的疏漏所致,其余画题与发表年月皆

---

① 丰子恺:《油漆未干》,(上海)儿童书局 1948 年版。
② 陈星总主编、吴浩然分卷主编:《丰子恺全集》第 41 卷,海豚出版社 2016 年版,第 73—82 页。

准确无误。① 应当指出的是,《儿童知识》并非前文中黄俊东所描述的"一家日报的周刊副刊",这似乎更加证明了丰子恺在 40 年代曾创作过数量可观的连环漫画。如上文所述,目前关于这批连环漫画的研究几近空白,但这批画作在现存的丰子恺类似作品中占据了相当大的比例,因而其学术价值不容忽视。

相比于现存的其他丰子恺连环漫画作品,《儿童知识》中的 21 组丰子恺连环漫画呈现出了显著的多样性,其一,画格形式不拘,如《拿面包》《养小鸡》等漫画中出现圆形画格;其二,画格的排布更加灵活,在《喜怒哀乐》《壹佰块钱买东西》等漫画中,画格相互错落、叠压;其三,不少作品在画格外加入了色彩与装饰元素,将连环漫画统合为一,如《买柿子》中的色彩与装饰性的柿子、花卉的运用,使图像真正地"连环"起来。

应当注意的是,丰子恺所绘的这批连环画中,有相当一部分原本带有色彩,但因刊物印刷的需要或限制,部分彩色漫画被印成了黑白的,这一点从"儿童知识丛书"中的两本丰子恺漫画集里便可以得到证实,在漫画集《油漆未干》中,可以见到《油漆未干:美国人的幽默》《养小鸡》和《春笋》等连环漫画的彩色版本,而在它们最初在《儿童知识》上发表时,都是以黑白之面貌示人的。

(二)漫画图像与内容简述

下文将依照发表的时间顺序,逐一列举《儿童知识》刊载的 21 组丰子恺连环漫画,对画中文本加以识读,并对画面内容及相关信息作简要说明。

1.《狂童的故事》②

刊载于《儿童知识》第 5 期(1946 年 11 月),5—6 页。

文本内容:①狂童打老伯,大汉作旁观;②老伯倒在大树根,狂童乘势打大汉;③大汉老伯合力打狂童;④狂童叩头求饶。(图 3)。

这组漫画暗指抗日战争的历程,老伯、大汉与狂童分别对应中、美、日三国。

2.《破坏与建设》③

刊载于《儿童知识》第 6 期(1946 年 12 月),31—32 页。

文本内容:①建设;②破坏;③再建设;④比前更高了。

---

① 陈星:《丰子恺年谱长编》,中国社会科学出版社 2014 年版,第 478—553 页。
② 子恺:《狂童的故事》,《儿童知识》第 5 期(1946 年 11 月),第 5—6 页。
③ 子恺:《破坏与建设》,《儿童知识》第 6 期(1946 年 12 月),第 31—32 页。

图 3 《狂童的故事》

　　两儿童用积木建高楼院落,建筑被野狗冲毁,野狗走后二人重新修建,建筑比原来更高了(图 4)。暗指抗日战争,建筑即中国,儿童象征中国人民,野狗为侵略者,鼓励民众进行战后重建。

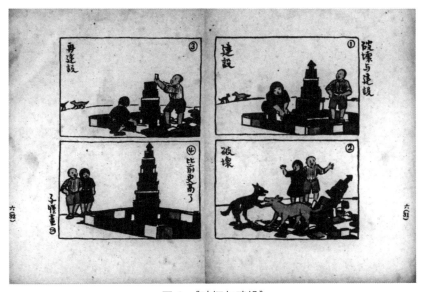

图 4 《破坏与建设》

3.《冬日可爱》①

刊载于《儿童知识》第 7 期(1947 年 1 月),31—32 页。

文本内容:(无)。

暖阳当空时,长椅上晒太阳的人越聚越多,而当云层蔽日,椅上众人便一哄而散(图 5)。

图5 《冬日可爱》

4.《喜怒哀乐》②

刊载于《儿童知识》第 8 期(1947 年 2 月),19—20 页。

文本内容:①喜;②怒;③哀;④乐。

男孩在窗口目睹白兔被恶犬扑咬而后获救,其表情发生了显著的变化。由初见白兔的喜悦,转为看见恶犬时的愤怒,继而因白兔被咬而悲哀,最后又因白兔获救而重回欢乐(图 6)。本组连环漫画或与丰子恺的"护生"思想有关。

5.《失而复得》③

刊载于《儿童知识》第 9 期(1947 年 3 月),31—32 页。

---

① 子恺:《冬日可爱》,《儿童知识》第 7 期(1947 年 1 月),第 31—32 页。
② 子恺:《喜怒哀乐》,《儿童知识》第 8 期(1947 年 2 月),第 19—20 页。
③ 子恺:《失而复得》,《儿童知识》第 9 期(1947 年 3 月),第 31—32 页。

图 6 《喜怒哀乐》

文本内容:(无)。

两名男孩的风筝断线飞走,二人经过划船与爬山最终取回风筝(图 7)。

图 7 《失而复得》

6.《结婚》①

刊载于《儿童知识》第 10 期（1947 年 4 月），31 页。

文本内容：①第一年；②第二年；③第三年；④第四年；⑤第五年；⑥第六年；⑦第七年；⑧第八年。

从夫妻结婚开始，每年得一子女，一家人坐在长椅上显得越来越拥挤（图 8）。

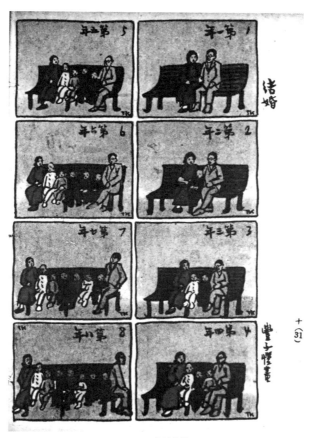

图 8 《结婚》

7.《妈妈点钞票》②

刊载于《儿童知识》第 11 期（1947 年 5 月），31—32 页。

---

① 丰子恺：《结婚》，《儿童知识》第 10 期（1947 年 4 月），第 31 页。
② 子恺：《妈妈点钞票》，《儿童知识》第 11 期（1947 年 5 月），第 31—32 页。

文本内容:①——"妈妈我跌痛了!"——"一千,两千,三千……";②——"妈妈,送米来了。"——"一千,两千,三千……";③——"妈妈,我要小便了。"——"一千,两千,三千……";④——"妈妈,快信。"——"一千,两千,三千……";⑤——"妈妈,胡蜂来刺我了!"——"一千,两千,三千……";⑥(无)。

画中的孩子因为各种琐事呼唤妈妈,但妈妈一直专注地点着钞票,直到一只胡蜂威胁到孩子的安全时,妈妈终于站起来用扇子赶跑胡蜂,而她已然点过的钞票也被风吹乱了(图9)。丰子恺在创作这组漫画时,或许是想表达母亲再忙碌也仍然对孩子怀着深深的爱,即使表面上无视了一次次的呼唤,但实际上默默关注着孩子的一举一动。

图9 《妈妈点钞票》

8.《壹佰块钱买东西》①

刊载于《儿童知识》第12期(1947年6月),27—28页。

文本内容:①廿六年;②三十年;③卅二年;④卅四年;⑤卅五年;⑥(上海福州路,儿童书局,丰子恺寄,五月三日)。

在民国二十六年(1937年)一百元可以购买一座房屋,而到了漫画发表的

---

① 子恺:《壹佰块钱买东西》,《儿童知识》第12期(1947年6月),第27—28页。

民国三十六年(1947 年),一百元却仅仅能够支付作者投稿的邮资(图 10)。讽刺了民国后期剧烈的通货膨胀。值得注意的是,这组画发表于 1947 年 6 月,画中信封上的"五月三日"或许正是丰子恺创作此画的准确日期。

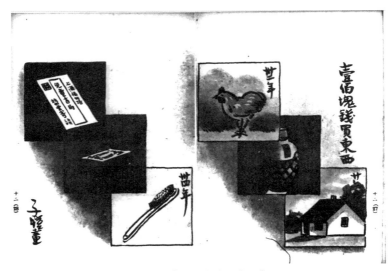

图 10 《壹佰块钱买东西》

9.《油漆未干:美国人的幽默》①

刊载于《儿童知识》第 13 期(1947 年 7 月),31—32 页。

文本内容:(油漆未干)。

一位看报男性独自坐在摆有"油漆未干"牌子的长椅上,坐在毗邻长椅上的人越来越多,他们纷纷嘲笑看报者,谁知看报者起身后将告示牌一并带走,众人才明白这是个独享长椅的巧计(图 11)。值得注意的是,丰子恺罕见地给这组漫画加上了副标题"美国人的幽默",结合其落款内容"子恺画译"不难判断,这组连环漫画是丰氏依据相似的美国漫画作品绘制的,至于其范本的具体来源,则尚待考证。

10.《夏云》②

刊载于《儿童知识》第 14 期(1947 年 8 月),27—28 页。

文本内容:(无)。

---

① 子恺:《油漆未干:美国人的幽默》,《儿童知识》第 13 期(1947 年 7 月),第 31—32 页。
② 子恺:《夏云》,《儿童知识》第 14 期(1947 年 8 月),第 27—28 页。

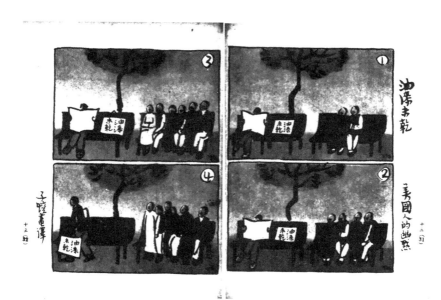

图 11 《油漆未干:美国人的幽默》

两个孩子观看云的变幻,随着可爱动物形状的白云变为猛兽形状的乌云,孩子们由起初的兴趣盎然到最终惊恐逃离(图 12)。这组漫画很好地展现了连环漫画的时间性。

图 12 《夏云》

11. 《连环画》①

刊载于《儿童知识》第 15 期（1947 年 9 月），31—32 页。

文本内容：①人杀鸡；②鸡杀蜘蛛；③蜘蛛杀苍蝇；④苍蝇杀人。

四幅画面形成了一个"连环"（图 13）。《连环画》这一画题并非简单地反映画的体例，而是暗指佛教中的因果轮回，体现着丰子恺的"护生"思想，有着强烈的劝诫意味。值得注意的是，"儿童知识丛书"中的第一本丰子恺漫画集便收录了这组漫画，并用其画题《连环画》作为书名，似乎有意借用其双关的特点。

图 13 《连环画》

12. 《读书去》②

刊载于《儿童知识》第 16 期（1947 年 10 月）27—28 页。

文本内容：①读书去！ ②一个大面包！ ③——"是我捡得的！"——"是我捡得的！"④读书去！

两学生在上学路上捡到一个大面包，却因面包的归属大打出手，当面包被野狗趁乱叼走后，两学生重归于好，继续行走在上学路上（图 14）。

13. 《拿面包》③

刊载于《儿童知识》第 17 期（1947 年 11 月）27—28 页。

---

① 子恺：《连环画》，《儿童知识》第 15 期（1947 年 9 月），第 31—32 页。
② 子恺：《读书去》，《儿童知识》第 16 期（1947 年 10 月），第 27—28 页。
③ 子恺：《拿面包》，《儿童知识》第 17 期（1947 年 11 月），第 27—28 页。

图 14 《读书去》

文本内容:①小妹！这面包拿去给爸爸！②二哥！这面包妈妈叫你拿去给爸爸！③大哥！这面包妈妈叫你拿去给爸爸！④爸爸！这面包妈妈叫我拿给你的。（图 15）

图 15 《拿面包》

14.《买柿子》①

刊载于《儿童知识》第 18 期（1947 年 12 月），27—28 页。

文本内容：①两张钞票，好买两只柿子；②这老乞丐很苦，给他一张；③这小乞丐很苦，也给他一张；④树上落下两只柿子来！

整组漫画为彩色，画中空白处亦用彩色晕染，在画面左上角与右下角的空白处，分别绘有一个硕大的柿子，与画中提到的两个柿子相呼应，另在中间下部的空白处绘有一簇红花（非柿子花），具有较强的装饰性（图 16）。

图 16 《买柿子》

15.《雪人自来》②

刊载于《儿童知识》第 19 期（1948 年 1 月），27—28 页。

文本内容：①凳子上积起雪来了！②把小凳子放在上面；③雪人来了！④雪人完成了！

两个孩子巧妙地将小方凳插在雪堆上，利用雪的自然堆积，在大雪堆上塑造出小的雪堆，作为雪人的头部（图 17）。

---

① 子恺：《买柿子》，《儿童知识》第 18 期（1947 年 12 月），第 27—28 页。
② 子恺：《雪人自来》，《儿童知识》第 19 期（1948 年 1 月），第 27—28 页。

图 17 《雪人自来》

16.《弟弟的新装》①

刊载于《儿童知识》第 20 期(1948 年 2 月),3—4 页。

文本内容:①太贵了! 不买!(童装部;五万;廿万;十万);②更贵了!!不买!!(十万;四十万;廿万);③开年还要贵一倍!!! 只得买了!!!(廿万;八十万;四十万);④弟弟的新装,爸爸的薪水。

母亲带孩子买过年新装,却因价格过高而犹豫不决,最终不得不在价格再次翻倍之际,忍痛买下了价格与父亲薪水相当的童装(图 18)。表面上是母亲带孩子买过年新装的趣事,实则反映的是当时愈发严重的通货膨胀。

17.《小弟弟种痘》②

刊载于《儿童知识》第 21 期(1948 年 3 月),31—32 页。

文本内容:①——"我不要种痘!"②——"大家种痘,小弟弟没得种!"③——"妈妈,我也要种痘!"④小弟弟种痘。(图 19)

---

① 子恺:《弟弟的新装》,《儿童知识》第 20 期(1948 年 2 月),第 3—4 页。
② 子恺:《小弟弟种痘》,《儿童知识》第 21 期(1948 年 3 月),第 31—32 页。

图 18 《弟弟的新装》

图 19 《小弟弟种痘》

18.《春笋》①

刊载于《儿童知识》第 22 期（1948 年 4 月），3—4 页。

文本内容：①第一天同白猫一样高；②第二天同弟弟一样高；③第三天同姊姊一样高；④第四天，同爸爸一样高。（图 20）

图 20 《春笋》

19.《人少好吃食，人多好做事》②

刊载于《儿童知识》第 23 期（1948 年 5 月），3—4 页。

文本内容：①一个人吃一根油条；②两个人吃一根油条；③三个人吃一根油条；④四个人吃一根油条；⑤一个人挑荠菜；⑥两个人挑荠菜；⑦三个人挑荠菜；⑧四个人挑荠菜。（图 21）

20.《养小鸡》③

刊载于《儿童知识》第 24 期（1948 年 6 月），3—4 页。

文本内容：①第一天，买三只小鸡；②第二天，踏死了一只；③第三天，花猫拖去了一只；④第四天，轧死了一只。

① 子恺：《春笋》，《儿童知识》第 22 期（1948 年 4 月），第 3—4 页。
② 子恺：《人少好吃食，人多好做事》，《儿童知识》第 23 期（1948 年 5 月），第 3—4 页。
③ 子恺：《养小鸡》，《儿童知识》第 24 期（1948 年 6 月），第 3—4 页。

图 21 《人少好吃食，人多好做事》

孩子们买了三只小鸡回家玩耍，但三只小鸡在此后三天相继死于非命（图 22）。丰子恺作此画的用意似乎是劝诫欲以动物为玩物的儿童，生命易逝，应善待生灵。

图 22 《养小鸡》

21.《倘使》①

刊载于《儿童知识》第 25 期（1948 年 7 月），3—4 页。

文本内容：①倘使鸡识字（鸡松）；②倘使羊识字（羊肉大面）；③倘使猪识字（南腿）；倘使牛识字（五香牛肉）。

鸡、羊、猪、牛分别注视着饭店招牌，招牌上的菜正是由它们的肉做成的（图 23）。《倘使》中的第二幅图"倘使羊认字"显然参考了画家十多年前的另一作品，在 1929 年 2 月由上海开明书店出版发行的《护生画集》第一集中有一幅题为《倘使羊识字……》的漫画（图 24），被牵到面馆前的两只羊举头望向招牌上的"羊肉大面"四字，在店里的案板上，放着它们已然被宰杀的同类。弘一法师在画旁题诗曰："倘使羊识字，泪珠落如雨。口虽不能言，心中暗叫苦。"②在这个 1948 年的重绘版本中，羊与店招基本保持了原有的位置关系，只是牵羊人和作为背景的店铺陈设被略去了。事实上，由于《倘使》中四个画格的内容呈并列关系，而并未出现环环相扣的递进关系，因而并非典型的连环漫画，似乎更适合被称为"组画"，丰子恺在这里将原本单一的《倘使羊识字……》加以拓展，便形成了鸡、猪与牛的相似画面。比较《倘使》的四个画格不难发现，它们的构图极为相似，可视作对《倘使羊识字……》一画的简化与复制。

图 23　《倘使》

① 子恺：《倘使》，《儿童知识》第 25 期（1948 年 7 月），第 3—4 页。
② 弘一法师，丰子恺：《护生画集》，（上海）开明书店 1929 年版，第 32—33 页。

图 24　《护生画集》初集中的单幅漫画《倘使羊识字……》

（三）孟秉坤及其仿丰子恺风格的连环漫画

在 1948 年 7 月第 25 期的《倘使》之后,丰子恺终止了与《儿童知识》近两年的合作关系,在 1948 年 8 月的第 26 期中,没有出现丰子恺绘制的,或画风与之近似的漫画作品,但仅仅在一个月后的第 27 期中,由"孟秉坤"或"秉坤"署名的连环漫画开始连续刊载在《儿童知识》上。这批画完全模仿了丰子恺的画风,其人物形象、线条与画面构图都与丰子恺的作品高度相似,另外画中的文字(包括画题、画格中的文字以及落款)亦直接对丰子恺的书风加以模仿,更有甚者,孟秉坤画作的边角处依据自己名字"秉坤"的威妥玛式拼音 Ping K'un写成了"PK"款识,其形态与丰子恺标志性的"TK"落款相当类似(图 25)。[①]

孟秉坤的连环漫画共在《儿童知识》上连续刊载 8 期,直至 1949 年 4 月该刊物的最后一期。由于其对丰子恺漫画的刻意模仿,以及其接续丰子恺在同一刊物连续发表连环漫画的特殊现象,有必要对孟秉坤之身份进行一番探究。美学家易健是湖南南县人,他在一篇回忆文章中提到,他小学四年级时

[①] 秉坤:《萤虫齐来》,《儿童知识》第 27 期(1948 年 9 月),第 31—32 页;秉坤:《争食》,《儿童知识》第 28 期(1948 年 10 月),第 27—28 页;秉坤:《享受不同》,《儿童知识》第 29 期(1948 年 11 月),第 32 页;秉坤:《挣扎》,《儿童知识》第 30 期(1948 年 12 月),第 19 页;秉坤:《做火炉》,《儿童知识》第 31 期(1949 年 1 月),第 11—12 页;秉坤:《虎子》,《儿童知识》第 32 期(1949 年 2 月),第 11—12 页;孟秉坤:《放蝴蝶》,《儿童知识》第 33 期(1949 年 3 月),第 11—12 页;孟秉坤:《换玩具》,《儿童知识》第 34 期(1949 年 4 月),第 23—24 页。

图 25 孟秉坤的仿丰子恺风格连环漫画《换玩具》①

的班主任是一位名为孟秉坤的美术老师,此人"师从我国著名漫画家丰子恺,每天学丰子恺的画,读丰子恺的散文,模仿丰子恺的字体,他常把丰的一些优秀散文在班上朗读"②。易健出生于 1938 年③,据此推算,他上小学四年级的时间大约在 40 年代后期,与孟秉坤署名的连环漫画在《儿童知识》发表的时间相符,因此这位湖南南县的小学美术教师很有可能就是上述漫画的作者。④ 60 年代后,孟秉坤曾在湖南省人民出版社美术组(湖南美术出版社前身)工作,并担任组长⑤,据湖南美术出版社老员工郑世俊回忆,孟于 1980 年 11 月中旬的一个中午在办公室因劳累去世,时年 58 岁。⑥ 据此推算,1948 年

① 孟秉坤:《换玩具》,《儿童知识》第 34 期(1949 年 4 月),第 23—24 页。
② 易健:《生命,在审美的观照下——美与人生的若干思考》,《美与时代(下)》2011 年第 2 期,第 8—16 页。
③ 中外名人研究中心:《中国当代美学名人志》,光明日报出版社 1997 年版,第 583 页。
④ 另据《南县文化志》记载,1952 年,该县一位名为孟秉坤的小学自然课老师,曾为县文化馆的宣教工作制作过若干幻灯机,参见南县文化局《南县文化志》编写组:《南县文化志》,南县文化局 1986 年版,第 95 页。
⑤ 贺安成:《安成回忆录之八　抚今追昔忆恩师》,《文艺生活(艺术中国)》,2021 年第 1 期,第 10—17 页。
⑥ 见徐海瑞《一套〈西游记〉,卖了 4000 多万册》,《潇湘晨报》2010 年 5 月 28 日第 B06 版。该社原编辑邹建平的说法则与此不同,他提到,1980 年底湖南美术出版社即将挂牌时,孟秉坤仍然健在,而在 1984 年末之前,孟在办公室被其有精神病史的儿子袭击头部身亡,参见马建成《口述湖南美术史(1949—2009)》,湖南美术出版社 2013 年版,第 180—192 页。

孟秉坤 26 岁，此年龄在小学任教并发表漫画作品应当是合理的。

　　以上是笔者从相关文献中收集到的关于孟秉坤生平的部分信息，但其内容尚显碎片化，至于其与丰子恺相识的缘由以及随丰氏学习绘画的经过，则有待进一步补充与考证。

三、丰子恺连环漫画的时间性与叙事功能

　　丰子恺连环漫画的整体风格与思想内涵基本上延续了其单幅漫画的特征，而其与单幅漫画的最显著区别就在于画幅数量的增加，成组的画面为连环漫画增加了时间维度，这使得连续展开的画面具备了叙事功能，下面将以上文中列举的作品为例，对丰子恺连环漫画有别于其单幅漫画的几个方面作简要分析。

（一）丰子恺连环漫画的时间性

　　云是丰子恺漫画中常见的意象，丰氏相关的作品有《云霓》[①]、《看云》（图26）[②]、《孤云》[③]等，这些作品中人物对云的观看是静态的，给看画者以悠然闲适之感。但在同样以云作为题材的连环漫画中，云虽然仍是被观看的对象，但它已然成为推动情节发展的核心要素，在《夏云》中，云朵形状的变化影响

图 26　丰子恺单幅漫画《看云》

---

① 丰子恺：《云霓》，（上海）天马书店 1935 年版，第 1 页。
② 丰陈宝、丰一吟编：《丰子恺漫画全集》第 4 卷，京华出版社 2001 年版，第 9 页。
③ 丰陈宝、丰一吟编：《丰子恺漫画全集》第 3 卷，京华出版社 2001 年版，第 254 页。

着孩子的心态,而在丰子恺的另一组连环漫画《风云变幻》(图 27)中,两团云朵相互靠近,如同一对恋人由爱而恨,最终咬在一起,画面下方的两个孩子和他们的小狗是云朵变幻的观察者,当云朵间的关系由善转恶,他们也慌忙逃离现场①。同样作为被观看的对象,当云出现在单幅画面中时,其终究只能作为客体存在,以固定的形态表达一定的意涵,烘托一定的氛围。但当它出现在连环漫画中时,复数的画格使云朵得以呈现出其变动不居的本来面目,而这种变化的背后暗示着连环漫画异于单幅漫画的一个重要特性——时间性。

图 27　丰子恺连环漫画《风云变幻》

　　单幅漫画如同照片,常常只能作为"时空的切片"表现事件在某一时刻的发展状况,因而往往需要抓住"决定性瞬间",从而让观者准确地把握作者意图传达的讯息。② 但在创作连环漫画时,画家则无需心存这样的顾虑,连环漫画犹如电影胶片,用连贯的画面将故事内容向观者逐一呈现。这一差异的背后,是时间性的登场,与单幅漫画固定的观看方式相反,连环漫画要求观者的目光在画格间不断移动,经历一番"移步换景"。

　　《儿童知识》刊载的丰子恺连环漫画中便以多种方式反映着时间的存在与流逝。最为常见方式是以讲述故事的方式在一定时空中展开叙事,上文曾

---

① 丰陈宝、丰一吟编:《丰子恺漫画全集》第 4 卷,京华出版社 2001 年版,第 379 页。
② 赵刚:《世界摄影美学简史》,中国摄影出版社 2018 年版,第 110 页。

提到,《狂童的故事》这组漫画有所隐射,作者将旷日持久的战争浓缩成一个看似简短的故事,而这个故事又被以四个"切片"的形式呈现给观者。从狂童攻击老伯到其最终被制服求饶,随着故事的进展,画格在变换,故事中的时间与观者赏画的时间发生了重叠与交错,在《夏云》中,孩子们的情绪随着云朵形态的变化而涨落,这种故事相对前者而言更加生活化。

另一种对时间的呈现方式则更加直接,它们被以具体的数字呈现出来,最具代表性的便是《壹佰块钱买东西》,画家将商品与年份一一对应,用直观的方式呈现出物价的飞涨,在《结婚》中,随着画格右上方年数的增长,长椅上的一家人越坐越多,而在《弟弟的新衣》中,时间以另一种形式出现,随着童装价格的飞涨,我们清晰地看到了恶性通胀下民众的无奈,而这种无奈随时间逐渐加深。

（二）丰子恺连环漫画的历史叙事

上文提到了《狂童的故事》中的时间性,而这种时间性所承载的则是一种历史叙事,画中日本武士打扮的狂童即对中国发动侵略的日本;身着长衫的老伯则象征着有着悠久历史但当时国力尚显贫弱的中国,一旁吸着纸烟旁观的大汉身穿西装,足蹬皮鞋,头戴眼镜,手执文明棍,显然对应的是当时的美国。丰子恺巧妙地抓住三个国家的特点,分别赋予它们具象化的人物形象,通过这幅四格漫画,简要地回顾了抗日战争的大致历程:年轻狂妄的日本向老迈体衰的中国疯狂袭击,随后又主动挑起与美国的战争,最终被包括中美在内的国际反法西斯力量共同击败,狼狈投降。

在一个月后,丰子恺发表了另一幅四格漫画《破坏与建设》,第一格,男孩和女孩用积木"建设"起了宏伟的高楼与院落,两条野狗在远处窥伺;第二格,野狗冲来,"破坏"了建筑,积木散落一地,孩子惊恐地呼喊;第三格,野狗走后,孩子们拾起积木,开始进行"再建设";第四格,建设完成,建筑"比前更高了"。丰子恺的这幅漫画同样暗喻了刚刚结束的抗日战争,画中的孩子即象征着中国人民,他们努力建设着自己的国家,然而,一群如同野狗的侵略者突然闯入中国大肆破坏,赶走侵略者后,中国人民重建家园,并且把国家建设得比以前更好。

在《儿童知识》刊载的连环漫画中,还可以见到丰子恺对于民国后期经济危机的直观呈现。发表于第 12 期的《壹佰块钱买东西》以民国后期剧烈的通货膨胀为题材,通过房屋、公鸡、火柴、信封等 6 幅图片的排列,直观展现了壹佰块钱的购买力在十年间的迅速下降。与之题材相似的是《弟弟的新装》,这组漫画发表于第 20 期,表面上是母亲带孩子买过年新装的趣事,但其实际反映的也是当时愈发严重的恶性通货膨胀。漫画中的母亲三次带孩子前往商店"童装部",起先童装的价格为,帽"五万"、衣"廿万"、鞋"十万",母亲认为"太贵了!不买!"可见此时童装价格已超越往常;而当母子二人再次来到童装店时,价格已变为帽"十万"、衣"四十万"、鞋"廿万","更贵了";最终,当童装的价格涨到帽"廿万"、衣"八十万"、鞋"四十万"时,母亲只得给孩子买下了童装,因为正如店家所言:"开年还要贵一倍。"不难发现,漫画中童装的价格是成倍增长的,这反映出通货膨胀速度之迅猛,以致画家借画中家庭之口发出"弟弟的新装,爸爸的薪水"之感叹。实际上,当时以通货膨胀为题材的漫画作品并不少见,如张乐平的《三毛流浪记》中的《随时涨价》(图 28)①,以及米谷的漫画《伪金圆券》:"这难道是我昨晚脱下的鞋子吗?"(图 29)②等。丰子恺自己的作品中亦不乏其例,《一壶酒换一斗米,不识关金与法币》(图 30)便反映了当时人抛弃大幅贬值的法币与金圆券,转而以物易物的情形。③

图 28　张乐平《三毛流浪记》中的《随时涨价》

① 张乐平:《三毛流浪记全集》,人民美术出版社 1984 年版,第 157 页。
② 米谷:《米谷漫画选》,四川人民出版社 1984 年版,第 29 页。
③ 陈星总主编、吴浩然分卷主编:《丰子恺全集》第 27 卷,海豚出版社 2016 年版,第 200 页。

图 29　米谷《伪金圆券：“这难道是我昨晚脱下的鞋子吗？”》

图 30　丰子恺《一壶酒换一斗米，不识关金与法币》

四、结　语

　　关于丰子恺连环漫画的研究长期以来未受到学界的充分重视，其学术价值被低估，一大原因便是相关材料相当有限。《儿童知识》画报中刊载的丰子恺连环漫画在现存的丰氏此类作品中占有相当大的比重，本文对这批材料加以整理，为相关领域的研究补充了一批有价值的材料。但发现与整理只是第一步，还有不少与这批连环漫画相关的问题尚待研究，例如，丰子恺在何因缘下开始为《儿童知识》供稿，又为何在与此刊物合作近两年后突然停止？孟秉坤与丰子恺究竟是何关系，他为何能接替丰子恺在《儿童知识》连续发表连环漫画，而与丰子恺的相关文献与研究中却对他只字未提？丰子恺对连环漫画与单幅漫画的区别有何看法，还有多少他的连环漫画作品未被发现？这众多的疑问还有待更多新材料的发现以及进一步的研究予以解答。

作者：杭州师范大学弘一大师·丰子恺研究中心 2022 级硕士研究生

丰子恺艺术思想及其他研究

丰子恺"童心"思想溯源及辨异

刘　炜

引　言

丰子恺(1898—1975)是 20 世纪中国最重要的美学家之一,其最具特色的美学观念应该是散布在他的艺术理论与创作中的"童心"思想。从现存的文献来看,丰子恺的"童心"思想大概形成于 1927 年左右。这一年,丰子恺发表数篇关于"童心"的文章,此后则时有论及、随处可见,"童心"思想遂成为贯穿其一生的核心性的美学观念。

在丰子恺关于"童心"的诸多文章中,最能全面表述这一思想的是 1927 年的《告母性》一文。此文似乎尚未受到研究者的重视,故不避辞费,节引如下:

> 你们的孩子,不是常常认真地对你们提出不可能的要求的么? 例如要你们给他捉月亮,要你们给他摘星,要唤回飞去的小鸟,要唤醒已死的小猫,这等在我们是不可能的事,然而他们认真地要求,志在必得地要求,甚至用放声大哭来要求。可知这明明是他们的真实的热情。在他们的心境中,这等事都可能——认真可能,所以认真地提出要求。故他们的心境,比我们的广大自由得多。我们千万不要笑他们为童稚的痴态,你该责备我们自己的褊狭! 他们是能支配造物的,绝非匍匐在地上而为现实的奴隶的我们所可比。
>
> 你们的孩子,不是常常热衷于弄烂泥,骑竹马,折纸鸟,抱泥人的吗? 他们把全副精神贯注在这等游戏中,兴味浓酣的时候,冷风烈日之下也不感其苦,把吃饭都忘却。试想想看,他们为什么这样热衷? 与农夫的

为收获而热衷于耕耘,木匠的为工资而热衷于斧斤,商人的为财货而热衷于买卖,政客的为势利而热衷于奔走,是同性质的么? 不然,他们没有目的,无所为,无所图。他们为游戏而游戏,手段就是目的,他所谓"自己目的",这真是艺术的! 他们不计利害,不分人我,即所谓"无我",这真是宗教的! 慎勿轻轻地斥他们为"儿戏"! 此间大人们一切活动,都是有目的的,都是为利己的,都是卑鄙龌龊的,安得像他们的游戏的纯洁而高贵呢!

你们的孩子,不是常常与狗为友,对猫说故事,为泥人啼笑,或者不问物的所有主,擅取邻儿的东西,或把自己家里的东西送给他人的么? 宇宙万物,在他们看来原是平等的,一家的。天地创造的本意,宇宙万物原是一家人,人与狗的阶级,物与我的区别,人与己的界限,……这等都是后人私造的。钻进这世网而信受奉行这等私造的东西,至死不能脱身的大人,其实是很可怜的,奴隶的"小人";而物我无间,一视同仁的孩子们的态度,真是所谓"大人"了。①

仔细阅读上面三段文字,我们可以清晰地发现,丰子恺的"童心"思想主要包含三方面的内容:一是不为现实奴役的广大自由的心境;二是无我无目的的超功利的境界;三是物我无间一视同仁的态度。丰子恺的其他相关论述都可以视为对以上三方面内容的进一步的阐释和论证;丰子恺的重要理论观念,如"苦闷"说、"绝缘"说、"同情"说等等,则可以视为对以上三方面内容的进一步的凝练和深化。

那么,丰子恺何以会形成其"童心"思想? 他主要受到哪些思想观念的影响? 又和这些思想观念有何差异? 本文认为,丰子恺"童心"思想的形成,按照时代之远近,首先是受到五四新文化运动的影响,其次是受到明清启蒙思想的影响,再次是受到儒道佛传统的影响。下面依次讨论与辨析。

一、五四新文化运动

1925 年 12 月,俞平伯儿童新诗集《忆》由北京朴社出版,其中收有丰子恺

---

① 陈星总主编、刘晨分卷主编:《丰子恺全集》第 15 卷,海豚出版社 2016 年版,第 129—130 页。

为该书所作插图 18 幅。① 这些插图的创作是丰子恺"童心"思想的初次表露，开启了他在作品中追求纯真、以儿童为主要内容的新阶段。② 由此我们推断，丰子恺最初对儿童的关注、对童心的思索，可能是直接受到俞平伯的影响。

但俞平伯出版儿童新诗集《忆》，不过是五四新文化运动"儿童热"的一个具体事例，正如叶圣陶出版童话集《稻草人》、冰心出版散文集《寄小读者》。钱理群先生指出："在中国新文学的历史开端时期，五四新文化运动中曾经出现过一股'儿童热'。……在上述以儿童为中心的文学活动与学术活动中，表现出一种强烈的'小儿崇拜'的倾向，人们如痴如狂地向往着'童心'的世界。"③所以，从一个更宏阔的视野来看，丰子恺的"童心"思想其实是五四新文化运动"儿童热"的时代产物。

这里我们要特别注意周作人对丰子恺的影响。因为周作人无疑是五四"儿童热"的"最热心的倡导者与最有力的推动者之一"，"周作人的《儿童的文学》更成为'儿童热'的思想纲领"。④ 而且，在俞平伯的《忆》出版之后，周作人曾为其撰写书评《〈忆〉的装订》，对此书尤其是丰子恺的漫画给予高度评价。这无疑会极大地增进丰子恺对这位文坛领袖的感情，进而接受其思想的影响。周作人在《儿童的文学》一文中说：

> 儿童没有一个不是拜物教的，他相信草木能思想，猫狗能说话，正是当然的事；我们要纠正他，说草木是植物猫狗是动物，不会思想或说话，这事不但没有什么益处，反是有害的，因为这样使他们的生活受了伤了。即使不说儿童的权利那些话，但不自然地阻遏了儿童的想象力，也就所失很大了。⑤

在周作人看来，"儿童与原始人类的思想里都存在着'泛神论'的倾向，其感情表现就是一种'泛爱'，在对人类、自然普遍的'爱'中拭去一切人我之间、物我之间的界限与距离，达到自我与宇宙万物的融合，也即超越"。而"这样

---

① 陈星：《丰子恺年谱长编》（修订版），中国社会科学出版社 2017 年版，第 116 页。
② ［澳］白杰明：《艺术的逃难：丰子恺传》，贺宏亮译，浙江人民出版社 2015 年版，第 136 页。
③ 钱理群：《周作人论》，生活·读书·新知三联书店 2014 年版，第 140 页。
④ 钱理群：《周作人论》，生活·读书·新知三联书店 2014 年版，第 141 页。
⑤ 周作人：《周作人论儿童文学》，刘绪源辑笺，海豚出版社 2012 年版，第 124 页。

的境界、目标也是'五四'时代的作家们所神往的"。① 周作人以及五四作家的这种思想观念，显然影响到了丰子恺"童心"思想中物我无间一视同仁的态度，对照上引丰子恺《告母性》一文即可见出。

但是，丰子恺的"童心"思想与周作人等五四作家并不完全相同，这主要表现为对儿童"蛮性"的取舍上。周作人在《小儿争斗之研究·译者序》中说：

> 盖儿童者小野蛮也，自居小天地中，善遂其生，唯以自力解决一切。其斗也，犹野人之战，所以自卫其权利，求胜于凡众，而其间亦自有法律自有道德为之调御。长者不察，阑加诃禁，重伤其意，而亦难期有功。②

周作人以及部分五四作家对这种原始蛮性的呼唤，虽然并不能代表所有五四作家的"儿童"观念，但在当时乃至以后都影响甚大，促发了中国现代文学乃至当代文学对"原始生命力"的不懈追求③。这种"蛮性"的"儿童"观念，显然为丰子恺所不取。丰子恺在《童心的培养》一文中说：

> 艺术教育就是教人这种做人的态度的，就是教人用像作画、看画的态度来对世界；换言之，就是教人绝缘的方法，就是教人学做小孩子。学做小孩子，就是培养小孩子的这点"童心"，使长大以后永不泯灭。申说起来：我们在世间倘只用理智的因果的头脑，所见的只是万人在争斗倾轧的修罗场，何等悲惨的世界！日落，月上，春去，秋来，只是催人老死的消息；山高，水长，都是阻人交通的障碍物；鸟只是可供食料的动物，花只是结果的原因或植物的生殖器。而且更有大者，在这样的态度的人世间，人与人相对都成生存竞争的敌手，都以利害相交接，人与人之间将永无交通，人世间将永无和平的幸福、"爱"的足迹了。故艺术教育就是和平的教育、爱的教育。④

丰子恺认为，"童心"的培养，需用艺术教育的方式，而艺术教育则是"和

---

① 钱理群：《周作人论》，生活·读书·新知三联书店 2014 年版，第 152 页。
② 周作人：《周作人论儿童文学》，刘绪源辑笺，海豚出版社 2012 年版，第 59 页。
③ 钱理群：《周作人论》，生活·读书·新知三联书店 2014 年版，第 151 页。
④ 陈星总主编、刘晨分卷主编：《丰子恺全集》第 18 卷，海豚出版社 2016 年版，第 235—236 页。

平的教育、爱的教育",其目的正在使人与人之间不再"以利害相交接",不再"都成生存竞争的敌手"。如果说周作人等五四知识分子的"儿童热"是斗争主义的,那么丰子恺的"童心"思想则是和平主义的,表现为和平的"童心"观、爱的"童心"观。

最后值得一提的是,1950 年丰子恺接受上海《亦报》邀请,为周作人《儿童杂事诗》作插图 69 幅,以一文一图的形式连载发表。[①] "这可能是他一生中最后一批无拘无束'童心'四溢的作品。"[②]丰子恺将其最后的"童心"作品献给周作人,或许有某种饮水思源的意味,以此感念这位曾经深刻影响他的五四文坛领袖,虽然他们的观念并不完全相同。

二、明清启蒙思想

俞平伯《忆》的前页上,题有晚清著名诗人龚自珍的两句诗:"瓶花妥帖炉香定,觅我童心廿六年。"后来这两句诗也为丰子恺在《儿童与音乐》一文中所引用:

> 每一曲歌,都能唤起我儿时的某一种心情。记述起来,不胜其烦。诗人云:"瓶花妥帖炉香定,觅我童心二十年。"(原文如此——引者注)我不须瓶花炉烟,只消把儿时所唱的许多歌温习一遍,二十五年前的童心可以全部觅得回来了。[③]

因而我们推断,丰子恺的"童心"思想可以从俞平伯往前追溯,直至龚自珍。而龚自珍之前,力倡"童心"说的则是明代思想家李贽。作为明清启蒙思想最为重要的代表,李贽和龚自珍无疑是丰子恺"童心"思想的重要来源。

但是,丰子恺与李贽和龚自珍的"童心"思想并不完全一致,甚至差异较大。李贽和龚自珍的"童心"思想中,非常重要的一点是对"私"的肯定。李贽在《德业儒臣后论》一文中说:

---

① 陈星:《丰子恺年谱长编》(修订版),中国社会科学出版社 2017 年版,第 599 页。
② 〔澳〕白杰明:《艺术的逃难:丰子恺传》,贺宏亮译,浙江人民出版社 2015 年版,第 285 页。
③ 陈星总主编、刘晨分卷主编:《丰子恺全集》第 16 卷,海豚出版社 2016 年版,第 168 页。

夫私者,人之心也。人必有私,而后其心乃见;若无私,则无心矣。如服田者,私其秋之获,而后治田必力。居家者,私积仓之获,而后治家必力。为学者,私进取之获,而后举业之治也必力。故官人而不私以禄,则虽召之必不来矣;苟无高爵,则虽劝之必不至矣。虽有孔子之圣,苟无司寇之任、相事之摄,必不能一日安身于鲁也,决矣。此自然之理,必至之符,非可以架空而臆说也。然则为无私之说者,皆画饼之谈,观场之见,但令隔壁好听,不管脚跟虚实,无益于事,只乱聪耳,不足采也。①

龚自珍在《论私》一文中说:

问曰:敢问私者何所始也? 告之曰:天有闰月,以处赢缩之度,气盈朔虚,夏有凉风,冬有煦日,天有私也;地有畸零华离,为附庸闲田,地有私也;日月不照人床闼之内,日月有私也。圣帝哲后,明诏大号,劬劳于在原,咨嗟于在庙,史臣书之。究其所为之实,亦不过曰:庇我子孙,保我国家而已。何以不爱他人之国家,而爱其国家? 何以不庇他人之子孙,而庇其子孙? 且夫忠臣忧悲,孝子涕泪,寡妻守雌,扞门户,保家世,圣哲之所哀,古今之所懿,史册之所纪,诗歌之所作。忠臣何以不忠他人之君,而忠其君? 孝子何以不慈他人之亲,而慈其亲? 寡妻贞妇何以不公此身于都市,乃私自贞私自葆也?②

李贽和龚自珍都认为,"私"就是对个人利益的欲求,从圣帝哲后忠臣孝子以至服田居家的匹夫匹妇,无不有私,这是"自然之理,必至之符","私"才是每一个人最真实的心理。所以在李贽和龚自珍看来,"童心"即"真心","真心"即"私心"。我们虽然不能据此认为这三个概念的内涵完全重叠,但"童心"包含着"真心"和"私心"则是无疑的。而前文已述,丰子恺"童心"思想的一个重要内容,就是无我无目的的超功利的态度,也就是对"私"和"利"的超越。显然,丰子恺不同于李贽和龚自珍。如果说丰子恺对李贽和龚自珍有所取,那么除了"童心"这个概念本身之外,则应该是"真心"之旨,而非"私心"

---

① 《李贽文集》第 3 卷,社会科学文献出版社 2000 年版,第 626 页。
② 《龚自珍全集》,上海人民出版社 1975 年版,第 92 页。

之意。

　　同时,我们还要注意的是,在明清启蒙思想中,李贽和龚自珍是较为激进的一路,除此还有袁宏道和袁枚较为温和的一路。丰子恺的"童心"思想其实远于前者,而近于后者。袁宏道和袁枚都主张"性灵"说。所谓"性灵","实质上是指从传统观念、世俗礼法等重要枷锁中解放出来的自由的心灵"①。"性灵"的一个重要内涵就是"趣"。袁宏道在《叙陈正甫会心集》中说:

　　　　世人所难得者唯趣。趣如山上之色、水中之味、花中之光、女中之态,虽善说者不能下一语,唯会心者知之。今之人慕趣之名,求趣之似,于是有辨说书画、涉猎古董以为清,寄意玄虚、脱迹尘纷以为远,又其下则有如苏州之烧香煮茶者。此等皆趣之皮毛,何关神情?

　　　　夫趣得之自然者深,得之学问者浅。当其为童子也,不知有趣,然无往而非趣也。面无端容,目无定睛,口喃喃而欲语,足跳跃而不定,人生之至乐,真无逾于此时者。孟子所谓不失赤子,老子所谓能婴儿,盖指此也。趣之正等正觉最上乘也。山林之人,无拘无缚,得自在度日,故虽不求趣而趣近之。愚不肖之近趣也,以无品也,品愈卑,故所求愈下。或为酒肉,或为声伎,率心而行,无所忌惮,自以为绝望于世,故举世非笑之不顾也,此又一趣也。迨夫年渐长,官渐高,品渐大,有身如梏,有心如棘,毛孔骨节俱为闻见知识所缚,入理愈深,然其去趣愈远矣。②

　　袁宏道认为,"趣"的精神实质就是一种自然而自由的心境,"趣"唯童子能得之,"不知有趣,然无往而非趣",及年长官高,则去"趣"渐远。"趣"也正是丰子恺"童心"思想的一个重要内涵。丰子恺在《童心的培养》中说:

　　　　童心,在大人就是一种"趣味"。培养童心,就是涵养趣味。小孩子的生活,全是趣味本位的生活。他们为趣味而游戏,为趣味而忘寝食。在游戏中睡觉,在半夜里要起来游戏,是我家的小孩的常事;推想起来,世间的小孩一定大致相同。为趣味而出神的时候,常要做自己所做不到

---

① 成复旺:《新编中国文学理论史》,中国人民大学出版社 2010 年版,第 430 页。
② 钱伯城笺校:《袁宏道集笺校》上册,上海古籍出版社 2008 年版,第 463 页。

的事,或不可能的事,因而跌跤,或受伤,也是我家的小孩子的常事。然这种全然以趣味为本位的生活,在我们大人自然不必,并且不可能。如果有全同小孩一样的大人,那是疯子了。然而小孩似的一点趣味,我们是可以有的。[1]

丰子恺认为,"童心"就是"趣味",也就是一种自由而愉悦的心境,小孩子的生活全然以"趣味"为本位,大人则不可能。二人所说何其相似。丰子恺是否受到袁宏道的影响,我们现在没有直接的材料证明。但袁宏道乃至公安派,在 20 世纪二三十年代的文坛影响甚巨,周作人、林语堂、俞平伯等人都是其热情的信奉者,而这些人皆为丰子恺的同道好友,丰子恺即使没有直接从袁宏道受到影响,也会间接从周作人等人受到影响,这是毫无疑义的。

袁宏道"性灵"说的直接继承者是清代的袁枚。丰子恺对袁枚可谓青睐有加。他曾以"我的书"为题,写过两篇文章,一篇是《我的书:〈芥子园画谱〉》,一篇是《我的书:〈随园诗话〉》。《芥子园画谱》是丰子恺初学绘画时的启蒙经典,对丰子恺走上绘画之路具有重要影响。将《随园诗话》与《芥子园画谱》并列,可以想见丰子恺对《随园诗话》的崇敬之情。丰子恺曾摘录其中数则,对其中反复古、反堆砌、主张空灵自由的诗学观念表示欣赏与认同[2],而这正是"性灵"说的重要内涵。

简而言之,丰子恺的"童心"思想,深受明清启蒙思想的影响,追求真率和自由,但它更接近于袁宏道和袁枚的以"趣"为主的"性灵"说,而不是李贽和龚自珍的以"私"为主的"童心"说。

三、儒道佛传统

1927 年,丰子恺在《告母性》一文中,曾明确宣示其"童心"思想与儒家传统的关系:

孟子说:"大人者,不失其赤子之心者也。"所谓赤子之心,就是前文

---

[1] 陈星总主编、刘晨分卷主编:《丰子恺全集》第 18 卷,海豚出版社 2016 年版,第 236 页。
[2] 陈星总主编、陈建军分卷主编:《丰子恺全集》第 4 卷,海豚出版社 2016 年版,第 104 页。

所说的孩子的本来的心。这心是从世外带来的,不是经过这世间的造作后的心。明言之,就是要培养孩子的纯洁无疵,天真烂漫的真心。使成人之后,能动地拿这心来观察世间,矫正世间,不致受动地盲从这世间的已成的习惯,而被世间所结成的罗网所羁绊。故朱子的注解说:"大人之心,通达万变。赤子之心,则纯一无伪而已。然大人之所以为大人,正以其不为物诱,而有以全其纯一无伪之本然。是以扩而充之,则无所不知,无所不能,而极其大也。"所谓"通达万变",所谓"不为物诱",就是能动地观看这世间,而不受动地盲从这世间。常人抚育孩子,到了渐渐成长,渐渐尽去其痴呆的童心而成为大人模样的时代,父母往往喜慰;实则这是最可悲哀的现状!因为这是尽行放失其赤子之心,而为现世的奴隶了。①

丰子恺认为,他的"童心"就是孟子所说的"赤子之心",也就是"孩子的纯洁无疵,天真烂漫的真心"。可见丰子恺明显受到了孟子思想的影响。

但是,丰子恺的"童心"并不完全等同于孟子的"赤子之心",二者存在较大的差异。这首先表现为二者修养方法的不同,也就是对"赤子之心"和"童心"如何进行保护和培养的不同。孟子说:"君子所以异于人者,以其存心也。君子以仁存心,以礼存心。仁者爱人,有礼者敬人。爱人者,人恒爱之;敬人者,人恒敬之。……非仁无为也,非礼无行也。"(《孟子·离娄下》)孟子认为,君子既要"以仁存心",又要"以礼存心",充分肯定"礼"对于保护和培养"心"的重要作用。但是丰子恺恰恰相反,他认为"礼"是对"童心"的破坏,必须去除。丰子恺在《儿童的大人化》中说:

> 例如据我所见的实例:有的父母教孩子储蓄金钱。有的父母称赞孩子会拾得金钱、节省金钱。有的父母见孩子推让邻人给他的糖果,说他懂得礼仪而称赞他。有的父母因被孩子用手打了一下,视为乖伦,大怒而惩罚孩子。有的父母教孩子像大人一样地应酬,装大人一样的礼貌。有的父母称赞孩子的不躁而耐坐。这等都是不自然的、不应该的,都是误解孩子、虐待孩子。因为金钱的效用、孝的伦理、谦让的礼貌,以及自己抑制的工夫,都是大人的世界里所有的事,在孩子的世界里是没有的。

---

① 陈星总主编、刘晨分卷主编:《丰子恺全集》第 17 卷,海豚出版社 2016 年版,第 131 页。

孩子的看法，与大人完全不同：在他们看来，金钱是一种浮雕的玩具，钞票是同香烟牌子一样的一种花纸。明明欢喜糖果，邻人给他，为什么假装不要？他们不听父母话的时候，父母打他们；父母不听他们话的时候，他们也不妨打父母。（打的一动作的意义，他们还没有明白。据我的所见，孩子的动作都是模仿大人的。如果大人不曾打骂过孩子，孩子决不会打骂别人。）又揖让进退，实在是一种虚饰的、装鬼脸之类的动作，他们看来如同一种演剧。游戏、运动，在他们是出于自动的、最幸福的生活；而不喧噪，或耐坐，在他们看来，是同被拘禁一样的。往往一般大人称赞孩子的会储钱，懂礼貌，不好动，说："这真是好孩子！"我只觉得这同弄猴子一样。把自己的孩子当作猴子，不是人世间最悲惨的现象吗？①

"孝的伦理、谦让的礼貌，以及自己抑制的工夫"，这些都是儒家所倡导的"礼"的具体表现，在丰子恺看来，它们都是对孩子的摧残，对童心的破坏。那么如何保护和培养"童心"呢？丰子恺在《告母性》中说：

要收回这赤子之心，用"教育"的一种方法。故教育的最大的使命，非在于挽回这赤子之心不可。孟子又说："学问之道无他，求其放心而已矣。"所谓放心者，就是放失了的赤子之心。夫人们是孩子的赤子之心未放失时的最初的教育者，只要为之留意保护，培养，岂不是很简便的么？

大人们的一切事业与活动，大都是卑鄙的；其能庶几仿佛于儿童这个尊贵的"赤子之心"的，只有宗教与艺术。故用宗教与艺术来保护，培养他们这赤子之心，当然最为适宜。从小教以宗教的信仰，出世的思想，勿使其全心固着于地面，则眼光高远，志气博大，即为"大人"。否则，至少从小教以艺术的趣味。音乐，绘画，诗歌，能洗刷心的尘翳，使显出片刻的明净。即艺术能提人之神于太虚，使人得看清楚世界的真相，人生的正路，而不致沉沦，摸索于下面的暗中了。②

丰子恺说得很明确，就是"用宗教与艺术来保护，培养他们这赤子之心"，

---

① 陈星总主编、刘晨分卷主编：《丰子恺全集》第 18 卷，海豚出版社 2016 年版，第 223 页。
② 陈星总主编、刘晨分卷主编：《丰子恺全集》第 15 卷，海豚出版社 2016 年版，第 131 页。

也就是用宗教与艺术来保护和培养其超越世俗的精神。所以,由二者修养方法的不同,进一步也就可以透视其精神旨趣的差异。孟子的"赤子之心"是入世间的,所以要接受"礼"的指引;丰子恺的"童心"是出世间的,所以要反对"礼"的束缚。因而,丰子恺虽然借用了孟子"赤子之心"的概念,但其思想内核其实更为接近道家,而非儒家。

1935 年,丰子恺在《谈自己的画》一文中说:

> 我看见世间的大人都为生活的琐屑事件所迷着,都忘记人生的根本;只有孩子们保住天真,独具慧眼,其言行多足供我欣赏者。八指头陀诗云:"吾爱童子身,莲花不染尘。骂之唯解笑,打亦不生嗔。对境心常定,逢人语自新。可慨年既长,物欲蔽天真。"我当时曾把这首诗托人用细字刻在香烟嘴的边上。这只香烟嘴一直跟随我,直到四五年前,有一天不见了。①

丰子恺对八指头陀的这首诗爱不释手,认为它很能表现自己的"童心"思想。这表明,丰子恺受到了以八指头陀等人为代表的佛家思想的影响。但是,细读八指头陀这首诗,我们可以发现,这首诗所表达的思想既是佛家的,也是道家的。"物欲蔽天真"云云,显然是道家的术语、道家的思想。

关于丰子恺的"童心"思想与佛道之关系,作为一代大儒的马一浮其实看得比较清楚。1927 年 2 月丰子恺以儿童和童趣为主题的《子恺画集》出版,10月再版,马一浮为之题词如下:

题子恺画集

> 吾友月臂大师为予言丰君子恺之为人,心甚奇之。意老氏所谓专气致柔,复归于婴儿,子恺之于艺,岂其有得于此邪。若佛氏五行中有婴儿行,其旨深远,又非老氏所几。然艺之独绝者,往往超出情识之表,乃与婴儿为近。婴儿任天而动,亦以妄想缘气尚浅,未与世俗接耳。今观子恺之贵婴儿,其言奇恣,直似不思议境界。盖子恺目中之婴儿,乃真具大人相。而世所名大人,嚣琐愁矜,乃真失其本心者也。赵州有"孩子六

---

① 陈星总主编、陈建军分卷主编:《丰子恺全集》第 1 卷,海豚出版社 2016 年版,第 276—277 页。

识"话,予谓子恺之画,宜名"孩子五阴"。试以举似月臂大师,当以予为知言。丁卯九月书与丰子恺教授。蠲叟。①

老子说:"载营魄抱一,能无离乎？专气致柔,能如婴儿乎?"(《老子·第十章》)又说:"知其雄,守其雌,为天下溪。为天下溪,常德不离,复归於婴儿。"(《老子·第二十八章》)老子无疑是中国历史上最早发现"童心"的思想家。所以马一浮认为,丰子恺"贵婴儿"的"童心"思想是有得于老子。至于佛教,也有"婴儿行"的说法。所谓"婴儿行",出自《大般涅槃经》,是菩萨所修五种行法之一。《大乘义章·卷十二》解释说:"婴儿行者,有二种,一者自利,二者利他。若论自利,从喻为名,行离分别,如彼婴儿无所辨了,名婴儿行。若论利他,从所化为名,如经中说,凡夫二乘始行菩萨如似婴儿,化此婴儿,名婴儿行。""婴儿行"包含两个方面,从其"自利"的一面来看,"如彼婴儿无所辨了",近于道家;从其"利他"的一面来看,"化此婴儿",则近于儒家。老子的"婴儿"思想,显然只能得其"自利"之一面,而与"利他"之一面无涉。所以马一浮说,佛教"婴儿行"的思想其旨深远,非老子所能到。既然非老子所能到,当然也就非丰子恺所能到了。也就是说,在马一浮看来,丰子恺的"童心"思想受佛教的影响浅,受道家的影响深。

需要注意的是,1927 年 10 月 21 日(农历九月二十六日),丰子恺从弘一法师皈依佛教,法名"婴行","婴行"或许就是佛教"婴儿行"的省称。但丰子恺虽然皈依了佛教,其思想却始终不属于佛教。严格意义上的佛教思想,如彻底的出世精神,严格的戒律观念,精湛的佛学义理等等,在丰子恺的思想和言行中我们似乎未能看到。

1946 年,丰子恺在《〈读《缘缘堂随笔》〉读后感》一文中说:"我的为人与为文,真如前文所说,完全是盲进的,不期然而然的。"②又说:"我相信文艺创作是盲进的(实即自然的),不期然而然的⋯⋯"③这种"为人与为文"的"自然"的观念,正是典型的道家思想。一言以蔽之,丰子恺虽然同时受到儒道佛三家的影响,但其思想内核既不是儒,也不是佛,而是道,是以道统摄儒佛。

---

① 吴光主编:《马一浮全集》第 2 册(上),浙江古籍出版社 2013 年版,第 62 页。
② 陈星总主编、陈建军分卷主编:《丰子恺全集》第 2 卷,海豚出版社 2016 年版,第 183 页。
③ 陈星总主编、陈建军分卷主编:《丰子恺全集》第 2 卷,海豚出版社 2016 年版,第 186 页。

结　语

　　丰子恺的"童心"思想来源较为复杂。它不仅直接受到五四新文化运动的影响,还从儒道佛传统以及明清启蒙思想中汲取诸多养分。而且在接受任何一种思想传统的影响时,丰子恺都非全盘照搬,而是有所取舍。他深受五四时期周作人俞平伯等人的"儿童热"的影响,但拒绝其中的斗争主义,表现为和平的爱的"童心"观;在明清启蒙思想中,他虽然也受到李贽龚自珍等人的"童心"说的影响,但更为倾心的却是袁宏道袁枚等人的"性灵"说;儒道佛传统都对他产生了深刻影响,但道家的精神才是其"童心"思想的真正内核。总之,丰子恺从丰富的思想传统中接受广泛的影响,并在自己的理解中加以取舍、融通,最终形成其独具特色的"童心"思想。之所以关注丰子恺"童心"思想的形成,是因为它为我们提供了一个具体而鲜活的案例,以观察现代知识人如何接受传统思想的影响,或者说,传统思想如何进入现代知识人的思想观念与人格精神之中,进而可以反思传统与现代之间的断裂抑或连续的种种复杂关系。

作者:云南大学文学院教授

援西学以兴神韵：论丰子恺的画中有"诗"

刘金华

顾随说起屈原等人的诗，人可不为诗人，不可无诗心。此不但与文学修养有关，与人格修养亦有关系。读他们的作品使人高尚，是真的"雅"①。丰子恺的画中有"诗"，这是当时不少学者的共识。朱自清说：

> 我们都爱你的漫画有诗意；一幅幅的漫画，就如一首首的小诗——带核儿的小诗。你将诗的世界东一鳞西一爪地揭露出来，我们这就像吃橄榄似的，老觉得那味儿。②

朱自清品的是丰子恺漫画里跃动的"诗味儿"。俞平伯说：

> 您是学西洋画的，然而画格旁通于诗。所谓"漫画"，在中国实是一创格；既有中国画风的萧疏淡远，又不失西洋画法的活泼酣恣。虽是一时兴到之笔，而其妙正在随意挥洒。譬如青天行白云，卷舒自如，不求工巧，而工巧殆无以过之。看它只是疏朗朗的几笔似乎很粗率，然物类的神态奕落毂中。这绝不是我一人的识见，您尽可以相信得过。③

---

① 顾随：《退之诗说》，见《顾随讲唐宋诗》上册，叶嘉莹笔记，高献红、顾之京整理，河北教育出版社 2018 年版，第 217 页。
② 佩弦：《〈子恺漫画〉代序》，《语丝》第 54 期，1925 年 11 月 23 日，第 146 页。
③ 平伯：《〈子恺漫画〉跋》，《子恺漫画》，(上海)文学周报社 1926 年 1 月初版、1926 年 8 月再版，第 168 页。

俞平伯讲的是丰子恺漫画中舒卷的"诗兴",也即"一时兴到之笔"。丰子恺讲究诗趣,他文章里提到的"趣"与"趣味",据白杰明的研究,通常可以与"兴趣""兴味"互换①。郑振铎在评价丰子恺的漫画时则说:

> 虽然是疏朗的几笔墨痕,画着一道卷上的芦帘,一个放在廊边的小桌,桌上是一把壶,几个杯,天上是一钩新月,我的情思却被它带到一个诗的境界,我的心上感到一种说不出的美感,这时所得的印象,较之我读那首《千秋岁》(谢无逸作,咏夏景)为尤深。实在的,子恺不惟复写那首古诗的情调而已,直已把它化成一幅更足迷人的仙境图了!②

郑振铎讲的是丰子恺画笔下铺衍的"仙"气,这比体现古诗情调的说法还进一步。他这里评论的《人散后,一钩新月天如水》,为丰子恺1924年所作,发表于朱自清、俞平伯合办的诗文集《我们的七月》,这本书的封面也是丰子恺的漫画作品《夏》。

朱自清、俞平伯、郑振泽都是文人,难免将丰子恺的画与诗相牵扯。其实丰子恺本人说得更直白些,他对漫画的定义是:

> 漫画是介于绘画与文学之间的一种艺术。③

借助于文学和诗歌,丰子恺觉得他这个绘画中的"半吊子"(Dilettante)和"业余人士"(Amateur),才找得到漫画需要体现的"兴味"④。文学在丰子恺这儿几近等于诗。丰子恺为画里的配色烦恼,之后受了诗句的启发,认为"诗人的眼里可佩,习画应该读诗"⑤。他画到后来,干脆把自己的画集名定为《画中有诗》(1943)。在这位漫画家的眼里,自然景物的特点,画笔所不能达到的,诗词往往能强明地说出:

---

① 白杰明:《艺术的逃难:丰子恺传》,贺宏亮译,浙江人民出版社2015年版,第124页。
② 郑振铎:《〈子恺漫画〉序》,(上海)文学周报社1926年1月初版、1926年8月再版,第3页。
③ 丰子恺:《漫画》,见《艺术修养基础》,桂林文化供应社1941年版,第168页。
④ 丰子恺:《绘画与文学》,见陈星总主编、刘晨分卷主编《丰子恺全集》第8卷,海豚出版社2016年版,第140页。
⑤ 丰子恺:《文学的写生》,见陈星总主编、刘晨分卷主编《丰子恺全集》第8卷,海豚出版社2016年版,第120页。

有时觉得画可以不必描，读读诗词尽够领略艺术的美了。故我从诗词所受的铭感，比从画所受的更深。①

也就是说，诗歌是丰子恺漫画创作的真缪斯。值得进一步指出的是，丰子恺本人富传统气质，柔石曾批评丰子恺"几乎疑心他是古人，还以为林逋、姜白石能够用白话来做文章了"②。不仅是画作里古诗新画，丰子恺的文章里也尽是中国的古诗词，频频引用"花吹影笙，满地淡黄月""可怜雨歇东风定，万树千条各自垂"等句。相应地，朱自清等就丰子恺舒展的画风，对画作所用的点评词汇也都是东方式的：画里的"味儿"，揭露得"东一鳞西一爪"；"兴"虽不失西洋笔法，妙在随意挥洒；画中"仙境"般的疏朗，更神似古诗神韵之美，不用说也说不出。诸种印象汇聚在一起，丰子恺取自西方的漫画形式中隐藏的"诗"，应是来自东方的古风诗词。这位取法西方的现代漫画家身上满是东方的情调，如朱光潜所认为的：

子恺本来习过西画，在中国他最早木刻，这两点对于他的作风有显著的影响。但是这只是浮面的印象，他的基本精神还是中国的，或者说，东方的……。③

甚至在音乐上，丰子恺对艺术的吸收也有个"西学东渐"的过程。丰子恺在上世纪 30 年代买过几张京剧唱片后，"爱不忍释"，自感"西洋的和声音乐固然好，但中国的旋律音乐也自有它的好处，味道和西洋音乐不同，却适合我这个中国人的胃口"。"自从他把我的音乐趣味从西洋扭到中国之后，我的美术趣味也跟着走，也从西转向东，从此我看重中国自己的音乐了。"④十几年后，丰子恺仍为梅兰芳痴迷，他在《访梅兰芳》一文中将这份痴迷上升到了宗教一般的高度。

中国或东方的基本精神究竟是什么，涉及领域不同，答案也不一样。丰

① 丰子恺：《文学的写生》，见陈星总主编、刘晨分卷主编《丰子恺全集》第 8 卷，海豚出版社 2016 年版，第 120—121 页。

② 柔石：《丰子恺君的飘然态度》，载《萌芽》第 1 卷第 4 期（1930 年 4 月 8 日）。

③ 朱光潜：《冯先生的人品与画品——为嘉定子恺画展作》，《中学生》战时半月刊第 67 期（1943 年 9 月 5 日）。

④ 陈星：《访梅赏兰——丰子恺与梅兰芳》，见所著《新月如水——丰子恺师友交往实录》，中华书局 2006 年版，第 162 页。

子恺漫画里体现的东方味道应是画中有"诗"。他的漫画里有诗心，归根结底，是独属于东方（中国）的诗心，值得系统探究。

一

丰子恺常提到"艺术心"一词。作为世人眼中的中国美育倡导人，他是在《教师日记》里正式提出了"艺术心"，并把"艺术心"一词排在了"艺术"与"艺术教育"的前面。他在日记里总结道：

> 今上午结束艺术教育课。选读《乐记》三节。并为结论曰：半年来授课共十六讲。要之，不外三语：
> "艺术心"——广大同情心（万物一体）。
> "艺术"——心为主，技为从（善巧兼备）。
> "艺术教育"——艺术精神的应用（温柔敦厚。文质彬彬）。①

根据白杰明的观察，丰子恺认为传统艺术思想的核心观点在于，绘画或书写本质上是"心"的艺术，而不仅仅是技法精湛的问题②。"艺术心"即"广大同情心"，也就是"万物一体"。丰子恺将"艺术心"等同于"广大同情心"，是因为相信"艺术心"与生活日常的最大不同主要体现于物我的平等关系上：

> 平常生活中，物我是对峙的。艺术生活中，视外物与我是一体的。对峙则物与我有隔阂，我视物有等级。一体则物与我无隔阂，我视物皆平等。故研究艺术，可以养成平等观。③

"同情心"还是"艺术心"与画家经常提起的"童心"概念的连接点。有研究者认为，丰子恺所谓的"艺术心"也就是"童心"，其实是"艺术心""宗教心"

---

① 丰子恺：《教师日记》，(1939年6月22日)，见陈星总主编、杨子耘、杨朝婴分卷主编《丰子恺全集》第20卷，海豚出版社2016年版，第349页。
② 白杰明：《艺术的逃难：丰子恺传》，贺宏亮译，浙江人民出版社2015年版，第118页。
③ 丰子恺：《艺术的效果》，见陈星总主编、刘晨分卷主编《丰子恺全集》第18卷，海豚出版社2016年版，第40页。

和"赤子心"三位一体的①。如果再进一步梳理，"宗教心"更像是丰子恺的艺术底色，"艺术心"与"赤子心"出于"同情"，也就是对万物的爱才有了联系。丰子恺注重"赤子心"，就是因为儿童与大人相比，"最富于同情"，"且其同情不但及于人类，又自然地及于猫犬、花草、鸟蝶、鱼虫、玩具等一切事物"②。丰子恺眼里的"童心"，在大人身上表现为一种"趣味"③。孩童的世界至真至纯，是美化、诗化了的成人世界。这种诗化了的成人世界的趣味，也就是"诗趣"。在丰子恺看来，艺术家就是内部仍保留着"这点可贵的心"（童心）的成年人。

> 学做小孩子，就是培养小孩子的这点"童心"，使长大以后永不泯灭。④

对万物有同情，自然会视万物于一体。"万物一体"体现在艺术观念上又叫迁想妙得、拟人化、感情移入：

> 不但静物如此，描风景画也必把山水楼台当作活物看，才能作成美好的画。这技术在中国叫做"经营置陈"，在西洋叫做"构图"（composition）。这看法在中国叫做"迁想妙得"，在西洋叫做"拟人化"（personification）。德国美学者则称之为"感情移入"（einfhlungthoerie）。⑤

这些词汇很好理解，丰子恺用以说明，在真的艺术心视角下，无论是在中国还是西方，世界一定完全是活物，自然都是具有灵气的。人的情与自然的景交融，"艺术心"的重心是在人融入自然的情感体验上，即"有情化一切自然"。丰子

---

① 余连祥：《丰子恺美学思想研究》，商务印书馆 2012 年版，第 26 页。
② 丰子恺：《美与同情》，见陈星总主编、刘晨分卷主编《丰子恺全集》第 16 卷，海豚出版社 2016 年版，第 136 页。
③ 丰子恺：《关于艺术教育》，见丰陈宝、丰一吟、丰元草编《丰子恺文集》第 2 卷，浙江文艺出版社、浙江教育出版社 1990 年版，第 254 页。
④ 丰子恺：《关于儿童教育》，见丰陈宝、丰一吟、丰元草编《丰子恺文集》第 2 卷，浙江文艺出版社、浙江教育出版社 1990 年版，第 253 页。
⑤ 丰子恺：《桂林艺术讲话之一》，见陈星总主编、陈建军分卷主编《丰子恺全集》第 2 卷，海豚出版社 2016 年版，第 148 页。

恺还把以上的美育观念与康德等人"无利害"的近现代美学思想联系起来：

> 近代西洋学者黎普思（Theodor Lipps）有"感情移入"之说。所谓"感情移入"，又称"移感"，就是投入自己的感情于对象中，与对象融合，与对象同喜同悲，而暂入"无我"或"物我一体"的境地。这与康德的所谓"无关心"（disinterestedness）意思大致相同。黎普思，服而开忒（volkert）等皆竭力主张此说。这成了近代美学上很重大的一种学说，而惹起世界学者的注意。①

  如果读者稍加留意，不难看到朱自清等已经注意到的内容，丰子恺的"万物一体""自然有情化"都是借由诗歌用漫画来体现的。丰子恺说的"艺术家"是有童心的成年人，更是东方文化视域里的"文人"。画家在《文学的写生》里归纳了文人对自然的两种观察态度：有情化的观察与印象的观察，相应地也就有"有情化的描写"和"印象的描写"。有情化的观察，就是迁移自己的感情于自然之中，而把自然看作有生命的活物，或同类的人，"必求表现其神韵"②。印象的观察，就是看出对象的特点，而捉住其大体的印象。这与画家的观察、态度完全相同③。"有情化的描写"即自然拟人化，主要体现在花、树、鸟、月等自然事物的象征化上，自然与自我因此能够相互映照。

  由以上阐述可知，丰子恺的"艺术心"体现的是人与自然相互融合产生的情感。画家这种交感文艺观的源头来自传统东方诗歌。丰子恺是"最像艺术家的艺术家"，算得上现代的陶渊明和王维，不是因为他多才多艺，而是"像艺术家的真率，对于万物的丰富的爱，和他的气品，气骨"，这是吉川幸次郎的看法④。丰子恺在漫画创作上是半路出家，而文学功底深厚，吉川幸次郎把丰子恺与古代诗人放在一起，就是注意到了他身上更突出的诗人而非画家的气质。而曹万生说，对浸渍于英语随笔日语小品的林语堂、周作人而言，丰子恺

---

① 丰子恺：《桂林艺术讲话之一》，见陈星总主编、陈建军分卷主编《丰子恺全集》第 2 卷，海豚出版社 2016 年版，第 161 页。
② 丰子恺：《文学的写生》，见陈星总主编、刘晨分卷主编《丰子恺全集》第 8 卷，海豚出版社 2016 年版，第 121 页。
③ 同前注。
④ 谷崎润一郎：《读〈缘缘堂随笔〉》，夏丏尊译，见丰陈宝、丰一吟、丰元草编《丰子恺文集》第 6 卷，浙江文艺出版社 1990 年版，第 112 页。

是中国的；对强调表现人生的茅盾、瞿秋白来说，丰子恺又是"缘情"的①，这定位真是精准。丰子恺身上"缘情"的主要反映，所谓"对万物丰富的爱"，就是他自己反复阐述的"艺术心"，这是画家艺术创作观念的精髓所在。丰子恺在1943 年的漫画集《画中有诗》的序言里就说：

> 余读古人诗，常觉其中佳句，似为现代人生写照，或竟为我代言。盖诗言情，人情千古不变，故为诗千古常新。此即所谓不朽之作也。②

无论是成人还是儿童，在物我平等的基础上，有着对万物的丰富的爱，就有了丰子恺眼中的人的"最伟大的世界观"：

> 所谓拟人化，所谓感情移入，便是把世间一切现象看作与人类平等的生物。便是把同情心范围扩大，推心置腹，造物。这不但是"思及禽兽"而已，正是"万物一体"的大思想——最伟大的世界观。③

通过提出"艺术心"这一标榜自然有情化的概念，丰子恺用情景结合的"缘情"说连接了中国的古诗与现代漫画艺术。另一方面，将"万物一体"思想与康德的"审美无利害"思想相联系，认为其是最伟大的世界观，这就又体现了丰子恺尝试融通中西的艺术创作视角。这很有意思，就像于画意里融入诗情，艺术门类的交融对丰子恺不成问题，美术领域里的"经营置陈"或"构图"技法，中国的"迁想妙得"，西方的"拟人化"理念亦或是德国的"感情移入"，对他来说也并没有不同。万物皆由我用，无论艺术思想还是在绘画技法上，丰子恺松弛而自在，在中西艺术海洋里徜徉。甚至包括丰子恺对日本艺术论说没有界限感的转介，说的都是这一件事（美），一种画风（艺术）和一种诗论（艺术心）。这是丰子恺艺术创作理念的精髓所在。

---

① 曹万生：《朱自清与丰子恺：传统余脉的变形与延伸》，载《文学评论》1992 年第 2 期，第 128 页。
② 丰子恺：《〈画中有诗〉自序》，见陈星总主编、刘晨分卷主编《丰子恺全集》第 10 卷，海豚出版社 2016 年版，第 235 页。
③ 丰子恺：《桂林艺术讲话之一》，见陈星总主编、陈建军分卷主编《丰子恺全集》第 2 卷，海豚出版社 2016 年版，第 148 页。

二

丰子恺在中西艺术与文论间自由挥洒，那么，在"艺术心"与"万物一体"的自然有情化观念中，最紧要、最精髓的部分又是什么呢？在丰子恺看来，它就是"一千四百年来东洋绘画鉴赏上的唯一标准"，由南齐谢赫提出的"气韵生动"说。丰子恺的画中有"诗"，无论名称上怎样变幻，都是借由东方"诗心"的滋养，创作了富含传统韵致的现代漫画作品。

自五四开始，中国对文学艺术思想的讨论，就常常在"西方还是传统"的模式中展开。钱锺书认为西方的"纯诗"我国几千年前就有了。在丰子恺看来，与康德思想差不多的"万物一体"，其最紧要处是由谢赫说破，黎普思的美学见解，也是中国清初的恽南田早就讲过了的。丰子恺认为：文学中有画趣，画中有诗趣。这是综合式的东洋艺术的特性，为分业式的西洋艺术中所没有的。近代西洋画的东洋画化，即东洋画技法的西渐，"感情移入"与"气韵生动"，即东洋画理论的西渐。"感情移入"说的意思，是说我们把移入于自然物象中的感情当作物象所有的客观的性质而感受，因而得到美感①。"气韵生动"被丰子恺定义为"艺术的活动的根元"，他认为这也是中国美术区别于西洋美术的主要的特色②。丰子恺在文章中强调，以上说法不是他自己一人的臆说或发现③。日本艺术论者金原省吾、伊势专一郎、园赖三等人也有类似说法。原因在于，绘画的自然有情化只是抽象地表示神气，却不许具体地表示其化物④。而中国画比西洋画取材广泛，风景画与静物画比较发达：

探究起来，我又不得不赞美东方人的"自然观照"的眼的广大深刻！

---

① 丰子恺：《中国美术的优胜（附录）》，见陈星总主编、刘晨分卷主编《丰子恺全集》第8卷，第163、151、153、165页。丰子恺是在用传统的文艺观，比照来自西方的最新的现代文艺思想，这在客观层面上，可以视作是向中国介绍西方艺术观念的另一种方式。恽南田对丰子恺的影响很深。他对日本画家竹久梦二的借鉴，其中一个重要原因，应该也是因为梦二画作中有恽南田的影响。

② 中国画在表面的技术上的特色，是风景画与静物画的优秀；在内容上的思想上的特色，是"气韵生动"说的先觉。而后者又为前者的根据，故中国美术的主要的特色，归根于"气韵生动"。丰子恺：《中国美术的优胜（附录）》，见陈星总主编、刘晨分卷主编《丰子恺全集》第8卷，第168、170页。

③ 丰子恺：《中国美术的优胜（附录）》，见陈星总主编、刘晨分卷主编《丰子恺全集》第8卷，第161页。

④ 丰子恺：《文学的写生》，见陈星总主编、刘晨分卷主编《丰子恺全集》第8卷，海豚出版社2016年版，第122页。

即"迁想妙得"或"感情移入"，原是东西洋艺术所共通具有的情形；然而西洋人偏狭得很，在十九世纪以前只能"迁想"或"移入"于同类"人"中；东洋人博大得多，早已具有"迁想"或"移入"于"非有情界"的山水草木花果中的广大的心灵，即所谓"能以万物于一体"者也。①

丰子恺肯定了"气韵生动"，他在艺术创作中追求的是"气韵"表现，更确切地说，是画作中的抽象的"神韵"。因为：

> 中国画法上注重"气韵生动"，一草一木，必求其神韵。
> 张彦远在《历代名画记》中说："生物之可状，须神韵而后全"，明明在说，描人物与动物的时候，可为其状的根源的，是神韵。②

根据丰子恺的理解，"气韵生动"思想的立脚点应是一种宇宙的"泛神论"：

> 关于"气韵生动"的体验，"气韵必在生知"（《艺苑卮言》）的先验说，就是说气韵是属于先天性的，这是谢赫以来的根本思想。从泛神论的以神为世界的根元的立脚点看来，这正是因为气韵之源在于神的缘故。
> 创作的内的条件中最不可缺的，不是"感情移入"，而必然是由感情移入展开而触发绝对精神的状态。东洋艺术上早已发现的所谓"气韵生动"，大约就是这状态了。③

气韵中的"气"也被丰子恺归结为"精神"或"心"：

> 气者，指太极一元之气，即宇宙的本体。气在本体论研究上是精神或心的意思。程子所谓造化不穷之生气，也是说明这唯心论或观念论的立脚点的。

① 丰子恺：《中国美术的优胜（附录）》，见陈星总主编、刘晨分卷主编《丰子恺全集》第 8 卷，第 160 页。
② 丰子恺：《文学的写生》，见陈星总主编、刘晨分卷主编《丰子恺全集》第 8 卷，海豚出版社 2016 年版，第 121 页，第 167 页。
③ 丰子恺：《文学的写生》，见陈星总主编、刘晨分卷主编《丰子恺全集》第 8 卷，海豚出版社 2016 年版，第 167—168 页，第 166 页。

"天下之物，本气所积成。即如山水，自重冈复岭，以至一木一石，无不有生气贯其间。"《芥舟学画编》这以精神为形成世界的主题，更进一步，至于"一草一树一沟一壑皆灵想所独辟"（《瓯香馆画跋》），与视"绝对精神"为创造世界的主力，而在一草一树中看出这绝对精神的思想（这是最自然的进径），气韵就变成艺术的活动的强的冲动力了。换言之，即进入了泛神论的地步，气韵就是艺术创作的内的条件。①

"神"与"气"的联系固然反映了丰子恺的泛神化宗教观念，在另一层面还可以解释为画家对中国传统诗论中"思与境偕""情景交融"观念的现代演绎。丰子恺认为："美不能仅由主观或客观感得。二者同时互动，美感方始成立。这是最充分圆满的学说，世间赞同的人很多。"②这样一来，要有气韵，诗歌就理应体现诗人自身的性情：

> 气韵是指导创作活动的根本的精神，支配作家的心，入于笔墨中，而支配笔墨。③
> 高贵的人格是映出绝对者的最良的镜，只有在高贵的人格中可以感到气韵。郭思所谓"人品既高，气韵不得不高。气韵既高，不得不生动"（见《图画见闻志》），就是这意思。④

丰子恺引用了郭若虚《图画见闻志》中的说法，认为创造气韵主要是凭借人品：

> 人品既高，气韵不得不高。气韵既高，不得不生动。所谓神之又神而能精。⑤

---

① 丰子恺：《文学的写生》，见陈星总主编、刘晨分卷主编《丰子恺全集》第 8 卷，海豚出版社 2016 年版，第 168 页。
② 丰子恺：《从美化说到美》，见丰陈宝、丰一吟、丰元草编《丰子恺文集》第 2 卷，浙江文艺出版社 1990 年版，第 565 页。
③ 丰子恺：《从美化说到美》，见丰陈宝、丰一吟、丰元草编《丰子恺文集》第 2 卷，浙江文艺出版社 1990 年版，第 565 页。
④ 丰子恺：《中国美术的优胜（附录）》，见陈星总主编、刘晨分卷主编《丰子恺全集》第 8 卷，第 167 页。
⑤ 丰子恺：《中国美术的优胜（附录）》，见陈星总主编、刘晨分卷主编《丰子恺全集》第 8 卷，第 162 页。

他还在文章中系统罗列了董其昌、张浦山、苏东坡和倪云林等人有关"气韵生动"的说法。而在所有前人的看法中，丰子恺认为解释"气韵生动"最为透彻，最能得谢赫真意的，要推清朝的方薰。方薰看重气韵生动中的"生"字（即流动于对象中的人的"生命"与"精神"），能彻底地阐明美的价值。《山静居画论》云："气韵生动，须将'生动'二字省悟。会得生动，则气韵自在。气韵以生动为第一义。然必以气为主。气盛则纵横挥洒，机无滞碍，其间气韵自生动。杜老云，元气淋漓幛犹湿，是即气韵生动。"[1]丰子恺由此说：

> 综合以上诸说，气韵是由人品而来的，气韵是生而知之的，气韵以生动为第一义。由此推论，可知对象所有的美的价值，不是感觉的对象自己所有的价值，而是其中所表出的心的生命，人格的生命的价值。凡绘画须能表现这生命，这精神，方有为绘画的权利；而体验这生命的态度，便是美的态度。除此之外，美的经验不能成立。所谓美的态度，即在对象中发见生命的态度，即"纯观照"的态度。这就是沉潜于对象中的"主客合一"的境地，即前述的"无我"，"物我一体"的境地，一己"感情移入"的境地。[2]

在中国诗论中，尤其是神韵说一系的诗论中的"思与境偕""情景交融"，多是强调诗中风景与作者性情的应和。丰子恺认为"高贵的人格是映出绝对者的最良的镜"，钱锺书在《管锥编》中也注意到了"神韵"关乎人物这一特点。他将以"韵"论人与范温以"韵"品目诗文书画的做法相联系，在征引了《答赵士舞德茂宣义论弘词书》之后，其结论是，观此可识谈艺仅道"韵"者，意中亦有生人之容止风度在，也就是说，无论格物，还是谈艺，人人都会"皆肖己之心性气质"，从这种意义上，"气韵""神韵"等即出于"赏析时之镜中人自相许矣"。镜是人用于审视自身的器物，钱锺书以"镜中人"一说探讨"气韵"和"神韵"，预示了神韵与人之间的密切联系。首先，"镜"有"观照"之意，要有人，"镜"的作用才能得以体现，"镜"中之人也是"境"中之人；其次，"镜中人"正如

---

① 丰子恺：《中国美术的优胜（附录）》，见陈星总主编、刘晨分卷主编《丰子恺全集》第 8 卷，第 167 页。

② 丰子恺：《中国美术的优胜（附录）》，见陈星总主编、刘晨分卷主编《丰子恺全集》第 8 卷，第 162—163 页。

严羽笔下"空中之音、相中之色、水中之月、镜中之像"的比喻，中间有人的意象在，又无从捕捉，应是指渗透着作者思想、感情、风度、气质的境外之味。

传统诗学"神韵说"中的"神韵"一词始自画论。在丰子恺的笔下，中国的文学与绘画一向是基于同样的自然观。① 如此看来，如果在"气韵生动"里面再细分，丰子恺画中注重的应是在"气韵"基础上更进一层的诗中"神韵"，即顾随所认为的中国诗最高境界②。丰子恺在文论中再三陈说的"艺术心"，体现于现代漫画的创作，实质上正是根植于中国古诗"神韵"一系的品质。

三

丰子恺曾将他关于艺术的文章结集出版，取名为《艺术趣味》。白杰明认为：趣味的概念是丰子恺逐渐形成的艺术哲学的核心，也是 20 年代他在文学圈中最引人注目之处③。王维被公认为中国神韵诗的代表性诗人。丰子恺说王维的"画中有诗"不是忠于自然的再现的功夫的，而是"善托于胸中诗趣于自然的"④。丰子恺的画中也有诗趣。他认为：

> 我读古人的写景诗词，常常发现其中有远近法存在，不过是无形的。因此想见画家与诗人，对于自然景色作同样的关照。不过画家用形状色彩描写，诗人用语言描写，表现的工技不同而已。⑤

"万物一体"在技术上体现于经营置陈、构图，融景于情，体现在漫画的笔法上，就是以线条组织绘画。这在绘画表现上是"最得力的一种方法"，也是

---

① 丰子恺：《文学的写生》，见陈星总主编、刘晨分卷主编《丰子恺全集》第 8 卷，海豚出版社 2016 年版，第 126 页。

② 顾随《王维诗品论》云："说愁苦是愁苦，而又能美化、诗化，此乃中国诗最高境界，即王渔洋所谓'神韵'。说什么是什么，而又能超之，如此高则高矣，而生的色彩便不浓厚了，力的表现便不充分了，优美则有余，壮美则不足。"见叶嘉莹笔记，高献红、顾之京整理《顾随讲唐宋诗》上册，河北教育出版社 2018 年版，第 74—75 页。

③ 白杰明：《艺术的逃难：丰子恺传》，第 120 页。

④ 丰子恺：《中国画的特色——画中有诗》，见陈星总主编、刘晨分卷主编《丰子恺全集》第 10 卷，海豚出版社 2016 年版，第 95 页。

⑤ 丰子恺：《文学中的远近法》，见陈星总主编、刘晨分卷主编《丰子恺全集》第 8 卷，海豚出版社 2016 年版，第 111 页。

丰子恺眼中的中国绘画一向的特点①，甚至可以说是一切艺术的活动的根柢②。而线描法、单纯化、畸形化，都根基于"特点扩张"的关照态度而来，都是中国画所独有的特色。丰子恺的漫画笔法简洁，注重使用线条。他在《漫画浅说》中说：

> 这概略而迅速的省笔法，能使创作时的灵感直接地自然地表现，而产生"神来"妙笔。③

在绘画中，丰子恺提倡"意在笔先"④。因为"意在笔先"，在单纯化的表现上，线就很重要，即便这些线条在实际的物象上并不存在：线不是物象说明的手段，是画家的感情的象征，是画家的感情的波动的记录。⑤ 丰子恺的漫画能体现诗的意味，其线描笔法功不可没。

线描法体现的"单纯化"，其实就可以和"神韵"诗中对于诗之为诗品质的坚持相比照。中国画的"单纯化"，强调的中心是为了艺术而艺术，不计利害：

> 真的绘画是无用的，有用的不是真的绘画。无用便是大用。⑥

而丰子恺一生孜孜以求的美，就是指美的世界与现实的世界没有牵系，美就是去专心地欣赏现实世界的"变形"：

---

① 丰子恺：《新兴艺术鉴赏》，见陈星总主编、刘晨分卷主编《丰子恺全集》第 8 卷，海豚出版社 2016 年版，第 104 页。
② 这是丰子恺比较中西文艺观之后得出的结论。原文见《中国美术的优胜（附录）》："黎普思用以说明美感的感情移入说，倘能应用到创作活动上，就可不分东西洋的区别，而共通地被认为一切艺术的活动的根柢了。"见陈星总主编、刘晨分卷主编《丰子恺全集》第 8 卷，海豚出版社 2016 年版，第 163 页。
③ 丰子恺：《漫画浅说》，载《小说月报》第 16 卷第 11 号（1925 年 11 月）。
④ 丰子恺认为，作画意在笔先，只要意到，笔不妨不到，有时笔到了反而累赘。此说法见陈星：《感动心眼——丰子恺与竹久梦二》，见所著《新月如水——丰子恺师友交往实录》，中华书局 2006 年版，第 171 页。
⑤ 丰子恺：《中国美术的优胜（附录）》，见陈星总主编、刘晨分卷主编《丰子恺全集》第 8 卷，海豚出版社 2016 年版，第 161 页。
⑥ 丰子恺：《绘画之用》，见陈星总主编、刘晨分卷主编《丰子恺全集》第 16 卷，海豚出版社 2016 年版，第 138 页。

撇开一切传统实际的念头,而当作一种幻象观看,自然就能发现其新颖而美丽了。这"变形"的力量真伟大! 它能使陈腐枯燥的现世超升为新奇美妙的仙境,能使这现实的世界化为美的世界。[①]

而无论是画家还是诗人,因为要融景于情,必然要导致作品在描述自然事物时的变形。"Protesque"这个词,意思是"怪诞的,荒唐的",丰子恺将之翻译为"畸形化",认为它是"中国画上所特有的一种状态"[②]。这往往体现在中国画不讲究透视,更重视留白,体现在诗歌理论中,即作诗时的"兴会神到"。中国诗人讨论"真实",常引用的事例反而是王维的画作《袁安卧雪图》。将这一典故用于艺术评论的记述最早见于沈括的《梦溪笔谈》。以芭蕉比喻人的"空虚之身"为佛家惯用,芭蕉生长在热带地区,不太可能出现在雪花纷飞的冬季,沈括因此说:

> 书画之妙,当以神会,难可以形器求也。世之观画者,多能指摘其间形象位置彩色瑕疵而已,至于奥理冥造者,罕见其人。如彦远画评,言王维画物多不问四时,如画花往往以桃、杏、芙蓉、莲花同画一景。余家所藏摩诘画《袁安卧雪图》,有雪中芭蕉,此乃得心应手,意到便成,故造神入理,迥得天意,此难可与俗人论也。[③]

又王士祯在《带经堂诗话》卷三中的评述:

> 世谓王右丞画雪中芭蕉,其诗亦然。如"九江枫树几回青,一片扬州五湖白",下连用兰陵镇、富春郭、石头城诸地名,皆寥远不相属。大抵古人诗画,只取兴会神到,若刻舟缘木求之,失其指矣。[④]

张宗楠针对这一观点进一步补充说:"诗家唯论兴会,道里远近不必尽

---

① 丰子恺:《看展览会用的眼镜——告一般入场者》,载《美展》第 6 期(1929 年 4 月 25 日)。
② 丰子恺:《中国美术的优胜(附录)》,见陈星总主编、刘晨分卷主编《丰子恺全集》第 8 卷,海豚出版社 2016 年版,第 161 页。
③ 沈括:《梦溪笔谈》,辽宁教育出版社 1997 年版,第 92—93 页。
④ 王士祯:《带经堂诗话》,张宗楠纂集,戴鸿森点校,人民文学出版社 1998 年版,第 68 页。

合,此神到之作,古人有之,后人籍口不得。"①"兴会"一词与"伫兴"的含义相似,形容诗人一种感兴的创作状态。"兴会神到"可对应于"伫兴而就",即《文心雕龙》中说的"寂然凝虑,思接千载;悄焉动容,视通万里。吟咏之间,吐纳珠玉之声;眉睫之前,卷舒风云之色"②。王士禛正是在"伫兴类"诗话部分提到了"雪中芭蕉"。

王维阖家倾心事佛,母亲崔氏和兄弟王缙均为北宗教主普寂的世俗弟子。王维号"摩诘",以佛经中的维摩诘居士自比,也多与禅宗僧侣来往。他的画如其诗,画面与主题均富禅意。据陈允吉统计,单《宣和画谱》所录当时御府所藏王维一百二十六轴画中,就有一半表现了宗教题材③。"雪中芭蕉"的宗教意味浓厚,自当以"法眼观之"④,王士禛征引王维的"雪中芭蕉",讨论的就是诗歌内容的"真实性"问题。对诗中"真实"的讨论还见于《带经堂诗话》"伫兴类"第三则:

> 香炉峰在东林寺东南,下即白乐天草堂故址;峰不甚高,而江文通《从冠军建平王登香炉峰》诗云:"日落长沙渚,层阴万里生。"长沙去庐山两千余里,香炉何缘见之? 孟浩然《下赣石》诗:"暝帆何处宿,遥指落星湾。"落星在南康府,去赣亦千余里,顺流乘风,即非一日可达。古人诗只取兴会超妙,不似后人章句,但作记里鼓也。

"兴会超妙"或"兴会神到"与"雪中芭蕉"的寓意相同,都表述了诗歌有其特有的真实,应取"神"而不取"形"的含义。"诗有别趣,非关理也",这理应该为"理趣",与现实生活中的"理"不是一回事。艺术中的真实与现实生活中的真实也有着不一样的评判标准。司空图《诗品》中的"离形得似",以及姜夔的"理高妙""碍而实通"等说法亦可与之相比拟。姜夔的"碍而实通",是专指诗歌艺术特有的情理而言,他以"碍而实通"反驳了当时理学家"诗人无理""作

---

① 王士禛:《带经堂诗话》,张宗楠纂集,戴鸿森点校,人民文学出版社 1998 年版,第 68 页。
② 黄霖编著:《文心雕龙汇评》,上海古籍出版社 2005 年版,第 94 页。
③ 陈允吉:《王维"雪中芭蕉"寓意蠡测》,见所著《古典文学佛教溯缘十论》,复旦大学出版社 2002 年版,第 71 页。
④ 北宋惠洪的说法,见《冷斋夜话》卷四"诗忌"一条:"诗者,妙观逸想之所寓也,岂可限以绳墨哉! 如王维作雪中芭蕉,自法眼观之,知其神情寄遇于物,俗论则讥以为不知寒暑。"见陈良运主编《中国历代诗学论著选》,百花洲文艺出版社 1998 年版,第 396 页。

诗害道"的说法。

古典诗论中对诗与真实这一问题的讨论并不鲜见。杜甫的诸如"碧瓦初寒外""月傍九霄多""晨钟云外湿""高城秋自落"等诗句，不以常理作，多无理而妙。叶燮在《原诗》中对此多有申发①。这些看似荒谬，实与情理相合的诗句，正印证了中国诗歌"不以形器求"的特质。

诗人们对王维"雪中芭蕉"的评议，实际上均承袭了沈括《梦溪笔谈》中的看法，是强调了诗歌"不拘形似"的一面。及至现当代，刘大杰在谈到王维"意在笔先"的主张时，又把这一文学典故与"象征"手法联系起来：

> 意就是一种意象或境界，使读者观者可以在他的作品中得到一种神悟的情味。这一派的手法，同写实派的手法不同。他有"雪中芭蕉"一帧，极负盛名，这正证明他的艺术是着重于意境的象征，而不是刻画的写实。②

刘大杰继而评论认为，王维所追求的"是人人懂得而又是人人写不出的一种高远的意境，他鄙视那种惟妙惟肖的形象，因为在那形象里只有外貌而没有灵魂，后人称道他作品有神韵，有滋味，便是指这一点。"藉由刘大杰的阐述，中国古诗中的"神韵"似乎就相当于"着重于意境的象征"。两者的相通之处，就在于强调了诗中特有的真实。

丰子恺在《中国美术的优胜》长文中详述了对不重视透视法的中国画的欣赏。他显然认为画与诗相同，应有别样的趣味，以"神会"而不以"形器"求。丰子恺的漫画对日本画家竹久梦二借鉴最多，他在评价竹久的画作时认为：

> 竹久梦二的画，其构图是西洋的，其画趣是东洋的；其形体是西洋的，其笔法是东洋的。自来综合东西洋画法，无如梦二先生之调和者。他还有一点更大的特色，是画中诗趣的丰富。③

---

① 叶燮：《原诗》，霍松林校注，见《原诗 一瓢诗话 说诗晬语》，人民文学出版社1979年版，第30—32页。
② 刘大杰：《中国文学发展史》，百花文艺出版社2007年版，第372页。
③ 丰子恺：《谈日本的漫画》，载《宇宙风》26期（1936年10月1日）。

这样的评论也适合评价他自己。在丰子恺画的现代漫画中,使用的是再传统不过的描线式手法,画出了现代的中国人生活。

四

丰子恺不以诗闻名,但其包含了文人气质的漫画也是真的"雅"。标准的神韵诗力求情景结合,含蓄隽永,即使是强烈的感情,也不会一泻无余,这些特质符合"万物一体"的涵义;神韵诗家注重个体的生命感受,均视诗歌为一门少数人的艺术。中国画中有文人画,他们似乎也在标举一种文人的诗。"气韵生动"不是人人都可以达到,也不是随便什么人能欣赏的;神韵追求的是诗歌的纯美境界,为此不惜雕词琢句,一如丰子恺笔下漫画所追求的"线描法,单纯化,畸形化"等技法,即便画中的意象完全与事实相悖,也要成全"雪中芭蕉"的韵致。典型的神韵诗人通常满足于对诗歌传统技法的倚重和追溯,不会刻意追求突破,可以说是我国诗歌美学的忠实承继者。

丰子恺最看重的不仅是王维身上体现出的画品,也更多征引了韵味深长的神韵诗。数百年的传统文学经验产生了有关审美趣味的明确界限,以保持诗歌的平衡统一,好的诗歌中必然有神韵,但中国最好的古诗除了神韵之外,一定还有些别的更奇特的东西。诗人们总是自得于"意外"的诗句,他们的读者也乐于被惊动,所以诗人中的王、孟、韦、柳,他们都是坚持诗之为诗的"名家",而跳脱于界限之外的李杜才称得上是"大家"。或许从这个意义上,钱锺书认为,中国旧诗不单纯是"灰黯诗歌",不能由"神韵派"来代表[1]。尽管他也发现,在中国文艺批评的传统里,相当于南宗画风的诗不是诗中高品或正宗,而相当于神韵派诗风的画确是画中高品或正宗[2]。或许正是出于这样的原因,钱锺书对丰子恺化神韵诗入画的尝试并不太推崇。不管怎样,丰子恺一人兼具了中西多种艺术视野,以画家、诗人、教师和译者等多重身份,用改良而不是革命的方法提倡艺术美育,谨慎地总结并选择着本土的诗画艺术观念。他致力于推动融汇中西的艺术模式,算得上是新传统里的批评家。在中国现代文学阶段,丰子恺就像现代的陶渊明,以现实生活为

---

① 钱锺书:《中国诗与中国画》,见所著《七缀集》,生活·读书·新知三联书店 2002 年版,第 17 页。
② 钱锺书:《中国诗与中国画》,见所著《七缀集》,生活·读书·新知三联书店 2002 年版,第 28 页。

题材,吸收了传统中国诗与画的旧传统,用外来的漫画笔触,从现世走进了
桃源。

作者:哲学博士(美学专业),南京信息工程大学文学院教师

丰子恺与儒家思想

肖　琦

对于丰子恺而言,弘一法师既是艺术事业的引路人,又是宗教生活的导师,"弘一法师的弟子"无疑是他最引人注意的身份。因此,人们谈论丰子恺的作品和思想,一度偏重于佛教的影响而轻视了其他,李立明的话便很有代表性:"丰子恺不论绘画、音乐、文学,以至于做人,均深受其师李叔同和夏丏尊的影响。虽然,他尚未至如李叔同的落发为僧,可是他品格的清高、个性的纯良、心怀的慈悲、胸襟的阔大,处处皆流露于他的行为与作品之中,这因为他得到了佛陀哲理的熏陶。"[1]随着丰子恺作品集(尤其是海豚出版社的《丰子恺全集》)的出版,有些论者开始综合儒释道等多个方面来重新"发现"这位二十世纪的杰出人物,但相关研究往往存在因求全而失于粗率的遗憾[2],儒家思想在丰子恺一生中的显晦起伏和来龙去脉仍有待进一步揭示。笔者不揣浅陋,试图从生平、文艺观、作品等三个角度略作勾勒。

一

儒家思想能够在丰子恺的生命中牢牢扎根,主要有赖于他童蒙时期的私塾生活以及后来与现代新儒家马一浮的深度交往——前者埋下了种子,后者则提供了空气、水分和养料。此外,1949 年之前,尤其是抗战时期,蒋介石当

---

① 李立明:《现代中国作家评传》第一集,(香港)波文书局 1979 年版,第 229 页。
② 近年丰子恺研究的成果,可以参看宋睿、潘建伟撰写的《近 20 年丰子恺研究述评(1997—2016)》,载《美育学刊》2017 年第 3 期。

局对待传统文化的态度也是一项不容小觑的因素。

丰子恺的私塾生活有两个阶段。他的父亲是中国科举史上的"末届"举人,丰子恺最早便是在父亲的塾上开的蒙,当时所学,不外乎《三字经》《千字文》《千家诗》。丰子恺九岁时,父亲因病谢世,他只好跟着别的塾师继续学习,学习的目标则"升格"成了记诵以"四书"为主的儒家经典。① 据丰子恺晚年回忆,私塾生活是在日复一日的"温故"和"知新"中度过的,上午背诵旧书,下午学念新书。"但那些书是很难读的,难字很多,先生完全不讲解意义,只是教你跟了他'唱'。"②可想而知,对于儒家义理,童年的丰子恺除了明白个大意之外,是不会有多少兴趣的。在讲修辞的《比喻》一文中,他这样写道:

> 我童年时读《孟子》,觉得比读《论语》有趣味。为的是《孟子》中比喻更多而可笑。例如"挟太山以超北海","吾力足以举百钧","日挺而求其楚","被发缨冠而往救之"等,童子读之如读童话,最有兴味。现在年纪大了重新吟味这种比喻,仍是觉得可笑。③

读《孟子》如读童话,这确实很符合丰子恺"婴行"(弘一法师为丰子恺取的法号)的处世风格和重趣味、喜辞章的审美偏好。但私塾所得毕竟不只有趣味和辞章,丰子恺之参与创办立达学园(以"己欲立而立人,己欲达而达人"为校名和办学宗旨的新型艺术学校),在文章中频繁而贴切地引用儒家经典,服膺马一浮且能够被其深深地影响,凡此精神层面、知识层面、交际层面的种种,无一不与早年的私塾经历有关。读者于此宜有一个恰如其分的认识。

假如没有遇见马一浮,童年播下的种子大概也能发芽,也能成长,但绝不会如此生机勃发。丰子恺几次将李叔同和夏丏尊置于一处比较,这是他们同为浙江省立第一师范学校的老师的缘故,若论对丰子恺影响之深刻长远,马一浮与李、夏二位先生相比是不遑多让的。夏丏尊曾这样评价李叔同:"他做教师,有人格作背景,好比佛菩萨的有'后光'。"④"有后光的"李叔同则说:

---

① 丰宛音:《父亲童年趣闻》,见钟桂松等编《写意丰子恺》,浙江文艺出版社1998年版,第270页。
② 丰子恺:《私塾生活》,见陈星总主编、陈建军分卷主编《丰子恺全集》第5卷,海豚出版社2016年版,第210页。丰子恺书写记诵"四书"的旧事,还见于《视觉的粮食》一文,见陈星总主编、刘晨分卷主编《丰子恺全集》第17卷,第39页。
③ 丰子恺:《比喻》,见陈星总主编、刘晨分卷主编《丰子恺全集》第17卷,第98页。
④ 丰子恺:《为青年说弘一法师》,见陈星总主编、陈建军分卷主编《丰子恺全集》第2卷,第212页。

"马先生是生而知之的。假定有一个人，生出来就读书；而且每天读两本，而且读了就会背诵，读到马先生的年纪，所读的还不及马先生之多。"孔子自称"我非生而知之者"（《论语·述而》），可见李叔同对马一浮的推崇已经到了无以复加的地步。"八一三"事变之前，丰子恺曾在杭州跟马一浮比邻而居，他当时虽也能感受到马一浮的魅力——"我每次从马氏门中回出来，似乎吸了一次新鲜空气"——但因交往无多①，只是把李叔同的描述当作神话来听。及至逃难途中一起在桐庐负暄，得以每日奉教左右，丰子恺方信马一浮确有这等境界，于是对他的服膺和敬佩比往日又深深地进了一层。与李叔同相似的，丰子恺将马一浮和张立民、王星贤师徒比作孔子和颜曾。他说："关于世间或出世间的，马先生都有最高远最源本的见解。"②而在另一篇文章中，他写道："（弘一法师）自己对我说，他的学佛是受马一浮先生的指示的。"③

当然不能就此断言，马一浮在丰子恺心目中的地位超越了弘一法师，但认为前者对丰子恺的影响在桐庐负暄之后盖过了后者（至少旗鼓相当），大致是符合实情的。此后几年内，丰子恺发表了不少直接弘扬儒家精神的言论（比如著名的《桂林艺术讲话》）。不少论者认为这跟抗战爆发有关，这当然不能说错，但丰子恺之所以通过标举儒家来勉励苦难中的同胞，无疑是受了马一浮的引导。比如，马一浮曾经给丰子恺去信，建议他为横渠四句教谱曲，丰子恺读了这封信"心生欢喜，立刻派人到武昌去邀萧而化君来，同他详谈马先生的意旨和横渠先生的教训，请他作曲"，"还希望马先生将此意发为文章，使天下人广受教益"④。其拳拳服膺跃然纸上。关于"绘事后素"（《论语·八佾》）的讨论同样能够说明问题：丰子恺于 1936 年 3 月所作的《绘事后素》一文只是就中西差异泛泛而谈而已，两三年后，他竟开始比较起《十三经注疏》与

---

① 丰子恺在《三大学生惨案》中说："抗战前，哪一年记不清了。我在杭州城内田家园作寓公，常到马一浮先生家访问。"见陈星总主编、陈建军分卷主编《丰子恺全集》第 3 卷，第 146 页。他在《桐庐负暄》中则说："往日在杭州，我的寓所常在他（马一浮）家的近邻。然而我不常去访，去访时大都选择阴雨的天气。"见陈星总主编、陈建军分卷主编《丰子恺全集》第 4 卷，第 196 页。两处所述因语境不同而略有龃龉。无论"常去"还是"不常去"，丰子恺彻底接受马一浮的思想大约始于"桐庐负暄"。
② 丰子恺：《桐庐负暄》，见陈星总主编、陈建军分卷主编《丰子恺全集》第 4 卷，第 200 页。
③ 丰子恺：《为青年说弘一法师》，见陈星总主编、陈建军分卷主编《丰子恺全集》第 2 卷，第 211 页。
④ 丰子恺：《四部合唱横渠四句教附说》，见陈星总主编、陈建军分卷主编《丰子恺全集》第 4 卷，第 166 页。

"朱注"的异同,像注疏家一样认真地做起了考证断案的工作。① 甚至连奉弘一法师之命而绘的《护生画集》的主旨似乎也发生了改变。朱晓江认为,1940年出版的《护生画集》续集在风格上的巨大变化,反映了丰子恺的创作意图已经由弘一法师拟定的佛家层面的"戒杀放生"转向由马一浮解释的儒家层面的"护生护心","丰子恺的目的,完全是要培植鉴赏者的仁爱心、同情心,进而使世界趋于和平。这在学理上,完全是儒家路数"②。实际上,无论是人生和艺术的关系,还是对待战争的态度,丰子恺关于儒家的一切言说都能在马一浮那里找到源头。

需要补充的是,丰子恺当时所处的政治环境对他热情拥抱儒家思想也起了一些作用。丰子恺写过一篇赞美孙中山的短文,他说:

孙中山先生思想极为伟大! 试看他的论著,凡百事业,除保护国家,复兴民族之外,必以促进世界大同为最后目标。可见他对于人类的爱,没有乡土,国际的界限。凡是圆颅方趾的人,都是他所爱护的。此心与中国古圣贤的"王道","仁政"相合,可谓伟大之极!③

以下引"孟子曰"一大段话。蒋介石早前作过这样的发言:"总理在中国的人格,政治上的道德,是要继承中国固有的道统。自尧舜禹汤文武周公传到孔子,以后断绝了一段,总理即是要继承这个道统的。三民主义就是中国固有的道德文学的结晶。"④丰子恺在这里将孙中山的三民主义和古圣贤的"王道""仁政"相提并论,很可能是受蒋介石儒化三民主义的影响。旁证很多,比如在《桂林艺术讲话之一》中,丰子恺开篇就引了"中国国民党临时全国代表大会的宣言",而《空军的人格亦要至高位上》一文,更是直接以蒋介石

---

① 丰子恺:《绘事后素》,见陈星总主编、刘晨分卷主编《丰子恺全集》第 17 卷,第 10—12 页;丰子恺:《绘事后素:黔桂流亡日记之一》,见陈星总主编、陈建军分卷主编《丰子恺全集》第 5 卷,第 59 页。关于后者的写作时间,原文注明"廿七年六月三十日",《全集》编者疑"廿七年"为"廿八年"之误。宜从《全集》编者的意见。
② 朱晓江:《丰子恺〈护生画集〉儒家艺术思想辨说》,见陈星主编《丰子恺艺术与艺术教育研究》,中国社会科学出版社 2012 年版,第 137 页。
③ 丰子恺:《孙中山先生伟大》,见陈星总主编、陈建军分卷主编《丰子恺全集》第 2 卷,第 81 页。
④ 蒋介石:《军人的精神教育》,见高军等编《中国现代政治思想史资料选辑》上册,四川人民出版社 1983 年版,第 592 页。

"手订空军信条第十条"为篇名。除此之外,《杀身成仁》《生道杀民》《论正诈及其他》《雄鹰东征琐话》等文章也隐然有官方话语的成分。

似乎可以这样说：儒家思想之于丰子恺,在"桐庐负暄"前后有轻与重的区别,此后变化,不过是表现上的显与晦罢了。读者如果能够明白丰子恺对国民党政府在 1934 年发起的新生活运动不那么热衷的原因,①那么也一定能够察觉儒家思想之于晚年丰子恺的分量。②

<h1 style="text-align:center">二</h1>

> 今上午结束艺术教育课。选读《乐记》三节。并为结论曰：半年来授课共十六讲。要之,不外三语：
>
> "艺术心"——广大同情心（万物一体）。
>
> "艺术"——心为主,技为从（善巧兼备）。
>
> "艺术教育"——艺术精神的应用（温柔敦厚,文质彬彬）。
>
> 今日以《乐记》结束者,亦是表明此要旨之意。③

这是丰子恺 1939 年 6 月 22 日的日记里的内容,当时他正应邀为浙江大学的学生讲课。严格地说,这段话只能够反映他在抗战时期的观念,但纵观丰子恺一生的言行和作品,儒家（主要指以孔子为代表的原始儒家）的艺术精神确实是其文艺观的底色。笔者称之为"底色",是因为丰子恺也有自己的"发挥"。这里涉及两个最基本的问题：第一,道德和艺术是否相关？第二,如果相关,它们是如何发生联系的？

在浙江省立第一师范学校任教时,李叔同曾专门将裴行俭批评时负盛名的王杨卢骆的话讲解给学生听。裴行俭说："士之致远,先器识而后文艺。勃

---

① 新生活运动以提倡礼义廉耻为主要内容。丰子恺在《看灯》(1934)、《鼓乐》(1934)、《钱江看潮记》(1935)、《禁止攀折》(1936)等文章中提到过新生活运动,但大多只是顺带一说。他对这项国民运动主要持"不温不火"的静观立场,其热情远不能和桐庐负暄之后对待儒家时那样相比。

② 丰子恺在 1971 年 10 月写给儿子丰新枚和儿媳沈纶的信中提到,他的弟子胡治均每星期都跟他读《论语》《孟子》并向他问难。见陈星总主编,杨子耘、杨朝婴分卷主编《丰子恺全集》第 20 卷,第 108 页。可知丰子恺晚年虽不像抗战时期那样直接而高调地宣扬儒家思想,但仍然没有放弃以儒家思想育人。

③ 陈星总主编,杨子耘、杨朝婴分卷主编：《丰子恺全集》第 20 卷,第 349 页。

等虽有文才,而浮躁浅露,岂享爵禄之器耶!"①出家之后,李叔同又在致金石家许霏(晦庐)的信中写道:"朽人剃染已来二十余年,于文艺不复措意。世典亦云:'士先器识而后文艺',况乎出家离俗之侣!朽人昔尝诫人云:'应使文艺以人传,不可人以文艺传',即此义也。"②这些给丰子恺留下了非常深刻的印象,同时也对他造成了极深远的影响。丰子恺后来便将李叔同的文艺观归结为"先器识而后文艺",并且在不同场合对这个观念加以强调。③ 事实上,将这句话看作"文艺观"并不十分妥当,至少是不够全面的,因为李叔同引用它,只是强调做一个好人比创作出好的艺术作品更加重要,而未曾触及艺术和他者的关系。但这句话所蕴含的对人格修养的高度重视,已然成为丰子恺自己的文艺观的基石。

更明确地表明丰子恺的观点的,是他关于"艺术与人生"的论述。一般认为,"为人生而艺术"是儒家的基本主张和内在性格,徐复观讲孔子,说他"在最高艺术价值的自觉中,建立了'为人生而艺术'的典型"④。丰子恺的一些言论很容易让人以为他的观点跟儒家的相左。他早年曾这样评价"德意志革命造形美术协会"的会员:"他们极端主张'为人生的艺术',而对'为艺术的艺术'宣战。他们实在不是美术家,是劳动者的护卫。"⑤无独有偶,在发表于1952 年的《检查我的思想》一文中,他自称"我过去的艺术观,完全是从资产阶级的为艺术而艺术的思想出发的"⑥。然而,丰子恺所说的"为人生的艺术"和徐复观所说的"为人生而艺术"并不是一回事。对于"为艺术的艺术"和"为人生的艺术"这类提法的合理性,丰子恺其实是有所怀疑的。他说:"我以为这两个名称不甚妥当。供欣赏而无直接用处者,就称之为'为艺术的艺术'而排斥之;含讽刺代呐喊而直接涉及社会问题者,就称之为'为人生的艺术'而推

---

① 刘昫等:《旧唐书·卷一九〇上》,中华书局 1975 年版,第 5006 页。据丰子恺回忆,李叔同向学生说明,"这里的'享爵禄'不可呆板地解释为做官,应该解释道德高尚,人格伟大的意思"。李叔同的这个解释无法自洽于原文的语境,其实是错误的。但由此更能见出他首重人格修养的教育理念。

② 丰子恺:《先器识而后文艺:李叔同先生的文艺观》,见陈星总主编、陈建军分卷主编《丰子恺全集》第 3 卷,第 25 页。

③ 丰子恺提到这句话的文章有:《我与弘一法师:卅七年十一月廿八日在厦门佛学会讲》(1948)、《先器识而后文艺:李叔同先生的文艺观》(1957)、《参观群众业余美术展览会》(1958)、《我作了四首诗:在上海第二次文代大会上的发言》(1962)以及 1960 年 8 月 31 日写给广洽法师的信。

④ 徐复观:《中国艺术精神》,商务印书馆 2010 年版,第 16 页。

⑤ 丰子恺:《最近世界艺术的新趋势》,见陈星总主编、刘晨分卷主编《丰子恺全集》第 16 卷,第 188 页。

⑥ 丰子恺:《检查我的思想》,见陈星总主编、陈建军分卷主编《丰子恺全集》第 5 卷,第 132 页。

崇之，所见未免太偏。"① 又说：

> 世间一切文化都为人生，岂有不为人生的艺术呢？所以我今天讲艺术与人生，避去这种玄妙的名词，而用切实浅显的说法。艺术在对人生的关系上，可分为"直接有用的艺术"与"间接有用的艺术"两种。前者以建筑为代表，后者以音乐为代表。②

在丰子恺看来，"艺术科的主要目的物不是一张画一曲歌，而是其涵养之功"③。而所谓德性的涵养之功，即属于"间接有用"的范畴。④ 可见，关于艺术和道德的关系，丰子恺和儒家是接近的，丰、徐二人所言，名异而实同。

艺术涵养德性，这又如何可能呢？丰子恺提出了"艺术以仁为本"的观点。也就是说，人们借助同情共感的能力，在艺术中培养仁心，继而用艺术的态度来处理人生。这就相当于把艺术世界当作了现实人生的"演兵场"。丰子恺引马一浮的观点为《护生画集》所作的辩护就很能说明这个原理。他说："过去有的人说我不懂一滴水里有无数微生物，徒然劝人勿杀猪羊。……这种人太浅见。仁者的护生，不是惺惺爱惜，如同某种乡里吃素老太太然。仁者的护生，不是护物的本身，是护人自己的心。"⑤这番话几乎就是"艺术科的主要目的物不是一张画一曲歌，而是其涵养之功"一语的详细注脚。丰子恺甚至认为，绘画的构图也能映射出艺术家的仁心：

> 故布置这三只苹果，煞费苦心：太挤近了怕它们不舒适，太隔远了怕它们不便晤谈，太散乱了怕它们不联络，太规则了又怕它们嫌严肃。必须当它们是三个好友晤谈一室中，大家相对，没有一人向隅；大家集中，没有一人离心。这样，才是安定妥帖的布置，才能作成美满的画。⑥

---

① 丰子恺：《桂林艺术讲话之三》，见陈星总主编、陈建军分卷主编《丰子恺全集》第 2 卷，第 153 页。
② 丰子恺：《艺术与人生》，见陈星总主编、陈建军分卷主编《丰子恺全集》第 2 卷，第 270 页。
③ 丰子恺：《桂林艺术讲话之三》，见陈星总主编、陈建军分卷主编《丰子恺全集》第 2 卷，第 153、154 页。
④ 丰子恺说："绘画，便是脱离了实用而完全讲究形式的美。使人看了悦目赏心，得到精神的涵养，感情的陶冶。所以虽然只是看看，而并无实用，在艺术上却占有很高的地位，被称为'纯正艺术'。"《艺术与人生》，见陈星总主编、陈建军分卷主编《丰子恺全集》第 2 卷，第 267 页。
⑤ 丰子恺：《桂林艺术讲话之一》，见陈星总主编、陈建军分卷主编《丰子恺全集》第 2 卷，第 149 页。
⑥ 丰子恺：《桂林艺术讲话之一》，见陈星总主编、陈建军分卷主编《丰子恺全集》第 2 卷，第 147 页。

丰子恺说过,"技术和美德合成艺术","先有了爱美的心,芬芳的胸怀,圆满的人格,然后用巧妙的心手,借巧妙的声色来表示,方才成为'艺术'"①。构图一般被视作技术领域的事。由于技术和美德统一于艺术,故而艺术中的技术也分享了美德的品质。

论者常将丰子恺早期的文艺观归结为"绝缘说",将他后来的文艺观归结为"同情说",认为前者合于释道,后者合于儒家。② 笔者在这里要说明的是:两者其实并不矛盾,而且"绝缘"往往是"同情"的前提。所谓"绝缘说",是说画家面对三个苹果时不把它们看成用来果腹的食物;所谓"同情说",是说画家把这三个苹果想象成和自己一样有生命有感情的人。显然,只有脱离功利的羁绊,进入生命的自由体验状态,才有可能真正实现同情共感。所以说,"绝缘"是为了更好地"同情"。

丰子恺以同情为艺术和道德之间的桥梁,部分得益于吸收了立普斯的"移情论",而从其言说的方式来看,主要还是本于《孟子》。艺术的作用不是孟子关心的重点,孔子和荀子也不曾从同情的角度来讲艺术。丰子恺创作性地转化了不怎么谈论艺术的孟子的观点,同时又使得自己的解释完全符合儒家艺术精神的实质。

丰子恺当然也受到了孔子和荀子的影响。子曰:"知之者不如好之者,好之者不如乐之者。"(《论语·雍也》)如果说礼是让人在理性层面对道德知之、好之而带有一定强迫性的话,那么乐的作用便是在感性层面疏导性和情,使人对于道德达到乐之的境界。"在道德(仁)与生理欲望的圆融中,仁对于一个人而言,不是作为一个标准规范去追求它,而是情绪中的享受。"③关于这一点,丰子恺完全赞同。他在《艺术必能建国》一文中写道:"道德与艺术异途同归。所差异者,道德由于意志,艺术由于感情。故'立意'做合乎天理的事,便是'道德','情愿'做合乎天理的事,便是'艺术'。……艺术给人一种美的精神,这精神支配人的全部生活,故直说一句,艺术就是道德,感情的道德。"④但

---

① 丰子恺:《桂林艺术讲话之二》,见陈星总主编、陈建军分卷主编《丰子恺全集》第2卷,第151页。
② 参见汤凌云:《丰子恺艺术"绝缘说"之佛学意蕴》,见陈星主编:《丰子恺艺术与艺术教育研究》,中国社会科学出版社2012年版,第74—93页;朱晓江:《丰子恺"同情说"解读》,载《杭州师范学院学报(社会科学版)》2006年第1期。
③ 徐复观:《中国艺术精神》,商务印书馆2010年版,第39页。
④ 丰子恺:《艺术必能建国》,见陈星总主编、刘晨分卷主编《丰子恺全集》第18卷,第287页。

并非所有的艺术都能够调节情和理的冲突,在《韶》乐《武》乐之外尚有郑卫之音。这便对艺术提出了中和的要求。《荀子·乐论》:"先王恶其乱也,故制《雅》《颂》之声以道之,使其声足以乐而不流,使其曲直繁省,廉肉节奏,足以感动人之善心。"丰子恺也非常关心克制在艺术中的重要性,他说:"礼是天理与人事之节文与仪则。同理,'艺术是声和色的节文与仪则'。"①

不过,同中仍然有异。孔子认为艺术是人格完成的最后阶段,所谓"兴于《诗》,立于礼,成于乐"(《论语·泰伯》);丰子恺则多次强调,只要能做个好人,会不会艺术、懂不懂艺术并无多大关系。他说:"我希望学宗教的人,不须多花精神去学艺术的技巧,因为宗教已经包括艺术了。而学艺术的人,必须进而体会宗教的精神,其艺术方有进步。""文艺小技的能不能,在大人格上是毫不足道的。"②孔子要依靠艺术来化解情欲和道德的冲突,故而艺术于孔子地位尤其崇高;宗教则要在根本上断灭情欲,故而艺术也就不再是必需的了。丰子恺之所以在这个问题上不同于孔子,显然是受了佛教影响的缘故。

三

王西彦在一篇纪念丰子恺的长文中写道:"我觉得,在子恺先生身上的确有两重人格,也的确常常在他心中交战——一个是出世的、超脱物外的、对人间持静观态度的;另一个是入世的、积极的、有强烈的爱憎感情的。这两重人格,并不像他自己所说的,'总归是势均力敌,不相上下,始终在我心中对峙着',而是后者占有优势,并且这种优势越来越强,终于压倒了前者。"③邵洛羊也说过类似的话:"我和丰老缔交十余年,读了他的诗文,观了他的漫画,看了他的为人,我却认为他始终是入世的,只是各个时期现象上有差异。"④他们的判断不无道理。儒家思想并不就是入世,但它的外延的确很广阔。有鉴于此,笔者仅着眼丰子恺以讽刺为目的和以战争为题材的漫画作品——它们有

---

① 丰子恺:《艺术与艺术家》,见陈星总主编、陈建军分卷主编《丰子恺全集》第 2 卷,第 274 页。
② 丰子恺:《我与弘一法师:卅七年十一月廿八日在厦门佛学会讲》,见陈星总主编、陈建军分卷主编《丰子恺全集》第 5 卷,第 111 页。
③ 王西彦:《辛勤的播种者:记丰子恺先生》,见丰华瞻等编《丰子恺研究资料》,宁夏人民出版社 1988 年版,第 193 页。
④ 邵洛羊:《挑灯风雨夜　往事从头说:怀念丰子恺先生和他的漫画》,见钟桂松等编《写意丰子恺》,浙江文艺出版社 1998 年版,第 68 页。

与儒家诗教相抵牾的危险——稍加梳理以见窥豹之效。

讽刺几乎被当作漫画的天职。丰子恺介绍漫画时说:"自来的漫画中,讽刺漫画占大多数。故说起'漫画'容易使人立刻联想到'讽刺'。这并非偶然。古人云:'世间不可与庄语。'又曰:'谈言微中,亦可以解纷。'所以漫画宜于讽刺,讽刺漫画自有其特殊的价值。"①但丰子恺的漫画最早并不用作讽刺。他在《漫画创作二十年》中回顾了自己的创作历程,将其分为四个阶段:描写古诗的时代,描写儿童相的时代,描写社会相的时代,描写自然相的时代。第三阶段以创作《人间相》为开端,丰子恺最主要的讽刺漫画大多收在这部集子中。那么,丰子恺描写的对象为什么会由古诗和儿童相转入社会相呢? 画家本人是这样说的:

> 我明知道这(笔者按:指古诗和儿童相)是成人社会光明的一面,还有残酷悲惨,丑恶黑暗的一面,我的笔不忍描写,一时竟把他们抹杀了。后来我的笔终于描写了。我想,佛菩萨的说法,有"显正"和"斥妄"两途。美谚曰:"漫画以笑语叱咤世间,"就好比说法我何为专写光明的美景,而不写黑暗方面的丑态呢? ……于是我就当面细看社会上的残忍相,悲惨相,丑恶相,而为他们写照。②

丰子恺没有讲的两个原因是:第一,他的画先有作品,而后才被郑振铎冠以"漫画"之名,既然漫画以讽刺为最大特色,他当然愿意为"实副其名"做一些尝试;第二,他早期的一些作品,无论文学的还是绘画的,容易给人一种不知民间疾苦的感觉,陈子展读了《缘缘堂随笔》后说他"在这茫茫苦海里偏能忘却当前的一切苦,反以观赏那些浮沉挣扎于这苦海里而尚无以达其彼岸的为乐"③,所以他描写社会相也是对质疑作出的回应。

丰子恺的讽刺漫画自问世起一直为人所乐道,但他后来为自己"用力过猛"而颇有些悔意。比如《人间相》中有一幅题为"升学机"的画,讽刺学历靠

① 丰子恺:《漫画的描法》,见陈星总主编、刘晨分卷主编《丰子恺全集》第 9 卷,第 193、194 页。
② 丰子恺:《漫画创作二十年》,见陈星总主编、陈建军分卷主编《丰子恺全集》第 2 卷,第 264—266 页。
③ 陈子展:《丰子恺的〈缘缘堂随笔〉》,见丰华瞻等编《丰子恺研究资料》,宁夏人民出版社 1988 年版,第 258 页。

金钱得来的现象,"现在我自己看看,觉得讽刺得太刻毒"①。又比如《邻人》通过铁扇骨的形象讽刺了现代都市人与人的隔阂,若干年后,丰子恺看见同样反映人情冷漠的情景,在构思画题时却几度踌躇,连呼"太心酸了,太丑恶了,要不得,要不得"②!丰子恺的转变可能跟弘一法师的教导有关。他说:"我少年时代,写过不少讽刺之画。弘一法师看了皱眉不语,良久乃曰:'最好写人间欢喜可爱之相,勿从反面用笔。'"③所以他晚年评价自己的讽刺漫画,常常叹之"徒增口业"④。但如果从结果看,这转变也使他的作品更加接近儒家精神。他描述第四阶段的创作状态:"我自己觉得近来真像诗人了,但不是恶岁诗人,却是沉郁的诗人。诗人作诗喜沉郁。沉郁者,意在笔先,神余言外。写怨夫思妇之怀,寓孽子孤臣之感。凡交情之冷淡,身世之飘零,皆可对一草一木发之。而发之又必若隐若现,欲露不露。反复缠绵,终不许'一语道破'。"⑤不难发现,这段话几乎是在诠释儒家之"春秋笔法"的含蓄、"温柔敦厚"的厚重以及"乐而不淫,哀而不伤"的节制。

更能说明问题的是那些以战争为题材的漫画。西方文艺不回避战争的血腥场面,这在荷马史诗中可见一斑。以下诗行出自《伊利亚特》:

> 就像这样,两位埃阿斯高举起英勃里俄斯,
>
> 剥去他的甲衣——俄伊琉斯之子,出于对杀死
>
> 安菲马科斯的恨怨,从松软的脖子上砍下他的脑袋,
>
> 投掷,使它滚过人群,像一只圆球旋转,
>
> 直至停止,贴着赫克托耳脚边的泥尘表面。(陈中梅　译)

这种对杀戮行为的刻画在与荷马史诗大致同时的《诗经》中难觅踪影。《礼记·乐记》有段文字记录了孔子和宾牟贾关于《武》乐的讨论。宾牟贾认为《武》乐表现完武王伐纣的故事就可以结束了,继续表现克殷后的场景有些画蛇添足;孔子则洋洋洒洒讲述了武王克殷后的诸多措施,他显然更看重新

---

① 丰子恺:《漫画的描法》,见陈星总主编、刘晨分卷主编《丰子恺全集》第 9 卷,第 193 页。

② 丰子恺:《代画》,见陈星总主编、陈建军分卷主编《丰子恺全集》第 3 卷,第 7 页。

③ 丰子恺:《画碟余墨》,见陈星总主编、刘晨分卷主编《丰子恺全集》第 10 卷,第 251 页。

④ 丰子恺:《〈敝帚自珍〉序言》,见陈星总主编、刘晨分卷主编《丰子恺全集》第 10 卷,第 314 页。

⑤ 丰子恺:《漫画创作二十年》,见陈星总主编、陈建军分卷主编《丰子恺全集》第 2 卷,第 265、266 页。

秩序的建立。孔子的观点既反映了西周以来的意识形态,也在很大程度上影响了后世的文艺创作:在诗词中描写战争惨相,大约肇始于蔡文姬的《胡笳十八拍》,杜甫因遭逢安史之乱而继承了这类题材,于是便有了"三吏三别",但他们铺陈的主要是战争导致的苦难,在处理血腥场面时仍然十分谨慎;就绘画来说,清代以前很少有直接描写战争的作品,而即使在清代,表现的主题也往往不过是皇家的威仪。尼采说:"与怪兽作战者,可得注意,不要由此也变成怪兽。若往一个深渊里张望许久,则深渊亦朝你的内部张望。"①中国人似乎很早就懂得了这个道理。

丰子恺的这类漫画主要见于《大树画册》(1940)、《子恺近作漫画集》(1941)、《战时相》(1945)等。其中,《轰炸后》《轰炸——嘉兴所见》《大树被砍伐,生机并不绝。春来怒抽条,气象何蓬勃。》(以下简称"大树")三幅作品虽然创作时间十分接近,实际上代表了截然不同的三种风格。《轰炸后》仅仅描绘野狗叼食血淋淋的断肢的惨烈画面。《轰炸——嘉兴所见》在使人惊骇、惶恐、愤怒的同时,也传递了感动。丰子恺在著名的《辞缘缘堂》一文中记录了这幅画所绘内容的来历:

> 我们一个本家从嘉兴逃回来,他说有一次轰炸,他躲在东门的铁路桥下。看见一个妇人抱着一个婴孩,躲在墙脚边喂奶。忽然车站附近落下一个炸弹。弹片飞来,恰好把那妇人的头削去。在削去后的一瞬间中,这无头的妇人依旧抱着婴孩危坐着,并不倒下;婴孩也依旧吃奶。我听了他的话,想起了一个动人的故事,就讲给人听:从前有一个猎人入山打猎,远远看见一只大熊坐在涧水边,他就对准要害发出一枪。大熊危坐不动。他连发数枪,均中要害……呜呼! 禽兽尚且如此,何况于人。我讲了这故事,上述的惨剧被显得更惨,满座为之叹息。然而堂前的红烛得了这种惨剧的衬托,显得更加光明。②

《轰炸——嘉兴所见》讲的是母亲被弹片削去头颅时仍在哺乳,《大树》讲的则是大树遭人砍伐却仍生机不绝。后者由于用了象征手法,故而毫无恐怖

① 尼采:《善恶的彼岸》,赵千帆译,商务印书馆 2015 年版,第 119 页。
② 丰子恺:《辞缘缘堂》,见陈星总主编、陈建军分卷主编《丰子恺全集》第 2 卷,第 198 页。

的气息，且其所指也不再局限于具体的某事，而具有更加一般的意义。如果说《轰炸后》是丰子恺向西方学习的成果，①那么《大树》毫无疑问是他回归儒家传统的杰作。早在桐庐负暄之时，马一浮就对丰子恺说过："即如此时，前方炮火震天，冲锋肉搏，可谓极乱。而吾与二三子犹能于此负暄谈义，亦可谓极治。即此一念，便见虽当极乱之时，活机固未息灭。扩而充之，未必不为将来拨乱反正之因端也。……善会此义而用之于艺术，亦便是最高艺术。"②马一浮此后多次强调这一立场，比如他在 1938 年 2 月 9 日写给丰子恺的信中说："愚意此后撰述，务望尽力发挥非战文学，为世界人道留一线生机。目睹战祸之烈，身经乱离之苦，发为文字，必益加亲切，益感动人。"③在丰子恺的所有作品中，"轰炸后"毕竟是少数，"大树"才是主流，他在儒家思想的熏陶下创作永恒的最高艺术。

图 1   图 2   图 3

以上讲的都是丰子恺漫画中的例子。丰子恺的散文不仅在风格上和他的漫画相似，而且变化的历程也几乎同步。叶圣陶在为《丰子恺文集》作序时写道："子恺兄的散文的风格跟他的漫画十分相似，或者竟可以说是同一的事物，只是表现的方式不同罢了。"④丰子恺之子丰华瞻也说："1963 年《丰子恺画

---

① 丰子恺说："西班牙现时画家加斯推拉（Castelao）描写叛军轰炸无辜平民的惨象，用笔周详，描写生动，构图妥贴，而用心仁慈隐恻，立意深远伟大，使人看了感到无限的愤慨与奋勉。"丰子恺：《桂林艺术讲话之二》，见陈星总主编、陈建军分卷主编《丰子恺全集》第 2 卷，第 151 页。

② 丰子恺：《桐庐负暄》，见陈星总主编、陈建军分卷主编《丰子恺全集》第 4 卷，第 201 页。

③ 陈星：《丰子恺年谱长编》，中国社会科学出版社 2014 年版，第 334 页。

④ 叶圣陶：《〈丰子恺文集〉序》，见丰华瞻等编《丰子恺研究资料》，宁夏人民出版社 1988 年版，第 394 页。

集》出版时,父亲写了五首诗'代自序'。其中一首诗说:'泥龙竹马眼前情,琐屑平凡总不论。最喜小中能见大,还求弦外有余音。'这首诗讲的是他的漫画的特点,但我觉得同时也讲了他的散文的特点。"①丰子恺自己也承认:"综合看来,我对文学,兴趣特别浓厚。因此我的作画,也不免受了文学影响。"②近二十多年来,关于丰子恺散文的研究日益增多,但笔者认为,还应该研究文画互通对于丰子恺漫画的意义。这里牵涉到儒家在艺术教育上的困境。正如徐复观所说,"孔子所追溯达到的美善合一的音乐精神与其形式而言,可能也只合于少数知识分子的人生修养之用,而不一定合于大众的要求"③。丰子恺在中国画之诗画合一的基础上援散文入画,其作品的故事性和当下性使他所提倡的"曲高和众"得以可能,从而为孔门艺术精神开一大路,此即"人能弘道,非道弘人"(《论语·卫灵公》)的实践。

作者:浙江省社会科学院哲学研究所助理研究员

---

① 丰华瞻:《我父亲丰子恺的散文》,见丰华瞻等编《丰子恺研究资料》,宁夏人民出版社 1988 年版,第 329 页。
② 丰子恺:《作画好比写文章》,见陈星总主编、陈建军分卷主编《丰子恺全集》第 5 卷,第 196 页。
③ 徐复观:《中国艺术精神》,商务印书馆 2010 年版,第 48 页。

善于哲理思索的丰子恺

徐国强

　　丰子恺先生是多方面的专家,但其主要身份是艺术家。无论是其随笔散文还是漫画作品,首先当然是诉诸直觉和感性,让读者感受到人间情味和盎然诗意,然而,常能升华到理性认识,引导人们往深一层思考,有时候还从眼前小事生发议论,说出他对社会人生甚至生命宇宙的哲理。正如王西彦先生所言:"每含有使读者获得启示的哲理,于平易中寓深意,在冲淡中现真情。"①拿丰老自己的话来说,"(我)欢喜读与人生根本问题有关的书,欢喜谈与人生根本问题有关的话,可说是我的一种习性"。② 他还说自己的画"最喜小中能见大,还求弦外有余音"③,并说:"我……希望一张画在看看之外又可以想想。"④而他把写散文与画画几乎等同,夫子自道:"既然作画等于作文,那么漫画就等于随笔。"⑤有时候他甚至将同一题材既写成文章又画成画(如《白鹅》一文与漫画《鹅老爷吃饭》),因此我们可以将丰老的散文与漫画连通起来加以考察,探求其作品的哲理思考。

---

① 丰华瞻、戚志蓉编:《丰子恺散文选集》,上海文艺出版社 1981 年版,"序言"第 17 页。
② 丰子恺:《缘缘堂随笔》,丰一吟编,浙江文艺出版社 1983 年版,第 138 页。
③《丰子恺画集》代自序,见丰华瞻、戚志蓉编《丰子恺论艺术》,复旦大学出版社 1985 年版,第 270 页。
④ 丰子恺:《缘缘堂随笔》,丰一吟编,浙江文艺出版社 1983 年版,第 349 页。
⑤ 丰子恺:《缘缘堂随笔》,丰一吟编,浙江文艺出版社 1983 年版,第 349 页。

一、对时空无限和运动变化的探索

丰老在《两个?》一文[1]中,说自己从幼小到而立之年,都在思考一个切身的重大问题,那就是时间与空间的无限,觉得时间无始无终,空间无边无际,简直不可思议,却又找不到答案。这说明丰子恺先生在不断地思考时空问题。这个问题,其实科学界一直在不断地探求,而且它还关系到运动的本质和宇宙的起源。霍金在《时间简史》中就阐释了时间、宇宙、相对论、黑洞、量子等等。目前,我们的认识是,时间与空间都与运动密切相关,是物质不断运动的内在属性。他的漫画《擎天百丈树　原是手中枝》反映了随时间流逝而向空间的扩展。

丰老在《渐》[2]一文中,说到了世界和人生变化的绝对性和相对性,即一方面物质运动是绝对的,犹如少年会变成老年直至死亡,另一方面又有相对的静止,今天的我与昨天的我,其面貌的变化是极其细微的,也就是说是"渐渐"的,否则人与人之间就无法辨识了。这实际上暗合了从量变到质变的规律。他又在《无常之恸》[3]一文中,引用了大量古诗来说明岁月不居、生命有限、人生无常。从消极方面来看,是哀叹生命之短促;从积极方面来看,是要热爱生命,珍惜寸阴;从哲理方面来看,是阐释了运动变化的绝对性,它不会有瞬间的停留。但我们认为,表达无常的名句"年年岁岁花相似,岁岁年年人不同"(刘希夷《代悲白头翁》),其实应该是"年年岁岁花相似又不同,岁岁年年人不同又相似",正如丰老转述马一浮先生说的"无常就是常",运动变化是永恒的常规,有生必有死,有产生必有消亡,启示我们应当珍惜时间,实现人生价值。这表现了丰老具有洞察世界和人生的慧眼。

二、对物质生活和精神生活辩证关系的思考

丰子恺先生虽然信佛,但他没有远离世俗,而是以入世为主的。他没有

---

[1] 丰子恺:《缘缘堂随笔》,丰一吟编,浙江文艺出版社1983年版,第63页。
[2] 丰子恺:《缘缘堂随笔》,丰一吟编,浙江文艺出版社1983年版,第1页。
[3] 丰子恺:《缘缘堂再笔》,海豚出版社2014年版,第120页。

忽视物质生活,他说:"谋衣食固然不及讲学问道德一般清高。然而衣食不足,学问道德无从讲起。"①同时他十分关心民众特别是底层民众的生活。如在《劳者自歌》(十三则)之八②中,他叙写了贫富差距之大和对穷苦百姓的同情:"右岸多洋房,左岸多草棚。""右岸的街道是柏油路,平整清洁。左岸的街道是泥路,高低不平而龌龊。""右岸的人似乎个个衣冠楚楚精神勃勃,连人们携着走的洋狗都趾高气昂。左岸的人似乎个个衣衫褴褛,精神萎靡,连钻来钻去的许多狗也都貌不惊人。""这条河于沪西,河的右岸是租界,河的左岸是中国地界。"两种人的生活有如此天壤云泥之别,真是触目惊心! 又如漫画《守得三天生意好,与尔买条小抱裙》,画的是一个妇女摆个小摊,一边给婴儿吃奶,一边在卖一节节剪断了的甘蔗。又如《小妹妹的大疑问》有四幅小画,分别画"食衣住行":一、许多饭店开着,他们为什么不去吃? (却在讨饭)二、许多衣服挂着,他们为什么不拿来穿? (冬天在冷风里穿着单薄的衣服赤脚走路)三、许多汽车停着,他们为什么背着重东西走路? (老年人弯腰驼背在背重物)四、许多房子空着,他们为什么睡在地上? (流浪者)。可见,丰老对衣食住行等基本的物质生活是非常关注的,认为这是人的基本需求而不可或缺。

但是,作为一个知识分子,尤其是作为一个艺术家,他当然也非常关注人的精神生活。他在漫画《二重饥荒》里,画了一个小乞丐坐在正在上课的教室的窗户外,经受着物质和精神的双重饥饿。他在漫画《灵肉战争》中,描绘了一些人的内心矛盾:有一个人站在相邻的两爿店铺面前,右边是"糖果饼干"店,左边是"中西书屋",灵——精神,肉——物质,那人正犹豫不决。问题丢给读者,让其思考。其实,如果他饥肠辘辘,应该先买饼干;否则,应该买些书籍作精神食粮。而且,物质生活的追求是一个无底洞。丰老告诫我们说:"艺术能自然地减杀人的物质迷恋,提高人的精神生活。"③"物质文明必须随从于精神文明而发展,方能为人类造福,倘使脱离精神文明而单独发展,必为人类祸害。今日两半球上法西斯暴徒之穷凶极恶,即是一证。"④如今,舆论界正在强调科学研究的伦理道德原则也是同理。而丰老的随笔散文和大量漫画即

---

① 丰华瞻、戚志蓉编:《丰子恺论艺术》,复旦大学出版社 1985 年版,第 22 页。
② 丰子恺:《缘缘堂随笔》,丰一吟编,浙江文艺出版社 1983 版,第 112 页。
③ 丰华瞻、戚志蓉编:《丰子恺论艺术》,复旦大学出版社 1985 年版,第 29 页。
④ 丰华瞻、戚志蓉编:《丰子恺论艺术》,复旦大学出版社 1985 年版,第 36 页。

为老百姓提供了丰富的精神食粮,如《杨柳》《山中避雨》《中国就像一棵大树》《湖畔夜饮》《西湖春游》《黄山松》《上天都》等散文以及《缘缘堂续笔》诸篇①。更有许许多多描绘百姓日常生活万千景象的漫画,如《归宁》《买粽子》《三娘娘》(打绵线)、《馄饨担》《嗒嗒滚的猪油糕》《似爱之虐》(给婴儿吃太多零食)、《雄黄角黍过端阳》《冬夜工毕》(下工后洗脚)、《晓风残月》(晚上插秧)、《张家长李家短》(两个在妇女在闲聊)、《草草杯盘供笑语,昏昏灯火话人生》《江流有声,断岸千尺》(江随峰转,在激流中行船)、《满山红叶女郎樵》……不胜枚举,给人以极大的精神享受。

丰老还指出,精神食粮之一的艺术品,可以让人有追求,有理想,他说:"在不妨碍实生活的范围内,能酌取艺术的非功利的心情来对付人世之事,可使人的生活温暖而丰富起来,人的生命高贵而光明起来。"②他还进一步说:"艺术就是道德,感情的道德。""艺术给人一种美的精神,这种精神支配人的全部生活。""天理就是正义、人道。""譬如汉奸,为了一己的私利而残杀同胞,不合正义,非礼之至!譬如法西斯军阀,为了一己的野心而荼毒生灵,违反人道,非礼之极!反过来说,抗战英雄见义敢为,杀身成仁,合乎正义。"③由此可见,丰老已经看到了精神给人和社会的巨大的反作用了。总起来说,丰老已经领悟到了物质与精神之间的辩证关系。

无论是物质生活或精神生活,丰老特别强调个性。例如:建造缘缘堂时,"按他独特的审美要求,为了能与石门湾这个古风的小市镇相调和,决定'缘缘堂的构造用中国式,取其坚固坦白。形式用近世风,取其单纯明快。一切因袭、奢侈、繁琐、无谓的布置与装饰,一概不入'"。初建成时,"房屋被造成略带菱形状了"。于是,他决定重建。"使新屋真正达到了'全体正直、高大'的审美要求。"④而在家庭教育方面也具独特个性。"常玩一个游戏'飞花令'。"吃完年夜饭,表演节目,先合唱,用钢琴伴奏,再由丰一吟唱京剧。平时,"他把中国古典文学作为'课儿'的第一必修课"。外孙宋菲君文理都爱,还自制了望远镜,丰老赞扬此事并画了漫画。在高三文理分科难以决定时,

---

① 丰子恺:《缘缘堂随笔》,丰一吟编,浙江文艺出版社 1983 年版,第 146、170、219、314、370、401、404、462、468、486、489、494 页。
② 丰华瞻、戚志蓉编:《丰子恺论艺术》,复旦大学出版社 1985 年版,第 43 页。
③ 丰华瞻、戚志蓉编:《丰子恺论艺术》,复旦大学出版社 1985 年版,第 28 页。
④ 叶瑜荪:《正直人住正直屋》,见所著《漫话丰子恺》,浙江古籍出版社 2017 年版,第 12—14 页。

丰老对他说:"我们这个家里,学文学、外语的多,你的数理成绩这么好,又喜欢天文,你不如去考北大学物理。"后来,菲君成了光学专家。[1] 他还画画批评摧残个性的做法。如在漫画《剪冬青联想》中,下面是修剪冬青树,上面是用大剪刀将一排孩子剪得一样高。又有漫画《教育》,画有一个人用木模印出许多小泥人,完全一模一样,用来比喻培养出来的人千人一面,毫无个性和生气,毫无创造力可言。可见他对培养人才多样化、个性化的理想是何等强烈!

三、对平凡朴素、平易隽永、崇尚自然、不忘根本和 美好人性的探求

丰老关心的总是平民百姓,他们的平凡、平淡、琐细的生活都会进入他的文中、画中,却具有浓郁的生活气息和人情味,因而为大众所喜爱。他说过:"芋艿、萝卜中所含的人生的滋味,也许比油画中更为丰富"[2],正如他《劳者自歌(十三则)》之一中说的:"劳者休息的时候要唱几声歌。……他的歌是质朴的,不事夸张,不加修饰。身边的琐事,日常的见闻,断片的思想,无端的感兴,率然地、杂然地流露着。"[3]这几乎是自我写照,用来形容他自己的作品是最恰当不过的了,他简直就是劳动者的代言人,拿当下的话来说,就是"接地气!"他写的脍炙人口的《癞六伯》《王囡囡》《歪鲈婆阿三》《四轩柱》《阿庆》[4]分别是故乡石门湾的孤独的贫苦农民、游钓的小伙伴、豆腐店的一个从中奖发财到破落的司务、四个老婆婆、买卖柴草的中间人。他赞扬法国著名画家"米叶"(今译"米勒",他与别的画家老是画《圣经》故事和贵妇人不同),认为其伟大在于"艺术的大众化"和"艺术的生活化","所描写的却是实际的地上的凡境","是民间的朴陋的状态,劳动者的粗野的姿势","劳工的生活","与他的生活密切地相关联,因此富有人生的真味",是"平凡的伟大"。[5] 这成了他自

---

① 宋菲君:《宋菲君亲述外公丰子恺"爱的教育"》,载《嘉兴日报·桐乡新闻》2019 年 1 月 17 日 4 版"伯鸿讲堂"。

② 丰子恺:《缘缘堂随笔》,丰一吟编,浙江文艺出版社 1983 年版,第 74 页。

③ 丰子恺:《缘缘堂随笔》,丰一吟编,浙江文艺出版社 1983 年版,第 108 页。

④ 丰子恺:《缘缘堂随笔》,丰一吟编,浙江文艺出版社 1983 年版,第 462、468、486、489、494 页。

⑤ 丰子恺:《米叶艺术颂》,见丰华瞻、戚志蓉编《丰子恺散文选集》,上海文艺出版社 1981 年版,第 89—90 页。

己艺术创作的标杆,从而身体而力行之。他自己写的《肉腿》①和画的《云霓》都是讲农民在干旱的夏天艰难地车水的情景,他写的《西湖船》②,感叹"船身愈变愈旧,摇船的人的脸孔愈变愈憔悴,摇船的人的衣服愈变愈褴褛"。在他的漫画创作中,有母子送饭到田头的《南亩》,有夜晚插秧的《杨柳岸晓风残月》,有童工抬着热气蒸腾的大盆的《小工》,有农家姑娘半夜辛苦饲蚕的《三眠》,有村姑缝衣的《为他人作嫁衣裳》,有失业摆摊的《去年的先生!》……可见,丰老的散文与以往描写风花雪月为主的文章不同,丰老的漫画与以前山水花鸟为主的传统中国画不同,而呈现出现实主义的创作思想和创作方法,并含有丰富深刻的意义。

丰老的散文和漫画是平易近人,悲天悯人的。他非常喜欢陶渊明和白居易,陶渊明的朴素隽永、蔑视官场,白居易的妇孺皆懂、讽刺奢靡,给了他深刻的影响。历史上曾经流传"有井水处皆能歌柳(柳永)词"的美谈,而丰老的漫画在理发店、浆粽店、茶馆店、缝衣铺等处都会张贴,足见其流传之广,受到平民百姓的喜爱。他慷慨待人,一般寻常百姓有要求,他总是有求必应,而当官的要书画,他却设法躲避③,因此他受到老百姓的热爱。

他的崇尚自然可以从两方面来看。一方面是他主张不做作,不虚伪,要自然地做人。在《作客者言》一文中,从主人接客、让座、点烟、灌酒、强迫吃饭等,写尽了人与人之间的做作,装腔作势,客人自由的被剥夺,他说:"连脸上的筋肉,也因为装了一天的笑,酸痛得很呢。"④用了不无夸张和幽默的笔调,对那些虚伪的礼节表示了极大的厌恶。而在描写儿童的许许多多文章和漫画中,竭力赞扬他们的天真、真率和自然。又在《自然》一文中,写了女性苦心经营地装饰自己,模特儿的硬装好看的姿态,拍照时装出来的神气和勉强的笑容,都是不自然的。他说:"无论贫贱之人,丑陋之人,劳动者,黄包车夫,只要是顺其自然的天性而动,都是美的姿态的所有者,都可以礼赞。"⑤因此,引车卖浆者、斑白者、行乞者都入他的画。崇尚自然的第二方面,是他主张艺术

① 丰子恺:《缘缘堂随笔》,丰一吟编,浙江文艺出版社1983年版,第120页。
② 丰华瞻、戚志蓉编:《丰子恺散文选集》,上海文艺出版社1981年版,第146页。
③ 丰一吟等著《丰子恺传》,浙江人民出版社1983年版,第53页。陈星著《丰子恺传——人间情味》,北岳文艺出版社1994年版,第135—136页。
④ 丰子恺:《缘缘堂随笔》,丰一吟编,浙江文艺出版社1983年版,第100页。
⑤ 丰子恺:《缘缘堂随笔》,海豚出版社2014年版,第15—21页。

要师从大自然。漫画《国民教育的大课堂》,就描绘了人们在公园的长椅上欣赏山光水色、宝塔、拱桥,又在漫画《大课堂》中,描绘了人们在公园里休憩,周围树木葱茏,春燕飞翔,草坪如茵,喷泉飞花,表达了美好的大自然是陶冶身心的最好课堂。他说:"与其赏盆景与金鱼,不如跑到田野中去—视伟大的自然美。"①

我们应该十分关注丰老的散文《杨柳》。② 他说杨柳"越长得高,越垂得低。千万条陌头细柳,条条不忘记根本","向处在泥土中的根本拜舞,或者和它亲吻。好像一群活泼的孩子环绕着他们的慈母而游戏,但时时依傍到慈母的身边去,或者扑进慈母的怀里去,使人看了觉得非常可爱"。"它高而能下","高而不忘本"。这不单是要我们学习杨柳的谦卑精神,而且要我们学习不忘根本——父老乡亲,同我们"为人民服务"的宗旨,完全吻合。

丰老怀着一颗善良的心,向往美好的人性。在《东京某晚的事》一文中,他说:"假如真能像这老太婆所希望,有这样的一个世界:天下如一家,人们如家族,互相亲爱,互相帮助,共乐其生活,那时陌路就变成家庭……这是多么可憧憬的世界!"③又说:"不用下棋法来谈话,而各舒展其心灵相示,像开在太阳光中的花一样。"④他曾多次赞赏陶渊明笔下的"桃花源",我们认为,这虽然属于乌托邦,但正如我国古人和孙中山先生所向往的"天下大同"一样,表达了美好的愿望。

四、对民本思想、人道主义和悲悯慈爱的继承和发扬,对统治者残暴的揭露和对侵略者罪行的控诉

中国传统思想的精华中,民本主义是非常突出的。孟子强调"君轻民贵",随着社会的发展,出现了人道主义思想。丰老正是继承了杜甫、白居易关切底层百姓痛苦的现实主义传统,如杜甫的"朱门酒肉臭,路有冻死骨""盗贼本王臣",白居易的"一丛深色花,十户中人赋""少夺人衣作地衣"。他在《肉腿》⑤中,写了大旱之时农民日夜车水抗旱,而"舞场里、银幕上的肉腿忙着

---

① 丰华瞻、戚志蓉编:《丰子恺论艺术》,复旦大学出版社 1985 年版,第 24 页。
② 丰子恺:《缘缘堂随笔》,丰一吟编,浙江文艺出版社 1983 年版,第 148 页。
③ 丰子恺:《缘缘堂随笔》,丰一吟编,浙江文艺出版社 1983 年版,第 6 页。
④ 丰华瞻、戚志蓉编:《丰子恺散文选集》,上海文艺出版社 1981 年版,第 34 页。
⑤ 丰子恺:《缘缘堂随笔》,丰一吟编,浙江文艺出版社 1983 年版,第 123 页。

活动的时候,正是运河岸上的肉腿忙着活动的时候"。揭示了贫富悬殊、苦乐不均的社会不平等的现实。证之于漫画,则有《高柜台》(小孩在当铺的高柜台外竭力顶上包裹)、《此亦人子也》(四个小孩在垃圾箱里拣食物)、《率兽食人》(轿车里坐着狗,却碾死了一个小孩)、《脚夫》(缺腿的老人拄着拐杖挑重担)、《全家尽在西风里,九月衣裳未曾裁》(田间劳作,黄叶纷飞,小孩在发抖)、《途有饿殍》《冬日街头》(父子求乞)、《向导》(小孩给背着胡琴的盲人做导路人)、《赚钱不吃力 吃力不赚钱》《劳动节特刊的读者不是劳动者》《积雪没胫 坚冰在须》(老夫与小女冬天雪地讨饭)、《团圆之夜》(别人团圆,而一个穷困的男子拉了头上插着柴标的两个孩子,正在卖儿鬻女)……而《最后的吻》描写一个女子因为无力抚养婴儿,只得送到育婴堂,当她即将把宝宝放进那个大抽屉里的一刻,她依依不舍地给自己的孩子一个最后的吻,作为永诀,而旁边的母狗却在给小狗吃奶……此画不知打动了多少人,让他们泪流满面,进而同情劳苦大众、痛恨社会的不平等。

而且丰老还借自己的笔,用文字对社会的不公、贪腐和欺压百姓作了无情的揭露和抨击。如《口中剿匪记》[1],借拔掉十七颗蛀牙来比喻剿灭土匪贪官,要"另行物色一批人才来,要个个方正,个个干练,个个为国效劳,为民服务"。而《五元的话》[2]则写了一张五元纸币,本来可以买一担白米,随着物价飞涨,只能买一个鸡蛋了,讽刺了物价飞涨,民不聊生。他不但入世,而且忧世了。又如漫画《如防盗贼》,描绘了警察拿棍棒驱赶游行队伍;《救火器的误用》描绘警察用水龙来驱赶游行人群。他用漫画来反对暴政。他借用苏东坡的话"恶岁诗人无好语",表达他对社会阴暗面的揭露。

抗日战争是丰老思想的一个转折点,几乎看不到他的居士气息,而是积极入世、金刚怒目、迸发出愤怒的火焰了。他用漫画揭露侵略者的残暴:有炸弹炸聋哑学校的,有妈妈背着被炸去脑袋的孩子逃跑的,有妈妈头颅被炸飞却仍然抱着孩子喂奶的……他撰文抗议日本侵略者,发出抗战到底的誓言,《辞缘缘堂》[3]《还我缘缘堂》[4]与《告缘缘堂在天之灵》[5]都是悲愤交加,表达自

---

① 丰子恺:《缘缘堂随笔》,丰一吟编,浙江文艺出版社1983年版,第306页。
② 丰华瞻、戚志蓉编:《丰子恺散文选集》,上海文艺出版社1981年版,第237页。
③ 丰子恺:《缘缘堂随笔》,丰一吟编,浙江文艺出版社1983年版,第223页。
④ 丰子恺:《缘缘堂随笔》,丰一吟编,浙江文艺出版社1983年版,第190页。
⑤ 丰子恺:《缘缘堂随笔》,丰一吟编,浙江文艺出版社1983年版,第198页。

己败了家却更坚定了抗战的信心,声讨日寇的狼子野心,愿以焦土和牺牲来抗战到底。"我已在沿途看见万众流离的苦况,听见前线浴血的惨闻,对自己的房屋的损失,非但毫不可惜,反而觉得安心。"①又说:"我们不是侵略战,是'抗战',为人道而抗战,为正义而抗战,为和平而抗战,我们是以杀止杀,以仁克暴。"②"世间竟有以侵略为事以杀人为业的暴徒,我很想剖开他们的心来看看,是虎的? 还是狼的?"③"房屋被焚了,在我反觉轻快,此犹破釜沉舟,断绝后路,才能一心向前,勇猛精进。"④"我们不惜焦土。"⑤这是一个曾经的佛教徒的彻底的觉醒与呐喊。

五、对禅趣和护生的执着、对佛理的深刻理解

佛教传入我国,对我国文化影响很大,在文学艺术方面,影响最大的是禅理和禅趣。唐代以后,我国文学艺术表现出心灵化和意境化,产生性灵论和神韵说,强调直觉、灵感、顿悟和静虑。丰老有一幅画,题为《白云无事长来往,莫怪山人不相送》,两山之间,涧水长流,天上白云朵朵,地上老松草屋,唯有孤独一人,没有车马船只,静穆之极,空灵之至,几乎与世隔绝。这是丰老的禅理禅味的反映。

还有一幅画,题为《好鸟枝头亦朋友》,可见于《护生画集》,但是有同题和构图近似的三幅,而彩色的那幅更加完美。一个穿长衫的中年人处于右下部,坐在石凳上,旁边石头平台上有两只茶杯,一把茶壶。而左上部有一株美丽的杨柳树,枝条倒挂下来,树枝上有一只小鸟,对着他啼鸣,人与鸟进行情感交流。轻灵的鸟鸣,只会增添环境的幽静,正所谓"鸟鸣山更幽",而环境和美,岁月静好,安谧悠闲,心情闲适。人鸟一体,被融入了大自然,进入了无我的境界,真是"此中有真意,欲辨已忘言",这就是典型的禅趣所在!

又如在《山中避雨》一文中,作者写道:"茶越冲越淡,雨越下越大。""这时候山中阻雨的一种寂寥而深沉的趣味牵引了我的感兴,反觉得比晴天游山趣

① 丰子恺:《缘缘堂随笔》,丰一吟编,浙江文艺出版社 1983 年版,第 214 页。
② 丰子恺:《缘缘堂随笔》,丰一吟编,浙江文艺出版社 1983 年版,第 207 页。
③ 丰子恺:《缘缘堂随笔》,丰一吟编,浙江文艺出版社 1983 年版,第 234 页。
④ 丰子恺:《缘缘堂随笔》,丰一吟编,浙江文艺出版社 1983 年版,第 192 页。
⑤ 丰子恺:《缘缘堂随笔》,丰一吟编,浙江文艺出版社 1983 年版,第 204 页。

味更好。所谓'山色空蒙雨亦奇',我于此体会了这种境界的好处。"①又如《湖畔夜饮》一文中,写道:"酒阑人散,皓月当空。湖水如镜,花影满堤。""窗外有些微雨,月色朦胧,西湖……另有一种轻颦浅笑的姿态。"②这些,都富有静谧的诗意,别有一番情趣,不能不说有着禅味的影子。

下面我们来分析下《护生画集》和丰老对护生的执着。

丰老为了完成李叔同老师的宏愿,画了六集护生画,有人说他迂腐,他说过,护生不是不杀一切动植物,否则连开水也不能喝了——因为水中原有细菌等微生物。他说:"护生者,护心也。(初集马一浮先生序文中语,去除残忍心,长养慈悲心。然后拿此心来待人处世。)——这是护生的主要目的。"③他又说:否则,"恐怕残忍成性,将来会用飞机载了重磅炸弹而无端有意地去轰炸无辜的平民!"丰一吟转述父亲的话说:这本集子"融入了父亲一生所倡导的'和平、仁爱、悲悯。'"④正如林海音女士说的:"这套画集,已经不是单纯的佛教的劝世书,应当把它看成是文学的,艺术的,因为它包括诗、文、书法、画和佛教的道理五种意义,它是有永存和广泛流布的价值的。"⑤我们认为,《护生画集》中除了第六集比较集中地讲了佛教的戒除杀生、因果报应等教理外,其他几集大都具有相当的现实意义,并且随着时间的推移,更彰显其意蕴。今天来看,其主旨不但与传统的"天人合一"相通,而且与我们今天所提倡的不乱杀野生动物、保护环境、求得人与自然的和谐共生、保护地球、减少人类对气候的负面影响等相契合,简直不可思议!

在《护生画集》外的漫画里,已经表达了同样的思想。如《救火》,画了地球仪起火,一人用扇子来扇灭它;《听诊》,画了一个医生皱着眉头、手拿听诊器在听地球仪,为它诊断疾病,因为地球——人类的家园发病了,而且病得不轻;说来也巧,似乎丰老在有生之年已经预料到了如今的世界,战乱不断,强权霸凌,生态破坏,经济衰退等弊病,警告人们要加于预防,以保卫世界的和平与安宁。

纵观《护生画集》,首先是有一批具有相当美学意义的画,充满了诗的意

---

① 丰子恺:《缘缘堂随笔》,丰一吟编,浙江文艺出版社1983年版,第170页。
② 丰华瞻、戚志蓉编:《丰子恺散文选集》,上海文艺出版社1981年版,第233页。
③ 丰子恺:《护生画集序言三》,上海译文出版社2012年版,第Ⅹ(10)页。
④ 丰一吟:《护生画集·后记》,上海译文出版社2012年版,第465、464页。
⑤ 丰一吟:《护生画集·后记》,上海译文出版社2012年版,第464页。

境,甚至其标题本身就有满满的诗意。如《儿戏其一》(花草间扑蝶)、《投宿》(燕子归巢)、《松间音乐队》(群鸟和鸣)、《衔泥带得落花归》《叫落满天星》(公鸡一啼旭日升)、《春江水暖鸭先知》《香饵自香鱼不食,钓竿只好立蜻蜓》《穿花蛱蝶深深见,点水蜻蜓款款飞》《羌笛声声送晚霞》《草不知名略如兰》《好春光》等,让读者受到美的熏染。

二是赞美可爱的动物,提倡爱护动物和树木。如《吃的是草,挤的是乳》《小猫似小友,并肩看画图》《白象(猫)及其五子》《窗前生趣有双鹤》《翡翠(鸟)双栖》《白鹅》《休沐》(给战马擦汗)、《盆栽联想》(盆栽小树的枝条被绳子绑缚成畸形)、《大树王》(赞大树)、《方长不折》(叫人不要攀折柳条,保护绿化)等。现在不是有世界动物保护协会么,认为保护动物就是造福人类;人们普遍豢养宠物,也常有救助野生动物和搁浅鲸鱼等报道。

三是歌颂生物顽强的生存欲和强大的生命力。《生机》画了墙砖缝中长出茎叶来,《欣欣向荣》画了瓦片缝的尘土里长出草来,《重生》画了大树主干被砍伐,却重新长出枝叶来,他在类似的画里,题词为"大树被斩伐,生机并不息。春来怒抽条,气象何蓬勃"。此外还有《留得残枝叶自生》《菊萎犹开卧地花》等,表达生命的顽强和人、家、国的劫后重生。

四是人与动植物和谐相处,寄寓"天人合一"的传统观念。如《雀巢可俯而窥》画了窗棂下一只小篮里养着两只小鸟,两个孩子在窗内非常疼爱地观赏鸟儿,更有《好鸟枝头亦朋友》的神来之笔,渲染了人与自然和谐一体的美好愿望。

五是蕴含深刻的寓意。如《却羡蜗牛自有房》,羡慕蜗牛有房屋,表现了流浪者无屋可住、无家可归的痛苦;《咬得菜根自有香》,画出了朴素清贫生活自有一番乐趣;《花蔓在空中摇曳向秋光》,画出了牵牛花藤无处依傍伸在空中摇曳,讽喻了有些人求名求利、向上攀援而不得的丑态。

丰老对于佛教的哲理有其独到的见解。一方面提出三层楼说①,说弘一法师已经到了第三层——灵魂生活层面,而自己仅仅是到了第二层——精神生活层面,向第三层望望;另一方面在《佛无灵》②中表示不屑与那些只求发财、积寿等私利的所谓"信佛"的人为伍;第三方面,他对无常的人生十分坦

① 丰一吟等:《丰子恺传》,浙江人民出版社 1983 年版,第 27 页。
② 丰子恺:《缘缘堂随笔》,丰一吟编,浙江文艺出版社 1983 年版,第 215 页。

然,对生活无比热爱。这第三方面,最突出的反映是他在文革中的气度。"他像一个参禅者冷眼看待千丈红尘中的一切。对于他来讲,坐'牛棚'就是坐禅,批斗就是演戏,过江游斗是'浦江夜游',被审讯是上了一回厕所……"①而且他还起个绝早,在阳台上写《缘缘堂续笔》33 篇,翻译 3 本"物语",画了 4 套《敝帚自珍》,完成《护生画集》第 6 本。他说为了看到坏人的下场不会自尽。早在 1929 年他就说过:"唯有聪明的人,能不屈不挠,外部即使饱受压迫,而内部仍旧保藏着这点可贵的心。"②他是多么热爱亲人、朋友、读者、文艺和人生!

六、对相反相成、对立统一规律的阐释

丰老在《儿戏》一文中说:"凡物相反对的两极端相通似。"③这就是"相反相成",也就是我们通常说的"对立的统一",这是客观世界万事万物矛盾同一的普遍规律,也就是一分为二和在一定条件下的相互转化。例如他说过:"山水间的生活,有利也有弊","这大概是指清净、空气新鲜、生活程度低……等是利。需要不便、寂寞、闭门造车……等是弊。这是要计较两方面的利弊长短而取舍的意思"。又说到了由于心情和要求的不同,弊有时候转化成了利:"我往往觉得山水间的生活,因为需要不便而菜根更香,豆腐更肥。因为寂寞而邻人更亲。"正所谓"物以稀为贵"。他又说过:"凡物都有明暗两方面的","明暗是一体的","明是因为有暗而益明的"。④ 又如直线与曲线的关系,他说:"这些建筑的直线和周围的自然的曲线相照映,更完成了美好的构图。"⑤他对漫画中横线与竖线的安排,黑与白的搭配,都有独到见解。可见,他对于相反相成的理解是何等的透彻!

丰老特别能深刻理解"简与繁""少与多"的关系。古人云"言简而意繁"。他说:"美不一定要工致富丽,简单的尽可以美。"⑥如他的漫画《村学校的音乐课》,小学生们个个张着小嘴巴,省去了眼、鼻、眉,却突出了孩子们跟着老师

---

① 陈星:《丰子恺评传》,山东画报出版社 2011 年版,第 397 页。
② 丰子恺:《美与同情》,见所著《日月楼中日月长》上海文化出版社 2017 年版,第 223 页。
③ 丰华瞻、戚志蓉编:《丰子恺散文选集》,上海文艺出版社 1981 年版,第 30 页。
④ 丰子恺:《山水间的生活》,见所著《日月楼中日月长》上海文化出版社 2017 年版,第 226 页。
⑤ 丰子恺:《缘缘堂随笔》,丰一吟编,浙江文艺出版社 1983 年版,第 114 页。
⑥ 丰子恺:《缘缘堂随笔》,丰一吟编,浙江文艺出版社 1983 年版,第 145 页。

的胡琴声愉快地歌唱。又如《锣鼓响》，只有一个小孩拼命拉着拿蒲扇的小脚奶奶扑向前，可是我们似乎看到了前方锣鼓喧天，人头攒动，演员即将出场等情景，真是"无画处皆成妙境"。① 可谓以少少许胜多多许。他还引用《随园诗话》说："凡诗文妙处，全在于空。""钟不空则哑矣。耳不空则聋矣。"②

然而，任何事物不是绝对的。丰老也有用繁笔的漫画而别有风味。如：描绘妻子在车站迎接出站的丈夫的《车到》，描绘三个小姑娘的《挑荠菜》；描绘撑着雨伞的女子在护理花盆里的幼苗的《SNOWDROP》，描绘手挽花篮的《卖花女》，描绘树木和彩虹背景下的姑娘吹笛放羊的《雨后》；描绘一男一女跳交谊舞的《梅花会所见》，描绘女子在树林里扫地的《落叶》以及风筝挂在电线上的《断线鹞》等，都采用了接近钢笔画的繁笔。这些画是丰老受日本画家蕗谷虹儿的影响而创作的，线条细腻，几乎不留空白，同样富有诗意，并且具有装饰美。可见，同一个艺术家，可以用不同的风格甚至对立的风格来创作，而让读者得到美的享受。当然，丰老的漫画绝大部分是简约的。

七、思辨种种

（一）多样的统一

丰老的漫画《书的横队》画了一排竖立放着的书，非常整齐，但是最后一本却是斜着放的，前面几本好比是"立正"，最后的一本好比是"稍息"。如果乱放，就不统一，如果一律，就不多样化，现在这样处理，就体现了"多样的统一"。丰老以金针度人，给我们上课："三个苹果乱摆，变化得没有规则，全图没有一个中心点"，"三个苹果并排在中央，固然规则整齐了，但是太呆板"，"两个苹果重叠起来，放在画面的三分之一处，另一个苹果离开一点，把蒂头倾向那两个"。"既巧妙变化，又集中一气，画面就生动"，"这种美的形式，在美学上称为'多样统一'"。③

---

① 笪重光：《画筌》，见黄宾虹《美术丛书》初集第一辑，浙江美术出版社 2013 年版，第 22 页。
② 丰华瞻、戚志蓉编：《丰子恺论艺术》，复旦大学出版社 1985 年版，第 237 页。
③ 丰华瞻、戚志蓉编：《丰子恺论艺术》，复旦大学出版社 1985 年版，第 234 页。

（二）艺术与科学、科学与自然、艺术与人生

丰老有一些漫画是通过艺术手段表现科学研究的精神的,如《自然的默谕(一)》画的是苹果往下掉,说明牛顿发现万有引力;《自然的默谕(二)》画的是壶里开水沸腾后掀开壶盖,说明瓦特发明蒸汽机;《自然的默谕(四)》画的是大海边看帆船,近处看到全部,稍远看到一半,远处只看到帆尖,证明地球是圆的;《自然的默谕(五)》画的是彩虹,阳光通过水雾折射而成七色。当然,前两项的发现和发明,并不是一人之力,而是继承前辈的成就而进一步创造的。

丰老对科学有辩证的论述,一方面看到它的威力。他说:"人类文明的进步,全靠科学,全靠毅力。"[1]他还举例:美国能把巨大的石头房子原封不动地移走,是科学之伟力;另一方面,"又想到科学的伟力抵抗自然的努力可怜得很"。地凹陷了一块,形成海洋,要数千百人造船才能渡过;大地一震动,摩天大楼也会倒地,科学不是万能的。[2] 由此,我们想到了"人定胜天"这句话,其实也应该辩证地看。人掌握了规律,固然可以改变部分自然,甚至上天入地,但是,正如恩格斯所说的:"我们不要过分陶醉于人类对自然界的胜利。对于每一次这样的胜利,自然界都对我们进行报复。"[3]如盲目开采地下水和滥伐森林所造成的后果,有目共睹。就拿智能机器人来说,要防止其程序失控而滥杀人类,而基因改造也要考虑伦理道德,预防不测之祸。

丰老有着艺术为人生的主张。他说:"现代人要求艺术与生活的接近。中国画在现代何必一味躲在深山中赞美自然,也不妨到红尘间来高歌人生的悲欢,使艺术与人生的关系愈加密切,岂不更好?"[4]

（三）小我与大我

丰老能正确看待和处理小我与大我的关系。他说:"这个'我'怎样呢?自然不是独立存在的小我,应该融入于宇宙全体的大我中。"[5]马一浮先生对

---

[1] 丰子恺:《一篑之功》,见钟桂松、郭亦飞编《中国就像一棵大树》,地震出版社 2014 年版,第 145 页。
[2] 丰子恺:《怜伤》,见所著《随笔二十篇》,海豚出版社 2016 年版,第 77—79 页。
[3] 恩格斯:《自然辩证法》,见《马克思恩格斯选集》第 4 卷,中共中央马恩列斯著作编译局译,人民出版社 1995 年第 2 版,第 383 页。
[4] 丰华瞻、戚志蓉编:《丰子恺论艺术》,复旦大学出版社 1985 年版,第 161 页。
[5] 丰华瞻、戚志蓉编:《丰子恺论艺术》,复旦大学出版社 1985 年版,第 13 页。

他说的话对他影响巨大："人贵从小我中走出来，塑造一个大我，要把自己的悬念推及到整个众生……"①在《劳者自歌（九）》中，写到一只大船在茫茫大海飘摇，人们只顾争夺舱位而不管船开往何处，寓言式地讽喻了只顾争权夺利的小我，而忘了国家命运前途的大我。②

（四）对比与衬托

丰老在漫画《东洋与西洋》中，画一队人出丧，这东洋的队伍扛着"肃静""回避"的牌子和华盖，来到十字路口，被指挥交通的印度巡捕拦住，让西洋型号的汽车开过。封建殖民地的文化与资本主义的文化碰撞在一起，在强烈对比中让人思考。漫画《母与女》，里，小脚老太太穿着大襟衣服、宽大裙子，手拿佛珠，而女儿穿短袖 T 恤、短裙、中跟鞋，手拿网球拍，在鲜明对照中，将两个时代的变迁浓缩在小小的天地间。还有《两种战争》，室内下棋，窗外打篮球，脑力智斗与体力角逐两个场面聚于方寸之间，妙不可言。至于《芭蕉叶与红肚兜》，很明显是相互衬托而愈加鲜艳、鲜明了。

（五）距离产生美

丰老的漫画《我是杭州人，未识西湖美》见仁见智，我个人认为表达的是：天天住在西湖边，已经看惯了，看熟了，眼睛疲劳了，心灵迟钝了，觉得西湖也不过如此。可是一旦看到一幅描绘西湖风景的图画，却感到说不出的美。这说明艺术的强大感染力，也说明距离产生美。"雾里看花花更美""小别胜新婚"，也是这个道理。丰子恺先生在《实行的悲哀》中说到星期六比星期天快乐，毕业前比毕业后快乐，为此，他说："世事之乐不在于实行而在于希望，犹似风景之美不在其中，而在其外。身入其中，不但美即消失，还要生受……不快。"③这与钱锺书先生说的"围城论"毫无二致。

（六）行为品德与专业成就的关系

丰老受他的老师李叔同的影响至深，老师教导他"士先器识而后文艺"，

---

① 转引自陈星《丰子恺传——人间情味》，北岳文艺出版社 1994 年版，第 118 页。
② 丰子恺：《缘缘堂随笔》，丰一吟编，浙江文艺出版社 1983 年版，第 113 页。
③ 丰华瞻、戚志蓉编：《丰子恺散文选集》，上海文艺出版社 1981 年版，第 142—145 页。

就是指首先注重人格修养,要做一个好的文艺家,必先做一个好人。① 因而他特别注重自己的品德修养,他"正直为人,认真做事,宽厚待人"②他的外孙宋菲君讲到外公写信对他的教育:"一个人越是聪明,应该越是谦虚,越是守规矩。""一个人行为第一,学问第二。倘使行为不好,学问再好也没有用。反之,行为好,即使学问差些,也仍是个好人。"③可见,丰老是摆正了思想与业务的关系的,至于他在专业方面的刻苦钻研乃是有目共睹的。

(七)过犹不及、适度为宜、恰到好处

丰老说:"高尔基论艺术创作,曾经有这样的话:作文宜有适度的夸张。"④他举例:"画吠的狗,把嘴画得比实物更大了些;画跑的狗,把脚画得比实际更长了些;画游戏的狗,把脸孔画成了带些笑容。然而看画的人并不埋怨画家失实,反而觉得这画富有画趣。"⑤然而,"夸张过甚,不近人情,便失其效力"。⑥ 我们知道,鲁迅先生曾经说过:"'燕山雪花大似席'是夸张,但燕山究竟有雪花,就含有一点诚实在里面,使我们立刻知道燕山原来有这么冷。如果说'广州雪花大如席'那可就变成笑话了。"⑦

确实,万事万物都有一个度,过了这个度,就引起质变,例如烧饭一直烧下去,米会变成焦炭。所谓"过犹不及"(不及:不到火候成了夹生饭),即是普遍真理。这原则适用于任何领域,所以,应当恰到好处。丰老还举了一个实例:"大抵中国式的器物,以形式为主,而用身体去迁就形式。故椅子的靠背与坐板成九十度角,衣服的袖子长过手指。西洋式的器物,则以身体的实用为主,形式即由实用产生。故缝西装须量身体,剪刀柄上的两个洞,也完全依照手指的横断面的形状而制造。"⑧这实际上就是现今我们说的"人体工程学"。但丰老接着指出:"那种有屁股模子的椅子,显然是西洋风的产物。但

---

① 丰子恺:《缘缘堂随笔》,丰一吟编,浙江文艺出版社 1983 年版,第 358 页。
② 叶瑜荪:《漫话丰子恺》,浙江古籍出版社 2017 年版,第 37 页。
③ 宋菲君:《宋菲君亲述外公丰子恺"爱的教育"》,载《嘉兴日报·桐乡新闻》2019 年 1 月 17 日 4 版"伯鸿讲堂"。
④ 丰子恺:《漫画的技法》,见《丰子恺漫画精品集》,中国青年出版社 2013 年版,第 39 页。
⑤ 丰子恺:《缘缘堂随笔》,丰一吟编,浙江文艺出版社 1983 年版,第 174 页。
⑥ 丰子恺:《漫画的技法》,见《丰子恺漫画精品集》,中国青年出版社 2013 年版,第 43 页。
⑦ 《鲁迅全集》第 6 卷,人民文学出版社 1973 年版,第 186 页。
⑧ 丰子恺:《缘缘堂随笔》,丰一吟编,浙江文艺出版社 1983 年版,第 73 页。

这已走到西洋风的极端，而且过分了。""像这种椅子，究竟不合实用，又不雅观。我每次看见，常误认它为一种刑具。"他于是得出一个普遍性的、规律性的结论："凡物过分必有流弊。"①也就是说，物极必反，事物在一定条件下（过了度）就向对立面转化，这说明丰老已经掌握了辩证的思维方式。

（八）对"小中见大，弦外余音"的不懈追索

试举下列数例：漫画《爱的收支相抵》，母亲抱着孩子，孩子抱着洋娃娃。对于孩子来说，她收入了妈妈的爱，又支出了爱给洋娃娃。对于妈妈来说，何尝不是如此？她收到母亲（即小孩的外婆）之爱，又付出了爱给孩子。我们不是这样一代又一代地既得到爱又付出爱吗？人类就如此不断地绵延不绝。扩大来说，我们每个人应该关心爱护他人，他人也会关心爱护我们，相互关爱，生活才会更美好。

漫画《父亲的手》，父亲用握毛笔的方法来握蘸水笔写字，让我们思绪联翩。这不是两代人的代际差异吗？也就是我们今天所说的代沟。如何弥合代沟呢？长辈应该虚心向晚辈学习，晚辈应该帮助长辈，不单在生活方面，还有思想观念方面，只有经常交流，才能有更多的共同语言。

漫画《跌一跤，坐一坐》，一个人坐在地上，旁边是一个包裹，说明他刚才跌了一跤，正在休息。是啊！平时我们跌了一跤，往往爬起来就走。其实是应该休息下，看看有没有碰破了皮，有没有伤了筋骨，尤其是老年人。还要找找原因，是路高低不平，还是自己不小心崴了脚，以便接受教训，下次留神。不能光是埋怨客观，要多寻找自身原因。这完全适用于犯了错误以后如何对待自己。

漫画《蔷薇之刺》，一个姑娘靠在一张桌子旁，一手抚摸着另外一只手，原来桌子上有一个花瓶，瓶里有一束蔷薇花，她去采花而被花枝上的刺刺伤了。花是观赏的，何必采撷？贪求是有代价的，就像急于拿烫手山芋一样。另外，有位哲人说过，人际关系就像两只刺猬，需要相互靠近取暖，就是人与人需要交流、慰藉、亲热、帮助；可是靠得太近了，就会相互刺伤。因为每个人都有个性，人与人总有差异，有差异就有矛盾。因而既要接近，又要保持适当距离，让双方有一定的自由空间。家人之间也同样如此。

---

① 丰子恺：《缘缘堂随笔》，丰一吟编，浙江文艺出版社 1983 年版，第 73 页。

总而言之，丰子恺先生是一位感性的艺术家，但从某种意义上来说，也是一位善于哲理思索的理论家，上述众多的论据可以证实这一点。

作者：浙江桐乡市高级中学教师、高级讲师

丰子恺护生思想之探讨

蔡翊鑫

一、前　言

《护生画集》是由弘一大师和他的弟子丰子恺共同制作完成的,丰子恺作画,弘一大师题写诗文,意在提倡仁爱、劝人戒杀从善,建立人与动物平等的观念,促进人与自然的和谐发展。

丰子恺先生是散文家、艺术家,也是中国近代漫画家,他所绘作的六册《护生画集》,共收录四百五十幅漫画,每幅画中都有题有诗或文。这六册《护生画集》是成人及亲子共读的漫画书。[①] 漫画内容有一大部分与护生、戒杀、放生、爱惜自然、与自然和谐相处及自然生态有关,每篇图画及诗文都充满了童心和佛心,温馨感人。

比如在丰子恺的一幅图画《平等》中,一位年轻的男子坐在椅子上,与一只坐在地上狗对望。狗在想什么姑且不论,但是人似乎陷入沉思。笔者认为他可能是想了一些有关佛学方面的思想吧! 例如众生平等、人人皆有善根等的观念在他心中慢慢启发与发酵着。

在此幅图画里,丰子恺在图中以英文引述俄国著名小说家、戏剧家屠格涅夫[②]的名句格言:"They are the eyes of equals."此话的意思是:"在他们眼中彼此是平等的。"在画中以简短的英文点出此幅画的所要表达的目的,这也

---

① 林少雯:《丰子恺〈护生画集〉体、相、用之探讨》,玄奘大学宗教硕职班,硕士学位论文,2010 年,第 24 页。

② 伊凡·谢吉耶维奇·屠格涅夫(俄语:Ивáн Сергéевич Typréнев, IPA:[ɪˈvan sʲɪrˈɡʲeɪvʲɪtɕ tʊrˈɡʲe-nʲɪf]),公历 1818 年 11 月 9 日—1883 年 9 月 3 日,合儒略历 1818 年 10 月 28 日—1883 年 8 月 22 日),俄国现实主义小说家、诗人和剧作家。

是丰子恺先生漫画的特色之一。

　　此画作就能代表丰子恺先生想要表达的护生的观点,接下来笔者会以佛教的护生观与道教的护生观,来探讨应该如何在这两种宗教中体现出护生的重要性。

二、佛教护生思想

　　佛教提出不杀生,也不随便残害生命,所以在佛陀的时代提出了"三净肉",而三净肉又是什么呢? 三净肉指的是三种肉不吃。第一不自杀:不是自己亲自动手所杀,若杀所得之肉不可食,若食则犯规,得罪无量。第二不教他杀:自己想吃肉,知道自己不能亲自杀,而教别人杀来给我吃。第三不闻杀:没有自己亲自杀,也没有教他人杀来给我吃,但听到隔壁有杀鸡,鸡叫的声音,而此肉亦不得食,食肉则犯规,得无量罪。

　　还有一种叫做为我杀,何谓为我杀? 他人特意买活鸡或自家所养的鸡来杀,这鸡本来不该死,因为我来的原因,这鸡为我而杀,为我而死,这叫作为我杀,此肉亦不得食,食肉则犯规,得无量罪。在丰子恺的漫画中就提出许多护生的观点,有论者这样分析:

《护生画集》中蕴涵最深刻的是哲理和佛理,以仁民心物、民胞物与、天人合一、慈悲和护生为主,其内容的艺术意境包括儒、释、道三家的哲学思维以及诗、文、书、画等艺术形式。画集在当时广为流传,是佛教界、文艺界知名人士合作的艺术精品。①

丰子恺认为的护生思想就如绘本第一集所画的"护生"就是"护心"。

爱护生灵,劝戒残杀,可以涵养人心的"仁爱",可以诱致世界的"和平"。故我们所爱护的,其实不是禽兽鱼虫的本身(小节),而是自己的心(大体)。换言之,救护禽兽鱼虫是手段,倡导仁爱和平是目的。再换言之,护生是"事",护心是"理"。②

丰子恺所绘的《护生画集》所要提倡的观念即放生是护生理念的一种特定实践面向,目的是爱护生命。但是,由于许多商业化行为的出现,原本的慈悲善行变质成为杀生,所以我们要反省商业行为的放生是否应该? 我们也可以发现这个行为模式是一种恶性循环,捕捉动物→囚禁动物→买卖动物→"放生"动物→捕捉动物。但常言道:"认养代替购买,结扎代替扑杀。"笔者认为所谓的护生应该如此。我们应该要尊重动物的生命自主权,不应任意地剥夺它们的权益。佛家有句俗语:"我佛慈悲,众生皆为平等。"此话应该能够形容丰子恺"护生"的观念,护生即护心,爱护生命也是修身与修心的一种方式。

三、道教护生思想

道教也最提倡护生,生命是最宝贵的,以下几篇论文可以说明护生思想,如:

李远国《论三才相盗与贵生戒杀—道教的环保思想》③从道教经典中,归

---

① 林少雯:《丰子恺〈护生画集〉体、相、用之探讨》,玄奘大学宗教硕职班,硕士学位论文,2010 年,第 24 页。
② 丰子恺:《一饭之恩》,见陈星总主编、陈建军分卷主编《丰子恺全集》第 4 卷,海豚出版社 2016 年版,第 160 页。
③ 李远国:《论三才相盗与贵生戒杀—道教的环保思想》,载《哲学杂志》1999 年第 30 期。

纳出道教贵生戒杀思想的三个要点:(一)生命是神圣的,(二)生命是相互依存的共同体,(三)肯定一切生命均有生存发展的权利。

李丰楙《道教的环保意识——一个道教末世论观点的考察》[①]探讨了六朝道经中戒律形成的历史背景因素。在道教护生方面,表现为戒杀生及禁砍伐山林两大类。

尹志华《道教生态智慧管窥》[②]一文认为道教以长生成仙为最高目标,特别重视生命,提倡贵生精神。因此敬重生命成为道教的一个重要原则。文中同时认为,道教为了保护环境,采取的首要措施就是禁止杀生。因此在众多戒律中,大多以"戒杀生"为主要大戒。另外,此文也举出道教的环保意识,在戒律中也对保护植物、土地、水资源作了相关规定。

庄宏谊《道教的生态环保观念与实践》[③]说明道教戒律中,依据"天人合一"的思想,从"道法自然"的角度出发,对保护生态环境作了多方面的规定。依照其内容,可分为戒杀生与保护环境两大项。

施舟人(Kristofer Schipper)《道教生态学:内在超越——早期道教传道书训诫研究》[④]说明了"老君百八十戒"的历史渊源,从中介绍了保护动物、植物、土地与水资源等相关戒律。

在上述所说有关于道教护生的看法中,笔者发现道教的始祖老子也提倡戒杀护生的思想。在《正统道藏》的《太上老君经律》[⑤]的《老君说一百八十戒》中,有几句提到戒杀护生的思想:

> 第四戒者,不得杀伤一切。
>
> 第七十九戒者,不得渔猎伤杀众生。
>
> 第九十五戒者,不得冬天发掘地蛰藏。
>
> 第九十七戒者,不得妄上树探巢破卵。

---

① 李丰楙:《道教的环保意识——一个道教末世论观点的考察》,见沈清松主编《简朴思想与环保哲学》,(台北)立绪文化事业有限公司,1997 年。

② 尹志华:《道教生态智慧管窥》,载《宗教哲学》1999 年第 2 期。

③ 庄宏谊:《道教的生态环保观念与实践》,载《辅仁宗教研究》2000 年第 2 期。

④ Kristofer Schipper（施舟人）, "Daoist Ecology: The Inner Transformation. — A Study of Precepts of the Early Daoist Ecclesia", see N. J. Girardot, James Miller and Liu Xiaogan eds., *Daoism and Ecology: Ways within a Cosmic Landscape*, Mass.: Harvard University Press, 2001, pp. 79 – 93.

⑤ 《正统道藏》第 30 册,(台北)新文丰出版公司 1995 年版,第 544 — 546 页。

从这几句内文来看,老子所提倡的护生观与佛教所提倡的护生观有共通之处。从这几句经文所述不得杀伤一切等观点来看,笔者认为与佛教所说的众生平等、不乱杀无辜、要尊重每种动植物都是独立的有生命的等主张相一致。然而老子在提倡戒杀护生的同时,也提倡他的养生之道,在《老子想尔注》①中的道戒部分,里面有提到护生相关的思想,如勿食含血之物、为善至诚等。此话的涵义与佛家所说的三净肉有共同之处,意思就是说不吃不管是否为自己所杀或是他杀的动物,笔者认为老子所提倡的戒杀护生应建立在不吃动物、吃素养生基础之上。"为善至诚"可解释为心灵至诚则为善,也可以解释为人只要有善心有善的念头,不随意作恶,这也是一种慈悲护生的表现。

《太上洞玄灵宝智慧罪根上品大戒经》"十善因缘上戒"戒律第一、二条云:

> 一者当恤死护生,救度危难,命得其寿,不有夭伤。
> 二者救疾治病,载度困笃,身得安全,不有痛剧。②

在《太上洞真智慧上品大诚》《太上洞玄灵宝智慧本愿大戒上品经》两部戒经中,戒律本身多处提到奉戒福报如"智慧度生上品大诚""十善劝戒"等。

如"智慧度生上品大诚"云:

> 一者见人穷急,度其死厄,见世明达,能制凶逆,年命长远,世想无极。
> 二者见人穷乏,饥寒困急,损身布施,令人富贵,福报万倍,世世欢乐。
> 三者含血之类,有急投人,能为开度,济其死厄,见世康强,不遭横恶。
> 四者施慧鸟兽,有生之类,割口饴之,无所爱惜,世世饱满,常在福地。
> 五者度诸蠢动,一切众生,咸使成就,无有夭伤,见世兴盛,不履众横。
> 六者常行慈心,愍济一切,放生度厄,其功甚重,令人见世,居危得安,居疾得康,居贫得富,举向从心。③

---

① 顾宝田、张忠利注译,傅武光校阅:《新译老子想尔注》,(台北)三民书局 2008 年版。
②《正统道藏》第 11 册,(台北)新文丰出版公司 1995 年版,第 762 页。
③《正统道藏》第 11 册,(台北)新文丰出版公司 1995 年版,第 770 页。

在《太上洞玄灵宝法身制论》第四条禁预期罗捕放生,原文如下:

> 为大德之主,仁为儒道之宗,慈为福端,杀为罪首,立功树德,莫如去害。故济生之苦,皆由慈心于物,顷来男女学士,每以五月夏节,逆唱放生,未至其日,先已罗捕,造于临流,悉已薨夭,既欲招福,反尤大罪。自今以后,不宜预云放生,若有善心,卒遇便买。又设斋福之家,师主亦禁戒,轻侮任办,则是事主之愆,犯者禁锢二百日。①

道教爱生戒杀,认为天底下所有的动物对其生命皆有自主权,人不能因为自己的喜好而任意剥夺动物的生命,至于弱肉强食的生物链,则秉持着"天地不仁,以万物为刍狗"的心态看待,既不强求,亦非置之不理。对于放生行为,则是见到动物即将遭遇宰杀之时,发自内心产生慈悲心,才买而放之,绝不能为了积功累德,而事前大肆宣传,此举只会让商人大量捕捉动物,反倒苦了动物界众生,从此经可见其一般。

笔者就上述所论述的而言,认为道教的护生思想,其主要有几个层面来看,一、是为了寻求道的了悟,二、是为了维护人性本善,三、也是为了维持自然界的事物法则。整体而言,戒杀护生思想属于形而上的哲学思想,藉由吃素养生的清心与日常不杀生的行善,促进身心灵层面的提升,最后通达道了悟的概念。

从上述可以发现,在许多的经典中,都可以找得到关于护生思想的踪迹,如在《正统道藏》太上感应篇中的"昆虫草木犹不可伤"②这句话,告诉我们所有的昆虫和草木,皆不可以伤害,也不可以说昆虫只是微小生物,草木没有知觉,就任意地伤害它们。

就丰子恺的护生观念来说,可以解释为:如果非不得已,非必要,亦不可伤害无辜,例如:在公园里散步途中,看见花草随手摘取以为好玩之类,亦足以养成人的残忍心,应此人为了要生活而割食它们也是不可以的。

---

① 《正统道藏》第 11 册,(台北)新文丰出版公司 1995 年版,第 817 页。
② 《正统道藏》第 46 册,(台北)新文丰出版公司 1995 年版,第 29 页。

四、结　语

综合以上所言，佛教与道教的护生都出于一个观念"戒杀生"而来，例如：对于佛教徒而言，最基本戒律的五戒中，第一条就是"不杀生"。而规定是不可以杀害一切的生命，包括所有的动物，而且要做到"不自杀、不他杀，不见杀随喜"，就是说不仅自己不能去杀害动物，而且不能教唆、命令、劝诱他人杀害动物，甚至连见到他人杀害动物在心里表示赞同欢喜都是不可以的。可见，佛教所谓的"护生"是全面禁止戮杀动物的。

在道教方面，道教认为所有的东西都是有灵性的，所以道教不会像佛教那样有所谓的放生，然而道教认为的护生即如放生：放生的本意，是将被捕捉的动物放回到其本来生存的大自然中，放生之后，要确保动物能够生存，否则放生就成了杀生。然而他们所谓的"戒杀生"都是依循经典中的戒律而来。

从宗教的护生角度来看，他们的出发点都是一样的，都是以一个慈悲从善的心来爱护动植物，皆认为任何动植物都是有灵性的，不可随便摧残。在这个方面，老子的《道德经》第五十一章有云：

> 道生之，德畜之，物形之，势成之。道之尊，德之贵，夫莫之命而常自然。故道生之，德畜之；长之育之，成之孰之，养之覆之；生而不有，为而不恃，长而不宰。是谓玄德。[1]

这段话的意思就以护生的观点，可以诠释为："道"生育万物，"德"育养万物；道使万物有了形态，正所谓"道生一，一生二，二生三，三生万物"，然而所有的万物都应该遵循的自然法则，顺其自然，让其生长，让其发育，让其结子，让其成熟，照顾万物，保护万物。笔者认为这也是老子要告诉我们的一种护生方式。

总结以上笔者所述的，从佛教、道教的宗教观来探讨"护生"的概念，不外乎就是要告诫我们要珍惜生命与爱护动植物，不随意残害生命。由此可见，不论是佛教还是道教，对于护生的观点与看法，都是在劝人向善，要从善，不

---

[1] 玄矶子：《老子道德经活学活用》，（台南）金文堂文化事业公司 2018 年版，第 226 页。

要作恶,想必这也是丰子恺所绘的《护生画集》,留给后人去省思,与在画集中所要传达之含意。

基于此,生命的主体应延续生命,未成生命主体之生命,亦应予以尊重,以彰显生命平等的价值观。

作者:玄奘大学宗教与文化学系教授

丰子恺对王维及南宗画传统的
接受与转化

潘建伟

对新文化运动研究愈加深入,就愈能认识一个突出特征,即在表面反传统的背景下,现代作家、艺术家仍然与传统密切相关,关键是如何在一个新的语境中对之实现创造性转化。丰子恺在新文化运动初期完全信仰西方写实主义思想,排斥南宗画传统,但经过了一番沉潜思考,到二十年代中期以后就逐渐认识到这一传统之于创作的意义。本文意在集中讨论三个问题:其一,丰子恺如何理解作为南宗画之祖的王维;其二,南宗画传统在他艺术思想中的位置;其三,促成他转化这一传统的西方资源。

一、丰子恺理解的王维:思、诗、画一体

关于王维最大的话题就是诗画相通,也即所谓的"诗中有画""画中有诗"①。大致说来,八十年代至新世纪初,论者受莱辛《拉奥孔》、宗白华《美学散步》以及钱锺书《读〈拉奥孔〉》的影响较深,往往简单比较诗与画在表现功能上的差异,认为画终究无法反映诗的内容。从袁行霈、金学智、文达三到刘德谦、蒋寅,都笼罩在这一诗优画劣论的阴影之下。刘石的《"诗画一律"的内涵》(《文学遗产》2008 年第 6 期)、《诗画平等观中的诗画关系》(《文艺研究》

---

① 语出苏轼的《书摩诘蓝田烟雨图》。丰子恺的《画中有诗——中国画的特色》《绘画概说》等都提到过苏轼的这句话。分别见陈星总主编、刘晨分卷主编《丰子恺全集》第 10 卷,海豚出版社 2016 年版,第 94 页;《丰子恺全集》第 8 卷,第 203 页。

2009 年第 9 期)逆转了之前的论述倾向,着重将王维的诗画关系统一起来加以思考;蒋寅近年发表的《对王维"诗中有画"的再讨论》(《武汉大学学报》2019 年第 1 期)也对自己以往的看法有过反思,提出王维的画与诗都是以"写意见长"。

事实上,如果我们仔细考察丰子恺理解的王维,就会发现,他早已将王维的思、诗、画统一起来进行过非常详细的分析。在《中国画的特色——画中有诗》(1927)专列的"文人画家与王维"一章中,他这样说王维的"画中有诗":"他的画不是忠于自然的再现的工夫的,而是善托其胸中诗趣于自然的。他是把自己的深的体会托自然表出的。他没有费数月刻画描写嘉陵江三百余里山水的李思训的工夫,而有健笔一扫而成的吴道子的气魄。这是因为描写胸中灵气,必然用即兴的,sketch 的表现法,想到一丘,便得一丘;想到一壑,便得一壑,这真是所谓'画中有诗'。"①绘画是造型艺术,擅长刻画描摹外物的形体,王维的画却不意在摹写自然,而重在表现"胸中灵气",山水只是"自己的深的体会"的外在表现,丰子恺即将此看作画中之"诗"。丰子恺接下来关于王维画中体现的"胸中灵气""深的体会"进一步作了详尽的说明:

> 他的山水是大自然的叙事诗。他所见的自然,像他的人,没有狂暴,激昂,都是稳静,和平。他的水都是静流,没有激湍。他的舟都是顺风滑走的,没有饱帆破浪的。他的树木都是疏叶的,或木叶尽脱的冬枯树,没有郁郁苍苍的大木,也没有巨干高枝的老木。他的画中没有堂堂的楼阁,只有田园的茅屋,又不是可以居人的茅屋,而是屋自己独立的存在,不必有窗,也不必有门,即有窗门,也必是锁闭着的。这等茅屋实在是与木石同类的一种自然。他的画中的点景人物,也当作一种自然,不当作有意识的人,不必有目,不必有鼻,或竟不必有颜貌。与别的自然物同样地描出。总之,他的画的世界就是他的诗的世界。②

根据丰子恺的解读,安静的流水、滑行的小舟、萧疏的枯树、简陋的茅屋以及形象模糊的人物,其实都是王维人格的象征:"没有狂暴,激昂,都是稳

---

① 陈星总主编、刘晨分卷主编:《丰子恺全集》第 10 卷,第 95 页。
② 陈星总主编、刘晨分卷主编:《丰子恺全集》第 10 卷,第 95、96 页。

静，和平。"同时，他又认为王维的"画的世界"就是他的"诗的世界"。这里所说的"诗的世界"并非泛指王维所有的诗，而是特指那些如"江流天地外，山色有无中"（《汉江临眺》）、"太乙近天都，连山到海隅"（《终南山》）、"千里横黛色，数峰出云间"（《崔濮阳兄季重前山兴》）等具有浩大空间结构的诗章，或是那些如"行到水穷处，坐看云起时"（《终南别业》）、"君问穷通理，渔歌入浦深"（《酬张少府》）、"涧户寂无人，纷纷开且落"（《辛夷坞》）等深蕴禅理的诗句。前者是诗人用全知视角来考察空间，俯仰自得，游心太玄；后者则是诗人在具体描写景物时表达对宇宙人生的体悟，人与外在世界无分无别，人的心灵无贪无嗔，因此丰子恺会感叹："其画如其人，又如其诗，淡雅而自然，尤富诗趣。"①

画亦人，人亦诗，诗亦画，可以看到丰子恺理解的王维，这三者是一体的。同样是在《中国画的特色——画中有诗》一文中，丰子恺举王维的"人闲桂花落，夜静春山空"（《鸟鸣涧》）、"返景入深林，复照青苔上"（《鹿柴》）、"深林人不知，明月来相照"（《竹里馆》）、"涧户寂无人，纷纷开且落"（《辛夷坞》）等诗句为例，认为："王维的诗中，画果然很多。而且大多是和平的纤丽的风景画。"②在《画碟余墨》中，他又举"行到水穷处，坐看云起时"（《终南别业》）、"悦石上兮流泉，与松间兮茅屋"（《送友人归山歌二首》其一）、"白水明田外，碧峰出山后"（《新晴晚望》）等诗为例，认为："王摩诘有许多诗句，竟好比是叙述一幅图画。不须苦心布置，照诗句写出，便可成为一幅图画。"③诗是语言艺术，擅长抒写情志怀抱，但是王维却不专注言志抒情，而是用他"描画的眼光"④来作诗，以达到抒情达志的效果。

下面笔者举一个丰子恺经常提到的《辛夷坞》为例详加说明。这首诗只有短短四句五言："木末芙蓉花，山中发红萼。涧户寂无人，纷纷开且落。"在1924年撰写的《艺术的创作与鉴赏》中，丰子恺分析说，读此诗首先让人吸引的是音律之美；其次是仿佛有图画"浮现在眼前"，让人"想象到在荒山中自开自落的花的情状"⑤；再次，辛夷花的自开自落，象征着诗人的精神，即所"立"

① 陈星总主编、刘晨分卷主编：《丰子恺全集》第 8 卷，第 202、203 页。
② 陈星总主编、刘晨分卷主编：《丰子恺全集》第 10 卷，第 95 页
③ 陈星总主编、刘晨分卷主编：《丰子恺全集》第 10 卷，第 245 页
④ 陈星总主编、刘晨分卷主编：《丰子恺全集》第 10 卷，第 245 页
⑤ 陈星总主编、刘晨分卷主编：《丰子恺全集》第 18 卷，第 183 页。

之"象"是为了"尽"主体之"意"。丰子恺这样概括道：诗的创作过程首先是从作者的"心境"（意）到产生"心象"（景），再从"心象"借助语言成为一首诗；读者的鉴赏过程则反过来，先从诗的语言到诗的"心象"（景），再从"心象"到了解作者的"心境"（意），领略"作者最初心中生起的高远的思想感情"①。故而他继续说："不但是咏一朵花，实在暗示着一种别的更高尚的意义。作者见了芙蓉在荒山中开颜发艳，无人欣赏而自开自落，联想到世间的埋没的哲人，或不求人知的高士，或隐于贫贱的，或盛年处空房［的］美人。"②这样一连串的分析，已经对这首诗的音律、画面、情思都分析得非常清楚，似乎已题无剩义了。但随着他对王维有更为深入的认识，到了 1944 年，他在《画碟余墨》中举了"涧户寂无人，纷纷开且落"两句，认为具有"喻天地造物之神秘"的意境，并评论道：

> 我所谓发人深省，不仅为了这芙蓉花不求人知，孤芳自赏，可以象征高士，却是为了这景象表达了天地造物的神秘奥妙。观此景象，可以想见天地间森罗万象，各有其自身的意义，决非为人而生。吾人为千万年来的传统习惯所欺骗，往往妄自尊大，以为万物为人而生，于是对于人生的根本，愈去愈远。一切颠倒迷妄，皆由此生。③

在丰子恺看来，王维的诗是要让人走出"颠倒迷妄"，理解生命的真实：这是一种经历人生彷徨苦闷后的超旷，是一种摒弃妄自尊大、戒除贪嗔我慢后的彻悟，是要为短暂、脆弱的个体生命创造一个天地造物的永恒背景。为了进一步说明这个问题，丰子恺将之与李九龄的《山舍南溪小桃花》的"可怜地僻无人赏，抛掷深红乱木中"两句诗作了比较，并说：

> 此诗与王摩诘那诗大致相似，而意趣深浅悬殊。王摩诘不加批评，全凭直观而具体叙述，只说"涧户寂无人，纷纷开且落"，任人自己去想。所以意味深远，含蓄无穷。至于这一首七绝，用了"可怜"二字，又加以"无人赏"，又用"抛掷"二字代"落"字，又看轻"乱木"，明显地怜悯它的不

---

① 陈星总主编、刘晨分卷主编：《丰子恺全集》第 18 卷，第 184 页。
② 陈星总主编、刘晨分卷主编：《丰子恺全集》第 18 卷，第 183 页。
③ 陈星总主编、刘晨分卷主编：《丰子恺全集》第 10 卷，第 247 页。

幸。寓意固然也好——世间怀才不遇之人读了会感动。但也止于叹惜怀才不遇而已，没有表现更深远的人生意义——像王摩诘那首五绝所表现的。①

胡应麟认为王维的这首《辛夷坞》是"五言绝之入禅者"②，丰子恺的分析正精要地说明此诗为何"入禅"。"涧户寂无人，纷纷开且落"，自在自为，自成一个圆满的宇宙；而"可怜地僻无人赏，抛掷深红乱木中"就是以人为的标准为自然立法。"可怜""无人赏"都带着某种哀怨，这与王维所表达的"至人达观，与物齐功；无心舍有，何处依空"③的南禅思想显然就大相径庭了。

由此可见，丰子恺是将王维的思、诗、画高度统一起来了。换句话说，之所以王维的诗就是画，画就是诗，是因为他的诗与画都表现一个共同的内容，即诗人的胸襟怀抱、气质修养与人格境界。后世文人画派以王维为始祖，丰子恺认为中国画不同于西洋画而别具"风韵"，其用意都聚焦于此。

二、对南宗画传统的接受

元代以后，文人画基本就等于南宗画。董其昌所谓"文人画自王右丞始"，也即南宗画自从王维开始。④ 莫是龙、董其昌、陈继儒按照绘画风格与创作手法将唐以来的中国画史分为南北二宗，北宗从李思训始，南宗从王维始。关于南北二宗画家的归属问题上，莫是龙与董其昌完全一致，董其昌与陈继儒的看法略有区别。在董其昌的《画旨》中，将李思训、赵幹、赵伯驹、赵伯骕、马远、夏珪列为北宗，将王维、张璪、荆浩、关全、董源、郭忠恕、米芾父子至元四大家为南宗。在另一处，董氏又补李成、范宽、李公麟、王诜入南宗，并且一直将南宗的脉络延续至明代的沈周、文徵明，同时又补"非吾曹当学"的李唐、刘松年入北宗。⑤ 在陈继儒的《偃曝谈余》中，北宗加上了郭熙、张择端，将董

---

① 陈星总主编、刘晨分卷主编：《丰子恺全集》第 10 卷，第 247 页。

② 胡应麟：《诗薮》，上海古籍出版社 1979 年新 1 版，"内编六"第 116 页。

③ 王维：《能禅师碑》，见赵殿成笺注《王右丞集笺注》，上海古籍出版社 1984 年新 1 版，第 449 页。

④ 关于文人画与南宗画的界说，可参看田中丰藏的《南画新论》。见张连、古原宏申编《文人画与南北宗论文汇编》，上海书画出版社 1989 年版，第 631 页。

⑤ 董其昌：《画旨》，毛建波校注，西泠印社出版社 2008 年版，第 36、40 页。

其昌列为南宗的王诜改列入北宗,在南宗又加上了燕肃、赵令穰。① 由于南北宗画家的归属上董其昌与陈继儒之间存在着不同程度的差异,在三四十年代时就有论者因为这两个概念的创造者的说法相互矛盾抵触,便认为这种分法不科学。② 丰子恺认为,董其昌借用禅宗南北二宗来区分唐以来画派的南北二宗,有着一定的合理性。在《绘画概说》中,他也提到南北画派之间存在"交互错综的画风",不一定能强行纳入南宗或北宗的行列,但他明确肯定了董其昌的说法,认为李思训的"金碧辉映"与王维的"渲淡自然"确实是"中国绘画中最主要的两种画法"。③ 用某些新术语或新概念来论述一个艺术史问题,尽管不一定周全,更不必说天衣无缝,却能提供一定的视角,供人思考与讨论。倘若缺少这样的术语或概念,我们就很难把握中国画史的脉络与风格特征的差异,如钱锺书所讲的,董其昌的分类"超出了画家的籍贯,揭出了画风的特色",绝非"无所取义"④。沿着董其昌"南北二宗"的说法,丰子恺继续评论画史的发展:

> 他(指荆浩——引者注)的画法,根据王维的渲淡,而更进一步。王维的画中尚有勾勒之迹,荆浩则盛用水墨、渲刷、晕染,其画面更富柔美之趣。其画山水有种种皴法,例如斧劈皴法,雨点皴法,披麻皴法,矾头皴法,都是他所盛用的。宋代的墨画注重渲染与皴法,皆以荆浩为先驱。⑤

启功的《山水画南北宗说辨》引米友仁评论王维的画"皆如刻画不足学",以此说明与"渲淡"的风格相矛盾。⑥ 事实上这正好证明南宗画发展到了宋代,连王维的"渲淡"都嫌其"刻画"。所谓"刻画",也即丰子恺说王维的画"尚有勾勒之迹",而到了荆浩那里,这种"勾勒""刻画"就被盛用渲染、皴法消迹于无形了。

---

① 张连、古原宏申编:《文人画与南北宗论文汇编》,上海书画出版社1989年版,第27、28页。
② 参见童书业《中国山水画南北分宗说新考》,载《齐鲁学报》1941年第2期,第183页。
③ 陈星总主编、刘晨分卷主编:《丰子恺全集》第8卷,第202页。
④ 钱锺书:《中国诗与中国画》,见所著《七缀集》,生活·读书·新知三联书店2002年版,第14页。
⑤ 陈星总主编、刘晨分卷主编:《丰子恺全集》第8卷,第205页。
⑥ 启功:《启功丛稿·论文卷》,中华书局1981年版,第128页。

创作技法是一个方面，但技法并非全部的内容，无论是着色还是水墨，是工笔还是简笔，是形似还是神似等等技法风格层面来扬南抑北，尚未切中该学说的肯綮。董其昌之将南宗画等同于文人画，在于南宗画超越技法层面的特点而重在表现创作主体的思想感情、性情修养，乃至人格境界，这才是南宗画优于北宗画的关键所在。在《画旨》中，他提到："画家六法，一曰气韵生动。气韵不可学，此生而知之、自然天授，然亦有学得处。读万卷书、行万里路，胸中脱去尘浊，自然丘壑内营，立成鄄鄂，随手写出，皆为山水传神。"[①]"气韵生动"是谢赫所谓画家"六法"之第一法，董其昌认为虽然这属于"自然天授"，但亦有可学之处，这就是要求画家"读万卷书、行万里路"，如此才能尘浊脱去、丘壑内营，并认为马远、夏圭辈不及元季四大家的原因正在于此。陈继儒也说："李派粗硬无士人气，王派虚和萧散，此又慧能之禅，非神秀所及也。"[②]点明了以李思训为首的北宗画亚于以王维为首的南宗画就是由于缺乏"虚和萧散"的"士人气"。

绘画善于刻画形迹，但文人画家却要超越对形迹的反映，借画来抒写情志，表现思想感情、性情修养与人格境界。对于此，丰子恺有着高度的自觉。从王维到苏轼，从文徵明到金农再到陈师曾这一路注重"笔墨趣""人生味"的文人画风对他的影响相当明显。尤其是陈师曾还画过如《落日放船好》《独树老夫家》等漫画，更是给他留下过最直接而深刻的印象。[③] 甚至他常喜欢在其画中将诗文作为题款，也正是继承了"书、赞、诗、赋以补画之不足，而添画之色彩"的文人画传统。[④] 以往的丰子恺研究已略有提及这个问题，笔者此处想通过丰子恺以自己的方式来理解两位外国画家为例，进一步对之作出说明。

首先是雪舟。在画史上，雪舟常被认为是接近北宗风格的画家，因为他在中国时曾师从明朝院体画家李在。石守谦提到雪舟在中国的生活与学习经历时，就注重于他与明朝宫廷山水画派之间的联系，并强调了他在宫廷中学到的"设色、破墨或构图等山水画的形式技巧"以及"政治正确的画意之表

---

① 董其昌：《画旨》，毛建波校注，第 16 页。
② 陈继儒：《偃曝谈余》，(上海)商务印书馆 1936 年版，第 14 页。
③ 丰子恺《漫画创作二十年》云："我小时候，《太平洋画报》上发表陈师曾的小幅简笔画《落日放船好》《独树老夫家》等，寥寥数笔，余趣无穷，给我很深的印象。我认为这算是中国漫画的始源。"见陈星总主编、陈建军分卷主编《丰子恺全集》第 2 卷，第 263 页。
④ 陈师曾：《中国绘画史》，浙江美术出版社 2013 年版，第 94 页。

达".① 田中丰藏则以中国南北宗学说为参照将日本的画作了区分,明确将雪舟与周文及狩野派的画家归入"北宗".② 丰子恺自然了解雪舟在明代画院学习的经历,也知道他来中国后"抚摹中国古来大画家马远、夏珪等的真迹"③。但是在讨论雪舟的艺术时,他却着重评述了雪舟"禅味"的画风。在《雪舟的生涯与艺术》中,他说:

> 雪舟的画是富有禅味的水墨画。他的画大都用简单而刚强的笔法,象征地表现出自然景物。他作画往往不描画面的全部,而留出很多的空白地位,使观者感到空廓和深远。这就是所谓禅味。④

南宗画之祖王维身上的诗画禅一致,加上宋以后以禅论画已蔚然成风,至董其昌立"画禅室"之名,南宗画与禅宗之间关系之紧密更可见一斑。丰子恺认为雪舟的水墨画"富有禅味",很显然是将他看成是一位南宗画家了。所谓雪舟的画"不描画面的全部,而留出很多的空白地位",这也是南宗画多用留白的技法,使得画有尽而意无穷。丰子恺又具体分列了雪舟绘画艺术的四点特色,从前三点中可以看出他与南宗画风的一致。

第一点从构图角度来说,他概括为"布局灵秀"。他说日本"大和绘"常常富丽豪华,"一幅画中填得满满泛泛,不留余地";而雪舟一反这种画法,"物象大都布置得很疏朗,画面常常留很多的余地"。丰子恺认为"全靠有这些空地,主题表现得更加强明",并指出:"中国画家大都擅长这种灵秀的经营布置法,宋元文人画尤加讲究此道。"⑤"大和绘"的构图紧凑密实,不留余地;而雪舟的画则注重虚实相应、有无相生,创造一种笔减意高、灵秀生动的画面布局,这与宋元文人画高度一致。

第二点从设色的角度来说,他概括为"设色淡雅"。他说"大和绘"大都"绚焕灿烂,金碧辉煌","非常华丽,具有浓厚的装饰风味",在雪舟以后的桃

---

① 石守谦:《移动的桃花源:东亚世界中的山水画》,生活·读书·新知三联书店 2015 年版,第 167 页。
② 田中丰藏:《南画新论》,见张连、古原宏申编《文人画与南北宗论文汇编》,上海书画出版社 1989 年版,第 633 页。
③ 陈星总主编、刘晨分卷主编:《丰子恺全集》第 9 卷,第 247 页。
④ 陈星总主编、刘晨分卷主编:《丰子恺全集》第 9 卷,第 250 页。
⑤ 陈星总主编、刘晨分卷主编:《丰子恺全集》第 9 卷,第 250 页。

山时代，这种倾向"尤其显著"；而雪舟"专研一色的水墨画""色彩都很淡雅""富有一种朴素的美"。① 尽管有部分"大和绘"系的画家也能将设色淡雅的"水墨画"当作绘画，但如千叶成夫所讲的，他们"深深地知道在本质上'水墨画'和自己的'绘画'是异质的东西"②。丰子恺将"大和绘"的"金碧辉煌"与雪舟的"设色淡雅"对立起来，这与他以"金碧辉映""渲淡自然"来揭示南北宗各自的画风特征极为相应。

第三点从用笔的角度来说，他概括为"用笔遒劲有力"。他说以"狩野派"和"土佐派"以及桃山时代的装饰风为代表的"大和绘"大都是工笔画，而雪舟的画大都是粗笔画，"线条往往描得很粗，很刚强"。③ 丰子恺将其与中国书法"信手挥毫，不加矫饰"的"挺秀"相提并论，突出了他"遒劲有力"的特色，这又是南宗画一路的风格。

可以归为"北宗"的日本画家雪舟，却因其接受者以自身所推崇的南宗画传统来加以解读，也就成为了一位非常典型的南宗画家。不仅是雪舟，还有梵高。丰子恺编著过一本《谷诃生活》，并在该书的序说："东亚画家素尚人品，'人品既高，气韵不得不高'，故'画中可见君子小人'。在这点上，谷诃也是一个东洋流的画家。"④毫无疑问，这里的所说的"素尚人品"的"东洋画家"是指南宗画家。在《中国美术的优胜》一文中他的这一意见更是表露无遗："赛尚痕，谷诃，果冈等都注重心灵的'动'与'力'的表现，就取线来当作表现心灵的律动（rhythm）的唯一的手段了。试看谷诃的画，野兽派的马蒂斯，房童根，马尔侃（Marquez）的画，都有泼辣的线条。尤其是谷诃的风景画中，由许多线条演出一种可怕的势力，似燃烧，似瀑布。看到这种风景画，使人直接想起中国的南宗山水画。"⑤这里，丰子恺明确将梵高等后期印象派的画与南宗画联系起来了。尽管在具体的表现风格上存在差异，但两者的共通之处就在于：他们都并不强调单纯、机械地摹仿自然，而是重在表现"心灵的律动"。日本学者西槙伟的《丰子恺与梵高》一文曾专门讨论过丰子恺认为梵高是文人画家这一见解，他的评价是这"对于理解和接受西方美术显然留下了不太

---

① 陈星总主编、刘晨分卷主编：《丰子恺全集》第 9 卷，第 250、251 页。
② 千叶成夫：《日本美术尚未生成》，范钟鸣译，人民美术出版社 2014 年版，第 217 页。
③ 陈星总主编、刘晨分卷主编：《丰子恺全集》第 9 卷，第 251 页。
④ 陈星总主编、刘晨分卷主编：《丰子恺全集》第 7 卷，第 157 页。
⑤ 陈星总主编、刘晨分卷主编：《丰子恺全集》第 8 卷，第 159 页。

好的影响"①。笔者想指出的是,丰子恺的这一看法绝非个案。陈师曾《文人画之价值》就强调后期印象派的"不重客体,专任主观"与文人画"精神不专注于形似"上有相通之处。② 汪亚尘《近五十年来西洋画底趋势》也提到在表现精神与理想上,中国南画与西方后期印象派、表现派有相一致之处。③ 新文化运动初期全面反传统,既反传统的伦理道德,也反对传统的文艺流派:在诗上反对同光派,在文上反对桐城派、文选派,在画上就是反对以清初"四王"为代表的南宗画派。这种矫枉过正的流弊引起了当时知识分子的忧虑,丰子恺在陈师曾等人的主张基础上,援引后期印象派的艺术,以印证南宗画的价值,自有其意义与价值所在。

由此看来,丰子恺充分地肯定了南宗画传统,不论是他对王维思、诗、画一体的深入认识,还是他认可南北二宗的学说,抑或是他对雪舟带有"禅味"水墨画的褒扬,还是将梵高等后期印象派与南宗画家联系起来的思考,说明了他的艺术渊源。

三、以写实主义转化南宗画传统

丰子恺所处的时代已不是清初"四王"的时代,而是一个中西艺术交汇的时代,他虽然将南宗画看作是中国画的典型代表,但不可能全盘接受南宗画的传统。南宗画被人批评的最厉害的就是缺少"现实性",过于偏重山水意趣,远离日常现实。丰子恺《中国的画风》也说:"现今有许多文人画家,并没有理想表现,只是一味好奇立异,便是犯了'装雅'的毛病。"④要师古而自出新意,就必须借鉴西方,对于丰子恺来说,这一"他山之石"就是写实主义。

如前文所说,丰子恺高度评价过王维的"涧户寂无人,纷纷开且落"此类深蕴禅理的诗章,但他自己在作画时却很少以王维的这类诗句作为主题,而经常选取非常切近现实的句子,比如《洛阳女儿行》末句:"贫贱江头自浣纱。"《渭城曲》第三句:"劝君更饮一杯酒。"《少年行》四首其一末二句:"相逢意气

---

① 西槙伟:《丰子恺与凡高》,见朱晓江主编《丰子恺论》,西泠印社出版社2000年版,第91页。
② 陈师曾著译:《中国文人画之研究》,浙江人民美术出版社2016年版,第13、14页。
③ 载《东方杂志》1922年第19卷第3期。
④ 陈星总主编、刘晨分卷主编:《丰子恺全集》第10卷,第226页。

为君饮，系马高楼垂柳边。"①《九月九日忆山中兄弟》末二句："遥知兄弟登高处，遍插茱萸少一人。"②《杂诗》："君自故乡来，应知故乡事。来日绮窗前，寒梅著花未？"③这些诗中，"贫贱江头自浣纱"是怀古伤今，"劝君更饮一杯酒"与"相逢意气为君饮，系马高楼垂柳边"是表现豪情，"遥知兄弟登高处，遍插茱萸少一人"是表达亲情，"君自故乡来，应知故乡事。来日绮窗前，寒梅著花未"是表达乡思，都与日常生活密切相关，绝非在山林野溪中讴歌自然。

他的《画碟余墨》一文列举了许多王维的诗句，认为如"行到水穷处，坐看云起时"（《终南别业》）、"明月松间照，清泉石上流"（《山居秋暝》）、"独坐幽篁里，弹琴复长啸"（《竹里馆》）等，历代画得很多，"然而千篇一律，至今已觉不新鲜了"④；而像"白水明田外，碧峰出山后"（《新晴晚望》）、"水国舟市中，山桥树杪行"（《晓行巴峡》）、"晴江一浣女，朝日众禽鸣"（《晓行巴峡》）、"回看射雕处，千里暮云平"（《观猎》），却画得很少。究其原因，丰子恺认为，除了缺少远近法等技巧外，更重要的是文人画家受雅俗观念的影响，"不屑取入画图"⑤。他举例说，比如"白水明田外"涉及生产，"水国舟市中"涉及买卖，"晴江一浣女"涉及劳工，诗中所写的景象都是与经济基础相关的活动，不够高雅，故而历代很少入画。同样地，他虽然肯定后期印象派的艺术手法，但对他们没有选择以现实题材进行创作也表示过不满。⑥

再比如丰子恺《雪舟的生涯与艺术》一文谈到雪舟绘画的四个特点中，前三个都与南宗画风相关，第四个特点却讲到了他的"现实性"。从来"禅味"不能说截然与"现实性"无关，但至少不是主要特点，而丰子恺却将"现实性"看成是雪舟绘画"最可贵的特色"，大段诠释了雪舟绘画的"写实主义精神"，并将雪舟成功的原因归结为"从现实世界中学习绘画，换言之，从写生学习绘画"⑦，这正与丰子恺从新文化运动以来所接受的写实主义思想相一致。丰子

---

① 以上三幅画可见陈星总主编、吴浩然分卷主编《丰子恺全集》第 41 卷，第 127、157、165 页。其中"贫贱江头自浣纱"画过三幅，一幅彩色，两幅黑白。两幅黑白的漫画可见陈星总主编、吴浩然分卷主编《丰子恺全集》第 36 卷，第 14、160 页。
② 陈星总主编、吴浩然分卷主编：《丰子恺全集》第 38 卷，第 132 页。
③ 陈星总主编、吴浩然分卷主编：《丰子恺全集》第 38 卷，第 167 页。
④ 陈星总主编、刘晨分卷主编：《丰子恺全集》第 10 卷，第 245 页。
⑤ 陈星总主编、刘晨分卷主编：《丰子恺全集》第 10 卷，第 246 页。
⑥ 参见拙文《超越写实：丰子恺与写实主义关系析论》，载《美育学刊》2018 年第 3 期。
⑦ 陈星总主编、刘晨分卷主编：《丰子恺全集》第 9 卷，第 251 页

恺《画展自序》也表露过他的这一态度：

> 好事的朋友，看见我画山水，拿古人来对比，这像石涛，这像云林，其实我一向画现代人物，以目前的现实为师，根本没有研究或临摹过古人的画。我的画山水，还是以目前的现实——黔滇一带山水——为师。①

"没有研究"过古人的画，肯定丰子恺的谦虚之言；没有"临摹过"古人的画，应该是事实。② 马一浮曾批评丰子恺的漫画"笔墨痕迹太重，亦是未臻超脱，未能空灵"③。马氏自是通人，但他纯粹以中国旧画的标准来谈论丰子恺的漫画，显然没有理解丰子恺的现实关怀，离开日常生活的"超脱""空灵"正是他所竭力要避免的中国画的痼习，因为在丰氏看来，"'艺术'的根本原则，是'关切人生'，'近于人情'"④。

丰子恺曾用"新写实主义"这一概念来黏合中西绘画的特征，并以此自励。从以上分析来看，用"新文人画"这一概念，也同样合适。只不过两者的侧重有所不同，前者以西方写实主义为本，借鉴中国文人画的用笔与构思；后者以中国文人画为本，参照西方写实主义的题材与技法。丰子恺吸取了文人画擅长写意、讲究气韵的一面，而去除了它远离现实、轻视俗世的另一面；吸取了西方写实主义绘画反映日常、切近人生的一面，而摒弃了它过于机械、不够灵动的另一面。说得更具体一些，丰子恺漫画的选材与技法借鉴于西方写实主义绘画，构思与笔墨则源自中国文人画。朱光潜曾认为丰子恺的漫画常贯穿着"诗意"与"现实感"两个主题，并说这种画风是"现实主义和浪漫主义的妥贴结合"⑤，前一句指明了丰子恺漫画的风格特征，后一句则带着鲜明的时代色彩，其实不如说成是"写实主义与文人画传统的妥帖结合"更为合适。引写实入文人画，有着非凡的意义。宗白华在 1943 年时说得很明确，他认为中国绘画未来发展的途径就是一边要恢复"注重人格和心灵生活的充实"的

---

① 陈星总主编、刘晨分卷主编：《丰子恺全集》第 10 卷，第 234 页。
② 朱光潜《丰子恺先生的人品与画品》也提到："我不尝看见他临摹中国旧画。"见《朱光潜全集》第 9 卷，安徽教育出版社 1993 年版，第 154 页。
③ 吴光主编：《马一浮全集》第 1 册（下），浙江古籍出版社 2013 年版，第 657 页。
④ 丰子恺：《评中国的画风》，见陈星总主编、刘晨分卷主编《丰子恺全集》第 10 卷，第 224 页。
⑤ 朱光潜：《缅怀丰子恺老友》，见《朱光潜全集》第 10 卷，安徽教育出版社 1993 年版，第 476 页。

文人画精神,另一边就是要发挥唐宋画像与西洋艺术的"写实精神"①。在某种意义上,这一绘画理想在丰子恺那里得到了部分实现。丰子恺在现代语境中激活了这种注重心灵充实、人格修养的文人画传统,的确开创了一种"中国文人画的新模式"(萧平语)。他的绘画不但能让人目睹社会的变迁,见证岁月的痕迹,也能感受悲悯的情怀,读出洒脱的胸襟。

作者:杭州师范大学弘一大师·丰子恺研究中心副研究员

---

① 宗白华:《〈新艺术运动之回顾与前瞻〉编辑后语》,见《宗白华全集》第 2 卷,安徽教育出版社 2008 年第 2 版,第 339 页。

丰子恺作品在韩国的翻译
与研究以及今后的课题

[韩]金英明

一、前　言

在中国,对丰子恺(1898—1975)是这样评价的:"丰子恺是中国现代画家、散文家、美术教育家、音乐教育家、漫画家,作家、书法家和翻译家。"①可见丰子恺是在多方面具有卓越成就的艺术大师,尤其是他的漫画作品别具一格,深受人们的喜爱。不过这样的一位艺术大师,在韩国知道的人却很少,不仅一般大众不熟悉,就连研究中国文学的研究者关注也不够。本论文先谈一谈丰子恺作品在韩国的译介与研究情况,然后再分析其译介成就不足的原因,最后再谈如何改变这一现状。

二、丰子恺作品在韩国的译介与研究情况

在韩国国会图书馆搜索有关丰子恺的关键词,能搜索到十一本中文版的书籍。分别如下:

(1)丰子恺图、明川文:《丰子恺漫画选绎》,香港:三联书店,1991年。

(2)黄济华选评编辑:《夏丏尊、丰子恺:新文人风格的二位散文大家》,台北:海风出版社,1992年。

(3)陈星:《丰子恺传:人间情味》,太原:北岳文艺出版社,1994年。

① 李晓虹:《中国现代散文论(1949—1996)》,金惠俊译,(首尔)汎友社2000年版,第232页。

（4）汪家明编著:《〈佛性文心〉丰子恺》,北京:中国青年出版社,1994 年。

（5）丰子恺著、林文宝编:《丰子恺童话集》,台北:洪范书店,1995 年。

（6）丰子恺著:《缘缘堂随笔》,北京:人民文学出版社,2000 年。

（7）丰子恺著、张卉编:《人间情味》,北京大学出版社,2011 年。

（8）张斌:《绘画与诗意:丰子恺的艺术》,武汉,长江文艺出版社,2013 年。

（9）丰子恺著、金雅主编:《中国现代美学名家文丛:丰子恺卷》,北京,中国文联出版社,2017 年。

（10）朱美禄:《慈悲情怀的图像叙述:丰子恺〈护生画集〉研究》,北京:中国社会科学出版社,2018 年。

（11）白杰明著、贺宏亮译:《丰子恺:此生已近桃花源》,杭州:浙江人民出版社,2019 年。

以上十一本书中五本书是丰子恺的作品集,其他六本书是研究丰子恺的专业书籍或传记,第一本书是香港三联书店出版的。时间上是 1991 年一本,1992 年一本,1994 年两本,1995 年一本,2000、2001、2013、2017、2018、2019各一本。韩国国会图书馆成立于 1952 年,是目前在韩国最大的图书馆,主要收藏人文、社会科学领域的资料。以 2019 年 11 月 30 日为准,收藏单行本二百六十多万册,硕博士论文一百七十五万多册,装订定期期刊四百七十九万多册;电子版图书一百四十多万册;像音像、录像带、地图、美术品等非图书类五十三四万多;还有其他报纸类等等。这里收藏最多的是韩文书占 75%,其次是英文书占 14%,之后是日文书占 6%,其他占 4%。可见中文书在韩国国会图书馆所占的比重很少。上面这十一本书是作者或译者将书捐给了国会图书馆的可能性很大。这些中文书籍一般是在韩国的中国学生或研究者借阅的频率会高一些,如果没有翻译成韩文,韩国人借阅的频率较低。

除上述十一本中文资料以外,还有韩文版的译本或研究论文,加上在韩国国内论文数据库(DBPIA)和韩国研究财团网站 KCI 中共搜索到十六条相关信息,具体如下:

（1）裴丹尼尔:《丰子恺初期散文的倾向性》,《中国现代文学》1999 年第16 号。

（2）裴丹尼尔:《丰子恺散文的闲雅情趣》,《中国现代文学》2001 年第21 号。

（3）丰子恺著、洪承直译：《做父亲：丰子恺散文选》，（坡州）穷利出版，2004 年。

（4）赵正来：《丰子恺的艺术创作与其美学思想研究》，《文化史学》第 23 辑，2005 年。

（5）西槇伟著、朴小弦译：《丰子恺（1898—1975）对西洋美术的接受和中国传统美术的再发现以及关于创新》，《美术史论坛》通卷 20 号，2005 年。

（6）洪承直：《丰子恺的散文世界》，《中国语文论丛》第 34 辑，2007 年。

（7）章成旭：《丰子恺绘画中的生命观》，《中国学》第 32 辑，2009 年 4 月。

（8）章成旭：《丰子恺绘画中的童心世界》，《中国学》第 33 辑 2009 年 8 月。

（9）朴南用：《中国现代文学与绘画的相关性比较研究：以鲁迅和丰子恺为中心》，《中国学研究》第 56 辑，2011 年。

（10）章成旭：《丰子恺的绘画世界》，（釜山）LeeKyung 出版社，2011 年。

（11）李相侏：《丰子恺游记 17 篇翻译》，东国大学教育大学院硕士学位论文，2011 年。

（12）金相美：《丰子恺散文选译》，蔚山大学教育大学院硕士学位论文，2012 年。

（13）李恩珠：《丰子恺的艺术研究：以漫画为中心》，明治大学文化艺术研究生院硕士学位论文，2012 年。

（14）申玄珍：《丰子恺童话中的儿童文学特征研究》，首尔大学研究生院硕士学位论文，2016 年 8 月。

（15）安在研：《他者的发现：丰子恺漫画与 20 世纪中国的政治学》，《中语中文学》第 69 辑，2017 年 9 月。

（16）张英：《丰子恺与蒋彝散文中的怀旧情结—以〈缘缘堂随笔〉与〈儿时琐忆〉为中心》，《中国文学》第 103 辑，2020 年 5 月。

下面两本译著虽不是专门研究丰子恺的专门著作，但有一个章节里面谈及丰子恺的散文或美术：

（1）李晓虹著、金惠俊译：《중국현대산문론（1949—1996）（中文书名：中国当代散文审美建构）》，汎友社，2000 年。

（2）徐敬东、徐欣讳著，张俊哲译：《대륙을품어화폭에담다（中文书名：中国美术家的故事）》，（首尔）goraesil，2002 年。

可见，在韩国丰子恺的研究共有 10 篇一般论文，2 篇硕士学位论文，2 篇翻译硕士论文，1 本研究著作，1 本散文集翻译本。对丰子恺的研究可以分为文学和艺术两方面。文学研究共有 6 篇论文，其中 5 篇一般论文，1 篇硕士学位论文；艺术研究共有 6 篇论文，其中 1 篇是将日本学者西槙伟的论文翻译成韩文的，还有 1 篇是硕士学位论文。现将丰子恺在韩国的译介与研究以十年为单位，分为三个时期，即黎明期、开拓期、发展期来进行进一步的分析。

1. 黎明期（1990—1999）

1992 年是韩中建交之年，这一时期 1991 年和 1992 年虽有一些中国学者将丰子恺研究书籍捐献给韩国国会图书馆收藏，但对韩国学界和一般大众的影响几乎微乎其微，到了 1999 年诞生了第一篇由韩国学者研究的论文，是有关研究丰子恺初期散文的，论文作者是研究中国古典文学的学者裴丹尼尔。在这篇论文中，他将 1920—1930 年代丰子恺的散文做了研究对象。他在论文中说："1920 年代丰子恺将童心作为绝对思想来赞扬，为心灵的解脱和自我解放以及为时代的局限性寻找出路。他在作品中以佛教世界观为基础，融入了哲理，创造了智慧光芒闪耀的艺术形象。丰子恺的创作追求纯真，但情趣很出色，虽使用平淡的语言，但平淡中体现了深刻的哲理。而到了 1930 年代，有些作品中融入了社会参与意识，在取材时，比起人性更加注重人际关系中相互之间的关系。而这些作品的故事大部分源于周围环境中的平凡而不起眼的事件，通过社会群像，来揭露不合理的社会和弊病。他使用出色的幽默和诙谐手法，笑声背后隐藏着辛辣的批判。"[1]接着他认为，丰子恺 1920 与 1930 年代的散文创作，为 1940 年代走向抗日爱国意识的重要阶梯。这篇论文中还提到了对丰子恺产生影响的两个人，即李叔同先生和夏丏尊先生。论文中虽没有提到为什么研究现代文学家兼艺术家丰子恺的理由，但为中文学界介绍丰子恺的散文成就方面起到了重要作用。

2. 开拓期（2000—2009）

进入新千年以后，丰子恺研究取得了丰硕的成果。首先，2000 年和 2002 年分别翻译出版了《中国当代散文美学建构》与《中国美术家的故事》，这两本书虽然不是专门介绍丰子恺的书籍，但其中一个章节介绍了丰子恺的散文成

---

[1] 裴丹尼尔：《丰子恺初期散文的倾向性》，载《中国现代文学》1999 年第 16 号，第 434 页。

就和艺术成就,对丰子恺的传播起到了一定的作用。这一时期的散文研究成就共有两篇论文,分别是裴丹尼尔的《丰子恺散文的闲雅情趣》与洪承直的《丰子恺的散文世界》。裴丹尼尔认为,丰子恺散文最受称赞的地方就是闲雅情趣。他从丰子恺对自然的喜爱,闲雅的诗情,逃难中的闲情等方面作了阐述。① 洪承直曾在 2004 年翻译出版过《做父亲:丰子恺散文选》,所以对丰子恺的散文比较了解。他为了让丰子恺作品在韩国得到关注写了一篇《丰子恺的散文世界》的论文。他认为丰子恺散文的特点是日常性、与读者的共鸣、率真。另外,他还提出研究丰子恺时需要注意以下几方面:第一,丰子恺的艺术特色是"画文并重",二者分不开,所以画和文要放在一起研究。第二,要从丰子恺的家世、教育、经验等多方面去观察他的艺术世界。第三,研究中国作家时,虽然研究脱颖而出的作家固然重要,但在文坛的边缘,一直得到读者喜爱的作家也要给予关注。②

这一时期美术研究有一些新的成果。哲学博士赵正来于 2004 年 11 月在韩国漫画动漫学术大会上作了题为《丰子恺的艺术创作与其美学思想研究》的报告,然后于 2005 年在期刊上发表了该论文。这篇论文是在韩国第一篇研究丰子恺艺术创作与美学方面的研究,也是非中文学者对丰子恺的研究。赵正来在绪论中首先谈到了中国现代美术的思想论争。他认为丰子恺对社会保持着安静而冷静的态度,丰子恺的画中缺乏当时社会变化的时代风潮。第二章谈了丰子恺的艺术观与美学思想。他说丰子恺的艺术创作观突出的特点是一以贯之地贯彻了古典的调和型美学形态。第三章谈了丰子恺漫画创作与其渊源。他说丰子恺将日本艺术家竹久梦二的漫画当作了自己作品的源泉。另外,丰子恺所创作的具有自己独特风格的漫画与他儿时的画画经验与初期绘画影响有密切的关系。1914 年丰子恺求学于浙江省立第一师范学校,在那里通过老师李叔同学到了正规的西洋画法训练。还有,近代画家陈师曾的画风,也给丰子恺很大的启发。除此之外,还受到了蕗谷虹儿的浮世画的影响,丰子恺曾热烈追崇过日本漫画。第四章谈了丰子恺漫画艺术的特性与分类。他说,丰子恺的画风虽然比较稳定,但素材比较广泛,很难作分类。他大致分为五大类型,即古诗漫画、儿童漫画、社会漫画、抗战漫画与风

---

① 裴丹尼尔:《丰子恺散文的闲雅情趣》,载《中国现代文学》2001 年第 21 号,第 356—374 页。
② 洪承直:《丰子恺的散文世界》,载《中国语文论丛》2007 年第 34 辑,第 515—516 页。

景漫画。第五章比较了丰子恺与竹久梦二的漫画风格。丰子恺的不少漫画的题材是从竹久梦二那里直接受到了影响，如《一江春水向东流》《穿了爸爸的衣服》《战争与音乐》《燕归人未归》《十学时代的同学》《用功》《虚想》等都是从竹久梦二那里拿来了题材。即便如此，丰子恺的画比竹久梦二更加含蓄、更富有情趣、更接近于中华民族的生活特质。尤其是《阿 Q 正传》小说漫画，体现了丰子恺独特的艺术风格。① 由于赵正来既懂中文又懂漫画，所以他的研究填补了中文学者难以做到的研究领域。不过，以后没有再进行有关丰子恺的系列研究，也感到非常遗憾。

西槙伟的《丰子恺（1898—1975）对西洋美术的接受以及中国传统美术的再发现以及关于创新》虽然是日本学者写的论文，但已经翻译成了韩文，而且研究水平也很专业，不妨拿来谈谈。西槙伟认为，丰子恺发表了很多西方美术的启蒙著作，同时在画画时使用了让·弗朗索瓦米勒和文森特·梵高的主题和构思。② 比如：丰子恺 1926 年的《初步》是受到了米勒 1885 年《First step》的影响；还有《小家庭》(1946)、《提携》(1932)、《慢慢走》(1946)、《嗷嗷待哺》(1947)、《菜粥》(1941)③、《湖畔小景》(1947)④、《众生》(1929)、《生离欤？死别欤？》(1929)、《倘使羊识字》(1929)、《乞命》⑤、《雀巢可俯而窥》(1929)⑥都或多或少地受到了米勒作品的影响。⑦

另外，梵高对丰子恺的西方美术接受方面也产生了重大影响。丰子恺于 1929 年出版了《梵高的一生》，这本书是以日语版的《梵高》为基础的。在绘画上丰子恺的《姊妹》(1932)⑧、《铁哥们儿 pairs》(1931)⑨、《单线鹬》(1927)⑩、《人散后，一钩新月天如水》(1924)⑪、《红了樱桃，绿了芭蕉》(1926)⑫、《三十老

---

① 赵正来：《丰子恺的艺术创作与其美学思想研究》，载《文化史学》2005 年第 23 辑，第 70—74 页。
② 西槙伟著、朴小弦译：《丰子恺(1898—1975)对西洋美术的接受以及中国传统美术的再发现以及关于创新》，载《美术史论坛》通卷 20 号，2005 年，第 381 页。
③ 从米勒的《给孩子喂饭的女人》(1860)中得到启发。
④ 应用了米勒的《牛奶粥》(1861)母题。
⑤ 以米勒的《杀猪》为基础(1867—1869)。
⑥ 从米勒的《春，达夫尼斯与赫洛亚》(1865)中得到灵感。
⑦ 同上文，第 386—389 页。
⑧ 从梵高的《两个孩子》(1890)中诞生。
⑨ 以梵高的《有两名同行者的吊桥》(1888)、《有五名同行者的奥维尔路和阶梯》(1890)为素材。
⑩ 与梵高的《文森特的家》(1888)在线条的使用方面一致。
⑪ 在构思方面也受到了梵高的《吃土豆的人们》(1885)的影响。
⑫ 与梵高的静物画《葡萄酒瓶和装在盘子里的有柠檬的静物》(1887)构思类似。

人》(1926)①、《被火酒烧伤了头部的方光涛兄》(1925)②。另外,通过梵高,丰子恺不仅把西洋画的特色应用于文人画中,而且将梵高的作品纳入到文人画的层面。比如:丰子恺的《小灶灯前自煮茶》(1942)与梵高的《火炉前面的女人》(1885)构思相似,同时也继承着富康铁齐的《高士煎茶图》(1916)。还有搭肩膀的人物图也是受到了梵高作品的刺激,但同时也能从中国传统画中找到其渊源。比如:丰子恺的《田翁烂醉身如舞,两个儿童策上船》(1938—1946)与《五言唐诗》《八种书谱》中收录的《迎春》(明末,蔡汝佐)的作品一脉相承。③ 西槙伟认为,1930 年代以后,丰子恺尝试着反观传统绘画,这一时期开始,文人画母题逐渐在丰子恺的作品中开始登场。所以丰子恺不仅想把梵高的作品融入到传统绘画中,同时也有可能从梵高的表达方式中,找到了与文人画的亲缘性。也就是说,丰子恺看中了梵高作品的东方之特点,找到了与传统美术的交点,并开始关注传统母题。④

　　西槙伟又论述了丰子恺在《中国美术在现代艺术上的胜利》的论文中提出的关于"中国美术优胜论"的观点,但是他认为这种想法是错误的。结果,中国失去了反思文人画的机会,文人画一直处于主流,没能诞生出新的绘画形式。而日本对文人画进行了反思,为诞生如今的"日本画"起到了重要的作用。⑤ 西槙伟认为,1930 年代开始丰子恺虽然重新认识传统,但在尝试创新传统中,日本和西方美术反而起到了"催化剂"的作用。比如:丰子恺的《劳人无限意,诉与老树知》(1935)中的人物姿势模仿了竹久梦二的《无题》(1910);还有大树为母题的丰子恺的系列作品,如《流离》《梦江南》《吾家》《冥想》《新生》(1941)等都受到了竹久梦二《Alone》(1910)的影响。而竹久梦二的绘画又是受到了米勒的影响,比如竹久梦二的《下雪的晚上(雪の暮)》(1911)母题好像也借用了米勒的《落叶诗》(1866)。

　　总之,西槙伟认为丰子恺作品受到的影响是多层面的。首先参考了竹久梦二的制作方法,然后从米勒、梵高、蒋谷虹儿、北泽乐天那里得到母题,使他活跃于画坛。他对米勒和梵高的接受,体现了丰子恺对西方美术独特的理

① 文人画的肖像画方面可能参考了梵高的《医生加切特的肖像》(1890)。
② 会联想到梵高的《缠了绷带的自画像》(1889)。
③ 西槙伟著,同上文,第 387—398 页。
④ 同上文,第 398 页。
⑤ 同上文,第 403 页。

解。而对米勒和梵高的接受主要是从日本那里得到的信息,所以日本对米勒和梵高的接受也对丰子恺产生了影响。另外,与作品同等重要的是画家的人格、道德与思想,而其评价标准是以中国传统艺术观为基础的。西槙伟细致而面面俱到的研究为韩国研究丰子恺提供了多角度的视觉,并丰富了研究成果。

另外,章成旭在 2009 年发表的两篇论文,分别是《丰子恺绘画中的生命观》和《丰子恺绘画中的童心世界》,章成旭是研究法国文学的学者。他认为在丰子恺的绘画中体现着尊重生命、人道主义、博爱等精神。为了传达这样信息,丰子恺采用了使用巧妙的语言、绘画的多意和多重技巧、简单而新鲜的冲击以及图文的绝妙配合等等,通过诗人和画家所兼备的才能和素质留下了超越时代的作品。① 章成旭的另外一篇论文《丰子恺绘画中的童心世界》也值得关注。他认为丰子恺的儿童画里面不只是幸福,也有对人性、教育制度、社会结构的矛盾、祖国艰难的现实等的批判和讽刺。丰子恺儿童画的特点是即使是很深刻的问题或主题,但他通过简单几笔就能传达出平静而强烈的信息,而且通过孩子的眼睛洞察,显得更加新鲜而有冲击力。② 总之,章成旭的研究超越了以往仅囿于影响关系上的研究,而深入地挖掘出了丰子恺绘画的独特性,所以具有意义。

3. 发展期(2010—2020.7)

这一时期共有五篇论文、一本研究专著和两篇翻译学位论文问世。主题分别为丰子恺文学与艺术之间关系的研究、丰子恺漫画艺术的研究、丰子恺童话中的儿童文学特征研究、丰子恺漫画与 20 世纪中国政治之间关系的研究、丰子恺与蒋彝散文中的怀旧情结研究、丰子恺绘画世界的研究。学位论文中则选译了丰子恺的散文和游记。

中国现代文学研究者朴南用的《中国现代文学与绘画的相关性比较研究——以鲁迅和丰子恺为中心》,虽不是专门研究丰子恺作品的研究,但把丰子恺的文学作品与绘画之间的相关性作为了研究对象,所以很有意义。朴南用首先比较了丰子恺画的阿 Q 像与赵延年画的阿 Q 像,"认为丰子恺的阿 Q 像是比较诙谐的人物更能体现愚昧的民众形象"③。接着他引用丰子恺画的

---

① 章成旭:《丰子恺绘画中的生命观》,载《中国学》第 32 辑(2009 年 4 月)。
② 章成旭:《丰子恺绘画中的童心世界》,载《中国学》第 33 期(2009 年 8 月),第 22 页。
③ 朴南用:《中国现代文学与绘画的相关性比较研究:以鲁迅和丰子恺为中心》,载《中国学研究》2011 年第 56 辑,第 19 页。

鲁迅作品的连环画,谈了丰子恺对绘画与文学之间所持有的见解。"丰子恺认为西洋美术是在中国美术的影响下发展的,所以主张中国美术优越论。丰子恺不仅接受了中国传统美术的简单化,而且接受了印象派和后期印象派对自然事物简单地画出来的创作方式,所以能够走出现代中国画的新路。"①

章成旭的《丰子恺的绘画世界》只在一篇论文中看到过书名,但整个韩国网站都搜索不到。

李相俅的硕士学位论文翻译了丰子恺的 17 篇游记。② 金相美的硕士学位论文是翻译了丰子恺《缘缘堂随笔》中的一些散文。③ 这填补了在韩国丰子恺作品翻译现状的一些缺憾。

李恩珠的《丰子恺的艺术研究:以漫画为中心》是专门研究丰子恺漫画的硕士学位论文。第二章整理了丰子恺的生涯与活动,在师承关系方面她主要讲了给丰子恺漫画产生影响的竹久梦二、李叔同、陈师曾。在第三章把丰子恺漫画创作分为三个时期进行了论述,即:前期(1922—1937),中期(1938—1949),后期(1950—1975)。这篇论文的意义在于在韩国第一次较为规范地整理了丰子恺的生平,以及把丰子恺的整个漫画作品作了一个梳理,为韩国学界了解丰子恺的一生和漫画世界提供了良好的原始资料,并为以后的研究打下了基础。

申玄珍的硕士学位论文《丰子恺童话中的儿童文学特征研究》主要将丰子恺的童话中具有现实批判意识的作品作为研究对象。"丰子恺的童话创作混用了民谣、寓言等中国传统文学形式,通过连锁式叙事结构的反复效果,增加了节奏感。并且通过插图,形成了文本与插图之间的密切关系。"④她认为这种创作方式能增加儿童读者的阅读兴趣,与同时代的儿童文学截然不同。"丰子恺将散文、漫画创作中积累的批判目光和美学在童话中发挥出来。这与同时代童话想注入革命意识的儿童文学作品不同,为创作有个性的、与众

---

① 朴南用,同上文,第 28 页。

② 翻译的游记分别是《旧地重游》《看灯》《鼓乐》《野外理发处》《钱江看潮记》《放生》《半篇莫干山游记》《西湖船》《桂林初面》《教师日记》《桂林的山》《胜利还乡记》《海上奇遇记》《庐山游记》《扬州梦》《黄山松》《上天都》。见李相俅《丰子恺游记 17 篇翻译》,东国大学教育大学院硕士学位论文,2011 年。

③ 翻译的散文分别是《立达五周纪念感想》《自然》《闲居》《从孩子得到启示》《天的文学》《东京某晚的事》《楼板》《姓》《阿难》《晨梦》《艺术三昧》《缘》。见金相美《丰子恺散文选译》,蔚山大学教育大学院硕士学位论文,2012 年。

④ 申玄珍:《丰子恺童话中的儿童文学特征研究》,首尔大学研究生院硕士学位论文,2016 年,韩文摘要部分。

不同的童话做出了努力。"①这篇论文的意义在于较为系统地梳理了丰子恺的儿童文学，为韩国学界了解丰子恺的儿童文学世界打下了良好的基础。

安在研的《他者的发现：丰子恺漫画与 20 世纪中国的政治学》这篇论文，首次将丰子恺的漫画与中国的社会和时代之间的关系作了阐明。她认为："丰子恺为了启蒙和救赎社会底层百姓、母亲或儿童，发现了他们，并把他们搬到了他的画布上。"②而被他发现的"他者"，在二十世纪中国的"现代化和"建立人民国家"的世界史普世性课题时，构成了民族共同体与主体。比如：丰子恺的《兼母的父》(不详)、《哄笑》(1944)、组图《摩登女》(不详)等，对没有母爱的女性表示了一种敌视，否定了女性的欲望，积极宣扬了贤妻良母的意识形态；丰子恺的儿童漫画《儿童(小小儿童有志气，积肥壅土好计算！ 劳动只要为人人，越是平凡越可贵！)》(1959)、《努力爱中华》(年份不详)等，把儿童想象为建设中的现代民族国家的主体，而丰子恺积极承担了这一任务。③ 实际上安在研批判了丰子恺后期漫画中所呈现的政治、意识形态色彩。

张英的《丰子恺与蒋彝散文中的怀旧情结——以〈缘缘堂随笔〉与〈儿时琐忆〉为中心》④，分析了丰子恺《缘缘堂随笔》和蒋彝《儿时琐忆》中的怀旧情结。

综上所述，发展期虽然只有五篇论文，但研究角度新颖，都有了新的突破。尤其是学位论文的问世，证明学界开始把丰子恺的艺术成就作为专门的研究领域给予了关注，所以很有意义。

三、丰子恺在韩国的研究不足的原因以及今后的课题

在韩国研究中国现代文学的历史可以追溯到 1920 年代⑤，距今已有一百年的历史。可是丰子恺的最早研究是 1999 年开始的，只有 21 年的时间。那

---

① 申玄珍，同上文。

② 安在研：《他者的发现：丰子恺漫画与 20 世纪中国的政治学》，载《中语中文学》第 69 辑（2017 年 9 月），第 168 页。

③ 同上注，第 160 页。

④ 张英：《丰子恺与蒋彝散文中的怀旧情结——以〈缘缘堂随笔〉与〈儿时琐忆〉为中心》，载《中国文学》第 103 辑（2020 年 5 月）。

⑤ 朴宰雨：《韩国的中国现代文学通论》，(首尔)早晨，2008 年，第 9 页。

为什么对中国现代多方面的艺术大师丰子恺的研究如此之短呢？可以从以下几方面去说明：

第一，丰子恺是多方面的"中间人"。首先，丰子恺是历史的"中间人"。丰子恺的人生历程经历了从晚清到民国，再到中华人民共和国，所以他既属于现代艺术家，也属于当代艺术家，但他的散文文体接近于古文，绘画也受到中国传统、日本、西方等多层面的影响，所以让很多韩国现当代文学研究者望而生畏。其次，丰子恺是艺术的"中间人"。丰子恺的艺术成就是多方面的，如绘画、散文、美术教育、音乐教育、漫画、书法、翻译等方面，只靠单方面的知识素养，很难把丰子恺的艺术全貌呈现出来。所以需要既懂中文、又懂艺术、又懂文学的学者来进行研究，但目前在韩国这样的人才几乎找不到。从上述研究成果的梳理中也可以看出，至今在韩国有关丰子恺的研究还停留在单向度的层面上。

第二，翻译的不足。丰子恺的作品目前在韩国只翻译出版了一本散文集《做父亲》，没有翻译成韩文的资料，一般韩国大众无法去阅读，即使是懂中文的研究者，也需要韩文译本作为参考，光靠中文原著会加大研究的难度，而且接近于古文的丰子恺的文章，会难上加难。

第三，与韩国没有什么交集或文学史上的缺席。在韩国研究中国文学家或艺术家的时候，首先会考虑研究对象跟韩国有什么交集，比如鲁迅或梁启超的文章，对启蒙当时日本殖民统治下的朝鲜民众有积极的作用；而巴金或郭沫若写过有关朝鲜的文章，所以研究者也会感兴趣。另外，在《现代文学三十年》这本在韩国广为使用的文学史中，没有把丰子恺收入进来，所以没被韩国研究者们所关注，这是很重要的。

第四，在韩国对中国艺术的关注不足。比起对中国文学的研究，对中国艺术的关注和研究起步很晚，而且研究人员也很少。与丰子恺同时代的黄文农、丁聪、张光宇、叶浅予等，在韩国一篇研究论文也搜索不到，比起他们丰子恺的研究算是比较多的了。艺术大师齐白石也在 2017 年才有了相关新闻，因为那年在韩国有过一次齐白石画展。总之，在韩国有关中国艺术的研究还没有走上正规的轨道，所以发展潜力也很大。

为了解决目前在韩国研究不足的现状，今后的课题如下：

第一，在韩国举办丰子恺美术画展。这种方式可以短时间内引起媒体及一般热爱艺术的大众的关注。

第二，翻译出版丰子恺作品。这虽需要较长的时间，但能从根本上解决问题。翻译是走向一般大众的最好的办法。

第三，在韩国召开丰子恺国际学术研讨会。通过召开研讨会，把研究丰子恺的学术水平提高到国际水平，同时把丰子恺的研究成果集中起来，出版。

第四，让丰子恺作品走进课堂，让研究新秀理解丰子恺，研究丰子恺。

总之，丰子恺在韩国的译介与研究历史只有 21 年，比起鲁迅等其他中国现代作家，丰子恺研究在韩国起步较晚，研究成果也不多，翻译成韩文的作品只有一部散文集《做父亲》。不过，散文和漫画研究虽然数量少，但研究质量比较高，而有关丰子恺的教育理念和思想研究目前还处于空白，期待后来者继续研究，填补空白。

作者：文学博士，韩国外国语大学中国语言文化学部专任讲师

丰子恺：具有现代性与国际性的文人画家

[法]玛丽·罗蕾雅

丰子恺(1898—1975)被视为20世纪20年代"漫画"这一从日语借用来的词汇的发明者。当时的漫画是一种新闻媒体用语，从某种意义上来说接近于讽刺画和今天的连载漫画。在抗日战争(1937—1945)带来的大逃亡之前，丰子恺在上海地区接触到当时大震荡中的中国文化，从而使他的才华得到淋漓尽致的发挥。作为全球第五大城市，上海那时的国际大都市地位，使丰子恺能够直接接触到西方艺术。作为一个高产画家，他从20世纪20年代开始写作、绘画，一直到生命结束，尽管其间遭遇很多考验。他被承认为真正的艺术家的时间并不长，而且承认原因也是出于他的那些彩色画——中日战争期间所绘制的独特作品，而不是给他带来巨大名誉的黑白画作。这些画作由于平版印刷的技术原因，自从1925年就非常风靡。当下，我们是不是正在消除他作为民间艺术家方面的看法，而是更将他视为新时期的文人画家呢？作为其成就日渐闻名的见证，以他为中心的各种展览和研讨会不断举行，上海还出现了一座专门纪念他的博物馆，人们甚至将他视为"中国精神"的某种象征。然而，我们也可以思考一下他在多大程度上传承了水墨画这一传统艺术。

他的作品以线条、留白和素朴的风格而能够让人顿时眼前一亮。如果我们将这些作品与宋朝或元朝时期某些构图极为简洁的画作相比，就仿佛看到典型的文人面孔：他正在凝视画上烟云笼罩的风景，风景的着重点是怪石与树木。但是画面的笔触简洁化、概括化了，似乎艺术家在蓄意寻求将过去属于精英的艺术语言大众化，让人更容易看懂。他的画不求颜色深浅上的细微过渡，技巧看似笨拙，笔触的起承转合由于所用獾毫的缘故也不分明——他素喜獾毫的直硬。然而这些画更能让人想到经典的版画或者是铅笔画，而不是中国传统画中的"墨戏"。这与苏仁山（1814—1849）或者王震（1867—1938）的情感澎湃或者意气风发远为不同。

丰子恺最初师从李叔同，学习西洋画与写生画，然而他后来采取兼收并蓄的态度，创造出一种既传统又反传统的风格。在他的笔触中我们不仅能够观察到西方漫画或者梵高、马蒂斯的影子，也可以看到中日两国的画风。他自己首先声明受日本画家竹久梦二（1884—1934）影响甚深。1921 年在日本留学时，他不无惊叹地发现对方作品中那饱满的抒情色彩。同时，他也非常欣赏日本高僧仙崖义梵（1750—1837），对方的笔触迅捷、自然，有强烈的幽默感，更好地表现了禅宗中的反传统风格。

中国画家里面，他尤为敬佩曾衍东、陈师曾以及李叔同。他的一些反映日常生活场景的漫画实际上与曾衍东（1750—1820）的简约风格以及陈师曾（1876—1923）的北京风俗画是相呼应的。曾衍东绘画作品中小舢板上的渔夫、肩挑扁担的商贩、水边呆立出神的人，可能给他带来了灵感。用扁担挑着大米和黄豆在柳树下休息的小贩（1935），这幅画是丰子恺底层职业者系列描绘之一。这些底层职业者画像都是他在上海以及周边地区观察并速写出来的（见图 1）。

同样，人们也猜测他的画作中隐约亦有费丹旭（1802—1850）和改琦（1774—1829）的优雅仕女图的影子。在那些仕女图作品中，年轻女子月光下静坐窗前任由柳枝拂过面庞。这两位画家还曾为曹雪芹的《红楼梦》配过插图。然而丰子恺自己却并不赞同他们这种细腻技法以及对细节的过分追求。与之相比，他更喜欢自由灵动的笔触，不受拘束的状态，就如画一个女子的背面一样。那个女子独坐阳台，慵懒而孤独，画面取材于宋代欧阳修的一首诗（见图 2）。

在丰子恺题为《山路寂寂顾客少，胡琴一曲代 radio》（1935）的漫画中，我们还可以想到明代吴伟（1459—1509）画笔下那些冥想失神的文人。这幅漫画呈长方形立轴，图层有三重。第一层是近景，一个人在茶馆门口拉着胡琴；茶馆就在山脚下，远处即山顶。文人画世界中的几大重要元素在这幅画中都被一一表现出来：云状的山水，茶馆以及乐器（见图 3）。

丰子恺的漫画基本上都是在 24×17cm 的纸上展开，而且总是以草书落款，即"章草"。但是这些款识从来都不长，即使是引用古诗亦是如此，而且签名的方式也明显西化。他经常的签名都是两个字母"TK"，即他的名字字母拼写中的两个首字母。因为按照当时流行的英文字母拼写方式，他的名字为"Tzu-Kai"。由于受当时上海的国际化环境的影响，他也从不犹豫于借助一些英语表达方式，比如那幅著名的《Kiss》(吻)画中是一个女子在亲吻一个抱在怀中的面颊丰润的幼儿(1935)。

从 1938 年画彩色画起，他开始签汉字名称和盖红色印章，以便更接近古风。但是他采用了更加直露的色调，这与文人画的轻盈色调相比更让人想起日本的浮世绘。不过，他同时又让自己的画作保留了接近于水墨画的风格。只是画作的尺寸略微变大(35×25cm)，色调的均匀程度也与其他画不同。比如那幅"天涯静处无征战，兵气销为日月光"(见图 4)，画中引用的是唐朝诗人常建的诗句，描绘了一处远离战争、超越时间的宁静风景。画境中一袭长袍的文人凝视着湖水，身旁的茅屋立于危崖之下。多彩的天空暗示了作者从安藤广重的彩色世界里吸取了经验。即便是他的彩绘，也借助于这种极简风格。而且他非常重视这种风格，事实胜于雄辩，他的《生机》就是最好的例子：仅仅几个要素——一根草、一只蜻蜓和一面青砖老墙，便可将这幅画(见图 5)归于南宋禅画以及清代"扬州八怪"这些极简主义的画风中。丰子恺本身正是极简主义审美的支持者。正如丹妮尔·埃利塞福(Danielle Elisseeff)所写的那样，"他只关注真实中本质的东西，因为他知道我们的大脑用了什么样的力量，从一个基本点开始，将各种不同的想法连接在了一起。这就像中国的汉字所能表达的效果那样。因此，介绍过多的细节毫无用处；只需要将它们暗示出来即可，亦即细节会出现在我们内心的眼睛中。这正是象形文字画"。

丰子恺最初认为自然才是自己唯一的老师，一向鄙视那些临摹各种作品的做法，但是后来最终承认了《芥子园画传》这本书的巨大价值。这本绘画教材由画家王概(1647—1710)等人编写，出版于 1679 至 1701 年间。从幼年起，丰子恺便开始用毛笔临摹上面的画。因此可以说，这本书是他走向绘画的启蒙教材。书中介绍了绘画方面的技术原理和自然元素的艺术化细节，代表了中国传统绘画中写意这种风格的艺术巅峰。而写意正是上层社会所中意的文人化画法。丰子恺谈到过他曾经拿书中所绘的一棵兰花与真正的兰花相比，结果发现与他的漫画表现手法相似，书中的兰花圈已经很神奇地抓住了兰花的特质。于是他决定重新估量这本书的价值。

    丰子恺坚持采用西方绘画中的某些手法,如透视投影和光线逼真。比如在取材于唐代诗人钱起诗句"曲终人不见,江上数峰青"的画作(1926 年)中,远山倒映在河流中,小船系在草岸,正是按照这些绘画原理。而图中天上的乐谱线条暗示他极有可能受到了西方漫画或者讽刺画的影响(见图 6)。作为"写生"主义的忠实信徒,丰子恺强调要描绘自己亲眼看到的身边的环境,而不是过去那个时代用滥了的主题。然而他拒绝接受欧洲古典绘画中的现实主义,相反,他更强调内心视角、不完整原理、超越视线的现实等概念。这些正与文人画审美相吻合。

    与今天的老树相似,丰子恺实际上具有双重身份。他既是文人画家又是通俗画家,既将手伸向过去,又竭力将自己的作品归于 20 世纪,并致力于消除精英思考与大众品味之间的藩篱。从他作品中的说教性质来看,他虽归依传统,却又力图摆脱传统中的固定模式,深受佛教中悲天悯人思想的影响。其实在他的业师李叔同的影响下,他本身就已转信佛教。同时,植根于道教思想的明清文人画家的生活理想在他的作品中也表现得非常明显。他的所有作品都在两极间来回,正好与他的双重身份相对应:一边是现代大都市,现代社会和它的兴衰变迁;一边是儿童世界与自然世界,在那里他找到了价值之所在。因此,他绝不是反对传统绘画,而是以自己的方式在将传统绘画"现代化"。这种方式简洁质朴到第一眼看上去近乎童稚。伴随这种方式的是他所选取的一些现代化图形(火车、汽车、电梯、收音机、电灯……),以及过去只局限于某些固定偏见题材中的女人和儿童。比如《两小无嫌猜》就完美阐释了这些他所追求的原则,并巧妙地与他所欣赏的传统相结合。他是坚定的传统绘画的拥护者,并坚称传统绘画以它的"意"而非"仿"而优于其他一切绘画。《两小无嫌猜》中,正是这两个孩子,两个自然而质朴的孩子与景物和画作内涵融为一体,成为他绘画的主角,将中国画中一脉相承的"形"与"意"相结合,从而使超凡脱俗的道理淋漓尽致地表现了出来。正是丰子恺的这些特色,使得他在一个社会运动和战争动荡的社会中,能够观照一切又超越一切地传播出一种超然的、智慧的、和谐的、从容的处世态度。而这种态度正是扎根于重塑后的文人画。

【附图】

图 1

图 2

图 3

图 4

图 5   图 6

【作者简介】

法国学者玛丽·罗蕾雅（Marie Laureillard），系里昂第二大学外语学院副教授、里昂高等师范学校东亚研究所研究员。

现还担任文字图像研究中心副所长的罗蕾雅，其研究领域涉及艺术史、美学、现当代中国文化史，尤其对中国绘画、书法和民间艺术（年画、漫画等）感兴趣。

罗蕾雅对丰子恺的研究始于 2006 年的博士论文《丰子恺：诗与文学、图像与文本》。而后她在《远东》《亚洲》等杂志上陆续发表了《中国艺术家丰子恺画笔下的日本轻触》（2008）、《丰子恺：一位诗意漫画家》（2008）、《丰子恺视角里的孩子》（2014）、《丰子恺发掘的儿童世界》（2015）、《对中国画家和民国时代理论家丰子恺的感知》（2015）、《在丰子恺时代怎么画鬼？》（2017）等文章。

2010 年，巴黎伽利玛出版社出版她的法文译著《云的色彩》。该书收入丰子恺的《秋天》《山中避雨》《给我的孩子们》《吃瓜子》《我与弘一法师》等 20 篇散文，涵盖自然和风景、儿童和回忆、社会现实和佛教信仰等四方面内容。

2017 年，哈尔马丹出版社出版她的学术专著《丰子恺，抒情的漫画家：文字与线条的对话》。

如果没有新型冠状病毒感染（COVID‐19）疫情，原计划会在杭州、桐乡两地举办第四届丰子恺研究国际学术会议，于是她从邮箱发来上面这一篇文章。她表示："请直接使用附上的文章，虽然在孔子学院的杂志上已经发表过；可是我觉得可以再使用，这是我的书的一种概括。"

罗蕾雅的这本《丰子恺，抒情的漫画家：文字与线条的对话》共有363页，包括"前言""漫画：讽刺漫画还是连环画""漫画：文字与绘图的关系""文学作品与绘画作品的对话""对理想化的找寻""结论"等六个部分。

——朱显因撰

论丰子恺"西洋画中国画化"之意涵

马　悦

清末以后随着西学东渐的进程，有关中西洋文化问题的讨论逐渐展开，五四新文化运动时期更是达到高潮，在文学、艺术、教育等领域掀起了多次关于比较中西洋文明优劣的论战。在艺术文化领域，部分学者采取了全盘西化的态度，极力抨击中国传统绘画而鼓吹西洋绘画，与此同时，一些艺术家则倾向维护中国传统绘画。丰子恺曾在自己的文章中提出"西洋画中国画化"[①]，这一观点看似是与维护中国画的艺术家处于同一立场，但是通过细究丰子恺的艺术理念及其文化身份属性，可以发现丰子恺所提的"西洋画中国画化"有着不同于同时期艺术家的独特文化诉求。

一、"西洋画中国画化"的提出

1934年丰子恺的一篇短文《劳者自歌》刊登在《良友》杂志第93期上（如图1），短文内容如下：

> 中国画描物向来不重形似，西洋画描物向来重形似；但近来的西洋画描物也不重形似了。中国画描色向来像图案，西洋画描色向来照自然；但近来的西洋画描色也像图案了。中国画向来重线条，西洋画向来不重线条；但近来的西洋画也重用线条了。中国画向来不讲远近法，西

---

① 丰子恺：《西洋画之中国画化》，见陈星总主编、刘晨分卷主编《丰子恺全集》第10卷，海豚出版社2016年版，第201页。

图1 《劳者自歌》,《良友》杂志第93期(1934年9月1日)

图2 《劳者自歌》局部

洋画向来注重远近法;但近来的西洋画也不讲远近法了。中国人物画向来不讲解剖学,西洋人物画向来注重解剖学;但近来的西洋人物画也不讲解剖学了。中国画笔法向来单纯,西洋画笔法向来复杂;但近来西洋画的笔法也单纯了。中国画向来以风景为主,西洋画向来以人物为主;但近来的西洋画也以风景画为主了。等。自文艺复兴至今日的西洋绘画的变迁,可说是一步一步地向中国画接近。这一篇话其实只要列一个表。①

从文字内容上看,丰子恺以一些具体的绘画观念和技法作为标准,立足于中西绘画长久以来呈现出的不同面貌,从各个角度比较西洋画与中国画的不同特点,同时又在艺术史脉络上指出了二者的接轨处,以宏观的眼光看待微观的中西艺术变化轨迹,对"近来"西洋画在发展上呈现出与中国画相似之处作出了总结。这段总结呈现出一个显而易见的特点,那就是"西洋画的中国画化"。

具体来说,丰子恺分别从这几个方面谈西洋画的中国画化——描物的形

---

① 丰子恺:《劳者自歌》,见陈星总主编、陈建军分卷主编《丰子恺全集》第4卷,海豚出版社2016年版,第96页。

似、描色的图案、线条、远近法、解剖学、笔法、人物或风景的主题。概括起来主要是三个维度:绘画艺术的精神追求、知识和技法以及绘画主题。实际上,不论是知识技法还是绘画主题都是为了更准确地表现出绘画艺术的精神追求。

丰子恺在其他文章中进一步谈到西洋画与中国画在趣味上的不同追求,即"中国画的表现如'梦',西洋画的表现如'真'"①。这里其实是指中国画追求的是意境,西洋画则是真实再现。描色的图案、线条和笔法皆是指画面形式语言,中西洋绘画在形式语言上也是符合各自趣味的。远近法和解剖学是具体的绘画知识。远近法主要是指西方科学透视法(或称焦点透视)在风景题材绘画中的运用,能够从一固定视角对景物进行写实再现。在中国古代山水画中并没有焦点透视,而是有"三远法"②,"三远"是通过高远、深远、平远三个视角体现出三种心境,并将这三种心境融入到整幅山水画的意境之中。解剖学是西洋人物画极为重要的知识,这也是为了实现将人物如照相般准确刻画所必要的知识。但中国古代人物画无关解剖,因为追求的是人物描画的"传神"。显然,在具体的绘画方法上,中西绘画是在遵循自身的艺术精神规律。人物画题材大多是基于历史、故事或宗教类的母题进行创作,作品的功能性较强,这一点在西方教堂里的体现格外明显。而山水画,或者说是风景画则更倾向于表达创作者的个人情感与趣味,是对个人精神世界的营造。

丰子恺这一说法与其师弘一大师(李叔同)的观点一致:

> 中国画注重写神,西画重在写形。由于文化传统的不同,写作材料的不同,技法、作风思想意识上的种种不同,形式内容也作出两样的表现。中画常常在表现形象中,重主观的心理描写,即所谓"写意";西画则从写实基础上,求取形象的客观准确。中画描写以线条为主,西画描写以团块为主,这是大致的区别。③

弘一大师用"写神"与"写形","写意"与"写实"这样相对的两组概念准确

---

① 丰子恺:《中国美术的优胜(附录)》,见陈星总主编、刘晨分卷主编《丰子恺全集》第 8 卷,海豚出版社 2016 年版,第 153 页。
② "三远法":宋代郭熙在《林泉高致》中提出的观点,是中国山水画的特殊透视法,指高远、深远和平远。指风景画中山下仰望山巅的高远,从山前看向山后的深远,以及从近处山望向远处山的平远。
③ 沈本千:《一代高僧弘一法师》,见中国人民政治协商会议浙江省委员会文史资料研究委员会编《浙江文史资料选辑》第 26 辑,浙江人民出版社 1984 年版,第 118 页。

地指出中国画与西洋画在艺术精神追求上的不同,并以画面中的形式语言——线条和块面(也就是"团块")为例,将中西绘画艺术精神落实到画面表现时的区别呈现出来。由此可见,不论是材料、技法、思想意识还是形式语言的不同,本质上都是来源于不同的文化传统,即中西绘画在艺术精神上不同的追求。

尽管中西绘画特点的差异是因为成长于不同的文化土壤,但是丰子恺在描述近来西洋画发展"一步一步""接近"中国画的用词中,还是可以捕捉到一个信息——丰子恺似乎是在强调中国画的"优势"。这一点在 1940 年商务印书馆出版的《西洋绘画史话》(如图 3、4)一书序言中被进一步印证了。这本书在出版之际,丰子恺受邀为该书写序言:

> 中国画描物向来不重形似,西洋画描物向来重形似,但近来的西洋画描物也不重形似了;中国画描色向来像图案,西洋画描色向来照自然,但近来的西洋画描色也像图案了;中国画描形向来重线条,西洋画描形向来不重显出线条,但近来的西洋画描形也重用线条了;中国画写景向来不讲远近法,西洋画写景向来注重远近法,但近来的西洋画也不讲远近法了;中国人物画向来不讲解剖学,西洋人物画向来注重解剖学,但近来的西洋画也不讲解剖学了;中国画笔致向来很简单,西洋画笔致向来很复杂,但近来西洋画的笔致也很单纯了。中国画向来以风景(山水)为主,西洋画向来以人物为主。但近来的西洋画也以风景为主了。
>
> ……自文艺复兴至今日的西洋绘画的变迁,可说是一步一步地向中国画接近。西洋画已经中国化了!中国艺术万岁!
>
> 我写这几句序言半应著者之嘱,半以鼓励读此书的中国人。[①]

时隔 6 年的这两篇文章内容基本一致,仅有最后一句话体现出不一样的意涵。丰子恺本人已写明用意,此序言是鼓励中国读者在学习绘画时的自信。相比发表在《良友》杂志上的《劳者自歌》,这篇文章中"西洋画已经中国化了!中国艺术万岁!"在情感上是非常激动和笃定的,他将中国艺术置于极高的地位。

---

① 丰子恺:《西洋绘画史画序》,见陈之佛、陈影梅编《西洋绘画史话》,商务印书馆 1940 年版,第 1 页。

显然，丰子恺提出"西洋画中国画化"是基于对中国画与西洋画关系问题的思考。对这一问题的展开实际上是中西文化之争、中学西学之争等在绘画艺术方面的具体表现。这场争论早在清末民初就已开始，在五四新文化运动时期更是达到高潮，引起了各个领域众多学者的关注与讨论。

图 3　《西洋绘画史话》扉页

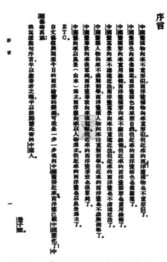

图 4　《西洋绘画史话》序言

二、西洋画与中国画孰优孰劣之

近代以来的中国社会动荡，内忧外患，与此同时西洋文化大量输入国内，在政治、经济和思想上影响着中华民族的命运走向。甲午中日战争之后，民族危机更是不断加深，但也让国人见识到了明治维新带给日本的改变。在这样危急存亡的时刻，中华民族面临着与日本变法改革前夕相似的境遇，这使得国内的知识分子们深刻意识到学习先进的西洋文化之重要性，但是在具体的接受过程中，他们同时要考虑到对中国传统文化的取舍，因而表现出各种不同的态度。处于这一时期的丰子恺和他同时代的思想家、艺术家们也对西洋画与中国画的异同有过讨论，他们对中西洋画优缺点的态度截然不同，主要体现出三种不同的立场。

康有为、陈独秀是极力推崇西洋画的代表，他们认为近代中国画学已经极其衰败，需要改良和革命。康有为看到当时中国画的现状是"惟模山范水，梅兰竹菊,萧条之数笔,则大号曰名家"①,对如此八股式文人画颓风的现象,他恨不能奋全力扫荡之。② 康有为本就是改良主义的先驱,在改革中国画的问题上,他采取了与政治上的变法和经济上的经世致用一致的思想:

> 中国近世之画衰败极矣,盖由画论之谬也,请正其本、探其始、明其训⋯⋯中国既摈画匠,此中国近世画所以衰败也。昔人诮画匠,此中国画所以衰败也。③

> 中国画学,至国朝而衰敝极矣。岂止衰敝,至今郡邑无闻画人者。其遗余二三名宿,摹写四王二石之糟粕、枯笔数笔,味同嚼蜡。岂复能传后,以与今欧、美、日本竞胜哉? ⋯⋯若仍守旧不变,则中国画学,应遂灭绝。④

在他看来近代的中国画已经衰败不堪,这主要是因为画论的错误导向,应当正本溯源,吸取画论中的教训。另一方面,由于摈弃画匠、讥诮画匠的传统观念,中国画忽视了匠人精神中对技艺精进的追求。如此一直守旧不变,会导致中国画的灭绝。康有为分析国画的衰微现状与原因,旨在强调改良近代国画现状的迫切性与必要性。而陈独秀作为新文化运动的发起者之一,对中国画的态度极为激进和彻底,正如在文学艺术方面他主张集中打击封建复古势力,那么在中国绘画的改良问题上他认为应当从革命开始。在他看来:"若想把中国画改良,首先要革王画的命。因为改良中国画,断不能不采用洋画写实的精神。"⑤也就是说中国画一定要通过革命才能改良,革命的对象是"王画",即当时代表正统画派的清初"四王"⑥。"四王"在艺术上追求仿古,将宋元名家的笔法视作最高标准,这与西洋画的写实精神是完全相悖的,而这正是陈独秀全力抨击的。陈独秀以此言明中国画须打破传统正宗,用西方写

---

① 康有为:《万木草堂所藏中国画目》,见姜义华、张荣华编校《康有为全集》第十集,中国人民大学出版社 2007 年版,第 446 页。
② 袁宝林:《中国与日本:即便中的近代东亚美术》,载《文艺研究》1995 年第 6 期。
③ 康有为:《万木草堂所藏中国画目》见姜义华、张荣华编校《康有为全集》第十集,中国人民大学出版社 2007 年版,第 441 页。
④ 康有为:《万木草堂所藏中国画目》见姜义华、张荣华编校《康有为全集》第十集,中国人民大学出版社 2007 年版,第 451 页。
⑤ 陈独秀《美术革命》,载《新青年》1919 年第 6 卷第 1 期。
⑥ "四王":指清初的四位王姓画家,王时敏、王鉴、王翚、王原祁。

实的艺术精神引导中国绘画上的革命。康陈二人在不同层面上极力阐明西洋画"写实"等优点对近代"守旧"的中国画发展之重要，他们对于西洋画的极力吹捧甚至是建立在全盘否定中国画传统的基础之上。

虽然康陈二人是出于拯救当时腐朽的中国画坛这一目的，但是他们这般急切想要全盘推翻中国画传统的作态，自然会引起重视维护中国画学优良传统者的质疑。其实，在接触西画的进程中，中国早期曾留学日本、欧美的画家们，在学习西方绘画艺术后，反观中国传统绘画艺术更是产生了新的认识和理解。他们并非全盘接受西画亦非排斥接受西画，而是不断地思考西洋画与中国画的特点，在如何面对西画的问题上有了新的认识。近代的中国画家，他们大多对西洋画写实传统与技法都颇有了解，在与外国画家的交流中他们同时能看到外国画家对中国画的积极态度，因此他们并不会因为西洋画的写实技法忽视中国画自身别具一格的特色。其中刘海粟认为：

> 我不是自负，比起那些认为"惟西洋艺术才能拯救中国艺术"，专门为"欧化"和"西化"唱赞美诗的鼓吹者，我在国外住的时间、到过的国家和结识的外国艺术家，可能要比他们多得多……真正有成就、有威望的西方艺术大师们，莫不以能懂一点和学一点中国绘画艺术的精髓为荣。①

他反对为了鼓吹西画而刻意贬低中国画的言论，以自己在国外游学的经验诉说外国人对中国画的欣赏与向往。事实上，刘海粟不仅有着扎实的中国画学基础还兼具西方写实造型能力，他深知中国画学精神境界之高，然则他所处的时代，中国画学已然由于因循守旧而衰落，面临这样的现状他试图为中国画学寻找新的方向。刘海粟曾说：

> 我们现在的中国画，也要有新的发展，"洋为中用"。"贯通中外""融合中西"，绝不是生吞活剥，不是一半西洋画，一半中国画，不硬拿来拼凑；而是让二者的精神不同程度结合起来。②

---

① 刘海粟：《存天阁谈艺录》，中国青年出版社 1990 年版，第 134 页。
② 刘海粟：《刘海粟艺术随笔》，上海文艺出版社 2001 年版，第 119 页。

在他的个人绘画创作中不乏对东西洋画学的融合,但是这种融合绝不是以彻底抛弃中国画学为代价的尝试。

作为近代有名的中国画大家,张大千的中国画学功底深厚,尤其是他在山水画方面的艺术成就,很大程度上得益于对先贤名迹和古法的钻研,他的创作素材主要来源于一生中游览的名山大川,使他得以在师古的过程中开创出中国山水画的新面貌,这本身即是对"惟西洋艺术才能拯救中国艺术"观点的彻底推翻。张大千在与毕加索对谈的过程中,听到毕加索对中国艺术的高度认可:

> 西方白人实无艺术!纵观寰宇,第一惟中国人有艺术;次为日本(有艺术),而其艺术亦源于中国……予多年惑而不解者:何竟有偌许多中国人乃至东方人远来巴黎学习艺术?舍本逐末,而不自知,诚憾事也![1]

毕加索认为实际上白人没有艺术,甚至即使被认为是艺术之都的巴黎其实也没有艺术,只有中国画达到了艺术最高的境界,高于任何其他国家的艺术,一味学习西画而舍弃中国画是舍本逐末的事。虽然欧美现代主义画家对中国画持认可态度,很大程度是因为他们一直渴望摆脱欧洲古典绘画传统的枷锁,印象派的出现正是对古典传统的一种颠覆;艺术史家和艺术理论家们也一直想要为现代主义绘画寻求理论上的合法性,他们甚至试图从中国古代画论中寻找为西方现代主义绘画立论的根据。但不可否认的是,欧美的画家和学者确实认可中国画所具有的极高的艺术价值和中国画论中极为丰富的艺术理论资源,尤其是在19世纪末20世纪初,欧美国家对中国艺术品的收藏逐渐增加以及汉学热兴起之后。这当中日本学者对中国画的研究发挥着极为重要的中介作用,如内藤湖南、大村西崖、泷精一等对中国文人画的研究。受日本学者冈仓天心推介谢赫"六法"的启发,英国汉学家劳伦斯·宾庸(Laurence Binyon,1869—1943)更是面向西洋世界,对中国古代画论中的谢赫"六法"进行翻译和介绍。欧美和日本对中国画学的态度由此可见一斑。

不论是个人纯粹的艺术想法,还是借用外国艺术家和学者的观点表达个人态度,这批近代的中国画家客观上虽然认可西洋画具备的优点,但他们同

---

[1] 张大千:《张大千画语录》,海南摄影美术出版社1992年版,第302页。

样看重中国画在艺术造诣上的高超境界，所以情感上仍然倾向于维护中国画自身具备的优越性，以此抗衡过分鼓吹西洋画处于优势地位的浪潮。即便是丰子恺的老师李叔同，在谈到中国画与西洋画的不同时，也曾说过：

> 西人之画，以照片为蓝本，专求形似。中国画以作字为先河，但取神似，而兼笔法……中画入手既难，而成就更非易易……使中国大家而改习西画，吾决其不三五年，必可比踪彼国之名手。西画名手倘改习中画，吾决其必不能遽臻绝诣。盖凡学中画而能佳者，皆善书之人。……中国画亦分远近。惟当其作画之点，必删除目前一段境界，专写远景耳；西画则不同，但将目之所见者，无论远近，一齐画出，聊代一幅风景照片而已。①

李叔同以中西洋画的画法不同为切入点，实则透析出二者在绘画观念与追求上的不同。他更从习画的角度指出中西洋画在学习过程中的难易之不同，西画之写实方法相较于中国画笔法、境界之造诣，显然是学画者较为容易掌握的。中国画自入门就要求极高，更何况能取得一定的成就。

可见，同时代思想家和艺术家们对中国画和西洋画的争论体现出完全不同的两个态度，虽然他们所面临的主要问题是中国画应如何学习西洋画，但是为了在学习西洋画的同时坚守中国画自身的立场，一直被中西洋画"孰优孰劣"所困扰。细化来说，或是西画的写实技法优于中国画，或是中国画的精神境界优于西画，抑或是中国画学习西画之所长只是为中国画寻求新的发展。他们对学习西画的态度总体来说是客观的，情感上却又不免会被自身的立场影响，陷入民族和个人的情绪之中。然则中西洋画本就源于不同的文化传统，有不一样的精神追求。对于这一点丰子恺在《中国画与西洋画》中写道："现在不是拿两种画来在分量上比较，并且也不能在分量上比较，因为东洋画与西洋画，各有其文化背景，各有其乡土的色彩，即各有其长所与短所。"②显然就中西洋画相互交流学习这一过程本身而言，实则并不需要纠结

---

① 李叔同：《中西画法之比较》，见编辑委员会编《弘一大师全集（修订版）》第 8 册，福建人民出版社 2010 年版，第 6 页。
② 丰子恺：《中国画与西洋画》，见陈星总主编、刘晨分卷主编《丰子恺全集》第 10 卷，海豚出版社 2016 年版，第 77 页。

于二者"孰优孰劣",而是应当在学艺的过程中知晓各自的特点,探究如何以合适的方式将彼此的特点选择性融合,从而实现精进绘画艺术的追求。但是在当时的语境下,能保持这样冷静、客观的态度并不是一件容易的事。

关于如何学习中西洋绘画的问题,弘一大师(李叔同)在教导学生学画的过程中曾这样说道:

> 中国画虽不拘泥于形似,但必须从形似到不拘形似方好;西画从形似到形神一致,更到出神入化……宇宙事物既广博,时代又不断前进,将来新事物更会层出不穷。观察事物与社会现象作描写技术的进修,还须与时俱进,多吸收新科学,多学些新技法,有机会不可放过。①

通过这段话可以知道,此时弘一大师在面对中西洋画相互交流的问题上是秉持着客观学习的心态,不被某一方的情绪所影响,而是就学习绘画艺术本身来看待问题。不论是站在中国画的角度吸收西画之科学,还是站在西画的角度学习中国画之神妙,所追求的其实是不同文化土壤中孕育出的绘画艺术如何在自身现有的高度上探索新的可能。丰子恺作为弘一大师的学生,很大程度上吸收了这一思想。从他撰写过的多篇论述中国画与西洋画的文章中,可以知道他对中国画和西洋画学传统都颇有研究,能够从学理上分析二者呈现不同面貌的原因。丰子恺本人对于西画的学习更是积极的,在《绘画改良论》一文中,他概括出中西洋画的六点异同以辨明二者各有优劣,又根据"采取中西两种绘画的优点,避去两者的劣点"这一原则,提出新绘画的"七章",其目的有三:矫中国画之弊,采西洋画法之长以及保存中国画之长。② 可见,丰子恺与弘一大师在如何学习中西洋画的问题上态度基本是一致的。更准确地说,师徒二人在学习绘画的问题上态度是一致的,因为这是对绘画艺术本身的学习,无关乎其名为中国画还是西洋画。

作为艺术家的丰子恺,在这场中西洋画"孰优孰劣"的争论中有自己明确的立场。一方面他很清楚中西洋画各自的优缺点及原因,所以他并不认为二

---

① 沈本千:《一代高僧弘一法师》,见中国人民政治协商会议浙江省委员会文史资料研究委员会编《浙江文史资料选辑》第 26 辑,浙江人民出版社 1984 年版,第 118 页。

② 丰子恺:《绘画改良论》,见陈星总主编、刘晨分卷主编《丰子恺全集》第 10 卷,海豚出版社 2016 年版,第 213 页。

者可以在分量上进行比较。另一方面在他个人对绘画艺术的探索中，他并不受中西洋画"孰优孰劣"的问题困扰，因为他所关注的是绘画本身。正如他所说："要之，艺术不是技巧的事业，而是心灵的事业；不是世间事业的一部分，而是超然于世界之表的一种最高等人类的活动。"①即是说，丰子恺的"西洋画中国画化"绝不是针对中西洋画"孰优孰劣"的问题给出的答案，更不能代表他在这场争论中的个人观点。那么，丰子恺为什么会提出"西洋画中国画化"这样倾向中国画处于"优势"地位的说法呢？换言之，丰子恺提出"西洋画中国画化"，其意欲究竟何为？

三、"西洋画中国画化"的真正意涵

丰子恺曾与老师夏丏尊通信探讨过中西洋画问题，在绘画主题上夏丏尊提出了未来"世界绘画倾向的一个预言"（这里的世界绘画包括中国画和西洋画），即尚未出现的第三种绘画——人物与风景并重的画。丰子恺对夏丏尊的观点是认可的，并重新对中西绘画史进行梳理以给出回应：

> 不论是东西洋，都是先有人物画，然后再来风景画的……总之，六朝以前，中国纯是人物画。六朝以后，自唐代起，方然有不写人物而专写自然风景的山水画。这山水画从此发达下去，直至今日，常在发达的路上，不过进度快慢各时代不同而已。②
>
> 再看西洋：十八世纪以前的画，纯是描写宗教题材的人物画……到了十九世纪中叶，写实派、印象派兴起，西洋画界方始有风景画出现。这风景画又从此发达下去，直到现在，仍在发达的路上。③
>
> 中国以唐代为界，互分人物画时代与风景画时代。西洋则以十九世纪中叶为界而划分。时间迟早不同，而其顺序完全一致。故世界绘画，

---

① 丰子恺：《西洋画的看法》，见陈星总主编、刘晨分卷主编《丰子恺全集》第 10 卷，海豚出版社 2016 年版，第 101 页。
② 丰子恺：《读丏师遗札》，见陈星总主编、陈建军分卷主编《丰子恺全集》第 4 卷，海豚出版社 2016 年版，第 226 页。
③ 丰子恺：《读丏师遗札》，见陈星总主编、陈建军分卷主编《丰子恺全集》第 4 卷，海豚出版社 2016 年版，第 226—227 页。

都尚在风景为主的时代。①

这段内容从绘画主题上勾画出了中西方在漫长的绘画史中呈现出的发展脉络,以中西绘画中最重要的人物画和山水画大类为观照的基础。这当然不是说中西绘画只有这两类画是重要且值得分说的,毕竟中国古代传统的花鸟画、西方静物画都是非常重要的一部分。但是在一个更广阔的视野中,需要将中西方共有的绘画种类放在一起观照和思考,才能进行比较和分析。显然,中国古代的人物画和山水画,西方的人物画(历史画或故事画、宗教画)和风景画,基本就可以对应起来了。

虽然二人谈到的是对中西方绘画主题未来走向的预测,并主要体现了夏丏尊的个人趣味,但这一思考本身也是建立在中西艺术史基础之上的。且不评论这一预言所谈及的内容是否具有可实现性或仅是一种个人愿景,当中其实已经显现出一种敏锐的直觉——世界艺术在相互交流影响下,越来越呈现出一些共同性,这在今天我们已经可以看到。丰子恺已经在他的文章《二重生活》中指出了这一点:

> 目前我们的生活中,东西洋文化"混合"着,所以有二重。须得教它们"化合"起来,产生第三种新生活……
> 今后的世界,定将互相影响,互相移化,渐渐趋于"大同"之路。②

在丰子恺看来世界艺术并非是以西洋艺术或中国艺术为中心,应当将西洋绘画与中国传统绘画置于平等的位置进行观照,二者间实则是相互影响的,这一思考本身是严谨且具有前瞻性的。丰子恺的出发点并不是要西洋画"中国画化",以获得一种中国画占优势地位的满足感,而是在试图建立中西洋画学平等对话的基础上提出"西洋画中国画化",这正是因为他注意到二者间是相互影响关系。"西洋画中国画化"其实是丰子恺对中西绘画在艺术的交流发展中,能够平等地进行对话,彼此相互融合的一种期待。

---

① 丰子恺:《读丏师遗札》,见陈星总主编、陈建军分卷主编《丰子恺全集》第 4 卷,海豚出版社 2016 年版,第 227 页。
② 丰子恺:《二重生活》,见陈星总主编、陈建军分卷主编《丰子恺全集》第 4 卷,海豚出版社 2016 年版,第 117 页。

　　或许我们在这场中西画学争论中忽视了丰子恺的另一重身份，他毫无疑问是一位艺术家，但他同时是一个关注绘画教学的教育家。丰子恺已明言自己在《西洋绘画史话》序言中提出"西洋画中国画化"目的是鼓励中国年轻的学画者，这一点并不难理解。这本书是用于介绍西洋绘画史的普及读物，会让中国的读者对西洋画有一定的认知，但是读者是否同时具备对中国画的认识呢？他们或许无从得知西方世界对中国画的赞赏与研究热情，并不知道中国画的艺术价值，如果没有对中国画的这些基本了解，那么在学习了科学系统的西洋画学知识之后，会否因为那些极力推崇西洋画的言论而看轻甚至是彻底舍弃中国画的优秀传统呢？如果是，那就完全违背了这本书介绍西洋绘画知识的初衷了。所以，丰子恺在序言中作出了这样鼓励的文字，一方面是对读者们学习西洋绘画知识的肯定，鼓励他们接收外来的新知识。另一方面是告知读者，西洋画的诸多特点中也有与传统中国画相通之处，在学习新知识的同时不忘观照传统，希望读者在学习的过程中能体会二者间的联系与妙趣。

　　对于当时初学绘画的很多中国学生来说，他们可能并没有多少中国画学的知识，且对西洋画学的方法不甚了解，与此同时还要被谈论中西画学的各派言论所冲击，可想而知是非常迷茫的。面对这样的现状，作为教育家的丰子恺试图在自己的艺术论著中给予学生读者一些建议与指引。丰子恺曾以音乐艺术阐明他对好的艺术作品的理解，"艰深的乐曲不一定良好，良好的乐曲不一定艰深。我认为曲的'高下'，不在乎'难易'，而在乎和者的'众寡'"①，所以他认为好的艺术作品是能够被广泛理解和认可的。具体到音乐艺术教育中，正如胡琴弹奏的《渔光曲》可以更普遍地实现音乐对人们性情的陶冶，他认为如果能用通俗的乐器将简明高尚的乐曲普及开来，这样的方式是更有意义的。所以丰子恺认为能够"曲高和众"的艺术和教育才是最伟大、最有价值的，这样的教育理念也同样贯穿于他的绘画教学思考中。但是具体到绘画教学的实践中，一方面西洋画学的科学技法相对复杂，想要讲明白实属不易。另一方面中国画学的精神境界之高妙，笔法之多变亦是难以简单阐明的。更何况既要"曲高和众"地介绍西洋绘画的理论与技法知识，同时还要加深读者

---

① 丰子恺：《曲高和众》，见陈星总主编、陈建军分卷主编《丰子恺全集》第 3 卷，海豚出版社 2016 年版，第 51 页。

对中国画学的理解呢？

丰子恺对绘画教学方法的尝试从来就是细致入微的，这一点在他的论著中即可得见。他在《西洋美术史》《西洋画派十二讲》《西洋名画巡礼》等文章中梳理了一些深入浅出的理论知识用以介绍西洋绘画，还编写了具体解读西洋绘画技法的杂著，如《构图法 ABC》《谈图画的用具和材料》等。丰子恺同时以中西洋画学相对照的方式，编写了《绘画概说》《图画的看法》《图画的描法》等书，使学生读者可以在一些共通的绘画问题上看到中西洋画的异同点。如果翻看丰子恺在这些杂著中写下的内容，就会真切感受到他为了方便学生读者的理解在行文语词上的用心。在介绍西洋艺术知识时，首先面临的问题就是将西洋的知识转化到中国的语境中。在《西洋建筑讲话》中，丰子恺将埃及的法老"陵墓"艺术转化为中国人所熟知的"坟墓"艺术，将基督教的"教堂"艺术转化为"寺院"艺术，还有一些转化为如"殿""宫""店"等这些中国建筑概念。虽然对于熟知西洋建筑知识的人来说，这可能会混淆或误导读者对西洋建筑名称的认识，但是一想到这里读者会很快明白，原来这法老陵墓就相当于我们的秦始皇陵，定会为丰子恺的这一语词转化会心一笑。

由于中国画和西洋画处理相同问题有时会采取完全不同的表现手法，所以涉及具体的绘画技法问题和观念问题时，丰子恺还通过和别的学科相关联的方式，并辅以大量的配图进行细致的讲解，其中最有代表性的就是处理空间远近的问题。在《文学中的远近法》一文中，丰子恺从中国画独特的诗画关系入手，认为中国画是综合艺术，诗画之间的交流致使中国画在空间的艺术中融入时间的特性，由此造成了中国画的远近法不同于西洋画的透视法。在此，丰子恺正是试图从艺术观念、艺术创作等方面来厘清中西方"透视法"差异性的原因。进而在《中国画与远近法》等文章中，他又以《仇文合制西厢记图册》中具体的"远近法错误"为参照，对其用西洋画的科学透视法进行"修正"，并以此二图的对比来解释西洋画的透视法与中国画的远近法之不同。但是，丰子恺并非认为远近法的表达是错误的，他的本意只是"要使学习写生画的青年知道东西绘画的差异及看法罢了"。①

可见，丰子恺编写这些书籍时，他的内外逻辑都紧紧围绕其绘画教学初

---

① 丰子恺：《中国画与远近法》，陈星总主编、刘晨分卷主编《丰子恺全集》第 8 卷，海豚出版社 2016 年版，第 152 页。

衷。在具体教学中，他既要用通俗易懂的中国语言介绍新奇复杂的西洋画知识，又要摆正学生读者对产生于不同文化背景下的中西洋画技法的态度，那么也就不难理解他为了帮助当时年轻学画者树立学画的自信，建立正确的绘画学习观而提出"西洋画中国画化"了。

结　语

在五四新文化运动的时代背景下，我们很容易对丰子恺"西洋画中国画化"的说法形成一种误解，认为这是以维护中国画传统为目的的一种个人情绪的表达。但是丰子恺身为艺术家，一直将绘画艺术作为"心灵事业"，对他来说不论是中国画还是西洋画，在其自身的艺术文化语境中都具有独特的价值。所以丰子恺的"西洋化中国画化"并非是在回应中西绘画"孰优孰劣"，而是给出个人面对世界艺术的态度，即不仅是对中国画或西洋画，甚至是对各个国家的绘画艺术，都应当以学艺者的心态，充分认识它们的特点，并肯定和吸收其优点。在复杂的国内外艺术环境下，作为教育家的丰子恺，希望年轻的学画者能够建立正确的绘画学习观，以更加广阔的视野，正确的眼光去观照和学习中国画和西洋画，审慎面对不同立场和情绪下他人的绘画思想及言论。由此，"西洋画中国画化"实际上饱含着丰子恺对绘画艺术教育事业的关照，其所投射的更是丰子恺个人的艺术观，以及他对中西绘画艺术能够平等互动、对话和交流的愿景。

作者：东北大学艺术学院博士生

丰子恺与近代中国女性解放运动

许勇生

对丰子恺与中国女性解放运动之间的关系,学界一直未有人进行专门的研究探讨,迄今仅见少量文献对此偶有提及。如有研究者指出:"在推动妇女解放方面,丰子恺始终走在社会最前端。在 1923 年 1 月出版的'妇女运动号'①上,丰子恺发表瑞典爱伦凯《妇女运动概论》的译文,由此也能反映出他和主编章锡琛、周予同等人在这个问题上共同的激进思考。这期间,丰子恺有大量的关于妇女问题、学生题材的文章发表在《民国日报》《妇女周报》及《中学生》等相关刊物上。"②尽管客观地说,丰子恺对女性解放问题的思考,恐怕未必算得上有多么"激进",但诸多史料表明,丰子恺与近代中国女性解放运动之间,确实存在着非常密切的联系。因此,似乎有必要对体现此种关系的种种史实进行一番认真的梳理。

一

近代以来,伴随着西方女学思想和女权学说的输入,"女学"也开始在中国诞生。早期传教士创办的教会女校,推动了中国本土女学的形成。戊戌维新时期,第一所由中国人自行创办的女子学校——经正女塾出现③,是为近代中国自办女子学堂教育之先声。辛亥革命时期,先进的知识分子将"兴女学"

---

① 《妇女杂志》1923 年第 9 卷第 1 期为"妇女运动号"。——引者注
② 樊东伟:《丰子恺与商务印书馆》,载《嘉兴学院学报》2020 年第 5 期。
③ 熊贤君:《中国女子教育史》,山西教育出版社 2006 年版,第 187 页。

作为革命运动的一部分,有力促进了本土女学的发展。直至"五四"前后,女学渐形成一片"遍地开花"的态势。

丰子恺出生于近代女性解放运动的"开端之年"——1898 年①,又亲历了"五四"新文化运动时期的女性解放运动高潮,因此,女性解放的新思潮在丰子恺的家庭中留下不少痕迹,也对丰子恺的成长产生了直接影响。据丰子恺回忆,其祖母丰八娘娘就识字②,丰子恺的姐姐丰瀛和丰满、妻子徐力民,以及丰子恺的女儿都接受过良好的教育。可见,丰家在女性接受教育一事上较为开明,而这种环境下成长起来的丰子恺,也从小将女性接受教育视为常态。又因丰子恺母亲没能接受过教育,导致丰子恺在求学的过程中总是"盲子摸在了稻田里"③,这也使得丰子恺更能切身体会到女子教育的重要性。正是由于丰子恺父母对女儿的教育同样重视,才有了丰子恺的长姊丰瀛创办于 1912 年的石门湾第一所女子小学校——石湾振华女校(全称"崇德县石湾乡立振华女子初等高等小学校"④);而丰子恺的三姐丰满,不仅在年幼时因父母的保护而免受缠足之苦,成为其家乡石门湾(今属浙江省桐乡市石门镇)当时唯一一个不缠足的女子,而且还前往杭州就读于浙江省立女子师范学校,后来又继任为振华女校的第二任校长。⑤ 丰子恺就读于浙江省立第一师范学校(通常简称"浙一师")时,每至寒暑假,就会去振华女校代课,这些代课经历,为之后丰子恺积极投身女子教育事业打下了重要的基础。

丰子恺一生都致力于艺术教育事业,而其开端始于振华女校。该校秉持提高妇女素质、倡导男女平等的办学宗旨,注重对学生因材施教和品德培养。办学伊始,丰瀛就把培养男女平等精神放在重要地位,教学极其认真负责。⑥ 丰子恺还在浙一师就读时,每逢寒暑假回到石门,都会在振华女校兼授音乐、图画等艺术课程。⑦ 这是迄今可考的丰子恺最早的艺术教育实践,也是

---

① 吕美颐、郑永福:《中国妇女运动(1840—1921)》,河南人民出版社 1990 年版,第 107 页。

② 丰子恺:《丰子恺自述》,见陈星总主编、陈建军分卷主编《丰子恺全集》第 4 卷,海豚出版社 2016 年版,第 66 页。

③ 丰子恺:《旧话》,见陈星总主编、陈建军分卷主编《丰子恺全集》第 1 卷,海豚出版社 2016 年版,第 65 页。

④ 褚万根:《丰子恺与石湾振华女校》,载《嘉兴学院学报》2020 年第 5 期。

⑤ 丰一吟口述,周峥嵘撰稿:《丰一吟口述历史》,上海书店出版社 2016 年版,第 11 页。

⑥ 褚万根:《丰子恺与石湾振华女校》,载《嘉兴学院学报》2020 年第 5 期。

⑦ 钟桂松:《丰子恺的青少年时代》,花城出版社 1998 年版,第 117 页。

他投身于女子教育事业的开端。尽管丰子恺在振华女校授课的时间并不长，但这些教学经历为丰子恺践行其艺术教育理念提供了早期的平台。在振华女校，丰子恺以极强的艺术个性，认真开展艺术教育实践，对培育女校学生的艺术兴趣、健全女校学生的人格都发挥了积极的作用。[①]

从浙一师毕业之后，丰子恺就前往上海，与刘质平、吴梦非共同创办了我国第一所私立艺术专科师范学校——上海专科师范学校，丰子恺任该校美术教师，教授西洋画、日语等课程。[②] 该校于 1920 年春拟招收女学生，实行男女同校，重视女子的教育问题，被《民国日报》评为"大胆率先实行男女同校，开风气之先"[③]。与此同时，丰子恺还经恩师李叔同介绍，前往杨白民创办的城东女学兼职任教，得到了宝贵的系统艺术教育实践的机会，进而对上海专科师范学校的教学助益甚大。在与妻子徐力民成婚之后，丰子恺还将妻子送往城东女学学习图画[④]，可见丰子恺对城东女学的信任与支持。除此之外，丰子恺还在蔡元培创办的爱国女校、吴淞中国公学中学部以及江苏省松江女子中学兼课。爱国女校致力于女子教育事业，而吴淞中国公学中学部是中国第一所实行男女同校的中学，丰子恺任教于这些学校，与其关注女子教育有很大的关系。当时，上海专科师范学校、城东女学和爱国女学三校关系密切，像丰子恺、吴梦非等几乎都有在三校任教的经历。1919 年 11 月，由上海专科师范学校、爱国女校、城东女学的一些教职员如丰子恺、姜丹书、欧阳予倩、刘质平、吴梦非等共同发起的我国第一个全国性的美育组织——"中华美育会"正式成立[⑤]，而他们的"美的教育"理念，大多都是最早在女学里进行实践的。这些女校均推动了中国近代女子教育乃至女性解放事业的发展，而丰子恺在其中发挥了重要作用。

在丰子恺发表的作品中，有两件与一所女校——宁波女子第一师范学校有关。1922 年 12 月的《春晖》杂志发表了丰子恺的漫画《女来宾——宁波女子师范》，这是他第一幅公开发表的漫画，描绘了宁波女子师范学校的女学生作为来宾参加春晖中学开校式的场景。《春晖》校刊记载了此次开校式："约

---

① 褚万根：《丰子恺与石湾振华女校》，载《嘉兴学院学报》2020 年第 5 期。

② 陈星：《丰子恺艺术教育事业年表》，载《美育学刊》2012 年第 5 期。

③ 王震编：《20 世纪上海美术年表（1900—2000）》，上海书画出版社 2005 年版，第 65 页。

④ 丰子恺：《老汁锅》，见陈星总主编、陈建军分卷主编《丰子恺全集》第 3 卷，海豚出版社 2016 年版，第 131 页。

⑤ 盛新军：《丰子恺年谱》，青岛出版社 2005 年版，第 102 页。

经一小时，合唱会在钢琴声和拍手声中经过了。宁波女子师范学生诸君更合唱世界语歌一首，以表祝贺。春晖的诚意，女性底清婉的音色，传出大同和平的歌曲来，使人恍然如入理想的世界了。"[1]字里行间可见春晖中学对宁波女子师范学校的重视。据记载，春晖中学的开校式来宾众多[2]，但丰子恺唯独选取宁波女师的女学生来描绘，显示出他对这些女学生的喜爱与关怀。此外，1923 年《民国日报·妇女评论》第 80 期发表了丰子恺在宁波女师所作题为《美的世界与女性》的讲演。在讲演中，他热情歌颂了美的世界中的女性，认为一切女性皆优美，号召美的女性引导一切人们向美的世界去。[3] 澳大利亚学者白杰明（Geremie R. Barme）表示，丰子恺在宁波女子师范曾兼职教授音乐和美术课程[4]。尽管目前尚未发现确切史料证明丰子恺是否兼职于宁波女师，但可以确定的是，经亨颐曾担任过宁波第四中学的临时校长[5]，而夏丏尊也被聘为宁波第四中学的国文老师[6]，丰子恺也兼职于该校，这至少说明了丰子恺确实有在宁波任教的经历。那么，从丰子恺为宁波女师的女学生画像，以及去该校讲演，再结合丰子恺对女子教育事业的关注来看，丰子恺任教或兼课于宁波女子师范学校的可能性是存在的。不论如何，前述史实已足以体现丰子恺对宁波女师女学生的赞美和喜爱之情，这也从侧面反映出丰子恺对女性以及女子教育的高度关注。

二

除了对女子教育的积极参与以外，丰子恺还加入女性解放团体，并在妇女解放刊物上发表文艺创作，这些都是丰子恺作为中国近代女性解放运动重

① 《开校纪念会纪事（1922 年 12 月 2 日）》，载 1922 年 12 月 16 日《春晖》校刊第 4 期。转引自陈净野《丰子恺与中国现代音乐教育研究》，团结出版社 2012 年版，第 60 页。
② 据记载，春晖中学此次开幕式来宾 400 余人。参见《校史（1908—1926）》，载《春晖家园·文献篇：〈春晖〉半月刊（1922.12—1928.5）》，春晖中学 2007 年印行，第 261 页。
③ 丰子恺：《美的世界与女性——丰子恺在宁波女子师范讲演》，载 1923 年《民国日报·妇女评论》第 80 期。
④ ［澳］白杰明：《丰子恺：此生已近桃花源》，贺宏亮译，浙江人民出版社 2019 年版，第 80 页。
⑤ 根据《校长赴日考察教育》一文（载 1925 年 10 月 16 日《春晖》第 38 期），经亨颐当时兼任宁波第四中学校长。
⑥ 夏丏尊自 1924 年 4 月起，应第四中学之聘兼任该校中学部国文教授。参见《夏丏尊先生兼课四中》，载 1924 年 4 月 1 日《春晖》第 26 期。

要一分子的有力实证。

妇女解放刊物作为近代女界的喉舌,是当时社会关于女性解放思想的集中反映,在女性解放事业的进程中发挥了重要的启迪和引领作用。自 1898 年 7 月我国第一份女性报刊《女学界》问世,直至"五四"新文化运动,女性解放刊物的数量已蔚然可观,成为引入和介绍女性解放思想的重要平台。丰子恺的艺术创作生涯就和不少女性期刊有关,其中主要有《妇女杂志》《妇女评论》《妇女周报》《新女性》和《妇女月刊》等。丰子恺在其中发表文艺创作的时间跨度为 1922 年至 1948 年,他发表在这些期刊上的各类译文、讲演、漫画、杂文等总计有 40 余件(参见表 1)。在女性期刊发表文艺创作的同时,丰子恺还与一些近代女性解放团体(如"妇女评论社"和"妇女问题研究会"等)有着密切的联系。

表 1　丰子恺在女性期刊上发表作品统计

年份	杂志	文　　章	发文数
1922	《妇女杂志》	第 8 卷第 12 期:译文《音乐会与音乐》	2 篇译文
		第 9 卷第 1 期:译文《妇女运动概论》	
1923	《民国日报·妇女评论》	第 76、79、80 期连载译文《对于女性觉醒的三要问题》 第 80 期:讲演《美的世界与女性》	3 篇译文,1 篇讲演
	《民国日报·妇女周报》	第 4 期:译文《江马修致某少女书》	1 篇译文
1927	《新女性》	第 2 卷第 1、2、3、4、7、8、9、10 期连载译文《孩子们的音乐》系列文章 第 2 卷第 1 期:漫画三幅 第 2 卷第 5 期:译文《会走的木宝宝》 第 2 卷第 8 期:译文《有结带的旧皮靴》 第 2 卷第 12 期:原创文章《告母性:孩子们的音乐序》	10 篇译文,3 幅漫画,3 篇原创文章
1929		第 4 卷第 6 期:原创文章《玩具的选择》《幼儿故事》	
1931	《妇女杂志》	第 17 卷第 1 期:原创文章《为妇女们谈音乐研究的态度》《作了父亲》 第 17 卷第 4 期:原创文章《为妇女们谈绘画的看法》	3 篇原创文章

(续表)

年份	杂志	文 章	发文数
1946	《妇女月刊》	第 5 卷第 3 期:漫画一幅	16 幅漫画
1947		第 5 卷第 4、5、6 期各刊载漫画一幅 第 6 卷第 1、2、3、4、5、6 期各刊载漫画一幅	
1948		第 6 卷第 6 期漫画一幅 第 7 卷第 1、2、3、4、5 期各刊载漫画一幅	

最早发表丰子恺文艺创作的妇女解放刊物是《妇女杂志》。该杂志于 1915 年 1 月 5 日在上海创刊,至 1931 年 12 月停刊,由商务印书馆出版发行,是当时我国研究女性问题的核心刊物。丰子恺在《妇女杂志》上共发表了 5 篇文章,分别是 1922 年第 8 卷第 12 期译日本林久男《音乐会与音乐》,1923 年第 9 卷第 1 期译瑞典爱伦凯《妇女运动概论》,1931 年第 17 卷第 1 期原创文章《为妇女们谈音乐研究的态度》《作了父亲》以及 1931 年第 17 卷第 4 期原创文章《为妇女们谈绘画的看法》。其中《妇女运动概论》是一部讨论女性解放的专门著述,而《为妇女们谈音乐研究的态度》和《为妇女们谈绘画的看法》也都涉及女性。值得注意的是,《妇女运动概论》是丰子恺翻译的第一部女性解放的专著,也是丰子恺发表在《妇女杂志》上唯一一篇与女性解放直接相关的译著。

丰子恺译介的爱伦凯《妇女运动概论》刊载于《妇女杂志》1923 年第 9 卷第 1 期(也即"妇女运动专号")。此前,在《妇女杂志》1922 年第 8 卷第 12 期有"妇女运动号"的出版预告:"妇女运动为我国目前最可注目的社会运动,我国的妇女界将从此划一新纪元,本志特定于民国十二年元旦出一《妇女运动号》特刊,以供从事妇女运动及留心妇女运动者的参考。"[①]可知该"专号"之于中国近代女性解放运动的重要意义。该"专号"刊登了三项与爱伦凯有关的内容,分别是丰子恺译《妇女运动概论》、吴觉农《爱伦凯的母权运动论》以及一张标题为《现代妇女界巨星爱伦凯女士》的照片。

中国近代女权思想是在引进和吸收外国女权思想的基础上逐渐确立起来的。当时,先进的知识分子将西方的女性解放理论通过译介传入我国,进

---

① 《"妇女运动号"出版预告》,见《妇女杂志》1922 年第 8 卷第 12 期。

而指导我国的女性解放运动。爱伦凯(Ellen Key)是瑞典著名的女性主义理论家、社会问题研究者及儿童教育家。爱伦凯不仅关注女性解放问题,还特别关注儿童问题,她的理论最主要体现在两性恋爱、母职母道、儿童教育等方面。20世纪20年代初,爱伦凯的思想随着译介传入中国,而《妇女杂志》在引进爱伦凯思想上起到了至关重要的作用。据不完全统计,从1920年至1926年爱伦凯去世,《妇女杂志》共发表了17篇相关文章,对爱伦凯思想作了全面的译介和倡导。① 这些文章,包括丰子恺译《妇女运动概论》在内,奠定了爱伦凯在我国女界的极高位置,大大推进了爱伦凯女性观和儿童教育观在我国的传播。

《妇女运动概论》历数了西方妇女解放运动的发展历程,用各种史料来说明妇女解放的必要性和意义②,对促进我国女性解放运动的发展具有重要的指导意义。有研究者指出,丰子恺翻译爱伦凯的《妇女运动概论》是"企图通过爱伦凯女性主义理论的进一步介绍,巩固爱伦凯思想在女性解放过程中的重要地位,把她作为妇女运动的先驱。……这也为爱氏思想在中国的接受打下了坚实的基础。"③更有研究者据此主张"在推动妇女解放方面,丰子恺始终走在社会最前端",并认为《妇女运动概论》"反映出他……的激进思考"④。必须承认,丰子恺翻译《妇女运动概论》,的确是他关注妇女解放问题最有力的佐证,但因此断言丰子恺在推动女性解放运动方面走在"社会最前端"并在这方面有"激进思考",恐怕并不完全符合丰子恺的实际情况。性格温和的丰子恺,尽管支持、参与女性解放事业,但终其一生也未就女性解放运动发表过什么"激进"言论。

除了译介爱伦凯《妇女运动概论》之外,丰子恺还在其他文章里多次提及爱伦凯。他在宁波女子师范的讲演——《美的世界与女性》中就说道:"爱伦凯说:'Tanagra人像,比Aphrodite女神指示我们更多的希腊古代妇人的优美的姿态。'又说'我们对于用了如花的温柔的态度而扶我们向着阳光的世界去的无数的以前的女子,不可不感谢。'我要对于现在的女性赞美且祈祷:'一

---

① 张鹏燕:《爱伦凯在中国的传播与影响》,载《河北学刊》2012年第5期。这些相关文章主要有瑟庐《爱伦凯女士及其思想》、吴觉农《爱伦凯的自由离婚论》和《爱伦凯的母权运动论》、沈泽民《爱伦凯的恋爱与道德》等。
② [瑞典]爱伦凯:《妇女运动概论》,丰子恺译,载《妇女杂志》1923年第9卷第1期。
③ 赵雅妍:《五四时期爱伦凯思想在中国的译介、传播与接受》,东北师范大学2019年硕士学位论文。
④ 樊东伟:《丰子恺与商务印书馆》,载《嘉兴学院学报》2020年第5期。

切女性皆优美。愿优美的女性,引导一切人们向美的世界去'"①。由此可见,丰子恺应该阅读过不少爱伦凯的女性解放理论著作,对她的女性解放理论也有着较为深切的体认。

1922 年 9 月,丰子恺加入"妇女评论社",成为该社社员②,并开始在该社主编的《妇女评论》上发表作品(发表年份均在 1923 年)。《妇女评论》是 1921 年 8 月 3 日由"妇女评论社"创办于上海的一份妇女刊物,以"《民国日报》副刊"的名义出版发行,陈望道任杂志主编。③ 在陈望道撰写的发刊宣言中,阐明了创刊宗旨:"妇女问题绝不仅仅是妇女一方面的事,妇女受压迫,绝不仅仅是妇女一方面受损害。……在人类平等(人道主义)与女性尊重这两个意义之外,特为社会进化这观念,来根本地主张妇女解放,认妇女问题是极重大的一件事。……我们主张解放了历来施于女性的种种束缚,让女性自由发展出伊们的能力来。凡思想、制度能变成新枷锁的,我们都要不容情地攻击。"④《妇女评论》积极支持女性解放运动,是当时进步人士讨论解决妇女问题途径的重要舆论阵地。丰子恺加入"妇女评论社",在《妇女评论》上发表作品,为当时的女性解放事业贡献了自己的力量。

《妇女评论》分三次在"言论"专栏连载了丰子恺译日本林久男《对于女性觉醒的三要问题》,该文主要从女性的家庭、社会以及恋爱和结婚三个方面,对女性问题作了详细论述,其中还引用了爱伦凯"没有爱的结婚是不道德的"的理论⑤,表明爱伦凯在日本女界也受到一定程度的关注。该文立足于女性解放,对女性觉醒起到了重要的启迪作用。从丰子恺译介爱伦凯《妇女运动概论》,到《美的世界与女性》的讲演,再到译介《对于女性觉醒的三要问题》,足可以见爱伦凯女性解放思想对丰子恺产生的影响。只要比较爱伦凯和丰子恺的思想观,就会发现二者在女性的母职、母道和儿童教育理念上具有高度的相似性。

1923 年,《妇女评论》和《现代妇女》合并重组为新的《妇女周报》,也是以

---

① 丰子恺:《美的世界与女性——丰子恺在宁波女子师范讲演》,载《民国日报·妇女评论》1923 年第 80 期。
② 《社友消息》,载《民国日报·妇女评论》1922 年第 58 期。
③ 王虹生、邓仲华等主编:《工青妇大辞典》,中国经济出版社 1990 年版,第 199 页。
④ 陈望道:《〈妇女评论〉创刊宣言》,载《民国日报·妇女评论》1921 年第 1 期。
⑤ 〔日〕林久男:《对于女性觉醒的三要问题》,丰子恺译,载《妇女评论》1923 年第 80 期。

"《民国日报》副刊"名义出版发行。该刊最先是由妇女问题研究会和妇女评论社联合编辑,后来改由妇女问题研究会和国民党上海妇女部联合编辑①,向警予任主编。《妇女周报》"是《现代妇女》和《妇女评论》之魂的结晶。他并且要普告世人:这个研究妇女问题和促进妇女运动的团体,从今后要通力合作,希望对于中国方兴的妇女运动尽一点批判和指导的责任"②。该报着力报道以上海为主的全国妇女运动界发生的大事,并与全国各大妇女解放团体保持密切联系,极大地促进了中国妇女运动的发展。丰子恺在《妇女周报》仅发表过一篇译文——《江马修致某少女书》,刊载于 1923 年第 4 期。该文是日本著名文学家江马修给某即将结婚的 A 少女的回信,信中安慰了少女对结婚的不安,并祈祷该少女的结婚和未来有无量的光明的幸福③,全文流露出对困惑女性的深切关注和祝福之情。丰子恺翻译该文,应该与当时中国女性对婚姻充满困惑和不安有一定的关系。丰子恺可能是希冀通过译介该文,给予陷入婚姻困惑的女子以指导,从而使这些女子受到启发,得到更好更光明的幸福。

从《妇女评论》和《妇女周报》上刊载的丰子恺译介文章来看,丰子恺的女性解放思想大多来自于日本相关著述的引介,这与丰子恺曾留学日本,亲身感受到日本女性解放思潮有着直接的关联。

除上述译介外,《妇女评论》1923 年第 80 期还发表了一篇丰子恺在宁波女子师范学校的演讲——《美的世界与女性》,该期共刊载了丰子恺两篇文艺创作,整整占据了该期约四分之三的版面,由此可见"妇女评论社"与《妇女评论》杂志对丰子恺的重视。在这篇讲演中,丰子恺热情赞颂了女性之美,肯定了女性的意义与价值,对促进女性的自我觉醒和树立自信心起到了重要的鼓舞作用。

1925 年,妇女问题研究会组织成立"新女性社"。次年,《新女性》杂志正式创刊,直至 1929 年停刊,共出版 4 卷 48 期。《新女性》杂志作为一个讨论女性解放问题,宣传女性解放新思想的进步期刊,受到社会各界关注,在女界更是成为标杆性刊物。《民国日报》曾刊文介绍《新女性》创刊号,指出《新女性》

---

① 刘长林主编:《自由的限度与解放的底线——民国初期关于妇女解放的社会舆论》,上海大学出版社 2014 年版,第 191—192 页。

② 宴始、佛突:《发刊词》,载《民国日报·妇女周报》1923 年第 1 期。

③ [日]江马修:《江马修致某少女书》,丰子恺译,载《妇女周报》1923 年第 4 期。

是"用革命的精神，自由的思想，独立的态度，来讨论现代最重要的妇女问题的刊物。它对于妇女地位的提高，两性道德的革新，婚姻制度的改革，家族主义的打破，性知识的灌输，都将有重大的贡献"①。作为《新女性》的主要撰稿人，丰子恺在该刊共发表了 16 篇文艺作品。因此，《新女性》也是丰子恺发表文艺创作数量最多的女性解放刊物。

妇女问题研究会由章锡琛、沈雁冰、胡愈之、周作人、周建人、夏丏尊、张近芬等发起，于 1922 年 7 月在上海成立。妇女问题研究会认识到妇女问题是全世界人类最重大的问题，而中国的妇女仍然在做家庭的奴隶、男人的牛马，因此发起成立该会。② 妇女问题研究会以研究妇女问题为宗旨，大力支持女性解放。其发起人中大多都与丰子恺有过交往，尤其是夏丏尊、章锡琛和沈雁冰，与丰子恺的关系更是十分亲密。尽管至今未发现丰子恺有加入妇女问题研究会的史料记载，但在《女性与音乐》一文中，丰子恺却自述其参加妇女问题研究会的内部聚餐会，并受《新女性》杂志主编（应是章锡琛）之邀受得作《女性与音乐》文章的"命令"③，由此可知，丰子恺与妇女问题研究会关系较为密切。

早在《新女性》创刊之初，丰子恺即为其绘制第 1 卷第 3—12 期的杂志封面（见图 1）。"新女性社"在第 3 期的"排完之后"中，对丰子恺绘制的杂志封面表示了肯定与感谢："承丰子恺先生给我们绘成了新封面，使新女性增添了无限的风采。"④尽管丰子恺在《新女性》杂志创刊年（1926 年）并未发表任何文艺创作，但是《新女性》却刊载了大量丰子恺出版著作的广告。1926 年 1 月，《子恺漫画》以"文学周报社"的名义再版，交由"上海开明书店"印刷发行，标"文学周报社"丛书。《新女性》第 1 卷第 5、6 期对《子恺漫画》的出版作了预告（见图 2），并在第 1 卷第 9 期用一整个版面来为《子恺漫画》做广告（见图 3）。足

图 1 《新女性》第 1 卷第 3 至 12 月号封面

---

① 画报介绍：《〈新女性〉创刊号出版》，载《民国日报·觉悟》1925 年第 12 卷第 15 期。
② 《妇女问题研究会宣言》，载《妇女杂志》1922 年第 8 卷第 8 期。
③ 丰子恺：《女性与音乐》，载（上海）《一般》1927 年第 2 卷第 3 期。
④ "排完以后"（相当于每一期的"编后记"），见《新女性》1926 年第 1 卷第 3 期。

图 2 《新女性》第 1 卷第 5、6 期广告　　图 3 《新女性》第 1 卷第 9 期广告

可见《新女性》杂志对丰子恺的欢迎与重视。

　　丰子恺在《新女性》上发表创作始于 1927 年,该年共出版了 10 期,都刊载了丰子恺的作品。据统计,丰子恺仅 1927 年就在《新女性》杂志上发表了共 11 篇文章(其中 10 篇为译文,1 篇为原创文章)和 3 幅漫画。不仅如此,该年的《新女性》杂志还刊载了大量丰子恺出版著作的广告,如《音乐入门》《中文名歌五十曲》《西洋美术史》《开明英文读本》等。《新女性》杂志在 1927 年第 2 卷第 1 期的"排完以后"中,对丰子恺的加入表示了热烈的欢迎:"本号中如钱君匋、陈晓空先生的歌曲,丰子恺先生的孩子们的音乐,以及他的几幅漫画,一定可以使各位读者感到无穷的兴趣。"①丰子恺译介的《孩子们的音乐》系列文章,后来还被开明书店以"妇女问题研究会丛书"名义结集出版,这套丛书共有 22 册②,都是关于女性问题的著作,像《妇女问题十讲》(章锡琛译)、《新性道德讨论集》(章锡琛编)、《近代的恋爱观》(夏丏尊译)、《性与人生》(周建人译)等,都是当时推动女性解放的力作。丰子恺在《新女性》杂志上大量发表文艺创作,对"妇女问题研究会丛书"的出版工作积极予以支持,显示了丰子恺对近代女性解放运动的关注,也说明丰子恺对中国近代女性解放运动的理论与实践有着相当程度的介入。

---

① "排完以后",载《新女性》1927 年第 2 卷第 1 期。
② 见《开明书店图书目录》编写组编:《开明书店图书目录:1926—1952》。

<h1 style="text-align:center">三</h1>

　　丰子恺对女子教育事业的长期支持，以及加入女性解放团体、在女性期刊上发表大量文艺创作等，总体上显示出一种对近代中国女性解放运动的"融入"姿态。但是，如果我们从这些女性刊物的办刊宗旨出发，对丰子恺发表于其中的作品内容进行详细分析，会发现丰子恺对女性解放的真实态度跟当时较为激进的女性解放运动之间并不完全是一致的。《妇女杂志》《新女性》《妇女评论》《妇女周报》等女性刊物，其发刊的宗旨都是基于对妇女问题的讨论和关注。有意思的是，丰子恺发表在女性刊物上的文艺创作，除小部分译文之外，绝大部分都与女性解放运动没有直接关联，尤其是未对当时普遍流行的热门话题——如新性道德、婚姻自由、女子职业等，丰子恺几乎未发表任何言论，表现出一定程度上的"疏离"。这种"疏离"主要体现在两个方面：一方面是对近代女性解放运动的几个"热点"话题的旁观；另一方面则是与女性解放期刊之间呈现出"若即若离"的复杂姿态。

　　首先我们来看第一个方面，以丰子恺对"娜拉"话题的旁观为例。"娜拉"之于"五四"新文化运动时期女性解放运动的影响，是空前的，倘要给"五四"时期的女性解放运动找一个闪亮的名片，那么"娜拉"绝对是首选。

　　"娜拉"是挪威戏剧家易卜生代表作《玩偶之家》[①]（*A Doll's House*）的女主角，该剧自 1879 年在哥本哈根的皇家剧院首演[②]，便受到了社会广泛关注，之后迅速波及全球，掀起了"娜拉出走"的讨论热潮。娜拉这种"抛夫弃子"的"出走"行径，犹如一颗炮弹在世界各地造成轰动，中国自然也不例外。娜拉传入中国，正值"五四"时期，最早将易卜生介绍到中国的便是鲁迅[③]。鲁迅留日期间，恰是易卜生在日本掀起热潮之际[④]，此时大多中国留日学生都接触到了易卜生，这与之后易卜生在"五四"时的流行有着很关键的联系。最早系统

---

① 该剧英文名为 *A Doll's House* 或 *Nora*，翻译进中国后有《傀儡之家》《玩偶之家》和《娜拉》等多种译法，后多用胡适、罗家伦在《新青年》"易卜生专号"中使用的《娜拉》。

② 许慧琦：《娜拉在中国：新女性形象的塑造及其演变（1900—1930s）》，政治大学 2003 年博士学位论文，第 50 页。

③ 鲁迅在其 1907 年的《文化偏至论》中就提到了易卜生其人个性及其作品的特征，将其作为宣扬"个人主义"精神典范，堪称易卜生进入中国之先声。

④ 刘立善：《日本白桦派与中国作家》，辽宁大学出版社 1995 年版，第 342—350 页。

地将"娜拉"介绍到中国来的,是胡适。1918 年 6 月 15 日,《新青年》杂志出版创刊以来第一个专号——"易卜生号",该号详细介绍了易卜生的生平、思想及其作品,其中尤以胡适、罗家伦合译的《娜拉》影响最大,《娜拉》也是该专号中唯一一部被完整译介的易卜生作品,其地位可想而知。"娜拉"之于中国女界的影响,在于文本中那句"做一个人",这种强烈的"个人主义"意识,正是"五四"时期青年知识分子"反传统,重个性"倾向的重要反映。

"娜拉出走"的行为,不仅迎合了"五四"青年知识分子对"个人主义"的追求,而且其抛弃为妻为母责任的出走行径,更被视为青年男女挑战中国旧伦理道德的榜样,从而受到青年们的热烈欢迎。不论青年男女,都能在"娜拉"中找到符合自身的诸种想象。在《新青年》出版"易卜生专号"之后,娜拉迅速在中国走红,甚至到了人尽皆知的地步。当时就有人明确指出:"妇女运动的主义,就是所谓'妇人亦人'的'娜拉主义'。"①茅盾甚至将易卜生对中国青年的影响,与马克思、列宁相较②,并将"娜拉"冠以"主义"之称③,由此可见"娜拉"之于中国近代女性解放的重要意义。

"娜拉"在文艺思想界掀起的热潮波及全国,由于"娜拉"和"易卜生"之于"五四"新思想和女性解放思潮的重大影响,身处文艺界的丰子恺对"娜拉"肯定有所接触和了解,但在其文艺创作、文艺论述中,不论是"娜拉"形象还是有关"娜拉出走"的相关情节,都意外地彻底缺席,这无疑是丰子恺有意回避的结果。反观丰子恺的社交圈,像鲁迅、茅盾、周作人、章锡琛、夏丏尊等,都在文艺创作中对"娜拉出走"发表过自己的看法和观点。丰子恺对社会男女青年极度推崇"娜拉"的现象保持沉默,不论出于何种理由,都显示出他与当时主流的女性解放思潮保持着一定程度的"疏离"。

除"娜拉"形象的缺席之外,丰子恺还对当时由好友章锡琛引发的一场以"性道德"与恋爱为主题的论争保持缄默。"新性道德"论争指的是章锡琛、周作人在《妇女杂志》上试图建构一种新的性道德观,从而引发了当时学界的一场以"性道德"与恋爱为主题的论争。此次论争的主要参与人,大多与丰子恺关系较为密切,尤其是章锡琛、沈泽民、沈雁冰(茅盾)与丰子恺更是私交甚

---

① 曾琦:《妇女问题的由来》,载《妇女杂志(上海)》1922 年第 8 卷第 7 期。
② 茅盾:《谈谈〈傀儡之家〉》,载《文学周报》1925 年第 176 期。
③ 茅盾:《从〈娜拉〉说起——为〈珠江日报·妇女周刊〉作》,见《茅盾全集》第 16 卷,人民文学出版社 1988 年版,第 140—142 页。

密，但丰子恺对这场诸多好友引发的"新性道德"论争，却只言不提。朱晓江在《特立于时代思潮之外——谈丰子恺的文化个性》中也意识到了丰子恺对当时学界某些热衷讨论的话题的"旁观"状态："当此激情汹涌、思潮迭兴之际，他竟得以保持如许从容镇静的态度：在他的笔下固然缺少那种'趋时'的名词，便是对当时纠集着学界大部分注意力的运动如'白话文运动'、'科学与玄学'的论争以及后来抗战前期文坛关于两个口号的论争等等，他都宛然置身事外，绝不发表一丝的言论。"①究其原因，可能与丰子恺较为独特的文化个性有关。这种"独立于时代思潮之外"的"旁观"状态，可能也正是学界一直忽视丰子恺与近代女性解放运动关系探讨的一个重要原因吧。

　　另一方面，尽管丰子恺与"妇女问题研究会"以及《新女性》杂志之间的关系十分密切，但通过对丰子恺发表在《新女性》上的文艺作品的内容进行分析，大多数也跟女性解放的主题并不直接相关。丰子恺刊载在《新女性》杂志上的文章主要是翻译日本田边尚雄的《孩子们的音乐》系列文章。该著作是"日本文化生活研究会"发刊的"母性读本丛书"的第 22 种，全书分十回：前九回都是关于西洋名曲及乐圣的逸话，是教母亲讲给孩子们听的；末一回是家庭音乐教育上的主意，是直接对为人母者讲的。丰子恺翻译该著作，其目的是希望"孩子们因读本书而发生要求现代音乐的知识的希望"，而选择刊载于《新女性》杂志，则是希冀《新女性》的读者夫人们，能够讲给她们的孩子听，从而播撒西洋音乐在中国的种子②。从内容来看，《孩子们的音乐》系列文章中并未直接提及女性解放问题，强调的是"母教"之于孩子音乐教育的重要性。因此，该文严格意义上来说是应该是属于以"孩子"的艺术教育为主题的文章。事实上，"母教"是丰子恺发表在女性期刊上的文艺创作的主要内容，除《孩子们的音乐》系列文章之外，另一篇受《新女性》杂志之邀约而撰写、却并未发表在《新女性》上的文章——《女性与音乐》，亦同样强调"母教"之于音乐家的巨大影响。丰子恺在该文中论述了女性与音乐的关系，其一就是母教对音乐家养成的重要性③。丰子恺认为："故在音乐，男性是创造的，女性是享用

---

① 朱晓江：《特立于时代思潮之外——谈丰子恺的文化个性》，载《杭州师范学院学报》1998 年第 5 期。
② ［日］田边尚雄：《名耀世界的〈月光曲〉——孩子们的音乐之一》，丰子恺译，载《新女性》1927 年第 2 卷第 1 期。
③ 丰子恺指出："在文学家、绘画家的传序中，母教的例绝不像音乐家的多。独有音乐家都受母教，这一定是有原因的。从此可以推知女性的性质近于音乐学习，女性善于音乐感染。"见丰子恺《女性与音乐》，载（上海）《一般》1927 年第 2 卷第 3 期。

的。男性是种子,女性是土壤,音乐的花从种子出发,受土壤的滋养而
荣华。"①

丰子恺曾经在《新女性》上发表大量的作品。但是,在"现代女子的苦闷
问题""新恋爱问题"等专号中,丰子恺既未发表相关著述,也未表明自己的立
场与观点。而在"儿童问题专号"上,却连续发表两篇原创文章——《幼儿故
事》和《玩具的选择》,可见相比于许多女性话题,丰子恺更为关注的是儿童问
题。实际上,丰子恺在《新女性》上发表的创作大多与女性问题缺乏直接关
联,多是倾向于艺术理论、儿童教育等方面,严格地说,跟《新女性》的办刊宗
旨似乎表现出一种"若即若离"的复杂姿态。

四

近代中国的妇女解放运动是在多元文化的冲击碰撞下逐步形成并发展
起来的。从积极正面的意义上看,这场运动使中国女性完成了由传统的"女
人"向现代的"人"迈进的重要一步,"女性的发现"也是建立在近代以来"人的
发现"的基础之上。对女性问题的讨论,在近现代知识分子中可以说是掀起
了一股热潮,面对这股激荡的潮流,丰子恺既热心地投身其中,又独有一种理
性与冷静的光景,他以近似于既"入乎其内"又"出乎其外"的"间离"姿态,与
中国近代女性解放运动之间呈现出一种复杂的关系。

种种史实表明,丰子恺作为近代中国女性解放运动的参与者,与女性解
放运动的关联颇深。然而他与女性解放运动的主潮,却始终是一种若即若离
的关系,表现出一种既"融入"又"疏离"的状态。他对近代女性解放运动的关
注和身体力行,同他对那个时代女性解放思潮的理性独立的观照与省察,是
并行不悖的。丰子恺对女性的关怀更加注重现实因素,少有从抽象的理念层
面出发。他的女性观,也因此展示出某种在"传统"与"新变"之间浑然天成的
调和特质。

作为一名曾被后世的研究者形容为"此生已近桃花源"的知识分子,丰子
恺的艺术和思想都是温和而入世的。就像白杰明在评价丰子恺的时候所说

---

① 丰子恺:《女性与音乐》,载(上海)《一般》1927 年第 2 卷第 3 期。

的："从丰子恺难以言喻的个人风格中，我们看到了他作为个体和创作者所秉持的'同情之心'……丰子恺的'同情之心'，传递出关于永恒和价值的理念。"①因此，从正面意义上说，丰子恺与中国近代女性解放运动之间的复杂关系甚至具有某种谜一般的美、谜一般的永恒。不过，考虑到鲁迅那深入人心的"铁屋子"之说，从中国近现代或许"矫枉必须过正"的时代背景来看，这种温和的思想又常常被诟病为是软弱的、局限性的。这也正体现了丰子恺与中国近代女性解放运动之间的矛盾关系。遗憾的是，这个独特而有趣的研究领域，无论是它的"正面"还是"背面"，仍是大体上处于鲜有人涉足的境况。

作者：景德镇学院陶瓷美术与设计艺术学院教师

---

① ［澳］白杰明：《艺术的逃难》，贺宏亮译，浙江人民出版社 2015 年版。

丰子恺与市井文化

盛群速　　沈　炜

丰子恺先生对中西方文化有着深厚的底蕴,但他的作品中表现出来却是极其平常,这些作品大多数取自于丰先生自己人生的一个片段,取材极为家常,却能表现出一种独特的情趣,有着丰子恺特有的味道。他的散文里有诗意,有谐趣,更有一种悲天悯人的意味在,尤其是那些置身于尘世的散文有着浓浓的市井味道,寻常的市井生活在丰子恺笔下显得十分鲜活有趣味,充满人间的情味,让人感觉到凡俗生活居然可以这样有滋有味。

从文本意义上说,"市井"这两个字含有"街市、市场"及"粗俗鄙陋"之意。从市井衍生出来的市井文化则是指产生于街区小巷、带有商业倾向、通俗浅近、充满变幻而杂乱无章的一种市民文化,它反映着市民真实的日常生活和心态。市井文化是一种平民化的文化,它通俗浅近,十分贴近市民真实的日常生活和心态,它源自于直接的生活表层,有着浓郁的人间烟火气。丰子恺先生热爱市井生活,从他早年用稿费在故乡建造的缘缘堂到居住时间最长的上海日月楼的生活状况都可见出这一点。其实,人生天地间,离不了市井生活。人本身是群体动物,喜欢热闹但又能保留着内心的宁静和独立,这是一种境界,在丰子恺的作品里,我感受到了这种境界。只是,丰先生的出众的人品常识才华,赋予了市井生活一种浓郁的诗意和情致,品起来犹如冬天围炉吃烘山芋般平常而温暖。

一、一曲市井生活的交响乐

郁达夫谈到丰子恺的散文时曾说:"人家只晓得他的漫画入神,殊不知他的散文,清幽玄妙,灵达之处远出在他的画笔之上。"所以,我们在读他的散文时,总能在这随意挥洒之中悟出深沉的生活哲理和幽默的情趣来。丰子恺取自于市井生活题材的作品,许多是我们大多数人在生活中曾经感受过的,所以格外感到亲切。

记忆最深的是一篇名为《车厢社会》,文章开头只写坐火车,接着写坐火车的三个阶段。第一阶段是莫名兴奋,看着窗外的景物,是享乐、是乐事。而后,笔锋一转:不久,乐事竟变成了苦事。因为坐得多了,新鲜劲过去了,每次巴不得早点到站。于是,坐火车的第二阶段是为了让苦事快快过去,于是埋首读书。"那时我在形式上乘火车,而在精神上仿佛遗世独立,依旧笼闭在自己的书斋中。那时候我觉得世间一切枯燥无味,无可享乐,只有沉闷,疲倦,和痛苦,正同坐火车一样。"在这个"社会"里他很痛苦,于是埋头读书。这是一种麻醉、一种逃避,摆脱不了这"讨厌的苦事",干脆装看不见。"乘得太多了,讨嫌不得许多。"是的,身处这个社会,你能躲得了吗? 于是,到了第三阶段,他不看书,又看起景物来。但以前看的是真实的风景,是高兴;现在看的是人的景、社会的景。"车厢社会里的种种人间相倒是一部活的好书,会时时向我展出新颖的 Page 来。"车厢是社会的缩影,火车像是时间的巨轮载着人们向前奔驰,火车停了一站又一站,有人下车,又有人上车。历史的长河一年又一年,一个朝代又一个朝代,有人死,又有人生;有人下台,有人上台。"凡人间社会里所有的现状,在车厢社会中都有其缩影。故我们乘车不必看书,但把车厢看作人世审的模型,足够消遣了。"文章结尾抄录了他一位朋友的诗句:

人生好比乘车,/有的早上早下,/有的迟上迟下,/有的早上迟下,/有的迟上早下,/上了车纷争座位,/下了车各自回家,/在车厢中留心保管你的车票,/下车时把车票原物还他。

这样的结尾耐人寻味。在散文《午夜高楼》里,丰子恺写道:"我回想到儿时所亲近的糖担。我们称之为'吹大糖担'","每闻'铛,铛,铛'之声,就向母亲讨了铜板,出去应酬他,或者追随他,盘问他,看他吹糖。他们的手指技法很熟、羊卵脬、葫芦、老鼠偷油、水烟筒、宝塔,都有能当众敏捷地吹成,卖给我们玩,玩腻了还好吃。他们对我,精神是上,物质上都有恩惠。'铛,铛,铛'这声音,现在我听了还觉得可亲呢。因为锣声暗示力比前两者更为丰富。其音乐华丽,热闹,兴奋,而堂皇。所以我幼时一听到'铛,铛,铛'之声,便可联想那担上的红红绿绿的各式各样的糖,围绕那担子的一群孩子的欢笑,以及糖的甜味"。

其实,生活在弄堂里的城市小孩,大多寂寞,他们没有像鲁迅笔下的百草园那样可以随意玩乐的地方,也没有乡间的小河、青草、田野可以撒欢,弄堂里逼仄的空间,使他们格外想念外面的世界,所以他们会追随卖给糖的小贩。家门口一天到晚不去的小贩带来的不仅是他们卖的东西,更是为孩子们打开了一扇扇窥视而不见世界的窗口,给他们带来了欢乐和遐想。

如前所述,这样的场景不但孩子想,大人也是想。这在《午夜高楼》里丰子恺借馄饨摊和圆子摊表述了对小贩的感情:"黄昏一深,这小市镇里的人都有睡静了。我躺在高楼中的凉床上所能听到的只有这两种声音,一种是'柝,柝,柝'一种是'的,的,的'。我知道前者是馄饨担,后者是圆子担的号音。""试吟味之:这两种声音,在高低,大小,缓急,扩音色上,都与这两种食物的性状相暗合。馄饨担上所敲的是一个大毛竹管,其声低,而大,而缓,其音色浑浊,肥厚,沉重,而模糊。处处与馄饨的性状相似。午夜高楼,灯昏人静,饥肠辘辘转响的时候,听到这悠长的'柝——柝——柝——'自远而近,即使我是不吃肉的人,心目中也会浮出同那声音一样混浊,肥厚,沉重,而模糊的一碗馄饨担来。""圆子担上所敲的是两根竹片,其声高,而小,而急,其音色纯粹,清楚,圆滑,而细致。处处与小圆子的性状相似。吾乡称这种圆子为'救命圆子',言其细小不能吃饱,仅足以救命而已。试想象一碗纯白、浑圆、细小而甘美的救命圆子,然后再听那清脆,繁急,聒耳的'的、的、的'之声,可见二者何等融洽。"丰子恺笔下的这幅市井画图充满温暖。

丰子恺描写市井生活的文章大多有着与之对应的漫画。在 1933 至 1934 年及 1947 至 1948 年间,丰子恺在《申报·自由谈》上发表了众多反映都有市井文化下的漫画。如"市井小景""行商""卖菊花""馄饨担""吃茶""拍卖""挖耳朵"等等,组成了一曲市井生活的交响乐,从中折射出当时的社会生活形态,同时也蕴涵了丰子恺对劳动人民的尊重和深情的关注。

二、融入市井情趣的缘缘堂生活

丰子恺热爱市井生活,却悄然独立于市井之上,这是他作品的魅力之源。

他认为读书作画、饮酒闲谈是他的性格要求,在他看来这样的生活才是最幸福的。缘缘堂脱胎于丰子恺在上海的寓所之名。当年弘一法师指点丰子恺利用抓阄的方法确定了丰子恺在上海的寓所为"缘缘堂"。不过,那不过是一个象征性的名称而已。丰子恺说这是"缘缘堂"的"灵"的存在,这个灵足足伴随他达六七年之久。一直到 1933 年春,丰子恺才终于给这个"灵"赋予了形。

1933 年春,丰子恺用自己辛苦赚来的稿费在他的家乡石门湾的梅纱弄里,也就是丰家老屋的后面建造了三楹高楼,缘缘堂终于附地。这是丰子恺亲自绘图设计的一种中国式宅院,它完美地达到了丰子恺追求的高大、宽敞、明亮,具有深沉朴素之美的理想居所。正面向有隔成前后间隔三堂,楼上中间设走廊,四周除卧室外,还有西前间隔出一小间做佛堂。缘缘堂的匾则高高地悬于厅堂的正中央。缘缘堂四周围于高高的粉墙,前面是一个水泥浇的大天井,后有院落,门外种着两株重瓣桃花。喜欢花的丰子恺在天井南壁砌了一个半圆形花坛,西南角还有一上扇形花坛,分别种着芭蕉、樱桃、蔷薇、凤仙花、鸡冠花、牵牛花以及杨柳。院落内有葡萄棚、秋千架、冬青和桂花树。院落的后面还有平屋、阁楼。春天,桃花、蔷薇衬着绿叶竞相盛开,堂前燕子呢喃。夏天,樱桃红、芭蕉绿。那幅意境极佳的"红了樱桃,绿了芭蕉"画想必灵感便出于此。最妙的是画中那扇玻璃格子后面斜斜地露出几叶芭蕉,大有"屋绿色关不住"意境,案头一盆樱桃,上面一只蜻蜓在飞来飞去,旁边一根点燃的香烟搁在火柴盒上,似乎主人在一旁笑呵呵地看着。而此时缘缘堂门前,刚挑过一担"市水蜜桃"又来了一担"乡醉李"。一家子围着担子挑桃拣李,好一幅市井消闲图。挑着西瓜的小贩叫声:"开西瓜了!"引出缘缘堂里的一众大小孩子。傍晚来了客人,芭蕉荫下立刻摆起小酌的座位。秋天,葡萄架上挂满了一串串熟透了的葡萄,葡萄棚下的梯子上孩子们爬上爬下,院子里欢声笑语不绝。冬日,一家人坐在太阳里吃冬春米饭,廊下晒着芋头,屋角里摆着数坛新酿的米酒,菜橱里有自制的臭豆腐干和霉千张。冬夜,在火炉上烤年糕,煨白果,温暖安逸。这是何等神仙似的欢喜爽快生活?丰子恺说:"倘秦始皇要拿阿房宫来同我交替,石季伦愿把金谷园来和我对调,我决不同意的。"仅此一言便可见艺术家对凡俗生活的一腔钟爱之情。所谓"平平淡淡才是真",他享受着平常生活的乐趣。

缘缘堂是丰子恺的伊甸园,在缘缘堂生活期间,他不但尽享儿女绕膝的天伦之乐,而且也是他创作的丰收期。丰子恺以为读书作画、饮酒闲谈是他的性格要求,在安谧宁静祥和的气氛中,丰子恺写下了大量散文小品、文艺论著,画出了众多脍炙人口的漫画。他的作品,主要出自平凡的市井生活,充满了人间的烟火气,他善于从凡庸的市井生活中提炼出独特的美,温暖可触,自然引得了寻常百姓的青睐,人们竞相买他的画,甚至连裁缝铺里、浆粽摊上也张贴着他的漫画。

然而,这样的日子只持续了不到五年。抗战的炮火把丰子恺从缘缘堂里轰了出来,踏上了漫长的逃难之路。在旅途中他写下了一首词,其中写道:"千里故乡,六年华屋,匆匆一别俱休。"可见其悲凉之情。年底,缘缘堂终被战火所毁,丰子恺开始居无定所。

三、展现城乡不同的市井文化

丰子恺漂泊到上海后,一开始颇有些不习惯。在他看来,比起乡村的淳厚朴实,都市显得虚假和缺乏人情味,这些在市井生活中尤甚。丰子恺在散文中写旧上海的市井生活,写电车上卖票人的揩油,写红头阿三,写车上遇扒手又不敢拆穿他,写"剥猪猡",娓娓道来,行文在淡定中蕴含讽刺,而尤为使他难以释怀的是人情的冷漠。

他曾在上海西门的某里租住过人家的一间底楼,楼上楼下分住两个人家。租住愈久,丰子恺就领教了上海人的人情冷漠。在散文《楼板》中他写道:"偶然在门间或窗际看见邻家的人时候,我总想打招呼他们,同他们结邻人之谊。然而他们的脸上有一种不可侵犯的颜色,和一种拒人的力,常常把我推却千里之外。尽管我们租住这房子六个月之间,与隔一重楼板的二房东家及隔一所客堂的对门的朝夕相见,声音相闻,而终于不往来,不相交语,偶然在里门口或天井里交臂,大家故意侧目而过,反似结了仇怨。那时候我才回想起母亲的话,'隔重板楼隔重山',我们与他们实在分居着空气不同的两个世界,而只要一重楼板就可隔断。板的力量比山还大!"

天性敏感而又常怀悲天悯人之心的艺术家无奈之中写出这种感受,不但写了出来,还画了出来,画题就叫《邻人》。同时,他又写了一篇同样题材的散文《邻人》,来阐述对都市人之间隔膜的不安:"前年我曾画了这样一幅画:两间相似的都市式的住家楼屋,前楼外面上走廊和栏杆。栏杆交界处,装着一把很大的铁条制的扇骨,仿佛一个大车轮,半个埋在两屋交界的墙里,半个露出在檐下。两屋的栏杆内各有一个男子,隔着那扇铁骨一坐一立,各不相干。画题叫做'邻人'。这是我从上海回江湾时,在天通庵附近所见实景。这铁扇骨每根头上尖锐,好像一把枪。这是预防邻人的逾墙而设的。我在画上题了'邻人'两字,联想起了'肯与邻翁相对饮,隔篱呼取尽余杯'的诗句。虽然自己不喝酒,但想像诗句所咏的那种生活,悠然神往,几乎把画中的铁扇骨误码率以为是篱了。"从文中可看出丰子恺是多么怀念以往缘缘堂邻里相亲,把酒话桑麻的毫不设防的田园生活。

在 1933 年写出的《旧地重游》中,丰子恺写出茶楼的市井味,细致入微,从大堂雅座的摆设到热手巾,观察之细致用心非同常人:"次日上午,朋友领我到了旧时所惯到的茶楼上,坐到旧时所惯坐的藤椅里。便有旧时惯见的茶伙计的红肿似的手臂,拿了旧时所惯用的茶具来,给我们倒茶。""他一面笑,一面把雪白的热手巾分送给我们,并加以说明:'这毛巾都有,是新的,旧的都放在外面用。'啊,他还记着我旧时的习惯。我以前不欢喜和别人共用毛巾。""雪白,火热的一团花露水香气扑上我的面孔,颇觉快适。但回味他的说话,心中又起一种不快之感,这些清静的座位,雪白的毛巾,原来是茶店老板特备给当地绅士先生们享用的。像我,一个过路的旅客,不过穿个长衫,今天也来掠夺他们的特权,而使外面的人们用我所用旧的毛巾,实在不应该;同时我也不愿意。但这茶伙计已经知道我是过路的客人。他只为了过去的旧谊而浪费这种殷勤,我对于他这点纯洁的人情是应该恭敬地领谢的。"

后来,我写上海的大世界,也写到了热毛巾,只是味道全变了:"(大世界)里面到处有拴着白围裙的人,手里托着一个大盘子,盘子里盛着许多绞紧的热手巾,逢人送一个,硬功夫要他揩,揩过之后,收他一个铜板。有的人拿了这热毛巾,先擤一下鼻涕,然后揩面孔,揩项颈,揩上身,然后挖开裤带来揩腰部,恨不得连屁股也揩到。他尽量地利用了这一个铜板。那人收回揩过的手巾,丢在桶里,用热水一冲,再绞起来,盛在盘子里,再去到处分送,换取铜板。这些热毛巾里含有众人的鼻涕、眼污、唾沫和汗水,仿佛复合维生素。我努力避免热毛巾,然而不行。因为到处都有,走廊里也有,屋顶花园里也有。不得已时,我就送他一个铜板,快步逃开。这热手巾使我不敢再进游戏场去。"

这里,既有乡间的市井文化,又有都市的市井文化。就那一条"热毛巾"来说:乡间茶伙计递上的,与游乐场中飞来飞去传递的,就体现了两种不同的市井文化不能融合的情况表现得淋漓尽致。

四、赋予创作的上海日月楼

丰子恺的第二处真正属于自己的居所是上海陕西南路 39 弄长乐村 93 号的日月楼。这是漂泊一生的丰子恺居信时间最长以及最后定居之处。

丰先生是 1954 年 9 月 1 日迁居长乐村的，从此结束了他居无定所的漂泊生涯。日月楼所处的地段是上海的闹市中心，毗邻淮海路，这里是旧上海的法租界。长乐村是法国式花园里弄住宅，原名凡而登花园。建筑外观小巧玲珑，显示出法国式的优雅。门前有竹篱笆围起来的小院子，院子里花木扶苏，绿树簇拥，适合丰先生喜与自然交融的性情。进门，有拱形门廊通往里屋。沿着右侧有点陡峭的木头楼梯上楼，便是一间类似于过厅的屋子，朝北有一排钢窗。南面四扇乳白色的玻璃门里有一个室外小阳台，朝南一排 8 扇木头房子面向弄堂，东南、西南也有窗。从右边望出去，可看见陕西南路上的车来人往。阳台中部呈三角梯形，并形成房屋中心的尖顶状，上面还有个固定的天窗，丰子恺的书房就设在这里。书房左边安置一张写字台，上面有文房四宝和台灯，写字台前放着一把藤椅。写字台左侧是一张简陋的大床，床上铺着白布床单，整整齐齐叠起的被子枕头。一盏老式吊灯从天花板垂下。

在这间书房里白天可坐拥阳光，夜晚可穿牖望月，所以丰先生将自己的书房取名"日月楼"，并脱口颂出"日月楼中日月长"之句，次年定居杭州的国学大师马一浮以此句为下联，配上一句上联"星河界里星河转"，书赠给丰子恺。丰子恺把些对联挂在书房中，还自书"日月楼"匾额，朝夕相对。

既爱清静又喜欢热闹的市井生活生丰子恺经常站在日月楼窗前，看陕西路上万丈红尘中的车水马龙以及人来人往的人间百态，在近处，又见弄堂里的小孩嬉戏以及弄内邻居的寻常生活。有着一颗平常心的丰先生喜欢这样弥漫着人间烟火的里弄生活，触目所及的这些弄堂生活小景有许多成了他作品的题材。他曾赋《日月楼秋兴》诗，其中"窗明书解语，几净墨生香""一枕寻新梦，三杯入醉乡"，写出了他在日月楼的闲情逸致。丰子恺为人处事非常本色，在他的身上你看不到一点世俗气，他也从不会恃才傲物，定是因为他胸中洒落坦荡。在日月楼那一方狭窄的天地中他也还是获得无限乐趣，就像他喜欢嚼豆腐干花生米吃酒一样,他会从寻常生活中发现美,创造美,这使他的作品流露出一种至性至情,而这恰恰是最容易打动人的。

1961 年时丰家就有了电视机,这在当年确实是件稀罕物事,只有极少数家庭才拥有。丰子恺先生把电视机放在了楼下的客厅,并慷慨地邀请邻居们过来看电视,至此他们家的客厅就像电影院一样,邻居纷纷过来看,小小客厅里常常是宾朋满座,充满了欢声笑语,而这样允乐祥和的氛围也正是丰先生自己喜欢的。休息日的时候,丰子恺还会带孩子们去附近的襄阳公园玩,他和孩子们一起在草地上游戏,放风筝,春日看花,夏日赏荷,变天踩着梧桐树叶,尽享天伦之乐。丰子恺喜欢热闹,家中有亲友来访,要打纯粹娱乐性质的麻将,楼下客厅里亲友邻居有看电视,就在楼上安排。如果人少缺搭子,丰先生就自己凑上一个;人够了,他就退出,在一旁抽烟看别人打。丰子恺喜欢吃酒、抽烟、养猫和旅游,他曾在一首词里写道:"饮酒看书四十秋,功名富贵不须求,粗茶淡饭岁悠悠。"

1970 年 6 月丰子恺曾写过一首《浣溪沙》词,回忆当年日月楼的生活,词云:"春去秋来岁月忙,白云苍狗总难忘。追思往事惜流光。 楼下群儿开电视,楼头亲友打麻将。当时只道是寻常。"这最后一句蕴涵着老画家心中多少甜酸苦辣的滋味?

即便是描绘市井生活,丰子恺的作品,也常使人有超然物外之感,这是因为他的境界与现实始终维持着适当的距离,我没有见过像他这样将贵族气和平常心融合如此完美的艺术家。大俗大雅在丰子恺的作品中表现得淋漓尽致,让人顿悟:是真名士自潇洒。

作者:浙江省桐乡市图书馆馆员

丰子恺的家风家教

徐春雷

家风是一个家庭或家族长期形成的道德准则、行为规范和处世方法,也是一个社会生态的缩影。家庭教育则是家风传承的主要载体和重要途径。纯正的家风只有通过良好的家庭教育,才能获得有效传承与不断弘扬。

中共中央国务院印发的《新时代公民道德建设实施纲要》就明确指出,"家庭是社会的基本细胞,是道德养成的起点",要求"用良好家教家风涵养道德品行",从而"推动形成爱国爱家、相亲相爱、向上向善、共建共享的社会主义家庭文明新风尚"。

丰子恺先生是享誉中外的一代艺术大师。他在绘画、文学、翻译、音乐和美术教育等众多领域取得了非凡的成就,中国著名美学家朱光潜在《缅怀丰子恺老友》的文章中说:"子恺从顶至踵,浑身都是个艺术家。"日本汉学家吉川幸次郎则称其为:"现代中国最像艺术家的艺术家。"

作为一代艺术大师,他对艺术的钟爱与追求,可以说是殚思竭虑、呕心沥血。然而他并不是为艺术而艺术。他说:"艺术不是孤独的,必须与人生相关联。"他一直秉持"先识器而后文艺"的理念,认为首先要学做人,然后方可谈学问艺术。他对子女们正是这样要求的。学会做人俨然成了丰子恺家庭教育关注的重点。

丰子恺家族的祖籍地在浙江金华汤溪黄堂村,明朝末年迁来原崇德县(今属桐乡市)石门镇定居,距今已有近400年历史。1996年冬,丰子恺的长女丰陈宝和幼女丰一吟等曾去汤溪探祖寻根。汤溪黄堂村的丰氏家族所取堂名为"全德堂",顾名思义即要保全祖上传下之德行。石门丰氏家族的堂名为"惇德堂"。"惇"就是敦厚、敦睦、诚实的意思,是告诫后人要继承祖先传下来的诚厚、和善等优良品德。虽然石门丰氏家族没有为后代留下成文的家训家风,但我们从丰氏家族所取堂名及丰子恺的言行和家庭教育所秉持的理念中不难找到答案。抗日战争爆发后,丰子恺举家逃难大西南。1939 年,丰子恺于逃难途中,闻讯日寇炸毁了他心爱的家宅,写下了饱含深情的《辞缘缘堂》一文。他在回忆描绘了可爱的故乡及心爱的缘缘堂之后写道:"我不是骚人,但确信环境支配文化。我认为这样光明正大的环境,适合我的胸怀,可以涵养孩子们的好真、乐善、爱美的天性。"好真就是直率求真,乐善就是宽厚向善,爱美就是追爱美好。丰子恺所期盼孩子们能养成的这些"天性",我们可以将它概括为:正直、认真、和善、博爱。这可算是丰子恺家风家教的主要内容。

为人正直诚信,这是丰子恺做人的准则,也是他在家庭教育中对子女的基本要求。1932 年秋,丰子恺在家乡石门镇建造"缘缘堂"时,由于主建方为充分利用宅基地,在宅地东边多扩用了一个斜角,使得房舍东墙成了一垛歪墙(跟西墙不平行)。当丰子恺发觉这一情形时,屋架已经立定,砖墙已经砌好,窗框也已装上。但他坚持拆了重建。有人劝道:"算了,斜点有啥关系。"他却说:"不行,我不能传一幢歪房子给子孙!"于是又多花了数百元,雇人将屋架抬正,把歪墙推倒重砌。他认为:"只有住正直的房子,才能涵养孩子们正直的天性。"丰子恺幼女丰一吟在《我和父亲丰子恺》(百花文艺出版社 2008 年版)书中回忆此事时写道:"爸爸还特地叫上学的儿女们早点从学校赶回来参观这一'壮举'。那是为了让他们受教育吧。"

丰子恺的为人正直还表现在对名利富贵的淡泊。丰子恺次女丰宛音在《丰子恺逸事》(中国青年出版社 2016 年版)一书中追忆说,解放前,上海《良友》杂志社的编辑多次上门采访父亲,称他是名人,将介绍他的文章和放大的照片刊登在刊物上。父亲见后说:"我不是'明'人,而是'清'人。"宛音认为,父亲这是在用幽默的语言,表达自己正直的天性。他的确是一个"清"人,他为人"清白",喜欢"清静"。

丰子恺淡泊名利,光明正大,从不攀缘权贵。他常说:"富贵于我如浮云。"1945 年抗战胜利之后,当时的民国政府行政院长孔祥熙为了祝寿,表示愿出高价购买丰子恺描绘西湖的一套画,被他谢绝了。孔不死心,又让国民党政府杭州市市长周象贤亲自到丰子恺住处(杭州里西湖静江路 85 号)来拜访,代其求画,他又拒绝了。丰子恺对达官贵人如此冷淡,但对普通劳动人民却十分热情,不论是酱园工友(朱南田),还是三轮车夫(邱以广),凡向他求画,有求必应。1939 年,他在桂林师范任教时,隔窗见同事李雨三夫妇和孩子同操家务,一个劈柴,一个洗衣,边劳动边谈笑,他十分感动,随即作《星期六之夜》一画,并在画上题写陶渊明诗句:"衣食当须记,力耕不吾欺。"次日亲自将画作赠予他们。①

正是在这样的家风感染下,丰子恺的儿女们也都为人正直坦诚、淡泊名利。1985 年 10 月 25 日,重建后的缘缘堂落成开放,桐乡县政府准备在石门镇上召开庆祝大会,决定邀请丰陈宝和丰一吟作为家属代表坐上主席台,可她俩就是不愿上,丰一吟说:"我们俩一向是干实事派,不爱抛头露面,决不计较上不上主席台。"1992 年,家乡人民为学习弘扬艺术大师的可贵精神,决定筹建"丰子恺研究会",聘请丰陈宝和丰一吟担任丰研会的顾问,她俩只愿当一般会员,就是不肯担任顾问。她们说:"我们十分讨厌那种论资排辈的做法,晚年只想做点实事,虚名有何益!"②

"文革"期间,丰子恺被打成"反动学术权威"。关牛棚,遭批斗,倍受迫害。丰子恺的小儿子丰新枚,对那些无礼的"造反派"往往要当面据理争论。家人们为保护老爷子,劝他保持忍耐,说"可以心里一套,表面一套"。他却说:"我们是爸爸教育下长大的,爸爸教我们做人要真诚。他歌颂儿童的天真烂漫,讨厌大人的虚伪。"可见丰子恺为人正直诚实的家风已经深深烙在儿女们的心上。

做事认真负责,这是丰子恺的一贯作风。无论是绘画写作,还是教课办事,一丝不苟,从不马虎。1940 年逃难途中迁至贵州遵义,寄居在郊外的一座庄院里。一天他和次女宛音外出散步,坐在石凳上歇力,偶然听到近旁有人在议论他的画作。他怕被人认出自己,假装打瞌睡偷听起来。一位中年人在赞美了一通丰画之后说:"不过,我总觉得丰子恺画的背景比较单调,往往几幅画的背景差不多……最近报上发表的几幅画,人物穿的是内地的服装,背景却是江南的。"尽管这是偶然听到的个别议论,但他却认真对待。他常说:"赞美的话不足道,批评的话才可贵。"回家后立即将这些批评意见记入"画师日记"。从此,他便常去郊外观察山形水色,认真写生,之后所作画之背景大

---

① 丰宛音:《丰子恺漫画逸闻》,载《人物》1982 年第 1 期。
② 丰一吟给叶瑜荪的信。见丰陈宝等著、叶瑜荪整理《缘缘堂子女书》,大象出版社 2008 年版。

有改观。①

1930 年到 1943 年间，作家谢冰莹在西安主编《黄河》月刊时，经常向丰子恺组约画稿。他每次都按编者所约认真创作，准时寄到。1978 年谢冰莹在《悼念丰子恺先生》一文中写道："我从来没有见过一位作家，像子恺先生一样，那么认真负责，不计较稿酬。"②

"文革"期间，丰子恺横遭迫害，在大会批小会斗之后，造反派还责令他打扫上海中国画院的环境卫生。他手执长柄扫帚，仔细清扫地上的落叶败草，连砖头缝里的垃圾也不放过。作为古稀老人，扫地并不轻松，单位里好心的同仁悄悄对他说："马马虎虎做做样子算了，何必这样认真！"丰子恺操着家乡方言答道："谢谢你的好意，不过，'搭浆'（方言，不负责任之意）事体吾侬做勿来。"丰子恺蒙难时还如此认真，令人敬佩。

在父亲言行的感召下，儿女们耳濡目染，无不待人真诚、做事认真。笔者在桐乡文化馆执编《桐乡文艺》期间，1985 年 9 月，为纪念丰子恺逝世十周年及新缘缘堂落成开放，拟出刊一期"纪念专辑"。我设想在"专辑"中约请丰先生 7 位子女每人写一篇纪念文章。可当时我除跟丰一吟有过联系之外，其他 6 位均不相识。但当我通过各种渠道向他（她）们约稿之后，7 位子女均按要求，用心撰写，仔细誊抄，准时将稿件寄来，其认真严谨的态度，令我感佩。

真诚和善待人，这是丰子恺家风家教的重要内容。一位知名作家在悼念丰子恺的文章中写道："子恺先生给我的第一印象，仁慈、和蔼、谦恭有礼。"的确，他对待任何人，不管是亲人故友，还是非亲非故之辈，他总是那么和善宽厚。他所创作的不少作品，也充分展现了这种仁慈向善的美德。他所绘 450 幅护生画，不仅仅是在倡导"护生"，更是为了"护心"。他是想用这些画作唤醒人们的善良仁爱之心。他的一生更是充满爱心。他爱祖国、爱故乡、爱人民。他作画、撰文揭露日寇侵略罪行，赞美故乡风土人情，他以实际行动，帮助亲友他人，有人称其为"菩萨画家'。

丰子恺的一生，除了当过短时期的教师、编辑、教授及画院院长外，长时期是自由职业，住在家里，依靠绘画、著述为生，其经济并不富裕。但他一向仁爱向善，乐于助人。丰陈宝在《回忆父亲丰子恺》一文中说："父亲称得上

① 丰宛音：《丰子恺漫画逸闻》，载《人物》1982 年第 1 期。
② 钟桂松、叶瑜荪编：《写意丰子恺》，浙江文艺出版社 1998 年版，第 54 页。

'仗义疏财',在石门缘缘堂时期,他曾经像孟尝君那样,在家里收养过一位有才而无业的严先生,成为他的'门下之客';在卜居嘉兴时期,还曾收留过一位无家可归的本家——丰鸿海;对贫穷、诚实的堂叔丰云滨,他长期按月供养。"①

　　1938年9月避难广西桂林,为帮助一起逃难的同乡章桂、杨子才等4人谋生,他资助创业本金,支持他们开办崇德书店。1959年冬,一个丰子恺"本不认识,从未见过"的爱好绘画的青年刘孔菽,突然来到上海丰子恺家中,说是要去报考杭州艺专,后知考试期限已过,准备回家,却又遭贼窃,身无分文。丰子恺对这样一位不速之客,不但留他在自己家里住宿两夜,还赠予10元钱,供其返乡。②

　　丰子恺的这些向善仁爱之举,成了无言的家训家风,深深地感染着他的后辈,其儿女们在处世待人方面,也都宽厚仁爱,和善可亲。他们对家乡乃至全国各地的"丰迷",不管是认识还是不认识的人,凡是有事相求,总是尽力相助。他们将其父用过的一些家具、书籍、生活和文化用品等遗物,以及一些手稿等,无偿捐献给家乡的纪念馆、博物馆、档案馆。他们长期热心支持家乡的文化教育事业建设,深受好评。

　　丰子恺的幼女丰一吟,因高级职称评定较晚,退休工资并不高,写作虽有稿费,但也有限。即便如此,她也像其父一样,有一颗善良的心,常把自己平常节省下来的钱用于支持贫困学生。她曾与家乡及上海、甘肃等地一些贫困学生结对,资助他们读书。1996年冬,她和大姐、三姐等去父辈祖籍金华汤溪寻根探祖时,获悉当地有学生因家庭困苦面临失学,她通过该地共青团组织所属希望工程领导小组牵线,与汤溪一贫困学生叶建强结成帮扶对子,帮助他解决学习费用,鼓励其好好学习。

　　除了正直、认真、和善之外,勤奋好学更是丰子恺家风的一个亮点。丰子恺从小学到师范直至去日本游学,学习都十分勤奋,成绩超凡。踏入社会之后更是勤学苦读,从不懈怠。从他的《我的苦学经验》一文中可知,年轻时他自创"循环记忆法"学习外文,以一个"读"字的笔画作记号,分4天读22遍来记住一个单词,在较短的时间内就掌握了日文。他在掌握英文、日文的基础

---

① 钟桂松、叶瑜荪编:《写意丰子恺》,浙江文艺出版社1998年版,第264页。
② 1959年写给小儿丰新枚的信。见丰陈宝、丰一吟、丰元草编《丰子恺文集》第7卷,浙江文艺出版社、浙江教育出版社1992年版,第540页。

上，53 岁时还从字母开始学俄文，苦学一年，终于入门，并开始翻译俄文名著。

在父亲这种勤学苦学精神的感染下，他的 7 个子女差不多每人都学会了一种外语，有的甚至掌握好几门外语。长女陈宝和长子华瞻重庆中央大学外文系毕业，他们除主修英文外还选修法文，曾译著出版多部著作。次女林先喜好英语，读中学时就能用英语写日记，后来还当上了英语教师。义女宁欣，虽然大学里学的是数学，但她能翻译英文教材。二子元草也能阅读英文音乐专著。幼女一吟既懂日文也会俄文，她曾和父亲一起翻译出版了百万字的俄国文学名著《我的同时代人的故事》（柯罗连科著）。小儿新枚更厉害，懂得英、日、俄、德、法 5 种外语。

丰子恺对子女的学习抓得很紧也很全面，不仅重视他们文化知识的学习，也要求汲取音乐、美术等多方面知识，以及锻炼身体。缘缘堂建成后，他订购很多读物让孩子阅读，买来风琴给孩子们弹练，并在宅后空地上建起了滑梯、跷跷板，又挖了沙坑、搭起跳高架子，供孩子们游玩、健身。

丰子恺特别重视中华传统文化的学习。他教孩子们读《千家诗》《幼学琼林》《论语》《孟子》《古文观止》和唐诗宋词。对一些优秀古典诗文，要求能背诵。其儿孙们均能背诵多首唐诗。小儿新枚在考入天津大学以前，能背两千多首诗词，入大学后还经常跟父亲做互换诗词游戏。[①] 外孙宋菲君（次女林先长子，北京大学物理系毕业，国际知名光学专家）75 岁（2017 年 6 月 24 日）应邀参与中央电视台"我有传家宝"节目时，还能当场背诵童年随外公学到的唐诗《长恨歌》，主持人赞其为"童子功"。

家庭是社会的基本细胞，家风连着社会风尚，只有每个家庭都重视家风的涵养，方可营造良好的社会风气。可见，家庭教育对家风的涵养与传承何等重要。丰子恺家族正直做人、认真做事、和善待人、勤奋好学的良好家风，正是通过持之以恒的家庭教育所养成的。

丰子恺的家庭教育比较科学，归纳起来有这样三个特点：德智并举，内外互动，言行结合。

其一，德智并举。丰子恺对子女的教育，既注重道德品行的涵养，又不放松文化知识及美体的教育。为培育孩子们爱国爱乡的家国情怀，他特别重视

---

① 《父亲与诗词》，载《桐乡文艺》1985 年 6 月 25 日。

中华传统文化学习,并坚持在家中以故乡方言交流。为培养子女正直的天性,他宁可多花数百元钱也要将已经搭砌好的歪屋斜墙拆掉重建。外孙宋菲君,读初中时各门功课大多为五分,只有品行是四分。丰子恺得知后,给他写信告诫说:"一个人行为第一,学问第二。倘使行为不好,学问再好也没有用。"这就是丰家做人行事的底线。①

他对子女的学习更是尽心竭力,百倍操心。他的 7 个儿女除小儿新枚1939 年出生,其余 6 个都生于 1937 年前。这些孩子在抗战前大多只在故乡石门镇读完小学,部分去杭州读过初中。抗战爆发后全家逃难大西南,经常过着担惊受怕、居住不定的流浪生活,尽管如此,他一刻也没有放松过子女的学习。每到一个地方,他就找机会让孩子进学校学习,暂时进不了学校,就在家里给他们补习,1938 年 3 月丰子恺全家暂居长沙,他为以笔代枪参与抗日宣传,应邀去武汉住了三个月,尽管时间很短,他仍将两个儿女(陈宝、林先)带到武汉,并安排她们进"武汉英专"学习英文。在桂林师范任教时,他住在乡下,为了不影响对孩子的教学,宁可每天往返步行 10 多里路,也要赶回住处为孩子补习功课。

其二,内外互动。丰子恺的家庭教育比较开放灵活。他在关注子女学习的过程中,既重视接受学校课堂中系统的书本知识,也不忽视课外的学习与实践。他会运用各种机会,通过多元互动方式让孩子获取知识。早年,他因伤寒暂迁嘉兴杨柳湾养病,几个孩子因未及转校,辍学在家,他特地请自己的学生鲍慧和当家庭教师,为孩子们教数学和自然常识(自己教语文)。流浪不定的逃难时期,他一面找机会让孩子插班进校上学,一面请他的一些大学学生为孩子们辅导补课。在这同时,他自己在授课创作之余,利用一切时机教授子女中文和外语,特别是中国古典文学,从未停歇。次女林先在《慈父良师》一文中回忆说:"父亲对子女的教学持之以恒,十年如一日,即使在最艰苦的逃难途中,不论舟车劳顿,从不间断,有时甚至在防空洞躲警报时,也还在教我们念书。"②他平常教子女学习不拘环境和形式,无论是在居住时间较长的缘缘堂、日月楼,还是逃难途中暂住的泮塘岭牛棚,湄潭浙大校舍,重庆沙坪坝茅屋,教子女学习的"课儿"课程始终在进行。而且内外互动,形式多样。

---

① 宋菲君于 2018 年 11 月 10 日在桐乡伯鸿讲堂开讲内容。
② 丰宛音:《世上如侬有几人——丰子恺逸事》,中国青年出版社 2016 年版,第 121、122 页。

在遵义,每周星期六晚上都要召集孩子开一次家庭学习会(取名和谐会),组织大家学习诗词古文,边听故事边练写作。在重庆,组织"家庭诗社"教孩子们学诗写诗。

在教学过程中,他十分注重书本知识与实际的结合。逃难途中,住长沙时他会结合古文教学,讲屈原和贾谊的典故。到了零陵(永州)他又结合学《捕蛇者说》讲柳宗元的经历(丰一吟《我和父亲丰子恺》)。他还利用过年过节或外出旅行机会,让孩子们在游玩中学习知识。一次全家旅游到南京,他要求儿孙们每人背诵一首咏叹古都金陵的古诗。过年年三十晚上,他会通过猜灯谜、朗诵(时常用外语朗诵)、唱歌、唱京戏、击鼓传花等方式引导孩子们快乐地学习。

丰子恺家族的家庭教育方式独特,家风纯正。在这样的家风熏陶和家教培育下,他的儿孙们都成了国家的有用之才。7 个儿女,有 6 个评上高级职称。其中幼女丰一吟(副译审)为知名作家,有数百万字著译作品问世。第三代孙辈中也分别在自己从事的专业中各有建树。其中外孙宋菲君(二女林先长子)是国际知名光学专家,曾获"国家级有突出贡献中青年科学家"称号。

其三,言行结合。古谚云:"孔子家儿不识怒,曾子家儿不识骂。"良好的家风不是靠说空话,讲大道理养成的,只有家长以自己的行为作出榜样,才能使子女内化于心,外化于行。丰子恺在家庭教育过程中,当然也会讲一些道理,但他更注重身体力行,作出表率,身言结合,身教重于言教。他为了涵养孩子们正直的天性。不惜代价将已建斜屋歪墙拆掉重建。他为了培养儿女们之间的亲善和谐,除了自己在跟同辈亲属中作出表率外,不让孩子们跟大人一样互相直叫乳名或名字,而以 X 姐 X 哥 X 弟 X 妹相称,叫错了要受罚(丰一吟《我和爸爸丰子恺》)。

他那勤学苦学的精神,更是为儿女们树立了终身学习的榜样。他常说:"生也有涯,学也无涯,学无止境。"他在熟练掌握英语、日语之后,年过半百(53 岁)还从头开始学习俄文,并翻译出版了大量俄文名著。在这种榜样感召下,7 位儿女耳濡目染,个个好学勤学成风,每人都学会了一种甚至数种外文,而且多有建树。

中国传统的家庭教育历来重视家风家训。家风是中华传统文化的重要组成部分。丰子恺家族的家风家教,在继承传统的基础上又注入了新的元素。他在对后辈的教育过程中,倡导德智体美全面发展的理念,通过多种方式,言传身教,潜移默化地引导儿孙们重品德,学做人,勤学习,长知识,培育爱国爱乡,正直认真,向上向善的优良品德,为国家和社会作出了可贵贡献,值得当今家庭借鉴学习。

作者:桐乡市文化馆副研究馆员

丰子恺的漫漫长夜

子　仪

一

1966 年 5 月,"文化大革命"正式开始,其时,丰子恺任上海中国画院院长。

6 月份,上海中国画院出现了第一张批判丰子恺的大字报。大字报是针对丰子恺发表在《上海文学》1962 年 8 月号上的随笔《阿咪》的。《阿咪》的成文来自一次约稿。1962 年,《上海文学》因为扩大版面的需要,当时在作家协会编辑部工作的女作家罗洪出面到丰子恺先生家向他约稿。罗洪和她的丈夫朱雯是在抗战时的桂林与丰子恺认识的,他们曾一起在桂林的小餐馆喝过老糯米酒。二十多年不见,这次专程去组稿,也是一次叙旧,他们说到桂林的老糯米酒。两周后,丰子恺便交给罗洪《阿咪》一文。

丰子恺曾经写过《白象》一文,称赞一只名叫"白象"的猫有壮士风、高士风;也写过一篇《贪污的猫》,调侃了猫可爱的贪婪;而这次的《阿咪》,写的无非也还是家里一只非常可爱的猫咪。然而令人根本想不到的是,文章因为"猫伯伯"一词而遭大罪。

他是这样写的:

> 这猫名叫"猫伯伯"。在我们故乡,伯伯不一定是尊称,我们称鬼为"鬼伯伯",称贼为"贼伯伯"。故猫也不妨称之为"猫伯伯"。

在江南一地,这"伯伯"一词真的是寻常得很,而大字报居然说,"猫伯伯"

524

是影射毛主席,因为江浙一带口语,"猫"即"毛"之谐音。其实"猫伯伯"一词,于丰子恺也许是习惯。1959年9月11日,他给幼子新枚信中就有这样的话:"家中一切平安,猫伯伯也比以前胖得多了。"他的习惯还因为他比较喜欢用家乡的一些俗语、方言,这在他的文中信中常可看到,如他用"白场"代场地,用"捉草"代割草等,这也是我们今天还在用的方言。信手拈来的词儿,却令这个童心未泯的老画家,无辜地卷进了这场可怕的政治漩涡中。

这之后,丰子恺被诬为"反动学术权威""反革命黑画家""反共老手"等等,甚而成为上海市十大重点批斗对象之一。

针对《昨日豆花棚下过,忽然迎面好风吹》一画,有人写大字报,说此画欢迎蒋匪反攻大陆。"好风"者,好消息也。如此歪曲作品的意图,实在是可笑之至。《炮弹作花瓶,人世无战争》这幅画批判丰子恺迎合了日本帝国主义和国民党反动派的需要,《轰炸》一画,原本是用来揭露、控诉日本侵略军暴行的,却说是为国民党反动派的投降叛国行为制造舆论。为了对丰子恺漫画进行彻底的批判,他们还出专刊,如《打倒美术界反共老手丰子恺》《砸烂美术界反共老手丰子恺》等。

因为制造了如此多的"毒草",他本人需要"消毒"。这以后,丰子恺不得不每天去画院,交代问题、接受批判。而他的家,经过了几次被抄,电视机被搬走了,毛笔书籍字画被运走了,仅书画就有四大箱一百七十幅左右,十多本相册也被拿了去,更不可思议的是,还被抄去了七八千的存款,更不用说,工资已被减到了一半。

丰子恺一家寓居的这幢位于陕西南路39弄长乐村93号西班牙式的三层小洋房,1954年他用六千元顶进,其后每月付租金,现在一样遭遇了不测,原本用作起居室的底层被退租,另外住进了人家,钢琴间、磨子间也不再归丰家,一个造反派甚至一度占用丰家二楼的北房,似穿梭般经常来丰家,很让人讨厌。

二楼南房外有一个封闭式阳台,阳台中部有一个梯形突口,三面都有窗,上方还有天窗,丰子恺常在此处看书。坐在这里,白天可看到太阳晚上可观见月亮,因此被命名为"日月楼"。但是,这时候的日月楼,已是空空荡荡了,这对于一个画家作家来说,没有了书没有了画,没有了精神食粮,还能算是一个有着完整意义的家吗?

因为丰子恺的问题,有关人员受到了牵连,中学教师、佛教居士朱幼兰因写《护生画集》文字之故，被指犯有罪过受审查，学生胡治均最初也受牵连在审查。最让丰子恺伤心的是，原定要出国深造的小儿子新枚，因为父亲丰子恺的问题，被迫留在上海等待分配。

二

"牛棚"，是我们经常看到的文革中的一个字眼，丰子恺一样没逃过"牛棚"一劫，有史料告诉我们丰子恺在"文革"近一年时的状况。

"弟每日六时半出门办公，十二时回家午饭，下午一时半再去办公，五时半散出，路上大都步行（十七八分钟可到），每日定时运动，身体倒比前健康，可以告慰故人。"这是丰子恺 1967 年 4 月 8 日致广洽法师的信。除了身体不错，实在没有什么好事可说的。这时，他为了交代问题，不得不天天到画院，他是多么地不情愿，又是多么地无奈，在此前的信中他这样告诉故人："弟近日全天办公，比过去忙碌。而人事纷繁，尤为劳心……但得安居养老，足矣。"而所言之"办公"几乎就是被批斗的代名词罢了。因为当时拉出去被批斗也是家常便饭。

1967 年仲夏，丰子恺被关在上海美术学校数十天，虽然几乎每天被揪出去批斗，但他从不放在心上。他和画家邵洛羊一起被隔离，还有的一点自由，是可以到食堂吃饭，可以到井边汲水，两人"牛棚"一间，短榻两具，药酒浅酌。丰子恺拿出自己摘录的一本鲁迅语录给邵洛羊看，夜色低垂的时候，他俩蜗居斗室，却是海阔天空地聊谈，他们谈得很多的是佛教，谈佛教里的大乘和小乘、南北宗，又慢慢转到丰子恺的宗教信仰上，谈弘一法师，谈人生之无常，谈他的护生画……从人变成了"牛"，作品从香花变成了"毒草"，不变的还是那一轮明月。"牛棚"虽小，月亮同样默默地洒进光来，精神上的创伤是这样能够相互安慰的！

有一次，巴金去"牛棚"上班，在淮海中路陕西路路口下车，看见商店旁边的墙上贴着批判丰子恺的海报，陕西路上也有。1967 年 8 月 16 日，丰子恺在黄浦剧场接受专场批斗会。九月，《打丰战报》第一期出版，这份批丰专报除了批判文章之外，还有一些为批判丰子恺而画的漫画等。

当年画家沈本千从朋友那里看到一张"批斗丰子恺专刊"，上有"十万人斗争丰子恺"的大标题,不由怒从心起,信笔写下一首《寄慰子恺》的绝句:"有理不容辨假真,铄金众口屈难伸!'斗争'我谓堪矜汝,画笔能当十万人!"写完之后只是终究不敢寄去,不敢去安慰老朋友。

1967 年 12 月,新枚结婚之夜,丰子恺又被揪到虹口区开批斗会,两位新人不住地担心着,几次跑到楼下去看。

没完没了的批斗,坐不完的"牛棚",怪不得巴金在晚年无奈又愤慨地写道:"明知伏尔泰和左拉要是生活在一九六七年的上海,他们也只好在'牛棚'里摇头叹气。"(巴金《随想录·把心交给读者》)

三

1968 年 4 月,儿子新枚离开上海赴石家庄华山制药厂任技术员,丰子恺即萌生了到石家庄去的念头。在新枚了解了烟的情况之后,他让新枚继续打听酒的情况。他说:"窝窝头,我是一定吃得惯的,只要有酒。"丰子恺喜欢喝酒,而且喜欢喝黄酒,他一度曾想定居台湾,但因为他喝不惯台湾的酒,便取消了定居那里的念头,所以酒是不能没有的。新枚到石家庄才一两个月,父亲又对儿子说:"索性我与母大家都做了石人,也很好。但这是愿望而已,不知能成事实否。"

但的确只能是想想而已,身不由己的他还是要去"牛棚"的。3 月,"文革"小组组织的狂妄大队冲进上海画院,他们把热浆糊倒在丰子恺背上,贴上大字报,并让他到草坪上示众。回家时被家人发现,其间愤慨可想而知,但他只是轻描淡写地说起这事,只是要求快拿酒来。酒恐怕真是个好东西,曹操长叹"何以解忧,唯有杜康",杜甫感慨"李白斗酒诗百篇",而阮籍,驾一马车,边行边饮,路尽而号啕大哭。自古以来文人与酒结下不解之缘。如今对于丰子恺来说,一杯酒下肚,什么忧愁都没了,他已经把悲欢荣辱置之度外,有的是冷眼旁观尘世的镇静和达观。

六天"牛棚"上班,一天休息,丰子恺已经习惯了这样的生活。他集起了连环诗词句:"寥落古行宫,宫花寂寞红,红豆生南国,国破山河在,在山泉水清,清泉石上流……"一连接了六七十句,接不下去了,新枚来接,最后一句是"龙宫俯寂寥",又回到了"寥"。看来父子两个对这种游戏有些乐此不疲。

到了一九六九年,形势慢慢有了变化:"近一二月来,变化甚多,总之是一步一步地使斗批对象与群众接近:起初拆牛棚,与群众住在一起;改请罪为请示;改三鞠躬为一鞠躬;与群众一起学习;今天又废止劳动(本来每天早上劳动半小时,我是揩玻璃窗),前天起,大家戴像章。——总之,是渐渐地使我们与群众相融合。看来是逐步进展,直到解放。"

在其后几个月的时间里,被定为"走资派"的画家程亚君,在隔离了一年多后,也放了出来。一度被一个造反派占用的丰家二楼北房,这时也还给了丰家,这样家中住房较前略显得宽敞了。画家唐云差不多这个时候也撤销了隔离。篆刻家钱君匋解放了(当时称"审查结束"为"解放"),恢复了原薪。贺天健解放后,归还了抄去的存款,计有二万多。画院受批判的有二十四位画家,这时已解放了一半。

八月的时候,情况又有些变化,三天(周一、二、三)是到博物馆,三天(周四、五、六)是到药厂或画院劳动。

八月下旬,因为要备战,还因为"清队复查深挖阶级敌人",局势一度又紧张起来,准备定案的推迟,已解放的都复查,大家天天写思想汇报,每天一张纸。人家思想汇报写得苦,丰子恺写文章惯了,不觉其苦。丰子恺手中那支作画用的毛笔,如今换成了自我批判的钢笔,这才是世间最具讽刺意义的漫画。

十月底,画院全体人员到郊区港口曹行公社民建大队参加"三秋"劳动,劳动期间每月放假四天。丰子恺在家附近的襄阳公园乘26路车到徐家汇,换56路到港口,再换龙吴路汽车到曹家港。一个七十多岁的老人,拖着颤巍巍的身体,颠簸在公交车上,辗转一个多小时,这才到达目的地。他因为从小素食,所以自带了酱瓜乳腐,每餐吃三两饭,劳动是采棉花,洗脸用的是河浜的水,睡的是稻草床,却是铺在地上的!冬天下了雪,他和另一位老画家朱屺瞻在一起,枕边被上都是雪。

尽管是这样恶劣的环境,消遣式的游戏还在进行着。乡下的风,叫"橄榄风",他们玩起了对子,丰子恺对"黄梅雨",唐云对"芭蕉雨"。又写起了全仄诗,默背古诗十九首。身体是那样的不自由,心思和灵魂却是困不住的,随时可以自由地飞翔。

他想得比以前更多了,对于现状,也更加淡定泰然:"我近来相信一条真理:退一步海阔天空。退一步想,对现在就满足,而心情愉快。""形势变化不测,我现在已置之度外,听其自然。"

而此时,丰子恺想去石家庄定居的想法也更加强烈:"至于石家庄物质生活条件,我实在看得很轻,不成问题。只要有酒(威士忌也好),我就满足。"

尽管如此,他心里还有一件热切盼望的事,那就是解放,是退休。"八·二八命令后,加紧备战,诸事延搁,我已有思想准备,耐性等候,并不烦恼。听说,'退休'之风盛行。则我问题解决后,即可求退休,大愿遂矣。""我无其他愿望,唯有'求我所大欲'——退休家居。""我之所大欲,是退休。"

对于"解放""退休"这样的字眼,我在读丰子恺书信时,一次次地看到,一次次地心痛着,谁的年华最珍贵? 大凡一个有意义的生命,他的年华总比一般人来得精彩。但就是这样一个有意义的生命和他原本应当更精彩的年华,竟如此地黯淡着。

四

但是,如果说丰子恺现在只是用诗词求得一时的消遣,那终究是片面的。

据丰蓉赓回忆,1968年,在上海帮丰家处理家务的石门湾人英娥,回石门时曾偷偷地来到她家,对她和她母亲说,丰先生晚上回家,仍是喝一点酒,神情依旧,使人什么也感觉不出,他是怕家里人难受,吸的是低档烟,又说:"不管怎样,先生仍是每天早上五时左右起身,看书、写字,从不间断。"

丰子恺梦寐以求的退休闲居生活,在1970年年初他得病之后变相得到了。2月2日丰子恺全身抽筋,神经性发作,当时回沪在家的新枚夫妇和姐姐一吟,把他送到医院看肺病,当医生的姨外甥女也一起苦劝他住院,这一查,果然很严重,是病毒性肺炎,幸好医治及时。在医院,他作《病中口占》:"风风雨雨忆前尘,七十年来剩此身。满眼儿孙皆俊秀,未须寂寞养残生。"在寂寞的病床上,回忆风雨往事,他一定是想了很多很多。

三月底出院,热度还是长久不退,回到家的丰子恺睡在阳台,睡在那张连腿也不能伸直的小床上。久违的日月楼,又能够在这方小天地里看到日月的运转了,日月山川在他心中沉淀起来,他的心复又变得敏感了。"江南正是'催花时节'。'小楼一夜听春雨',正是此时。窗前杨柳初见鹅黄,不知北地春色如何。""江南春色正好,窗中绿柳才黄半未匀。但遥想北国春光,也必另有好处。""我近来已惯于寂寞，回想往事，海阔天空，聊以解闷。窗前柳色青青，反映于玻璃窗中，姗姗可爱。"

"今年春天如此过去，多可喜，亦多可悲。喜者，不须奔走，悲者，寂寞也。"因为病，因祸得福般地可以不须奔走，他的内心有喜悦，但也因为病，更因为身体的不自由，悲哀才来得那么真切。他悲的其实不是寂寞，而是因为无法自由地用自己的笔描绘理想，这才是内心真正的悲凉。"病照旧，情况亦照旧，荏苒光阴，又近年终。韶华之贱，无过于今日了。"是凑合着活下去，还是坚持理想，一颗苦闷的心在日夜思索着，他又写起了全仄诗："晚岁命运恶，病肺又病足，日夜卧病榻，食面或食粥。切勿诉苦闷，寂寞便是福。"

虽然心中有苦痛，但丰子恺不是一般的人，他心中还有佛，佛教徒的出世心态和艺术家的入世情韵，让他看破红尘又痴迷于红尘。

等到体温渐渐退下去之后，他通常早上四、五点起来，到七点之前，临帖约一个小时，清晨再就是写读，他在这一年翻译了日本古典文学作品《落洼物语》和《竹取物语》。八时吃药睡觉，到九时半起来喝牛奶，在床上看书写信，直到正午，在床上吃午饭，睡觉，三时起来，再看书休息，六时喝粥，黄昏闲谈，八时半就寝。就是这段时间，他看了好多书，《红楼梦》《水浒传》《儒林外史》《二十年目睹之怪现状》等，他教儿子，临帖要先临楷书，次临北碑、章草。他在重读《红楼梦》的时候，作起了《红楼杂咏》，杂咏写得相当有味，如咏黛玉，最后几句是："如花美眷归黄土，似水流年空度。红楼梦断无寻处，长忆双眉频锁。"

对石家庄的向往还是没有停息，他在 1970 年 7 月 16 日和 1971 年 3 月 10 日致新枚的信中这样写道："你那里的餐馆，使我憧憬，有座头可选择，有酒有饭，才有意思……我希望到石家庄，上那餐馆喝酒。""来信描写酒店，好似一篇小说。我盼望身入此店，不久可实现了。"

读着这样的文字，字里行间我读出一个艺术家对生活的那份深深的眷恋，也读出一个老人对现实的无助和苦闷，而清晨的时光里，我仿佛看到这样的音容：白发苍苍，却意志坚定，那全然因为对生命的真爱、对艺术的热情。

五

这之后，还是在清晨的时光里，丰子恺的创作更加旺盛了，1971 年的年初,他还在继续《敝帚自珍》的绘画,这时已增加到六十多幅。

四月份,窗中时有柳絮飞进来,丰子恺开始了《往事琐记》的写作。《往事琐记》共三十二篇随笔和一篇札记,后改为《续缘缘堂随笔》,最后定名为《缘缘堂续笔》,收入《丰子恺文集》。

"琐记"主要写丰子恺对遥远往事的回忆,尤其是对故乡石门湾发生的人和事的回忆。石门湾就像是一部小说,那些沉淀了几十年的人物,在丰子恺的记忆里一个个地登场:那个自耕自食的癞六伯,每天卖完自己从乡下带出来的土产之后,便在汤裕和酒店喝酒,喝醉了便在桥上骂人,骂他心中的不满。癞六伯有一片自己的竹园,养了一群鸡,还种了些菜,虽孑然一身,却自得其乐;像芸娘一样的祖母,读书识字、个性开放又争强好胜,对儿子寄予希望,就连死也要死在儿子中举之后;秀才五爹爹考场失意、生活清苦、子女或不成器或夭亡,但他一生达观,因得长寿;还有如闰土一样的王囡囡、长着像鲈鱼一样嘴巴的阿三、会拉二胡的阿庆、有着两个情夫的 S 姑娘等等,还有如乡下的过年、清明、放焰口、庙会等,无不给丰子恺留下深刻的印象,石门湾以外,还回忆了一些发生在杭州、上海等地的一些人和事。"琐记"中最能代表他晚年心境的有《暂时脱离苦海》和《塘栖》两文,他对日本作家夏目漱石的认同,实则是他对人生和命运的达观的理解和拥有的一份从容的心态,他回忆往事,并通过这些往事表达对自己、对人性的理解。

刘英在《往事琐记》一书的前言这样评价:"在充斥着大批判话语霸权的喧嚣中,在中国几乎所有的文人作家都无奈地投笔虚度的年代里,丰子恺的创作仍能保持独立的品格,以其超脱清新的风格,睨视主流社会的陈词滥调,这实在是一个奇迹。"确实是这样,"文革"中有多少人因被剥夺而放弃了他们手中的笔,但丰子恺还在坚持着,虽然不再从容。所以柯灵、王西彦、郭绍虞等人都认为这样的事在新文学史上是极少见的。

大约两个月后,当枝上柳絮吹又少、春去了的时候,《往事琐记》可说的往事,大都已记出。

《敝帚自珍》也还在不时地增加着,《竹儿一灯人做梦》《春在卖花声里》等,有一次读辛弃疾的词,又发现了一好画题材,于是《西风梨枣山园》就成了。因为这些早晨的工作,他觉得生活无限有味。

得意之时,又与儿子谈论起文学,"中国文学的确伟大,世无其匹。今寄你日本和歌四首,你看,他们这种诗,实在无味。比起我们的绝诗、词曲来,不成其为诗也。"有一次，老友郑晓沧告诉他双字联："翠翠红红处处莺莺燕燕，风风雨雨年年暮暮朝朝。"还有人举金木水火土五行俱全的五言诗句："烟锁池塘柳。"他也自己集起了三字连用句："庭院深深深几许；夜夜夜深闻子规；日日日斜空醉归……"又有一次，他居然发觉：苏东坡的"重重叠叠上瑶台，几度呼童扫不开。刚被太阳收拾去，却教明月送将来"竟是一个谜语，谜底就是花影。

只因为有了清晨几个小时美好的创作时光，还因为生活中有了文学的滋润，丰子恺在虽然还不自由的日子却过得很自在，他在 1971 年 9 月 3 日给新枚信中这样写道："我每日七时上床，至迟八时入睡。四时起来，已睡八小时，不为少矣。四时人静，写作甚利，你说笔迹比前健，我自己也认为如此，所以最近的画实比往昔者为胜，你与胡治均，是最忠实的保管者。"这是一个自我的世界，是一个艺术的世界，这个世界，在黎明的静悄悄中，悄然复苏并盛情开放。

六

但尽管形势依然险峻，对丰子恺来说，清晨黎明之前微弱的灯光下的时间仍是自由的，到了 1972 年 9 月，《敝帚自珍》的画已创作了一百四十幅，那年，他又完成了日本古典小说《伊势物语》的翻译。

因为一场病，而有这么多意想不到的收获，丰子恺的心情是愉快的，他在 1972 年 6 月 21 日给魏风江的信里这样写道："叨天之福，老而弥健，茶甘饭软，酒美烟香，不知老之将至也。"魏风江是丰子恺在春晖中学和立达学园的学生，后来留学印度，师从泰戈尔。因为魏风江的关系，两位不同国籍的艺术家，相互欣赏到对方的作品，并且彼此赞赏着。后来泰翁也选派他的得意门生洛克什·钱德拉（Lokest Chandra）到中国师从丰子恺，而且还翻译了丰子恺的《护生画集》，传为中印艺坛的美谈。那一天的信里，除了送给学生自己的画以外，丰子恺还给魏风江改诗赞泰戈尔"诗学泰翁大道高"。

那阵子，来信索画的有很多，周日，胡治均、朱幼来必定会来，丰子恺给胡治均教学《论语》《孟子》。写意山水画家程啸天，先后给他寄来茶叶、笋干等物。小小的日月楼，丰子恺虽幽居于此，也不觉沉闷，让他想到归有光的项脊轩,归有光读书轩中,且能以足音辨人。丰子恺也如此,连妻子是抱着孩子进来的,还是端着碗进来的,或空手进来的都知道,但最重要的是,他们精神相通,笔墨也一样灿烂。

1972 年 11 月,有喜讯传来,他翻译的屠格涅夫的《猎人笔记》在北京出版,另外《丰子恺画集》在上海发卖。9 月初,女儿一吟在干校三年,这时也调到人民出版社翻译组工作。更大的好消息是,1972 年 12 月 30 日,他终于被告知"解放"了,作为自由职业者,内部矛盾处理。审查的结论是"不戴反动学术权威的帽子,酌情发给生活费"。这一天,他给远在石家庄的儿子新枚、给在杭州的义女软软写信,告知他们这个消息。

不久,女儿一吟到画院,带了四大箱书画来,从前抄去的,都还来了。归还的字画,丰子恺作了处理,除给胡治均数小幅外,其他的五六十幅裱好的画,都给了新枚,字留给大儿华瞻及幼女一吟。

有意思的是,在清理返还的抄家物资中,反还多一些,如一个扇面,是五九年丰子恺写给《光明日报》高级编辑黎丁的,居然也在内,丰子恺便重新送给他。此时来信及登门求画的也更多了,他在 1973 年 2 月 16 日致黎丁信中说:"近日求画者多,大约'毒草'已变香花? 我很奇怪。"11 月,他又向黎丁去信,打听宋云彬、傅彬然、华君武、王朝闻、叶浅予、朱光潜、沈雁冰等人的情况。

1973 年的春节,和很多人家一样,丰子恺一家过得非常隆重,除夕夜大家交换礼物、猜谜,一直闹到深夜。初一初二,客人来得很多。年初三,上海菜馆开业了,全家人去吃中菜。身体好了,丰子恺天天在家日饮白兰地一小瓶。电视归返后,在三楼放映,因弄内只有这一只电视,所以弄堂的人都来看,非常热闹。

被"解放"之后的丰子恺,创作欲望更强烈了,1973 年,丰子恺又创作完成《护生画六集》,由朱幼兰题字。

对于丰子恺来说,《护生画集》是他对老师弘一法师特别的纪念,就是在病中,他依然念念不忘此事:"弟去冬患肺病,曾住院数月,后返家静养,现已好转,唯步行困难,终日卧床,颇感岑寂耳……病中回忆往事,时多感慨。弘一法师曾约'护生'集六册,已成其五,尚缺其一,弟近来梦中常念此事,不知将来能否完成也。"

七

1973 年 3 月的早春时节，"解放"了的丰子恺在学生胡治均的陪侍下来到杭州，探望他的胞姐丰满和丰满之女儿即自己的义女丰宁馨，宁馨就是小时候出现在子恺漫画中的软软。丰满也曾随弘一法师皈依佛门，弘一法师还给她起法名梦忍。丰子恺看到八十三岁的老姐姐，很健康，吃得比自己多，甚感欣慰。

在西湖游船上，丰子恺给胡治均讲述他青年时代在杭州读书时的那些故事，往事历历，他说得有声有色。在三潭映月的小岛上，他回想起旧时九曲桥中的亭子，有一副刻在木板上的对联，是俞曲园撰并书，他兴趣勃勃地念起："记故乡亦有仙潭，看一样湖光，添得石桥长九曲；到此地宜邀明月，问谁家秋思，吹残玉笛到三更。"作者从故乡的仙潭写到眼前的石桥，从明月写到秋思，伴以一声声的舒宛的笛音声，直让人浮想联翩。抗战中此对联被日本人偷去，如今亭子也已不复存在，沧海桑田，世事多变，人心更是难测，面对西湖美景，唯有偷得安闲而已！

有一个早晨，丰子恺和胡治均乘船来到花港观鱼，想去蒋庄看看马一浮故居。当年在丰子恺情绪最低沉心绪最落寞的时候，是当时还住在"陋巷"中的马一浮指点他："无常即是常。"可想到人去楼空，物是人非，徒增伤感而已！丰子恺终究还是没有去蒋庄。马一浮曾给他的湖畔小屋写了"天清""地宁"的对联，如今故人远去，西湖虽热闹，在他眼里，却是一片清静、安宁。

他们上灵隐，见飞来峰石刻，有些已是有身无头，有些有头无脸，丰子恺见了，叹息无言，幸喜灵隐寺依然无恙。他们在大雄宝殿的东首摄影留念，回沪后照片印出来，还不忘寄给远在石家庄的儿子新枚。

他们又上吴山，吴山俗称"城隍山"，山上有城隍庙，每到农历八月十八，在城隍山上观潮是一大壮丽的景观。可他们去时，已看不到城隍庙，更不见那样热闹的场面，唯有山下西子翠绿，山外钱江依旧。让人感动的是，那个载他们上山的司机，当得知乘坐的是丰子恺时，由衷地表达他心中的敬仰、爱慕和关切之情。

在杭州，他还见到了老友、现代教育家郑晓沧。郑晓沧海宁盐官人，是丰子恺浙一师的同学,1938年12月,时任浙江大学教务长的郑晓沧邀请丰子恺去浙大任艺术指导,促成丰子恺离开桂林师范,前往宜山。抗战胜利重返江南后,郑晓沧定居杭州,丰子恺一家也迁居杭州。丰子恺每月到楼外楼家宴,每次都会请上一个客人,如教育家郑晓沧、数学家苏步青、牙医易昭雪等。楼外楼上还有丰子恺应店主之请而题写古人句子的匾额:"湖光都欲上楼来。"写得情趣盎然。有一晚,丰子恺和郑晓沧在西湖边酒楼畅饮,以诗佐酒,共入酩酊,那样的情景实在难忘。

丰子恺在杭州时,对《往事琐记》作了修改并定稿。闲着的时候,还写了自己的旧作《一剪梅》词和父亲所作的扫墓竹枝词,可惜他平时用惯了狼毫笔,羊毫笔毛太软,他不习惯,写的字感觉不满意。

杭州也有不称心的地方,丰子恺觉得供应很差,一则馆子无好菜,连最有名的西湖醋鱼也没吃到,再则路上交通工具难找,但杭州毕竟是美丽的,尤其是春天,杨柳青青悦目,上海又哪里比得上此地柳色之幽静呢?

八

在那样的年月里,片刻的宁静都是偷来的,对丰子恺来说,刚刚平静了不长一段时间,可谁能料到这时候风雨再次袭来。

还在1973年6月时,上海市举行书法篆刻展览会,丰子恺应嘱展出写鲁迅"横眉冷对千夫指,俯首甘为孺子牛"的对联书法一件,谁知,不久就被当时上海一位当权人物下令取下,形势再次发生了微妙的变化。

1974年1月,丰子恺在家重译日本夏目漱石的短篇小说《旅宿》,这时候,批林批孔运动在全国展开。2月15日,江青等指示中国美术馆举办所谓"黑画展",批判周恩来组织创作的二百一十五幅出口画,上百名画家受株连。

3月,上海批林批孔到了高潮,虽然春色明媚,丰子恺也只是枯坐小室,想象乡间美景而已。替人写字通常用鲁迅诗,画又总是《东风浩荡,扶摇直上》《种瓜得瓜》等。兴到时写几首古人的小诗,那是不能公开的,只是灯下私下吟哦,聊以寄托一份心情罢了。那一天他写龚自珍诗:"落红不是无情物,化作春泥更护花。"心中顿生感叹,他对老友舒国华之子舒士安这样说:"可知天地好生,生意永不熄灭也。"一颗仁慈的心,总是向善的,他眼里的世界也是光明的。

4月，形势不容乐观。有一工厂中贴出一张大字报，说丰子恺写苏曼殊诗意的"满山红叶女郎樵"是讽刺。红是红中国，樵取红叶，即反对红中国。北京的画家李可染、吴作人等，向一个外宾发牢骚，说画题局限太紧，无可作画，此言立刻在外国报上发表。唐云画一只鸡，又被批评，说眼睛向上，不要看新中国……虽然还没直接受到批判，警钟已经敲响。这之后，丰子恺提高了警惕，决定以后不再画"满山红叶女郎樵"，即使画，要改为"满山黄叶女郎樵"。

7月份，为巩固"文革"成果，上海又开批判会，受批判的四人，丰子恺、林风眠、程十发、刘海粟等。丰子恺受批首当其冲的便是这幅"满山红叶女郎樵"，起因是他画好了送人，那个人将画交出，被画院的领导看到了，因此受批判。

这年两次开批判会，第一次在画院，第二次在天蟾舞台。多年之前，丰子恺曾在天蟾舞台看梅兰芳的演出，后来又连看几场，接着和摄影家朗静山等人一起去访问，当他与梅兰芳对坐在两只沙发上谈话时，他惊讶于梅先生的身材恰到好处，说话声音洪亮而粘润，手势非常自然。然而最使他深受感触的，却是人生的无常之恸。梅兰芳不论身体如何好，今后还有几年能唱戏呢？上帝创造这件精妙无比的杰作，十多年后就会塌损到绝对无法修缮的地步！

真的是无常，人的命运，并不为自己所左右，就如大海中一叶扁舟，恶浪随时扑面而来。现在，丰子恺关照自己一定要做到"足不出户，墨也不出户"。

可是，要做到这点却很难，因为经常有人来求字画。因为求字的人太多，因为世间自有一种人视毒草为香花，丰子恺把便"墨不出门"改成了"画不出门"，对于来求画的，大都婉拒，毕竟写字不大容易被人挑出毛病来。

因为丰子恺的平民化，总有人惦记着他。1974年8月，上海室内连续七八天三十三度，丰子恺患气喘症、中暑，石门同乡于梦全送给他野生的灵芝草，丰子恺珍藏着，闻其香气，也觉得很是畅快。丰子恺也常常收到各地读者寄来的食物：花生、胡桃、木耳、紫菜、笋干等。

这期间，有半年多的时间，丰子恺手指神经麻痹，但他几次对朋友说到"茶甘饭软，酒美烟香，不知老之将至也"。这样的话，可见他的心情是愉快的。想来，最给他安慰的，莫过于在漫漫长夜里、以一个多病之躯，收获了那么多艺术的果实吧。

九

1975 年，丰子恺到了他生命的最后一年。

年初的他，还并不知道自己的病有多严重，四月的中旬，正是新蚕豆上市的时候，丰子恺回到了石门湾。是学生胡治均和三女林先等人一起陪了丰子恺去的，他们乘沪杭线火车，到长安站下车，走运河坐船，这位 78 岁的老画家步履维艰地来到了故乡，其时，丰子恺右手右足动作不灵，右手已不能握毛笔，只能执钢笔。后来才知道，这时的他，其实肺癌已病入晚期。

第一站先是到丰子恺的胞妹雪雪家，雪雪从小送给了石门乡下南深浜的蒋家。乡亲们都来看这位乳名叫慈玉、如今已是大名鼎鼎的丰先生，那些淳朴的乡亲，他们还是亲热地称他"慈哥""慈伯""慈公公""慈爷爷"，有的跟着雪雪的儿子蒋正东叫他"娘舅"，乡亲如一家，所有这些声音，都叫得丰子恺心里暖暖的。

在乡下吃新鲜蚕豆，喝杜做酒，很多人送来鸡蛋、豆腐衣等土产。丰子恺带去了十条前门牌香烟和很多糖果送人，又写了好多贺知章诗送给他们。雨后放晴，他们到石门镇，观者人山人海，家乡的人们都要一睹老画家的风采。

回乡之后过了一个月，于梦全请丰子恺题他藏的鲍月景《百子图》，人物画家鲍月景的《百子图》，图中百名小儿，神态、动作各异，无不栩栩如生。丰子恺见到此画卷后，欣然命笔，在图上题诗一首《题于梦全藏鲍月景先生〈百子图〉》："多福多寿多男子，华封三祝古人重。百子济济入画图，神来之笔写神童。今日门墙桃李花，他年翠柏与苍松。"

不几日，有一天吃晚饭时，丰子恺发现用筷夹菜竟夹不住，最后几口是家里人喂给他吃的，且有了热度。他的病情由右手指不灵，逐渐发展到右腕关节不灵，右肘关节不灵，乃至右肩关节不灵！去医院几次，肺部虽作了 X 光透视，也没有发现什么。

一日，日月楼对联飘落一联，这似乎是一个不祥的预兆。

8 月 15 日，杭州传来了三姐丰满病逝的消息，这对丰子恺是一个沉重的打击。他病体奄奄，躺在那张连腿也伸不直的小床上。8 月 29 日，丰子恺当医生的姨外甥女沈国驰主张赶快送医院，于是送进了大华医院。透视肺部，仍未发现病变。这晚,丰子恺住在充当急诊室的走廊里,一吟陪伴着父亲,丰子恺跟他说了好多话,还说到周总理。8 月 30 日,丰子恺被转往华山医院,住在内科观察室九床,8 月 31 日做超声波检查,正常,9 月 1 日做脑电图,还是正常,9 月 2 日转神经内科观察室 27 床,做 X 光片检查肺部,发现右肺的叶尖有一个拳头大的肿瘤。医生分析,可能已转移到了左脑,因此使右臂不能动弹。

户永高是 9 月 2 日获悉丰子恺先生住院的,他连忙赶到华山医院,在病人拥挤的急诊观察室,找到了丰先生。当时丰子恺正在滑轮上,由护士推去 X 光室做透视。他发现了户永高,缓缓地伸出手,紧紧地握住对方的手,久久不肯放下,无限深情地连呼:永高,永高。这呼声简直要撕裂户永高的心。他发现这时的丰先生与先前已是判若两人,丰子恺形容消瘦,脸色苍白,连平时散射智慧的目光此时也黯然失神。

但是就是在这样的日子里,躺在病床上,丰子恺还在与儿子华瞻谈他近一时期看到的诗话。等到新枚从石家庄赶来,丰子恺已说不出话来,一吟根据父亲手势的意思,把 3 篇翻译的物语交给新枚保管。

1975 年 9 月 15 日,丰子恺病逝于华山医院急诊观察室。

刘海粟在丰子恺逝世后,用整张宣纸写下"精神万古,气节千载"八个大字,又画了一张横幅墨梅,上题:"养成德性自天全,节操冰霜久耐寒。一点真心似铁石,老梅香馥自年华。"在追悼会那天,他用刚领到的一个月的生活费托人买鲜花扎成花圈,让学生送到火葬场,是追悼会上唯一用真花扎成的花圈。他希望丰子恺的艺术像鲜花一样馨香远播,秀气长存。

作者:原名浦雅琴,浙江省嘉兴市税务局第一稽查局职员

丰子恺家庭教育艺术刍议

丁秀娟

    丰子恺（1898—1975）是一位全才型的艺术家，他在文学、绘画、书法、音乐、翻译等多个艺术领域奉献了脍炙人口的艺术作品；他又是一位杰出的教育家，他的艺术教育实践和理论开拓了审美教育的先河，至今影响深远；他是一位七个孩子的父亲，对孩子体贴入微、宽容博大的父爱，在其同时代的朋友圈内有口皆碑。艺术家、教育家、父亲，每一个角色丰子恺都做得得心应手，出类拔萃。笔者从丰子恺的散文、漫画等艺术作品中，从丰子恺研究的文献资料中，从丰子恺后人的回忆文章中，更直接的是与他女儿丰一吟的接触交谈中，了解到作为艺术家的丰子恺，对孩子的教育同样充满着艺术趣味和智慧。

    本文拟对丰子恺的家庭教育艺术作一番探究，是有感于当下家庭教育出现的问题。家庭是孩子的第一课堂，父母是孩子的第一任老师。对孩子而言，父母是万能的，尤其是父亲，是孩子模仿和崇拜的对象。作为孩子的第一任老师，父母该如何承担这个重任？这是值得家长用一生去探索和实践的大课题。在这个大课题的研究中，有些家庭创造了成功的案例，但不可否认，也有不少家庭遭遇了令人遗憾的失败。这些家庭中，父母对孩子的教育要么过松、爱之过头，缺乏有效方法，或者把孩子推向幼儿园、小学以后不管不顾，以为教育得到了保障；要么对孩子的教育过紧过严，目标不当，期望过高，而完全不顾孩子自身的情况，提出超乎他们承受能力的要求，加重孩子的负担，让孩子在失败的体验中失去学习的兴趣，失去达成目标的信心。当孩子达不到家长预设的目标时，有些家长又表现出对孩子的失望、责备、打骂等负面情绪和行为，给孩子稚嫩的心灵留下难以愈合的伤害，有些孩子因此走向极端，甚至选择自杀,令人扼腕痛心。

丰子恺身为三男四女孩子的父亲,从未缺席每个孩子的成长过程。他对儿童的爱,在陪伴自己孩子成长的过程中得以充分体现。他十分同情、理解、尊重、欣赏自己的孩子,在陪伴孩子的过程中润物细无声地实现着培养孩子做人的终极目标。这种温和的充满教育智慧的家庭教育方法和策略,正是我们当代家庭教育所需要的养料,值得家长学习与借鉴。

本文拟从爱与陪伴、理解与同情、欣赏与尊重以及适时引导等几个关键词,来探究丰子恺家庭教育的艺术特色。

父母的爱与陪伴是孩子成长中不可或缺、无可替代的养料。尤其是低龄儿童,父母是他们唯一的依靠。因此,作为父母要特别重视孩子成长的头几年,创设时机多陪伴孩子,在陪伴的过程中传递父母对孩子的爱,让年幼的孩子始终在父母温暖的怀抱里快乐健康成长。

丰子恺是一个非常热爱孩子的人。郁达夫在《中国新文学大系·散文二集》的导语中写道,丰子恺"对于小孩子的爱,与冰心女士不同的一种体贴入微的对于小孩子的爱,尤其是他的散文里的特色"。朱自清在散文《儿女》里写道:"我的朋友大概都是爱孩子的。……子恺为他家华瞻写的文章,真是'蔼然仁者之言'。"丰子恺在散文中也多处写到自己对孩子的爱,承认自己是儿童的崇拜者。如在散文《儿女》中他这样说:"近来我的心为四事所占据了:天上的神明与星辰,人间的艺术与儿童,这小燕子似的一群儿女,是在人世间与我因缘最深的儿童,他们在我心中占有与神明、星辰、艺术同等的地位。"其实岂止是"近来",对儿女的爱始终是丰子恺陪伴孩子成长的原动力,孩子始终在他的心中占有至高无上的地位。他一直怀有一颗赤诚的心陪同自己的孩子成长。我们可以从《给我的孩子们》《儿女》《送阿宝出黄金时代》《送考》等散文作品中,从《阿宝两只脚,凳子四只脚》《瞻瞻的车》《瞻瞻的梦》《花生米不满足》《爸爸还不回来》《穿了爸爸的衣服》《爸爸回来了》《注意力集中》《被写生的时候》等漫画作品中,感受到丰子恺对孩子浓浓的父爱。丰子恺的漫画大都取自现实生活,其中描绘儿童生活的题材大都取自自己孩子的生活,其人物大都是以他的儿女为原型的。充满童趣的漫画作品,赞扬的是孩子天真烂漫的童真,表现的是父亲对孩子一如既往的慈爱。

在缺少父母陪伴的家庭里,大多数父母会将理由归因为缺少时间。当代人工作忙,生存压力大,这是不争的事实。那么,我们再来看看丰子恺是如何处理好工作与孩子的关系的。丰子恺有一幅漫画《兼母的父》,画的是一个爸爸坐在灯火昏黄的写字台前,左手抱着孩子,右手握着钢笔在文稿纸上写字。这或许便是丰子恺当时生活的写照。因为作为父亲的丰子恺,大家庭生活的唯一经济来源就是靠他的那支笔写出来、画出来的。时间是陪伴孩子的保障,而能挤出时间陪伴孩子更是体现出伟大的父爱。丰一吟曾在文章中回忆道:"父亲有一颗善良的心。他爱世间一切有生命之物,他爱人类,更爱儿童。他认为'世间最尊贵的是人',而'人间最富有灵性的是孩子'。孩子心地纯洁,对世间毫无成见,对万物一视同仁。孩子好比一张白纸。最初在这张白纸上涂色的便是自己的父母亲。……在我们的白纸上涂颜色的主要责任落到父亲身上。"[1]"丰子恺在工作之余,最多的是与孩子在一起。他有七个孩子,等到这些孩子一个个长大了,他又与孙辈在一起,给他们讲故事,画漫画给他们看,与他们一起念古诗。"[2]在缘缘堂宽敞明亮的客堂里,他教孩子们读古诗,背古诗;在堂后的院子里,他与孩子们一起做游戏,一起为蝌蚪安家;在躲避日寇侵略的逃难途中,他与孩子们一起学知识,一起排评剧……在陪伴孩子成长的过程中,丰子恺采用了讲故事、做游戏、背古诗、教唱歌等孩子喜闻乐见的形式参与孩子的活动,这对孩子的知识储备和人格养成具有十分重要的作用。丰子恺幼女丰一吟晚年记忆力大不如前,但是唱起童年时父亲教唱的歌曲、背诵父亲教过的古诗还是一字不差,可见儿童时期接受的教育对人有深远影响。

理解与同情是人与人交往的润滑剂,是走进彼此心灵的桥梁。作为社会人,在与他人的交往中,可能会比较注意与人沟通的方式和方法,从而较好地达到理解对方的效果。但是作为家长,在与自己孩子说话提要求时,可能会比较直接随性,忽略孩子的感受,居高临下地对孩子提这样那样的要求。当自己的要求不被孩子理解接受时,父母往往会发出感叹:"我都是为了你好,你怎么不理解呢。"这样的苦恼和困惑,相信在现实生活里父母都会遇到。其实,要孩子理解父母的爱心、用心、苦心,当父母首先要理解孩子,了解他们的兴趣爱好和需求,这样才能走进孩子的心,孩子才能乐于接受父母的要求。

丰子恺创作了大量的脍炙人口的儿童题材的散文和漫画作品,真实有趣

---

① 丰一吟:《天于我,相当厚:丰子恺女儿的自述》,上海远东出版社 2009 年版,第 66 页。
② 杨子耘、马永飞、宋雪君:《星河界里星河转:丰子恺与他的朋友们》,上海文化出版社 2019 年版,第 204 页。

地反映了儿童生活。这也是源自于对儿童的爱和理解。丰子恺在《子恺漫画选》序中写到:"我作这些画的时候,是一个已有两三个孩子的青年。我同一般的青年一样,疼爱我的孩子。我真心地爱他们:他们笑了,我觉得比我自己笑更快活;他们哭了,我觉得比我自己哭更悲伤;他们吃东西,我觉得比我自己吃更美味;他们跌一跤,我觉得比我自己跌一跤更痛……我当时对于我的孩子们,可说是'热爱'。这热爱便是作这些画的最初动机。"他还说:"我常常'设身处地'地体验孩子们的生活;换一句话,我常常自己变了儿童而观察儿童。"正是这种对儿童的热爱,使他能非常细致地观察、欣赏儿童的生活和活动,体验儿童的快乐、幻想、痛苦等丰富的情感。在别人眼中或许并不特别的事,而丰子恺却能看出特殊的地方。这时,"泥龙竹马眼前情"便成了他源源不断的创作素材。

在《华瞻的日记》《作父亲》等散文中,读者能强烈地感受到作为父亲的丰子恺是如何走进孩子心里的,是如何体贴入微地去体验孩子的情感的,是如何设身处地地为孩子着想的。这样的理解和同情,在散文《送考》中表现得淋漓尽致。

《送考》写的是一群农村小学毕业生到省城杭州赴考的事。作者送自己的女儿去会考,和其他的学生家长一样,成了送考者之一。因而有了观察体验学生赴考情感的机会。文章的一个显著特点,就是采用白描的手法,生动地刻画了赴考学生的群像,尤其是通过人物语言神态的描写,把学生们的心理表现得入木三分。文章通过对考生们考试前后种种神态、语言、心理的成功描写,生动而形象地为读者描绘了小学毕业生群像,既表现了他们的单纯和好学,又表现了他们在考试重压下的焦虑和期盼,引起了读者的深切同情。同时也引起了人们的思考:考试制度严重束缚了学生身心健康发展,这里的负面影响该如何来消除或减少到最低程度?

小学升入初中的考试,是小学生面临的人生第一次重要考试,这个年龄的孩子,心智还不够成熟,承受能力较差,紧张和焦虑的心理是难免的。而做家长的,千万不能忽视了他们的表现,必须及时地给予疏导,更不能表现得比学生更紧张更脆弱。这方面,丰子恺的态度给了我们很多启示。作为考生的家长,他能与孩子保持着朋友般的关系,同情理解孩子们的处境,时时处处体察孩子的心理,想方设法帮助他们克服和排解焦虑,体现了丰子恺宽厚仁慈的长者风范。如文章开头就写自己名为送考,"其实没有什么重要责任,因此我颇有闲散的心情,可以旁观他们的投考"。淡淡的一句话,道出了丰子恺对孩子升学考试的态度,不像有的家长受狭隘的"一考定终身"观念左右,对孩子的升学考试表现得特别的重视,这样反而造成孩子的紧张心理,给他们增添压力。丰子恺的"闲散"心态,正是给孩子们释放考前心理压力的一帖良药。还有,在等待发榜的时候,他为了减轻孩子们的紧张,想了一个缓冲的办法,让孩子的老师去看张榜发布的考试结果,不让孩子们在第一时间去面对可能的打击。同样,在孩子们面对"判决"的"霹雳"后,他想尽办法来安慰落第的孩子。这种种举止,都体现了丰子恺对孩子的关爱和同情。不像我们有些家长,对考试结果表现得甚至比孩子还要脆弱,还要缺乏耐挫力。丰子恺能淡定地对待孩子的考试和考试结果,那是因为有大格局的教育观做支撑,培养性格健全的人是他的育人目标,而不是培养考试的机器。这正是值得我们学习的地方。

理解与同情,是丰子恺儿童题材散文、漫画等艺术作品中常见的主题。"设身处地地为孩子们着想",是丰子恺理解儿童的前提、方法和技巧,也是其家庭教育的方法和策略,值得后人学习借鉴。

欣赏与尊重,在儿童教育中有着不可估量的激励作用,有利于培养孩子的自信心、创造意识和创造能力。一个经常得到父母表扬认可的孩子,心里一定是温暖的,充满喜悦的,长大后也会乐观自信地面对一切。丰子恺是儿童的欣赏者崇拜者,对儿童创造精神的赞美与欣赏,不仅体现在他的艺术作品中,也体现在他与孩子的相处过程中。作为一名多子女家庭的父亲,他与孩子们保持着平等良好的关系,让每一个孩子都能感受到温暖丰厚的父爱。他会随时随处发现孩子的闪光之处,欣赏他们的点滴进步。

孩子们喜欢画画,他们身边常常备着泥块、炭条之类的画具,一有用武之地,便会尽兴表演。有时这类作品出现在墙上、柜子上,会影响到环境,会遭到成人的责骂。但是丰子恺却有不同的看法,他认为,孩子们的即兴涂鸦,是艺术心和创造力的表现,是值得欣赏和爱护的。漫画《创作与鉴赏》中,画中的小男孩正在墙壁这块大画布上尽兴发挥他的绘画才能,身旁的黄狗看得津津有味。从作者"创作与鉴赏"的题词中可以看出,他对儿童自发表现出的点点滴滴的创造精神是十分爱护的。

再如《爸爸不在的时候》,画了他的大儿子趁爸爸不在家的时候爬上爸爸的画桌,在书桌上任意涂画。丰子恺不但没有呵斥他,而且认为这是孩子强烈创作欲望的表现，并以此情景画出了一幅富有童趣的杰作。

还有以《研究》为题的四幅漫画，主人公都是两三岁的孩子，他们都在一本正经地研究：痰盂里究竟装着什么？油灯怎么会亮，钢笔怎样吸墨水，牙膏怎样裱花？把手伸进痰盂里、转动点火的把手、拆开写字的钢笔、挤出大量的牙膏等举动，在一般的成人眼里是孩子淘气的"破坏活动"，会加以呵斥。但在丰子恺的眼里，这些举动充分体现了儿童无拘无束、幼稚浪漫的奇思妙想。他理解儿童，他们是把这些探究当作一件大事认真投入地去实行的。所以能欣赏、能引导，不会漠视孩子的探究热情，不会粗暴地扼杀他们富有创意的童心。

丰子恺就是这样在与孩子们相处过程中，以仁慈包容的心去发现去欣赏孩子们的点点滴滴。他将大儿子丰华瞻违背常理的要求（"要把一杯茶横过来藏在抽斗里，要皮球停在壁上，要拉住火车的尾巴，要月亮出来，要天停止下雨"）写进了散文《给我的孩子们》[①]；大女儿丰陈宝拿了妹妹的新鞋还脱下自己的鞋子给凳子穿，画进了漫画《阿宝两只脚，凳子四只脚》；将三岁孩子吃西瓜发出的"像花猫偷食时候的 ngam ngam"的声音视作是最美的音乐；将五岁孩子说的"瞻瞻吃西瓜，宝姐姐吃西瓜，软软吃西瓜，阿韦吃西瓜"赞扬为"有节奏与旋律""有活跃的生命流露"的诗歌创作……[②]在丰子恺看来，这些全是伟大的创造！孩子们"每天坐火车、坐汽车、办酒、请菩萨、堆六面画、唱歌、全是自动的，创造创作的生活"[③]。他们的创造力要比大人的强盛得多，他们的世界也要比大人的广大得多。值得一提的是，1927 年开明书店出版的《子恺画集》，封面就是请三女儿软软创作的，当年软软才 5 岁。可见，丰子恺是真心诚意地欣赏和赞美儿童的创造力的。

丰子恺十分尊重孩子的兴趣爱好。抗战时期，丰一吟就读艺专时迷上了唱戏，还加入了"评剧研究团"。用她自己的话来说，"迷到了荒废课业的程度"。丰子恺并没有因此抑制女儿热爱京剧的热情，反而经常陪她去看戏，也看她的表演。有一次他因赶长路去看女儿的演出，晚上回不了家只能借住在

---

① 丰子恺：《给我的孩子们》，丰陈宝、丰一吟、丰元草编《丰子恺文集》第 5 卷，浙江文艺出版社、浙江教育出版社 1992 年版，第 254 页。

② 丰子恺：《儿女》，丰陈宝、丰一吟、丰元草编《丰子恺文集》第 5 卷，浙江文艺出版社、浙江教育出版社 1992 年版，第 113—114 页。

③ 丰子恺：《给我的孩子们》，丰陈宝、丰一吟、丰元草编《丰子恺文集》第 5 卷，浙江文艺出版社、浙江教育出版社 1992 年版，第 254 页。

男生宿舍里。① 他始终以尊重、欣赏的态度对待孩子的兴趣,在他写给丰一吟的诗中可见一斑:

寄一吟

最小偏怜胜谢娘,丹青歌舞学成双。手描金碧和渲淡,心在西皮合二黄。刻意学成梅博士,投胎愿作马连良。藤床笑依初开口,不是苏三即四郎。②

如今的家长对孩子的教育不可谓不重视,他们把主要精力都投入到孩子身上,把家庭的大部分收入都交付于孩子的培养,其目标就是要把孩子培养成社会精英。很多家长为幼儿期的孩子选报了各种各样价格昂贵的早教班,到了入园入学的阶段,又千方百计地让孩子进入示范园、重点校,甚至是价格昂贵的私立学校,让孩子享受优质教育资源。作为父母,为培养孩子做的这一切努力都没有错,但是往往收不到预期的效果。问题在哪儿呢? 因为这样的教育设计和安排,大都是忽略了孩子的兴趣爱好,不顾孩子的个性特长,是父母一厢情愿的想法和安排。其实,孩子的成才不仅仅是教育机构的事,更重要的是受父母的影响,父母的言传身教才是孩子成长的最优质营养。

父母是孩子最好的老师。他们的一言一行都是孩子的榜样。丰子恺有一幅漫画《好花时节不闲身》,“晓夕采桑多辛苦,好花时节不闲身”,唐朝人来鹄的诗句写出了蚕妇养蚕的辛苦。丰子恺用这句古诗作画,画的是一个中年知识分子伏案劳作的画面:春回大地,花红柳绿,蝴蝶飞舞,这本该是游春赏花的大好时机,可这位画中人,正沉浸于伏案工作之中,连点燃的香烟也顾不上吸一口。这是中国知识分子的生活缩影,也是作者辛勤工作的真实写照。丰子恺的勤奋是孩子们学习的无声榜样。

在陪伴孩子们成长的日子里,丰子恺以他丰厚的学养、仁慈的父爱、睿智的教育方法,时时处处为孩子营造涵养健全人格的家庭教育环境。

缘缘堂是丰子恺建造在故乡石门湾的寓所,是他亲自设计的一件艺术杰

---

① 丰一吟:《我和爸爸丰子恺》,百花文艺出版社 2008 年版,第 120 页。
② 丰子恺:《寄一吟》,丰陈宝、丰一吟、丰元草编《丰子恺文集》第 7 卷,浙江文艺出版社、浙江教育出版社 1992 年版,第 757 页。

作,是寄予了他生活与审美理想的"一件灵与肉完全调和的艺术品",它"全体正直、高大、轩敞、明爽,具有深沉朴素之美"。作者确信环境支配文化,认为"这样光明正大的环境,适合我的胸怀,可以涵养孩子们的好真、乐善、爱美的天性"。① 丰子恺在缘缘堂的天井里种上了四季花草,夏季的傍晚,他在天井里为孩子们讲故事;在缘缘堂的后院里种植了葡萄,架起了秋千,创设了孩子们玩乐的小天地;"缘缘堂里有上万册藏书,孩子们也有自己的小小图书室。这是二楼丰子恺卧室的后半间,是他亲自给孩子们准备的阅读空间:四只从杭州订做的绿色小书架,书架上放满了各类供孩子们阅读的读物"。② 在缘缘堂的日子里,丰子恺经常给孩子们讲故事,有空时还与孩子们一起做手工,玩游戏,这样寓教于乐的教育方法,对孩子的人格养成起到了潜移默化的影响。

丰子恺给孩子讲故事时十分注意内容和形式的选择。在丰子恺的《幼儿故事》里,我们可以读到他对儿童讲故事的几个基本观点:一是要针对孩子的年龄特点,化解他们听故事的疑点、难点;二是要有方法技巧,讲求效果;三是要有选择真善美的内容;四是要走进孩子的世界。

1948 年,丰子恺出版了童话集《博士见鬼》。他在代序《吃糕的话》中说:"伏苓糕不但甜美,又有滋补作用,能使身体健康。画与文,最好也不但形式美丽,又有教育作用,能使精神健康。数十年来,我的作画作文,常以伏苓糕为标准。……一篇故事,背后藏着一个教训。这点,希望读者都乐意接受,如同我小时候爱吃获苓糕一样。"丰子恺"伏苓糕式"的童话,语言温存幽默,感情乐观明朗,且富有同情心,也体现了他对儿童教育的一贯理念。

丰家的孩子保存着一本丰子恺手书的《小故事》。这是丰子恺从《汉书》《说苑》《唐书》《魏书》《晋书》《后汉书》《东坡志林》《唐语林》《史记》《隋书》《南史》《冯梦龙:古今谭概》《十六国春秋》《虞初新志》《三国志》《湛渊静语》等数十部中国古代经典作品中,选择有关认识事物、学习态度、与人为善、为人处世等积极情趣的内容,用白话文翻译后,再用钢笔抄写在缘缘堂信笺上,供孩子们阅读。

无论是讲故事还是教唱歌丰子恺都非常重视对孩子人格的养成教育。

---

① 丰子恺:《辞缘缘堂》,丰陈宝、丰一吟、丰元草编《丰子恺文集》第 6 卷,浙江文艺出版社、浙江教育出版社 1992 年版,第 125 页。
② 杨子耘、马永飞、宋雪君:《星河界里星河转:丰子恺与他的朋友们》,上海文化出版社 2019 年版,第 239 页。

如他发现孩子们喜欢唱李叔同的《送别》,当孩子们唱到"天之涯,地之角,知交半零落"时,觉得歌词不适合孩子的认知水平,且"知交半零落"的意境、氛围也太悲伤。于是他就改动歌词,改成孩子能理解的歌词:"星期天,天气晴,大家去游春。过了一村又一村,到处好风景。桃花红,杨柳青,菜花似黄金。唱歌声里拍手声,一阵又一阵。"①孩子们和着优美的旋律,体验着春天的美景和春游的快乐,既有教育作用又有审美作用。

丰子恺是一位具有深厚文化学养的艺术家。他十分重视对孩子进行传统文化教育,即使在逃难途中,他也见缝插针找出时间引导孩子读《古文观止》,读《古诗十九首》,读《离骚》,也读《爱的教育》等西方经典作品……还让孩子把经典的诗文背下来,这是丰子恺特殊的家庭教育形式:"课儿。"逃难到了遵义,生活相对安定以后,丰子恺在每周六的晚上,召集孩子们开"家庭学习会"。每次家庭学习会上,丰子恺都会买五元钱的糕点果品奖励孩子们,称之为"和谐会",后来物价涨了,就买十元,称之"慈贤会",因"伍元""十元"的发音与石门方言的"和谐""慈贤"相近。到了重庆,丰子恺还在家里办过"鸽原诗社",教孩子们写诗,写对。从中我们可以看到,丰子恺对孩子的教育,无论是内容还是形式,都是极具用心的。丰一吟回忆说,父亲教的古诗,一直记忆深刻,到老还能背诵。② 还有她的弟弟丰新枚,从小受父亲熏陶,每周三次跟父亲学传统文化,到高中毕业前,背出两千多首古诗词。③

丰子恺在《关于儿童教育》中说:"我所谓培养,就是做父母做小学先生的人,应该乘机助长,修正他们对于事物的看法。助长其适宜者,修正其过分者。"使用的方法,"要处处离去因袭,不守传统,不顺环境,不照习惯,而培养其全新的、纯洁的'人'的心。对于世间事物,处处要教他用这个全新的纯洁的心来领受,或用这个全新的纯洁的心来批评选择而实行"。④

童心的爱护是十分重要的,我们千万不要以"不能让孩子输在起跑线上"为由,用焦躁不安、急功近利的心去影响孩子,把他们过早地推入成人社会。

---

① 杨子耘、马永飞、宋雪君:《星河界里星河转:丰子恺与他的朋友们》,上海文化出版社 2019 年版,第 255 页。
② 丰一吟:《我和爸爸丰子恺》,百花文艺出版社 2008 年版,第 92—95 页。
③ 杨子耘、马永飞、宋雪君:《星河界里星河转:丰子恺与他的朋友们》,上海文化出版社 2019 年版,第 225 页。
④ 丰子恺:《关于儿童教育》,丰陈宝、丰一吟、丰元草编《丰子恺文集》第 2 卷,浙江文艺出版社、浙江教育出版社 1992 年版,第 254—256 页。

而是应该像丰子恺那样，做一个热爱孩子、珍惜童心、善待孩子的父亲，陪同孩子做喜欢的有能力完成的事，保持他们求知的兴趣和克服困难的信心。这样才能为孩子健康成长保驾护航。

作者：上海市浦东教育发展研究院高级教师（退休）

图书在版编目(CIP)数据

次第春风:纪念丰子恺诞辰 125 周年论文集/杭州师范大学弘一大师·丰子恺研究中心,桐乡市文学艺术界联合会编. —上海:上海三联书店,2024.3
ISBN 978 - 7 - 5426 - 8223 - 9

Ⅰ.①次… Ⅱ.①杭…②桐… Ⅲ.①丰子恺(1898—1975)—人物研究—文集 Ⅳ.①K825.72 - 53

中国国家版本馆 CIP 数据核字(2023)第 165583 号

次第春风:纪念丰子恺诞辰 125 周年论文集

编　　者 / 杭州师范大学弘一大师·丰子恺研究中心　桐乡市文学艺术界联合会
责任编辑 / 郑秀艳
装帧设计 / 一本好书
监　　制 / 姚　军
责任校对 / 王凌霄

出版发行 / 上海三联书店
　　　　　(200041)中国上海市静安区威海路 755 号 30 楼
邮　　箱 / sdxsanlian@sina.com
联系电话 / 编辑部:021 - 22895517
　　　　　发行部:021 - 22895559
印　　刷 / 上海颛辉印刷厂有限公司

版　　次 / 2024 年 3 月第 1 版
印　　次 / 2024 年 3 月第 1 次印刷
开　　本 / 710 mm×1000 mm　1/16
字　　数 / 570 千字
印　　张 / 35
书　　号 / ISBN 978 - 7 - 5426 - 8223 - 9/K·737
定　　价 / 158.00 元

敬启读者,如发现本书有印装质量问题,请与印刷厂联系 021 - 56152633